International Court of Justice
Yoshiaki Sato

国際司法裁判所

佐藤義明

東京大学出版会

International Court of Justice
Yoshiaki SATO
University of Tokyo Press, 2025
ISBN 978-4-13-036160-6

「テクストの外部に何ものか（世界と呼んでおこう）が存在すると言うだけでは十分でない．形式的分析をつうじて，『外部』はテクストの『内部』に巣くっていることを証明する必要があるのだ」．

カルロ・ギンズブルグ（上村忠男訳）「歴史を逆なでに読む――日本語版論集への序言」『歴史を逆なでに読む』（みすず書房，2003 年）5，14 頁

はしがき

　本書は，国際司法裁判所（ICJ）の判決の法的理由付けの分析を通して，ICJ の運用を導いてきた制度目的の認識を同定し，それが ICJ の実践にどのように現れているかを検討する．ICJ は，クライアント（顧客）を獲得し続けうる制度目的を追求するはずである．そして，潜在的クライアントは，そのような ICJ の運用に照らして，ICJ の裁判権を受諾するかどうかを決定するはずである．両者が焦点とするのが，ICJ の決定の法的理由付けである．

　日本の外交官は，ICJ の義務的裁判権受諾宣言が「国際社会における『法の支配』を重視する日本の明確な意思表示である」とする．かりにそうであるとすれば，南極海捕鯨事件で敗訴したことは，日本が自信過剰であったか，ICJ が誤判したか，いずれかを意味する．ICJ の裁判官を最も長く務めた小田滋が強調したように，「裁判官も神ではない」ことから，後者の可能性もなくはない．

　国際社会において「法の支配」は確立しておらず，近い将来それが確立する見込みもない．しかも，日本と周辺国との「力の配置」は，日本に不利に変化し続けている．日本は，この現実を直視すると同時に，ICJ ひいては国際法をその利益を確保するために駆使しなければならない．本書はそのための砥石の役割を果たすことを目指している．

　ブライアリーが指摘するように，哲学・歴史・法形成技術への関心なくして，国際法研究者が国際政治の現実を直視することはできない．一般書を参照しても「学者仲間での評判はあがらない」（M・C・ブリントン）かもしれないが，隣接学問分野の知見が従来と異なる角度から国際法を理解するための簡便法（heuristics）を提供する場合には，本書は一般書も積極的に参照する．

　歴史学を志して大学に進学した筆者が1年次の4月に国際法の演習を選択し，国際法に魅入られて35年が経った．「自分でよく考え，ことばや韻を自ら作り，新しい旋律を編み出した人が『マイスタージンガー』となる」（ワーグナー）とすれば，学位論文「国際裁判研究の機能的再構築——国際抗争解決動学としての国際裁判研究」とその後に公刊した論文を基礎として書き下ろした本書は，「マイスター」になろうと模索してきた軌跡の結晶である．

はしがき　iii

　本書の欠点については，敬愛するエラスムスの言葉を想起したい．「よく吟味されることもなしに，習慣的に判断が下されたり，断罪され［たりす］ることがあってはならない」（「序文」『新約聖書』（1519 年））という言葉と，「学問的にきちんとした批判であって，単に敵対心からなされたものでないのなら受け入れる準備が出来ております」（1525 年 4 月 28 日ベーダ宛て書簡）という言葉である．

　これまで多くの学恩を受けた．国際法の分野では，ICJ の小田滋，小和田恆，岩沢雄司裁判官，国際海洋法裁判所（ITLOS）の山本草二，柳井俊二裁判官，石垣友明駐ブラジル公使，および，浅田正彦，猪又和奈，岩月直樹，大沼保昭，奥脇直也，河野真理子，小寺彰，酒井啓亘，坂元茂樹，須網隆夫，杉原高嶺，玉田大，筒井若水，寺谷広司，中川淳司，中谷和弘，西平等，西海真樹，藤田久一，許淑娟，松隈潤，宮野洋一，最上敏樹，森肇志，横田洋三各教授，隣接分野では，Liza Seymour 欧州特許庁審判官，伊藤幸司特許庁先任審判官（教養（*culture générale*）の重要性について，常に小職に刺激を与えて下さる），Bogusława Drelich-Skulska，安部圭介（修士論文以来，常に拙稿の最初にして最も厳しい読者である），大木英夫，大木雅夫，太田勝造，柿嶋美子，兼原信克，木庭顕，小早川光郎，鈴木高志，中村民雄，濱下昌宏，樋口陽一，細谷広美，宮川繁，李静和，和仁かや各教授に深く感謝する．

　本書の出版については，成蹊大学学術成果出版助成を受けた．出版を快諾し，根気良く後押しして下さった東京大学出版会の山田秀樹氏および厳しく丁寧に編集して下さった晴山秀逸氏，本書の本質を反映する装幀を提供して下さった大倉真一郎氏に心からお礼を申し上げる．また，小職を生かして下さっている看護師溝口克己氏，支えて下さった方々，井上典子，大久保琢史，神野文代，小林壽海代，齋藤真由美，坂本守顯，篠原重人，髙橋正彦，田島福廣，豊田勝義，那須昇，西奥章，西村明美，野口佳之，長谷川徹，守屋琢智，山﨑廣美各氏に感謝を申し上げる．本書を，古稀の年に科学研究費助成事業の報告書を執筆し，なお研究に勤しんでいる父佐藤彰と，父を支える母佐藤美津子，亡き弟佐藤智紀に捧げる．ありがとう．

「ますます悪化する一方の時代に，できるかぎり抵抗するとき，それこそが正しい」（ルイ 13 世宛て献辞）としたグロティウスの『戦争と平和の法』刊行から400 周年の年に

佐藤義明

目 次

はしがき ……………………………………………………………………………… ii

凡 例 xi

略 語 xii

序 章 ——————————————————————————————— 1

1 法制度とステークホルダーの利益 1

(1) 法制度の目的 1

(2) 法制度のステークホルダー 2

2 コスト・ベネフィット計算と法的構成 14

3 予測と論理 16

(1) 予測としての国際法 17

(2) 論理としての国際法 22

(3) 予測と論理の関係 25

4 本書の構成 28

第1章 国際司法裁判所の歴史的位置付けと展開 ————— 33

第1節 国際司法裁判所の歴史的位置付け ……………………………… 33

1 「訴訟当事国の機関」——仲裁 33

2 「国際法の機関」——常設国際司法裁判所の設立 36

(1) 前 史 36

(2) 常設国際司法裁判所 40

3 「国際連合の機関」——国際司法裁判所の設立 47

(1) 仲裁・常設国際司法裁判所からの継続性 49

(2) 国際司法裁判所の新規性 51

第2節 国際司法裁判所の展開 …………………………………………… 52

1 第Ⅰ期——制度目的の「世代交代」の主張 52

2 第Ⅱ期——「開店休業」と信頼獲得の模索 60

(1) 近代国際法的裁判所 60

（2）　訴訟遅延　63

　　　（3）　「開店休業」　64

　　2　第Ⅲ期──「再生」　65

　　3　期待の分裂　72

　　　（1）　仲裁化　73

　　　（2）　人権裁判所化　76

　　　（3）　立法機関化　77

　　　（4）　抗争制御機関化　83

　　　（5）　行政裁判所化　83

　小　括 ………………………………………………………………………… 90

第2章　国際司法裁判所の制度目的 ───────── 91

　第1節　機能と制度目的 …………………………………………………… 91

　　1　機能の列挙　91

　　2　制度目的の特定　92

　　3　制度目的の優先順位　96

　第2節　国際法発展志向 ………………………………………………… 112

　　1　国際法の発展の自己目的化──抗争解決の紛争処理への吸収　112

　　2　「準形式的法源」としての判例　114

　第3節　抗争解決志向 …………………………………………………… 117

　　1　抗争解決支援としての紛争処理　117

　　2　抗争解決支援のメカニズム　119

　　　（1）　存在の効果　119

　　　（2）　訴訟手続の効果　121

　　　（3）　レメディの効果　125

　　3　抗争解決を通した国際法の発展　128

　　　（1）　国際法形成過程と抗争解決過程　128

　　　（2）　抗争解決志向と結果としての国際法の発展　130

　　　（3）　主文と主論　131

　小　括 …………………………………………………………………… 133

目 次　vii

第3章　紛争の認定における抗争の参照 —————————— 135

第1節　訴訟の対象の確定 ……………………………………………… 137

1　訴訟当事国による入力　137

　(1)　争　論　137

　(2)　申　立　138

2　紛争概念と紛争の主題の類型　142

　(1)　紛争概念の分節化　142

　(2)　紛争概念の機能　145

　(3)　紛争の主題　147

3　紛争の消滅　166

　(1)　回復訴訟とムートネス　167

　(2)　予防訴訟・教訓訴訟・再発防止訴訟とムートネス　168

4　紛争の主題の変動　173

　(1)　訴訟当事国による変動　173

　(2)　法廷による審理の便宜のための手続の調整　179

　(3)　第三国による変動　180

5　紛争の主題と判決の射程　190

第2節　紛争の主題の認定における抗争の参照 ……………………… 192

1　争論の解釈における抗争の参照　192

2　職権による抗争の参照　200

3　抗争の参照による紛争の射程の拡張　207

小　括 ……………………………………………………………………… 213

第4章　裁判準則の選択における抗争 —————————— 215

第1節　国際司法裁判所の機能の基盤 ………………………………… 215

1　権　威　216

2　能　力　218

　(1)　事実認定能力　219

　(2)　「法を知る」能力　222

　(3)　公正な判断を下す能力　241

viii 目次

第2節 妨訴事由の目的と審理の順序 …………………………………… 244

1 妨訴事由と手続の分離 244

  (1) 先決的手続と本案手続を分離する目的 244

  (2) 妨訴事由の類型 246

2 妨訴事由の選択 254

  (1) 妨訴事由の審理の時機の類型化の否定 255

  (2) 訴訟の受理可能性の否定による裁判権の審理の回避 257

  (3) 妨訴事由の選択における訴訟当事国の意思の尊重 260

第3節 本案の裁判準則に関する認定の一般性の限定 ………………… 264

1 訴訟当事国の意思に基づく国際法認定の限定 265

  (1) 裁判権の基礎による限定 265

  (2) 紛争の主題による限定 267

  (3) 裁判準則に関する訴訟当事国の見解の一致の適用 272

2 職権による国際法認定の限定 282

  (1) 一般性に対する留保 282

  (2) 要件の明白な充足による要件の分節化の回避 284

  (3) 要件の明白な不充足による要件の分節化の回避 285

3 職権による国際法の認定の拡張 287

  (1) 傍論における国際法の認定 287

  (2) 主文または主論における国際法の認定 290

小　括 ……………………………………………………………………… 293

第5章 暫定措置および判決の形成における抗争 ─── 295

第1節 暫定措置の形成における抗争 ………………………………… 298

1 暫定措置と仮保全措置 299

  (1) 暫定措置の仮保全措置化 299

  (2) 仮保全措置の暫定措置化 301

  (3) 暫定措置化に対する歯止め 302

2 暫定措置の「超判決」化 305

  (1) 暫定措置への拘束力の付与とその履行確保手段の創造 305

  (2) 「超判決」化の問題点 308

目　次　ix

　　　(3)　抗争制御のための「一般的声明」　333

　　3　あるべき暫定措置──訴訟内的理解　336

　第2節　判決の形成における抗争 ……………………………………………… 341

　　1　勧　告　342

　　　(1)　「訴訟の社会化」　342

　　　(2)　訴訟当事国の要請による勧告　344

　　　(3)　職権による勧告　346

　　2　交渉義務の認定　348

　　　(1)　レメディの決定に関する裁量権　348

　　　(2)　交渉義務の認定の類型　350

　　　(3)　交渉義務の根拠　369

　　　(4)　交渉義務の認定の濫用　371

　　3　原因判決の言渡しと賠償額算定手続の分離　377

　　　(1)　手続決定権　377

　　　(2)　原因判決の言渡しと賠償額算定手続の分離　381

　小　括 ……………………………………………………………………………… 387

終　章 ————————————————————————————— 389

　　　(1)　国際司法裁判所の制度目的　389

　　　(2)　裁判官の資質　390

　　　(3)　ICJ 研究の課題　397

事例索引　401

事項・人名索引　405

凡　例

　注の表記は原則として BLUEBOOK に従った．原文による強調は傍点「ヽ」，佐藤による強調は傍点「•」とした．

　ICJ の判決などは，原則として公刊された判決集の頁を表示する．未公刊の場合には，ICJ のウェブサイト＜http://www.icj-cij.org/＞に掲載されたものの段落番号を表示する．同種の訴訟が並行審理された場合には，実質的な相違がない限り，判決集で先に記載されている訴訟を引用する．上記ウェブサイトに収録されている文書については，煩瑣を避けるため出典のアドレスは記載しない．PCIJ および ICJ の判決などで皆川洸編『国際法判例集』（有信堂，1975 年）に訳のあるものは，［邦訳］として頁を記載する．他の裁判所などの資料も，ICJ の判決などの引用に準じる．

　邦訳が存在する書籍を引用する場合には，原則として邦訳を引用するが，訳を修正することがある．原著については，邦訳の底本とされた版ではない版を引用することがある．

略　語

CAS	スポーツ仲裁裁判所
CERD	人種差別撤廃条約
CJEU	欧州連合司法裁判所
CTBT	包括的核実験禁止条約
DRC	コンゴ民主共和国
ECHR	欧州人権裁判所
ECJ	欧州司法裁判所
EU	欧州連合
GATT	関税と貿易に関する一般協定
ICC	国際刑事裁判所
ICSFT	テロ資金供与防止条約
ICJ	国際司法裁判所
ICTY	旧ユーゴスラビア国際刑事裁判所
IMCO	政府間海事協議機関
ILC	（国連）国際法委員会
IMO	国際海事機関
ITLOS	国際海洋法裁判所
NAFTA	北米自由貿易協定
NATO	北大西洋条約機構
NPT	核兵器不拡散条約
OAS	米州機構
OAU	アフリカ統一機構
OIC	イスラム協力機構
OSCE	欧州安全保障協力機構
PCA	常設仲裁裁判所
PCIJ	常設国際司法裁判所
PRC	中華人民共和国

TFG	（ソマリア）暫定連邦政府
WHO	世界保健機関
WTO	世界貿易機関

序　章

1　法制度とステークホルダーの利益

(1)　法制度の目的

　法制度は特定の社会的目的を実現するための道具である．それはその存続が自己目的になるものではない．そして，法制度を評価する基準は，その社会的目的の実現にどのくらい貢献しているかである[1]．法学は，法制度の効果を認識し，それをその運用へと不断にフィードバックする法実験主義によるべきなのである[2]．R・パウンドが提唱した社会工学（social engineering）こそが「国際法研究が有益でありうる唯一の精神」であるとJ・L・ブライアリーが指摘したのは[3]，このような意味であろう[4]．

　社会が安定期にあり，法制度の社会的目的について一般的了解が確立し，それが実効的に機能している場合には，その目的を問い直すことなく，既存の運用を機械的に繰り返せば十分である．しかし，社会が変動期に入り，法制度に対する期待が分裂し始めると，その目的についての了解を再構築する必要が生じる．例えば，それまで永続的な秩序原理であるとみなされていた私法は，19世紀に，特定の目的を達成する手段であると再定義されること

---

1) *See* HANS J. MORGENTHAU, POLITICS AMONG NATIONS 12-13 (Kenneth W. Thompson ed., rev. 6th ed., Knopf, 1985)［モーゲンソー（原彬久訳）『国際政治——権力と平和』（岩波書店，2013年）57-58頁［底本第5版改訂版］］.

2) 太田勝造「アメリカ合衆国のADRからの示唆」木川統一郎編『製造物責任法の理論と実務』（成文堂，1994年）137，169-171頁.

3) *See* JAMES LESLIE BRIERLY, *International Law as a Subject of Education, in* THE BASIS OF OBLIGATION IN INTERNATIONAL LAW, AND OTHER PAPERS 127, 129 (Clarendon Press, 1958)［ジェームズ・レスリー・ブライアリー（長谷川正国訳）「教育主題としての国際法」『諸国民の法および諸論稿』（成文堂，2013年）231，233頁］.

4) パウンドによる社会工学の提唱として，*see* ROSCOE POUND, THE SPIRIT OF THE COMMON LAW 195-196 (Marshall Jones, 1921).

になり，当該目的を最も効率的に実現しうる法制度を（再）設計・運営する
ために，コスト・ベネフィット（費用便益）計算に依拠する「法と経済学
(law and economics)」が発展し始めたのである[5]．

　法制度の社会的目的はその設立時に固定されるわけではない．それは社会
的需要の関数である．すなわち，制度目的と制度の運営とは，前者が後者を
統制すると同時に，後者の経験に照らして前者が不断に再定義され続けると
いう相互参照的な関係に立つのである[6]．すなわち，法制度の研究は，各時
点における制度目的（それが複数存在する場合にはその優先順位）を同定し，
それに照らして当該制度の効果を分析し，それを制度目的の（再）設計・運
用へとフィードバックする螺旋状の営みとして理解することができる．

　かつて，国内裁判所は「法の保管者（the depositary）でありかつ法の生き
た託宣者（the living oracle）である」[7] とみなされていた．しかし，「裁判官
も神ではない」[8] ことから，この見方が虚像にすぎないことは明らかである．
本書が考察の対象とする国際司法裁判所（ICJ）についても，このような神
格化に陥ることなく，その制度目的の解明・再構築がその研究の第一歩とな
らなければならない．

(2)　法制度のステークホルダー

　制度目的を問うことは，当該法制度が「誰の利益のための (cui bono)」制
度であるかを問うことにほかならない[9]．たしかに，裁判官を政治的行動の
主体として研究しようとするアプローチに対しては，裁判官自身はほとんど
の場合に，政治的に行動しているのではなく法を解釈・適用するという非政
治的作業に従事しているにすぎないと自己規定していることを看過してしま
うという批判が存在する[10]．しかし，裁判官の自己規定がその行動の要因の

---

5) フリードリッヒ・キューブラー（松本恒雄＝山下友信訳）「法原理としての効率？」日独法学
　13 号（1989 年）17, 21-23 頁．国際法についても，「法と経済学」の手法を用いた分析が現れて
　いる．*E.g.*, Jack L. Goldsmith & Eric A. Posner, The Limits of International Law (Oxford Uni-
　versity Press, 2005). 森大輔『ゲーム理論で読み解く国際法——国際慣習法の機能』（勁草書房,
　2010 年）も参照.

6) 三ヶ月章『民事訴訟法研究 第 10 巻』（有斐閣, 1989 年）8, 14-15, 252 頁.

7) 1 William Blackstone, Commentaries ＊69.

8) 小田滋『回想の法学研究』（東信堂, 2015 年）71 頁．なお，国内裁判官の実態については，岩
　瀬達哉『裁判官も人である——良心と組織の狭間で』（講談社, 2020 年）.

１つになりうるとしても，裁判官の行動を予測しようとする場合に問うべき
ことは，意識的または無意識的に自身の利益を追求する合理的主体として裁
判官がどのように行動するかである．

ICJ に関係するステークホルダー（利害関係者）は，次の４者であると考
えられる．すなわち，①ICJ 規程当事国，②訴訟当事国・勧告的意見要請機
関（の加盟国），③「本来ならば部外者に近いといえる国」および非政府組
織（NGO），ならびに，④ICJ（の裁判官と職員）である．

① ICJ 規程当事国

ICJ は，国連憲章（1945 年）およびそれと「不可分の一体をなす」（同第
92 条）ICJ 規程（1945 年）によって創設され，基本的に，規程当事国である
国連加盟国が拠出する分担金によって運用されている．それゆえ，規程当事
国は ICJ への出資者であり，その潜在的クライアント（依頼者）でもある．
厳密にいえば，規程第 35 条 2 項に則って，安全保障理事会（安保理）が定
める条件——1946 年の決議 9 がそれを定めている——を満たす規程非当事
国も同様の立場に立つ［以下，規程当事国には，この立場の国を含むものとす
る］．それゆえ，これらの国々の利益は，最初に考慮されるべきものである．

逆にいえば，ICJ 規程当事国は ICJ の運用を監督すべき立場にあることに
なる．ICJ でも国内裁判所でも発生している傍論（蛇足；obiter dictum）の増
殖について，後者の場合の原因は「主権者である国民からの批判がなかっ
た」ことにあると指摘されている[11]．この点で，国際機構への拠出に日本は

---

9)「誰の利益となったか（*cui bono fuerit*）」という句は行為の動機を説明するために用いられる．
  See M. TULLI CICERONIS, *Pro T. Annio Milone, in* 2 OPERA QUAE SUPERSUNT OMNIA 1151, 1161 (I.G.
  Baiterus & Car. Halmius eds., Typis Orellii, Füsslini et Sociorum, 1861)［山沢孝至訳「ミロー弁
  護」『キケロー選集 第 2 巻』（岩波書店，2000 年）341，367 頁］．"*Cui Bono*" と問うことは，社
  会学において重要な視点であると考えられている．*See, e.g.,* Toivonen Tuukka, *NEETs: The
  Strategy Within the Category, in* A SOCIOLOGY OF JAPANESE YOUTH: FROM RETURNEES TO NEETS
  139, 151-152 (Roger Goodman et al. eds., Routledge, 2012)［トゥーッカ・トイボネン「ニート
  ——カテゴリーの戦略」ロジャー・グッドマンほか編（西川美樹訳）『若者問題の社会学——視
  線と射程』（明石書店，2013 年）251，272-274 頁］（ニートというカテゴリーは，それを喧伝し
  た厚生労働省職業能力開発局，労働政策研究・研修機構，東京大学社会科学研究所および政府の
  補助金を必要とした若者支援団体の一部の利益に一致したと指摘する）．
10) *See* Mark Tushnet, *The Warren Court as History, in* THE WARREN COURT IN HISTORICAL AND
  POLITICAL PERSPECTIVE 1, 13 (Mark Tushnet ed., University of Virginia Press, 1993).
11) 井上薫『司法のしゃべりすぎ』（新潮社，2005 年）104，186 頁．

ど「気前のよい」国はなく，拠出額と自国民である職員数が全く見合っていないという過少代表の状態が続いていることに「税金を払っていながら腹を立てない日本国民は，よほど善意の人びとか，それともお人よしかのどちらかだろう」といわれてきたことが想起される[12]．自身の利益に鈍感な出資者については，その利益を ICJ を含む国際機構（の機関）が真摯に考慮するインセンティヴをもつことはないといわざるをえない．

なお，日本は，少なくとも 1952 年・1964 年・2012 年に竹島（韓国名「独島」）の帰属について韓国に，1972 年には「北方領土」の帰属についてソ連に，ICJ への付託を提案している．また，1950 年代半ばにアラフラ海の真珠貝漁業についてオーストラリアと，1960 年代半ばに鯛漁業についてニュージーランドと，ICJ への付託に向けて協議している．これらはいずれも，付託には至らなかった[13]．しかし，その後，南極海捕鯨事件（2010 年付託）で，被請求国となっている．

ICJ を規律する法

ICJ を規律する法は 4 種類存在する[14]．第 1 に，国々が定立する上位法として，2 つの設立条約および関連する慣習国際法［以下，慣習法］が存在する[15]．第 2 に，訴訟当事国の合意が，上位法の任意規定に対して特別法の位置に立つ[16]．ICJ（所長）は訴訟手続について訴訟当事国の見解を確認すべきものとされる（ICJ 規則第 31 条）．それは，ICJ が訴訟当事国の意思をできる限り尊重すべきだからである．ただし，訴訟当事国の合意が上位法の強行規定を逸脱することは許されない．ICJ は当該強行規定の「守護者」の役割を担う[17]．第 3 に，ICJ 規程第 30 条に基づいて ICJ 自身

---

12) 赤阪清隆『国際機関で見た「世界のエリート」の正体』（中央公論新社，2014 年）119-122 頁．

13) 小田滋「国際司法裁判所」日本学士院紀要 50 巻 2 号（1996 年）55，62 頁．

14) 国際機構の一機関である ICJ の活動を規律する法は国際機構法の構造をもつ．国際機構法の構造について，横田洋三編『新国際機構論（上）』（国際書院，2006 年）42-47 頁［横田執筆］．ただし，横田は，主に行政権限を行使する多くの国際機構に対して，裁判機構は「特異な存在」であることから，国際機構法の一般論が必ずしも当てはまらないと断る．同書 38 頁．

15) ICJ 規程が課す制限には，訴訟当事国と ICJ いずれにとっても強行的なものがある．*See* Frontier Dispute（Burk. Faso v. Mali），2013 I.C.J. 70.

16) *See* Panevezys-Saldutiskis Railway（Est. v. Lith），1939 P.C.I.J.（ser. A/B）No. 76, at 43（dissenting opinion of Judge Hudson）.

が採択する ICJ 規則や，その黙示的権限（implied power）に基づいて ICJ が形成する「慣習法」が，派生法と呼ばれる．派生法も上位法の強行規定を逸脱することはできず，規程の公権解釈（authentic interpretation）権をもつ規程当事国が当該強行規定の「守護者」の役割を担う．第 4 に，ICJ 所在地や，裁判官や鑑定人が「実地について証拠を収集する」（同第 44 条 2 項）場合の現地の国内法も，ICJ の活動を規律する法である．

これらの法の下で，ICJ は，拘束力をもたない指針として，法廷の「内部慣行に関する決議」[18] や，訴訟当事国に向けた「実務的指示」[19] を採択している．

なお，国連加盟国以外の主体が関係する問題について勧告的意見が要請された場合に，当該主体に手続への参加を認めるか，認める場合にどのように参加させるかなどの問題については，「コモンセンス」が指針になるといわれる[20]．例えば，「コソボに関する一方的独立宣言の国際法適合性［以下，コソボ事案］」勧告手続（2010 年意見）において，口頭陳述に割り当てられる時間は，国連加盟国である「被独立」国（セルビア）に 3 時間，それ以外の国々に 45 分間ずつ，独立宣言をおこなった主体（「コソボ」と呼ばれる）に 3 時間とされた[21]．たしかに，「パレスチナ占領地域における壁建設の法的効果［以下，壁建設事案］」勧告手続（2004 年意見）の際に，口頭陳述の時間として，イスラエルに 3 時間，それ以外の国々に 45 分ずつ，パレスチナに 3 時間が割り当てられた[22]．しかし，パレスチナは，国連加盟国の過半数から国家承認を受け，国連総会のオブザーバーという地位を得ていた．それに対して，第 3 章で述べるように，コソボ自治州は，安保理決議に基づいて国連の暫定統治の下に置かれており，国家承認もほ

---

17) *See* 2 DAME ROSALYN HIGGINS ET AL., OPPENHEIM'S INTERNATIONAL LAW: UNITED NATIONS 1147, 1160 (Oxford University Press, 2017).

18) Resolution Concerning the Internal Judicial Practice of the Court, Apr. 12, 1976, last amended on Oct. 24, 2023.

19) Practice Directions, Oct. 31, 2001, last amended on Oct. 24, 2023.

20) *See* HIGGINS ET AL. *supra* note 17, at 1172-1175.

21) *See* Statement of President Owada, Accordance with International Law of the Unilateral Declaration of Independence in Respect of Kosovo, at 30 (CR2009/24, Dec. 1, 2009).

22) *See* Statement of President Shi, Legal Consequences of the Construction of a Wall in the Occupied Palestinian Territory, at 17 (CR2004/1, Feb. 23, 2004).

6 　序　章

とんど受けていなかったことから，その住民を代表すると自称する人々に
「被独立」国と同じ時間を割り当てることがコモンセンスに適うというこ
とは困難であった．「コソボ」には，国連事務総長を介して書面の提出を
許容すれば十分であったと考えられるのである．ICJ の行為の「政治性を
隠蔽するもの（political cover）」として悪用されうるコモンセンスという
概念が有用であるとは到底いえないであろう．

拘束力・実効性・「規範性」・「法的効果」

　本書では，法的に義務付ける効果を拘束力（binding force）と呼び，義
務であれ勧告であれ，それが実現する見込みを実効性（effectiveness）と
呼ぶ．拘束力についてはその有無が，実効性についてはその程度が問題に
なる．この定義に従えば，例えば，「具体的訴訟での［ICJ］による決定は，
勧告的意見とくらべても拘束力がつよくない」[23] という文章は，「拘束力
をもつ判決は，拘束力をもたない勧告的意見と実効性が変わらない」とい
う意味であると理解される[24]．

　拘束力とも実効性とも異なる規範性という概念が国内判決で使用される
こともある．自由権規約第 1 選択議定書（1966 年）に基づいて自由権規約
委員会が採択する見解は，同議定書の「当事国に対してさえ法的拘束力は
有しないとされているのであり，同議定書を批准していない日本にとって
その規範性は一層限定的なものである」[25] というときの規範性は，説得的
権威（persuasive authority）を意味すると考えられる．

23）ピーター・ワイス（浦田賢治訳）「核軍縮と全面軍縮を目指す国際法上の義務」浦田賢治編
　『核不拡散から核廃絶へ——軍縮国際法において信義誠実の義務とは何か』（憲法学舎，2010 年）
　54, 58 頁.
24）勧告的意見については，英米法の伝統に従って要請機関の助言者（counsel）として運用する
　ことも可能であり，連盟規約（1919 年）第 14 条の文言はそのような解釈を認めるものであった.
　しかし，PCIJ は，国家間抗争に関連して意見を与える際には，「［司法］裁判所としての行動を
　規律する根本的規則から逸脱することはできない」として，自身が単なる助言者には当たらない
　とする立場をとった．このことは国際裁判所の特徴を反映するものとして「興味深い」といわれ
　る．See Edward A. Harriman, The Constitution at the Crossroads: A Study of the Legal As-
　pects of the League of Nations, the Permanent Organization of Labor and the Permanent
　Court of International Justice 135 (G.H. Doran, 1925). ICJ はこの立場を基本的に継承している.
　本書は，争訟手続を主要な対象とし，勧告手続には適宜言及する.
25）東京高判 2013 年 12 月 18 日判タ 1407 号 234, 239 頁.

規範性という概念は勧告を過大評価させる手段とされかねない．例えば，国内裁判所が条約機関の解釈と異なる解釈をとることは，国内裁判官の条約に関する理解が不足しているからであるという指摘を紹介する文章がある[26]．しかし，条約機関は勧告権限のみをもち，条約当事国（の裁判所）が公権解釈権をもつという国内裁判官の理解は正確である[27]．そして，少なくとも最高裁判所についていえば，調査官を通じて知識を共有しうることから，国際法に関する理解が不足しているということはない[28]．課題があるとすれば，「法律関係の経験を有する」とは限らない委員が参加している（自由権規約（1966年）第28条2項）条約機関が，公権解釈と離れた独自の解釈を勧告し放つことにこそあるというべきであろう．

勧告を過大評価しようとする傾向は国際裁判官にもみられる．2021年に国際海洋法裁判所（ITLOS）特別裁判部は，ICJの「勧告的意見における司法的決定は判決と同じ重みと権威をもつ．なぜならば，それらは国際法の問題に権限をもつ国連の『主要な司法機関』によって判決と同じ厳密さと精確さとをもってなされたものだからである」として，「チャゴス諸島のモーリシャスからの分離の法的効果［以下，チャゴス諸島事案］」勧告的意見（2019年）が「法的効果（legal effect）」をもつとした[29]．そして，同意見が否認したイギリスの同諸島に関する主張は「単なるいいがかり

---

26) 徳川信治＝西村智朗編『法と国際社会〔第3版〕』（法律文化社，2024年）132頁［西片聡哉執筆］．

27) 山本草二「国家の条約解釈権能をめぐる課題」ジュリスト1387号（2009年）17頁．

28) 園部逸夫＝小寺彰「最高裁判所と国際法──園部元最高裁判事に聞く」ジュリスト1387号（2009年）10，15頁［園部発言］．たしかに，国際法事件を専門とする調査官は置かれていないが，国際人権法の直接適用を緊急に必要とする事件はこれまで存在しなかったといわれる．園部逸夫「日本の最高裁判所における国際人権法の最近の適用状況」芹田健太郎ほか編『国際人権法と憲法』（信山社，2006年）17，23-24頁．この指摘は，自由権「規約が日本の法体系をゆるがす衝撃的効果をもったとは到底いえない」（伊藤正己「国際人権法と裁判所」芹田健太郎ほか編『国際人権法と憲法』（信山社，2006年）5，11頁）という批判的評言に対して，そうなる必要性がそもそも存在しないとするものである．日本の裁判所が日本国憲法前文に従って「国民の厳粛な信託」を受けて国民に福利を享受させるという責務を果たしてきたとすれば，国際人権法が日本の法体系をゆるがさなかったことは当然であろう．裁判所にとって，その直接適用も，解釈基準として参照するという間接適用も，自己目的ではない．国会の立法による救済のための期間が徒過し裁判所が救済すべき場合，または，憲法の規定する保護水準が低すぎ，それがいっそう高い国際人権法によるべきである場合に，国際人権法の適用が必要となるにすぎず，訴訟当事者の課題はこれらの極めて例外的な場合に当たると裁判官を説得することなのである．園部同論文23頁．

8 序 章

(a mere assertion)」にすぎないと認定した[30].

　しかし，司法的決定の質を決定するのは，裁判官個人の能力というより
もその手続である．争訟手続では，訴訟当事国が対審構造の下で各自の主
張の根拠となる情報を入力する．それに対して，勧告手続では，対審構造
は存在せず，争訟手続と同じ質と量の情報が入力される可能性は極めて低
い．このような手続の結果として形成される勧告的意見が判決と「同じ厳
密さと精確さ」をもつことは制度的に期待されえない．ITLOS の認定は，
同輩裁判官を過大評価することによって，国際法ではなく（自身を含む）
国際裁判官なるものの利益を追求する政治的行動というべきものであろう．
このような行動は，関係国間の力の配置の変化と相俟って，力を失った国
の政策を変更させることがないわけではない[31].

　ICJ 自身は条約機関の勧告の過大評価を自制している．例えば，自由権
規約委員会による解釈が「大きな重みをもつものとみなす」とした先例に
言及しながら，実際には，人種差別撤廃条約（1965 年）を解釈する際に，
人種差別撤廃委員会の一般勧告を「モデルとする」ことはいっさい義務付
けられていないとして，それと異なる解釈を採用した[32]. ICJ は，条約機
関にリップ・サービスを送りつつ，実際には，条約機関による解釈の妥当
性を推定することなく，自身で条約を解釈した上で，条約機関の先例は参
照することが許されるにすぎないものであると位置付けているのである[33].

────────────

29) *See* Dispute Concerning Delimitation of the Maritime Boundary Between Mauritius and Mal-
dives in the Indian Ocean (Mauritius v. Maldives), 2021 I.T.L.O.S. 77-78.

30) *See id*. at 86-87, *citing* South West Africa (Eth. v. S. Af.; Liber. v. S. Af.), 1962 I.C.J. 328.

31) 西元宏治「1965 年のチャゴス諸島分離の法的帰結（勧告的意見・2019 年 2 月 25 日）」国際法
外交雑誌 122 巻 2 号（2023 年）86，103-104 頁．2024 年 10 月 3 日に，イギリスはチャゴス諸島
の主権がモーリシャスに帰属することを承認した．なお，現職の ICJ の裁判官は，大西洋奴隷貿
易に対する賠償としてイギリスが 14 か国に 18 兆ポンド（3600 兆円）以上を支払う義務を負っ
ているとする報告書（Coleman Bazelon et al., Quantification of Reparations for Transatlantic
Chattel Slavery（2023））の作成を主導し，それを広報している．賠償を受けるべきであるとさ
れる国の国籍をもつ当該裁判官がイギリスの国家責任に関する一方的主張を拡散する活動は，
「その職務を公平におこなう」当該人の能力または意思に疑義を発生させるであろう．

32) *See* Application of the Convention on the Elimination of All Forms of Racial Discrimination
[CERD] (Qatar v. U.A.E.), 2021 I.C.J. 104.

33) 開出雄介「ディアロ事件（ギニア共和国対コンゴ民主共和国）」国際法外交雑誌 122 巻 3 号
（2023 年）145，157-159 頁．

ICJ は，条約機関の先例と異なる判断を下す場合に，判断が異なる理由を開陳する必要性も認めていないのであり[34]，国内裁判所による条約機関の先例の取扱いが ICJ のそれと異なるべき理由は存在しない．

このことは，条約機関の勧告について，条約の課す一般的な協力義務を介して考慮義務や説明義務を創設しようとする傾向に歯止めをかけ，勧告は説得的権威をもちうるに止まるという「用語の通常の意味」（条約法条約（1969 年）第 31 条 1 項）に従った解釈を導く[35]．実際に，ICJ は前者の傾向を一時示したものの，それは転換しつつあると指摘されているのである[36]．なお，南極海捕鯨事件において，日本は，勧告について考慮義務と「要求された場合の」説明義務とが発生しうるとして，勧告の過大評価——拘束力に関する論理の融解——に棹差しており[37]，自国に不利な自白をおこなったという意味で，第 4 章で検討するように，弁護団の弁護過誤の問題を発生させている．

学説による勧告の過大評価の例は枚挙にいとまがない．例えば，「核兵器による威嚇または核兵器使用の合法性［以下，核兵器使用等の合法性事案］」勧告的意見（1996 年）は，核兵器の軍縮・軍備管理を全く促進させなかった[38]．むしろ，その後，朝鮮民主主義人民共和国（北朝鮮）などに核兵器は拡散した．それにもかかわらず，ICJ 元裁判官という利害関係者の著書に依拠し，同意見が権威をもって国際社会を指導するものであると評されたり[39]，「高い法的価値と道徳的な重みを持っている」と評されたりすることがある[40]．これらの評価については，拘束力も実効性ももたな

34）同判例研究 158 頁注 24.

35）ICJ は，条約法条約第 31 条が慣習法を反映していることを繰り返し確認している．*See, e.g.,* Application of the Convention on the Prevention and Punishment of the Crime of Genocide ［Genocide Convention］（Gam. v. Myanmar）, 2022 I.C.J. para. 87（July 22）.

36）開出前掲判例研究（注 33）159 頁.

37）*See* Counter-Memorial of Japan, Whaling in the Antarctic（Austl. v. Japan）, at 373（Mar. 9, 2012）.

38）同勧告的意見は「いつの間にか影が薄くなってしまった」といわれる．最上敏樹『国境なき平和に』（みすず書房，2006 年）169 頁.

39）山田寿則＝伊藤勤訳「核兵器の全面的廃絶に導く誠実な交渉——国際司法裁判所に対する勧告的意見の要請」浦田賢治編『核不拡散から核廃絶へ——軍縮国際法において信義誠実の義務とは何か』（憲法学舎，2010 年）90, 100 頁.

い意見が，高い法的価値をもつと考える根拠や，道徳的指導者としての資格を認められているわけではない裁判官の意見が「道徳的な重み」をもちうるとする根拠が問われるであろう[41]．

② 訴訟当事国・勧告的意見要請機関（の加盟国）

訴訟当事国となっている国々も当然にステークホルダーである．勧告手続の場合には，直接的には要請機関が，間接的にはその加盟国がステークホルダーである．勧告的意見が特定の抗争に関係する場合には，抗争当事者もそれに当たるといえる．

③ 「本来ならば部外者に近いといえる国」および NGO

国際会議では，「問題を解決するのに必要な資源をもたないために，本来ならば部外者に近いといえる国がブロックを形成し，戦術的な駆引きをおこなって混乱をもたらす」[42] ことが少なくないといわれる．例えば，対象兵器の製造・保有・使用の点で特別利害関係をもつ国がほとんど参加する見込みのない状況で，「本来ならば部外者に近いといえる国」が締結した条約として，いわゆるオタワ・プロセスによる対人地雷禁止条約（1997 年），オスロ・プロセスによるクラスター弾禁止条約（2008 年），および，核兵器禁止条約（2017 年）を挙げることができる．いわゆる「立法条約」となることを意図するこのような条約を濫造すると，関係国の評判を損なうよりもむしろ「国際秩序で最も基本的なものすなわち述べられた言葉の信頼を傷つける」おそれがある[43]．

「本来ならば部外者に近いといえる国」は NGO と連携することが少なくない．ICJ がそれらからの信頼（confidence）を確保することに成功すれば，それらが ICJ の争訟手続または勧告手続を利用する——ICJ のクライアント

---

40) エリザベス・J・シェファ（小倉康久訳）「誠実な交渉——NPT 第 6 条の核軍縮義務および国際司法裁判所への再質問」浦田賢治編『核不拡散から核廃絶へ——軍縮国際法において信義誠実の義務とは何か』（憲法学舎，2010 年）233，249 頁．

41) 法律家は倫理的正当性を判断する特別な能力をもたないとする見解として，*see* Vaughan Lowe, International Law: A Very Short Introduction 121 (Oxford University Press, 2015) ［ヴォーン・ロウ（小坂田裕子ほか訳）『かんがえる国際法』（白水社，2024 年）169 頁］．

42) Joseph S. Nye, Jr., The Future of Power 216 (Public Affairs, 2011) ［ジョセフ・S・ナイ（山岡洋一＝藤島京子訳）『スマート・パワー——21 世紀を支配する新しい力』（日経 BP マーケティング，2011 年）273 頁］．

になる——可能性があり，その意味で，それらはステークホルダーに含めうる．

　NGO は現代の国際法形成過程（international legal process）[44] への実質的な参画者（participant）である．現在の国際法は，担当行政庁間法（trans-governmental law），「国境を越えて活動する私人の間の法（transnational law）」，および，「国家と独立に活動する人が形成する法（cosmopolitan law）」と呼ばれるものの内容を含んでいるのである[45]．

　もっとも，NGO は民主的正統性をもたず，公益保護のために活動していると自任する場合にも，客観的には特定の部分利益を追求しているにすぎない[46]．NGO は「本質的に特定の事由に関する圧力団体」[47] であり，国家のように，公益を特定してその実現を追求したり，部分利益を調和させたり，部分利益に優先順位を付し，優先されるものからその実現を追求したりしているとはいえないのである．例えば，油井の海洋投棄を妨げるために，NGO が石油会社を「名指しと恥さらし（naming and shaming）」の標的とす

---

43) *See* CHARLES DE VISSCHER, THÉORIES ET RÉALITÉS EN DROIT INTERNATIONAL PUBLIC 145 (4th ed., A. Pédone, 1970)［シャルル・ド・ヴィシェール（長谷川正国訳）『国際法における理論と現実』（成文堂，2007 年）121 頁］．*See also id.* at 164, 282［邦訳 141，237 頁］（国際関係の発達に先行しすぎた立法条約を「死産の条約」と呼び，その「乳幼児死亡率」の高さを指摘する）．「信頼を呼び起こさない安全保障制度は，無用というよりも有害である」ともいわれる．*See* JAMES LESLIE BRIERLY, *The Prohibition of War by International Law, in* THE BASIS OF OBLIGATION IN INTERNATIONAL LAW, AND OTHER PAPERS 280, 290 (Clarendon Press, 1958)［ジェームズ・レスリー・ブライアリー（長谷川正国訳）「国際法による戦争の禁止」『諸国民の法および諸論稿』（成文堂，2013 年）393，404 頁］．京都議定書についても，「主要国の支持が得られないものが適切な政策といえるかどうかは疑わしい」といわれる．*See* BJØRN LOMBORG, HOW TO SPEND $ 50 BILLION TO MAKE THE WORLD A BETTER PLACE 4 (Copenhagen Consensus Center, 2006)［ビョルン・ロンボルグ編（小林紀子訳）『500 億ドルでできること』（バジリコ，2001 年）23 頁］．

44) "Legal process" は，立法ならびに判例および慣習の形成などの作用によって法が形成される過程を動態的かつ総合的に理解する見方であるので，法形成過程と訳される．田中英夫『英米法研究 1——法形成過程』（東京大学出版会，1987 年）iv-vii 頁．

45) コスモポリタン法の形成が国際機構で制度化されているとする指摘としては，*see* Yoshiaki Sato, *Towards the Institutionalization of Cosmopolitan Law-Making*, 46 ALBERTA L. REV. 1141 (2009).

46) *See* MARCEL BRUS, THIRD PARTY DISPUTE SETTLEMENT IN AN INTERDEPENDENT WORLD 202 (Martinus Nijhoff, 1995).

47) R. Jennings, *Introduction to* THE INTERNATIONAL LAWYER AS PRACTITIONER, at xxi, xxvi (Chanaka Wickremasinghe ed., B.I.I.C.L., 2000).

る宣伝活動をおこなった 1995 年のブレント・スパー（Brent Spar）事件は，「環境を名目とする破壊行為（environmental vandalism）」の例として知られる．NGO は当該油井を海岸に曳航し，陸上で処理すべきであると主張したが，この方法は，石油会社の計画していた深海への投棄よりも環境負荷がいっそう重いことが明らかになったのである．この例からも明らかなように，NGO が「法の下でのグローバル・ガバナンス（global governance）」の正統な担い手であると一概にいうことはできないことは明らかである[48]．

なお，国際法の専門家の集団は，一方で，その専門的能力の高さゆえに知識共同体（epistemic community）と呼ばれるが，他方で，特定の部分利益を追求する閉鎖的集団であることから，「マフィア」[49] と呼ばれる[50]．専門家集団の外でほとんど知られていない人々が，公衆の信頼を勝ち取り国益に関する決定を委ねられる見込みは，本来「皆無である」[51]．それゆえ，「マフィア」による国際法や「ソフトロー」[52] の形成は，公共善（public good）を代表する民主的正統性をもつ者の参画を伴わなければ，正統なものであるとはいえない[53]．

このことは，いわゆる裁判所間の「対話（dialogue）」[54] についても当てはまる側面がある．裁判所も，相互に言及し判断を複製し合うことによって，「マフィア」の利益のために，政府（によって代表される国民）のコントロールを免れて，本来の国際法とは似て非なる「国際法」を増殖させるおそれがないとはいえないからである[55]．

---

48) *See* STEVEN WHEATLEY, THE DEMOCRATIC LEGITIMACY OF INTERNATIONAL LAW 252 (Hart, 2010).

49) Alain Pellet, *The Role of the International Lawyer in International Litigation, in* THE INTERNATIONAL LAWYER AS PRACTITIONER 141 (Chanaka Wickremasinghe ed., B.I.I.C.L., 2000).

50) 国際商事仲裁に携わる専門家に対する「仲裁マフィア」という呼称に言及する著作として，*see* SHAHLA F. ALI, RESOLVING DISPUTES IN THE ASIA–PACIFIC REGION: INTERNATIONAL ARBITRATION AND MEDIATION IN EAST ASIA AND THE WEST 92 (Routledge, 2011).

51) JAMES LESLIE BRIERLY, *The General Act of Geneva, 1928, in* THE BASIS OF OBLIGATION IN INTERNATIONAL LAW, AND OTHER PAPERS 161, 162 (Clarendon Press, 1958) ［ジェームズ・レスリー・ブライアリー（長谷川正国訳）「1928 年ジュネーヴ一般議定書」『諸国民の法および諸論稿』（成文堂，2013 年）371, 373 頁］.

52) ソフトローという概念については，齋藤民徒「国際法学におけるソフトロー概念の再検討」小寺彰＝道垣内正人編『国際社会とソフトロー』（有斐閣，2008 年）23 頁.

④ ICJ（の裁判官と職員）

1つの機関としてのICJ（の裁判官，書記および書記以外の職員）もステークホルダーである．すなわち，ICJの予算を決定する権限をもつ国連総会がICJの存在意義を認識し，予算を配分し続けるように，ICJは訴訟の付託や勧告的意見の要請を確保しなければならない．「国際裁判所への紛争の付託は，国内裁判所への私的紛争の付託の場合よりも，裁判所を構成する個人に対する［付託決定者からの］いっそう強い個人的信頼を必要とする」[56]とすれば，機関としてのICJと裁判官個人の利害関係は不可分であることになる．

例えば，南西アフリカ事件第2段階判決（1966年）は，ICJの制度の欠陥ではなく運用の誤りが原因の失敗であったと評されている[57]．そこでの誤りは，後に述べるように，ICJが信頼を獲得するためには，その決定の「聴衆の多様性を承認しなければならず，国際共同体の構成員の大多数が理解し支持しうる言葉で判決を構成しなければならない」[58]にもかかわらず，それをしなかったことであった．

---

53) *See* Stefan Oeter, *The Openness of International Organisations for Transnational Public Rule-Making, in* TRANSNATIONAL ADMINISTRATIVE RULE-MAKING: PERFORMANCE, LEGAL EFFECTS, AND LEGITIMACY 237, 251-252 (Oraf Dilling et al. eds., Hart, 2011). 「新たな条約の策定が困難な中，いわゆるソフトローの策定により，各国の関連する条約等の適切な履行を確保し，宇宙ガバナンスを構築する」傾向があるといわれる．樋口譲次『現実化する宇宙戦──「宇宙小国」日本はどうする!?』（国書刊行会，2023年）198頁．しかし，既存の条約が規律する問題について，有権解釈ではないソフトローがその履行の有無を確定する基準にはなりえない．ソフトローは考慮することが望ましいものであっても遵守が要求されるものではない．ソフトローが「『法の支配』を基本とする民主主義国家によって遵守されたとしても……『法の支配』と対立する強権主義国家からは拒否される」（同書200頁）という記述は，「法の支配」と無関係な行動を「法の支配」と関連付ける印象操作である．

54) Address by H.E. Judge Gilbert Guillaume, President of the International Court of Justice, to the United Nations General Assembly, Oct. 26, 2000, at 5. 「裁判官対話」については，伊藤洋一編『裁判官対話──国際化する司法の協働と攻防』（日本評論社，2023年）．

55) *See* P. Sean Morris, *The Advisory Committee of Jurists and the Historical Origins of Scholarly Writings as a Source of International Law, in* TRANSFORMING THE POLITICS OF INTERNATIONAL LAW: THE ADVISORY COMMITTEE OF JURISTS AND THE FORMATION OF THE WORLD COURT IN THE LEAGUE OF NATIONS 107, 110 (P. Sean Morris ed., Routledge, 2022).

56) JAMES LESLIE BRIERLY, *The Judicial Settlement of International Disputes, in* THE BASIS OF OBLIGATION IN INTERNATIONAL LAW, AND OTHER PAPERS 93, 104 (Clarendon Press, 1958)［ジェームズ・レスリー・ブライアリー（長谷川正国訳）「国際紛争の司法的解決」『諸国民の法および諸論稿』（成文堂，2013年）354，366頁］.

57) *See* Eberhard P. Deutsch, *The International Court of Justice*, 5 CORNELL INT'L L.J. 35 (1972).

14　序　章

　クライアントを増やすという ICJ の利益と公益の増進とが独立の問題であることには，注意しなければならない．1935 年から 1942 年まで常設国際司法裁判所（PCIJ）裁判官を務めた長岡春一は，1943 年の世界新秩序綱要私案に関する会合において，司法裁判を「おくと事件を欲しがる弊がある．常設の機関はおかないがいいのじゃないか」と発言している[59]．この警句は忘れられるべきではないであろう．

　①から④のステークホルダーが ICJ の実現可能（feasible）な制度目的に関する認識（perception）を共有していれば，ICJ の行動原理は明確であるはずである．問題は，例えば，国々が副次的目的にすぎないと考えるものを ICJ が主要な目的であるとみなして優先し，国々が主要な目的にほかならないと考えるものを実現されないままに放置するような事態である．制度目的に関する認識がそもそも相違していると，ICJ が適切な運用を選択したり，その運用を改善したりすることはできない．この場合に可能なことは，国々が ICJ の現実を認識し，過大な期待が過剰な失望をもたらさないようにすることだけである[60]．

2　コスト・ベネフィット計算と法的構成

　本書の課題は ICJ 規程や ICJ 規則に註釈を付すことではない．また，ICJ の判決・勧告的意見およびそれらに付された裁判官の宣言・個別意見・反対意見において認定された国際法を体系的に記述することでもない．さらに，裁判官の行動を決定している実体的要因を，心理学や社会学などの手法（discipline）を用いて分析することでもない．ICJ は，国連加盟申請に関する投票について，国々の「内的良心に属する動機は，明らかに一切のコントロールを免れる……提出された問題は，これからおこなおうとする投票に関して

---

58) John Merrills & Eric de Brabandere, Merrills' International Dispute Settlement 330 (7th ed., Cambridge University Press, 2022)［J・G・メリルス（長谷川正国訳）『新版国際紛争処理概論』（成文堂，2008 年）170 頁［底本第 4 版］］.

59) 柳原正治『帝国日本と不戦条約——外交官が見た国際法の限界と希望』（NHK 出版，2022 年）204 頁.

60) 国内裁判所についても，それへの期待が過剰であればあるほど，それが裏切られると，冷笑的な過小期待へと収縮するといわれる．和田仁孝「『法的紛争解決』観念の揺らぎ」宮澤節生＝神長百合子編『法社会学コロキウム』（日本評論社，1996 年）269，274，279-281 頁.

加盟国がなした言明に関係しうるにすぎない」[61] として，その検討の対象を言明に止めた．法学の手法で他者の行動の動機を解明することは不可能であり[62]，それが有用なのは言明の分析なのである．

　本書の課題は，訴訟当事国が裁判官の判断の制御を試みる手段として，また，ICJ がその判決を訴訟当事国に受け入れさせる手段として，訴訟で用いる法的構成 (legal construction)[63] に組み込まれた ICJ の制度目的を析出し，それに照らしてその運用を検討することである．

　ここで，国際法の体系が完全であるかどうかについて，本書の立場を明らかにしておくことが有用である．なぜなら，「ICJ の判断が法規範の空白を埋める作用を果たした事例もある」[64] とした上で，「形式的法源と接合せずに ICJ の法創造機能が行使されるような事例が存在する」が，それを通して「ICJ による［グローバル・］ガバナンスが実施されている」という見解が存在するからである[65]．本書は法規範の空白が存在するという見解をとらない．ICJ 規程第 38 条 1 項は ICJ の任務を「国際法に従って裁判すること」とする．そして，同第 56 条 1 項は，判決の「基礎となる理由」を掲げることを要求する．これらの規定は，適用される法が存在しないという理由で，ICJ が裁判不能 (non liquet) を宣言することを禁止し，かつ，判決は国際法と接合された理由に基礎付けられなければならないとするものである．この義務と，法規範の空白およびそれを埋めるための「実定法の外にある衡平 (equity praeter legem)」とは，論理的に両立しない[66]．

---

61) *See* Conditions of Admission of a State to Membership in the United Nations, 1948 I.C.J. 61 ［皆川洸編『国際法判例集』（有信堂，1975 年）140 頁］．

62)「法と心理学」などの学際的研究は，各分野の現在の知見を（それ自体を研究対象とするのではなく）前提とすることによって成立する．それは，各分野の手法自体を変容させ，学融合的研究に深化する可能性をもつが，まずは各分野の接点を探求するところから始められるべきものである．

63) このような法的構成の理解として，『川島武宜著作集 第 6 巻』（岩波書店，1982 年）350-351 頁．法学は，前者の指図的な法的構成の精錬と，後者の法的構成の事後的検証とを課題とする．同書 208，216-227 頁．

64) 酒井啓亘「国際司法裁判所と『国際立法』——グローバル化時代の国際社会におけるその意義」寺谷広司編『国際法の現在——変転する現代世界で法の可能性を問い直す』（日本評論社，2020 年）37, 40 頁．*See also* H. Thirlway, The Sources of International Law 137-138 (2d ed., Oxford University Press, 2019).

65) 酒井同論文 47 頁．

16　序章

　端的にいって，裁判官は，「自身の判決によって，新たな法を切り拓かざるをえないことを十分認識している場合にも，既存の法を解釈し，体系付けているにすぎないという擬制（fiction）を構成できるほどには賢明でなければならない」[67]という言葉は，ICJの裁判官にも当てはまる．「他の全ての法体系と同じく，国際法は形式的には『完全な』体系であり，裁判所に付託された全ての訴訟を解決しうる」[68]のであり，国際法も「国内法と同じく，ある事件を決定する明示的規則（rule）を含まないことがあり，むしろ含まないことが一般的である．しかし，法学の機能は，そのような規則が存在しない場合に，原則（principle）からの必然的推論（corollaries）を適用することによって，相反する権利および利益の抵触を解決し……そのようにして問題の解決点を発見することにある」[69]のである．つまり，ICJの裁判官は，実定法の外にある衡平によって法規範の空白を埋めるとすることなく，論理操作によって形式的法源と接合した理由を判決に付せるほどには「賢明」であることを期待されると考えられるのである．

3　予測と論理

　知識は，個人の暗黙知から集団の暗黙知を創造する共同化，暗黙知から形式知を創造する表出化，個別的形式知から体系的形式知を創造する連結化，形式知から暗黙知を創造する内面化を通して螺旋状に発展すると指摘されている[70]．本書の分析の対象は，裁判官の集合的な暗黙知から形式知を創造する表出化の段階ではなく，裁判官自身が十分意識しているかどうかにかかわ

---

66) 樋口陽一『近代立憲主義と現代国家』（勁草書房，1973年）99-100頁．このような立場に立てば，「衡平」は，「実定法の中の衡平（equity *infra legem*）」と「実定法に反する衡平（equity *contra legem*）」とのいずれかでしかないことになる．法学は「善と衡平の術（*ars boni et aequi*）」と呼ばれるが（樋口陽一『憲法〔第4版〕』（勁草書房，2021年）15頁），それは善と衡平が法に内在化されていることを意味するであろう．

67) Lord Hailsham of St. Marylebone, Hamlyn Revisited: The British Legal System Today 54 (Stevens, 1983)［ヘイルシャム（八木保夫訳）『今日のイギリス法制』（成文堂，1991年）86頁］．

68) J.L. Brierly, The Law of Nations: An Introduction to the International Law of Peace 68 (5th ed., Clarendon Press, 1955)［J・L・ブライアリー（一又正雄訳）『国際法——平時国際法入門』（有斐閣，1955年）63頁］．

69) *Id.*［邦訳62頁］, *citing* Eastern Extension, Australasia and China Telegraph Company, Ltd. (Gr. Brit. v. U.S.), Award of Nov. 9, 1923, 6 R.I.A.A. 112, 114.

らず，個々の判決の法的理由付け（legal reasoning）の構成という形式知から，ICJ の制度目的に関する体系的形式知を創造する連結化の段階に関わる．

　ここで，本書における法という概念と法学の課題との理解を明確にしておこう．というのも，（慣習）国際法は宗教のようなものであるとする見解や[71)]，それは「信念体系」[72)] であるとする見解と，本書の理解とは異なるからである．「逆説として」と断りつつ，「大学で聞かれた国際法，あるいは外務省の試験のために勉強した国際法というものは，忘れてしまえとまでは言わないにしても……極端な言い方をすれば，それは死んだ国際法である」[73)] という実務家の指摘がある．宗教や信念と同視される国際法は，まさに「死んだ国際法」であるようにみえる．本書は，「生きている法（law in action）」の概念として，知識としての予測と技術（art）としての論理という 2 つがあり，一方を他方に統合することは不可能であるが，両者の関連性が失われてはならないとする理解に立つ．この理解は，アメリカ合衆国［以下，合衆国］最高裁裁判官を務めた O・W・ホームズ Jr. の見解に基づく[74)]．

(1)　予測としての国際法

　ホームズは，「公の力（public force）が法廷を通して人々に及ぼされる状況に関する叙述，すなわち，予測（prophecy）」こそが法であるとした[75)]．国内法の場合には，公の力は国家に独占されていることから，法は「国家による強制が発動される確率の予測（prediction）」であると言い換えることも

---

70) *See* IKUJIRO NONAKA & HIROTAKA TAKEUCHI, THE KNOWLEDGE-CREATING COMPANY: HOW JAPANESE COMPANIES CREATE THE DYNAMICS OF INNOVATION 57 (Harvard Business Press, 1995)［野中郁次郎＝竹内弘高（梅本勝博訳）『知識創造企業〔新装版〕』（東洋経済新報社，2020 年）94-95 頁］．アリストテレスはエピステーメー（科学），テクネー（技術），フロネーシスという 3 つ知の在り方を挙げたが，フロネーシスには後継概念が育たなかったといわれる．佐藤仁『反転する環境国家』（名古屋大学出版会，2019 年）227 頁．暗黙知はこの後継概念に当たる．

71) *See* LOWE, *supra* note 41, at 23［邦訳 38 頁］．

72) JEAN D'ASPREMONT, INTERNATIONAL LAW AS A BELIEF SYSTEM (Cambridge University Press, 2018)［ジャン・ダスプルモン（根岸陽太訳）『信念体系としての国際法』（信山社出版，2023 年）．

73) 小和田恆『参画から創造へ──日本外交の目指すもの』（都市出版，1994 年）172 頁．

74) 国際法の理解における合衆国の法律家の思考の特徴については，佐藤義明「国際法へのコモン・ロー法律家的アプロウチと 9・11 後のアラカルト多国間主義」[2006-2] アメリカ法（2007 年）213 頁．

75) *See* 2 HOLMES-POLLOCK LETTERS 212 (Mark DeWolfe Howe ed., 2d ed., Belknap Press, 1961).

18 　序　章

できる[76]．このように理解される法は，「適用される可能性のある各国の国内法［すなわち，ハードロー］の和としての［ソフトロー］」がビジネス当事者の「行為規範」になっているといわれるときの[77]，「ソフトロー」または行為規範に当たる[78]．

　たしかに，国内社会と異なり，国際社会における公の力は分散していることから，予測の焦点が多様となり，予測を試みると「おとぎの世界」に迷い込むことになるともいわれる[79]．しかし，どれほど困難であるとしても，政策立案・決定の際に，公の力をもつ他の主体の反応について予測することは不可欠である[80]．「安全保障をめぐる政治の要諦は，単なる可能性の技術で

---

76) *See* OLIVER WENDELL HOLMES, *The Path of the Law, in* COLLECTED LEGAL PAPERS 167, 169, 173 (Constable, 1920) (1897) ［樋口範雄「オリバー・ウェンデル・ホームズと『法の道』」法学協会雑誌141巻5・6号（2024年）381，384頁］．ハイゼンベルクの不確定性原理に従えば，完全な予測は原理的に不可能である．それゆえ，ここでいう予測は，行動を決定する際に有用な程度に合理的な見通しである．不確定性原理については，古澤明『量子もつれとは何か――「不確定性原理」と複数の量子を扱う量子力学』（講談社，2011年）26頁．なお，H・A・キッシンジャーも，中華人民共和国［以下，PRC］との交渉において，大学の教室で講義されたモデルはほとんど役に立たなかったと述懐している．*See* JOSHUA COOPER RAMO, THE AGE OF THE UNTHINKABLE: WHY THE NEW WORLD DISORDER CONSTANTLY SURPRISES US AND WHAT WE CAN DO ABOUT IT 34 (Little, Brown & Co., 2009) ［ジョシュア・クーパー・ラモ（田村義進訳）『不連続変化の時代――想定外危機への適応戦略』（講談社，2009年）48頁］．

77) 道垣内正人「国際私法とソフト・ロー――総論的検討」小寺彰＝道垣内正人編『国際社会とソフトロー』（有斐閣，2008年）171，184-189，191-192頁．

78) ここにいう「ソフトロー」は，拘束力をもつ法について，その実効性に応じて従うべきであるかどうかを判断する基準とされるのに対して，通常，ソフトローは，そもそも拘束力をもたないが実効性の高いものの呼称とされる．ビジネス当事者の行為規範を同定しようとする場合には，ハードローであれ（後者の意味での）ソフトロー――例えば，国際標準やガイドライン――であれ，一定以上の実効性をもつ規範の和が問題になるというべきであろう．

79) *See* W. Michael Reisman, *International Incidents, in* INTERNATIONAL INCIDENTS 3, 11 (W. Michael Reisman & Andrew R. Willard eds., Princeton University Press, 1998). リースマンは，名宛人の相違に対応して，公衆に向けた「神話システム」（政策決定者の間のタテマエ）と政策決定者の間の「非公式ながら，しかしそれにもかかわらず有効な行動の準則」である「操作コード」とを区別している．*See* W. MICHAEL REISMAN, FOLDED LIES: BRIBERY, CRUSADES, AND REFORMS 1, 16-17 (Free Press, 1979) ［W・M・リースマン（奥平康弘訳）『贈収賄の構造』（岩波書店，1983年）2, 20-23頁］．本書は規範が十分共有されえないという前提で，各主体による自己解釈とその利用に注目する．それに対して，リースマンは，「神話システム」も「操作コード」も十分共有されうる――それゆえ，それらに照らした行動の予測可能性が十分高い――という前提に立っているようである．

80) *See* NYE. *supra* note 42, at 8 ［邦訳28頁］．

はなく予見可能性の技術にこそある」[81] のであり，国際政治の理論は未来を予測するための道具なのである[82]．

　本書は，「国や国際社会に信用させる国際法の『信用力』」[83] なるものを措定しない．予測としての国際法で問題となるのは，義務を負う国がそれを履行する「資源および予見可能性のある意欲」[84] をもつかどうか，および，それが履行されなかったときに関係国がその履行を強制するための「資源および予見可能性のある意欲」をもつかどうかに関する確率である[85]．この観点からは，国際法は「二次的な重要性しかもたず，それゆえ，それに抗する極めて強い誘惑を受けない事項」に限って国家間の「潤滑油」になりうるというべきであるかもしれない[86]．

　例えば，1962 年のキューバ危機の際に，合衆国は，封鎖（blockade）の要件を満たさないキューバ隔離（quarantine）措置をとったが，同国はこの措置を貫徹する「資源および予見可能性のある意欲」をもつとソ連に認識されたことから，同国の要求をソ連が受け入れたといわれる[87]．合衆国は米州相

81）石田淳「予見可能性の技術——『安保三文書』を読む」學士會会報 960 号（2023 年）20, 21 頁（「『意図のコミュニケーション』たる外交には，意図を明確に特定するとともに，それが実行されることは疑いないとの予想を相手国や同盟国に与えることが求められる」とする）．もちろん，社会科学の予測能力は限定的であり，予測と矛盾する事実に直面することも想定しておかなければならない．*See* JOHN J. MEARSHEIMER, THE TRAGEDY OF GREAT POWER POLITICS 411 (Updated ed., W.W. Norton, 2014)［ジョン・J・ミアシャイマー（奥山真司訳）『大国政治の悲劇』（五月書房新社，2017 年）500-501 頁］．

82）*See* MEARSHEIMER, *id.* at xvi, 7-8［邦訳 20-21, 37-38 頁］．*See also id.* at 37［邦訳 74-75 頁］（大国は，攻撃的行動を起こす前に，コストがベネフィットを上回る「ピュロスの勝利」を回避するために，勢力均衡を考慮し，他国による反応を予測するとする）．

83）黒﨑将広ほか『防衛実務国際法』（弘文堂，2021 年）2 頁［黒﨑執筆］．

84）BRIERLY, *supra* note 68, at 296［邦訳 410 頁］．ブライアリーは，国々の義務は「各国の利益および能力にできる限り正確に対応するように段階付けられるべきである」とする．*See id.*［邦訳 411 頁］．

85）『司馬法』は「人生の宜」を法と呼び，その解説は，「法は人生の共に宜しきところのものを謂い，[為し難き] 事を人に強いるに非ず」としている．服部宇之吉校訂『司馬法』『漢文大系第 13 巻——列子・孫子・呉子・司馬法・尉繚子・李衛公問対・三略・六韜』（冨山房，1912 年）22-23 頁．もちろん，ここでいう法の概念は西洋法に由来する現代法のそれとは異なる．しかし，法が遵守されるのは，それが便宜に適い，不可能を強いないからであるという理解は普遍性をもつと考えられる．

86）*See* BRIERLY, *supra* note 3, at 310［邦訳 479-480 頁］．

87）黒﨑ほか前掲書（注 83）511 頁［真山全執筆］．

互援助条約（1947年）第6条および第8条を適用する米州機構（OAS）決議がキューバ隔離の法的基礎であると主張した[88]．しかし，後に採択された「侵略の定義に関する決議（国連総会決議29/3314）」（1974年）に照らしても，ソ連がキューバにミサイル基地を建設することが侵略に当たるとする主張には説得力がない．また，安保理の許可を地域的取極・機関による強制行動の条件とする国連憲章第53条1項に鑑みて，OASの決議のみでは，同第2条4項の違反が正当化されることはないと考えられる．ソ連と合衆国とが各自の安全保障を追求することによって核戦争による人類存亡の危機に至ったとき，合衆国がそれを回避しえたのは，屈辱的敗北と核戦争の二者択一が必要になる点へとソ連を追いつめることなく，違法行為を圧力として利用しながら，妥協を引き出すという戦術によってだったのである[89]．

国際法は国々の行動を決定する条件になることがないわけではないものの，「多くの場合にはそうではない」[90]．国際法は，合理的行動の数理モデルなどによる予測と相補的に[91]，相対的に信頼性の高い予測の要素となりさえすれば十分機能しているというべきである．コンプライアンスとセキュリティとの関係は地図と地形との関係に当たるといわれることがある[92]．予測としての国際法と実際の行動の予測も類似の関係にある．例えば，1989年に冷戦

---

88) *See* ROBERT F. KENNEDY, THIRTEEN DAYS: A MEMOIR OF THE CUBAN MISSILE CRISIS 36, 40, 45, 48, 92 (Norton, 1969)［ロバート・ケネディ（毎日新聞社外信部訳）『13日間——キューバ危機回顧録』（中央公論新社，2014年）34, 39, 44, 47, 101-102頁］．

89) *See id.* at 49-50, 59, 80, 95-98［邦訳49-50, 63, 86, 105-108頁］．核武装した2つの国家を衝突する寸前の極限状態から救ったウソは「高貴なウソ」と呼ばれる．*See* JOHN J. MEARSHEIMER, WHY LEADERS LIE: THE TRUTH ABOUT LYING IN INTERNATIONAL POLITICS 67 (Oxford University Press, 2011)［ジョン・J・ミアシャイマー（奥山真司訳）『なぜリーダーはウソをつくのか——国際政治で使われる5つの「戦略的なウソ」』（中央公論新社，2017年）114頁］．*See also* JONATHAN SUMPTION, TRIALS OF THE STATE: LAW AND THE DECLINE OF POLITICS 42 (Profile Books, 2020)（「不透明さ，一貫性の欠如，でっちあげは，我々が平和裏に共存する世界を構築しようとするために必要な妥協としばしば切っても切り離せない」とする）．

90) THOMAS BUERGENTHAL & SEAN D. MURPHY, PUBLIC INTERNATIONAL LAW IN A NUTSHELL 9 (6th ed., Thomson/West, 2019).

91) 合理的行動の数理モデルは予測の精緻化のために追究された．*See* ANDREW J. STEWART, A VULNERABLE SYSTEM: THE HISTORY OF INFORMATION SECURITY IN THE COMPUTER AGE 12 (Cornell University Press, 2021)［アンドリュー・スチュワート（小林啓倫訳）『情報セキュリティの敗北史——脆弱性はどこから来たのか』（白揚社，2022年）22頁］．

92) *See id.* at 180［邦訳280頁］．

を終結させる条件として，北大西洋条約機構（NATO）を東方に拡大しないことを西側がソ連に約束したとする見解に対して，条約や公式声明の形で文書化されていないので「公式の合意」は存在しないものとして行動しうるという反論があり，「条約や宣言の形で『約束』を固めなかったゴルバチョフの外交が拙かった」と指摘されている[93]．この指摘は，国際法の形式をとる約束がそれをとらない約束よりも履行されることへの期待度が高く，予測可能性を高める機能をもつという認識を前提としている[94]．

　国際法が十分機能しうるのは，原則として，相互主義（reciprocity）や勢力均衡（balance of power）が機能する場合に限られる[95]．18 世紀の勢力均衡は，強国が経済力・軍事力・政治的理念などを傾けた「物理的な圧力で維持された．……こうした病理現象を是正し開放された多国間の協力の体制を想起し推進するため，国際法の学説に新しい役割が期待されるようになった」といわれる[96]．しかし，国際法の基盤は「物理的な圧力」以外にありえず，このことは病理ではなく生理である．学説があるべき法（*lex ferenda*）を提言することは自由であるが，その中核的役割は，できる限り正確に関係

93）板橋拓己「ヨーロッパにおける冷戦終結を問い直す──ドイツ統一と NATO 拡大問題を中心に」學士會会報 961 号（2023 年）14，15 頁．この問題については，一般的に，*see* M.E. Sarotte, Not One Inch: America, Russia, and the Making of Post-Cold War Stalemate（Yale University Press, 2022）［M・E・サロッティ（岩間陽子ほか監訳）『1 インチの攻防──NATO 拡大とポスト冷戦秩序の構築（上）（下）』（岩波書店，2024 年）］．

94）予測をおこなう要素として，約束の形式よりも問題となる国益の重要性の方が重要であることはいうまでもない．少なくとも NATO の東方不拡大については，西側の約束はその遵守が外交の前提になるとロシアが期待しており，その違反が政治的に解決されるべき抗争を発生させることは明らかであった．佐藤義明「Society 5.0 と法の変容──レジリエントな社会の構築に向けて」成蹊法学 100 号（2024 年）153，160-161 頁（口頭でなされた「約束」が「何らの効果も持たないとなれば，外交の役割が大きく減じられる恐れがある」という日本の元外交官の指摘を紹介する）．

95）佐藤義明ほか『ここからはじめる国際法──事例から考える国際社会と日本の関わり』（有斐閣，2022 年）11-13 頁（佐藤執筆）．見返りのない宥和的政策に対する批判として，柳井俊二＝田崎喜朗「日本の外交はどうあるべきか──日米関係とアジア外交を問う」財界人 441 号（2006 年）30，31 頁［柳井発言］．ただし，国際関係では予見可能性もコスト・ベネフィット計算も精度が低いので，オウム返し（tit for tat）という相互主義の行動原理を機械的に適用すべきではないとする指摘もある．*See* Abram Chayes & Antonia Handler Chayes, The New Sovereignty: Compliance with International Regulatory Agreements 89, 103-106（Harvard University Press, 1995）［エイブラム・チェイズ＝アントーニア・H・チェイズ（宮野洋一監訳）『国際法遵守の管理モデル──新しい主権のありかた』（中央大学出版部，2018 年）161-162, 190-196 頁］．

22 　序　章

者の行動を予測し，願望的思考（wishful thinking）を搔き立てないことでなければならない．

　条約を遵守する姿勢は各国が日本を信頼する源泉であり「重大な国益になっている」といわれることがある[97]．この言明は一面の真理であろう．しかし，条約の批准を差し控えたり，それを廃棄したりすることを外交の選択肢とする姿勢や，他国が条約を遵守しなければ「紙の上の抗議（paper protest）」に止まらない実効的措置をとる姿勢が，他国によるただ乗り（freeride）を看過しないという評判（reputation）を確立することも他面の真理である．国際法は，それを形成する「資源および予見可能性のある意欲」をもつ国々にとって，日々，それを自国に有利なものに形作ることが国益になるものなのである．

(2)　論理としての国際法

　ホームズは，法は論理（logic）であり，法律家は先例との類比・区別および原則からの推論（deduction）などによる法の操作を独自の任務にすることも認めている[98]．ここでいう論理は，真偽を問題とする論理学でいう論理とは異なり[99]，説得的理由付けを構成するために依拠すべき形式という意味である[100]．例えば，国際法については，「国際法の一般原則の演繹的適用」，「法目的論的アプローチ」，および，「国内法のアナロジー」などの技法があり，それらによる法的構成が「合理的法思考の所産」すなわち「法的論理と思惟の所産」であると認識されれば，それが受け入れられるといわれる[101]．

---

96)　山本草二『国際行政法の存立基盤』（有斐閣，2016 年）668 頁．ここで想起されるのは，「憂慮すべきは……書かれていることが真理と思うから納得するのではなく，真理だと思いたいがゆえに納得してしまうような人のほうです」という 1532 年 6 月 14 日付けのモアからエラスムスに宛てた書簡の警句である．*See* Opvs Epistolarvm Des. Erasmi Roterodami 34 (P. S. Allen ed., Oxford University Press, 1992)［沓掛良彦＝高田康成訳『エラスムス＝モア往復書簡』（岩波書店，2015 年）331 頁］．

97)　黒﨑ほか前掲書（注 83）39 頁［坂元茂樹執筆］．

98)　*See* Holmes, *supra* note 76, at 181［邦訳 396 頁］．

99)　ICJ がこの意味の「論理」に言及した例も存在する．*See* Application of the Genocide Convention (Croat. v. Serb.), 2015 I.C.J. 49.

100)　法の論理については，高橋文彦「法律家の『論理』——法的な "argument" およびその "defeasibility" について」亀本洋編『法と科学の交錯』（岩波書店，2014 年）171 頁．

101)　杉原高嶺『国際裁判の研究』（有斐閣，1985 年）182 頁．

国際法は，国際関係にとってコンピュータの基本ソフト（OS）のような
ものであるともいわれる[102]．この比喩は誤解を招きかねない．コンピュー
タの OS の設計者とその使用者とは通常異なり，設計者が構築した OS から
自由に使用者がコンピュータを操作することは不可能である．それに対して，
国々は国際法の設計者であると同時に使用者であり，そのような国々に依存
する論理としての国際法は，操作可能性がはるかに高いのである．

　国際法は国際関係で用いられる共通語（*lingua franca*）であり，ICJ はそ
の解釈者・教育者であるともいわれる[103]．たしかに，論理としての国際法
は一定の文法をもつ共通語であると考えることもできる．他者を強制したり
他者からの強制に抵抗したりする軍事力などをハードパワー，「自らの欲す
ることを他者もまた欲するように仕向ける」能力をソフトパワーと呼び[104]，
両者をどのように組み合わせて使用すべきであるかを状況に応じて弁別する
能力をスマートパワーと呼ぶことがある[105]．論理としての国際法によって
正統性を援用することは，ソフトパワーの一要素になりうる[106]．

　例えば，武力抗争の際に，自国の行為を武力紛争法に合致していると説明
しうるものにすることは，ソフトパワーを使用するために要求されるといわ
れる[107]．もっとも，「生存に関わる問題が生じれば，法は第 2 の席に座らざ
るをえない」[108] ことも事実である．大国は，有利な場合には法を利用し，
不利になると，それを容易に破壊する．そのように「ルールを無視する敵に
対応する上で，最良の戦法はただルールを破ることだけである」として，国
際法の操作は戦術の 1 つである「法規戦」にすぎないと位置付ける『超限

102）黒﨑ほか前掲書（注 83）4 頁［黒﨑執筆］.

103）*See* Sam Muller et al., *The International Court of Justice : Its Future Role After Fifty Years,*
in The International Court of Justice: Its Future Role After Fifty Years, at xxv, xxxiv
（A.S. Muller et al. eds., Martinus Nijhoff, 1997）.

104）*See* Joseph S. Nye, Jr. & David A. Welch, Understanding Global Conflict and Cooperation:
An Introduction to Theory and History 45 (10th ed., Pearson, 2017)［ジョセフ・S・ナイ，ジ
ュニア＝デイヴィッド・A・ウェルチ（田中明彦＝村田晃嗣訳）『国際紛争——理論と歴史〔原
書第 10 版〕』（有斐閣，2018 年）60 頁］.

105）*See* Nye, *supra* note 42, at xiii-xiv, 10, 209, 231［邦訳 14-16，31，265，292 頁］.

106）*See id.* at 208［邦訳 247 頁］.

107）*See id* at 44, 86［邦訳 72，120 頁］.

108）Nye & Welch, *supra* note 104, at 207［邦訳 246 頁］.

24　序　章

戦』[109]）の戦略は，「『古代の英知』の適用」[110]）として現在でも基本的に妥当するといわざるをえないのである[111]）.

　なお，国際法は抗争当事国の妥協を可能にする「価値的説得メカニズム」を発動する調停者のようなものであるとして，「調停モデル」により国際法を理解すべきであると提唱されている[112]）. しかし，論理としての国際法は，国々（の機関である人間）による操作の対象であって，自律的に価値的説得を試みる主体ではない. 抗争当事国間のコミュニケーションは，国際法を介してのみおこなわれるわけではなく，政治的言語なども用いられる. そもそも，国際法が価値的に特定されているという理解は，第1章で述べるように，国際法には規範とそれに対する対抗規範（antithesis）とが遍在し，一方当事国の主張に対して他方当事国が反対の主張をおこなうことは常に可能であるという理解と両立しない. 調停者として国際法を擬人化することは無益であり，自己があるべきであると考える国際法を美化することを正当化するとすれば有害であろう[113]）.

　法実証主義者が構築する理論の機能的使命は「法の変化をいずれかの時点

---

109) 喬良＝王湘穂（劉琦訳）『超限戦──21世紀の「新しい戦争」』（共同通信社，2001年）163, 170, 183頁. 同書は，現代では兵器にならないものは何一つなく，技術ではなく新概念が兵器を特定することから（39頁），武力紛争法は修正を迫られると指摘する（23頁）. 同書240, 243頁も参照.

110) Nye, *supra* note 42, at 34［邦訳60頁］.「超限思想」の起源は，韓非とマキャベリにあるとされる. 喬＝王同書224頁. なお，韓非の約1750年後に生まれたマキャベリは「西洋の韓非子」と呼ばれる. 冨谷至『韓非子』（中央公論新社，2003年）157頁.

111)「法律戦，情報戦，心理戦を駆使して勝利を収める」という発想は，戦争を身体というよりも頭でなされるものであると位置付けている点で高く評価されている. 兼原信克『安全保障戦略』（日本経済新聞出版本部，2021年）127頁.「法律戦」については，齊藤良「中国の三戦（輿論戦，心理戦，法律戦）と台湾の反三戦」陸戦研究22巻6号（2010年）23頁.

112) 河西直也「国際紛争の平和的解決と国際法」寺沢一ほか編『国際法学の再構築（下）』（東京大学出版会，1978年）51, 66-67, 76頁. 河西は国際法の機能の解明を目的として掲げ，意図的にICJの制度や運営の分析は留保していた. 河西（奥脇）直也「勧告的意見における『同意原則』と国際裁判所の司法政策」国際法政研究15号（1972年）29, 48頁. 本書は後者の課題を引き継ぐことを意図するものである.

113) *Cf.* Rudolf von Jhering, Der Kampf um's Recht 9-10 (Vittorio Klostermann, 2003)［イェーリング（村上淳一訳）『権利のための闘争』（岩波書店，1982年）38-39頁］（「法と言語との類似という見方を，断乎として斥けねばならない. それは，理論的見解としては間違っていてもとくに危険なものではないが，政治的原理としては考えられるかぎり最も憂うべき謬見を含んでいる」）.

で凍結することによって，あくまで確立した法規則によって紛争を制御すること」であるともいわれる[114]．しかし，抗争を制御するのは「資源および予見可能性のある意欲」をもつ国々——場合によっては，国々の行動に影響を与える「公衆によるサンクション（popular sanction）」[115]を行使する公衆——である．そして，国々は本来，予測に基づいて行動を決定すべき主体であり，論理はその行為を関係者に受け入れさせるための手段にすぎず，それが国々の選択を「制御する」といいうるほどの機能を果たすことはほとんどないと考えられる．「大国は国際法を以て習慣法なりとし……小国のみが法典編纂に力を注ぐ」[116]という 1931 年に紹介されたブライアリーの発言は，基本的には現在でも真理であろう．

（3） 予測と論理の関係

予測としての国際法は政策決定過程における参照枠組となり，論理としての国際法は，決定された政策を関係者に受け入れさせるための説得の道具となる．論理に予測を吸収してしまうことはできない．合衆国の政策については，密室で下される決定はパワーの計算に，他国および自国民に向けた広報は法律家的レトリックに依拠されるといわれるが[117]，この指摘は予測としての国際法と論理としての国際法との関係にも当てはまる[118]．この2つは，事実（*Sein*）と当為（*Sollen*）のように，一方を他方に吸収することは不可能であるが，相互に干渉し合う．すなわち，実定国際法は，予測としての精度がどれほど高いかという平面と，論理としてどれほど整合的に表現されてい

114）奥脇直也「過程としての国際法——実証主義国際法論における法の変化と時間の制御」世界法年報 22 号（2002 年）63 頁．

115）ベンサムによれば，公論（public opinion）という言葉は適切ではない．公論は，公衆による物理的サンクション（承認または否認）行動として具体化されて初めて政治的機能を発揮するからである．*See* Jeremy Bentham, *An Introduction to the Principles of Morals and Legislation, in* A Fragment on Government and an Introduction to the Principles of Morals and Legislation 113, 148 n.1 (Wilfrid Harrison ed., Blackwell, 1948)［ベンサム（山下重一訳）「道徳および立法の諸原理序説」関嘉彦編『ベンサム・J.S. ミル』（中央公論社，1967 年）69，110 頁注 1［抄訳］］．

116）高橋力也『国際法を編む——国際連盟の法典化事業と日本』（名古屋大学出版会，2023 年）368 頁に引用．

117）*See* Mearsheimer, *supra* note 81, at 25-27［邦訳 59-61 頁］．

118）*See id.* at 343-344［邦訳 420-421 頁］（権利や義務には曖昧さが残り，それを明確にしておくことは不可能なので，敵国の反応を予測しておくことは不可欠な課題であると指摘する）．

るかという平面との両方で検討されるべきものであり[119]，論理に依拠する
説得が関係国の行動にどれほど影響を与えるかの予測は，予測の精度を決定
する1つの要素となり，逆に，体系的整合性とともに予測との整合性も，論
理の説得力を決定する1つの要素となるのである．

　例えば，ICJや国連などの「国際生活のために重要な機構が，ある国家間
の契約的取極以外の何ものでもないということは，たとえ理論において真実
であっても，いささか人為的なこじつけである．我々が，これらの条約の形
式の背後に，［立法的機能という］その実質的効果を認めることこそが正し
い」[120]といわれる．この言明は予測の問題としては妥当であるかもしれな
い．しかし，基本的に，国際機構設立条約は他の類型の条約と異なる特別な
効果をもつとはされておらず，論理の問題としては契約的取極として解釈・
適用する必要がある．予測と論理とが乖離しないためには，「条約の趣旨お
よび目的」（同条約第31条1項）に依拠して黙示的権限を肯定したり，「後に
生じた慣行（subsequent practice）」（同条3項b）に依拠して「書かれた法
（black letter law）」を実質的に改正したりする解釈技法が用意されている．

　予測を論理に吸収しようとする試みは，国際法を過大評価させるための印
象操作である．例えば，「国際法はほとんどの場合におおむね遵守されてき
た」とする言葉は，国際法の実効性に関する正確な表現であるといわれ
る[121]．しかし，この言葉は，道路交通法がほとんどの場合におおむね遵守
されてきたので憲法などもそうであると示唆するような，無内容なものであ
るといわなければならない．問題は，どのような内容であれ規則を設定する
こと自体がステークホルダー全ての利益となる調整問題（coordination prob-
lem）[122]に関する規則が遵守されていることではなく――調整問題を解決す
る規則に違反することには，論理的に，誰も利益を見出さない――，対立し

---

119) *See* DE VISSCHER, *supra* note 43, at 164 ［邦訳141頁］．

120) J.L. BRIERLY, THE LAW OF NATIONS: AN INTRODUCTION TO THE INTERNATIONAL LAW OF PEACE, at v
　　（4th ed., Clarendon Press, 1949）［「第4版への序」J・L・ブライアリー（一又正雄訳）『国際法
　　――平時国際法入門』（有斐閣，1955年）6頁］．

121) ディーター・ダイスロート（山下威士訳）「国際法の効用と機能」浦田賢治編『核不拡散から
　　核廃絶へ――軍縮国際法において信義誠実の義務とは何か』（憲法学舎，2010年）258頁．

122) 慣習法はしばしば「歩道」に例えられる．*See* LOWE, *supra* note 41, at 21 ［邦訳36頁］．*See
　　also id.* at 107 ［邦訳150頁］．

合う国益の調整や，環境保護や人権保障などの国際公益の確保に関して負担
を配分する協力問題（cooperation problem）について，遵守に関する予測が
論理とどの程度一致しているかである[123]．国際法の実態を直視するならば，
後者に関する「国際法もほとんどの場合におおむね遵守されてきた」という
ことが過大評価であることについて，異論はほとんどないであろう．

　例えば，慰安婦問題に関する 2015 年の日韓外相共同記者発表で公表され
た「合意は条約ではないが，外交関係に責任をもつ外相同士の合意であり，
履行の期待は条約とは異ならない」として，韓国外相の「口頭の声明が韓国
を拘束することについては，疑いを容れない」といわれることがある[124]．
かりに，論理の問題としては，この解釈が成立するとしても，予測の問題と
しては，韓国で与野党が逆転すれば，同国が履行しなくなることは容易に予
測できた．そうしたとき，韓国は，東方不拡大の約束を無視した NATO と
同様の行動原理を採用したにすぎなかったのである．

　なお，論理の問題としても，上記の解釈には疑義がある．発表されたもの
が合意であり，かつ，両国を拘束するとすれば，それは口頭による条約とい
うことになる．しかし，発表された形式に鑑みれば，この声明を合意である
と考えること自体が困難である．むしろ，それは 2 つの一方的宣言であり，
信義則に基づいて拘束力をもちうるものであったと理解される[125]．近年，
特定の分野で国家を代表している者がその職務の範囲内で発する一方的声明

---

123) 国際公益の確保に関する問題は，倫理問題であるといわれることもある．*See* Niels Petersen, *Lawmaking by the International Court of Justice: Factors of Success, in* International Judicial Lawmaking: On Public Authority and Democratic Legitimation in Global Governance 411, 419- 420（Armin von Bogdandy & Ingo Venzke eds., Springer, 2012）．しかし，倫理は，その内容と，それを実現するためのコストの配分とに関する合意，すなわち実定法化を通して初めて確保される．この合意形成はそれ自体が協力問題の解決にほかならない．

124) 黒﨑ほか前掲書（注 83）65 頁［坂元執筆］．

125) 国家による一方的声明の拘束力については，中谷和弘『国家による一方的意思表明と国際法』（信山社，2021 年）．非拘束的な文書は，それに従った言動に対して相手国が異議を唱えられなくなるという「対抗力の効果」を発生させうるとする見解も存在する．中谷和弘『世界の島をめぐる国際法と外交』（信山社，2023 年）14-15 頁．しかし，異議の禁止は当該相手国が信義則に基づく義務を引き受けた場合に限られると考えられる．また，仲裁判断の既判力と別に，その「履行に関連して外交交渉するに際しても，判断の大枠を逸脱するものであってはならない」ともいわれる．同書 46 頁．しかし，既判力の対象を越えてそれからの逸脱が禁止される「判断の大枠」が何を意味するのかは明らかではない．

28　序　章

が当該国を拘束する例は増加している[126].

　予測を論理に吸収しようとする傾向は，国際法の実効性の水増しに基礎付けられる．例えば，PRC に南シナ海事件仲裁判断（2016 年）の履行を要求した際に，合衆国が「過去の自国の立場について改めて説明責任を果たすことを求められている」として，それは「国際法の不遵守は長期にわたる外交の足かせとなる」ことを示すといわれる[127].　しかし，この例は，国際法の不遵守が外交の足かせとなったことを示す例として適切ではない．説明責任の追及といわれるのは，国際会議における他国の発言などではなく，国務省報道官の会見における記者からの質問である．しかも，同報道官は，記者が質問した「ニカラグアにおけるおよびニカラグアに対する軍事活動と準軍事活動事件［以下，ニカラグア事件］」本案判決（1986 年）の履行の問題には触れることなく，1991 年にニカラグアが当該訴訟を取り下げたことによって抗争は平和的に解決されたと応えている．「資源および予見可能性のある意欲」をもつ合衆国は，ICJ の判決の「不遵守」を貫きつつ，経済的手段などを用いて勝訴国の政権を交代させ，新政権に賠償額算定に関する手続や判決履行要求を取り下げさせることによって，「不遵守」が問題とならない状況を作り出すことに成功したのである．

　記者の質問を外交の足かせと考え，「不遵守」を行動の選択肢から類型的に外す国があるとすれば，その国の行動については，合衆国の場合とは異なる予測に至るであろう．現在の国際社会において，そのような国は，「国際社会において，名誉ある地位を占め［る］」（日本国憲法前文）と評価されるよりも，ナイーブ（世間知らず）な国と評価されるにすぎないと考えられる．

4　本書の構成

　本書の課題を具体的にいえば，ICJ の制度目的がその創設から現在まで一貫して抗争解決であったか，それが抗争解決から国際法の発展に変容する

---

126) *See, e.g.*, Armed Activities on the Territory of the Congo (Dem. Rep. Congo v. Rwanda), 2006 I.C.J. 27.

127) 黒﨑ほか前掲書（注 83）2 頁［黒﨑執筆］．正統性の引用には，「みずからの法的な言い訳にからめとられる」リスクがあるということもできる．*See* NYE, *supra* note 42, at 208［邦訳 247頁］．

「世代交代」が生じたか，「世代交代」が生じたとすれば，現在でもそのまま
であるかそれとも国際法の発展から抗争解決に再「世代交代」したかを明ら
かにすることである．結論を先取りすれば，1960年代のような国際社会の
構造的変動期に，国際法の発展を志向する判決こそが抗争解決という結果を
もたらすと考えられた可能性はあるものの，基本的に，それは一貫して抗争
解決とされてきたというものである．

　この結論は，一方で，ICJ の判決を抗争解決に向けた訴訟当事国間の交渉
過程に出力される要素であると位置付ける抗争解決動学（dynamics）──
「抗争と協調とは実際には同じ問題つまり抗争解決の表裏である」[128] という
意味では，それは協力構築動学の一部である──の構築に，他方で，訴訟当
事国による履行を通して ICJ の判決が条約解釈の確定過程または慣習法の形
成過程に入力されるとする国際法形成動学の構築につながることが期待され
る．

　ICJ の前身に当たる PCIJ と ICJ は，種々の国際裁判所の「原型」となっ
てきた[129]．例えば，欧州司法裁判所（ECJ）──現在の欧州連合司法裁判所
（CJEU）──および ITLOS の規程および規則は，ICJ の規程および規則に
必要な修正を加えたものにほかならない[130]．また，ICJ 規程第61条の再審
に関する規定は，他の条約の同種の規定に多大な影響を与えてきたといわれ
る[131]．逆に，近年では，ICJ も，ITLOS や ECJ などの世界的・地域的な裁

---

128) NYE & WELCH. *supra* note 104, at xiii, xiv［邦訳 i, iv 頁］.

129) *See* Francisco Orrego Vicuña & Christopher Pinto, *Peaceful Settlement of Disputes: Prospects for the 21st Century, in* THE CENTENNIAL OF THE FIRST INTERNATIONAL PEACE CONFERENCE 261, 290 (Frits Kalshoven ed., Kluwer Law International, 2000).

130) *See* Richard Plender, *Rules of Procedure in the International Court and the European Court,* 2 EUR. J. INT'L L. 1, 34-38 (1991)（ECJ の手続は，ICJ の手続を基礎としながら，それよりも訴訟当事国によるコントロールの余地を狭めていると指摘する）.

131) 玉田大「国際裁判における判決再審手続」岡山大學法學會雜誌55巻3・4号（2006年）91, 117頁．玉田は，「未だ再審事由に関する統一的基準が確立していなかった」として，統一的基準の確立が追求されるべきものであると示唆する．同論文119頁．たしかに，「関連する国際法規」（条約法条約第31条3項c）の参照を介して，用語の意味が収斂し，統一的基準が結果として確立することはありうるであろう．しかし，統一的基準の確立を追求する必要はない．例えば，再審については，歴史的背景を反映して，南米の地域的実行が存在するといわれる．同論文119, 125頁．ある条約が同種の他の条約と異なることは，社会的需要の相違の現れであり，望ましい場合もあると考えられる．

判所や請求委員会による関連する決定への言及を増加させている[132]．それ
ゆえ，他の国際裁判所を理解するための ICJ の研究と，ICJ を理解するため
の他の国際裁判所の研究とは，相補的な関係に立ち，ともに重要性を増して
いるのである．

　本書は 5 章で構成される．第 1 章は，ICJ の歴史的位置付けとその展開を
跡付ける．第 2 章は，ICJ の制度目的に関する抗争解決志向と国際法発展志
向と呼ぶべき 2 つの見解を，それらの前提とする国際抗争過程および国際法
形成過程に関する理解を踏まえて整理する[133]．その上で，第 3 章以下にお
いて，ICJ がいずれの見解と整合的に行動してきたかを，ICJ の訴訟手続の
段階ごとに検証する．第 3 章は，抗争過程からの入力（input）の段階を取り
上げる．そして，ICJ が訴訟当事国の提出した争論をそのまま処理の対象と
なる紛争として認定するだけではなく，変動する抗争状況に即して紛争を認
定していることを検証する．第 4 章は，ICJ が裁判準則を選択し訴訟を処理
（processing）する段階を取り上げる．そして，ICJ が訴訟当事国の指定する
規準を裁判準則として採用し，論理的には当該規準を適用する前提となる争
点が存在する場合にも，訴訟当事国の意思に反して当該争点について判断し
ようとはしてこなかったことを検証する．第 5 章は，ICJ がレメディ（reme-
dy）[134] を決定し，それを抗争過程に出力（output）する段階を取り上げる．
まず，訴訟が係属（seisin）した後，いつでも指示されうる暫定措置（provi-
sional measure）を検討する．次に，判決主文について，ICJ が請求を認容す
るか棄却するかを決定することを原則としながら，抗争の性質や抗争状況を

---

132) *See, e.g.,* Interim Accord of 13 September 1995 (Maced. v. Greece), 2011 I.C.J. 678-679.

133) 国際裁判については，「垂直的裁判観念」と「水平的裁判観念」という「システムの全体を説
　　明する」「理解」の対立を軸として分析する視角も存在する．玉田大『国際裁判の判決効論』（有
　　斐閣，2012 年）1-5, 237-239 頁．本書は，システムの外在的視点からの理解ではなく，その運
　　用に関与する主体の利害と行動原理を抽出することによって，それらの主体の行動を予測し，そ
　　こで用いられる論理を精緻化することに有用性を見出している．なお，「意識的に二項対立の選
　　択肢を立てて，読み手の思考を挑発する」意義について，樋口陽一『Ludo ergo sum bis』（私家
　　版，2004 年）43 頁.

134) 英米法上のレメディは，権利侵害と法廷が下す決定とを固定的に対応させるのではなく，裁
　　判所が当事者の陳述を踏まえて将来志向的に下すべき決定を意味する．川嶋四郎『「救済法」の
　　課題と展望に関する一試論・序説」民事訴訟雑誌 43 号（1997 年）199-200 頁．ICJ の場合にも，
　　本案判決における義務の認定のみならず，判決や命令における勧告も含めて広くレメディと呼び，
　　ICJ による抗争過程への出力として統一的に検討することが有用である.

考慮して抗争解決の支援として最適なレメディを選択したり，紛争を最終的に処理する賠償額算定の手続を分離してレメディの決定を回避したりする手法が編み出されていることを検証する．

第1章 国際司法裁判所の歴史的位置付けと展開

第1節 国際司法裁判所の歴史的位置付け

1 「訴訟当事国の機関」——仲裁

仲裁は，抗争（conflict）を解決するための戦争に代わる手段として発展してきた．本書では，法的に構成されていない要求（demand）をめぐる争いを抗争，抗争当事国が要求を国際法の論理に従って請求（claim）へと構成し，判断機関に付託するものを争論（dispute indicated by a party），判断機関が処理対象として認定するものを紛争（dispute determined by the Court）と呼んで区別する．判断機関による紛争処理（dispute settlement）は抗争解決（conflict resolution）の一段階であり，判断機関の指示・決定するレメディは抗争解決を支援するために出力される要素である．これらの概念の区別は，繰り返し使用されてきたものであり，共通了解になっていると考えられる[1]．

> **抗争／争論／紛争・解決／処理**
>
> 　紛争と抗争を使い分けるべきであるとする意識は，少なくとも1910年には表明されている[2]．もっとも，本書で採用する抗争・争論・紛争などの定義は，分析のための講学上の概念であり，条約の用語として使い分けられているわけではない．例えば，"dispute" は，国連憲章第2条3項では抗争，ICJ規程第40条1項では争論，同第38条1項では紛争の意味で

---

1) 抗争と紛争とを区別する論考の例として，*see* Onuma Yasuaki, *The ICJ: An Emperor Without Clothes?: International Conflict Resolution, Article 38 of the ICJ Statute and the Sources of International Law, in* 1 Liber Amicorum Judge Shigeru Oda 191, 192 n.4（Nisuke Ando et al. eds., Kluwer Law International, 2002）.

2) *See* Nicolas Politis, *L'Avenir de la Mediation*, 17 Revue Générale de Droit International Public 136, 138（1910）.

用いられている．憲章第 2 条 3 項を具体化する同第 36 条 3 項は，“legal dispute” について ICJ への付託を考慮するよう安保理に要求しているが，抗争（における特定の論点）が “legal dispute” に当たるかどうかを判断する権限は安保理がもつ[3]．しかし，安保理の勧告に従って抗争当事国が当該 “legal dispute” を争論へと構成して ICJ に付託した場合に，紛争の存否を判断する権限は ICJ がもち，安保理が認定した “legal dispute” が ICJ の処理すべき紛争であると自動的に判断されるわけではない．

　なお，憲章は，抗争と区別して，国際秩序の紊乱を事態（situation）と呼ぶ．安保理の審理におけるこれらの区別は，同第 27 条 3 項但書きの下で，同第 6 章および第 52 条 3 項に基づく決定について投票を棄権しなければならない「抗争当事国」を決定する際の基準となる[4]．

　「紛争解決といっても紛争処理といってもいずれも英語の settlement であり，意味に相違はない」[5] という指摘も存在する．しかし，この指摘には 2 つの問題があると考えられる．1 つは，概念の分節化（articulation）の否定が反知性主義に陥りかねないことである．法律家は，専門用語を濫用することによって非専門家を搾取することがないよう，用語の一般的な意味を尊重すべきである．しかし，認識を精錬し学問を進化させるためには，概念を分節化し，厳密に定義し直された専門用語を使用することが不可欠である．もう 1 つは，日本語の処理と解決との区別が学術的に有用であるとすれば，むしろ英語の “settlement” が 2 つの意味をもつという理解につなげ，英語で表現される学問に貢献すべきことである．このことは “conflict” や “dispute” などの概念についても当てはまるであろう．

　君主や宗教指導者などが拘束的判断を下す「仲裁」は古代から知られていた．しかし，法律家が仲裁人になり，国際法に則った——場合によっては，実定法に反する衡平すなわち「衡平および善による」（*ex aequo et bono*）

---

3) *See* [1986] U.N. Juridical Y.B. 283.

4) *See* Legal Consequences for States of the Continued Presence of South Africa in Namibia (South West Africa) Notwithstanding Security Council Resolution 276 (1970), 1971 I.C.J. 22-23 [邦訳 198-199 頁].

5) 浅田正彦編『国際法〔第 5 版〕』（東信堂，2022 年）434 頁 [山形英郎執筆].

——判断を下すという近代的仲裁は，1794 年のジェイ条約[6]，1872 年のアラバマ号事件仲裁[7]，さらに 1899 年の第 1 回万国平和会議における常設仲裁裁判所（PCA）の設立の決定[8] などを画期として，国際社会に定着することになった．仲裁判断（award）[9] は，抗争当事国が締結した付託合意（*compromis*）に則って下される限り，敗訴国によってほとんど確実に履行されてきた．その不履行は「人が犬に嚙みつくような稀なことがら」[10] であるといわれてきたのである．仲裁判断は抗争当事国の実行と一致したことから，慣習法を認定する際の有力な証拠ともなりえた[11]．

しかし，仲裁の利用には 3 つの障害があった．誰を仲裁人とするかに関する交渉コストが高いこと，仲裁人候補者が敗訴させることになる国との関係悪化を危惧し，就任に難色を示すことが少なくないこと[12]，そして，仲裁人の報酬や事務経費が高くなりがちであることである[13]．

また，国際法の発展への寄与という点で，その機能には 3 つの限界があった．第 1 に，仲裁人は仲裁当事国が自由に選任することから，その判断が権威をもつと第三国が承認するとは限らないこと，第 2 に，仲裁準則も仲裁当

---

6) 安藤仁介『実証の国際法学』（信山社，2018 年）439 頁．

7) *See* Shabtai Rosenne, *Some Thoughts on International Arbitration Today*, 27 Isr. L. Rev. 447, 448 (1993). 本件付託合意は，国際法を仲裁準則とすること，および，付託合意に関する疑義についての判断は仲裁廷——仲裁当事国から 1 人ずつ，第三国 3 か国から 1 人ずつ選任される仲裁人で構成された——に委ねられることを明記していた点で画期的であった．黒﨑将広ほか『防衛実務国際法』（弘文堂，2021 年）594 頁［真山全執筆］．

8) *See* Ian Brownlie, The Rule of Law in International Affairs: International Law at the Fiftieth Anniversary of the United Nations 111 (Martinus Nijhoff, 1998).

9) 仲裁の結果は，国内法の用語と合わせて，判断と呼ぶことが望ましい．岩沢雄司『国際法』（東京大学出版会，2020 年）626 頁．なお，同書第 2 版は「裁定ともいわれる」とする（619 頁）．

10) Philip C. Jessup, A Modern Law of Nations 8 (Archon Books, 1968)［P・C・ジェサップ（落合淳隆訳）『現代の国際法』（敬文堂出版部，1973 年）9 頁］．なお，条約などの公定訳には「誤訳」が含まれることがある．例えば，ジュネーヴ第 2 条約（海上傷病者保護条約）（1949 年）第 14 条の公定訳について，黒﨑ほか前掲書（注 7）514 頁注 123，605 頁注 41（真山執筆）．誤訳はありうるものであり，それ自体は大きな問題ではない．しかし，誤訳が訂正されないまま放置されることは大きな問題である．

11) *See* 1 Alphonse Rivier, Principes du Droit des Gens 36 (A. Rousseau, 1896).

12) *See* Jackson H. Ralston, The Law and Procedure of International Tribunals, at xxx (rev. ed., Stanford University Press, 1926).

13) *See* Ian Brownlie, *The Peaceful Settlement of International Disputes in Practice*, 7 Pace Int'l L. Rev. 257, 270 (1995).

36   第1章　国際司法裁判所の歴史的位置付けと展開

事国が自由に指定することから，国際法以外の規準——例えば，一方当事国の国内法——とされることが少なくなく，国際法とされる場合にも，一般国際法ではなく特別に合意された法とされることが多いこと，第3に，仲裁判断を公開するかどうかも仲裁当事国の自由に委ねられるので，公開されないことが少なくなく，仲裁判断が他の仲裁の仲裁人によって共有され，「判例法」を形成することが困難であることである[14]．

　つまり，仲裁は抗争当事国の意思に従って抗争解決を支援する制度なのである．仲裁判断に従う抗争当事国の行動が国家実行として慣習法の形成に寄与したり，条約の「用語の通常の意味」の確定に寄与したりすることは可能であるにしても，そのような対世的（*erga omnes*）な効果は弱かったのである．一言でいえば，「仲裁の主要な機能は国際抗争を解決することであり，国際法の総体を発展させることではない」[15]と考えられていたといえる．

2　「国際法の機関」——常設国際司法裁判所の設立

(1)　前　史

　仲裁の限界に対して，常設の国際裁判所を設立しようとする運動が19世紀を通じて高まった．この運動の先駆者は，国際法（international law）や法典化（codification）などの用語を鋳造したJ・ベンサムである．ベンサムは1786年の草稿で，諸国の共通司法裁判所（a common court of judicature）の設立を提唱している[16]．ベンサムによれば，国民は常に善良な存在であり，国家が罪を犯すとすれば，それは不正な支配者ゆえである[17]．それゆえ，この裁判所が判決を下したら，その履行は，武力による執行を必要とすることなく公衆によるサンクションによって確保されうる．このメカニズムが機能するための要件は，判決の公表と報道の自由の保障である，というのである[18]．この裁判所は，国内裁判所よりも後の国際連盟理事会に近い性質のも

---

14)　最初の本格的な仲裁判断集は，6巻からなる JOHN BASSETT MOORE, HISTORY AND DIGEST OF THE INTERNATIONAL ARBITRATIONS TO WHICH THE UNITED STATES HAS BEEN A PARTY（Government Printing Office, 1898）であった．

15)　J.W. GARNER, RECENT DEVELOPMENTS IN INTERNATIONAL LAW 524（University of Calcutta, 1925）.

16)　*See* 2 JEREMY BENTHAM, *Principles of International Law, in* THE WORKS 537, 547, 552（John Bowring ed., William Tait, 1843）(1786).

17)　*See id.* at 539.

のであったともいわれる[19]．いずれにしろ，それは，常設国際司法裁判所（PCIJ）を先取りする構想を含んでいたと考えられる[20]．

このような運動を受けて，初めての常設の国際裁判所として，1908年に中米司法裁判所（*Corte Centroamericana de Justicia*）——通称カルタゴ裁判所（Court of Cartago）——が設立された[21]．この裁判所は強制的裁判権をもち，個人も訴訟能力をもつものとされた．それゆえ，強制的裁判権を与えられず，国家のみに訴訟能力が認められたPCIJおよびICJと比べても，革新性をもつものであった．しかし，その設立条約の当事国は5か国に止まり，同条約はその期限である10年後に失効したことから，挿話的な存在に止まった．

もっとも，国際的な紛争処理制度の利用資格を個人に認める地域的伝統は，南米南部共同市場（MERCOSUR）のブラジリア議定書（1991年）が，加盟国のみならず私人にも，共同市場グループ（Common Market Group）に仲介を要請する権利を認めたことに現れている．実際に，同議定書が発効した1993年4月24日から，それが2004年1月1日に発効したオリボス議定書に取って代わられるまでの間に申し立てられた33件のうち5件が私人によるものであった[22]．なお，新たな中米司法裁判所を設立する条約[23]が1993年に署名されているが，発効には至っていない．

裁判権と管轄権

国内裁判では，裁判権が問題となることは例外的であり，通常は管轄権が問題となる．というのは，国家が属地主義などの根拠に基づいて決定を下す権限（裁判権）をもつことを前提として，当該国家の裁判所のうちど

18）*See id.* at 554.

19）*See* Georg Schwarzenberger, *Bentham's Contribution to International Law and Politics, in* JEREMY BENTHAM AND LAW 152, 182 (George W. Keeton & Georg Schwarzenberger eds., Stevens & Sons, 1948).

20）岩佐幹三「ベンサムの平和思想」名古屋大法政論集54号（1971年）47, 82頁．

21）*See* Convention for the Establishment of a Central American Court of Justice, Dec. 12, 1907, 2 AM. J. INT'L L. SUPP. 231（1908）.

22）*See* Nadine Susani, *Dispute Settlement, in* THE LAW OF MERCOSUR 73, 74 n.10 (Marcílio Toscano Franca Filho et al eds., Hart, 2010).

23）Estatuto de la Corte Centroamericana de Justicia <http://www.ccj.org.ni/doc_base/normjurd/estatuto.htm>.

れが特定の訴訟を審理する権限（管轄権）をもつかが問題となるからである[24]．それに対して，国際裁判では，裁判権自体が抗争当事国の同意によって創設されることから，その存否が最も問題となる．複数の裁判所の間で管轄権が問題となることは例外的である．

PCIJ に強制的な裁判権を与えようとする提案は採用されず，ICJ についても同様であった[25]．ブライアリーは，国際連盟は国々の社会的紐帯の弱さゆえに弱体であったが，連盟規約が「完全主義の政策を性急に追ったので，袋小路に迷い込むことになった」とし[26]，国連も「拘束的決定を下す権限をもつ機関だけが効果的に行動できるとしたので，決定も行動もなしえない機関ができたようにみえる」と喝破している[27]．仲裁を義務化する条約について指摘されたように，国々が裁判権を事前に受け入れる前提は，「当該国間で真に重大な紛争の発生を到底ありえないものにする一般的な政治関係の存在」[28] である．そのような政治関係が全ての国家間に存在するということはできず，PCIJ と ICJ に強制的な裁判権を与えることは不可能だったのである．

裁判権の問題を管轄権の問題と言い換えることは，国連憲章と ICJ 規程によって ICJ が裁判権を付与されうる機関として創設されただけではなく，裁判権（の一部）をすでに付与されているという印象を創り出し，それを基礎とする「解釈」を可能にしかねない．例えば，第 5 章で検討する，本案裁判権が確立していることが確認される前に，拘束力をもつ暫定措置を指示する権限をもつとする自己授権に，この印象操作が寄与した可能性がないとはいえないであろう．管轄権という用語は，ICJ の権限が訴訟当事国の同意に由来することを軽視し，ICJ のいわば安保理化を正当化する魔

---

24) 伊藤眞『民事訴訟法〔第 8 版〕』（有斐閣，2023 年）43-44 頁．

25) 強制的裁判権の創設の試みに対する批判的検討としては，佐藤義明「国際司法裁判所における強制的管轄権の意義」本郷法政紀要 7 号（1998 年）255 頁．

26) *See* J.L. BRIERLY, THE LAW OF NATIONS: AN INTRODUCTION TO THE INTERNATIONAL LAW OF PEACE 110 (5th ed., Clarendon Press, 1955) 〔J・L・ブライアリー（一又正雄訳）『国際法──平時国際法入門』（有斐閣，1955 年）102 頁〕．

27) *See id.* at 112 〔邦訳 103 頁〕．

28) *See* CHARLES DE VISSCHER, THÉORIES ET RÉALITÉS EN DROIT INTERNATIONAL PUBLIC 93 (4th ed., A. Pédone, 1970) 〔シャルル・ド・ヴィシェール（長谷川正国訳）『国際法における理論と現実』（成文堂，2007 年）78 頁〕．

法の言葉なのである．

　国際裁判で管轄権が問題となりうるのは，ほかに「係争中の訴訟（*lis pendens*）」が存在し，二重訴訟の回避が問題となる場合である[29]．常設の国際裁判所の増殖などを受けて，このような場合は増加傾向にあるといわれる[30]．例えば，モックス製造工場事件では，2001年に国連海洋法条約（1982年）附属書Ⅶに基づく仲裁が開始された．しかし，2003年6月13日に仲裁廷の長は，ECJが同一の紛争を処理する可能性があり，「裁判機関間にあるべき相互の尊重と礼譲の要請」を理由として，12月1日まで手続を停止し，それまでに欧州共同体（EC）の立場が明らかになることを期待すると宣言した[31]．ECJは，2006年5月30日の大法廷判決で，EC法を構成する国連海洋法条約の解釈・適用にはECJが排他的な裁判権をもつとして，加盟国が仲裁を開始したことはEC条約第292条の違反に当たると判示した[32]．そこで，仲裁請求国は事件を取り下げると表明し，仲裁廷は2008年6月6日の命令で手続の終了を決定した[33]．仲裁当事国に

29）抗争当事国が法廷漁り（forum shopping）をおこなうことは不法なことではない．1つの法廷で失敗した場合に，同じ抗争の争点を別な紛争へと構成して，他の法廷を利用しようとすることは当然である．例えば，リヒテンシュタインは，大公が欧州人権裁判所（ECHR）で請求を満足させられなかった後で，ICJを利用した．*See* Certain Property（Liech. v. F.R.G.），2005 I.C.J. 15.

30）石塚智佐「国際司法裁判所と国際刑事裁判所──手続的観点からみた協働と補完」寺谷広司編『国際法の現在──変転する現代世界で法の可能性を問い直す』（日本評論社，2020年）213, 218-223頁（通常，異なる裁判準則に照らして異なる紛争の主題［subject］が構成されることから，二重訴訟の回避のために訴訟が却下されることはないとする）．なお，国際裁判所が増殖しているとして，人権裁判所3, 地域的経済共同体の裁判所5, ITLOS, 国際または混合刑事裁判所5, 知的財産に関する仲裁裁判所，そして，スポーツ仲裁裁判所（CAS）の計16機関が挙げられることがある．*See* Vaughan Lowe, International Law: A Very Short Introduction 50-51（Oxford University Press, 2015）［ヴォーン・ロウ（小坂田裕子ほか訳）『かんがえる国際法』（白水社，2024年）74-75頁］．ここで，CAS以外は政府間国際機構であるのに対して，CASのみがスイス私法人であり，CASを公的機関と並記することは妥当ではないと考えられる．CASの仲裁判断に対する批判として，佐藤義明「オリンピックとLGB（下-1）──付録PGAツアー対マーティン事件スカリア裁判官反対意見抄訳」成蹊法学96号（2022年）77, 121-122頁．CASについて，佐藤義明「ジェンダー・セックス・スポーツ──体の性の様々な発達をもつ女性の女性競技への参加をめぐって」ジェンダーと法19号（2022年）139, 141頁．

31）*See* President's Statement of June 13, 2003, para. 13 ＜https://pcacases.com/web/sendAttach/877＞.

32）*See* Case C-459/03, Commission v. Ireland, 2006 E.C.R. I-4635.

33）*See* The MOX Plant Case（Ireland v. U.K.），Order No. 6 of June 6, 2008 ＜https://pcacases.com/web/sendAttach/870＞.

40 第1章 国際司法裁判所の歴史的位置付けと展開

よって取り下げられなければ，仲裁廷は，国連海洋法条約第282条を適用して，自身の管轄権を否定したと考えられる．

(2) 常設国際司法裁判所

地域的限定や期限が付されることなく，一般的裁判権をもちうる常設国際裁判所として設立されたという意味で画期的であったのは，PCIJ であった．PCIJ は，常設国際裁判所の設立案を作成すべきであると規定する連盟規約第14条に従って作成された PCIJ 規程によって，1922年に設立された．PCIJ の画期性は以下の3点にあった．

① 常設性

まず，PCIJ は，仲裁に対して，それを利用する政治的・財政的コストを軽減し，「法的決定という原則とその方法の適用とを国家間で発展させる」可能性を広げた[34]．PCIJ を利用する場合には，抗争当事国が法廷の構成について交渉する必要がなく，裁判官がその国籍国と敗訴国との関係悪化を危惧する必要性も相対的に小さく，さらに，裁判官などの人件費や事務経費などは，連盟理事会の提案に基づく連盟総会の決定によって PCIJ 規程当事国が分担することから（規程第33条），訴訟当事国のコストは軽減されるのである．常設裁判所の利用によるコストの節約という動機は，例えば，サイガ号（即時釈放）事件（1997年判決）の請求国が仲裁ではなく ITLOS の利用を選択したときに存在したと指摘されている[35]．

個人間の直接互恵性に対して，ある者への協力が第三者からの協力（利他的行動）を導く基礎は間接互恵性と呼ばれる．間接互恵性が成立するためには，協力を選好する者と裏切りを選好する者とを区別する評判が必要になる[36]．協力を選好する国と裏切りを選好する国とが混在している国際社会に

---

34) *See* Danzig Legislative Decrees, 1935 P.C.I.J. (ser. A/B) No. 65, at 60 (individual opinion of Judge Anzilotti). なお，ICJ において，裁判官が個別的見解を表明する形式は，"declaration"，"separate opinion"，"dissenting opinion" とされているが，PCIJ では，それらに加えて，"observation"，"opinion"，"individual opinion" などの形式とされることがあった．

35) *See* Tullio Treves, *Conflicts Between the International Tribunal for the Law of the Sea and the International Court of Justice*, 31 N.Y.U. J. INT'L L. & POL. 809, 821 (1999).

36) 山岸俊男＝メアリー・C・ブリントン『リスクに背を向ける日本人』（講談社，2010年）117-121，124-125頁．

おいて，前者であるという評判を確立することは，国々が他国の協力を調達しようとするときに，それを容易にする財産となりうる[37]．そこで，常設機関である PCIJ の利用が利他的行為としかみえない場合にも，それによって獲得される評判が短期的喪失を上回る長期的利益の確保につながるとすれば，国々はそれが合理的選択であると考えることになる．

なお，常設裁判所による「司法的解決（judicial settlement）」における裁判準則や手続は，仲裁におけるそれらより予見可能性が高いと指摘されることがある[38]．たしかに，常設裁判所の場合には，それらに関する規定が設立条約および裁判所規則などに存在することから，予見可能性が高いようにみえる．しかし，仲裁の場合には，抗争当事国が付託合意において仲裁準則や手続をいっそう詳細に指定することが可能である．それゆえ，一般的な規定を適用する常設裁判所の裁判よりも，付託合意に基づく仲裁の方が高い予見可能性をもちうる可能性もあながち否定できない．この点は，一概には判断できないというほかないであろう．

② 司法性

次に，PCIJ は，原則として，国際法を裁判準則とする義務を負う．例外は，訴訟当事国が衡平および善による決定を明示的に授権する場合に限られる（PCIJ 規程第 38 条 2 項）．PCIJ および ICJ の歴史を通して，この授権がなされたことはない．PCIJ はその決定に理由を付す義務を負う．また，その口頭手続は原則として公開される．例外は，職権により（*proprio motu*）または訴訟当事国の合意により，それを秘密とする場合に限られる（同第 46 条）．さらに，判決は公開の法廷で朗読され（同第 58 条），公式判決集に登載される．PCIJ は，第三国はもちろん他の裁判官・仲裁人などに自身が構築した国際法の論理を提示し，国際法形成過程で重要な役割を果たしうるものとされたのである．

たしかに，PCIJ の判決が「文明国の共同体の名において」下されるもの

---

37) *See* J.L. Brierly, *The Laws of War, in* H.A.L. Fisher et al., The Background and Issues of the War 119, 132 (Clarendon Press, 1940)［ジェームズ・レスリー・ブライアリー（長谷川正国訳）「戦争法」『諸国民の法および諸論稿』（成文堂，2013 年）421, 433 頁］.

38) *See* Erik B. Wang, *Adjudication of Canada-United States Disputes*, 19 Can. Y.B. Int'l L. 158, 161 (1981).

42　第1章　国際司法裁判所の歴史的位置付けと展開

とする提案は PCIJ 規則に採用されなかった[39]．しかし，裁判所による法の
適用には法の創造的定式化（formulation）が必然的に伴うことは，現在では
共通了解になっている[40]．国際法を制定する一般的立法権をもつ機関が存在
しない国際社会において，PCIJ が形成する「判例法」——ICJ は "jurispru-
dence"[41] という語や "case law"[42] という語を使用する——は，実質的に
は，国々による慣習法の形成や条約の締結・解釈とは次元を異にする新たな
要素を国際法形成過程にもち込んだといえる[43]．さらにいえば，国際法を発
展させるという機能は，PCIJ が付託された紛争の処理のみならず，国際法
に関する誤解を原因とする紛争の防止も役割とするという理解につながるこ
とになった[44]．

法の不確定性と司法立法

　法は自然言語で記述され，それをコンピュータ言語のような形式言語に
転記することはできない．自然言語の意味は，論理操作で特定することは
不可能であり，解釈を通じて創造される[45]．それゆえ，機械的適用が可能
になるまで法を事前に精緻化しておくことは不可能である[46]．そして，法

---

39) *See* P.C.I.J. (ser. D) No. 2, at 266.

40) *See, e.g.,* James Leslie Brierly, *The Judicial Settlement of International Disputes, in* The Basis of Obligation in International Law, and Other Papers 93, 98 (Clarendon Press, 1958)［ジェームズ・レスリー・ブライアリー（長谷川正国訳）「国際紛争の司法的解決」『諸国民の法および諸論稿』（成文堂，2013 年）354, 359-360 頁].

41)「十分確定した（well-settled）」，「確立した（established）」または「十分確立した」という修飾語を付す用例もある．*See, e.g.* Allegations of Genocide Under the Genocide Convention (Ukr. v. Russ.), 2024 I.C.J. paras. 44, 67, 123, 135 (Feb. 2).「一貫した（consistent）」という修飾語も付される．*See* Legal Consequences of the Separation of the Chagos Archipelago from Mauritius in 1965, 2019 I.C.J. 113.

42) *E.g.,* Application of the Convention Against Torture and Other Cruel, Inhuman or Degrading Treatment or Punishment［Torture Convention］(Can. & Neth. v. Syria), 2023 I.C.J. para. 24 (Nov. 16).

43) ICJ は，自身の判例のみならず，「他の国際裁判所の慣行」にも言及することがある．*See* Land Boundary in the Northern Part of Isla Portillos (Costa Rica v. Nicar.), 2018 I.C.J. 58.

44) *See* Brierly, *supra* note 26, at 274［邦訳 249 頁].

45) 赤間世紀『自然言語・意味論・論理』（共立出版，1998 年）37-38 頁．逆に，機械言語を解釈することは不可能である．イヴォンヌ・ホフシュテッター（渡辺玲訳）『目に見えない戦争——デジタル化に脅かされる世界の安全と安定』（講談社，2022 年）211 頁（ただし，人工知能（AI）は機械言語を解釈する可能性があると指摘する).

体系には，ある主張を支持する規範と，それを反駁する主張を支持する対抗規範が遍在している．領土保全と「救済的分離 (remedial secession)」や，武力行使の禁止と「予防的自衛 (preventive self-defense)」など，その例を挙げることは容易である．「全ての原則は，それ自体の反対原則または対抗原則を創造する傾向をもつ」とするヘーゲルの歴史観は妥当なものであり[47]，法体系を満たす規範と対抗規範との緊張関係が法形成の動因となるのである[48]．

判決の理由付けは，裁判官が法を創造する際にそれを法体系の中で説明するものであり，それが司法立法ではなく法の適用とみなされうるかどうかを，訴訟当事国や潜在的クライアントが評価することを可能にする[49]．この評価が消極的な場合には，付託の差控えや裁判官の再任の拒否などを通して，PCIJ に対する統制が試みられることになる．

この理解に立てば，「法的に許される範囲を確定した上で，その範囲内で政策論が戦わされるというのが正しい姿なのであるが，実際には法解釈論と政策論はしばしば混淆する」[50]という認識は，法の適用の実体を直視しない誤謬であるといわざるをえない．「法的に許される範囲」なるものは，既知の判断から新しい判断を論理的に導き出す推論によっては確定されえず，それ自体が政策的に創造されるものだからである[51]．実際に，ミナミマグロ事件 (2000 年仲裁判断) の仲裁人の 1 人は，政策こそが法解釈を規定するのであって，逆ではないことを示唆している．すなわち，国連海洋法条約「第 281 条 1 の解釈は薄氷を踏むが如きものであった……［仲裁判断の文言］には表れていないが，多数派［の仲裁人］の頭の中には本件

---

46) *See* S. Belaïde. Essai sur le Pouvoir Créateur et Normatif du Juge 262, 274, 275 (Librairie generale de droit et de jurisprudence, 1974).

47) *See* Benjamin N. Cardozo. The Nature of the Judicial Process 62 (Yale University Press, 1921)［B・N・カドーゾ（守屋善輝訳）『司法過程の性質』（中央大学出版部，1966 年）98 頁］.

48) *See id.* at 134［邦訳 211-212 頁］．国際法における対抗規範について，*See* Abram Chayes & Antonia Handler Chayes, The New Sovereignty: Compliance with International Regulatory Agreements 120-121 (Harvard University Press, 1995)［エイブラム・チェイズ＝アントーニア・H・チェイズ（宮野洋一監訳）『国際法遵守の管理モデル──新しい主権のありかた』（中央大学出版部，2018 年）220 頁］.

49) 平井宜雄『法政策学〔第 2 版〕』（有斐閣，1995 年）66 頁.

50) 小寺彰「本特集のねらい」法学セミナー 661 号（2010 年）7, 8 頁.

44 第1章 国際司法裁判所の歴史的位置付けと展開

紛争の本案をこの仲裁……で処理するのは不適当との考えがあったと思う．それは政策的あるいは外交的配慮の面もあるかも知れない」[52] と述懐しているのである．

③ 公益性

最後に，PCIJ には，国際公序（international public order）の維持も期待された．PCIJ は，「良俗の守護者（*custos morum*）」として，良俗（*bonnes moeurs*）に反する条約の適用を拒否しなければならないと考えられたのである[53]．PCIJ がこの役割を実際に果たすべき状況は例外的なものであり，そ

---

51) 例えば，尖閣諸島に関する PRC の主張は「完全な言いがかり」であり，日本との主張の対立は存在しても紛争は存在しないとする見解がある．小寺彰「領土問題の処理急ぐな」2012 年 10 月 9 日日本経済新聞朝刊 13 面．この説明は「極めて明快」であるといわれる．山上信吾「尖閣諸島問題についての一考察——国際法・国際政治の実務の現場から」法学新報 120 巻 9・10 号（2014 年）733，740-741 頁．しかし，この説明は「法的に許される範囲」を恣意的に設定しており，当該設定を当然視している集団の内部でのみ明快であり，当該集団の外部では全く通用しないといわざるをえない．ここには，国際法学界と外交官による「小集団の構成員が，知らず知らずのうちに，共通の幻想と掟とをもつようになり，それが批判的思考や現実による検証を妨げ，［ひとりよがりの］団結心（*esprit de corps*）に陥る傾向がある」という意味での「仲間内思考（groupthink）」の例がみられる．「仲間内思考」について，*see* W. MICHAEL REISMAN & JAMES E. BAKER, REGULATING COVERT ACTION: PRACTICES, CONTEXTS, AND POLICIES OF COVERT COERCION ABROAD IN INTERNATIONAL AND AMERICAN LAW 55（Yale University Press, 1992）［W・マイケル・リースマン＝ジェームス・E. ベーカー（宮野洋一＝奥脇直也訳）『国家の非公然活動と国際法——秘密という幻想』（中央大学出版部，2001 年）88 頁］．*See also id.* at 76［邦訳 121 頁］．
　　言いがかりであると認められるのは，裁判機関がすでに言い渡している認定と矛盾する主張を維持する場合に限られると指摘されている．玉田大「国際裁判における領土主権紛争の存在認定——国連海洋法条約附属書Ⅶ仲裁裁判所における沿岸国訴訟の利用」柳原正治＝兼原敦子編『国際法からみた領土と日本』（東京大学出版会，2022 年）231，237 頁．そうであるとすれば，尖閣諸島に関してそのような認定が存在していない以上，小寺の見解が国際社会で通用しないことこそ「極めて明快」であることになるはずである．主張の対立が存在すれば紛争は存在するのであり，問題は紛争の主題である．PRC がそれを領有権の所在であるとしているのに対して，日本はそれを（忍び寄る）侵略とすべきであろう．このような紛争の主題の認識の示唆として，兼原信克『現実主義者のための安全保障のリアル』（ビジネス社，2021 年）36，82，154 頁．尖閣諸島の問題は，領有意思を表示するかどうかという段階ではなく「取るか取られるかという力の次元に移っている」．同書 41，46 頁．

52) 山田中正「フォーラム・ショッピングの現象について」横田洋三＝山村恒雄編『現代国際法と国連・人権・裁判』（国際書院，2003 年）391，397 頁．

53) *See* Oscar Chinn（U.K. v. Belg.），1934 P.C.I.J.（ser. A/B）No. 63, at 149（separate opinion of Judge Schücking）.

れは ICJ についても同じである．しかし，この役割は常設の国際裁判所ならではのものとして肯定された．衡平および善による決定を下す場合，すなわち，「訴訟当事国の機関」という性格が最も強い場合にも，ICJ は「国際法の機関」という性質を失わず，条約法条約第 53 条に規定されている強行規範（*jus cogens*）と抵触する判決を下すことは許されないといわれるのも[54]，それゆえである．

国際法の存在形式と妥当範囲

国際法の存在形式として受け入れられていることに争いがないのは，ICJ 規程第 38 条 1 項が裁判準則として挙げる条約・慣習法・法の一般原則である．そして，国際法の妥当範囲は，普遍国際法，「一貫した反対国（persistent objector）」のみは名宛人とならない一般国際法，および，特定の国々のみを名宛人とする特別国際法に区別しうる．

国際法の存在形式と妥当範囲を混同することはできない．慣習法は普遍国際法または一般国際法であるといわれる[55]．しかし，その妥当範囲は地域的または 2 国間のこともある．逆に，普遍国際法および一般国際法は，慣習法のみならず，法の一般原則としても存在しうると考えられる[56]．それらが条約として存在するかどうかは争われている．一方で，国連憲章の締結は，条約締結によって一般国際法が形成された革命的行為であったとする立場が存在する[57]．他方で，同意していない第三国に条約が義務を課すことを条約法条約第 38 条が否定しているように，条約の採択を契機として形成される慣習法のみが一般国際法さらに普遍国際法という妥当範囲をもちうるとする立場も存在する．

後者の立場に立っても，慣習法形成の要件（とりわけ時間的要素）を緩

---

54) *See* D.W. Bowett, *Contemporary Development in Legal Techniques in the Settlement of Disputes*, 180 Collected Courses Hague Acad. Int'l L. 169, 182 (1983-II).

55) 東京高判 1993 年 3 月 5 日判夕 811 号 76，83 頁．

56) *See* Sir Gerald Fitzmaurice, *The Older Generation of International Lawyer and the Question of Human Rights*, 21 Revista Española de Derecho Internacional 471 n.3 (1968).

57) *See* Hans Kelsen, The Law of United Nations: A Critical Analysis of Its Fundamental Problems, with Supplement 108 (Stevens, 1951), *cited in* Military and Paramilitary Activities in and Against Nicaragua (Nicar. v. U.S.), 1986 I.C.J. 531–532 (dissenting opinion of Judge Jennings).

46　第1章　国際司法裁判所の歴史的位置付けと展開

和することによって，社会的要請に応じて適時に，一般国際法および普遍
国際法の確立を承認することが可能になるかもしれない[58]．実際に，ICJ
は，非当事国の国家実行も法的信念も確認することなく，「島はその面積
に関わらず他の陸と同じ海洋に対する権利を発生させる」という原則と排
他的経済水域および大陸棚とを関係付け，後者と「不可分の制度」である
という理由だけで，国連海洋法条約第121条3項が慣習法として確立して
いると認定している[59]．しかし，国連海洋法条約の当事国が168か国に止
まり，合衆国などが批准を拒否していることに鑑みれば，この理由付けは
不十分であるといわざるをえないであろう．

　つまり，PCIJ は，「訴訟当事国の機関」という性質に加えて，訴訟当事国
の意思に対して一定の自律性をもち，権威をもって国際法を認定する「国際
法の機関」という性質をもつようになったといえる．「仲裁判断（*sentences*）
は，その形式的価値がどのようなものであるにしろ，本質的には抗争当事国
が追求する妥協的解決でしかないのに対して，PCIJ の決定は世界の法的信
念（*opinio juris*）[60]を体現する真の判決（*arrêts*）である」[61]という一文はこ
のことを明瞭に述べている．

　もっとも，ICJ について，「国際法規則の決定のための補助手段にとどま
らない現代的な国際法形成プロセスの特徴の1つが裁判機能に内在するかた
ちですでに表出している」[62]という理解には慎重であるべきではないであろ
うか．「裁判上の判決」を「法則決定の補助手段」にすぎないとする ICJ 規

---

58)　*See* North Sea Continental Shelf (F.R.G. v. Den.; F.R.G. v. Neth.), 1969 I.C.J. 177 (dissenting
　　opinion of Judge Tanaka).

59)　*See* Territorial and Maritime Dispute, 2012 I.C.J. 674.

60)　法的信念は，確立する前の法に従うという錯誤を意味することから，法として成立させようとす
　　る「法的期待」と呼ぶべきであるといわれる．五十嵐宙「慣習国際法成立要件論の再構築」青山
　　社会科学紀要37巻1号（2008年）1頁．しかし，国際法は，各国の自己解釈（autointerpreta-
　　tion）を通して分権的に認定されるものであり，それを公権的に決定する権限をもつ一般の機関は
　　存在しない．国々も ICJ も，法として成立させるべきであるとするのではなく，法的信念が存在す
　　るのですでに法であるとする論理をとることから，法的信念という用語に問題はないと考えられる．

61)　N. POLITIS, LA JUSTICE INTERNATIONALE 19 (2d ed., Librairie Hachette, 1924).

62)　酒井啓亘「国際司法裁判所と『国際立法』──グローバル化時代の国際社会におけるその意
　　義」寺谷広司編『国際法の現在──変転する現代世界で法の可能性を問い直す』（日本評論社，
　　2020年）37，39頁．

程第 38 条 1 項 d と明らかに抵触するからである．ICJ の判決が履行されない例は少なくないので，それらは国々の行動の予測の基礎として信頼性が高いとはいえず，それらの論理が国々によって受け入れられる保証もない．また，ICJ の裁判官には，「裁判は当事者間においてかつその特定の事件に関してのみ拘束力を有する」（同第 59 条）ことを前提として審理することが訴訟経済（judicial economy）の観点から要請され，判決が「補助手段にとどまらない」ことを前提として審理することは禁止されていると考えられる．

国々が国連総会にすら承認していない「立法権」を「15 人の著名な法律家」[63] に承認していると考えることはできない．かりに，「国民の厳粛な信託」に応えて国際法を形成すべき政府が，自身の「立法権」をわずか 15 人の法律家に委任したとすれば，各国の国民は，善管注意義務および忠実義務に違反したとして自国政府の責任を追及するであろう．

3 「国際連合の機関」──国際司法裁判所の設立

第 2 次世界大戦の勃発を受けて PCIJ は活動を休止し，1946 年 1 月 31 日に裁判官全員が辞職した．同年 4 月 18 日，ICJ が職務を開始した．ICJ は PCIJ の事実上の後身と位置付けられ，PCIJ に付託されるべき紛争は，ICJ 規程当事国間では ICJ に付託されるべきものとされた（ICJ 規程 37 条）．

裁判官の評議

ICJ の訴訟手続では，訴訟当事国から ICJ への情報伝達過程（communicative process）が終了すると，決定形成過程（decisional process）に移行する．評議は裁判長[64] が主宰する．通常，所長が裁判長を務めるが，所長が訴訟当事国の国籍をもつ場合などにはそれを回避し（ICJ 規則第 32 条 1 項），

---

63) JAMES LARRY TAULBEE & GERHARD VON GLAHN, LAW AMONG NATIONS: AN INTRODUCTION TO PUBLIC INTERNATIONAL LAW 449 (12th ed., Routledge, 2022).

64) ICJ 規程における "president" は，機関の長（所長）と法廷の長（裁判長）という 2 つの意味で用いられる．所長については，佐藤義明「国際司法裁判所長」岩沢雄司＝岡野正敬編『国際関係と法の支配』（信山社，2021 年）181 頁．なお，Land, Island and Maritime Frontier (El. Sal. v. Hond.), 1992 I.C.J. 574 について，口頭手続終了後の書面の提出を裁判長が認めた後で，ICJ が改めて受理しないことを決定したといわれる．杉原高嶺『国際司法裁判制度』（有斐閣，1996 年）204 頁．しかし，同事件では，裁判長は書面が提出された事実を他方の訴訟当事国に通知し，その反対を受けて，ICJ が当該文書の受理の拒否を決定している．

48 第1章 国際司法裁判所の歴史的位置付けと展開

次長──次長にも支障がある場合には上席裁判官──がそれを務める（同第13条1項）．評議では，裁判官各自が執筆するノート──かつては暫定措置・先決的抗弁・本案全てについて作成されていたが，現在では前2者については作成されていない[65]──を基礎とする意見の表明を受けて，多数意見を構成する裁判官が判決起草委員会を構成する．裁判長は，多数意見を支持する場合には，職務としてその委員長に就任する．同委員会が判決の原案を起草し，2回の読会を経て，票決にかける[66]．この過程で，個々の裁判官の意見の最大公約数というよりも，その協働作業（collegiate work）によって創造された「裁判所が言い渡した判決」（ICJ規程第27条）が形成される．判決には裁判長および書記の署名が要求される（同第58条）．このことは，ICJという機関がそれに責任を負うことを表している．裁判長は，裁判官の投票が可否同数となった場合には決定投票をおこなう．一連の権限ゆえに，裁判長は判決の形成に実質的影響力をもつ[67]．裁判官は，判決に個別意見，反対意見または宣言を付す権限をもつ（同第57条）．

　判決が質の高いものとなるためには，評議の時間を十分確保しなければならない[68]．仲裁の場合には，付託合意がそれを制限することが許容されていた．しかし，訴訟当事国がICJの評議の時間を制限することを認めると，質の低い判決が下されることになり，ICJへの信頼が損なわれうるので，そうすることは許容されていない．ICJは，訴訟当事国の合意を原則として尊重すべきであるものの，それに拘束されるわけではなく，自身の職務の遂行状況に鑑みて，評議の速度を決定する自由をもつのである[69]．

　なお，ICJの書記局（Registry）は，英米法系の事務局（managing clerk's office）とは異なり，いっそう重要で強い権限をもつ機関である[70]．2022年7月31日時点で書記および書記補に加えて，書記局には117名の

---

65) *See* Elihu Lauterpacht, *The International Lawyer as Judge, in* THE INTERNATIONAL LAWYER AS PRACTITIONER 125, 138 (Chanaka Wickremasinghe ed., B.I.I.C.L., 2000).

66) 小田滋「国際司法裁判所の判決作成過程」ジュリスト976号（1991年）69，72-73頁．

67) *See* Luigi Ferrari Bravo, *La Cour Internationale de Justice Aujourd'hui,* 27 THESAURUS ACROASIUM 17, 32-33 (1998).

68) *See* Eduardo Jiménez de Aréchaga, *International Law in the Past Third of a Century,* 159 COLLECTED COURSES HAGUE ACAD. INT'L L. 1, 161 (1978-I).

69) *See* Free Zones of Upper Savoy and the District of Gex (Fr. v. Switz.), 1932 P.C.I.J. (ser. A/B) No. 46, at 215.

常勤職員が雇用されている[71]．2010 年から，裁判官各人に調査官（law clerk）が付けられている[72]．一方で，付託される訴訟の増加に鑑みて，このことは不可欠な制度的改善であったと評価される．他方で，このことは国際機関の肥大化であると批判することも可能である．また，国連総会および安保理で選挙された裁判官らのみならず，ICJ 自身によって採用された調査官が判決の起草過程に参画することに対しては，「裁判官が自ら資料の下調べを行い，法理論を考え抜いて手書きのノートを作り上げるというかつての伝統が崩れさり」裁判所と判決の性格が変化することへの懸念も表明されている[73]．

(1)　仲裁・常設国際司法裁判所からの継続性

ICJ は「訴訟当事国の機関」と「国際法の機関」という PCIJ の二重の性質を引き継いでいる．

まず，国連憲章第 6 章は，抗争当事国が自由に選択すべき抗争解決の平和的手段の 1 つとして ICJ を位置付けている．このことは，ICJ が抗争解決を支援する「訴訟当事国の機関」であるという性質を反映している．強制的裁判権が確立されないと，ICJ による国際法の発展の機会が失われると考えられるかもしれない．しかし，強制的裁判権を導入しようとする主張も，その目的は抗争解決であるとしてきた[74]．この主張は，ICJ 規程の起草過程で検討されたが，それに従えば多くの国が国連への加盟自体を差し控えることになるであろうと考えられ，採用されなかった[75]．ICJ の強制的裁判権と判決

---

70) *See* Pieter H.F. Bekker, *Practice Before the International Court of Justice, in* International Litigation Strategies and Practice 223, 225 (Barton Legume ed., 2005).

71) *See* 76 I.C.J. Y.B. 99 (2021-2022). 61 名が専門職，56 名が一般職である．*See* Report of the International Court of Justice, 1 August 2020 - 31 July 2021, U.N. Doc. A/77/4 (2022), at 19.

72) *See* Speech by H.E. Judge Hisashi Owada, President of the International Court of Justice, to the Eixty-Fifth Session of the General Assembly of the United Nations, Oct. 28, 2010.

73) 小田滋『国際法と共に歩んだ 60 年――学者として裁判官として』（東信堂，2009 年）356 頁.

74) *See* Peter H. Kooijmans, *The International Court of Justice : Where Does It Stand?, in* The International Court of Justice: Its Future Role After Fifty Years 407, 410-411 (A.S. Muller et al. eds., Martinus Nijhoff, 1997).

75) *See* Report of the Secretary-General, Review of the Role of the International Court of Justice, U.N. Doc. A/8382/Add. 1, at 11, 12 (1971).

の強制執行制度の導入は,「空前の規模の戦争と暴力, ならびに, 国民的および個人的な自由の抑圧を用いることなく達成することはできない」[76] と考えられるのである.

また, 国連憲章第 92 条 1 項は, ICJ を国連の主要な機関とするだけではなく,「司法機関 (judicial organ)」と位置付けている. ICJ も自身を「司法裁判所 (Court of Law)」[77] と呼んでいる. 憲章第 1 条 1 項は, 抗争が「正義および国際法の原則に従って」解決されることを国連の目的として掲げている. 総会や安保理は, 正義をまず考慮すべき政府間機関であるのに対して, ICJ はもっぱら国際法を基準として抗争解決に貢献すべき国際公務員が構成する機関なのである.

もっとも, ICJ は国際法について, 排他的権限を与えられているわけではなく, 安保理が国際の平和および安全の維持について認められている「主要な責任 (primary responsibility)」を明文で認められているわけでもない. 総会や安保理が正義に加えて国際法を考慮しうることは明らかであり, 総会は「国際法の漸進的発達および法典化を奨励する」ために,「研究を発議し, および勧告をする」権限をもつものともされているのである (同 13 条 1 項).

なお, 連盟規約第 18 条は, 公開外交を標榜し, 国際連盟に登録されていない条約は効力を発生しないものとしていた. それゆえ, 連盟加盟国間では, 未登録条約は無効なものとして, 仲裁と司法的解決いずれにおいても適用されえなかった. それに対して, 国連憲章第 102 条は, 国連に登録されていない条約の適用を, 国連の機関のみに禁止している. 訴訟当事国が未登録条約を裁判準則とすることに合意しても, ICJ はそれに従うことを禁じられるのである. この規定は, ICJ の「訴訟当事国の機関」としての性質に限界を画すものである. これに対して, 同条は未登録条約を無効であるとはしていないことから, 完全に「訴訟当事国の機関」である仲裁では, それを準則とすることが許容される[78].

---

76) W. Friedmann, An Introduction to World Politics 39-40 (5th ed., Macmillan, 1965) [フリードマン (神川信彦訳)『国際政治入門』(みすず書房, 1954 年) 56 頁 [底本第 2 版]].

77) North Sea Continental Shelf, 1969 I.C.J. 48 [邦訳 395 頁].

78) See Shabtai Rosenne, Some Thoughts on International Arbitration Today, 27 Isr. L. Rev. 447, 455 n.13 (1993).

国際連盟期に，国際法の適用による紛争の処理は PCIJ に，衡平および善によるそれは仲裁に委ねるべきであると提唱されていた[79]．しかし，そのような役割分化は国々によって受け入れられなかった[80]．これに対して，憲章の下では，国連に登録された条約を準則にしようとする場合には仲裁と司法的解決の両方が選択肢となるが，未登録条約を準則にしようとする場合には仲裁のみが選択肢になるという役割分化がありうることになったといえる．

(2) 国際司法裁判所の新規性

ICJ は PCIJ と異なる性質ももつことになった．PCIJ は，形式的には国際連盟の機関ではなかった．PCIJ を「国際連盟の裁判所」とする立場もないわけではない[81]．しかし，この立場は，裁判所は政府の1機関であるとする先験的定義に従って PCIJ を「真の裁判所」と位置付けた結果であり，PCIJ 規程の文言とも，PCIJ の実態とも合致しない[82]．

これに対して，ICJ は「国連の主要な機関」の1つと位置付けられた．国連憲章第1条1項は，国連の目的として「国際の平和および安全を維持すること」を掲げた．この目的は，同条の他の項に掲げられている目的がそれに依存するという意味で，国連の目的の中で「主要な位置」を占めるとされる[83]．ICJ は，他の機関と協働してこの目的を実現すべきものとされたのである[84]．例えば，先に述べたように，安保理は抗争について勧告する際に，

---

79) 山田三良「常設国際司法裁判所の開設（下）」国際法外交雑誌 21 巻 6 号（1922 年）447，475 頁．衡平および善による仲裁の例として，抗争当事国が国連事務総長に「衡平で原則に則った（equitable and principled）裁定（ruling）」を要請し，当該裁定が拘束力をもつものであると合意していた「虹の戦士号事件」（1986 年仲裁判断）がある．Differences Arising from the Rainbow Warrior Affair（N.Z. v. Fr.）, Award of July 6, 1986, 19 R.I.A.A. 197.

80) もっとも，相対的には，衡平および善による解決は仲裁になじむといえる．文化財・文化遺産の「返還」要求に関わる仲裁の意義については，*see* Yoshiaki Sato, *Alternative Dispute Resolution and Heritage, in* ROUTLEDGE HANDBOOK OF HERITAGE AND THE LAW 293（Lucas Lixinski & Lucie K. Morisset eds., Routledge, 2024）.

81) PCIJ が国際連盟の主要な司法機関であったとする例として，LOWE, *supra* note 30, at 49［邦訳 73 頁］.

82) *See* EDWARD A. HARRIMAN, THE CONSTITUTION AT THE CROSSROADS: A STUDY OF THE LEGAL ASPECTS OF THE LEAGUE OF NATIONS, THE PERMANENT ORGANIZATION OF LABOR AND THE PERMANENT COURT OF INTERNATIONAL JUSTICE 101, 121, 136, 140-141（G.H. Doran, 1925）.

83) *See* Certain Expenses of the United Nations（Article 17, Paragraph 2, of the Charter）, 1962 I.C.J. 168.

"legal dispute" が「原則として ICJ に付託されるべきものであること」を考慮すべきものとされている．もっとも，同規定に依拠して勧告がおこなわれたのは，1947 年のコルフ海峡事件の際のみである[85]．

国連の機関のうち拘束力をもつ決定を下す権限を与えられているのは，原則として安保理と ICJ のみである．総会は，分担金の配分などの機構内部事項についてのみ例外的に拘束力をもつ決定を下しうるとされている．もっとも，安保理が国連加盟国全てを拘束する決定を下しうるのに対して，ICJ の判決の拘束力は，原則として，訴訟当事国間でその事件に関してのみ認められる．例外は，ICJ 規程第 63 条に基づいて訴訟参加した国に対して，「判決によって与えられる［条約］解釈」が拘束力をもつ場合に限られる．

ICJ の「国連の機関」という性質は，その暫定措置の運用において最も明瞭に現れている．第 5 章で述べるように，それは裁判権が確立していることを認定する前に指示されうる点で，「訴訟当事国の機関」としての性質を越え，既存の義務を越える新たな義務を訴訟当事国に課しうるとされる点で，「国際法の機関」としての性質を越えるものである．それゆえ，ICJ による暫定措置の運用は，「国連の機関」としての権限の行使として初めて理解しうるのである．

なお，本書は，歴史的経緯と安保理や総会の存在とに鑑みて，「国連の機関」という性質は，ICJ の主要な性質というよりは，「訴訟当事国の機関」と「国際法の機関」という性質に対して副次的な性質であると考える．それゆえ，本書では，「国連の機関」としての役割の追求は，必要に応じて検討するに止める．

第 2 節　国際司法裁判所の展開

1　第 I 期——制度目的の「世代交代」の主張

PCIJ が抗争解決の支援を目的としていることにはステークホルダー間に

---

84) ICJ が国際の平和および安全の維持に責務を負うことを確認する判示として，*see* Allegations of Genocide Under the Genocide Convention, 2024 I.C.J. para. 108 (Feb. 2).

85) *See* Corfu Channel (U.K. v. Alb.), 1948 I.C.J. 17.

共通了解があり，「判例法」の形成は副次的目的であるとされていた．すなわち，それは本質的に仲裁が進化した制度であり[86]，「仲裁裁判に関する常設的な裁判所」[87]であり，「国内の司法裁判所よりも仲裁廷にいっそう似ている」[88]ものであるとされたのである．義務的裁判制度を確立しようとしたスペイン・ベルギー条約（1927 年）についていわれるように，「PCIJ は単にその目的を達成するための手段であったにすぎない」と考えられ[89]，「抗争当事国による直接的な抗争解決の代用品」[90]と位置付けられた[91]．

しかし，PCIJ の常設性は「判例法」形成への期待を昂じさせ，国際法の発展こそがその主要な制度目的とみなされるべきであるとする主張を生じさせた．例えば，「現在の抗争は解決するが，関連する法的問題を不明確なままにしておく衡平に適う決定」よりも，「将来の同種の抗争の当事国が法の内容を知ることができるように，具体的事件において国際法の原則を発展させる」意義の方が大きいので，PCIJ は「国際法の機関」として行動することを優先すべきであると主張された[92]．仲裁の目的はできる限り痕跡が残らないように抗争を解決することであり，仲裁廷は必要ならば法を緩やかに適用したり，法の適用を回避したりすることから，「法の原則を弱め，危険な先例を作り，後の事件に対する基準をゆがめる」のに対して，PCIJ に期待されるのは厳格な法の適用であるとされたのである[93]．これらの主張は，PCIJ と仲裁廷とは本質的に異なり，PCIJ こそ「殆んど唯一の正当な意味における国際裁判所」[94]にほかならないとする認識と一致する．

---

86) *See* C. WILFRED JENKS, THE PROSPECTS OF INTERNATIONAL ADJUDICATION 102-103（Stevens & Sons, 1964）.

87) 立作太郎「常設国際司法裁判所」国際法外交雑誌 19 巻 4 号（1920 年）255, 258 頁.

88) Permanent Court of International Justice, Advisory Committee of Jurists, Procès-Verbaux of the Proceedings of the Committee, June 16th – July 24th 1920 with Annexes 722.

89) *See* Barcelona Traction（Belg. v. Spain）, 1964 I.C.J. 38 ［邦訳 611 頁］.

90) Free Zones, 1929 P.C.I.J.（ser. A）No. 22, at 13, *cited in* Passage Through the Great Belt（Fin. v. Den.）, 1991 I.C.J. 12.

91) *See* Free Zones, 1930 P.C.I.J.（ser. A）No. 24, at 15.

92) *See* HANS WEHBERG, THE PROBLEM OF AN INTERNATIONAL COURT OF JUSTICE 8-9（Charles G. Fenwick transl., Clarendon Press, 1918）.

93) *See* Maurice Travers, *La Cour Permanente de Justice Internationale*, 32 REVUE GÉNÉRALE DE DROIT INTERNATIONAL PUBLIC 32, 34（1925）.

94) 横田喜三郎「はしがき」『国際判例研究 I』（有斐閣，1933 年）2 頁.

54　第1章　国際司法裁判所の歴史的位置付けと展開

　このような制度目的認識の転倒は，ICJ についていっそう強力に主張されることになった．例えば，ICJ の裁判官を務めていた H・ロータパクトは，1958 年に公刊した『国際裁判所による国際法の発展』において，PCIJ および設立当初の ICJ は，抗争解決を主要な制度目的とし，国際法の発展は副次的目的にすぎないことが自明視されていたとしながら[95]，それらが抗争解決という点では期待通りの効果をもたなかったことから，訴訟という機会を最大限に生かして「一般的適用が可能な先例」を形成し，それによって国際法の発展を図るべきであると認識されることになったと主張した[96]．そして，ICJ の制度目的は抗争解決から国際法の発展へと「世代交代（heterogeny）」[97] し，ICJ は仲裁廷と連続的な「訴訟当事国の機関」から，それと異質な「国際法の機関」へと変質したと指摘したのである．

　ロータパクトのこの認識は孤立したものではない．類似の認識は，例えば，抗争解決の直接の指針となる判決の主文（operative part）よりも，国際法を発展させる理由こそが ICJ の「真の生命」であることは「ほとんど云うを俟たない」とする言明にも現れている[98]．

　このような立場に立ち，ICJ の決定の主文とその直接的理由である主論（ratio decidendi）[99] に対応する意見に止まらず，それらが扱っていない論点についてまで意見を付す裁判官も少なくない．例えば，先決的抗弁（preliminary objection）の1つを採用して訴訟を却下した判決に対して，先決的抗弁を却下し本案判断に進むべきであるという立場から，判決が扱わなかった抗

---

95) *See* Hersch Lauterpacht, The Development of International Law by the International Court 3-5 (Stevens, 1958). *See also id.* at 142. 制度目的の「世代交代」という主張は，同書の前身となる The Development of International Law by the Permanent Court of International Justice（Longmans, 1934）には存在しない．

96) *See id.* at 42-43.

97) *Id.* at 5.

98) *See* Barcelona Traction, 1964 I.C.J. 65-66 (separate opinion of Judge Tanaka).

99) "Ratio decidendi" の訳は，国内法上の「判決理由」との混同を避けるために，「主論」が妥当である．道垣内正人『自分で考えるちょっと違った法学入門〔第4版〕』（有斐閣，2019年）105頁．主論を「要部」，傍論を「蛇足」とする用語法も存在する．井上薫『判決理由の過不足』（法学書院，1998年）54頁．なお，ICJ は「判決」冒頭に要旨（headnote）を掲げるが，それは判決を構成する要素ではないとされる．*See* Request for Interpretation of the Judgment of 15 June 1962 in the Case Concerning the Temple of Preah Vihear (Cambodia v. Thailand) (Cambodia v. Thail.), 2013 I.C.J. 307.

弁についても，「良心に照らしておよび判決に対する異見の論理的帰結として」，「どちらかといえば簡略な方法で」触れるとするものがある[100]．妨訴事由が採用されて訴訟が却下されたにもかかわらず，本案に関する意見が付されることもあり[101]，そのような意見に対しては，それを主文と主論に対応する範囲に止めるべきであるとする批判がある[102]．

　PCIJ および 1960 年前後までの ICJ は，クライアントと裁判準則いずれの点でも，欧州的性質が強かった[103]．連盟規約（ヴェルサイユ条約第1編）を背景として設立された PCIJ は，第1次世界大戦後の平和条約の実施に関連する紛争を数多く処理した[104]．それに対して，ICJ を設立したのは，戦勝国と敗戦国との合意である平和条約ではなく，戦時中に戦勝国が一方的に採択した国連憲章——字義通りには，連合国憲章——および ICJ 規程であり，第2次世界大戦後の平和条約の締結は遅れたことから，同大戦の戦後処理に関連する紛争が ICJ に付託されることは多くなかった[105]．しかし，ICJ の当初のクライアントの多くは，欧州の国々とその法を継受したラテンアメリカの国々であり，ICJ も欧米の国々から支持される国際法を認定していたのである[106]．

100）*See* Certain Property, 2005 I.C.J. 36 (dissenting opinion of Judge Kooijmans). 多数意見が扱わなかった問題について，国際法の発展のために意見を付すほかの例として，*see* Jurisdictional Immunities of the State (F.R.G. v. Italy), 2010 I.C.J. 356-357, 367-368 (dissenting opinion of Judge Cançado Trindade).

101）*See, e.g.* South West Africa, 1966 I.C.J. 262-263 (dissenting opinion of Judge Tanaka). 田中が長官を務めた日本の最高裁においては，判決でも裁判官の意見でも，傍論を付すことが許容される慣行である．井上前掲書（注 99）163-165 頁．

102）*See* South Africa, 1966 I.C.J. 52-57 (declaration of President Spender). 日本の最高裁でも，評決でそれに関して判断しないとされた論点について意見を表明することは禁止されるという意見がかつては存在した．1967 年 5 月 24 日最大判民集 21 巻 5 号 1043，1071-1072 頁（松田二郎，岩田誠反対意見，草鹿浅之介同調）．柳瀬良幹「判決の限界」判例時報 485 頁 3-5 頁も参照（違法で「無責任な放言」を契機として，政府が真剣に反省しなければならぬ理由は何もないとする）．傍論の弊害の列挙として，井上前掲書（注 99）169-174 頁．

103）*See* 1 Shabtai Rosenne, The Law and Practice of the International Court, 1920-1996, at 19 (3d ed., Martinus Nijhoff, 1997). 本書は，2006 年に第 4 版が，著者の没後，Malcolm N. Shaw によって第 5 版が刊行されている．Malcolm N. Shaw, Rosenne's the Law and Practice of the International Court, 1920-2015 (5th ed., Brill, 2017).

104）*See* Richard R. Baxter, *Two Cheers for International Adjudication*, 65 A.B.A. J. 1185, 1188 (1979).

105）*See* Georg Schwarzenberger, Power Politics 463 (2d. ed., Stevens, 1951).

これに対して，社会主義陣営の国々は，「社会主義国際法」の形成を推進しようとしていたことから，自由主義陣営の国々で受け入れられている伝統的国際法を裁判準則とする ICJ の利用に消極的であった．また，植民地独立が十分進行するまでは，第三世界の国々は少なく――国連の原加盟国は 51 か国であるが，その数は 1958 年までに 82 となり，1960 年には 17 か国が加盟し，99 になった――，それらの国が ICJ のクライアントになることもほとんどなかった．

国際法における「歴史の終焉」

不戦条約（1928 年）は，その時点までに国々が獲得していた領土を恒久的に保障し，その後，日本などがさらに領土を獲得することを阻止しようとするものであった[107]．C・シュミットによれば，戦争の違法化は，既得権をもつ国が「敵の力を奪う罠」であり，既得権に挑戦する敵に対する戦争を「犯罪に対する警察行為」というカモフラージュの下におこなうことによって「世界を支配するために作ったトロイの木馬」であった[108]．

国連憲章によるそれも，まさに指摘された性質をもつといえる．一方で，ソ連は，日ソ中立条約（1941 年）に違反して 1945 年に日本を侵略し，同年のヤルタ協定で合衆国およびイギリスから「征服」することを認められていた千島および「北方領土」を占領した．千島樺太交換条約（1875 年）は，千島に対する日本の主権と樺太に対するロシアの主権とを相互に承認することを取り決めていた．その千島について「征服」による領有権の移

---

106) なお，ECJ は判例法の発展を制度目的であるとしていた．それは，ヨーロッパ共同体（EC）の加盟国が，社会的遺産を共有し，「理想を共にする」（EC 条約前文）ので，ECJ による法の発展を受け入れていたからである．なお，EC とそれを引き継いだ欧州連合（EU）の法は，制度化されたコスモポリタン法という性質をもつ．佐藤義明「『カントの永遠平和の世界』の法秩序――制度化されたコスモポリタン法としての EU2 次立法」大木雅夫＝中村民雄編『多層的ヨーロッパ統合と法』（聖学院大学出版，2008 年）544，551-554 頁．

107) *See* Oona A. Hathaway & Scott J. Shapiro, The Internationalists: How a Radical Plan to Outlaw War Remade the World 159-160, 192-193 (Simon & Schuster, 2017)［オーナ・ハサウェイ＝スコット・シャビーロ（野中香方子訳）『逆転の大戦争史』（文藝春秋，2018 年）227-228，267 頁］．

108) *See id.* at 222-223［邦訳 302-303 頁］．なお，現在，PRC においてシュミットが注目されている事実は注目に値する．王前「思想からみる近・現代中国における近代的法の受容――法の受容と伝統」但見亮ほか編『中国の法と社会と歴史』（成文堂，2017 年）3，17-23 頁．

転を承認する行為は，カイロ宣言（1943年）で合衆国・イギリス・中華民国が非難した「暴力および強欲により略取する」行為の承認そのものであった．いずれにせよ日本は1951年に，連合国の占領下で，主権を回復するために，千島や南極に対する請求権の連合国による「略取」を承認するサンフランシスコ平和条約を批准した．

このような経緯に照らせば，「第2次世界大戦終結時に……国は他国の領土を奪うことはできても，そこから恩恵を得ることはできないことがはっきりした」[109]とすることが虚構であることは明らかである．憲章は武力行使を禁止することによって，このようにして確定された連合国の領土を確保し，「旧敵国」によるその回復を阻止する手段とされたのである．

国連憲章が終戦前に採択されたのは，戦後秩序の設計から敗戦国を排除するためであった[110]．国連体制は，敗戦国が戦勝国の占領下（日本）または主権下（ドイツ）[111]にあった時期に既成事実として確立され，後に，敗戦国（日本）と敗戦国の旧国民が建国した敗戦国の後継国家（ドイツ民主共和国とドイツ連邦共和国）はそれを受け入れた．それは，戦争と平和条約による秩序の更新という歴史のメカニズムを否定し，第2次世界大戦の戦勝国が一方的に設定した秩序を恒久的に保障するために，国際法によって「歴史の終焉」[112]を宣告しようとしたものであった．

核兵器によって国際社会の秩序を更新するための戦争が事実上不可能になったことに鑑みれば，「歴史の終焉」を制度化したことには合理性があるかもしれない．しかし，そのことと，その時点で固定された歴史が公正・衡平なものであったかどうかは別の問題である．

---

109) *See* HATHAWAY & SHAPIRO, *supra* note 107, at 324-325［邦訳456頁］．*See also id.* at 321-322［邦訳441-442頁］．

110) 憲章を終戦前に採択することとされたのは，敗戦国のみならず他の連合国との関係でも，そのタイミングであれば合衆国が強い交渉力を行使しうると考えられたからである．*See id.* at 184［邦訳256頁］．

111) 第三帝国は総統の死によって消滅し──いわゆる"*debellatio*"の状態に陥り──，その領土は連合国の主権の下に入った．安藤前掲書（注6）10-11，511-512頁．連合国が起草した（西）ドイツ基本法は，国家的意思決定を遅らせることを意図した連邦制をとっているといわれる．*See* PETER ZEIHAN, THE END OF THE WORLD IS JUST THE BEGINNING: MAPPING THE COLLAPSE OF GLOBALIZATION 98 note（Harper Business, 2022）［ピーター・ゼイハン（山田美明訳）『「世界の終わり」の地政学──野蛮化する経済の悲劇を読む（上）』（集英社，2024年）149頁注］．

国連憲章が設定した「新世界秩序」を前提として協力し合えば「どの国もより安全でより裕福になれる」[113] といわれる[114]. しかし,「新世界秩序」は,安保理における拒否権などの特権を享受している「5大国」とそれ以外の国々とを階層化している秩序であり,後者にとって,上記の言明は自明ではない. 例えば,核兵器不拡散条約 (NPT) (1968年) は,核兵器の保有を「5大国」に限定することによって,「新世界秩序」を強化しようとしている. しかし,その後,5か国が核兵器を開発・保有することになった (1か国は後に放棄). これらの国々は,「新世界秩序」を前提とする協力ではなく,力の配置の変更によって自国を「より安全でより裕福に」しようとしたのである.

たしかに,国連体制は,すでにヴェルサイユ体制の4倍ほどの期間存続している. しかし,連合国とりわけ「5大国」の既得権を保障するために世界が協力する時代が永続すると考えることは楽観的すぎると考えられる[115]. 例えば,日本が常任理事国入りの主張を断念することは,「第2次世界大戦が終了した時の国際社会の構造が継続することを容認することを

---

112) FRANCIS FUKUYAMA, THE END OF HISTORY AND THE LAST MAN (Free Press, 1992) [フランシス・フクヤマ (渡部昇一訳)『歴史の終わり [新版]』(三笠書房, 2020年)] が指摘した冷戦終焉によるイデオロギーの終焉は,その通りならば,自由主義・民主主義の代案が存在しなくなり,世界が近代立憲主義の理念と手続に則って運用されていく見込みになったという意味で,望ましいものであった. 実際には,宗教や血統によって区別される集団への帰属と,ほかの集団に帰属する人を排除しようとするアイデンティティ・ポリティクスに退行する現象が広くみられた. 佐藤義明「『科学の進歩及びその利用による利益を享受する権利』と人種主義——人骨の帰属を焦点として」成蹊法学103号 (近刊). それに対して,憲章による「歴史の終わり」は,第2次世界大戦終了時の現状の維持を意味するにすぎず,正義に照らして現状に対する不満を調整する仕組みを用意しなかった. D・アンツィロティは1921年に,国際連盟が創設されても戦争はいずれまた起きるとする覚書を著している. 高橋力也『国際法を編む——国際連盟の法典化事業と日本』(名古屋大学出版会, 2023年) 52, 56頁 (この覚書は,アンツィロティの「学者とは異なる,国際公務員としての顔」を表象しているとする). 同じことが国連の場合に当てはまらない理由は存在しないであろう. もちろん,不満を抱えながら,なお武力による現状変更の禁止に利益を見出し,憲章体制を支持するという政策はありうる.

113) HATHAWAY & SHAPIRO, *supra* note 107, at 419 [邦訳560頁].

114) 「新世界秩序」の下で,「世界が協力する時代が始まった」ともいわれる. *See id.* at 305 [邦訳408頁].

115) 敗戦した大国を排除して構築された秩序が戦争の原因になるとする指摘として, *see* Ivor Roberts, *Diplomacy: A Short History, in* SATOW'S DIPLOMATIC PRACTICE 3, 12, 14 (Sir Ivor Roberts ed., 8th ed. Oxford University Press, 2023).

意味する．そのことは日本だけでなく多くの国にとっても受け入れられることではない」[116]という指摘がある．また，「5大国」の中にも，「新世界秩序」に不満をもち，それに挑戦しよう——「新新世界秩序」の数世代前の秩序を「復元」するために歴史を再始動しよう——とする国が現れている．

なお，「戦争に付随する残虐性と破壊を伴わない」という理由で，「仲間外れ」にすることが国際法の履行を確保する有用な手段であるといわれることがある[117]．集団安全保障の理念に通じるこの主張は，仲間の国々が反仲間・非仲間の国々に対して自己の意思を強制しうる力をもつことを前提としている．しかし，現在の国際社会には複数の「陣営」が並存しており，この前提は成立していない．また，国連体制の下で，「仲間外れ」にする基準は，国際法のみならず一方的に主張される「正義」とされる可能性もある．安保理が国際法に違反して「仲間外れ」にすることを決定する場合に，被害国を救済する制度は存在しない．もちろん，「5大国」は自国が「仲間外れ」とされるべき場合にも，拒否権によってそれを阻止する権利をもつ．拒否権の行使が濫用であるかどうかを認定する権限をもつ機関は存在しない[118]．

2022年からのウクライナとの武力抗争について，ロシアが拒否権を行使すれば，同国は「国際社会における『法の支配』を否定している」と批判されうるという指摘がある[119]．後に述べるように，国際社会における法の支配という概念が政治的標語にすぎないと考えられる点を措いても，この指摘は，拒否権を制度化している国連体制の本質を見誤っているものといわざるをえない[120]．

なお，国連総会は「仲間外れ」を決定する権限をもたず，それを勧告することがあっても，二重基準を採用しているという批判や，公平原則に違反するという批判を免れうることはほとんどないと考えられる[121]．

---

116) 折田正樹「国連安保理改革と日本——日本の安保理常任理事国入り問題」横田洋三＝宮野洋一編『グローバルガバナンスと国連の将来』（中央大学出版部，2008年）95，118頁．

117) *See* Hathaway & Shapiro, *supra* note 107, at 395 ［邦訳 529頁］．

118) 常任理事国とそのほかの加盟国とに対する「ダブル・スタンダードは国連を創設したときに予想されていたことである」．徳川信治＝西村智朗編『法と国際社会〔第3版〕』（法律文化社，2024年）186頁［湯山智之執筆］．

119) 坂元茂樹『国際法で読み解く外交問題』（東信堂，2024年）9頁．

60　第1章　国際司法裁判所の歴史的位置付けと展開

2　第Ⅱ期——「開店休業」と信頼獲得の模索

　1960年前後までにICJの制度目的が「世代交代」していたというべきか
どうかは，1つの論点である．「世代交代」などはそもそも生じなかったと
考えることも可能だからである．いずれにしろ，1960年代から1970年代初
頭に生じた国際法の革命的変化と，それに対するICJの反応を確認する必要
がある．ICJはこの変化への対応に失敗し，また，訴訟遅延に対する批判も
受けたことから教訓を得たと考えられるからである．

（1）　近代国際法的裁判所

　1950年代から1960年代までは，植民地体制を前提としていた近代国際法
が脱植民地化によって現代国際法へと構造変化する時代であった[122]．この

---

120) 中身のない空疎な述語を使用すると，「自分が考えていることをはっきりと意識し得ず，曖昧
　な表現によって単純な語法では得られない満足を得ている」ことになるといわれる．*See* CARL
　VON CLAUSEWITZ, VOM KRIEGE: HINTERLASSENES WERK 148 (Vier Falken Verlag, 1937) (1832) [ク
　ラウゼヴィッツ（清水多吉訳）『戦争論（上）』（中央公論新社，2001年）233-234頁]．*Cf. id.*
　at 108 [邦訳177頁]（理論と実践との対立は不完全な理論が惹起する問題であり，それは「偏狭
　で無知な輩をその生来の未熟さのままに甘んじさせる口実ともなった」とする）．必要なことは，
　中身のない概念をもてあそび，国際法研究者共同体の構成員だけが共有する「夢」の世界に遊ぶ
　代わりに，実現可能性を踏まえた政治的標語を採用し，具体的課題に取り組むことであろう．孔
　子も，政治に携わる際に最初に着手すべきものは「正名」すなわち「スローガンを正しく」する
　ことであるという．『宮﨑市定全集4——論語』（1993年）328-329頁．現在採用されるべきスロ
　ーガンは「法の支配」ではなく平和の回復である．
121) 総会という政治的機関の多数派の国々が国際法を公権的に認定する権限をもつとする見解は，
　義務付けについてはもちろん，許容についてすら，安保理およびICJとの役割の相違に照らして
　疑義がある．なお，ICJは，「汚れのない手（clean hands）の原則」は国際法の原則として確立
　していないとする．*See* Application of the International Convention for the Suppression of the
　Financing of Terrorism [ICSFT] and of the CERD (Ukr. v. Russ.), 2024 I.C.J. paras. 37-38, 155
　(Jam 31). 国際法において違法行為はそれ自体として責任を問われるべきであり——個人責任に
　ついては，不処罰が防止されるべきであり——，一方関係者の責任が追及され，他方関係者の責
　任が追及されなくても，二重基準や公平原則の違反という理由で責任追及が禁止されるわけでは
　ないというのである．この認定を前提とすると，責任を追及される立場に陥らないためには，当
　事者は自身が優位な立場を確保するまで抗争を遂行することになり，シュミットが批判した「殲
　滅戦」が出現することにならざるをえない．「技術的な殲滅手段の上昇は，同様に殲滅的，法的，
　道徳的な差別化という破滅の深淵を裂き開く」とする指摘として，*see* CARL SCHMITT, DER NOMOS
　DER ERDE IM VÖLKERRECHT DES JUS PUBLICUM EUROPAEUM 298 (2d ed., Duncker & Humbolt, 1974)
　[新田邦夫訳『大地のノモス（下）』（福村出版，1976年）469頁]．

とき，植民地からの新独立国は，近代国際法を変革する手段として ICJ を利用しようとした[123]．例えば，南西アフリカ事件は，アフリカから国際連盟に加盟していた国がエジプト，南アフリカ，エティオピアおよびリベリアのみであったことから，後2者が請求国となり，アフリカ統一機構（OAU）——2002年にアフリカ連合（AU）に改組——の加盟国からの支援を受けて追行された．南アフリカは，国際連盟との委任統治協定（Mandate）に基づく受任国として南西アフリカ（旧ドイツ植民地で，現在のナミビア）を統治していたが，国際連盟解散後も，国連憲章第77条1項の下で期待された国連との信託統治協定を締結することなく，同地の統治を継続し，本国で採用していたアパルトヘイトも導入していた．このような状況で，同国の行為に対する司法審査を請求国は請求したのである．

ICJ は，先決的抗弁判決において，2か国が請求国となるための法的利益（legal interest）をもち，委任統治協定の裁判条項に含まれる紛争も存在するとして，裁判権と受理可能性（admissibility）を肯定し，本案手続に進んだ[124]．しかし，第2段階判決において，請求国は本案手続に進むための付託適格（standing before the Court）をもつが，本案判決を得るための本案判断請求適格（standing relative to the merits of the case）はもたないという理由で，本案について判断することなく，訴訟を却下した[125]．先決的抗弁判決の時点では，自国籍の宣教師の保護など，請求国の個別的利益の保護を目的とする委任統治協定の「『特別利益』規定（"special interests" provision）」に基づく最終申立が提出される可能性があったことから付託適格が認められた．しかし，そのような最終申立は提出されず，南西アフリカ住民の利益の保護を目的とする「『行動』規定（"conduct" provision）」に基づく申立，すなわち，請求国が本案判断請求適格をもたない事項に関する申立のみが最終

122）大沼保昭『国際法——はじめて学ぶ人のための〔新訂版〕』（東信堂，2008年）16頁．現代国際法の成立については，第1次世界大戦の勃発が決定的であるとする見解もある．浅田編前掲書（注5）13頁［浅田執筆］．

123）プレアビヘア寺院事件（1959年付託）は，カンボジアの宗主国であったフランスの行為をタイが争った訴訟であった．また，北部カメルーン事件（1963年判決）も，北部カメルーンの信託統治の終了に関連して，受任国であったイギリスの行為をカメルーンが争った訴訟であった．

124）*See* South West Africa, 1962 I.C.J. 342-344.

125）*See* South West Africa, 1966 I.C.J. 18, 39.

的に提出されたとしたのである[126]. この判決は, 裁判官の投票が 7 対 7 の可否同数となり, 所長の決定投票によって決定された.

作為性が明らかな第 2 段階判決は, イギリスにおけるハムデン事件判決 (1638 年) や合衆国におけるドレッド・スコット事件判決 (1857 年) の失敗に比すべきものとなった. ハムデン事件判決は, 船舶税 (Ship Money) の支払い拒否を全国に広げ, 清教徒革命を引き起こす反国王統一戦線が形成される契機となった[127]. ドレッド・スコット事件判決[128] は, 自由州と奴隷州とを確定したミズーリ協定を違憲であるとして, 「戦争［南北戦争］の勃発に寄与した歴史上の事例」となった[129]. これらと同じように, 第 2 段階判決は, 国家間の武力抗争こそ発生させなかったものの, ICJ が「白人男性の法と司法とを, 白人男性が巧妙に操作する, 反動および権謀の象徴」であると新独立国に考えさせたと評されているのである[130]. 所長の国籍国であり, 白豪主義――1972 年にようやく公式に放棄される――を政策としていたオーストラリアなどは必ずしも批判的ではなかったものの, 積極的にこの判決を擁護したり, ICJ を利用して ICJ への支持を表明したりする国は現れなかった.

この判決の直後に, 国連総会は委任統治協定の廃棄を決議した. そして, ICJ は, 1971 年に南アフリカがナミビアに居座ることを違法であるとする「安保理決議 276 (1970) にもかかわらず南アフリカがナミビア (南西アフリカ) に存在し続けることの諸国に対する法的効果［以下, ナミビア事案］」勧告的意見を言い渡し, 新独立国の主張に支持を表明した.

---

126) *See id.* at 20-23.

127) 今井宏『クロムウェルとピューリタン革命』(清水書院, 1984 年) 32-33 頁. この判決は, 「無議会政治」を裁判官が正当化したものとして議会に大きな衝撃を与えたのである. 清水雅夫『王冠のないイギリス王 オリバー・クロムウェル――ピューリタン革命史』(リーベル出版, 2007 年) 23 頁.

128) Dred Scott v. Sandford, 60 U.S. (19 How.) 393.

129) *See* BRIERLY. *supra* note 26, at 289［邦訳 263 頁］. *See also* BRIERLY. *supra* note 40, at 100-101 ［邦訳 362-363 頁］.

130) *See* SYED SHAHZAD AHMAD, THE SOUTH WEST AFRICA DISPUTE AND THE INTERNATIONAL COURT OF JUSTICE 248-249 (Ph.D. Dissertation for the University of Tennessee, 1971). 第 2 段階判決に決定票を投じたスペンダが 1967 年に退任した後, 2015 年にクロウフォードが就任するまで 50 年近く, オーストラリア国籍の裁判官は選出されなかった.

また，第2段階判決は，民衆訴訟（*actio popularis*）は国際法の下では認められていないとする類型的な言明を，傍論として付け加えていた[131]．これに対しても，上記意見は，南アフリカの居座りは対世的に合法性が否定されると言明した[132]．この言明は，前年に言い渡されたバルセロナ・トラクション電力会社事件第2段階判決の傍論における対世的義務（obligation *erga omnes*）への言及[133]を受けてなされたものであり，「『行動』規定」が同種の義務を課しうることを示唆したものであると考えられる．

対世的義務が相互的義務とは別の類型で，別の効果をもつとすれば，それは全ての国が義務違反の中止を請求する適格をもつということであると考えられる[134]．実際に，民衆訴訟と呼ぶかどうかはともかく，「『行動』規定」のような規定に基づく義務の履行に関して判決を請求する適格は，第3章で述べるように，2012年の「訴追または引渡しの義務に関する問題事件［以下，訴追または引渡しの義務事件］」判決で肯定されることになり，「事実上の判例変更」[135]がなされたと評されている．本案判断請求適格を拡大する傾向は，その2年後の南極海捕鯨事件判決においていっそう推し進められ，現在では，それに限界を画すことの方が課題になっていると指摘されている[136]．というのは，被害国以外が訴訟を付託したときに，ICJ が本案判断請求適格を否定することによってそれを却下すると期待できない国々は，裁判権の受諾にいっそう慎重になると予想されるからである．

(2) 訴訟遅延

ICJ は，1962年に再付託された——1958年に付託された事件は1961年に

---

131) *See* South West Africa, 1966 I.C.J. 47.

132) *See* Continued Presence of South Africa in Namibia, 1971 I.C.J. 56.

133) *See* Barcelona Traction, 1970 I.C.J. 32. この事件については訴訟遅延に対する批判が存在したことに鑑みて，この傍論は ICJ の「自己保身」のためのリップサービスであると考えることもできる．国内裁判でも，論点適格のない論点を対象とする攻撃防御に無駄な時間をかけさせるという訴訟指揮の失敗を犯した裁判所が，責任追及を免れるために当該論点に関する傍論を付すことがあると指摘されている．井上前掲書（注99）166頁.

134) 五十嵐宙「国際司法裁判所の争訟事件における手続き的障壁」青山法学論集 64 巻 2 号（2022年）273，281頁.

135) 同論文 279 頁.

136) 坂元前掲書（注119）117頁.

64　第1章　国際司法裁判所の歴史的位置付けと展開

取り下げられていた——バルセロナ・トラクション電力会社事件において，1964 年に先決的抗弁の一部を本案手続の対象にするとした上で，1970 年に当該抗弁[137)] を採用して訴訟を却下した[138)]．この「判決は実に呆れ返る代物だった．11 年間（11 カ月ではありませんぞ！）の審理の果てに出てきたものが，なんと，『本法廷は実質的な判決は差し控えます』であった」[139)] のである．ICJ 自身は，「訴訟遅延」の原因は訴訟当事国が書面の提出に長期の期限を希望したり，当該期限の延長を繰り返し希望したりしたことであったとした[140)]．たしかに，裁判は本来的に，抗争解決主体である当事者の意思を尊重したり，理由付けを慎重に構成したりするために，時間を必要とする．場合によっては，被請求国が訴訟を遅延させるために種々の戦術を講じることもある[141)]．しかし，訴訟指揮は窮極的には ICJ（裁判長）の職責であることから，係属状態の延引に何らかの利益を見出したか，単に怠惰または無能であったかはともかく，訴訟遅延の責任を ICJ が全く負わないと考えることは困難であった[142)]．

(3)　「開店休業」

これらの判決を契機として，それまでも多いとはいえなかった訴訟の付託は減り続け，ICJ は係属する訴訟が皆無である「開店休業」[143)] の状態に陥っ

---

137)　なお，2004 年までの 25 の勧告的意見の場合には，要請から付与までの最短が 50 日，最長が 1039 日，平均が 281 日であり，とりわけ，口頭手続終了から意見の付与までは最短 8 日であった．*See* Mahasen M. Aljaghoub, The Advisory Function of the International Court of Justice 1946-2005, at 219-220 (Springer, 2006). *Cf.* D.W. Bowett et al., Efficiency of Procedures and Working Methods, 45 Int'l & Comp. L.Q. Supp. S1, S26 (1996).

138)　*See* Barcelona Traction, 1970 I.C.J. 51.

139)　ジョン・トレイン（坐古義之訳）『金融イソップ物語——「あと一歩」で儲け損なった男たちの話』（日本経済新聞社，1987 年）207 頁．

140)　*See* Barcelona Traction, 1970 I.C.J. 30-31.

141)　このような戦術に対する請求国からの批判として，*see* Statement of Mr. van den Biesen (Bosn. & Herz.), Application of Genocide Convention (Bosn. & Herz. v. Serb. & Mont.), at 22-26 (CR2006/2, Feb. 27, 2006).

142)　なお，国内裁判における訴訟遅延に対する古典的批判として，*see, e.g.,* Jean de la Bruyère, *Les Caractères et les Mœurs de ce Siècle, in* Œuvres complètes 57, 418 (Julien Benda ed., Gallimard, 1951) (1688) [ラ・ブリュイエール（関根秀雄訳）『カラクテール——当世風俗誌（下）』（岩波書店，1953 年）68 頁].

143)　太寿堂鼎「国際裁判の凋落とアジア・アフリカ諸国」法学論叢 89 巻 6 号（1971 年）1 頁．

た．国連事務次長ですら，「見かけだけがはなはだ立派で不相応な尊敬を受けてきたものの，一度も世界の平和に貢献したことがなく，裁判官の給料に値するほどに重要な紛争を解決したためしもない」ことから，ICJ は「永遠に忘却される」であろうと評した[144]．もちろん，「国連の機関」と位置付けられた ICJ は国連と「運命共同体」であり，冷戦構造を反映する国連の全体的な機能不全が ICJ の機能の凋落をもたらしたという側面も忘れられるべきではない[145]．

　いずれにしろ，ICJ は，ナミビア事案勧告的意見などで第三世界の国々の信頼を回復しようとしたり，自由主義陣営の国家間の訴訟が散発的に係属するようになったときに，それらの処理を通して自身への信頼の回復・強化を試みたりすることになった．そのような ICJ の努力の積み重ねを受けて，第三世界の国々もしだいに領土や海洋の境界画定に関する紛争を ICJ に付託するようになっていく[146]．

3　第Ⅲ期──「再生」

　ICJ は，ニカラグア事件における，裁判権および受理可能性についての抗弁をおおむね斥けた 1984 年の先決的抗弁判決[147] と，合衆国の行為を違法な干渉であると認定した 1986 年の本案判決[148] とを象徴として，第三世界の国々からの信頼を回復することになった[149]．これに対して，合衆国は，先決的抗弁判決を不服として，ICJ 規程第 36 条 2 項に基づく義務的裁判権受諾宣言を撤回し，本案手続を欠席した．さらに，本案判決を履行せず，国連憲章第 94 条 2 項で判決を執行するための決議を採択しうるとされている安保理において[150]，拒否権を行使して履行要求決議の成立を妨げた[151]．国連総会は，判決を履行すべきであると勧告する決議を 4 度にわたって採択し

---

144) *See* HERNANE TAVARES DE SÁ, THE PLAY WITHIN A PLAY 51 (A.A. Knopf, 1966)［エルナーネ・タヴァーレス・デ・サ（曽村保信訳）『国連の内幕』（経済往来社，1967 年）69 頁］．なお，国連職員の席次は，事務総長，所長を筆頭とする ICJ 裁判官，事務次長の順とされている．

145) 牧田幸人「ICJ の勧告的意見機能の歴史と将来展望」島大法學 49 巻 1 号（2005 年）81，106 頁．

146) *E.g.*, Continental Shelf (Tunis. v. Libya), 1985 I.C.J. 192.

147) Military and Paramilitary Activities, 1984 I.C.J. 392.

148) Military and Paramilitary Activities, 1986 I.C.J. 14.

149) *See* Eduardo Jiménez De Aréchaga, *The Amendments to the Rules of Procedure of the International Court of Justice*, 67 AM. J. INT'L L. 1, 18-23 (1973).

66 第1章 国際司法裁判所の歴史的位置付けと展開

たが[152]，合衆国は態度を変えなかった．もっとも，本案判決における自衛権や不干渉に関する認定に対しては，現行国際法からの逸脱であるとする批判も存在したが，合衆国を含めて，ICJ の廃止やその予算の削減などを提案した国はなかった[153]．

　ICJ は，この事件の処理を通して，超大国の行動の合法性を追及しうる，安保理に対する一種の対抗フォーラムとして，第三世界の国々からの信頼を高めたのである．南西アフリカ事件とニカラグア事件は，ICJ にとって，2つの「大事件」であったといえる．

裁判権受諾の形式

　ICJ は，裁判権受諾については，訴訟手続における追完を許容するなど，「リアリズムと柔軟性」[154] を発揮している．国々は，ICJ の裁判権を事前・臨時・事後に受諾することができる．

　事前の受諾の形式には，①義務的裁判権受諾宣言，②裁判条約，③条約の裁判条項および④枠組合意（framework agreement）がある．

---

150) 訴訟当事国は合意によって，判決の履行を保障するために，敗訴国の軍の係争地域からの撤退に関する監視団の派遣を安保理に要請することがある．*See* S.C. Res. 915, U.N. Doc. S/597/4, at 36 (1994).

151) *See, e.g.,* U.N. SCOR, 42d Sess., 2704th Mtg. at 54-55, U.N. Doc. S/PV. 2704 (1986). 合衆国は，ニカラグアからの砂糖の禁輸を GATT の違反であるとしたパネル報告（合衆国は棄権し，紛争解決機関で採択された）も履行しなかった．*See* ROBERT E. HUDEC, ENFORCING INTERNATIONAL TRADE LAW: THE EVOLUTION OF THE MODERN GATT LEGAL SYSTEM 512, 513, 518-520 (Butterworth Legal Publishers, 1993).

　合衆国の各州の最高裁は，州民から批判されている連邦最高裁判決に完全には従わないことによって，合衆国憲法の要求と州における法の運用との間に折り合いをつける「調整機能（mediating function）」を果たしているといわれる．安部圭介『人権の重層的保障——アメリカ型連邦制における州憲法の現代的意義』（弘文堂，2022 年）108 頁．合衆国憲法の下で（連邦管轄事項について）階層的関係にある連邦最高裁と州最高裁との関係と，ICJ と各国の裁判所——ICJ の判決に拘束される訴訟当事国の裁判所を除く——との関係とは異なるが，各国の最高裁は，ICJ の判決の波及効と自国における法の運用との間に折り合いをつける「調整機能」を果たすことがあると考えられる．

152) *See, e.g.,* G.A. Res. 41/31, U.N. GAOR, 41st Sess., Supp. No. 53, at 23-24, U.N. Doc. A/41/54 (1986).

153) *See* GILBERT GUILLAUME. *La Politique des États a l'Égard du Règlement par Tierce Partie, in* LA COUR INTERNATIONALE DE JUSTICE A L'AUBE DU XXIEME SIECLE 20 (A. Pédone, 2003).

154) Application of the Genocide Convention, 2008 I.C.J. 438.

① 義務的裁判権受諾宣言

　義務的裁判権受諾宣言は，2024 年 7 月の時点で，ICJ における訴訟能力をもつ 193 か国（全てが国連加盟国）のうち安保理常任理事国 1 か国を含む 74 か国がおこなっており，受諾率は 38% である．1948 年には，訴訟能力をもつ 58 か国のうち安保理常任理事国 4 か国を含む 34 か国がおこなっており，受諾率は 59% であった．受諾率は最も高かったときには 74%（58 か国のうち 42 か国）に達していた[155]．

　ただし，この宣言については，その数が多ければ多いほどよいと単純にいうことはできない．宣言には留保を付すことが認められているので，受諾の範囲には広狭があるからである．例えば，2010 年時点で，宣言をおこなっていた 66 か国のうち，相互主義の適用を確認的に規定する国が 63，当該国が ICJ 以外の手続に付すことに合意した紛争を排除する事項的（*ratione materiae*）留保を付す国が 40，一定の時点より前に発生した抗争に関する紛争を排除する時間的（*ratione temporis*）留保を付す国が 32，国内管轄事項を排除する国が 27，条約当事国全てが訴訟当事国になっていない場合には当該条約の解釈に関わる紛争に関する裁判権を受諾しないものとする国が 18 あり，その他の類型の留保を付している国々もあると指摘されている[156]．

　例えば，安保理常任理事国として唯一，この宣言を維持しているイギリスは，「これ以上に不確定的な定式化を工夫することは困難」であるといわれる留保を含む，複数の留保を付している[157]．最近も，モーリシャスによってチャゴス諸島に関わる訴訟が付託されることが予想されたことから，コモンウェルスに所属したことのある国との紛争を排除する主体的（*ratione personae*）留保を追加した．このような「受諾と拒絶との中間の道」を採用するための留保は，「巧妙な妥協」であるとしても，「平和は呪文に

---

155) *See* Statement by H.E. Judge Peter Tomka, President of the International Court of Justice, at the High-Level Meeting on the Rule of Law, Sep. 24, 2012; Speech by H.E. Hisashi Owada, President of the International Court of Justice, to the Sixth Committee of the General Assembly, Oct. 30, 2009.

156) *See* Speech by H.E. Judge Hisashi Owada, President of the International Court of Justice, to the Legal Advisers of United Nations Member States, Oct. 26, 2010.

157) *See* Brierly, *supra* note 26, at 282-283 ［邦訳 256-257 頁］．

よって勝ち取ることができる」とする妄信を助長することから望ましくないと考えられる[158]．ドイツは 2008 年に初めて宣言をおこなったが，「まさにそのために国際的な裁判権が作りだされてきた類の国際紛争」に関する留保，すなわち軍事問題に関する留保を付していると批判されている[159]．

　日本は，ICJ 規程の下で訴訟能力を得た当初から，留保を付すことなく義務的裁判権受諾宣言をおこなっていた．しかし，日本に滞在していたフジモリ元大統領の引渡しを請求するために，ペルーが宣言をおこなう可能性があると指摘されていた 2007 年に，そのような不意打ちの付託を防止する留保を付した．また，南極海捕鯨事件において敗訴した翌年に，海洋生物資源の調査等に関する紛争を排除する留保も追加した．「日本がつとにこの宣言をおこなっているということは，国際社会における『法の支配』を重視する日本の明確な意思表示であるとともに，自国が国際法を遵守する国であるという，自信の表明でもある」[160] とするならば，これらの留保を付す行為は，日本が国際法を遵守していると認識していても，国際法に違反したという「誤判」を ICJ がおこないうることを前提としている．

　しかし，留保を付す行為は，コスト・ベネフィット計算に基づいて ICJ を利用するという合理的政策の一環であり，ICJ を無謬な「法の生きた託

---

158) *See* JAMES LESLIE BRIERLY, *British Reservations to the General Act of Geneva, 1928, in* THE BASIS OF OBLIGATION IN INTERNATIONAL LAW, AND OTHER PAPERS 176 (Clarendon Press, 1958)［ジェームズ・レスリー・ブライアリー（長谷川正国訳）「1928 年一般議定書に対するイギリスの留保」『諸国民の法および諸論稿』（成文堂，2013 年）388 頁］. *See id.* at 181［邦訳 392 頁］（平和問題の現実は，仲裁が戦争に対する万能薬になるという理論を否定して余りあると指摘する）．

159) ディーター・ダイスロート（山下威士訳）「国際法の効用と機能」浦田賢治編『核不拡散から核廃絶へ――軍縮国際法において信義誠実の義務とは何か』（憲法学舎，2010 年）258, 270 頁.

160) 小松一郎『国際法実践論集』（信山社，2015 年）10, 174 頁．「『法の支配』に従うとは，端的に言って敗訴したら国際判決に従うことである」といわれる．中谷和弘『世界の島をめぐる国際法と外交』（信山社，2023 年）47 頁．予測の問題として，判決が履行されない例があることは，この立場に則った「法の支配」が確立していないことを意味するであろう．また，論理の問題として，この立場の前提は，権限踰越などの理由で判決が無効である場合がありえないことであるが，それは「裁判官も神ではない」という認識と矛盾するであろう．「裁判官たちには最終的な発言権があるものの，だからといってそれが最良であるとは限らない」のである．*See* RONALD DWORKIN, LAW'S EMPIRE 413 (Hart, 1998)［ロナルド・ドゥウォーキン（小林公訳）『法の帝国』（未來社，1995 年）629 頁［底本初版］］．いずれにしろ，「自国が国際法を遵守する国であるという，自信」をもち続けるならば，国際判決に従わないことこそが「法の支配」に従うことになる場合があることになるはずである．

宣者」であり，法の支配の担い手であるとする単純な認識よりもはるかに望ましい．例えば，フランスは，義務的裁判権受諾宣言を撤回した後，「自己に有利な訴訟環境に限定して裁判所の利用を認めるという柔軟な訴訟戦術」をとっているが[161]，それは当然のことなのである．

なお，他国の行動を踏まえた国益の計算を十分することなく，あたかもそれが自己目的であるかのように国際義務を受諾してしまうことは，日本の通弊であるようにみえる．例えば，イギリスやフランスは，ジュネーヴ諸条約第1追加議定書（1977年）の第51条から第55条までに留保を付し，戦時復仇の権利を保持するものとしている[162]．これに対して，日本は同旨の留保を付さずにそれを批准した．この姿勢は，人道的観点から高く評価されるとして，「日本が人道的見地から受け容れた戦時複仇のほぼ全面的な放棄を常に確実に遵守できるかが注視される」といわれる[163]．しかし，注視されるべきなのは，他国が放棄していない手段の放棄が，日本に対する武力紛争法の違反を削減させるかどうかであろう．

外交の目的は国益を最大化することにあり，一部の国々やNGOから高く評価されることではない．国民益である国益の確保を信託されている政府は，人道的義務であれ他の性質の義務であれ，国益を増進する限りで受諾すべきである．戦時復仇は，敵の違法行為が先行している場合に，その中止・再発防止・回復の確保を目的としておこなわれる行為である．その権利を一方的に放棄することが，敵ではなく自国の利益に適うとする根拠は薄弱である．

なお，敵については，戦争犯罪の実行者の刑事責任を事後に問えばよいと考えられるかもしれない．しかし，事後に刑事責任を問う前提として被害を一度甘受するように要求することは不当である．そうすることは法を「頼みとしたく思っている者が，正当な刑罰を要求すべき以前に不当な刑罰を受けねばならぬのだから」[164]．そもそも，ICCを設立すれば戦争犯罪

161）玉田大「国際司法裁判所 フランスにおける刑事手続事件（仮保全措置命令2003年6月17日）」岡山大學法學會雜誌55巻2号（2006年）195，203-204頁．

162）黒﨑ほか前掲書（注7）79-80頁［坂元茂樹執筆］．同旨の留保を付した国々は，それが同議定書の趣旨および目的と両立すると理解していることになる．

163）同書568頁［真山執筆］．

を減少させられるとする見解は幻想であると指摘されている[165]．実際には，例えば，起訴便宜主義の下で ICC の検察部が訴追しない可能性も存在する[166]．満洲国の不承認を掲げたスティムソン・ドクトリンに効果があったとすれば，それは日本を妥協から遠ざけたことであると指摘されるのと同じく[167]，武力抗争の当事国の大統領や首相に対する ICC による逮捕状の発給に効果があるとすれば，それは停戦を実現するための政治的妥協の障害になることくらいであるといわざるをえないであろう．

② 裁判条約

裁判条約の例として，「平和的解決のための米州条約（ボゴタ規約）」（1948 年）が存在する．「カリブ海における主権的権利および海域侵害事件」（2013 年付託）など，近年，ボゴタ規約に依拠する訴訟は増加している[168]．

③ 裁判条項

2011 年に，裁判条項は約 400 あり，そのなかには約 60 か国が締結した 2 国間条約に含まれるものがあるといわれている[169]．

---

164) M. TULLI CICERONIS, *Pro T. Annio Milone, in* 2 OPERA QUAE SUPERSUNT OMNIA 1151, 1155（I.G. Baiterus & Car. Halmius eds., Typis Orellii, Füsslini et sociorum, 1861）［山沢孝至訳「ミロー弁護」『キケロー選集 第 2 巻』（岩波書店，2000 年）341, 350 頁］．この一節は，後に参照する「武器の間では法は沈黙する（*Inter arma enim silent leges*）」という法諺の出典の直後に位置する．

165) *See* JAMES LESLIE BRIERLY, *Do We Need an International Criminal Court?, in* THE BASIS OF OBLIGATION IN INTERNATIONAL LAW, AND OTHER PAPERS 134, 140（Clarendon Press, 1958）［ジェームズ・レスリー・ブライアリー（長谷川正国訳）「国際刑事裁判所は必要か」『諸国民の法および諸論稿』（成文堂，2013 年）441, 448 頁］．

166) 黒﨑ほか前掲書（注 7）574 頁注 55［真山執筆］．また，当事国は捕虜交換の対象に戦争犯罪などの容疑を受けうる者を含めることがある．越智萌「ロシア・ウクライナ戦争下における国際刑事法の諸相」新井京＝越智萌編『ウクライナ戦争犯罪裁判──正義・人権・国防の相克』（信山社，2024 年）3, 12 頁．ICC による訴追が捕虜交換を制約するとすれば，「容疑者」を勾留している「被害国」も ICC 規程を受け入れなくなるであろう．

167) *See* HATHAWAY & SAPIRO, *supra* note 107, at 172［邦訳 243 頁］．

168) ボゴタ規約については，石塚智佐「ボゴタ規約にもとづく国際司法裁判所の管轄権」一橋法学 9 巻 2 号（2010 年）107 頁．

169) *See* Statement by H.E. Judge Hisashi Owada, President of the International Court of Justice, on the Occasion of the Visit by the President of Ireland, H.E. Mrs. Mary McAleese, May 2, 2011.

④ 枠組合意

枠組合意は，特定の事件を付託する合意であるが，付託の具体的条件を事後の決定に留保する点で，特別の合意（Special Agreement）と異なる[170]．

臨時の受諾の形式には，⑤特別の合意（ICJ 規程第 40 条 1 項）と⑥共同宣言がある．ICJ は，受諾は特定の形式による必要はなく，当該国の意思が実質的に表明されていればよいとしている．それゆえ，規程および ICJ 規則には言及されていない共同宣言による受諾も認められるのである[171]．

事後の受諾の形式には，⑦応訴裁判権（*forum prorogatum*）の受諾がある．国連総会は，相手国が裁判権を受諾していないことが明白な場合に，一方的「付託」によって応訴を勧誘することは，違法でも非友誼的でもない，友誼的な行為であるとしている[172]．実際に，PCIJ は，このような「付託」を受けた際に，応訴の機会を与えるために「被請求国」に訴状を送付した[173]．そして，ICJ 規則第 38 条 5 項は，このような「付託」について，総件名簿（General List）への登載を含めて一切の措置をとらず，訴訟係属は認めないとしつつ，「被請求国」に訴状を送付するものとした．同項は，応訴の勧誘を「抑制する措置」であると評される[174]．しかし，応訴の勧誘を抑制しようとするならば，ICJ は「被請求国」への訴状の送付も差し控えるはずである．同項は，応訴の勧誘をむしろ奨励しているというべきであろう．

ICJ は，訴訟遅延に対する批判についても，1972 年と 1978 年に ICJ 規則を改正するなどの手段で対処した[175]．

ニカラグア事件を象徴的な契機として，1980 年代中葉から ICJ に付託さ

---

170) *See* 2 SHABTAI ROSENNE, THE LAW AND PRACTICE OF THE INTERNATIONAL COURT, 1920-2005, at 652 (4th ed., Martinus Nijhoff, 2006).

171) *See* Aegean Sea (Greece v. Turk.), 1978 I.C.J. 39.

172) *See* The Manila Declaration on the Peaceful Settlement of International Disputes, art II, para. 5, G.A. Res. 37/10, U.N. GAOR, 37th Sess., Supp. No. 51, at 261, 263, U.N. Doc. A/37/51 (1982).

173) *See* P.C.I.J. (ser. D) No. 2, 3d Add., at 69 (1936) (statement of Mr. Hammarskjöld).

174) 浅田前掲書（注 5）447-448 頁［山形執筆］．

れる訴訟は顕著に増加し始め，1990 年代に入ると，ICJ は「再生」[176] したと評されるに至った．ICJ には，2024 年 7 月までに 194 の訴訟または勧告的意見の要請が係属している．とりわけ，2002-2003 年度には，28 件の訴訟・勧告的意見の要請が係属していた．もっとも，そのうち 8 件は，ユーゴスラビア［ユーゴスラビア社会主義連邦共和国の構成国のうちセルビア共和国とモンテネグロ共和国を指す．両国は 1992 年にユーゴスラビア連邦共和国，2003 年にセルビア・モンテネグロに改名し，2006 年に分裂した］が NATO 加盟国に対する訴訟を付託した一連の「武力行使の合法性事件」（1999 年付託）であった[177]．年平均係属件数も，1980 年代には約 5，1990 年代には約 13，2000 年代には約 20 と急増しており[178]，その後も高い水準で推移している．

　なお，勧告的意見の要請は 21 の機関に認められており，2024 年 7 月までに 27 の勧告的意見が与えられた（同月現在，1 件の要請が係属している）．そのうち，19 件が国連総会によるものであり，安保理によるものは 1 件のみである．

　ICJ は，従来の近代国際法的性質を薄め，「第三世界」や旧社会主義陣営の国々も利用する普遍性の高い機関へと変容し，ガーナ国籍の国連元事務総長の言葉によれば，「真に我々の世界法廷」[179] であるといわれるようになったのである．

4　期待の分裂

　ICJ の「再生」は，従来は散発的に表面化するだけであった ICJ への社会

---

175) 1978 年の ICJ 規則の改正については，*see* Manfred Lachs, *The Revised Procedure of the International Court of Justice, in* ESSAYS ON THE DEVELOPMENT OF THE INTERNATIONAL LEGAL ORDER: IN MEMORY OF HARO F. VAN PANHUYS 21 (Frits Kalshoven et al. eds., Sijthoff & Noordhoff, 1980).

176) Ruth Donner, *Recent Developments in the Works of the International Court of Justice*, 2 FINN. Y.B. INT'L L. 355-356 (1991).

177) *See* Annual Report 2002-2003, U.N. Doc. A/58/4, *cited in* Speech by H.E. Judge Hisashi Owada, President of the International Court of Justice, to the Sixty-Sixth Session of the General Assembly of the United Nations, Oct. 26, 2011.

178) *See* Speech by H.E. Hisashi Owada, President of the International Court of Justice, to the Sixth Committee of the General Assembly, Oct. 30, 2009.

179) Koffi Annan, *Foreword to* INCREASING THE EFFECTIVENESS OF THE INTERNATIONAL COURT OF JUSTICE, at v (Connie Peck & Roy S. Lee eds., Martinus Nijhoff, 1997).

的期待の分裂を顕在化させているようにみえる．ICJ はその歴史を通して自身の制度目的を意識しながら訴訟を処理してきたと考えられる．そのなかで近年の課題にも示唆を与える対応として，ここでは 5 つの特徴的現象を取り上げよう．すなわち，仲裁化・人権裁判所化・立法機関化・抗争制御機関化・行政裁判所化である．これらの現象がいわば第Ⅳ期への変化の徴候といえるかどうかは，今後の評価に委ねられるであろう．

（1）　仲裁化

「訴訟当事国の機関」としての活動を期待する立場に対応する現象として，ICJ の「仲裁化」[180] が指摘されている．

法廷の構成については，1981 年に合衆国とカナダが特別の合意によって付託したメイン湾海洋境界画定事件[181] を嚆矢として，抗争当事国が特定事件裁判部（小法廷）を利用する傾向が現れた．ICJ 規程第 26 条 2 項は，特定の訴訟を処理するための裁判部の設立を認め，訴訟当事国が法廷を構成する裁判官の「数」を指定し，ICJ が当該裁判官を決定すべきものとしている．しかし，ICJ 規則第 17 条 2 項は，所長が裁判部の「構成」について紛争当事国の見解を確認すべきものとした．ICJ はこの規定を広義に解釈し，訴訟当事国が法廷を構成する裁判官自体を特定し，ICJ はそれに従って法廷の構成を決定するという慣行を形成した．このような裁判部は仲裁廷に接近し，実際に，合衆国はメイン湾海洋境界画定事件判決（1984 年）を仲裁判断の例として挙げている[182]．

なお，ICJ 規程および ICJ 規則は，ICJ が簡易裁判部や特定部類事件裁判部を設置するものとしている．しかし，PCIJ 時代に，ヌイイ条約第 179 条（解釈）事件［以下，ヌイイ条約事件］（1924 年判決）およびその判決の解釈に関する「判決第 3 の解釈（ヌイイ条約第 179 条）事件［以下，ヌイイ条約事件判決解釈事件］」（1925 年判決）で簡易裁判部が利用された例はあるものの，ICJ ではそれらが利用されたことはない．ICJ が設置した環境事件裁判部も，

180）奥脇（河西）直也「国際調停制度の現代的展開」立教法学 50 号（1998 年）34，52 頁．

181）Gulf of Maine, (Can v. U.S.), 1984 I.C.J. 246.

182）*See* U.S. Department of State, Daily Press Briefing, July 12, 2016 ＜https://www.youtube.com/watch?v＝ZJilAFZXTpQ＞.

利用されることなく部を構成する裁判官の選出が中止されている[183].

　裁判準則と判決の構成については，ICJ は，請求に対して一般性をもつ法に基づいて悉無的（all or nothing）な決定を下すだけではなく，理由付けをあえて一般化が困難なものにし，判決の外部効果（externality）を意図的に遮断しようとしたり，紛争の最終的処理を訴訟当事国にいわば「差し戻す」レメディを構成したりすることがある．すなわち，①対抗力（opposability）への依拠，②衡平原則（equitable principle）への依拠，そして，③交渉義務の認定がその具体的な手段である.

①　対抗力

　対抗力の判断に判決を基礎付け，争われている行為の国際法適合性の判断についての先例としての価値を軽くしようとする例は漁業事件判決（1951年）に遡る．この判決において，ICJ は，直線基線に関する一般国際法の規則を確定することはできないが，「領海の本質に内在する基本的な考慮」に基づいて導かれる規準を，地理的・経済的・歴史的な条件を総合的に考慮して適用すると，被請求国が設定した直線基線は請求国に対抗力をもつとした[184]．たしかに，この理由は「いずれにしろ（in any event）」と書き出されたものであり，傍論にすぎないかもしれない．ICJ は，主論としては，争われている基線は「国際社会の一般的黙認」を受けて「歴史的凝固（historical consolidation）」が完了しているので，全ての国に対抗しうるとし[185]，主文としても，被請求国は国際法に違反していないとしているからである[186]．しかし，形式的にはともかく，実質的には特定の基線の合法性が関係国の黙認の蓄積という個別的事情の総合判断を要求するものであるという認識の上に，対抗力に関する判断をあえておこなったと考えられるのである[187].

---

183)　*See generally* Basile Chartier, *Chamber for Environmental Matters: International Court of Justice, in* MAX PLANCK ENCYCLOPEDIA OF INTERNATIONAL LAW (Oxford University Press, 2018). 環境専門の法廷の有用性に懐疑的な見解として，*see* PATRICIA BIRNIE ET AL., INTERNATIONAL LAW AND THE ENVIRONMENT 255-257 (3d ed., Oxford University Press, 2009)［パトリシア・バーニー＝アラン・ボイル（池島大策ほか訳）『国際環境法』（慶應義塾大学出版会，2007 年）263-265 頁［底本第 2 版］].

184)　*See* Fisheries (U.K. v. Nor.), 1951 I.C.J. 131, 133, 139.

185)　*See id.* at 138-139.

186)　*See id.* at 143.

② 衡平原則

ICJ は，チュニジア＝リビアの大陸棚事件判決（1985 年）以来，大陸棚の境界画定の理由付けに実定法の中の衡平すなわち衡平原則を採用している．等距離規則のような細則への分節化を断念し，個別的事情の総合判断によるものとする判例を蓄積してきたのである．衡平原則は，この判決当時にはまだ発効していなかった国連海洋法条約（第 83 条 1 項）によって法典化または結晶化された慣習法を反映しているとも考えられる．しかし，同項自体が，北海大陸棚事件判決（1969 年）で ICJ が定式化した原則を反映したものであり，ICJ の仲裁化の現れである裁判準則が条約化されたものであるということもできる．

③ 交渉義務の認定

交渉義務の認定は，元来は，北海大陸棚事件の場合のように，訴訟当事国が最終申立においてそれを請求している場合に，判決主文においてなされるものであった．しかし，西ドイツ対アイスランドの漁業管轄権事件（1974 年判決）におけるように，訴訟当事国がそれを明示的に請求していない場合にも，ICJ は対抗力に関する法的指針の説示と合わせて交渉義務を認定するようになっている．

このように訴訟当事国に紛争の処理を「差し戻す」判決は，ICJ の「国際法の機関」という性質と両立するかどうかはもちろん，「訴訟当事国の機関」という性質と両立するかどうかも問題になる．例えば，特別の合意によって付託されたガブチコボ・ナジュマロシュ事件では，訴訟当事国が請求していなかったにもかかわらず，ICJ は 1997 年の判決の主文を交渉義務の認定に止めた．しかし，交渉は進展することなく，同事件は 25 年以上も係属し続けている．この判決は，適用される条約が悉無的決定を要求していないという理由付けによって，「国際法の機関」という性質と整合的な決定であると説明されているものの，悉無的決定を基礎として新たな関係を構築しようとした訴訟当事国の意思に則ったものであるとはいえず，「訴訟当事国の機関」という性質にそぐわないものであったといわざるをえない．

これら 3 つの手法は，「再生」以降に初めて現れたとは限らないことから，

187）実際には，この判決は病理的な直線基線の設定を蔓延させる契機になったと批判されている．奥脇前掲論文（注 180）53-54 頁．

76 第1章 国際司法裁判所の歴史的位置付けと展開

ICJ の仲裁化の現象というよりも，ICJ が本来もつ「仲裁性」の反映であると理解すべきであるかもしれない．第2次世界大戦後，（国家間）仲裁はあまり利用されなくなったといわれる[188]．それは，ICJ が仲裁廷の役割を果たしてきたからであると考えることもできる．「再生」以降，ICJ の「訴訟当事国の機関」としての性質が強調されるべきかどうかは1つの論点である．

(2)　人権裁判所化

ICJ は人権裁判所化する傾向をみせている．たしかに，ICJ は「国連の機関」であり，国連憲章第1条3項が国連の目的とする「全ての者のために人権および基本的自由を尊重するように助長奨励する」ことも追求すべきものとされる．しかし，ICJ 規程は国家のみに訴訟能力を認め，個人にそれを認めていない．そこで，ICJ は，国家間紛争の処理を介して人権の保障に関与することになる．国家の権利・義務を規定するに止まると考えられ，いわゆる人権条約であるとは位置付けられてこなかった条約の解釈において，国家のヴェールを外してその背後にある個人の法益を直接保護しようとするのである．

例えば，ラグラン事件（1999年付託）[189] は，領事関係条約選択議定書を裁判権の基礎とし，領事関係条約（1963年）を裁判準則とする訴訟であった．この事件では，同条約が条約当事国の権利を保護するに止まるか，条約当事国の国民にまで権利を付与しているかについて，国々の見解が対立している状況で，ドイツは後者の立場に即した解釈を確立することを訴訟目的として掲げた[190]．それに対して，合衆国は，ドイツは死刑の廃止という政策目的を追求する手段として本訴を付託したと批判し[191]，同国における将来の刑事裁判全てに及ぶ一般的義務を認定することは ICJ の裁判権を越えると反論した[192]．そして，ICJ は，前者の主張を支持したのである．

---

188) *See* Christine Gray & Benedict Kingsbury, *Developments in Dispute Settlement: Inter-State Arbitration Since 1945*, 63 BRIT. Y.B. INT'L L. 97 (1992).

189) LaGrand (F.R.G. v. U.S.), 2001 I.C.J. 466.

190) *See* Statement of Mr. Westdickenberg (F.R.G.), LaGrand, at 16 (CR 2000/30, Nov. 16, 2000). なお，ドイツは，暫定措置に関する ICJ 規程第41条の解釈の確定も目的として掲げていた．

191) *See* Statement of Mr. Thessin (U.S.), LaGrand, at 13 (CR 2000/28, Nov. 14, 2000).

192) *See* Statement of Mr. Mathias (U.S.), LaGrand, at 22 (CR 2000/29, Nov. 14, 2000).

国々は，人権保障を促進する手段として条約の発展的解釈をICJに期待することがあるのである．この傾向は，国際法を適用するという意味での「国際法の機関」としての性質の単純な反映というよりも，次に述べるICJの立法機関化と共通の対応をICJに強いる．すなわち，条約の裁判条項を受諾する際に被請求国が想定していた当該条約の解釈・適用に関する紛争の処理を越えて裁判権を行使することをICJに強いることになるのである．抗争解決という観点からは，この傾向は，ICJの「訴訟当事国の機関」としての性質と緊張関係に立つといわなければならない．

(3) 立法機関化

現行法の解釈・適用を主題とする紛争の処理というよりも，法の発展を主要な目的とする訴訟は，政策形成訴訟（policy making litigation）と呼ばれる．ICJにおいても，政策形成訴訟と呼ぶべき訴訟が散発的に付託されてきた．近年では，例えば，2014年にマーシャル諸島がイギリス・インド・パキスタンをそれぞれ相手に付託した「核軍拡停止および核軍縮に関する交渉義務」事件は，この性質の典型的訴訟であった．すなわち，一方で，第3章で述べる，ICJによる条約当事国間対世的義務（obligation *erga omnes partes*）の履行を請求する適格の承認を受けて，他方で，核兵器使用等の合法性事案勧告的意見——この意見の要請も政策形成を目的とするものであった——が，NPT第6条が課す核兵器保有国5か国の交渉義務を，慣習法の下で核兵器保有国全てが負う「交渉を完結する義務」[193] へと拡大・強化したことを受けて，訴訟適格の拡大をさらに推し進め，上記義務の履行を促進しようとした訴訟なのである[194]．

国連体制において，総会は，ICJが国際法の発展という機能を果たすことを承認しながら[195]，国連憲章第13条1項が課す任務を果たすための手段として，国際法委員会（ILC）を設立したり，条約締結を議題としたりしてい

---

193) Legality of the Threat or Use of Nuclear Weapons, 1996 I.C.J. 267.

194) 後に，ICJは，交渉義務が原則として合意に達する義務を含むものではないことを繰り返し確認している．*See, e.g.,* Obligation to Negotiate Access to the Pacific Ocean（Bol. v. Chile），2018 I.C.J. 538-539.

195) *See, e.g.,* G.A. Res. 171, U.N. Doc. A/519, at 103（1947）.

る．また，条約を締結するための外交会議，議定書の作成などに関する条約締約国会議（COP）なども開催されている．

国際機構においては，主権平等の原則を反映する1国1票という制度を梃子として，機構外における力関係とは独立の「機構内ヘゲモニー」[196]を多数派の国々が確立することがある．このことは外交会議等にもあてはまる．そこで，先に述べた「本来ならば部外者に近いといえる国」が多数派である場合には，それらの国々が「機構内ヘゲモニー」を利用して，一般性をもつようにみえる条約を採択することが可能である．しかし，条約の拘束力は条約当事国にしか及ばない（条約法条約第34条）．それゆえ，条約の目的を実現するためにその行動が不可欠な「特別利害関係国」[197]が参加しない限り，当該条約の目的が実現する見込みは皆無である．特別利害関係国の意思を反映していない条約の増加は，「紙の上の法（law in the books）」の増殖でしかないのである[198]．

締結した条約の目的がそのままでは実現する見込みがない国々は，その実現に近づくもう1つの梃子として，ICJ が「一肌脱ぐ」[199]ことを期待することになる．国々（の代表者）ではなく，裁判官が決定権をもつ ICJ の訴訟においては，機構外の力関係からも「機構内ヘゲモニー」からも独立のいわば「法廷内ヘゲモニー」が成立しうる．言い換えれば，ICJ は政治的フォーラムに対する対抗フォーラムとして利用されうるのである．

なお，「機構内ヘゲモニー」と「法廷内ヘゲモニー」が重畳的に利用される勧告的意見の要請では，国連総会における「政治的闘争の道具として ICJ が用いられることになる」ことから，総会の多数派が自身の主張の正当性を確認させようとするような要請は却下すべきであるという意見も存在する[200]．

実際には，ICJ は，国連総会「決議に示された法的信念」に大きく依拠して慣習法を認定することが少なくない[201]．また，ICJ は，ILC との同僚間協

---

196) 最上敏樹『国際機構論講義』（岩波書店，2016年）103-105頁.

197) North Sea Continental Shelf, 1969 I.C.J. 42.

198) 位田隆一「国際機構における表決制度の展開」林久茂ほか編『国際法の新展開』（東信堂，1989年）115, 125-126頁.

199) 奥脇前掲論文（注180）49頁注29.

200) *See* Certain Expenses, 1962 I.C.J. 254 (dissenting opinion of Judge Koretsky).

働（collegiality）の利益を享受している．ILC の作成した文書は総会でそれ
に留意するとする決議が採択されているにすぎない場合にも，国家実行およ
び法的信念を実質的に検討することなく，慣習法を反映するものとして依拠
されるのである[202]．例えば，ILC で草案段階にあった外交的保護（diplomat-
ic protection）条文第 1 条を，慣習法を反映している規定であるとして引用
したり[203]，同第 14 条 2 項が慣習法を反映している規定であると明示的に認
定することなく，同項の内容を慣習法の内容として適用したりしている[204]．
ICJ は，ILC による「国家実行の広範な調査」に言及しており[205]，慣習法の
認定作業を ILC に外部調達（outsourcing）しているということもできる．
「ILC の作業で作成された規定が ICJ の判断を媒介に法規則へと確認される」
というメカニズムである[206]．もっとも，ILC が注釈で当該条文が法典化で
あることを示す国家実行を挙げていない場合——例えば，国際水路非航行的
利用条約第 11 条——には，ICJ は，それが慣習法を反映していないとして
いる[207]．

　このような協働の背景には，ILC と ICJ の人的交流がある．すなわち，
ICJ の裁判官 103 人のうち 34 人が ILC 委員経験者であり，そのうち 9 人が
所長を務めているのである[208]．ICJ 裁判官経験者が ILC 委員に就任した例
も 1 件，両者の併任も 1 件存在した[209]．

201）西元宏治「1965 年のチャゴス諸島分離の法的帰結（勧告的意見・2019 年 2 月 25 日）」国際法
　　外交雑誌 122 巻 2 号（2023 年）86, 98-99 頁．

202）ICJ が自身で国家実行を検討することがないわけではない．*See, e.g.,* Immunities and Crimi-
　　nal Proceedings（Eq. Guinea v. Fr.）, 2020 I.C.J. 322. ただし，重大な戦争犯罪や強行規範の違反
　　についても国家免除は適用されるとする国家判決として挙げられるのは全て，西欧（カナダおよ
　　びニュージーランドを含む）の実行であった．*See* Jurisdictional Immunities of the State, 2012
　　I.C.J. 137, 141-142. ICJ のこの実践は，それが「世界法廷」になったことを示すものではないと
　　いうべきであろう．

203）*See* Ahmadou Sadio Diallo（Guinea v. Dem. Rep. Congo）, 2007 I.C.J. 599.

204）*See id.* at 601.

205）*See* Jurisdictional Immunities of the State, 2012 I.C.J. 122-123, 140, 153-154. *See also* Ahma-
　　dou Sadio Diallo, 2012 I.C.J. 342.

206）酒井前掲論文（注 62）41 頁．

207）*See* Dispute over the Status and Use of the Waters of the Silala（Chile v. Bol.）, 2022 I.C.J.
　　650-651.

208）*See* Speech by H.E. Judge Peter Tomka, President of the International Court of Justice, at
　　the Sixty-Fourth Session of the International Law Commission, July 24, 2012.

「機構内ヘゲモニー」を梃子として採択された条約がそうであるように，「法廷内ヘゲモニー」を反映して言い渡された判決は紙の上の存在に終わることがある．とりわけ，判決がソフトローの法への転化を試みる場合にはそうである．

この点で，注目されるのは，ILC が 2018 年に採択した「条約解釈に関する後になされた合意および後に生じた慣行に関する結論草案」に ICJ が準拠することになるであろうと予想されていることである[210]．同結論 13 (2) は，「条約当事国の沈黙は，［専門家条約機関の表明が］後に生じた慣行を構成することを推定させない」ことを確認しつつ，専門家条約機関の表明が「後に生じた慣行の契機となりうる（may give rise to)」としている[211]．条約ではない同結論に基づいて，「後に生じた慣行」が形成されたという安易な認定によって，勧告である条約機関の見解の内容が条約解釈を確定するものとみなされることになれば，「紙の上の法」を増殖させることになるであろう．

ICJ が立法機関化する場合に，それに反対する国々は裁判権の事前の受諾を撤回し，ICJ の義務的裁判権から退出（exit）するという選択肢をもつ．実際に，フランスは核実験事件において裁判権に対する異議にもかかわらず暫定措置（1973 年）が指示された後，合衆国はニカラグア事件において裁判権が認定された後，それぞれ義務的裁判権受諾宣言を撤回している．このような行為は脱司法化（de-judicialization）と呼ばれる[212]．

自由権規約委員会のロウル・ケネディ事件受理可能性決定（1999 年）が「協力義務」を介して勧告を義務化しようとしたときに，トリニダード・トバゴは，自由権規約第 1 選択議定書を廃棄している．自由権規約委員会は裁判機関ではなく，勧告機関にすぎないが，当該機関が自己の権限を拡大する

---

209) 河野真理子「国連国際法委員会と国際司法裁判所」村瀬信也＝鶴岡公二編『変革期の国際法委員会』（信山社，2011 年）51，71-73，77 頁.

210) 黒﨑ほか前掲書（注 7）60 頁［坂元執筆].

211) *See* Draft Conclusions on Subsequent Agreements and Subsequent Practice in Relation to the Interpretation of Treaties 5 (2018) <https://legal.un.org/ilc/texts/instruments/english/draft_articles/1_11_2018.pdf>.

212) 網谷龍介「国際関係論の視角からみた法化・司法化現象」伊藤洋一編『裁判官対話——国際化する司法の協働と攻防』（日本評論社，2023 年）14，23-24 頁.

ために条約を拡大解釈したときに，公権解釈権をもつ条約当事国がその権限の受諾を撤回し，当該機関を掣肘することは必要なことであった[213]．

　専門家の利用については，その能力および信義誠実（good faith）に関して「買主をして注意せしめよ（*caveat emptor*）」[214] という原則が適用されることが常に念頭に置かれなければならない．このことは，裁判官についても当てはまる．1907年の第2回万国平和会議の際に，合衆国国務長官E・ルートは，「国家間の問題に，合衆国最高裁判決のような偏向のない非人格的判決を下す」国際裁判所が設立されるべきであるとした[215]．しかし，合衆国最高裁の判決がその裁判官の人格的決定を反映し，裁判官を指名した大統領の政策に沿ったものとなりがちであることは周知の事実であり[216]，多かれ少なかれ，このことは全ての裁判所に当てはまる．例えば，日本の最高裁元長官は，訴訟に訴えるかどうかに関して相談を受けたら「まず考えるのは『裁判官は誰か』」であり，「興信所に頼んで，調べられるだけのことを調べる」として，日本では「そういうことをオブラートに包んで『金太郎飴の裁判官がいる』とお考えになることの中に，すべての間違いがある」としている[217]．そして，訴訟において，西欧人は己を頼み，人事を尽くして天命を待つのに対し，日本人は「人頼みで，客観的に存在すると考えている好都合な結果のみを求める心情になりがちである」と喝破している[218]．

　日本国民のみならず日本政府も，この点に十分配慮してこなかったと考え

---

213) 退出が困難である場合には，条約は勧告に反する行為を選択する自由を制約する協力義務を一般的に課すものではないとする公権解釈を確立するための国家実行を積み重ねる必要がある．ICJの勧告的意見を「判決」に変質させようとする試みに対する関係国の批判として，*see* U.N. Doc. A/ES-10/PV. 24, at 16 (Statement of Mr. Gillerman (Israel)). *See id.* at 12, 14 (ICJは一方的で不十分な情報に依拠することによって「仮想現実」に引きずり込まれたと批判する).

214) Temple of Preah Vihear (Cambodia v. Thail.), 1962 I.C.J. 123 (separate opinion of Judge Fitzmaurice) (地図作成の専門家をもたなかったタイが，抗争相手国であるカンボジアの宗主国フランスの専門家に地図作成を委ねたところ，条約と齟齬のある地図を作成されたという主張について，独立国が平等であるという原則ゆえに，斥けられるとする).

215) *See* INSTRUCTIONS TO THE AMERICAN DELEGATIONS TO THE HAGUE PEACE CONFERENCES AND THEIR OFFICIAL REPORTS 79 (James Brown Scott ed., Hardpress Publishing, 1916).

216) 連邦裁判所の裁判官の選任が政治的になされることについて，*see* TAULBEE & GLAHN, *supra* note 63, at 11.

217) 御厨貴＝政策研究大学院大学『矢口洪一（元最高裁判所長官）オーラル・ヒストリー』（政策研究大学院大学，2004年）77，110頁．

218) 矢口洪一『最高裁判所とともに』（有斐閣，1993年）137頁．

られる．日本は，家屋税事件（1905 年仲裁判断）[219] で敗訴した際に，仲裁当事国と利害関係のない第三国の国民であれば不偏不党の判断をおこなうであろうと早合点し，G・グラムのような西欧の論理に従って行動する人物が第3の仲裁人となるリスクに十分注意しなかったことに敗因があったとすでに指摘されていた[220]．ところが，南極海捕鯨事件の際にも同じ過ちを犯したようにみえる．この判決が言い渡された後で，ICJ の 16 人の裁判官のうち12 人が「反捕鯨国出身であり，その結果 12 対 4 の多数決で日本に不利な判決となった」[221] と指摘されたのである[222]．ICJ の裁判官の構成は事前に知られていることから，同事件が付託される前に，裁判権の受諾を撤回すべきであったことは明らかである．国際裁判では，「裁判官の質，公正さなどからして敗訴の可能性があることを［抗争］当事国はいつも意識せざるを得ない」ことは周知なのである[223]．

---

219) Affaire de l'Impot Japonais sur les Batiments (Germany, Fr. Grt. Brit. v. Japan), Award of May 22, 1905, 11 R.I.A.A. 41.

220) 外務省編『日本外交文書──日本外交追懐録（1900-1935）』（外務省，1973 年）29-32 頁．番定賢治「戦間期における国際司法制度の形成と日本外交──常設国際司法裁判所の応訴義務と仲裁裁判条約を巡って」国際関係論研究 31 号（2015 年）33, 37-38 頁も参照（PCIJ が「公平ナル判決ヲ下シ得ルヤ否ヤ不安」とする 1928 年の外務省記録を引用し，PCIJ の「公平性を疑う見方が残っていた」，また，PCIJ の「公正や判決への不信感は……残ったままだった」とする）．この正当な警戒感が ICJ に対して薄れた──というより失われた──原因の究明は課題となるであろう．日本人の自己家畜化（self-domestication）が「既存の制度を無批判に肯定し，そこに従属した結果，シンプルな損得関係すらも考えることができなくなっている」という指摘はこの点で示唆を与える．池田清彦『自己家畜化する日本人』（祥伝社，2023 年）102 頁．なお，自己家畜化という概念は 1795 年に鋳造されたものであるが，近年，再び注目されている．そこでは，家畜化の少なからぬ特徴が幼形変化（paedomorphosis）であることなどが指摘されている．稲村哲也「セルフ・ドメスティケーション（自己家畜化）」稲村哲也ほか編『レジリエンス人類史』（京都大学学術出版会，2022 年）106, 108-110 頁．

221) 米澤邦男「基本的には日本にプラスの判決内容」水産ジャーナリストの会会報 128 号（2014 年）1, 2 頁．

222) 捕鯨支持国出身の裁判官 4，反捕鯨国出身の裁判官 10，態度不明国出身の裁判官 2 で，反対意見は捕鯨支持国出身の裁判官 2，反捕鯨国出身の裁判官 1，態度不明国出身の裁判官 1 が著したといわれる．坂元前掲書（注 119）110 頁．日本の元裁判官は，イメージが判決の決め手になることも少なくなく，「何となく悪いイメージであるから悪く判断してしまうこともある」と指摘している．井上薫『巨利を生む蛇足判決理論』（クリピュア，2009 年）180 頁．

223) 柳原正治『帝国日本と不戦条約──外交官が見た国際法の限界と希望』（NHK 出版，2022 年）219-220 頁．

第2節　国際司法裁判所の展開　　83

(4)　抗争制御機関化

ICJ は，「国連の機関」という性質を反映して，（武力）抗争の制御を積極的に試みるようになっている．国際社会においても，「国内における行政法律関係のような支配服従の要素がみられる」ようになっているとつとに指摘されてきた[224]．もちろん，このことは，国内の政府と同じ意味で国連が国際社会の政府になったことを意味するわけではない[225]．しかし，例えば，ブルキナファソ＝マリの国境紛争事件暫定措置（1986 年）は，武力抗争の悪化の防止を目的として具体的行為を指示し[226]，抗争過程の制御（management）といういわば「公法的」措置に踏み込んだと考えられるのである．もっとも，第 5 章で述べるように，ICJ は，この点については，積極的裁判官と抑制的裁判官が拮抗し，後にこの役割に歯止めをかけるようになっている．

(5)　行政裁判所化

冷戦期に，安保理は，常任理事国の拒否権ゆえに実効的措置を決定することが事実上不可能であった．しかし，冷戦が終焉し，常任理事国間の協調が可能になると，「公法的」措置を決定する可能性が現実化した．この状況において，安保理の決定に対して「抑制と均衡（checks and balances）」を機能させるべき「国連の機関」として ICJ が期待されるようになった．ICJ の裁判官を含めて国連職員は，国籍国ではなく国連に対してのみ責任を負う「国際的職員」（国連憲章第 100 条 1 項）と位置付けられ，国連の活動の受益者であるべき「人類全体」[227] にのみ責任を負う国際公務員とされる．それゆえ，たとえ安保理であっても，ICJ の司法審査に服すべきであるという主張がありうるのである．

　例えば，「ロッカビー航空機事故から生じた 1977 年モントリオール条約の解釈適用事件［以下，ロッカビー事件］」（1992 年付託）では，安保理がリビア

---

224)　筒井若水「国際社会の発展と学説」ジュリスト 731 号（1981 年）240-241 頁.

225)　筒井若水『違法の戦争，合法の戦争』（朝日新聞社，2005 年）51, 53 頁. 同書 103 頁（公権力の不在と一国支配をともに回避するために，伝統的国際法の有用な部分を活用すべきであると指摘する）.

226)　*See* Frontier Dispute (Burk. Faso v. Mali), 1986 I.C.J. 11-12.

227)　Jurisdictional Immunities of the State, 2010 I.C.J. 376 (dissenting opinion of Judge Cançado Trindade).

84 第1章 国際司法裁判所の歴史的位置付けと展開

に航空機爆破の容疑者を被害国に引き渡すように要請したところ，リビアは，民間航空不法行為防止条約（モントリオール条約）（1971年）第7条の下で，自国で訴追すれば容疑者を引き渡す義務を負わないことの確認をICJに請求した．リビアは訴訟の付託と同時に暫定措置を要請したが，ICJは，訴訟係属後に安保理が容疑者の引渡しを義務付ける決議を採択したことから，国連憲章第103条の下で，当該義務がモントリオール条約の下で保障される権利に優越するとして，要請を却下した[228]．この訴訟は，1998年に先決的抗弁を斥ける判決が下された後，2003年に取り下げられたことから，本案判断は下されずに終了した．

また，ジェノサイド条約適用事件（1993年付託）においては，ボスニア・ヘルツェゴビナが，その全域を対象としていた安保理決議による武器禁輸について，その対象を同国のセルビア人勢力に限定し，同国政府は除外されるべきであるという主張の法的根拠を得るために，ICJの暫定措置および判決を追求した[229]．逆に，コンゴ民主共和国［以下，DRC］対ルワンダの「コンゴ領における軍事活動」事件［以下，コンゴ領軍事活動事件］（2002年付託）においては，DRCに対するルワンダの武力行使を差し止める決議案が安保理で採択されなかったことを受けて，DRCが当該決議案とほとんど同じ文言の暫定措置の指示を要請した[230]．10件の武力行使の合法性事件も，ユーゴスラビアが，武力行使を差し止める安保理決議を採択させようとする試みに失敗したことを受けて，付託した訴訟であった．付託と同時に提出された暫定措置の要請は安保理に提出されていた決議案とほとんど同じ文言であった[231]．

国際社会における法の支配

ICJは「法の支配（rule of law）」という概念に修辞的に言及することがある[232]．法の支配は，英米法に由来する理念であるが，その内容は必ず

---

228) *See* Questions of Interpretation and Application of the 1971 Montreal Convention Arising from the Aerial Incident at Lockerbie (Libya v. U.S.), 1992 I.C.J. 126.

229) *See* TERRY D. GILL, ROSENNE'S THE WORLD COURT 203, 205 (6th ed., Martinus Nijhoff, 2003).

230) *See* Christine Gray, *The Use and Abuse of the International Court of Justice: Cases Concerning the Use of Force After Nicaragua,* 14 EUR. J. INT'L L. 867, 878, 902-903 (2003).

しも明確ではない[233]．たしかに，「現在，この地球上に，『いかなる権力も法の下にある』との考え方に反対する人は，まずいないだろう」[234]といえるかもしれない．しかし，法の支配という「深っぽい用語（"deepity"）」[235]をスローガンとして唱えるだけで思考停止してはならない[236]．というのは，「法の支配」という用語で表現される真の問題は，その法を認定する権限をもつのは誰かにほかならないからである[237]．

　「安保理は，各国の行動に正統性と合法性を与えうる唯一の普遍的な国際機関であり，国際社会に『法の支配』を及ぼすための極めて重要な国際機関である」という指摘もある[238]．たしかに，安保理決議は国連加盟国を拘束し（国連憲章第25条），それによって創設された義務は国連加盟国間では，慣習法および他の条約に基づく義務に優先する．しかし，安保理は，常任理事国5か国と非常任理事国10か国の政府代表で構成される政治的機関であり，国際法のみならず正義も指針とする機関である．安保理

---

231) *See* Use of Force (Serb. & Mont. v. Belg.), 2004 I.C.J. 128-129. なお，この訴訟とジョージア対ロシアの人種差別撤廃条約適用事件は，請求国が自己の政策を正当化するために ICJ を利用した例として挙げられることがある．小寺彰「国際社会の裁判化」国際問題 597 号（2010 年）3 頁．しかし，国際法違反を主題とする訴訟はすべからく自己の政策を正当化し，抗争相手国の政策を批判するために付託されるものであることから，これら 2 つの訴訟を他の訴訟と区別することは，それらの請求国の行為が正当化を必要とする本来批判されるべきものであるとする予断の存在を示唆する．

232) *See* Continental Shelf (Libya v. Malta), 1985 I.C.J. 39.

233) 皇帝も法の下にあり超法的権力をもたないとする思想は韓非にみられるが，それが実定法となることはなかったといわれる．冨谷至『中華帝国のジレンマ──礼的思想と法的秩序』（筑摩書房，2016 年）202 頁.

234) 兼原信克『戦略外交原論』（日本経済新聞出版社，2011 年）298 頁.

235) 宗教に関するダン・デネットの造語である．*See* Richard Dawkins, Brief Candle in the Dark: My Life in Science 417 (Harper Luxe, 2015)［リチャード・ドーキンス（垂水雄二訳）『ささやかな知のロウソク──科学に捧げた半生』（早川書房，2017 年）425 頁].

236)「昔ながらの法律概念をおびんずる様みたいになでたりさすったりしているというのは，つまらない」というべきであろう．田中英夫＝竹内昭夫『法の実現における私人の役割』（東京大学出版会，1987 年）190 頁［竹内発言].

237) イギリスの裁判所はこの問題を以下のように的確に指摘している．「法の支配とは結構な概念であるが，掛け声だけではただの絵に描いた餅である．法の支配自体はどのように見張られるべきなのか，それこそが積年の問題である．*Quis custodiet ipsos custodes*［誰が見張りを見張るのか］」. Guardian News and Media Ltd. v. City of Westminster Magistrates' Court,［2012] EWCA Civ. 420, para. 1 (Toulson L.J.).

238) 折田前掲論文（注 116）117 頁.

86　第1章　国際司法裁判所の歴史的位置付けと展開

は現行法を離れて「各国の行動に正統性と合法性を与えうる」がゆえに，むしろそれを法の支配にいかに服させるかが課題となる主体である．

　法の支配は，国内では，立法部と執行部の活動に対する裁判所による実効的な司法審査の保障を意味すると考えられる．もっとも，それが実現しているといえる国はほとんど存在しない[239]．一般的に，国際社会の「陰」を強調しようとすると，国家とその制度を無意識に理想化しがちなのである[240]．

　かりにある制度を国内領域から国際領域へと移植しようとするならば，それが前者で実現しえた条件が後者にも存在しなければならない[241]．国内社会において法の支配が実現しうるとすれば，政府が唯一の公権力として確立し，かつ，立法部と執行部が裁判所の判断を尊重することが条件となる[242]．国内法は，安定した社会秩序の構築と，それを前提とする適正な統治（government）とを目的としており，裁判は，統治の予測可能性を高めて法の実現を効率化し，かつ，その恣意性を抑制するのである．

　これに対して，国際社会には，法の支配の前提となる公権力が存在しない[243]．それは「万人の万人に対する闘争（*bellum omnium contra omnes*）」[244]

---

239) 例えば，PRC の WTO 加盟後 10 年間は，法治社会の「惨憺たる自壊の過程」であったといわれる．田中信行「中国における司法改革の系譜」但見亮ほか編『中国の法と社会と歴史』（成文堂，2017 年）139, 140 頁（PRC では法治より「党治」が優先されるとする）．このような国が重要な構成員である国際社会において法の支配が確立する可能性は皆無である．

240) *See* JAMES LESLIE BRIERLY, *The Legislative Function in International Relations, in* THE BASIS OF OBLIGATION IN INTERNATIONAL LAW, AND OTHER PAPERS 212, 222 (Clarendon Press, 1958)［ジェームズ・レスリー・ブライアリー（長谷川正国訳）「国際関係における立法的機能」『諸国民の法および諸論稿』（成文堂，2013 年）273, 284 頁］．

241) *See* JAMES LESLIE BRIERLY, *International Law as a Subject of Education, in* THE BASIS OF OBLIGATION IN INTERNATIONAL LAW, AND OTHER PAPERS 127, 132 (Clarendon Press, 1958)［ジェームズ・レスリー・ブライアリー（長谷川正国訳）「教育主題としての国際法」『諸国民の法および諸論稿』（成文堂，2013 年）231, 236 頁］．

242) 法の支配は裁判所を必要とするが，この条件が満たされる見込みはないとするという見解として，*see* LOWE, *supra* note 30, at 41［邦訳 61-62 頁］．

243) *See* JOHN J. MEARSHEIMER, WHY LEADERS LIE: THE TRUTH ABOUT LYING IN INTERNATIONAL POLITICS 8-9 (Oxford University Press, 2011)［ジョン・J・ミアシャイマー（奥山真司訳）『なぜリーダーはウソをつくのか──国際政治で使われる 5 つの「戦略的なウソ」』（五月書房，2012 年）24-26 頁］（「コモンウェルスが存在しない場所では，何がおこなわれても不正とはならない」とするホッブズの言葉を引用する）．*See also* TAULBEE & GLAHN, *supra* note 63, at 437.

という状態にあるのである[245]．国際連盟は世界の統一を措定した完全主義者のゆきすぎた政策であると評された[246]．国連体制も世界政府というにはほど遠く，その下での国際秩序も19世紀の欧州協調を基礎付けた勢力均衡の観念が基本的に妥当する[247]．それゆえ，国際社会の理念として法の支配を掲げることは，国際法の現実と遊離した誤解の原因となる[248]．それは，国際法を「法学の概念天国（*Juristischer Begriffshimmel*）」の存在とするであろう．そこにおいては，法学は数学のようなものであり，数学者が数値で計算するように法学者は概念によって計算し，結果が理論的に正しければ，どのような社会的帰結をもたらそうと問題にならないとされる[249]．また，悪の問題は，悪魔を想定することによって「児戯に属するほど簡単」に克服しうることにされがちであるといわれるのと同じく[250]，

---

244) North Atlantic Coast Fisheries (Gr. Brit. v. U.S.), Award of Sep. 7, 1910, 11 R.I.A.A. 173, 184.

245) 自然状態の存在を否定し，ホッブズの論駁を試みたプーフェンドルフの論説が「実際には何の役にもたたない」（ADAM SMITH, *Report Dated 1766, in* LECTURES ON JURISPRUDENCE 395, 398 (R.L. Meek et al. eds., Liberty Classics, 1978)［アダム・スミス（水田洋訳）『法学講義』（岩波書店，2005年）21頁］）ものであったことは直視されるべきである．*Cf. id.* at 545［邦訳417頁］（裁定権をもつ「立法者も裁判官も存在しないところでは，我々は常に不確定性と不規則性を期待する」ので，国際法の規則はほとんど確立しえないと指摘する）．

246) *See* JAMES LESLIE BRIERLY, *The Prohibition of War by International Law, in* THE BASIS OF OBLIGATION IN INTERNATIONAL LAW, AND OTHER PAPERS 280, 293 (Clarendon Press, 1958)［ジェームズ・レスリー・ブライアリー（長谷川正国訳）「国際法による戦争の禁止」『諸国民の法および諸論稿』（成文堂，2013年）393, 408頁]. *See also* JAMES LESLIE BRIERLY, *The Covenant and the Charter, in* THE BASIS OF OBLIGATION IN INTERNATIONAL LAW, AND OTHER PAPERS 314, 325 (Clarendon Press, 1958)［ジェームズ・レスリー・ブライアリー（長谷川正国訳）「国際連盟規約と国際連合憲章」『諸国民の法および諸論稿』（成文堂，2013年）460, 472頁].

247) *See* BRIERLY, *The Covenant and the Charter, id.* at 326［邦訳473頁].

248) A・V・ダイシーの定義した古典的な法の支配の概念を国際社会に適用することはできないとする見解として，ロザリン・ヒギンズ（横田洋三訳）「国際司法裁判所（ICJ）と法の支配」横田洋三編『国際社会における法の支配と市民生活——ヒギンズ国際司法裁判所所長の講演とパネルディスカッション』（国際書院，2008年）15, 18頁．

249) *See* RUDOLF VON JHERING, SCHERZ UND ERNST IN DER JURISPRUDENZ: EINE WEIHNACHTSGABE FÜR DAS JURISTISCHE PUBLIKUM: RIDENDO DICERE VERUM 274 (Wissenschaftliche Buchgesellschaft, 1992) (1884)［ルードルフ・フォン・イェーリング（眞田芳憲＝矢澤久純訳）『法学における冗談と真面目——法学書を読む人へのクリスマスプレゼント——笑いながら真実を語る』（中央大学出版部，2009年）307-308頁].

250) 神学的傾向をもつ人々に対する批判である．*See* RICHARD DAWKINS, THE GOD DELUSION 108 (Houghton Mifflin, 2006)［リチャード・ドーキンス（垂水雄二訳）『神は妄想である——宗教との決別』（早川書房，2007年）163-164頁].

法律家も「真実であることと真実であってほしいこととの区別がいつまでもできない」状態に止まり，国際法違反者という「悪魔」を想定することによって，自己が妄想する法の支配に反する悪を克服したつもりになりがちとなる．

秩序を創造するのは法ではなく力であり，安全保障の問題に関する解決の可能性は法ではなく政治にある[251]．「本質的に，法は統合された社会秩序の副産物」[252]にすぎない．現実の問題を言葉に置き換えて単純化する国際法は，単なる幻想というよりも危険な妄想になりかねない[253]．例えば，安保理は加盟国に対して拘束力をもつ決定を下す超国家的（supranational）権限をもち，一種の公権力として世界統治をおこないうる．しかし，それが可能であるのは，拒否権ゆえに安保理の権力の外に存在する常任理事国間で，国際秩序の維持に関する政治が機能している場合だけである．この観点からは，安保理は，国際平和の維持に大国が負う責任から注意を逸らす手段にすぎないかもしれない[254]．本質的に不平等条約である国連憲章は，まさに法の支配と相容れない条約であるといっても過言ではない．

「平和に関する真の問題は，調整と取決の問題，不満の原因の除去または緩和，国益または国の願望を可能なときには満足させ，満足させることが可能ではない場合には鎮静させることである」[255]といわれる．これら

---

251) *See* BRIERLY. *supra* note 158, at 175［邦訳 387 頁］.

252) JAMES LESLIE BRIERLY. *International Law: Some Conditions of Its Progress, in* THE BASIS OF OBLIGATION IN INTERNATIONAL LAW, AND OTHER PAPERS 327, 337 (Clarendon Press, 1958)［ジェームズ・レスリー・ブライアリー（長谷川正国訳）「国際法——その発展の若干の条件」『諸国民の法および諸論稿』（成文堂，2013 年）484，496 頁］.

253) *See* BRIERLY. *The Covenant and the Charter, supra* note 246, at 310-313［邦訳 480-483 頁］. *See also* BRIERLY. *International Law: Some Conditions of Its Progress, id.* at 332-333［邦訳 490-492 頁］. ブライアリーは，国際法の基盤を力ではなく，共同体意識を背景とする義務意識および習慣であるとする．*See id.* at 333-334［邦訳 492-493 頁］. 本書は，個人ごとに千差万別な義務意識や習慣が影響を与えないわけではないとしても，力を反映するコスト・ベネフィット計算こそが予測としての国際法の基盤であると考える.

254) *See* James Mayall, *Introduction to* THE NEW INTERVENTIONISM 1991-1994: UNITED NATIONS EXPERIENCE IN CAMBODIA. FORMER YUGOSLAVIA AND SOMALIA 1, 11 (James Mayall ed., Cambridge University Press, 1994).

255) BRIERLY. *supra* note 241, at 132［邦訳 236 頁］.

の問題の解決を裁判に期待することはできない[256]．例えば，不平等条約からの解放という要求は，条約は誠実に遵守されるべきであるという法の問題ではなく，「力は法に優越する」という事実の水準で解決されるべき問題であるといわなければならない[257]．「国際共同体は国家によって構成される現在のシステムを維持するために定期的に戦争を用いている」[258]のであり，現行秩序に対する不満に対応し，それを更新する代替的手段がなければ，戦争を防止することはほとんど不可能である[259]．正当な不満を無視する平和計画は，「地震を治癒するための丸薬」[260]のようなものにすぎないのである．

　もちろん，先に述べたように，安保理決議が国連憲章に違反していると考える国がICJによる司法審査を期待することはある．しかし，ICJにおける訴訟能力は国にのみ認められており，安保理は訴訟当事者としてICJの判決の拘束力を受けることを制度的に免除されている．

　なお，法の支配は，第三世界の国々が国連総会で固定的多数派になり，

---

256) 筆者は，実定国際法のみが抗争当事者が共有しうる基準でありうるという立場から，植民地主義や歴史問題という言葉で表現される「不満」に関わる抗争についても，請求権協定などを抗争の解決として受け入れるべきであり，その後は，歴史学による解明を図ったり，それを教訓として政治の適正化を図ったりするに止め，抗争を蒸し返すべきではないと主張してきた．*See, e.g.,* Yoshiaki Sato, *"Settled Completely and Finally": A Japanese Perspective on the Repatriationism of Cultural Property*, 10 J. EAST ASIA & INT'L L. 197 (2017).

257) *See* JAMES LESLIE BRIERLY, *Some Considerations on the Obsolescence of Treaties, in* THE BASIS OF OBLIGATION IN INTERNATIONAL LAW, AND OTHER PAPERS 108, 114-115 (Clarendon Press, 1958)［ジェームズ・レスリー・ブライアリー（長谷川正国訳）「条約の陳腐化に関する若干の考察」『諸国民の法および諸論稿』（成文堂，2013年）325, 332-333頁］．

258) CHRISTIAN REUS-SMIT, INTERNATIONAL RELATIONS: A VERY SHORT INTRODUCTION 48 (Oxford University Press, 2020)［クリスチャン・ルース＝スミット（山本文史訳）『国際関係論』（創元社，2023年）88頁］．

259) *See* Brierly, *supra* note 37, at 124［邦訳423頁］．国際法はこの代替的手段を提供していないのである．*See* JAMES LESLIE BRIERLY, *International Law and Resort to Armed Force, in* THE BASIS OF OBLIGATION IN INTERNATIONAL LAW, AND OTHER PAPERS 230, 240 (Clarendon Press, 1958)［ジェームズ・レスリー・ブライアリー（長谷川正国訳）「国際法と武力行使」『諸国民の法および諸論稿』（成文堂，2013年）412, 423-424頁］．*See also* BRIERLY, *supra* note 252, at 335［邦訳493頁］．

260) JAMES LESLIE BRIERY, *The Essential Nature of International Disputes, in* THE BASIS OF OBLIGATION IN INTERNATIONAL LAW, AND OTHER PAPERS 181, 182 (Clarendon Press, 1958)［ジェームズ・レスリー・ブライアリー（長谷川正国訳）「国際紛争の本質的性質」『諸国民の法および諸論稿』（成文堂，2013年）345, 346頁］．

90   第1章　国際司法裁判所の歴史的位置付けと展開

議事手続に関する変則的方式を要求し，「多数派の専制（Tyranny of ma-jority）」を確立し，「政治が法に優先する雰囲気が強くなっている」ことに対する批判のために喧伝されているとも指摘されている[261]．このような構造の下で，たとえ総会が安保理の行為の合法性に関する勧告的意見を要請し，ICJ がそれを言い渡したとしても，当該意見は形式的に勧告であるのみならず，実際的にも限られた効果しかもたないと考えられる[262]．

小　括

ICJ は「訴訟当事国の機関」，「国際法の機関」そして「国連の機関」という三重の性質をもつ制度である．それぞれの性質を反映して，ICJ の制度目的には，抗争解決，国際法の発展，ならびに，抗争の制御および国際組織の決定に対する司法的統制がありうる．ICJ は，訴訟を処理する際に具体的な文脈の中でこれらの制度目的を調整するための法的構成を案出していると考えられる．そこには，ICJ の制度目的がどのように変遷してきたかまたは変遷しなかったかが現れているはずである．

261）山田中正「国際法委員会の創設と変遷」村瀬信也＝鶴岡公二編『変革期の国際法委員会』（信山社，2011 年）3, 15 頁．「機構内ヘゲモニー」が制度設計の想定する生理であるとすれば，「多数派の専制」は病理であるといえる．

262）*See* Luis I. Gordillo, Interlocking Constitutions: Towards an Interordinal Theory of National, European and UN Law 325 (Hart, 2012).

第2章　国際司法裁判所の制度目的

第1節　機能と制度目的

1　機能の列挙

ロータパクトは，一方で，ICJ の制度目的の「世代交代」を指摘しながら，他方で，ICJ が具体的な訴訟を処理する際に，抗争解決のために必要ではなくとも国際法の発展を自己目的として国際法を積極的に認定すべきであると考えているか，そのような認定は自制すべきであると考えているかについては，ICJ の運用から規則はもちろん大まかな原則すらも抽出することができないことを認めている[1].

しかし，制度目的の「世代交代」という指摘が何らかの意義をもつとすれば，それは ICJ の行動がそれに応じて変容したと説明できるからでなければならない．ICJ の行動が個々の訴訟にその場限りで対応しているだけならば，制度目的は「世代交代」したのではなく，単に特定されておらず，ICJ が果たしうる複数の機能が機会主義的に発揮されているにすぎないことになるからである．

ICJ の機能を列挙しつつ，それらの優先順位を特定しない学説は少なくない．例えば，日本における ICJ 研究を牽引してきた杉原高嶺は，ICJ の本来の任務は抗争解決であり，国際法の発展は副産物にすぎないとすることもあるが[2]，抗争解決という役割を払い除けることは妥当ではないものの，ICJ の本来の任務は「法宣言」であるとしていることもあり[3]，さらに，ICJ は

---

1) *See* HERSCH LAUTERPACHT, THE DEVELOPMENT OF INTERNATIONAL LAW BY THE INTERNATIONAL COURT 397, 400 (Stevens, 1958).

2) 杉原高嶺「国際司法裁判の地位と機能」村瀬信也＝奥脇直也編『国際法と国内法』（勁草書房，1991 年）511，525-526 頁.

「法を適用する司法機関であると同時に，国際紛争の平和的解決を促進する機関でもある」とすることもある[4]．杉原の主著というべき『国際司法裁判制度』[5] も．ICJ の制度目的とその優先順位とを特定していない．同じことは，ICJ の機能として，抗争解決，他の国際判決や仲裁判断に対する監督（supervision），勧告的意見の付与，および，国際立法（legislation）を挙げながら，これらの機能同士の関係については抗争解決が「最もよく知られる」役割であるとするに止まる外国の文献においても顕著である[6]．

2 制度目的の特定

ICJ が認定した「国際法」に従って抗争が解決されれば，当該「国際法」は訴訟当事国の実行に裏付けられた国際法であると評価されうる．この場合には，抗争解決と国際法の発展とが相互に強化し合う「正のらせん構造」が成立し，これら 2 つの機能は予定調和的な関係に立つことから，ICJ の制度目的とその優先順位の特定は問題とならない．国内裁判所について指摘されるように，法の明確化による抗争の防止と抗争過程の「リモート・コントロール」[7] の機能が両立するのである．

例えば，世界貿易機関（WTO）の紛争解決制度については，強制的「裁判権」と紛争解決機関によって採択された報告の執行制度とを備えているので，すでに採択されたパネル（小委員会）などの先例が，パネルなどに付託されるまでもなく解決される抗争を増加させているといわれる[8]．これに対して，これらの条件を備えていない ICJ の場合には，「リモート・コントロール」の機能は圧倒的に弱い．それにもかかわらず，ICJ が一般的に適用さ

---

3) 杉原高嶺「国際司法裁判所と政治問題の法理」『京都大学法学部創立百周年記念論文集 第 2 巻』（有斐閣，1999 年）337，359 頁．

4) 杉原高嶺『国際裁判の研究』（有斐閣，1985 年）223 頁．

5) 杉原高嶺『国際司法裁判制度』（有斐閣，1996 年）．

6) *See* A.S. Muller et al., *Editorial Introduction to* THE INTERNATIONAL COURT OF JUSTICE, at xxv, xxviii (A.S. Muller et al. eds., Martinus Nijhoff, 1997).

7) 国内裁判所は，法の認定によって，当該法に関わる抗争の発生を防止し，抗争の主題を争いの残る法に限定する抗争過程の「リモート・コントロール」機能を果たす．六本佳平『民事紛争の法的解決』（岩波書店，1971 年）16 頁．

8) 佐野忠克「日米経済関係の軌跡」中川淳司＝トマス・J・ショーエンバウム編『摩擦から協調へ ——ウルグアイラウンド後の日米関係』（東信堂，2001 年）17，24 頁．

れるべき法を形成しようとすればするほど，訴訟当事国の意思と離れた法を認定するおそれが強まる．また，第三国の利害に関わる国際法を認定することになるので，第三国がICJの認定に異議を唱えて，新たな抗争を発生させたり，既存の抗争を悪化させたりする可能性も存在する．さらに，国際法の発展を追求するために，ICJの限られた人的資源や予算が蕩尽されると，当該訴訟はもちろん他の訴訟も遅延させるおそれがある．

　このように，ICJによるこの2つの機能の追求は両立しない場合がありうる．国連憲章およびICJ規程は，基本的に，抗争解決の支援がICJの制度目的であるとしている．しかし，規程は，国際法の発展が単なる外部効果ではなくICJの制度目的でもあると解釈されうる規定を含んでいる．例えば，第9条は，「裁判官全体のうちに世界の主要な文明形態および法系が代表されるべきである」としているが，この規定は，「訴訟当事国の機関」としての要請というよりも，ICJによる国際法の認定が一般的に受け入れられるものになることを保障しようとする「国際法の機関」としての要請であると考えられる[9]．そこで，ICJの2つの機能のうちいずれが優先されるべき主要な制度目的であり，いずれが主要な目的の追求の障害とならない限りで追求されるべき副次的目的であるかを序列付ける必要があるのである．グロティウスがいう通り，複数の目的を「同時に遵守することが可能な場合には，全てを遵守すべきであるが，それが不可能なときには，優越する目的が尊重されるべきである」[10]．

　形成途上にある（*in stato nascendi*）法を確立しようとする政策形成訴訟が付託されたときに，一方で，国際法の一体性（integrity）を保障するために，ICJが訴訟当事国の事情を無視して現行国際法を認定すると，抗争の解決をいっそう困難にしかねない[11]．なぜならば，現行国際法の保障する権利が認

---

9) *See* JULIUS STONE, LEGAL CONTROLS OF INTERNATIONAL CONFLICT 114 (2d rev. ed., Maitland, 1959).

10) 2 HUGO GROTIUS, DE IURE PRAEDAE COMMENTARIUS 13 (Clarendon Press, 1950) (1604). 「資源に限りがあることを認めない人々は夢の世界に住んでいる．大義あること全てを支持したいと思うのは簡単だが，現実世界ではそのようなことは不可能である」．BJØRN LOMBORG, HOW TO SPEND $ 50 BILLION TO MAKE THE WORLD A BETTER PLACE, at xx (Copenhagen Consensus Center, 2006) [ビョルン・ロンボルグ編（小林紀子訳）『500億ドルでできること』（バジリコ，2001年）7頁].

11) *See* LORD MCNAIR, *The Place of Law and Tribunals in International Relations, in* SELECTED PAPERS AND BIBLIOGRAPHY 295, 302-303 (A.W. Sijthoff, 1974).

定されると，その放棄に反対する被請求国の公衆によるサンクションを強化
することになり，被請求国の政府が当該権利を放棄してもよいと考えるよう
になったとしても，そのような譲歩が困難となりうるからである．被請求国
の政府は，譲歩する意思をもちながら，譲歩する責任を国内で追及されるこ
とを避けるために，「贖罪の山羊（scapegoat）」としてICJを利用することが
ある[12]．このような目的による利用自体は，ICJならではの抗争解決支援機
能の利用であり，問題ではない．このような場合に，ICJが被請求国政府の
意図を読み誤り，現行国際法を認定すると，ICJは，請求国や請求国と志を
同じくする第三国やNGOからの信頼を失うのみならず，被請求国からの信
頼も失うことになるのである．

　他方で，被請求国が譲歩する意思をもたない場合には，ICJが形成途上の
法を国際法として認定すると，被請求国はもちろん現行国際法によって保護
されている利益をもつ第三国などの態度も硬化させることになる．例えば，
「南西アフリカの国際的地位」勧告的意見（1950年），「南西アフリカ地域に
関する報告と請願の問題に関する表決手続」勧告的意見（1955年），「南西ア
フリカ委員会による請願者聴取の許容性」勧告的意見（1956年）の3件は，
南西アフリカの法的地位に関する南アフリカの主張をいずれも否認すること
によって，ICJによる国際法の進歩的認定が同国の態度を硬化させ，抗争の
解決を遅らせたと評されている[13]．

　このような場合には，国際法の認定を回避することも選択肢となる．例え
ば，核実験事件判決（1974年）は，フランスが計画していた大気圏内核実験
が禁止されているかどうかが紛争の主題であり，いかなる法的根拠でそれが
禁止されるかは紛争の主題に当たらないとした上で，大気圏内核実験を爾後
おこなわないとする一方的宣言が同国を拘束することから，請求目的が達成
されたとして，訴訟を却下した[14]．第3章で検討するように，この判決が紛
争の主題を操作して下されたのは，当時の国際法が大気圏内核実験を禁止し

---

12) *See* Richard B. Bilder, *Some Limitation of Adjudication as an International Dispute Settlement Technique*, 23 VA. J. INT'L L. 1, 6 (1982). 織田萬『常設国際司法裁判所』（国際聯盟協会，1925年）89-90頁も参照.

13) *See* MICHLA POMERANCE, THE ADVISORY FUNCTION OF THE INTERNATIONAL COURT IN THE LEAGUE AND U.N. ERAS 365-368 (Johns Hopkins University Press, 1973).

14) *See* Nuclear Tests (Austl. v. Fr.), 1974 I.C.J. 272.

ているということは困難であったが，請求を棄却すると，その遂行に「お墨付き」を与えることになり，それを禁止しようとしていた国々やNGOから強い批判を受けるおそれがあったことが理由であったといわれる[15].

ICJの役割については，一方で，現行国際法を保障する役割を強調する見方があり[16]，他方で，国際法を変化させる役割を強調する見方が存在している[17]．この2つの見方の背後には，国際法形成過程における国家の力関係の非対称性をどのように評価するかという問題が伏在する．すなわち，大国は一方的行為を通して，現行国際法の下で保障されている権利を確保したり，現行国際法を変更したりすることが比較的容易であるので，ICJを利用する必要性が小さい．大国は，何らかの理由で一方的行為を回避しようとする場合，かつ，勝訴する蓋然性が高い場合に限って，裁判権に同意し，そうでなければ，裁判権に同意せず政治的に解決するという「『必ず勝ち，決して負けない』状態」を維持することに利益を見出し，裁判権への同意の原則に固執すると考えられる[18]．それに対して，中小国は，権利の確保と法の変更いずれの目的を達成するためにも十分な力をもたないことから，ICJを利用する必要性が大きい．そこで，一般的には，もっぱら中小国がICJの裁判権への同意に積極的になると考えられる[19].

ICJができる限り多くのクライアントを得て，できる限り多くの訴訟を処理し，その存在意義を広報することは，裁判官の承認欲求[20]を満たすためにも，その予算を国連から十分配分されるためにも必要である．そこで，大国間または中小国間の訴訟だけではなく，大国と中小国との間の訴訟も付託

---

15) *See* EDWARD MCWHINNEY, JUDGE MANFRED LACHS AND JUDICIAL LAW-MAKING 85-86 (Martinus Nijhoff, 1993), *citing* [Pieter H.] Kooijmans, *In Memoriam Manfred Lachs*, Leiden University, Feb. 25, 1993.

16) *See* HANS J. MORGENTHAU, POLITICS AMONG NATIONS 106-107 (Kenneth W. Thompson rev., 6th. ed., Knopf, 1985) [モーゲンソー（原彬久訳）『国際政治——権力と平和（上）』（岩波書店，2013年）232-233頁 [底本第5版改訂版]].

17) *See* HANS KELSEN, LAW AND PEACE IN INTERNATIONAL RELATIONS 166 (Harvard University Press, 1942) [ハンス・ケルゼン（鵜飼信成訳）『法と国家』（東京大学出版会，1951年）188頁 [底本著者による改訂版]].

18) *See* Anwar-I-Qadeer, *The International Court of Justice: A Proposal to Amend Its Statute*, 5 HOUS. J. INT'L L. 35, 42-43 (1982).

19) *See* Miles Kahler, *Conclusion to* LEGALIZATION AND WORLD POLITICS 277, 281-282 (Judith Goldstein et al. eds., MIT Press, 2001).

96　第2章　国際司法裁判所の制度目的

される環境を整えることがICJにとって望ましいことになる．このような中で，ICJは，大国よりも中小国に訴訟を付託する誘因を与え続けることを構造的に要求される．中小国の信頼を獲得するためには，ICJは，大国が形成の主要な主体であった現行国際法を墨守するのではなく，中小国の利益を増進する国際法の発展に積極的でなければならない[21]．もちろん，ICJが過度に現状変更的になれば，認定した法は大国から無視され「紙の上の法」にすぎないものになる．そうなると，ICJは，中小国からもその有用性を懐疑されることになる．

いずれにしろ，国際法の発展を追求するときには，認定される国際法に利害をもつ第三国への波及効ゆえに，ICJは大国と中小国いずれを主たるクライアントとして想定するかという選択を迫られるのであり，そのたびに，ICJの主要な制度目的が国際法の発展なのかという原理的問題の再考を促されることになるのである．

3　制度目的の優先順位

従来のICJ研究の中で，制度目的を自覚的に同定しようとする研究は，ICJの裁判官（経験者）によるものが多い．例えば，G・G・フィッツモーリスは，次の2つの立場があると指摘している．1つは，「係属している訴訟を決定することが裁判官の唯一ではないにせよ本来的な任務であり，その決定の理由付けはその任務を果たすために必要最小限に止めるべきである」という立場である．もう1つは，「判決理由を付して係属している訴訟を決定する際に，訴訟の範囲を不当に逸脱しない限りで，国際法を発展させ肥沃なものにするであろう法と原則に関する一般的な宣明をおこなうために，当該訴訟の関心の対象となっており［当該訴訟を越える問題への］含意をもつであろう側面を取り上げることが裁判官の本来的な任務に含まれる」という立場である[22]．このような2つの行動原理がありうるとする見解は，ICJ所長を

---

20)　社会的承認欲求について，菅原健介編『ひとの目に映る自己——「印象管理」の心理学入門』（金子書房，2004年）157-158頁（太田恵子＝小島弥生執筆）．この欲求の強い人は他者の意見に左右されやすいといわれる．同論文157頁．表明される意見と矛盾する同調行動をとるICJの裁判官の心理は，この知見によって説明されうるかもしれない．

21)　*See* Daniel G. Partan, *Increasing the Effectiveness of the International Court,* 18 HARV. INT'L L.J. 559, 575 (1977).

務めた G・ギヨームによっても指摘されている[23].

本書では，前者の立場を抗争解決志向と呼び，後者の立場を国際法発展志向と呼ぶ．なお，ICJ は，「国連の機関」として抗争制御および国際機構の決定に対する司法審査という機能も果たしうるが，基本的に，抗争制御は抗争解決に付随する機能であり，司法審査は国際機構の決定に関連する抗争の解決過程でおこなわれるものであることから，本書は上記 2 つの軸で検討する．

以下では，国際法発展志向の論理を整理した上で，それと対比して抗争解決志向を検討する．その際に，念頭に置くべき点を 3 点確認しておきたい．

① 大理論とプラグマティズム

国際法発展志向については，国際法に関する大理論（grand theory）に基礎付けてそれを展開したフィッツモーリスらの主張に即して整理することができる．これに対して，抗争解決志向の立場に立つ者は，実用主義的（pragmatic）な哲学をもち，その立場を何らかの大理論に基礎付ける必要性を認めないことが多い．例えば，ICJ 所長を務めた R・Y・ジェニングスは，法律家は「学派」を率いる必要はなく，「プラグマティズムで十分である」としている[24].　また，ICJ 研究の泰斗というべき S・ロゼンヌは，最初に出版した『国際司法裁判所』（1957 年）[25] において，「外交の仕組みの一部としての裁判所」を考察した上で，訴訟手続の具体的検討へと進んでいる．この構成は，1965 年に初版が公刊され，2006 年の第 4 版まで版を重ねた主著『国際裁判所の法と慣行』[26] に基本的に引き継がれている．同書は，「抗争の解決における政治と法」から書き起こし，第 1 章「序」と第 2 章「ICJ の設立と構成」の後，第 3 章で「ICJ の政治的および機構的な役割」，第 4 章で

---

22) *See* 2 Sɪʀ Gᴇʀᴀʟᴅ Fɪᴛᴢᴍᴀᴜʀɪᴄᴇ, Tʜᴇ Lᴀᴡ ᴀɴᴅ Pʀᴏᴄᴇᴅᴜʀᴇ ᴏꜰ ᴛʜᴇ Iɴᴛᴇʀɴᴀᴛɪᴏɴᴀʟ Cᴏᴜʀᴛ ᴏꜰ Jᴜꜱᴛɪᴄᴇ 647-648 (Cambridge University Press, 1986).

23) *See* Gɪʟʙᴇʀᴛ Gᴜɪʟʟᴀᴜᴍᴇ. *La Cour Internationale de Justice et l'Usage de la Contrainte dans les Relations Internationales, in* Lᴀ Cᴏᴜʀ Iɴᴛᴇʀɴᴀᴛɪᴏɴᴀʟᴇ ᴅᴇ Jᴜꜱᴛɪᴄᴇ ᴀ ʟ'Aᴜʙᴇ ᴅᴜ XXIᴇᴍᴇ Sɪᴇᴄʟᴇ 239, 331 (A. Pédone, 2003).

24) *See* Rosalyn Higgins, *Sir Robert Yewdall Jennings (1913-2004)*, 75 Bʀɪᴛ. Y.B. Iɴᴛ'ʟ L. 1, 2 (2004).

25) Sʜᴀʙᴛᴀɪ Rᴏꜱᴇɴɴᴇ, Tʜᴇ Iɴᴛᴇʀɴᴀᴛɪᴏɴᴀʟ Cᴏᴜʀᴛ ᴏꜰ Jᴜꜱᴛɪᴄᴇ: Aɴ Eꜱꜱᴀʏ ɪɴ Pᴏʟɪᴛɪᴄᴀʟ ᴀɴᴅ Lᴇɢᴀʟ Tʜᴇᴏʀʏ (A.W. Sijthoff, 1957).

26) Sʜᴀʙᴛᴀɪ Rᴏꜱᴇɴɴᴇ. Tʜᴇ Lᴀᴡ ᴀɴᴅ Pʀᴀᴄᴛɪᴄᴇ ᴏꜰ ᴛʜᴇ Iɴᴛᴇʀɴᴀᴛɪᴏɴᴀʟ Cᴏᴜʀᴛ, 1920-2005 (4th ed., Martinus Nijhoff, 2006).

98 第2章 国際司法裁判所の制度目的

「裁判後の段階」を扱う．その後，訴訟手続の具体的検討が続く．この構成に現れているように，ロゼンヌは抗争解決志向に立ち，特定の大理論を展開することなく，ICJ の制度と運用とを考察するのである[27]．そこで，抗争解決志向については，その主張を本書なりに整理し，論理的に分析しなければならないことになる．

② 国内裁判所モデルと ICJ

国内裁判所は，強制的裁判権と，判決を「債務名義」[28] として強制執行する制度とをともに備えていることから，国内法は，敗訴の威嚇と訴訟コストの交渉過程への入力によって，抗争当事者の利得配分を操作し，楽観的認識を矯正し，部分的利得の充足で妥協させる「機械的強制メカニズム」[29] として機能する．このような国内裁判所を「裁判所」の唯一のモデルであるとするならば，強制的裁判権および判決を強制執行する制度に裏付けられていない ICJ は「裁判所」という名に値しないといわざるをえない．

ジェニングスによれば，「裁判所」と呼ばれるための必要条件（sine qua non）は強制的裁判権であるが，ICJ はそれを欠いている[30]．ICJ による「『紛争処理の強制性』は，依然『穴だらけ』」なのである[31]．それにもかかわらず，国連に現在よりもいっそう強力な権限を与えなくとも，ICJ に強制的裁判権を与えさえすれば国際平和が実現すると，多くの善良な人々が考えてきたことは「驚き」というほかない[32]．

---

27) *Cf.* SHABTAI ROSENNE, THE PERPLEXITIES OF MODERN INTERNATIONAL LAW 2 (Martinus Nijhoff, 2004).

28) "Schuldtitel" の訳であり，強制執行証書という意味である．清水英夫「法律家と言語」林大＝碧海純一編『法と日本語』（有斐閣，1981 年）132, 140 頁.

29) 河西（奥脇）直也「国際紛争の平和的解決と国際法」寺沢一ほか編『国際法学の再構築（下）』（東京大学出版会，1978 年）51, 65-67 頁.

30) *See* 1 SIR ROBERT JENNINGS, *The Progress of International Law, in* COLLECTED WRITINGS 271, 278 (Kluwer Law International, 1998).

31) 小松一郎『国際法実践論集』（信山社，2015 年）170 頁.

32) *See* 1 SIR ROBERT JENNINGS, *Statement of the President of the International Court of Justice to the General Assembly of the UN, in* COLLECTED WRITINGS 609, 613 (Kluwer Law International, 1998). 国内法の場合にも，「我々は，それを適用する国家権力を強化することなくいっそう強化された法をもつことはできない」のである．*See* JONATHAN SUMPTION, TRIALS OF THE STATE: LAW AND THE DECLINE OF POLITICS 18 (Profile Books, 2020)（ホッブズの支持者は現在では少ないが，現代社会はその理論を正当化する方向に進んでいるとする）.

たしかに，安保理は ICJ の判決を執行する措置を決定する権限をもつ．しかし，当該決定を義務付けられてはおらず，判決と抵触する決定を下すことも可能であると考えられる．そこで，安保理は，ICJ に対して破毀院（*Cour de Cassation*）の位置に立つともいわれる[33]．もっとも，フランスの破毀院は法の解釈の統一を任務とするのに対して[34]，安保理は既存の義務と抵触する義務を設定する権限まで与えられており，しかも，当該義務は他の条約などに基づく義務に優越するとされている．このような権限をもつ安保理は，破毀院ではなく，むしろフランス革命以前に高等法院（*Parlement*）の判決を「国王に留保された裁判権（*justice retenue*）」に基づいて破毀する権限をもっていた訴訟関係諮問会議（*Conseil des Parties*）に類似しているというべきであろう[35]．

このような制度の下で，国々は ICJ の「裁判権を認めたとしてもその判決を受け入れないこともできる」といわれる[36]．この言明は，ICJ 規程 59 条の文言と明白に矛盾することから，論理の問題としては適切ではない[37]．しかし，「主権国家が無視すると決めれば［ICJ は］ほとんどどうしようもない」[38] ことは事実であり，判決の実効性に関する予測の問題としては説得力をもつ．「J・マーシャル［合衆国最高裁首席裁判官］が下した彼の判決なのだから，彼に執行させよ」[39] というジャクソン大統領の有名な発言に倣っていえば，敗訴国は「ICJ の裁判官たちが下した ICJ の判決なのだから，ICJ の裁判官たちに執行させよ」と言い放つことができるのである[40]．

---

33) *See* Constantin Vulcan, *L'Exécution des Décisions de la Cour Internationale de Justice d'Après la Charte des Nations Unies*, 51 Revue Générale de Droit International Public 187, 197 (1947).

34) 雄川一郎『行政の法理』（有斐閣，1986 年）644 頁．

35) 訴訟関係諮問会議について，*see* A. Esmein, Cours Élémentaire d'Histoire du Droit Français: À l'Usage des Étudiants de Première Année 424, 461-462 (Sirey, 1925).

36) *See* Joseph S. Nye, Jr. & David A. Welch, Understanding Global Conflict and Cooperation: An Introduction to Theory and History 205 (10th ed., Pearson, 2017)［ジョセフ・S・ナイ，ジュニア＝デイヴィッド・A・ウェルチ（田中明彦＝村田晃嗣訳）『国際紛争――理論と歴史〔原書第 10 版〕』（有斐閣，2018 年）243 頁］.

37) 司法機関が下した判決が当事者間で拘束力をもつことは法の一般原則でもある．*See* Territorial and Maritime Dispute (Nicar. v. Colom.), 2011 I.C.J. 443.

38) Nye & Welch, *supra* note 36, at 5［邦訳 5 頁］.

39) Edwin A. Miles, *After John Marshall's Decision:* Worcester v. Georgia *and the Nullification Crisis*, 39 J.S. Hist. 519 (1973).

ICJ は強制的裁判権をもたないので，ICJ が自身の判決の不履行を主題とする紛争について判断するためには，当該判決の基礎となった裁判権とは独立の裁判権が必要となる．そこで，ICJ の判決の履行確保の問題は，他の国際義務の履行確保の問題と異ならないことになる[41]．それは，報復（retortion）——非友誼的であるが合法な行為——および対抗措置（countermeasure）——本来は違法であるが違法性が阻却される行為——という手段に依存する問題である．

たしかに，判決の履行確保については，ベンサムが示唆したように，公衆によるサンクションによって監督される義務名宛国の信義誠実が履行の理由となる場合もありうる[42]．例えば，ECHR の判決は，その不履行が公衆の強い反応を引き起こすことから，ICJ の判決よりも履行される蓋然性が高いと指摘されている[43]．ECHR の設立条約である欧州人権条約（1950 年）は，「志を同じくし，かつ，政治的伝統，理想，自由および法の支配についての共通の遺産をもつヨーロッパ諸国」（同前文）の間の条約であり，求心力の強い社会を基盤とする地域的条約なので，そのような求心力の弱い国際社会

---

40) 合衆国における ICJ の判決の実施については，佐藤義明「Garcia v. Texas, 131 S. Ct. 2866 (2011)」[2012-2] アメリカ法（2013 年）369 頁．なお，この連想から，合衆国最高裁の判決の実効性は ICJ の判決のそれと変わらないので，ICJ を「世界法廷」と呼び，国際法を国内法と同じ意味で「法」と呼ぶことができると飛躍することは慎むべきである．それは，「あれについてはどうなのか主義（Whataboutery）」（RICHARD DAWKINS, BRIEF CANDLE IN THE DARK: MY LIFE IN SCIENCE 617 n.1 (Harper Luxe, 2015) [リチャード・ドーキンス（垂水雄二訳）『ささやかな知のロウソク——科学に捧げた半生』（早川書房，2017 年）600 頁注 1]）による詭弁である．というのも，合衆国最高裁の判決は執行制度を備えており，原則として執行されうるのに対して，ICJ の判決はそうではないからである．

41) *See* 2 PAUL GUGGENHEIM, TRAITÉ DE DROIT INTERNATIONAL PUBLIC: AVEC MENTION DE LA PRATIQUE INTERNATIONALE ET SUISSE 162-163 (Georg, 1954). 国際義務については，その執行が制度的に担保されていることは，原則ではなく例外である．*See* South West Africa, 1966 I.C.J. 46. 国際義務の履行確保手段の列挙として，*see, e.g.,* North Atlantic Coast Fisheries, 11 R.I.A.A. 173, 186（公論への宣伝，書簡の公表，国会決議による非難，仲裁の要求とその拒否による評判の低下，国交断絶，復仇などを挙げる）．

42) *See* James B. Scott, *The Evolution of a Permanent International Judiciary*, 6 AM. J. INT'L L. 319 (1912). *See also* LOUIS HENKIN, HOW NATIONS BEHAVE 69 (2d ed., Columbia University Press, 1979).（狭い意味での国益を超える名誉や威信などの追求が履行の理由となる場合もないわけではないとする）．

43) *See* D.W. Bowett, *Contemporary Development in Legal Techniques in the Settlement of Disputes*, 180 COLLECTED COURSES HAGUE ACAD. INT'L L. 169, 216 (1983-II).

のほとんど全ての国が当事国である条約によって設立された ICJ の場合よりも，公衆によるサンクションが強力なのである．

しかし，次の言葉は ICJ の判決の履行についても当てはまるであろう．すなわち，「一方で，やむにやまれぬ政治的必要に迫られる国が存在し，他方で，比較的弱小な国がそれに抵抗している場合には，国際法の制裁力や大義名分や正義は，前者を抑えて抗争を公正に解決するための頼みの綱とはならない」[44] という言葉である．「有事の際に，国民の正義感の高揚に俟つのではなく，常設の国際司法裁判所——各国が自発的に従うべきものにせよ，いわば中世のローマ教皇制度の理想が近代の政策の中に実現したような国家を超える権威であるにせよ——に安心して平和の維持を託してよいのか」という問いや，そのような「みせかけの空疎な平和に安んじてもよい気楽な状況に国々は置かれているのか」という問いは[45]，当然に否定の返答がなされるべきものなのである．

いずれにしろ，ICJ は，裁判権の設定という「入口」と，判決の実現という「出口」両方の段階で，抗争当事国の意思に構造的に依存している．「正しく解決されるまでは，何も解決されたことにはならない」[46] というリンカーンの言葉に倣っていえば，抗争当事国が受け入れるように処理されるまでは，何も解決されたことにはならないのである．その名が何と付けられていようと，ICJ の実体は仲裁機関または国連外交の場の１つである[47]．国内裁判所の機能についてさえ，抗争の発生から終結までは連続的な交渉過程として包括的に捉えられるべきものであり，当事者による問題の処理行動と，

---

44) A.T. MAHAN, *The United States Looking Outward, in* THE INTEREST OF AMERICA IN SEA POWER: PRESENT AND FUTURE 3, 9 (Sampson Low, Marston & company, 1897) [マハン（麻田貞雄訳）「合衆国海外に目を転ず」『海上権力論集』（講談社，2010 年）94，99 頁]. *See also id.* at 17-21 [邦訳106-110 頁]（「わが国民は，あまりにも退嬰的で無気力なあまり，自らの利害が争点になっている問題に関しても，自己の権利を押し通そうとしたがらないのだろうか」と問う）.

45) *See* A.T. MAHAN, *A Twentieth-Century Outlook, in* THE INTEREST OF AMERICA IN SEA POWER: PRESENT AND FUTURE 217, 224 (Sampson Low, Marston & company, 1897) [マハン（麻田貞雄訳）「20 世紀への展望」『海上権力論集』（講談社，2010 年）140，146 頁].

46) *Cited in* FREDERICK W. HOLLS, PEACE CONFERENCE AT THE HAGUE AND ITS BEARINGS ON INTERNATIONAL LAW AND POLICY 283 (Macmillan, 1900).

47) *See* Edward Gordon, *Discretion to Decline to Exercise Jurisdiction*, 81 AM. J. INT'L L. 129, 130 (1987).

102　第 2 章　国際司法裁判所の制度目的

［裁判所などの第三者の介入も踏まえた］当事者の問題に関する意識・情緒の変容とを，ともに視野に入れて分析されるべきであると指摘されている[48]．強制的裁判権と判決の強制執行制度を備えた国内裁判所を想定したこの指摘は，それらの条件を満たしていない ICJ の分析には，いっそう強い理由で当てはまると考えられる．

抗争解決過程に関する単線構造論と複線構造論

　抗争解決手段には，介入する第三者の見解が拘束力をもたない調停などの「補助的手段」と，介入する第三者の決定が拘束力をもつ仲裁・司法的解決（裁判）という「実効的手段」とが存在するとされてきた[49]．両者の関係について，交渉から裁判へと向かう階層的システムを構想する単線構造論ではなく，調停なども裁判と対等な意義をもつと評価する複線構造論に立つべきであると提唱された[50]．

　ここで対置されている 2 つの立場は，調停などと裁判とを質的に異なるものと捉えている点で，共通の前提に立っている．すなわち，裁判外抗争解決手続（ADR）と裁判とを対置する国内法モデルを国際法へと投影しているのである．

　筆者はかつて，国際法についてはこの前提そのものが成立せず，ICJ の判決も交渉の「補助的手段」にすぎず，国際抗争の解決過程は交渉に収斂するという「逆の『単線構造』」をもつと指摘した[51]．この指摘には，親和的な理解も存在する．例えば，奥脇直也は，ICJ による裁判は調停と「同一点に向かって発展しつつある」と指摘している[52]．もっとも，筆者の立場は，裁判と調停の発展の向かう先が同一であるというよりも，裁判と調停とが本質的に「同一」であり，国際社会の構造が革命的に変化しない限り，それらが異質なものへと分化する見込みはないとする点で，奥脇の理解と同一ではない．

48）和田仁孝『民事紛争交渉過程論〔増補第 2 版〕』（信山社，2020 年）9-12 頁.

49）田岡良一『国際法 III〔新版〕』（有斐閣，1973 年）7 頁.

50）高野雄一『国際社会と法』（東信堂，1999 年）148-149 頁.

51）佐藤義明「国際司法裁判所における強制的管轄権の意義」本郷法政紀要 7 号（1998 年）255，260 頁注 122.

52）奥脇（河西）直也「国際調停制度の現代的展開」立教法学 50 号（1998 年）34，56 頁.

「逆の『単線構造』」という用語に対しては，幸いにも，「単線構造論の進化論的側面を無視しており，そもそも『線』という用語を使用する意味を失わせる」という批判が寄せられた[53]．この批判は，この用語の不明瞭な点について，明確化を試みる機会となった．まず，筆者は，司法的解決は論理の上では完成しており，それを実効性の点で進化させるためには，「世界政府」体制の成立——それを前提とする強制的裁判権と判決の強制執行制度の確立——が不可欠であると考える．この条件が近未来に満たされる見込みはほとんどないので，当該進化を論じることにはほとんど意味がないことになる．

そこで，「単線」という用語は進化についてではなく，個々の抗争解決過程の推移について使用することが可能である．実際に，「単線」をこのような意味で使用している例も存在する[54]．皆川洸は，ICJ は訴訟当事国間の合意を促進する手段となるに止まる場合もあるとするが[55]，筆者は，ICJ は本質的にそのような手段であるほかないと考えるのである．その意味で，単線構造をいっそう具体的に交渉収斂構造と言い換えれば，批判を免れたかもしれない．ICJ は，判決の履行について訴訟当事国両方が誠実に行動する義務を負い，当該義務は一方的強制を排除するとする[56]．判決が債務名義と同質のものであるとすれば，その履行は敗訴国の義務であり，勝訴国はそれを一方的に強制しうるはずである．勝訴国が判決履行期日などに関する交渉義務を負うとする理解は，交渉収斂構造をもつ抗争解決過程に訴訟を位置付ける理解と親和的である．

この立場からは，例えば，暫定措置の実効性を問題とすることなく，一律に「当該紛争が，［訴訟］当事国を拘束する決定を下す権限を有する裁判所に付託されている場合」（国家責任条文第 52 条 3 項 b）に対抗措置（裁判外の手段）を禁止することに対して，否定的にならざるをえない．実際に，この規定は国家実行によって支持されていないと考えられる．

---

53) 宮野洋一「国際法学と紛争の体系」国際法学会編『日本と国際法の 100 年第 9 巻——紛争の解決』（三省堂，2001 年）28，47 頁.

54) 例えば，祖川武夫『国際法と戦争違法化』（信山社，2004 年）349 頁.

55) 大平善梧＝皆川洸編『国際法講義』（1980 年）193 頁［皆川洸執筆］.

56) *See* Judgment in the Case Concerning the Temple of Preah Vihear, 2013 I.C.J. 316.

104　第 2 章　国際司法裁判所の制度目的

　なお，小松一郎は，「調停と裁判がそれぞれに発展をたどる……ように努力すべき」とする「複線的思考」の意義を確認する指摘[57]を「実務者にとっても示唆に富む」とする[58]．しかし，小松自身が，「『国際裁判等』の有用性は，その手続の各段階がその都度生み出す圧力を，交渉促進の梃子として……最大限に活用することに求められる」[59]としている．この認識と「複線的思考」とがどのように接合されうるのか，そもそも，ここでいう裁判の発展がいったい何を意味するのか，いずれも理解することは困難である．小松は，「『国際裁判等』を通じた法宣言機能」は「将来の紛争の種となる行為や既に発生した紛争を激化させるような行為に対する抑止力」になるとも指摘する[60]．しかし，核抑止と同じ「抑止」という言葉を使用することは，「法宣言機能」の過大評価につながりかねないと考えられる．

　「法的権威をともなった政治的解決」と「司法的解決」とを区別する見解も存在する[61]．本書は，後者は前者の一類型にすぎないと考える．後者は，訴訟当事国が自身に不利な判決を下されても履行する意思をもって紛争を付託する場合に，他の政治的手段を用いるまでもなく紛争処理が抗争の政治的解決と一致する場合である．なお，領域抗争が実効的に解決されるためには，判決の再審や解釈を請求する司法的解決よりも交渉が重視されるべきであるといわれる[62]．そうであるとすると，ICJ は「再審の手続を許す前に，原判決の条項に予め従うべきことを命ずることができる」（ICJ 規程第 61 条 3 項）とされているものの，この命令は交渉の障害となりうる場合には差し控えられるべきことになるであろう．

57）宮野前掲論文（注 53）を指す．

58）小松前掲書（注 31）166 頁．

59）同書 169 頁．

60）同頁．小松一郎『実践国際法〔第 3 版〕』（信山社，2022 年）394-395 頁も参照．

61）五十嵐宙「武力紛争被害者の救済と国際司法裁判所の勧告的意見」青山法務研究論集 20 号（2022 年）11, 27 頁．

62）玉田大「Kaiyan Homi Kaikobad, *Interpretation and Revision of International Boundary Decisions*（Cambridge University Press, 2007, xxvi + 364 pp.）」岡山大學法學會雜誌 57 巻 3 号（2008 年）25, 32 頁．もっとも，判決不履行問題は判決効問題と不可分であるともいわれる．玉田大「Aïda Azar, L'Exécution des decisions de la Cour internationale de justice（Bruylant, Université de Bruxelles, 2003, xx + 329 pp.）」岡山大學法學會雜誌 55 巻 2 号（2006 年）219, 223-224 頁．判決効問題の実体はしばしば裁判権への同意調達問題であり，この場合にも，必要なのは判決効問題に関する司法的解決よりも抗争解決に向けた交渉であると考えられる．

③　法の宣明と法形成過程

　国内裁判所は，立法部および執行部と協働して，国内法を発展させることができる．例えば，国内裁判所は，事実に関する「区別の技法（art of distinguishing）」を用いて，紛争処理を妥当なものとしつつ，時代に合わなくなった判例を覆すことを回避し，（少なくとも表面的に）法的安定性を維持することがあるが[63]，この場合にも，「法が存在する理由が消失すれば，法自体が消失する（*cessante ratione legis cessat lex ipsa*）」という原則に従う立法部が国内法を変更することになる[64]．これに対して，ICJ の場合には，そのような立法部による法の変更の可能性は一般的に存在しない．そこで，ICJ による国際法の認定には，既存の法の保障のみならず，国際法の現実への適合性の確保も要請されることになる．

国際法の自閉的理解と道具的理解

　ICJ の裁判官の司法哲学は，一貫性をもって当該裁判官の行動を説明しうるものであるとは限らない．しかし，それを大まかに理解しておくことは重要であろう．そのためには，ICJ の制度目的に関する抗争解決志向と国際法発展志向という軸に加えて，国際法に関する自閉的理解と道具的理解という軸も立てて理解することが有用である．

　国際法に関する自閉的理解とは，国際法は事実と独立に存在する当為の体系として，その発展が自己目的になるとする理解である．この理解は，ロータパクトをウィーン大学で指導した H・ケルゼンから，ロータパクト，ロータパクトを「法に関する師」[65]と仰いだといわれるフィッツモーリスへと受け継がれた．この立場は，政治と倫理いずれからも独立な存在として法を位置づけ——この立場を「実証主義」と呼ぶこともある[66]——，

---

63)「裁判官が，事件の解決ということから離れた一般論を述べたときには，それは学者の説と同じ性質のものであり，『判例』として尊重されるべき性質のものではない」．「判例として尊重されるのは……『重要な事実』の総和を仮定（仮設）とし，そのもとで争点となった法律問題についての裁判所の判断を結論（終結）とした場合に出来上がる一つの定理のようなものである」と定式化される．田中英夫『実定法学入門〔第 3 版〕』（東京大学出版会，1975 年）202-215 頁．

64) 高柳賢三『英米法源理論〔全訂版〕』（有斐閣，1938 年）71-72 頁．

65) *See* 2 Sɪʀ Rᴏʙᴇʀᴛ Jᴇɴɴɪɴɢs, *Gerald Gray Fitzmaurice, in* Cᴏʟʟᴇᴄᴛᴇᴅ Wʀɪᴛɪɴɢs 1313, 1319 (Kluwer Law International, 1998).

66) 西平等『法と力——戦間期国際秩序思想の系譜』（名古屋大学出版会，2018 年）4 頁．

その体系の完成を自己目的とする．自身が信念とする「自然法」と一致させようとする目的論的思考をとるにせよ（ロータパクト），国家の意思に従うべきであるとして原意主義（originalism）をとるにせよ（フィッツモーリス），法は事実に照らして検証されるべきものではないとする点で，この立場をとる裁判官の司法哲学は共通する[67]．ICJ において，この立場をとる裁判官が多数派となったことは，極めて稀である[68]．

　ケルゼンによる当為の演繹的操作は現実との関連性を失っていると批判された[69]．この批判は，ロータパクトとフィッツモーリスにも当てはまる[70]．たしかに，いわゆる批判法学（critical legal studies）がそうであるように，論理が無自覚に予測に従属することを批判し，その自律性を確認するという意味で，当為の追究は刃物を鋭くする砥石のような役割を果たしうる．しかし，砥石が刃物と同じ役割は果たせないように，先験的に措定され，予測との関連性を検証されない論理としての法は，外交の道具として有用性をもちえなかった[71]．イギリス国籍の 7 名の ICJ 裁判官のうち，所長に選出されなかったのが，裁判官に再任されなかったグリーンウッドを除けば，ロータパクトとフィッツモーリスだけであったことは，ロータパクトが在任 5 年目に死去したことを考慮しても，彼らのような司法哲学をもつ裁判官に ICJ の指導を委ねるべきではないと多くの同僚裁判官たちが判断した結果であったと考えられる．

---

67) ロータパクトとフィッツモーリスは国際法発展志向の「2 人の高位聖職者」と呼ばれることもある．*See* R. Jennings, *Introduction to* The International Lawyer as Practitioner, at xxi, xxii (Chanaka Wickremasinghe ed., B.I.I.C.L., 2000).

68) ロータパクトは ICJ の判決および意見等で引用された回数が第 2 位（119 回）である．*See* Sondre Torp Helmersen, *Finding 'the Most Highly Qualified Publicists'*: *Lessons from the International Court of Justice*, 30 Eur. J. Int'l L. 509, 513 (2019)（ロゼンヌの 233 回が第 1 位であるとする）．ロータパクトは，とりわけ多数意見として採用されなかった見解を支持するために引用されていると考えられる．

69) *See* Oscar Schachter, Book Review, 60 Yale L.J. 189, 190-193 (1951).

70) ロータパクトは，Charles de Visscher, Théories et Réalités en Droit International Public (4th ed., A. Pédone, 1970) の初版を「酷評」した．このことは，逆に，同書がロータパクトに対する鋭い批判であったことを示唆している．「訳者あとがき」シャルル・ド・ヴィシェール（長谷川正国訳）『国際法における理論と現実』（成文堂，2007 年）369 頁［ジェニングスは本書を「激賞」しているとする］．例えば，同書は，義務的仲裁の確立が失敗したのは，政治的解決に委ねられるべき抗争が存在するという認識の反映であったと指摘する．*See id.* at 63 ［邦訳 49 頁］．この指摘は，政治を法に吸収しようとしたロータパクトに対する本質的批判になっている．

法を数学のような公理の体系とみなすことは，法を宗教と異ならないものとする．「聖典の真理はいわば論理学でいう公理であって……証拠がそれと矛盾すると思えるなら，捨て去るべきはその証拠であって，聖典ではない」[72]という指摘は，聖典を自閉的に理解される法に置き換えても妥当する[73]．自然科学者が，「聖典を読んだからではなく，証拠について調査・研究をおこなった上で，［その結果を］真実だとみなしている」[74]ように，論理が予測との関連性を十分もつかどうかの検証を実証と呼び，そのような検証を経た論理に法を限定する立場を実証主義と呼ぶならば[75]，法律家は，この意味での実証主義による限りで，社会的に有用な役割を果たせると考えられる．

　「契約は拘束する（*pacta sunt servanda*）」という原則を国際法の根本規範であるとしたケルゼンと対照的に，法の道具的理解は，賠償を支払いさえすれば「契約を破る自由」が規範的に許容されるとする法現実主義（legal realism）につながる．すなわち，国々はそれを遵守した場合とそれに違反した場合とのコスト・ベネフィットを計算し，それに基づいて行動することが規範的に許容されており，国際法は当該計算の手がかりの1つにすぎないとするのである．

---

71) 1956年のスエズ動乱のとき，外務省先任法律顧問であったフィッツモーリスはイギリスによる干渉に反対した．この意見は政治的に妥当なものであったかもしれないが，それは偶然であったというべきであろう．この意見に対して，A・イーデン首相は「我々が何かをしようとすると法律家たちは常に反対する．頼むから彼らを巻き込まないでくれ」と述べ，大法官に法的意見を諮問している．See Jennings, *supra* note 67, at xxiv, *cited in* Stephen Bouwhuis, *The Role of an International Legal Adviser to Government*, 61 INT'L & COMP. L.Q. 939, 942 (2012)（よい法律顧問は，よい帰結をもたらすために，当初の意見と異なる選択肢を考案するものであるとする）．フィッツモーリスが政策担当者の信頼を得ていたと考えることは困難である．

72) RICHARD DAWKINS, THE GOD DELUSION 282 (Houghton Mifflin, 2006)［リチャード・ドーキンス（垂水雄二訳）『神は妄想である──宗教との決別』（早川書房，2007年）413頁］．

73)「法があたかも自己完結的主題で，試験管の中の実験用検体のように検討されるべきものであると考え語ることは，法律家の悪習である」．Lord Sumption, *Introduction to* CHALLENGING PRIVATE LAW: LORD SUMPTION ON THE SUPREME COURT, at 1, 3 (William Day & Sarah Worthington, eds., Hart Publishing, 2020).

74) Dawkins, *supra* note 72.

75) 自然法的思考が正当化を本質的機能としているのに対して，実証主義的思考は「真理でなく，権威が法をつくる（*Auctoritas, non veritas facit legem*）」として，およそ正当化することを拒否することを本質とする．樋口陽一『比較憲法〔全訂第3版〕』（青林書院，1992年）440-441頁．

ICJ も，この立場がありうると示唆したことがある．工場建設について通報し，協議に応じる条約義務を履行することなく一方的にそれを決定する権利を，事後の金銭賠償の支払いによって他方当事国が購入することはできない，と一方当事国が主張したのに対して，ICJ はそれを斥け，当該義務違反の被害は事後的に救済されうるとしたのである[76]．ICJ による国際法の認定が「一般的適用が可能な先例」ではなく，国際法を確認する補助手段にすぎず，国家の行動と意思こそが国際法の基礎であるとされていることも，法道具主義・法現実主義の立場と整合的である[77]．

政策決定者のなかには，国際法はいかなる状況でも遵守しなければならないという信念をもっている者が存在する可能性は否定できない．そして，その信念に則って行動することは，関係者ほとんどが国際法に則って行動している限り，問題がない．ディドロは，どのような法も例外がありうるので，賢明な者は法に従うかどうかを自身で判断しなければならないという息子に対して，そのような意見の市民が町に1人や2人いるぶんには心配しないが，市民全てがそのように考えている町には住みたくないと父親にいわせている[78]．個人であれば，去るという選択肢がありうる．しかし，人類が他の天体に去ることが可能になるまで，国々は国際関係から退出するという選択肢をもちえない．ディドロの描く父親だけではなく息子のような行動原理をとる国が相当数存在する以上，政策決定者はその事実を前提として行動しなければならない．他国が国際法に違反することを選択した場合にすら，対抗措置として正当化される可能性のある措置を講じるこ

---

76) *See* Pulp Mills on the River Uruguay（Arg. v. Uru.），2006 I.C.J. 131. 玉田大「国際司法裁判所ウルグアイ河のパルプ工場事件（仮保全措置命令 2006 年 7 月 13 日）」岡山大學法學會雜誌 56 巻 2 号（2007 年）249，258 頁も参照.

77) PCIJ 所長を務めたアンツィロティはこの立場に立つ．*See* Francesco Salerno, *State Practice, the First World Court and Dionisio Anzilotti, in* Transforming the Politics of International Law: The Advisory Committee of Jurists and the Formation of the World Court in the League of Nations 171, 188 (P. Sean Morris ed., Routledge, 2022).

78) *See* Diderot, *Entretien d'un Père avec ses Enfants ou du Danger de se Mettre Au-dessus des Lois, in* Œuvres Philosophiques 401, 443 (Paul Vernière ed., Gallimard, 1964)［ディドロ（小場瀬卓三訳）「ある父親と子供たちとの対話」根岸国孝ほか訳『モンテスキュー・ヴォルテール・ディドロ』（筑摩書房，1960 年）372，386 頁]，*cited in* Norman Hampson, The Enlightenment: An Evaluation of Its Assumptions, Attitudes and Values 190 (Penguin Books, 1990).

となく，自身が国際法であると考えるものを墨守することは，その職務上の責務——後に述べる責任倫理——に反するといわなければならない．

　西洋においては，実践的必要性から，自然法思想から解放された法実証主義が提唱された．中国でも，儒家の唱道する倫理から解放された一種の法実証主義が韓非によって提唱されており，このような展開は必然であったと指摘されている[79]．儒教が科挙の科目とされたものの，実際の政治の基盤は，人間の行動原理は利害計算であるという前提で社会制度を設計・運営すべきであるとした法家の原理だったのである[80]．政策決定者にこのような哲学が要求されることは，人間の本性に根ざしたものであり，いわば「世界の主要文明形態および主要法系」に共通する一般原則であるといえるであろう．

　ICJ所長を務めたマクネアやジェニングスが国際法の道具的理解を前提として抗争解決志向に立つ代表的な裁判官であることは明らかであろう．それに対して，国際法の道具的理解を前提としながら，国際法発展志向に立つようにみえる裁判官については，それほどわかり易くないかもしれない．類型化には必然的に単純化が伴うことを認識しつつ，その例として2人の裁判官を挙げよう．

　田中耕太郎は，客観的に存在するはずの自然法に実定法を近付けることを志向していたという意味で，国際法発展志向をとる裁判官であった．このことは，南西アフリカ事件第2段階判決が本案判断に踏み込むことなく訴訟を却下した際に，判決が判断しなかった本案の争点について，私見を開陳する長大な反対意見を付したことにも現れている．この立場は，国際法を自閉的に理解しつつ国際法発展志向をとる裁判官と一見すると同じであるようにみえるものの，ここにいう自然法が公理というよりも判決言渡し時点の国際社会で認識されている「自然法」に応じたものとされている限りで，それとは基本的に異なると考えられる．この点で，田中がケルゼンよりも（第2次世界大戦後の）G・ラートブルフに親近感を抱いていたことは示唆的である[81]．

　P・ジェサップは，形成途上にあるようにみえる国際法がすでに確立し

---

79) 冨谷至『韓非子——不信と打算の現実主義』（中央公論新社，2003年）108-109頁．
80) 同書182，189頁．

ているかどうかを主題とする争いが国際社会には存在し，それを解決する
ために訴訟が付託された場合には，当該訴訟を処理すべきものであるとし
ていたと考えられる．この立場は，具体的利害の対立を越える主題の争い
を解決されるべき抗争に当たるとみなしているとすれば，一種の抗争解決
志向に立つものと考えることもできなくはない．しかし，このような主題
の抗争の解決を ICJ の任務であると考えることは，国際法発展志向とほと
んど異ならない．実際に，南西アフリカ事件の 2 つの判決に対する投票が
田中と一致したのは，必然的であったというべきであろう．ジェサップは，
ノルウェー公債事件本案判決（1957 年）ロータパクト個別意見，プレアビ
ヘア寺院事件先決的抗弁判決（1961 年）田中＝フィッツモーリス共同宣言，
バルセロナ・トラクション電力会社事件先決的抗弁判決（1964 年）田中個
別意見を引用し，ICJ の本来の役割に照らして，判決の範囲を超える争点
に関する裁判官の見解の表明は許容されるとしているのである[82]．

　これらに対して，国際法の自閉的理解をとるとも，それと区別されるべ
きであるとも理解される立場の裁判官として，小田滋がいる．例えば，小
田は，2 国間条約については，その対象と目的について両国の合意が存在
するはずなので，一方的に訴訟を付託することは信義則に反するとする[83]．

---

81) 田中はラートブルフの主著を翻訳している．田中耕太郎訳『ラートブルフ著作集 第 1 巻——
　法哲学』（東京大学出版会，1961 年）．これに対して，田中の後任として最高裁長官に就任した
　横田喜三郎（ILC 委員も務めた）はケルゼンの主著を翻訳している．ケルゼン（横田喜三郎譯）
　『純粋法學』（岩波書店．1935 年）．

82) 牧原出『田中耕太郎——闘う司法の確立者，世界法の探求者』（中央公論新社，2022 年）269
　頁．国連の予算で自身の「独白」を公刊させる裁判官の存在は，同僚裁判官も当該裁判官に適切
　な役割行動を促しえておらず，ICJ が合議体（collegiate body）として機能不全に陥っているこ
　とを示唆する．なお，ILC の特別報告者の報告書の中には，膨大すぎて国連の予算で国連文書と
　して刊行できなかっただけでなく，そもそも「委員の多くも読んでいない」ものがあるといわれ
　る．山田中正「国際法委員会の創設と変遷」村瀬信也＝鶴岡公二編『変革期の国際法委員会』
　（信山社，2011 年）3，13 頁．村瀬信也「国際法委員会の現状と将来の展望」村瀬信也＝鶴岡公
　二編『変革期の国際法委員会』（信山社，2011 年）115，127-128 頁も参照（「研究」を行うなら
　ば，ILC の外で，テーマに即して学者を組織した方が「余程レベルの高い成果が挙げられるはず
　である」とする）．

83) *See* Oil Platform (Iran. v. U.S.), 1996 I.C.J. 896-898 (dissenting opinion of Judge Oda). 小和田
　恆も，一般通商条約という類型の条約の本質的性質および基本的射程を，個別の条約を解釈する
　背景として考察する意見を付しており，この点で，小田に倣っているようにみえる．*See* Oil
　Platform, 2003 I.C.J. 312 (separate Opinion of Judge Owada).

【表1】 裁判官の司法哲学

ICJの制度目的理解　＼　国際法理解	自閉的（純粋法学）	道具的（プラグマティズム）
抗争解決志向	（小田滋）	マクネア，ジェニングス
国際法発展志向	ロータパクト，フィッツモーリス	（田中耕太郎），ジェサップ

　この解釈は，2国間条約という制度の本質に基礎付けられ，およそ当該制度である限り，一般的に採用されるものとされる．小田は，ICJの処理すべき紛争を政治性の低い技術的性質のものに限定し，ICJが判決を下す場合には抗争解決に結び付くことを保障しようとしながら――その限りで，抗争解決志向に立つ――，ICJの処理すべき紛争に当たる限り，一般性の高い判断を志向していると考えられるのである．

　小田の立場は，個々の行為を全て功利計算に基づいて選択すべきであるとする行為功利主義（act utilitarianism）ではなく，規則は規則であるがゆえに遵守されるべきであるとする規則功利主義（rule utilitarianism）をとり，抗争解決を通して規則の確立を図るものであると考えられる[84]．規則功利主義は，裁判（と法）は，抗争調整（conflict adjustment）に加えて，名宛人に誘因（incentive）と逆誘因（disincentive）とを与えることによる誘導機能（hortatory function）ももつとする認識に立つ[85]．イギリス法について，19世紀には，司法裁量を広く認める衡平法（equity）が抑制され，それがコモンローと統合される「理性の勝利」が起こり，原則に従った行動の誘導が目指されたが[86]，20世紀には，行為規範を設定する制定法の増加と，新しい形で司法裁量を広げる合理性（reasonableness）の審査の

---

84) 行為功利主義と規則功利主義について，*see* P.S. ATIYAH, FROM PRINCIPLES TO PRAGMATISM: CHANGES IN THE FUNCTION OF THE JUDICIAL PROCESS AND THE LAW 21-22 (Clarendon Press, 1978). 小田は学位論文の指導を法政策アプローチ（policy-oriented approach）の主唱者であったM・マクドゥーガルに仰いでいる．しかし，小田自身は当該アプローチに懐疑的であり，当該アプローチに則った海洋法の体系書の執筆を依頼された際に謝絶したとしている．

85) *See id.* at 3-4.

86) *See id.* at 5-10. 1770年から1870年を「原則の時代」と呼ぶ．*See id.* at 17.

採用が相俟って，個別的事情を踏まえた正義の実現を重視し，詳細な事実認定に基づいて紛争を処理しようとする実用主義が主流になったといわれる[87]．国際法は，ILC などによって法典化が試みられてきたものの，それが ICJ による司法裁量の拡大を可能にしているということは困難であり，19 世紀的な規則功利主義に依拠することにも一定の合理性があると考えられるのである．

第 2 節　国際法発展志向

1　国際法の発展の自己目的化──抗争解決の紛争処理への吸収

国際法発展志向によれば，国際法に従って訴訟当事国の請求に悉無的な判決を下すことによって ICJ は任務完了 (*functus officio*) になるとされる．たとえ判決が履行されなくても，それは，ICJ が任務を十分遂行しえなかったことを意味するわけではなく，判決履行義務を規定する国連憲章第 94 条 1 項の違反が発生することを意味するにすぎない．なぜならば，ICJ の任務は国際法の平面で紛争を処理し，国際法を発展させることであり，その判決が抗争解決にいかなる影響を与えるかは関知するところではないからである．法的には，ICJ による紛争処理と抗争解決とが結び付くかどうかは，抗争当事国が ICJ に付託する争論を構成した時点で決定済みとされるのである．

国際法発展志向の立場に立てば，ICJ が訴訟を処理する際に重要なことは，特別国際法を適用することによって訴訟当事国に受け入れられる判決を下すことではなく，「一般的適用が可能な先例」となる国際法の認定をおこなうことである．フィッツモーリスの言葉によれば，一般国際法こそが「真の国際法」[88]であり，それを発展させることが ICJ の主要な任務だからである．それによって，国際法に関する国々の誤解が防止されれば，抗争の発生は一

---

87) *See id.* at 10-15. 実用主義は，社会科学の発展および倫理的信念の多様化を反映していると指摘される．*See id.* at 26-29.

88) Sir Gerald G. Fitzmaurice, *The Future of Public International Law and of the International Legal System in the Circumstances of Today, in* INSTITUT DE DROIT INTERNATIONAL, LIVRE DU CENTENAIRE 1873-1973: ÉVOLUTION ET PERSPECTIVES DU DROIT INTERNATIONAL at 196, 200 n.11 (S. Karger, 1973).

般的に予防されうると想定される．第1章で述べたように，ICJ の訴訟には，ICJ による国際法の発展に期待する NGO のイニシアティヴを受けて付託された政策形成訴訟と呼ぶべきものが含まれるが[89]，そのような訴訟のみならず，訴訟全てが一般国際法を認定するテストケースとして取り扱われるべきであるとするのである．

　国際法発展志向の背後には，国際社会のあるべき秩序は法の支配に基づくものであり，それを確立するためには，国家に対する国際法の優越性すなわち国家の国際法への従属性が要請されるという先験的立場がある．フィッツモーリスによれば，国際法の拘束力の基盤は「いかなる社会システムにおいても法の拘束性を要求する固有の必要性」[90] である．それゆえ，ICJ が国際法を認定し，場合によっては，国際法のありうる解釈の中でどれが選択されるべきであるかを決定すれば，国々はそれに合致するように自身の行動を調整し合うはずであり，事実についての抗争は残るかもしれないものの，法の支配が確立するはずなのである．

　国際法発展志向の立場からは，敗訴国による判決履行の可能性を高めるために，ICJ が国際法を便宜的に操作したり，その発展を自制したりすることは本末転倒であることになる．そうすることは，国際法の一体性ひいては法の支配を掘り崩し，国際秩序自体を崩壊させることになるからである[91]．端的にいえば，この立場は国際政治の国際法化を目指すのであり，安保理ではなく ICJ に国際秩序の「擁護者」[92] となることを期待するものである[93]．

　フィッツモーリスは，法律家が政治的目的を実現するために法を利用しよ

---

89) See Dean Zagorac, *The International Courts and Compliance Bodies : The Experience of Amnesty International, in* CIVIL SOCIETY, INTERNATIONAL COURTS AND COMPLIANCE BODIES 1, 6 (Tullio Treves et al. eds., T.M.C. Asser Press, 2005)．なお，国内裁判所における「戦略的訴訟」——人権裁判所として機能することを期待する政策形成訴訟——の歴史は，1700 年代後半に提起された反奴隷制訴訟——その代表例は，Somerset v. Stewart（1772），98 Eng. Rep. 499（Lord Mansfield, C. J.）——に遡るといわれる．古谷英恵「気候変動訴訟と ESG」池田眞朗編『SDGs・ESG とビジネス法務学』（武蔵野大学出版会，2023 年）147, 151-152 頁．

90) See Sir Gerald G. Fitzmaurice, *The General Principles of International Law, Considered from the Standpoint of the Rule of Law*, 92 COLLECTED COURSES HAGUE ACAD. INT'L L. 1, 43-47, 73 n.3 (1957-II).

91) See G.G. Fitzmaurice, *The United Nations and the Rule of Law*, 38 TRANSACTIONS OF GROTIUS SOC'Y 135, 148-150 (1952).

114 第2章 国際司法裁判所の制度目的

うとすると，法にも政治にも害をなすとW・E・ベケットが警告していたことに注意を喚起する[94]．フィッツモーリスは，国連の決定に携わる法律家の「真の誤り」として，法的考慮に専念せず政策的需要に応じて便宜を考慮することを挙げる．そして，ICJは国々のお抱え弁護士（family lawyer）のような存在であるが，お抱え弁護士は抗争を有利に解決する方法をクライアントに入れ知恵するのではなく，社会的に最善な結果をもたらすようにクライアントの生活を調整する助言を与えなければならないとする[95]．しかし，フィッツモーリスが主張する行動原理に従う弁護士をいったい誰が抱えるであろうか．実際に，フィッツモーリスが起草を主導したといわれる南西アフリカ事件第2段階判決やビーグル海峡事件仲裁判断（1977年）は，抗争解決に有用ではなく，クライアントの期待に応えたものではなかった．

2 「準形式的法源」としての判例

国際法発展志向によれば，国際法の発展は，国際法という専門的手法に最も習熟し，それに専念しているICJの裁判官によって担われるべきことになる．フィッツモーリスによれば，法はそのシステムに内在的な一貫性のある手法なのである[96]．フィッツモーリスは，法学が数学と同じ「知的洗練」をもつことを期待したのであり[97]，この点で，「数学者が実体より抽象化された数字を取り扱うのと全く同様に（*sicut mathematici figuras a corporibus semotas considerant*），法を取り扱うにあたって，あらゆる特定の事実から離れて考えた」[98]とするグロティウスの伝統に連なっている．

---

92) Aerial Incident at Lockerbie, 1992 I.C.J. 26 (separate opinion of Judge Lachs)（ICJは「国際共同体全体にとって合法性の擁護者である」）．この表現にもかかわらず，全体としてみれば，M・ラクスは抗争解決志向に立っていたと思われる．

93) ラグラン事件の際に，請求国ドイツは，ICJを領事関係条約の「擁護者」と呼んだ．*See* Statement of Mr. Westdickenberg (F.R.G.), LaGrand, at 8-9 (CR 2000/30, Nov. 16, 2000).

94) *See* G.G. Fitzmaurice & F.A. Vallat, *Sir (William) Eric Beckett*, 17 INT'L & COMP. L.Q. 267, 290 (1968). *Cf.* Danzig and I.L.O., 1930 P.C.I.J. (ser. B) No. 18, at 28 (individual opinion of Judge Huber)（PCIJは純粋に法的な考慮によって，関係国が解決を見出すことを最もよく支援することができるとする）．

95) *See* Fitzmaurice, *supra* note 91, at 142-143, 149-150.

96) *See* Fitzmaurice, *supra* note 88, at 198.

97) *See* JENNINGS, *supra* note 65, at 1316.

第 2 節　国際法発展志向　　115

　そこで，フィッツモーリスは，ICJ が認定する「国際法」は，「有権的（authoritative）」であるとまではいえないとしても，権威（authority）をもつものであり，国々が当然に尊重すべき国際法の「準形式的法源（quasi-formal source）」[99]であるとする．ここで，フィッツモーリスが形式的法源と呼ぶのは法の存在形式のことであり，実質的法源と呼ぶのは，特定の法の存在形式を採っている規範の証拠という意味である[100]．また，拘束的権威と説得的権威とを区別すると，「有権的」と呼ぶのは前者のことである．本書は，前者を公権解釈と呼び，後者のうち判例などの有権的解釈と，条約機関の見解や学説などの説得的解釈とを区別する．

　なお，かつて，イギリスにおいて判例の先例拘束性が認められていた根拠は「判事間の礼譲」とされていた[101]．もっとも，イギリスの裁判所は，貴族院判例を拘束的なものであるとしつつ，コモンウェルス各地の最高裁に対する上訴審とされていた枢密院司法委員会の判例は説得的なものにすぎないとしていた[102]．このように，「判事間の礼譲」には程度の相違がありうるのであり，判事でない条約機関の見解を説得的解釈にすぎないとすることは当然である．

　フィッツモーリスは，判決の主文，主論および傍論のうち，傍論こそが重要であるとする．というのも，紛争を処理するために適用される具体的規則を，それより一般性の高い原則または規則に基礎付けるものなので，国際法を発展させる基礎となる認定を豊富に含むからである[103]．ロータパクトも，学者の任務は国際法の規則の体系的一般化であるとするとともに[104]，ICJ

---

98) Hugonis Grotii, *Prolegomena to* De Jure Belli ac Pacis Libri Tres: In Quibus Jus Naturæ & Gentium, Item Juris Publici Præcipua Explicantur（Carnegie Institution, 1913）（1646）［グロティウス（一又正雄訳）『戦争と平和の法　第 1 巻』（巌松堂書店，1941 年）31 頁］.

99) Sir Gerald G. Fitzmaurice, *Some Problems Regarding the Formal Sources of International Law, in* Symbolae Verzijl 153, 171（Martinus Nijhoff, 1958）.

100) 法源の 2 つの意味について，高柳前掲書（注 64）1-3 頁．注意すべきことは，慣習法という形式で存在する原則・規則は，それについての法的信念の存在が前提となることから，必然的に義務であるのに対して，条約という形式の文章の条文は義務に加えて勧告を含みうることである．「自動執行性のある条約」ではなく，「自動的に執行できる規定と，そうではない規定」を検討の対象として議論すべきであるという指摘（柳井俊二ほか「座談会　国際法と憲法の対話」中央ロー・ジャーナル 3 巻 2 号（2006 年）45, 63 頁［柳井発言］）は，この点で示唆を与える．

101) 高柳同書 74 頁．

102) 同書 70 頁．

116　第2章　国際司法裁判所の制度目的

の裁判官としても学者と同じ任務を果たそうとしたと評されている[105]．国際法の発展をICJが自制すべきであるのは，当該争点が継続的適用可能性（continuing applicability）を失い，ICJの認定が国際法の発展の基礎となりえない純学問的なものになる場合に限られることになる[106]．

　国際法発展志向は，条約締結を含む国家実行を通した分権的で漸進的な過程に国際法の発展を委ねるのではなく，それをICJという「国際法の機関」の演繹的操作に一任しようとする．この点で，興味深いことは，国際法を裁判規範ではなく行為規範として把握すべきであるとする大沼保昭が，一方で，ICJは「紛争解決機関としては微々たる存在であり続けた」としつつ，他方で，「ほぼ公権『的』解釈機関といえるほどの正統性を獲得し」ているとして，ICJの認定する国際法は「国際法がそれを通して認識されうる具体的な根拠」に当たるとすることである[107]．大沼は，ICJの認定を国際法の認識根拠として利用する場合には，その限界を意識すべきであるという留保も付す[108]．しかし，その限界がどのような限界であるかを説明しようとはしていない．

　本書は，ICJが「ほぼ公権『的』解釈機関」として権威を認められているとは考えない．論理の問題として，「法則決定の補助手段」という位置付けを変更する解釈は確立しておらず，予測の問題としても，例えば，各国政府はICJの認定する「国際法」に依拠するかどうかを取捨選択しており，当該選択の予測が課題として残ると考えるからである[109]．

---

103) *See* 1 SIR GERALD FITZMAURICE, THE LAW AND PROCEDURE OF THE INTERNATIONAL COURT OF JUSTICE, at xxviii, 1 (Cambridge University Press, 1986).

104) *See* LAUTERPACHT, *supra* note 1, at 83.

105) *See* SHABTAI ROSENNE, *Sir Hersch Lauterpacht's Concept of the Task of the International Judge, in* AN INTERNATIONAL LAW MISCELLANY 781, 794 (Martinus Nijhoff, 1993).

106) *See* Northern Cameroons (Cameroon v. U.K.), 1963 I.C.J. 98-99 (separate opinion of Judge Fitzmaurice).

107) 大沼保昭『国際法——はじめて学ぶ人のための〔新訂版〕』（東信堂，2008年）66-68, 107頁．

108) 同書68頁．

109) 例えば，第5章で述べるように，ICJが拘束力をもつとしている暫定措置について，裁判権を否認している国々が拘束力をもつものとみなしているという認識には疑義がある．

第3節　抗争解決志向

1　抗争解決支援としての紛争処理

　抗争解決志向は，国際法の平面における紛争処理が ICJ の目的であるとするのではなく，抗争解決という事実の平面に及ぼす効果を目的として，ICJが個々の紛争を処理すべきであるとする．ICJ の窮極的目的は，「訴訟当事国の機関」として紛争処理を通して抗争解決に寄与し，当該目的と両立する限りで，「国連の機関」として抗争制御に貢献することにあり，「国際法の機関」という性質はその行動を制約する要素かつ副次的目的であって，主要な目的ではないとするのである．

　抗争解決志向は，紛争処理と抗争解決とを次のようなメカニズムとして理解すると考えられる．

　まず，国際社会において，利害対立が存在する事態において，ある国が対立相手国に要求を提出し，それを相手国が明示的または黙示的に拒否することによって争点が特定され，国際抗争が発生する．抗争当事国は，国連憲章第 2 条 3 項および第 33 条 1 項に従って，交渉，仲介（mediation），調停（conciliation）および仲裁などから解決手段を自由に選択することができる．「国際抗争の平和的解決に関するマニラ宣言（国連総会決議 37/10）」（1982 年）が挙げる斡旋（good office）も選択肢となりうる．憲章もマニラ宣言も挙げていないものの，対抗措置や報復のような一方的措置も許容される．

　抗争解決手段として交渉を選択したが，政治的言語で要求を伝えるだけでは抗争相手国がそれを受け入れる見込みがない場合には，国際法を援用することによって当該相手国を説得しようとすることができる．その際には，要求から非法的要素を取り除いて――脱政治化（depoliticization）または「パーツ化」と呼ばれる――法的要素のみにそれを縮減し，それを政治的平面における要求の国際法の平面における写像である請求へと構成する[110]．抗争相手国は，援用された国際法を抗争解決の規準とすることに同意する場合には，それに依拠して自身の主張を構成し，同意しない場合には自身が妥当で

---

110) *Cf.* Military and Paramilitary Activities, 1984 I.C.J. 457 (separate opinion of Judge Ruda)
　　（ICJ には「抗争全体ではなく，特定の請求のみが付託された」とする）．

118　第 2 章　国際司法裁判所の制度目的

あると考える国際法によってその主張を基礎付ける．請求を構成すること自体が交渉遂行の誘因となりうる[111]．なぜならば，抗争当事国が請求とその否認とを交渉の対象にすると合意できれば，第三者が介入するまでもなく，国際法を参照して落としどころを探ることが可能になるからである[112]．

　抗争当事国が ICJ を利用する場合には，特別の合意により共同で訴訟を付託するという手段と，一方的に付託するという手段とがある．後者の場合に訴状を受理すると，ICJ は，裁判権が一見明白に存在しないかどうかを審理し，存在しない場合には，応訴の勧誘に当たるとして，訴状を「被請求国」に送付する．応訴裁判権が成立するまで，他の措置はとられない．裁判権が存在する可能性がある場合には，訴訟は総件名簿に登載され，ICJ に係属する．訴訟が係属するといつでも，一定の条件が満たされている場合には，訴訟当事国の要請を受けてまたは職権で，ICJ は暫定措置を指示しうる．

　本案審理の前に，第 4 章で挙げる妨訴事由が審理される．これらには，ICJ が職権でも確認すべきものと，被請求国が抗弁として提起すべきもの——提起しなければ放棄されたと判断されるもの——とが存在し，その審理は，本案手続と独立の先決的抗弁手続でおこなわれる場合と，本案手続でおこなわれる場合とがある．

　この点で，特別な例として，「核実験事件 1974 年 12 月 20 日判決第 63 項に従った状況の点検要請事件」命令（1995 年）がある．この事件において，ICJ は，訴訟係属を認めた上で，先決的抗弁手続の場合の「書面による陳述」ではなく，「要請は［核実験事件判決の］判示の範疇に含まれるか否か」という ICJ 自身が定式化した問題に関する補助申述書（*aide-mémoire*）の提出を認め，口頭陳述を聴取した[113]．その上で，ICJ は，上記問題に否定的に解答し，要請を却下した．このような，通常の訴訟要件の審理に先立つ審理を「訴訟の間口における審査」，その対象を先決的抗弁に対して「先々決

---

111) *See* C. Wilfred Jenks, Law, Freedom and Welfare 50-51 (Stevens & Sons, 1963).

112) *See* John Merrills, Anatomy of International Law 106-107 (2d ed., Sweet & Maxwell, 1981)［J・G・メリルス（長谷川正国訳）『国際法の解剖——現代世界で果す国際法の役割』（敬文堂，1984 年）127-128 頁］．

113) *See* Request for an Examination of the Situation in Accordance with Paragraph 63 of the Courts Judgment of 20 December 1974 in the Nuclear Tests (New Zealand v. France) (N.Z. v. Fr.), 1995 I.C.J. 296.

的（pre-preliminary）抗弁」[114] と呼ぶこともできる．

訴訟要件が満たされている場合には，事実を認定し，それに裁判準則を適用して，本案に判断を下し，必要ならばレメディを決定する．

紛争を処理する判決は抗争過程に出力され，その履行の問題を含めて，抗争当事国のさらなる対応に委ねられることになる．

2 抗争解決支援のメカニズム

ICJ の機能は事件史（*histoire événementielle*）と日常的な国際法形成過程の両方について解明されなければならない．前者における ICJ の機能は 3 つのメカニズムで理解される．すなわち，存在の効果，訴訟手続の効果およびレメディの効果である．

(1) 存在の効果

ICJ の存在自体が抗争の発生および悪化を抑止し，その解決を促進する可能性がある[115]．たしかに，この効果を実証することは困難であるが，それを否定することはできないと考えられる[116]．というのは，抗争当事国が抗争解決自体には合意できない場合にも，解決手段に合意できれば解決の可能性が高まるところ[117]，仲裁と比べて利用し易い要素をもつ ICJ は，解決手段に関する合意の可能性を高めるからである．合衆国も，ICJ の存在が和解を促進する場合があると指摘している[118]．

実際に，マレーシアとシンガポールは，東南アジア諸国連合（ASEAN）高等理事会（High Council）の構成国の多くがマレーシアとの間に領域抗争

---

114) Northern Cameroons, 1963 I.C.J. 103（separate opinion of Judge Fitzmaurice）.

115) *See* Partan, *supra* note 21, at 563.

116) *See* John King Gamble, Jr. & Dana D. Fischer, The International Court of Justice 6–9 (Lexington Books, 1976).

117) *See* Hugh Miall, *Peaceful Settlement of Post-1945 Conflicts: A Comparative Study, in* Early Warning and Conflict Resolution 62, 63 (Kumar Rupesinghe & Michiko Kuroda eds., Macmillan Press, 1992)［ヒュー・ミアル「紛争の平和的解決に関する比較研究」クマール・ルペシンゲ＝黒田順子編（吉田康彦訳）『地域紛争解決のシナリオ——ポスト冷戦時代の国連の課題』（スリーエーネットワーク，1994 年）112, 114 頁］.

118) *See* U.N. GAOR, Sixth Comm., 29th Sess., 1467 Mtg., at 21–22, U.N. Doc. A/C. 6/SR. 1467 (1974).

120 第2章 国際司法裁判所の制度目的

を抱えており，同理事会による公正な決定を望みえなかった状況で，1994年に，島の帰属に関する抗争を解決するためにICJを利用することに合意している[119]．この抗争は，2003年に「ペドラ・ブランカ（バトゥ・プティ），中央岩礁および南岩棚に対する主権事件」としてICJに付託された．

また，ICJの裁判権を事前に受諾している抗争当事国は，抗争相手国がICJに付託する可能性を想定して，ICJが認容する見込みの低い要求を慎んだり[120]，ICJが違法であると認定するおそれのある行動を慎んだりすることになる[121]．例えば，オーストラリアは，抗争相手国からICJに付託される可能性を考慮して外交政策を決定しているといわれる[122]．義務的裁判権の受諾は，抗争当事国の交渉における法的ディスコースを一般的に活性化させることになるとも考えられる[123]．この点で，ICJの裁判権は，訴訟が係属した時点で固定され，その後，裁判権の受諾期間が満了したり，それが撤回されたりしても，消滅することはないという原則――「ノッテボーム原則」と呼ばれる――が大きな意味をもつ[124]．

義務的裁判権の受諾は，抗争相手国に裁判権確立のイニシアティヴを与えてしまう「一方的な武装放棄」[125]であるといわれる．義務的裁判権を受諾した国は，特定の紛争を付託することのみを目的として機会主義的に裁判権を受諾する抗争相手国の「格好の標的（sitting duck）」になる[126]．言い換えれば，抗争相手国がひき逃げ（hit and run）戦略をとる可能性を与えるので

---

119) *See* Frank Ching, *Resolving ASEAN'S Problems*, FAR EASTERN REV., Jan. 23, 1997, at 28.

120) *See* JENNINGS, *supra* note 32, at 610. ITLOSについても，付託の威嚇が交渉を促進し，解決に至ることが「結構あります」といわれる．柳井俊二「グローバル化時代における新しい日本の法曹」中央ロー・ジャーナル4巻1号（2007年）44，50頁．

121) *See* Anthony D'Amato, *The United States Should Accept, by a New Declaration, the General Compulsory Jurisdiction of the World Court*, 80 AM. J. INT'L L. 331, 332 (1986).

122) *See* Henry Burmester, *Australia and the International Court of Justice*, 17 AUSTL. Y.B. INT'L L. 19, 21 (1996).

123) 実効的な違憲審査制の存在が政治過程における憲法的ディスコースを活性化させるとする指摘がある．佐藤岩夫「司法の公共性」創文459号（2003年）11，15頁．

124) 裁判権の受諾期間が満了した場合について，*see* Nottebohm (Liech. v. Guat.), 1953 I.C.J. 123. 裁判権の受諾が撤回された場合について，*see* Right of Passage (Port. v. India), 1957 I.C.J. 142.

125) Samuel A. Bleicher, *ICJ Jurisdiction: Some New Considerations and a Proposed American Declaration*, 6 COLUM. J. TRANSNA'L L. 61, 79 (1967).

126) *See* ANTHONY D'AMATO, INTERNATIONAL LAW: PROCESS AND PROSPECT 298 (2d ed., Transnational Publishers, 1995).

ある[127]．例えば，印領通行権事件（1955年付託）において，ポルトガルは，義務的裁判権受諾宣言を国連事務総長に寄託した3日後に訴訟を付託したが，ICJは，当該宣言はインドに通知される前であっても，ICJ規程の下で効果をもつと認定した[128]．

裁判権の受諾は「必要な情報を与えられた上での同意（informed consent）」でなければならないと主張される[129]．かりにそうであるとしても，ICJは，義務的裁判権を受諾している国々の名は，これからそれを受諾したり受諾を維持したりする判断の前提となる情報に含まれないとしたのである[130]．留保を付すことなく義務的裁判権を受諾すると，原則として，後に付託される紛争全てに裁判権が及ぶと認定される[131]．それゆえ，裁判権の機会主義的受諾という「小細工」[132]によって，抗争相手国にただ乗りされないためには，時間的留保を付すなどしなければならない[133]．事前に受諾された裁判権が有効に機能しえたのは，抗争当事国間に力の配置についての合意があり，かつ，当該抗争の解決のためにICJを利用することが有用であることについて合意のある国の間に限られていたといわれる[134]．

（2） 訴訟手続の効果

ICJの訴訟手続が抗争解決を促進する可能性もある．請求国は，場合によっては，本案判決に至るまで訴訟を遂行し続ける意思をもたず，訴訟手続が一定の効果を発揮することのみを目的に訴訟を付託し，その目的が達成された時点で訴訟を取り下げることもないわけではないのである．

---

127) *See* Statement of Legal Adviser of State Department, Abraham D. Sofaer, to Senate Foreign Relations Committee, Dec. 4, 1985, 86 DEP'T ST. BULL. 67, 69 (No. 2106, 1986).

128) *See* Right of Passage, 1957 I.C.J. 146.

129) *See* Argument of Sir Ian Sinclair (Qatar), Maritime Delimitation and Territorial Questions (Qatar v. Bahr.), at 20, 26 (CR2000/19, June 13, 2000).

130) *See* Land and Maritime Boundary (Cameroon v. Nig.), 1998 I.C.J. 291.

131) *See* Mavrommatis Palestine Concessions (Greece v. U.K.), 1924 P.C.I.J. (ser. A) No. 2, at 35.

132) 小田滋「国際司法裁判所『義務的管轄』の虚像」上智法学論集44巻2号（2000年）1，25頁．

133) *See* D'AMATO, *supra* note 126, at 296.

134) *See* MORGENTHAU, *supra* note 16, at 469［邦訳（下）106頁］．

122　第2章　国際司法裁判所の制度目的

訴訟終了の形式

　ICJ に係属した訴訟は，訴訟の「間口における却下（summary remov-al）」[135]，先決的手続のみを経た妨訴事由の認定による却下，本案手続を経た妨訴事由の認定による却下，本案判決，本案判決で留保された賠償額の算定に関する判決，訴訟当事国による取下げという 6 つの形式いずれかによって終了する．取下げには，訴訟当事国の合意による取下げ（ICJ 規則第 88 条）と，被請求国の同意を条件とする請求国による取下げ（同第 89 条）とが存在する．取下げを記録する命令に和解条件を記載することは可能であるが，当該条件が履行されない場合に請求国が再訴する権利を ICJ が認定することは ICJ 規則と適合しないとされる[136]．

　請求国が期待する訴訟手続の効果には，具体的には 5 つのものがありうる．
　①　代替的回路の提供
　抗争当事国間に交渉の回路が存在しない場合には，訴訟手続は代替的回路となりうる．例えば，在テヘラン合衆国外交使節団・領事機関職員事件［以下，人質事件］（1979 年付託）の際に，合衆国はイランと外交関係を断絶していたことから，訴訟手続は両国が主張を交換する唯一の公式の回路となった[137]．
　②　交渉意思の伝達
　被請求国が交渉の開始を拒否している場合に，訴訟の付託は請求国が当該請求を追求する真摯な意思をもつことを被請求国に伝える手段となる．また，予想される訴訟コストは，被請求国を交渉に引き込む圧力になりうる．例えば，パキスタン人捕虜裁判事件（1973 年付託）は，バングラデシュの独立に関わる武力抗争の際にインドが捕虜としたパキスタン人について，パキスタンがインドに送還を要求していたが，インドは交渉の開始を拒否していたと

---

135) Nuclear Tests (Austl. v. Fr.), 1974 I.C.J. 257. 裁判権の明白な欠如を理由とする訴訟の間口における却下が原則として可能であるとしつつ，当該事件では裁判権が明白に欠如しているとまではいえないとした例として, *see* Alleged Breaches of Certain International Obligations in Respect of the Occupied Palestinian Territory (Nicar. v. F.R.G.), 2024 I.C.J. para. 21 (Apr. 30).

136) *See* Diplomatic and Consular Staff (U.S. v. Iran), 1981 I.C.J. 46-47.

137) *See* Leo Gross, *Underutilization of the International Court of Justice*, 27 Harv. Int'l L.J. 571, 589 (1986).

いう状況において，パキスタンが付託し，同時に暫定措置を要請したものである[138]．インドは，裁判権を否認する書簡を ICJ に提出しつつ，交渉の開始に同意した．パキスタンは，交渉が開始されたことを理由として暫定措置の審理を延期するよう申し立てた．ICJ は，その審理を停止し，裁判権に関する書面の提出期限を設定した．パキスタンは，交渉の継続を理由として申述書（Memorial）の提出期限の延期を要請し，ICJ はそれに応じた．その間に，交渉は妥結し，パキスタンは訴訟を取り下げた．

なお，訴訟の付託のみならず訴訟参加の要請も，要請国が訴訟当事国に交渉の開始を受け入れさせる目的でなされうる．

③　交渉促進の梃子

交渉が開始されたが停滞している場合には，訴訟手続は交渉を促進する梃子となりうる．「何かが『対象』を絶えず変化させるとすれば，それは裁判による訴訟なのである」[139] といわれるように，訴訟手続は，訴訟当事国の事実と法に関する認知を変化させうる．ICJ 自身の言葉によれば，「当裁判所に付託する手続的権利は，訴訟の結果がどうなっても，問題のあらゆる面が司法裁判所の客観的雰囲気の中で論議されうる場合には，決して実質のないものではない」[140] のである[141]．

訴訟手続は，訴訟当事国が裁判官に情報を入力するだけではなく，各々の主張を交換するものであり，訴訟当事国間に存在する認識の懸隔を埋める可能性をもつ[142]．それによって，訴訟当事国は，抗争が有利に解決されうるであろうとする楽観的見込みを修正し，積極的に妥協を模索することになる．例えば，グレートベルト橋通航事件（1991 年付託）において，フィンランドは，デンマークによるグレートベルト海峡への架橋が同国船の通航権を侵害するという認定，および，デンマークが通航権を保障する方法に関して交渉

---

138) *See* Dana D. Fischer, *Decisions to Use the International Court of Justice : Four Recent Cases*, 26 INT'L STUD. Q. 251, 259, 263, 271–272 (1982). *See also* Prisoners of War（Pak. v. India），1973 I.C.J. 348.

139) 初宿正典訳「カール・シュミットとの対話」みすず 320 号（1987 年）9, 18 頁.

140) Northern Cameroons, 1963 I.C.J. 29 ［邦訳 586 頁］.

141)「訴訟手続の間に訴訟当事国両方の立場の一部が大幅に進化した」と ICJ が認定した例として，*see* Dispute over the Status and Use of the Waters of the Silala, 2022 I.C.J. 634.

142) 河西（奥脇）直也「国際法における『合法性』の観念 (1)」国際法外交雑誌 80 巻 1 号（1981 年）1, 16 頁.

義務を負うという認定を請求し，架橋工事の差止めを指示する暫定措置を要請した．ICJ は，判決が言い渡されるまでに主張されている通航権の侵害が発生するおそれがないことから，緊急性の要件が満たされないとして，要請を却下しながら，交渉を勧告した[143]．両国は，ICJ の訴訟手続を通して共有した情報に基づく交渉によって妥協に至り，フィンランドは訴訟を取り下げた[144]．

なお，ITLOS に付託されたジョホール海峡事件（2003 年付託）の際にも，付託と暫定措置の要請を契機として交渉が促進され，マレーシアの請求の多くをシンガポールが認諾することになり，ITLOS はそれを記録して敷衍する暫定措置を命じている[145]．

④　猶予の創造

被請求国が抗争を解決する意思をもつものの，一定の猶予が必要である場合には，ICJ の訴訟手続がそれを創り出すことがある．例えば，核実験事件において，ICJ は，オーストラリアの要請を受けて申述書の期限を 2 か月延長した際に，出廷する意思をもたないことが明白であったフランスの答弁書について，その期限を職権で 4 か月延長した[146]．これはフランスが譲歩する意思をもたない大気圏内核実験計画を完了するまで訴訟手続を引き延ばすためであったと指摘されている[147]．そして，このような ICJ の行動と呼応するかのように，フランスは計画を前倒しして完了するとともに，大気圏内核実験を以後おこなわないことを宣言し，オーストラリアの要求を部分的に満足させ，ICJ が本案判断に踏み込むことなく訴訟を却下することを可能にしたのである[148]．

⑤　冷却期間の提供

自国または相手国の国内で公論が高揚しているために当面は妥協することが困難であるが，公論が沈静化すればそれが可能になると見込まれる場合に

---

143)　*See* Great Belt, 1991 I.C.J. 20.

144)　*See* C.G. Weeramantry, *Some Practical Problems of International Adjudication*, 17 AUSTL. Y.B. INT'L L. 1, 6 (1996).

145)　*See* Land Reclamation (Malay. v. Sing.), 2003 I.T.L.O.S. 24-26.

146)　*See* Nuclear Tests (Austl. v. Fr.), 1974 I.C.J. 253.

147)　*See id.* at 300 (separate opinion of Judge Petrén).

148)　*See* Burmester, *supra* note 122, at 22.

は，ICJ の訴訟手続は冷却期間（cooling-off period）を提供しうる[149]．ICJ は，「訴訟は不当に遅延することなく処理されるべきである」と断りながら，訴訟当事国の意思に反して証拠方法の準備および提出の期限を制限すべきではないとしている[150]．抗争状態の遷延は通常一方当事者のみに有利となることから，ICJ は原則として訴訟遅延を防止しなければならない．訴訟の遅延は ICJ の評判を損なうことにもなる[151]．しかし，訴訟当事国が手続の延期・停止を希望している場合には，第三者には遅延が存在するようにみえても，訴訟当事国自身はそれを遅延と認識しないはずである．むしろ，訴訟当事国が進行を希望しない訴訟の放置は，他の訴訟の進行を促進するので，ICJ の運用全体の経済にも寄与することになる．

(3) レメディの効果

いうまでもなく，ICJ の決定するレメディも抗争解決を支援しうる．

抗争当事国が駆け引きのために強気の立場を表明すると，その立場の放棄に反対する当該国の公衆によるサンクションを強めることになり，その立場を表明する前には可能であった妥協も困難になる．抗争当事国がこのような駆け引きの応酬に陥らないためには，抗争を解決する基礎として，国際法の解釈および適用による決定を ICJ に委ねることが有用となる[152]．相手を説得する能力は「言力」[153]と呼ばれる．訴訟は「言力」の配置を可視化し，

---

149) *See* 1 SIR ROBERT JENNINGS, *The Internal Judicial Practice of the International Court of Justice, in* COLLECTED WRITINGS 522, 528 (Kluwer Law International, 1998).

150) *See* Barcelona Traction, 1970 I.C.J. 30-31 ［邦訳 512 頁］．

151) 独・オーストリア関税連合事案勧告的意見（1931 年）は，関税連合の命運には何ら影響をもたなかったが，重大な国際事態の進展に遅延を介在させる有用な手段とみなされるようになった PCIJ の威信を危機に陥れた．連盟理事会がそのような手段になるべきだったのである．*See* JAMES LESLIE BRIERLY, *The Advisory Opinion of the Permanent Court on the Customs Régime Between Germany and Austria, in* THE BASIS OF OBLIGATION IN INTERNATIONAL LAW, AND OTHER PAPERS 242, 249 (1958)［ジェームズ・レスリー・ブライアリー（長谷川正国訳）「ドイツとオーストリアとの間の関税制度に関する常設国際司法裁判所の勧告的意見」『諸国民の法および所論稿』（成文堂，2013 年）305, 313 頁］．この懸念は，第 5 章で検討する近年の暫定措置の肥大に対して批判的視座を与える．

152) *See* Manfred Lachs, *The Development and General Trends of International Law in Our Time,* 169 COLLECTED COURSES HAGUE ACAD. INT'L L. 9, 229 (1980-IV).

153) 田中明彦『ワード・ポリティクス——グローバリゼーションの中の日本外交』（筑摩書房，2000 年）6-7 頁．

126 第2章 国際司法裁判所の制度目的

ICJ が認容した請求は交渉力を増す[154]．ICJ の決定するレメディは，抗争当事者が「落としどころ」を見出す助けになるのである．

　ここで注意すべきことは，ICJ の決定するレメディは抗争解決に自動的に結び付くとは限らず，原則として抗争当事国による交渉過程に1つの要素をもち込むに止まることである．例えば，ICJ には，訴訟当事国の公論と政府の短期的視点に立つ選好を，長期的視点を踏まえたものへと修正させることが期待されている[155]．このような機能が果たされるためには，被請求国が裁判権を実質的に受諾しており，いわば「聞く耳」をもっていることが条件となる．

　ICJ の裁判の分析は，それを国際抗争過程の中に位置付ける構造的なものでなければならないといわれるが[156]，それは，当事国の意思が抗争解決にとって決定的だからである．国際法学から国際政治学に研究手法を移行したH・モーゲンソーが喝破しているように，抗争の解決は原則として当該レメディを利用する抗争当事国に委ねられている[157]．ICJ の決定するレメディは，敗訴国への強制執行の威嚇に裏付けられていないことから，本質的に，抗争当事国間の取引（bargaining）において指針となる指導原理（guiding principle）を供給し，抗争当事国を「支援（assist）」[158] するものにすぎないのである．

　ICJ は，レメディを決定する際には，訴訟当事国がそれを受け入れて抗争を解決しうるように，便宜を考慮しなければならないと考えられる[159]．たしかに，「合法性と便宜は明確に分離されなければならない」といわれることもある[160]．しかし，ICJ 所長を務めた M・ベジャウィは，ICJ は単なる法的安定性の自動販売機ではなく，抗争を解消させるために，法的理由付けに

---

154) *See* SIR HAROLD NICOLSON, DIPLOMACY 23 (3d ed., Oxford University Press, 1963)［H・ニコルソン（斎藤眞＝深谷満雄訳）『外交』（東京大学出版会，1968 年）43 頁］．

155) *See* JAN TINBERGEN & DIETRICH FISCHER, WARFARE AND WELFARE 23, 33 (St. Martin's Press, 1987)［ヤン・ティンバーゲン＝ディートリッヒ・フィッシャー（服部彰訳）『国際平和の経済学――冷戦時代の教訓と国連の強化に向けて』（同文館，1994 年）24，35 頁］．

156) *See* Fischer, *supra* note 138, at 274-275.

157) *See* HANS J. MORGENTHAU, SCIENTIFIC MAN VS. POWER POLITICS 119-121 (University of Chicago Press, 1946)［ハンス・J・モーゲンソー（星野昭吉＝高木有訳）『科学的人間と権力政治』（作品社，2018 年）132-134 頁］．

158) Aegean Sea, 1976 I.C.J. 20 (separate opinion of Judge Lachs).

「内在する聖所（inner sanctum）」として便宜（*opportunité*）をもつとしている[161]．そして，南西アフリカ事件第2段階判決は「時代に乗り遅れたもの」であったと評し[162]，自身は，核兵器使用等の合法性事案勧告的意見において，「ソロモンの判決」のような主文2（E）を取りまとめ，それに決定票を投じている．

　ベジャウィの指摘する便宜の考慮について，それは「『当面の結果にのみ目を向ける』学派」に属するものであり，海洋の境界画定などには適当であるかもしれないものの，人権保護に関わるような問題には適当ではないとする批判はありうる[163]．しかし，ICJ による便宜の考慮は，国際法の論理と接合してなされる限り，紛争の主題にかかわらず有用であろう．ベジャウィは，人権といういわば「切り札」に依拠する空論的批判に対して，権力政治の現実を踏まえてなお国際法への期待に最大限応じる主文を形成する技術を便宜の考慮と呼んだと考えられるのである．人権や軍縮の問題も権力政治から自由ではなく，それらについて便宜の考慮を類型的に排除することはできない．

　抗争当事国が，当面は履行される見込みがない判決をあえて追求することがないわけではない[164]．それは，当該判決が第三国や国連などの援助を動員したり，違法状態の承認を慎ませたり，何らかの制裁を発動させたりすることを期待する場合である．というのは，「国連の名の下に行使される力は，同じ力でも……国際法に違反して行使される力よりは成功の見込みがあ

---

159) *Cf.* Benjamin N. Cardozo, The Paradoxes of Legal Science 132 (Columbia University Press, 1928)［B・N・カドーゾ（守屋善輝訳）『法律学上の矛盾対立』（中央大学出版部，1967 年）208 頁］（「先例や類推の力が指針とならないか，決定的なものではないかする場合には，我々は，至高の重要性をもつ考慮事由である正義の示唆から，単なる都合よさの考慮事由である便宜の示唆までに従う」とする）．

160) *See* Judgment No. 158 of the United Nations Administrative Tribunal, 1973 I.C.J. 257 (dissenting opinion of Judge Gros).

161) *See* Mohammed Bedjaoui, *Expediency in the Decisions of the International Court of Justice*, 71 Brit. Y.B. Int'l L. 1, 2-3, 26 (2001).

162) *See id.* at 17.

163) *See* Sienho Yee, *The International Court of Justice: Law and Expediency, in* Towards an International Law of Co-Progressiveness 101, 103 (Martinus Nijhoff, 2004).

164) *See* Michael J. Glennon, *Protecting the Court's Institutional Interests: Why Not the Marbury Approach?*, 81 Am. J. Int'l L. 121, 126 (1987).

128　第2章　国際司法裁判所の制度目的

る」[165]からである.

　いずれにしても，国際抗争の解決の研究は，裁判学ではなく，ICJ を他の抗争解決手段と相対的なものと位置付ける「抗争解決学」でなければならないことは繰り返し確認されるべきである[166].

3　抗争解決を通した国際法の発展

(1)　国際法形成過程と抗争解決過程

　国連憲章が ICJ の判決の執行を安保理に義務付けていないことは，国連の制度的欠陥であるというよりも，ICJ の判決の不履行を通して国際法を変更する余地を残すための自覚的選択であったと考えられている[167].

　判決が法源であるかどうかは，現行法によって解答されるべき問題である[168]．ICJ 規程は，判決は国際法の存在形式ではなく「法則決定の補助手段」にすぎないと位置付けている．判決が認定した「法」は，訴訟当事国には既判力をもつとしても，それが対世的に通用する公権解釈として確立するためには，関係国による受入れという中間項が必要なのである[169]．このことを反映していたのが，合衆国が義務的裁判権受諾宣言に付していた多国間条約留保——ヴァンデンバーグ留保（Vandenberg reservation）と呼ばれる

---

165)　*See* Morgenthau, *supra* note 16, at 34 [邦訳（上）101 頁].

166)　河西前掲論文（注 29）66-67，71，75-76 頁.

167)　*See* Oscar Schachter, International Law in Theory and Practice 228-229 (Martinus Nijhoff, 1991). なお，適正手続や司法機能の一体性（integrity）という国際（人権）法の原則が発展してきたことに鑑みて，勧告手続において抗争当事者である被用者が使用者である要請機関に対して不平等な立場におかれるならば，ICJ は先例に従うべきではないと指摘される．*See* Judgment No. 2867 of the Administrative Tribunal of the International Labour Organization, 2012 I.C.J. 95 (declaration of Judge Greenwood). これに対して，ICJ は，形式的不平等が実質的に是正されうる場合には，意見を与えうるとしてきた．佐俣紀仁「国際農業開発基金に対する異議申立に関する国際労働機関行政裁判所判決 2867 号（勧告的意見・2012 年 2 月 1 日）」国際法外交雑誌 123 巻 2 号（2024 年）62, 73 頁. このような処理には，形式より実質に依拠する ICJ の一般的傾向が現れている.

168)　野田良之「フランスにおける民事判例の理論」法学協会雑誌 75 巻 3 号（1958 年）244，251 頁.

169)　*See* Discours de Sir Arnold Duncan McNair, 43-II Inst. Int'l L. Y.B. 178, 183 (1950). *Cf.* Lord McNair, *Preface to* 1 International Law Opinions, at xvii, xix-xx (Lord McNair ed., Cambridge University Press, 1956)（法律顧問の意見が法の淵源となるのは，それを政府がたいてい採用するからであったと指摘する).

——である．この留保は，多国間条約の解釈に関わる紛争については，その条約当事国全てが訴訟当事国とならなければ裁判権を認めないとして，条約解釈に対するコントロールを条約当事国に留保しようとしたものであった．

国家実行という中間項の検討なく ICJ の認定した国際法を「国際法の準形式的法源」であるとすることは，国際法を「紙の上の法」へと退行させ，予測としても論理としても，その有用性を損なうと考えられる．ICJ の認定する「国際法」を国際法そのものであると考えることは，いわゆる機長症候群（captainitis）に陥ることになるであろう．機長症候群とは，機長が誤りを犯した際に，他の乗員が「専門家としての権威をもつ機長の判断は正しい」という簡便法（heuristics）に依拠して批判的に検討せず，航空機が墜落してしまう状況を指す社会心理学の用語である[170]．

例えば，核兵器使用等の合法性事案勧告的意見は，「世界の安全保障システムの妥当性には影響がないものの，国際現象が拠って立つ実効的な規範的取決めから，国際法学界の長老たちがどれほど隔たったところまで遊離してしまったかを暴いた」[171]といわれる．「大統領が，自らの魂は救えるけれども市民を守ることができないとすれば，信頼に足る大統領とは言えない」[172]という評言は，法律家も銘記しなければならない．国際法に依拠するにしろ正義に依拠するにしろ，外交は失敗しうる．それゆえ，それに対する軍事的安全弁（fail safe）を用意しておくことは不可欠である．「政治が必要と認めたならば，国際法によって禁止された兵器であっても，また倫理上の問題が未解決の兵器であっても，使う可能性を否定できない」[173]とすれば，禁止

---

170) *See* Robert B. Cialdini, Influence: Science and Practice 9-10 (5th ed., Pearson/Allyn & Bacon, 2009)［ロバート・B・チャルディーニ（社会行動研究会訳）『影響力の武器——なぜ，人は動かされるのか〔第 3 版〕』（誠信書房，2014 年）16-17 頁］．

171) W. Michael Reisman, *Assessing Claims to Revise the Laws of War,* 97 Am. J. Int'l L. 82, 85 (2003).

172) Nye & Welch, *supra* note 36, at 28［邦訳 35 頁］．この立場は，ウェーバーが心情倫理（*Gesinnungsethik*）に対置した責任倫理（*Verantwortungsethik*）に依拠するものである．*See* Max Weber, *Politik als Beruf, 1919, in* 17 Gesamtausgabe 237, 240, 248-250 (Wolfgang J. Mommsen & Wolfgang Schluchter eds., J.C.B. Mohr, 1994)［マックス・ヴェーバー（脇圭平訳）『職業としての政治』（岩波書店，2020 年）103, 106-107, 116-119 頁］．

173) 岩田清文ほか『自衛隊最高幹部が語る令和の国防』（新潮社，2021 年）26-27 頁［武居智久発言］．「外交が上手くいけば敵はいないのだから，同盟も軍備もいらない」という議論は，ミリタリー・リテラシーがない「子供のような議論」であるといわれる．同書 165 頁［兼原信克発言］．

されていない兵器が使用されうることは当然である．核兵器は，慣習法によって全ての国にその使用が禁止されているとは考えられていない兵器であり，それが使用されうることを前提として，軍事的安全弁が構築されるべきことはいうまでもない．

(2) 抗争解決志向と結果としての国際法の発展

　抗争解決志向の立場からは，国際社会に集権的立法部が成立していないことは，ICJ が「立法者」の地位にあることを意味するわけではないと考えられる．国際社会の現状においては，条約の締結と国家実行および法的信念の収斂とが国際法の形成メカニズムなのである．そこで，かりに ICJ の主要な制度目的が国際法の発展であるとしても，そのためにこそ，ICJ は抗争解決を行動原理としなければならないことになる．抗争解決志向に従って抗争当事国の実行を引き出す国際法を認定することによって初めて，「生きている法」を発展させうるのである．

　O・リジッチンは，ICJ が国際平和を確立するために果たしうる最大の寄与は，特定の訴訟の処理ではなく国際法の発展であるとする[174]．それと同時に，ICJ の機能のうち，国際法の発展や既存の権利の保護と国際法の変更の要求の調整は「ある意味で抗争解決に発する」ので，ICJ の制度目的は抗争解決であり，国際法の発展はそのための手段にすぎないとする．そして，ICJ の判決が特定の訴訟を処理するために必要な限度を超える「学術論文」に堕するならば，ICJ は国々からの信頼を失うであろうと警告する[175]．同様の見解は，かつて学者が望ましいとする規範が法と同視されていた時代が存在したとしても，現在では「実際に社会に実施され，実体と重なっているもの……解明すれば社会の力関係が明らかになるようなもの」だけが法とみなされているとする指摘にも現れている[176]．

　抗争解決志向は，ICJ が抗争解決に必要な国際法のみを認定すべきであるとする．そして，国際法を認定すべきである場合にも，それによって訴訟当

---

174) *See* OLIVER LISSITZYN, THE INTERNATIONAL COURT OF JUSTICE: ITS ROLE IN THE MAINTENANCE OF INTERNATIONAL PEACE AND SECURITY 3 (Greenwood Press, 1951).

175) *See id.* at 16-18. *See also* Partan, *supra* note 21, at 561.

176) 筒井若水『違法の戦争，合法の戦争』（朝日新聞社，2005 年）31 頁．

事国間で，訴訟当事国と第三国との間でまたは第三国間で新たな抗争を発生させたり既存の抗争を悪化させたりする可能性がある場合には，そのコストと紛争を処理し当面する抗争を解決するベネフィットとを衡量し，前者が後者に勝る場合には，妨訴事由を認定して訴訟を却下したり，一般法ではなくできる限り特別法を適用して紛争を処理したりすべきであるとする．

ただし，ICJ は，裁判不能を宣言することは禁止されている．国際法の体系は完全であり，法の欠缺の宣言は，ICJ が「裁判所は法を知る（*jura novit curia*）」という原則に反して，自身の能力が不足していると自白することを意味するからである．第 5 章で述べるように，ICJ は，勧告的意見において確定的判断を回避する場合にも，「提出された情報を前提とする限り」判断不能であるとして，争訟手続で紛争を処理することが不可能であるわけではないことを示唆している[177]．

(3) 主文と主論

このような立場に立てば，国際法の発展という観点からも重要なのは，訴訟当事国の行動に結び付く判決の主文および主論であり，傍論は重要性が低いことになる．マクネアは，ICJ の「判例法」は国際法のあり方を学説法（book-law）から実務法（hard law）へと変化させたと指摘している[178]．ただし，「判例法」が実務法でありうるのは，それが裁判官によって先験的に構想されたものではなく，具体的事実に関する訴訟当事国の対決的陳述を踏まえて決定された主文および主論から抽出される場合に限られると断っていた[179]．抽象的問題は，国際法の事実への適用を通して解明することが不可能であり，立法事実に基づく検討が不可避となるが，訴訟当事国の陳述は立

---

177) *See* Use or Threat of Nuclear Weapons, 1996 I.C.J. 266. 確定意見を回避した主文 2（E）の第 2 文が法の欠缺を宣言したとすれば，核兵器の使用等が一般的に違法であるという第 1 文の認定が第 2 文の想定する状況に及ばないとする認定は「交戦国は，戦時緊急必要によって戦争法規の約束から免れる」という戦数論（*Kriegesräson*）の肯定と変わらないとする批判がある．藤田久一「自衛における核兵器の威嚇・使用——ICJ 勧告的意見を読んで」軍縮問題資料 200 号（1997年）12，16 頁．本書は，第 1 文の認定は第 2 文が想定する状況に及ぶが，第 2 文は前者の一般的な認定を具体的に適用する規則を先験的に分節化することはできないという注意書き（proviso）であると考える．

178) *See* Lord McNair, *Foreword to* 1 D.P. O'Connell, International Law, at v (2d ed., Stevens, 1970).

法事実の開陳を目的とするものではないからである[180]. また,「判例法」の内在的な価値を指摘しつつ, ICJ の判決は国際法の公権的認定そのものではなく, 国際法を認定する際にその価値が個々に検証されるべき証拠であると慎重に断っていた[181].

ジェニングスは, 1986 年に刊行されたフィッツモーリスの主著 "The Law and Procedure of the International Court of Justice" について, 判決の傍論を材料として著者が考える国際法を体系化した「傍論の目録 (repertoire of *dicta*)」と評した[182]. そして, そのアプローチは, 個々の訴訟の当事者および事実などの文脈と切り離された傍論を収集することに懐疑的である英米法系の法律家の伝統になじまないものであるとした. このような問題意識を背景に, ジェニングスは,「国際法学において, 先例の利用を規律する原則の精緻化はあまりにもなおざりにされてきた」[183]と批判している. 先例の参照は国際法の一体性を保障しうるものの, それが個々の訴訟の処理の妥当性の障害にならないために, 先例との区別や変更の技術が必要であるとするのである.

このような理解は, 国々によっても支持されているようにみえる. 例えば, 合衆国は, WTO の上級委員会が個別紛争の解決に不要な法的意見を過剰に展開することや, 自身の先例について「説得的な理由 (cogent reason)」がなければ後続のパネル (小委員会) は従うべきであると説示し, 法的根拠の

---

179) *See* LORD MCNAIR, *The Development of International Law, in* SELECTED PAPERS AND BIBLIOGRAPHY 242, 258 (A.W. Sijthoff, 1974).

180) 判決などが目的とする原則や政策を明言することは国際法形成過程における民主性確保の観点から望ましいとする見解に対して, B・ジンマは, 政策の開示は過剰な司法立法を後押しすることになりかねないので望ましくないとする. *See* Bruno Simma, *Foreword to* INTERNATIONAL JUDICIAL LAWMAKING: ON PUBLIC AUTHORITY AND DEMOCRATIC LEGITIMATION IN GLOBAL GOVERNANCE at v, vii (Armin von Bogdandy & Ingo Venzke eds., Springer, 2012). *Cf.* CARDOZO, *supra* note 159, at 120 [邦訳 190-191 頁]（「自由を極端に推し進めると, かえって自由を破滅させることになる」ので, 制定法の合憲性は, あくまでも具体的事実に目を向けて審査しなければならないとする）.

181) *See* 1 L. OPPENHEIM, INTERNATIONAL LAW: PEACE 27-28 (Arnold D. McNair ed., 4th ed., Longmans, 1928)（仲裁判断は, 国際法の法源ではなく国際法の発展に影響を与える原因 (cause) の 1 つであるとする）.

182) *See* JENNINGS, *supra* note 65, at 1373.

183) Sir Robert Jennings, *General Course on Principles of International Law*, 121 COLLECTED COURSES HAGUE ACAD. INT'L L. 323, 342 (1967-II).

ない先例拘束性を導入しようとしていることを批判している[184]．この批判
に対応するためには，上級委員会の設立条約である紛争解決了解（DSU）を
改正する必要はなく，上級委員会自身が採択した「審査の検討手続」を改正
し，傍論の付加を禁止するか，運用において傍論を謙抑するかすべきである
と指摘されている[185]．

小　括

　裁判所の制度目的観は，裁判官の数だけ存在しうるので，それを整理する
基準も多様にありうる．例えば，国内裁判所についての，解釈主義（inter-
pretivism）と非解釈主義（noninterpretivism）との区別を ICJ について転用
することもできるであろう[186]．しかし，本書は，そのような法論理内在的
な区別ではなく，ICJ の制度目的が国際法の発展であるか個別的な抗争解決
の支援であるかという法論理外在的な問題についての意識が ICJ の法論理の
中にどのように現れているかを解明することを課題としている．解釈主義と
非解釈主義のような区別は，国際法発展志向を前提とすれば問題になるかも
しれない．しかし，抗争解決志向に立つならば，それらは主義と呼ぶべきも
のではなく，個々の訴訟において，司法立法という批判を受ける可能性を勘
案しながら採否が決定されるべき 2 つの手法にすぎないのである．

---

184) *See* USTR, 2018 Trade Policy Agenda and 2017 Annual Report of the President of the Unit-
ed States on the Trade Agreements Program 26-28 (2018).

185) 川瀬剛志「WTO 上級委員会危機と紛争解決手続改革——多国間通商システムにおける『法
の支配』の弱体化と今後」寺谷広司編『国際法の現在——変転する現代世界で法の可能性を問い
直す』（日本評論社，2020 年）296，302-303 頁．先例が批判を受けている場合には，先例から逸
脱する理由がないという消極的根拠だけではなく，積極的根拠付けを試みるという運用で対応す
ることで，当該手続の訴訟当事国および関係国の期待に反することのないバランスをとることが
可能であると考えられる．

186) 解釈主義と非解釈主義との対比について，*see* John Hart Ely, Democracy and Distrust: A
Theory of Judicial Review 1 (Harvard University Press, 1980)［ジョン・H・イリィ（佐藤幸治
＝松井茂記訳）『民主主義と司法審査』（成文堂，1990 年）1 頁］．

第3章　紛争の認定における抗争の参照

ICJ 規程第 38 条 1 項は訴訟の対象を「付託された紛争」とする．そこで，紛争の存在は訴訟手続の冒頭で確認されるべき訴訟要件の 1 つであり，紛争概念は訴訟の入口を守る門衛の地位にあることになる．

ICJ の処理の対象となる紛争は，ローマ法の "*actio*"（訴権）のようなあらかじめ特定された類型に該当することを要件とされていない．「アクティオー思考」[1] はとられていないのである．しかし，このことは紛争を認識する枠組が何ら存在しないことを必ずしも意味しない．そのことは，免疫メカニズムのモデルと類比すれば理解し易いであろう．免疫を担う T 細胞は，非自己である物質自体ではなく，それに関する体内的イメージ（altered-self）である B 細胞——それ自体が約 5×10^7 の多様性をもつと推定される——と結合した抗原を認識し，免疫メカニズムを発動する[2]．これと同じように，ICJ（T 細胞）は，抗争（非自己である物質）自体ではなく，請求国が構成する争論（B 細胞）を解釈した紛争（抗原）を処理の対象として，訴訟を処理すると考えられるのである[3]．免疫学の理論は普遍学（*mathesis universalis*），すなわち，類似性を単に指摘するものではなく，論理的相同性を解明する理論に基礎付けられる学を構築させうるといわれてきた[4]．普遍学が構築されうるとすれば，ICJ に関する学がそれに内包されることは当然であろう．

ICJ が訴訟を処理すべきであるのは，訴訟当事国間に「法的利益の抵触に関わる現実の争い（actual controversy）」[5] が存在し，それに決着を付けるために判決が必要とされる場合に限られる[6]．紛争が存在しないにもかかわら

---

1) 「アクティオー思考」とは，「政治システムが正義を振り回して資源の帰属を決める……ことを阻止し，占有原理に関する，しかも端的に物的な事態としての，問題しか扱わない」という意味である．木庭顕『ローマ法案内——現代の法律家のために』（勁草書房，2017 年）60 頁注 18. もちろん，"*actio*" の意味は時代とともに変化した．同書 157 頁.
2) 西山賢一『免疫ネットワークの時代——複雑系で読む現代』（日本放送出版協会，1995 年）175 頁.
3) 法を免疫モデルで分析する業績としては，太田勝造『法律』（東京大学出版会，2000 年）.

ず ICJ が判決を下すことは，その司法機能（judicial function）に含まれない[7]．紛争が存在せず「本案を裁判しえないことが確かである訴訟を総件名簿に登載したままにすることは，司法機能の適切な遂行に寄与することにはならない」[8] のであり，むしろ抗争解決に対する障害になるのである．

　そこで，紛争をどのようなものと定義しているかは，ICJ がどのような対象の処理を自己の任務であると認識しているかを示唆することになる．抗争解決志向に立てば，ICJ は具体的抗争の解決に必要な限りで紛争の存在を認定すべきことになる．それに対して，国際法発展志向に立てば，具体的抗争の帰趨を離れて，国際法に関する見解の相違が国際社会に存在する限りは，それを処理されるべき紛争であると認定すべきことになる[9]．ICJ による紛争の認定を跡付け，その基準を分析することは，ICJ の制度目的についての ICJ 自身の理解を浮かび上がらせることになるはずである．

　本章は，第 1 節において，まず，訴訟当事国による争論および申立の入力と法廷による紛争の認定とを概観し，次に，紛争の主題の類型を整理する．その上で，当該類型ごとに，紛争が消滅したとして本案判断を下すことなく訴訟を却下する争訟性の喪失（mootness）［以下，ムートネス］の法理を検討する．ICJ はムートという言葉を直接用いることなく，この法理を用いてき

---

4) *See* Ludwig von Bertalanffy, Das Biologische Weltbild 185-188（A. Francke AG, 1949）［フォン・ベルタランフィ（長野敬＝飯島衛訳）『生命——有機体論の考察〔第 2 版〕』（みすず書房，1974 年）212-215 頁］．例えば，経済システムの各部門・各段階にリサイクル（circularity）を組み込もうとする際に，生体システム内の再生活動が模倣されている．*See* Jeremy Rifkin, The Age of Resilience: Reimagining Existence on a Rewilding Earth 18（St. Martin's Press, 2022）［ジェレミー・リフキン（柴田裕之訳）『レジリエンスの時代——再野生化する地球で，人類が生き抜くための大転換』（集英社，2023 年）34 頁］．ある領域の知の他の領域への転移や，複数の領域の知の融合による知の創造について，太刀川英輔『進化思考——生き残るコンセプトをつくる〔増補改訂版〕』（海士の風，2023 年）147, 198 頁．

5) Northern Cameroons, 1963 I.C.J. 34.

6) このことを確認する最近の判示として，*see* Allegations of Genocide Under the Genocide Convention, 2024 I.C.J. para. 77（Feb. 2）．

7) *See* Nuclear Tests（Austl. v. Fr.），1974 I.C.J. 272. 司法機能については，佐藤義明「国際司法裁判所による司法機能概念の機能的展開」浅田正彦ほか編『国際裁判と現代国際法の展開』（三省堂，2014 年）3 頁．

8) Use of Force（Yugo. v. Spain），1999 I.C.J. 773.

9) 紛争の背後に存在する「いっそう広い見解の相違」に言及する例として，*see* Obligation to Negotiate Access to the Pacific Ocean, 2015 I.C.J. 604.

たが[10]，2000 年になってそれを明示的に用いた[11]．さらに，紛争の主題を
拡大または縮小させるための制度として，訴訟当事国による追加訴状の提出，
取下げおよび反訴（counter-claim），法廷による訴訟の併合と並行審理，第三
国による訴訟参加について検討する．最後に，紛争の主題と判決の射程につ
いて整理する．

　続いて，第 2 節において，ICJ による紛争の主題の認定における抗争の参
照という手法を検討する．まず，争論の解釈における抗争の参照について，
国内救済完了（exhaustion of local remedies）の要件を例として検討する．次
に，訴訟当事国が争論の「構成における過誤（formulation error）」を犯し，
抗争解決に必要ではない争論を提出している場合に，ICJ が職権で抗争を参
照することによって紛争を構成し，訴訟を却下した例として，核実験事件判
決を検討する．そして，ICJ が職権で抗争を参照することによって紛争の主
題を逆に拡大した例外的な例として，油井やぐら事件判決（2003 年）を取り
上げる．この判決が ICJ による制度目的認識の変化を示唆しているかどうか
が問題となるからである．

第 1 節　訴訟の対象の確定

1　訴訟当事国による入力

（1）　争　論

　紛争を認定する権限は ICJ がもつ．もっとも，この権限は，抗争解決主体
である訴訟当事国が構成する争論を基礎として行使される[12]．ICJ が紛争を
職権で白紙の状態から構成すべきであるとすると，裁定する主体が判断の対
象を構成することになり，課題設定（agenda setting）自体が訴訟当事国いず
れかに偏向しているという批判を受け易くなる．それゆえ，ICJ は，争論か
ら紛争を認定する裁定者の地位に立つことによって，中立性を保障されるの
である．

---

10)　*See* Northern Cameroons, 1963 I.C.J. 97 n.1 (separate opinion of Judge Fitzmaurice).

11)　*See* Arrest Warrant of 11 April 2000 (Dem. Rep. Congo v. Belg.), 2000 I.C.J. 197.

12)　*See* Fisheries Jurisdiction (Spain v. Can.), 1998 I.C.J. 447.

そこで，ICJ規程第40条1項は，訴訟を付託する書面において「争論の主題」を提示することを抗争当事国に要求している．同2項の下で，付託の事実は，規程当事国と国連事務総長とに通知されるので，第三国は「争論の主題」を検討して訴訟参加すべきかどうかなどを決定し，また，事務総長は抗争過程に介入する一般的権限（国連憲章第99条）を行使すべきかどうかを決定することが可能になる．後者への通知は，「国連の機関」としてICJが国連の他の機関と協働する手段の1つに当たる．

抗争当事国が特別の合意の提出によって訴訟を開始する合意付託の場合には，ICJは，特別の合意に記載される争論をそのまま紛争として認定する．抗争当事国が争論の構成に合意しているので，ICJは，当該争論を紛争として処理すれば，訴訟当事国の需要を満たすことができるからである．訴訟当事国が争論に関する見解の相違を示唆している場合には，ICJが特別の合意の解釈によって紛争の主題を確定する．特別の合意の解釈では，論争（controversy）の経過，すなわち，抗争の発生から当該合意の締結までの訴訟当事国間の主張の対立（contestation）が「締結の際の事情」として考慮される[13]．

これに対して，抗争当事国の一方が訴状（application）を提出し，一方的に訴訟を付託する場合には，請求国が単独で争論を構成することから，被請求国がそれに同意するとは限らない．ICJは，請求国の機関ではなく，全ての訴訟当事国の機関であるので，中立的であるために，被請求国の訴訟手続における主張をも踏まえて，紛争を認定しなければならない[14]．一方的付託により開始された訴訟の途中で，訴訟当事国が争点を特定する合意を締結したときには，ICJは，当該合意は訴訟当事国間の完全な平等を実現するという意味をもつものであり，特別の合意に準じるとしている[15]．

(2) 申　立

合意付託の場合にも，訴訟当事国は口頭陳述の最後に申立を提出するが，

---

13) *See* Borchgrave（Belg. v. Spain），1937 P.C.I.J.（ser. A/B）No. 72, at 164, 168.

14) *See* Nuclear Tests（Austl. v. Fr.），1974 I.C.J. 262-263.

15) *See* Corfu Channel, 1949 I.C.J. 24-25［邦訳441頁］．この決定は，形式についてICJが柔軟に判断していることを確認させる．

かつて，判決主文は当該申立ではなく特別の合意において提示された申立に
対応するものとされていた[16]．特別の合意は訴訟を一貫して支配し，そこで
の訴訟手続はすでに確定されている申立を対象とする攻撃防禦の過程とされ
たのである．ICJ 規則第 39 条 2 項が特別の合意に「争論の精確な主題」を
記載することを要求しているのは，それが付託に先立って訴訟当事国間で合
意され，それに対応する申立が特定されるべきであるとされたからである[17]．
現在では，特別の合意で特定された争論の範囲に止まる限りで構成される最
終申立が判断の直接の対象とされている[18]．

　これに対して，一方的付託の場合には，訴状における申立は請求国が一方
的に構成するので，ICJ 規則第 60 条 2 項は，被請求国の防禦権および申立
形成権を保障するために，口頭手続の最後に訴訟当事国それぞれが提示する
最終申立（final submission）を判決主文の対象にするものとしている．それ
ゆえ，最終申立は，それにふさわしい形式をとることが要求される[19]．この
ような構造ゆえに，同第 38 条 1 項が訴状に要求するのは「争論の主題」で
あり，その「精確な」主題ではない．訴状において「請求」の性質が十分特
定されていない場合にも，訴訟手続を通して明らかにされればよいのであ
る[20]．例えば，境界画定に関する訴訟を付託する訴状においては，画定が請
求される区域はおおよそ提示されれば足り，詳細に特定されていなくてもよ
いとされる[21]．

　争論の主題がおおよそ特定されていれば，その枠の中で，請求国による攻
撃を踏まえた被請求国の申立の構成と，被請求国による防禦を踏まえた請求

---

16) *See* S.S. Lotus（Fr. v. Turk.），1927 P.C.I.J.（ser. A）No. 10, at 12［邦訳 252 頁］．

17) 判決の解釈の要請が「精確な争点」（ICJ 規則では第 98 条 2 項）の代わりに「申立」を記載し
　　ていた際に，PCIJ は「申立」が「精確な争点」を提示しているとみなした．*See* Judgments
　　Nos. 7 and 8（Germany v. Pol.），1927 P.C.I.J.（ser. A）No. 13, at 16. この判断も，形式ではなく実
　　質に照らしてなされている．

18) *See* Frontier Dispute（Burk. Faso v. Mali），2013 I.C.J. 68-69.

19) *See* Shabtai Rosenne, The World Court: What It Is and How It Works 145-146（5th ed.,
　　Martinus Nijhoff 1995）．

20) *See* Phosphates in Morocco（Italy v. U.S.），1938 P.C.I.J.（ser. A/B）No. 74, at 21. 李禎之「国際
　　司法裁判所における訴えの提起およびその変更」県立長崎シーボルト大学国際情報学部紀要 6 号
　　（2005 年）99，104-105 頁も参照．

21) *See* Land and Maritime Boundary, 1998 I.C.J. 317.

140 第3章 紛争の認定における抗争の参照

国の申立の再構成——例えば，請求の追加——が許される[22]．「争論の主題」の記載が要求される目的は，一方で，訴訟当事国の平等の保障と訴訟経済の確保に，他方で，その枠の中で訴訟手続を動的に運用することにあり，この2つの要請のバランスをとることが課題となるのである[23]．

　紛争の主題を変更するためには，追加訴状や反訴などの手段を用いなければならない[24]．しかし，書面手続で陳述の対象とされなかった論点も，明示的に放棄されていない限り，口頭陳述の対象から当然に排除されるわけではない[25]．ICJ は，請求の修正が紛争の主題を変質させてはならないという実体的要件と，それが相手国にとって不意打ちにならず，相手国がそれについて陳述の機会を保障されるという手続的要件とを条件として，訴訟手続を通して生じた認識の変化を請求に反映させることを柔軟に認めている．紛争の主題を超えないという要件は，法的安全（legal security）および「司法の適正な遂行（good administration of justice）」の観点から必要とされるとしながら，形式的には新たな請求でも，訴状に含意されているもの，および，訴状で特定された問題から直接生じるものは，実質的に当初の請求に含まれていたとみなされるのである[26]．

　例えば，プレアビヘア寺院事件において，カンボジアは，訴状において，同寺院の領有権の認定を請求した．しかし，口頭手続の最終段階で，タイが同寺院を占領していた期間にそこから持ち去った美術品を返還する義務を負うという認定の請求を追加した．タイは，この請求の追加を受理すると訴訟の性質が変化することになると主張して，その受理可能性を争った[27]．ICJ

---

22) *See* Navigational and Related Rights (Costa Rica v. Nicar.), 2009 I.C.J. 264. ICJ は，追加請求を受理しても他方の訴訟当事国または ICJ に不利益を被らせることはないと付け加えている．*See id.* at 264-265. なお，植木俊哉＝中谷和弘編『国際条約集 2024 年度版』（有斐閣，2024 年）は，ICJ 規則第 38 条 2 項の第 2 文を「請求には，また，その性質を精確に記載し……」と訳す．ここで最初の「請求」は訴状を，「そ」は請求（claim）を指すことに注意する必要がある．

23) *See* Fisheries Jurisdiction (Spain v. Can.), 1998 I.C.J. 448.

24) *See* Société Commerciale de Belgique (Belg. v. Greece), 1939 P.C.I.J. (ser. A/B) No. 78, at 173.

25) *See* International Commission of the River Oder (U.K., Czech & Slovk., Den., Fr., Germany & Swed. v. Pol.), 1929 P.C.I.J. (ser. A) No. 23, at 18-19 [邦訳 85 頁]．

26) *See* Allegations of Genocide Under the Genocide Convention, 2024 I.C.J. paras. 67-69, 71, 123, 126 (Feb. 2).

は，当該請求は当初の請求に含意されていたとして，それを受理した[28]．また，ベナン＝ニジェールの国境紛争事件（2002 年付託）でも，特別の合意および申述書で請求に含まれていなかった橋の境界について請求がなされ，ICJ は判決主文でそれを決定した[29]．もっとも，この点については，裁判権の踰越であるとする批判もある[30]．

ICJ 規則は一定の訴訟行為については，その期限を規定している．しかし，請求の修正については，機械的に適用される期限を設定していない[31]．そこで，双方聴取の保障と訴訟経済の観点から，それが時機に後れていないかどうかが判断されることになる[32]．例えば，ユーゴスラビア（セルビア・モンテネグロ）対ベルギーの武力行使の合法性事件において，暫定措置に関する口頭手続の第 2 ラウンドで請求国が裁判権の基礎を追加しようとした際に，ICJ はそれを採用することはできないとした[33]．この判断に対しては，その時点まで被請求国による請求国に対する武力行使が継続していたので，請求国による主張の遅延は信義則に反する懈怠であるとはいえないこと，被請求国にはそれに関する陳述の機会が存在したこと，および，暫定措置段階では裁判権の存否を最終的に決定する必要がないことに鑑みて，「公正と正義を犠牲にすることになっても，NATO とその加盟国の感情を害する意思または能力が初めから ICJ にないことを示している」とする批判が存在する[34]．

---

27) *See* Argument of Mr. Seni Pramoj（Thail.）（Cambodia v. Thail.）, 1962 I.C.J. Pleadings（2 Temple of Preah Vihear）217-218（Mar. 7, 1962）.

28) *See* Temple of Preah Vihear, 1962 I.C.J. 36［邦訳 342 頁］. *See also id.* at 37-38（joint declaration of Judges Tanaka & Morelli）.

29) *See* Frontier Dispute（Benin v. Niger）, 2005 I.C.J. 141.

30) *See id.* at 163（dissenting opinion of Judge Bennouna）.

31) *See* MANLEY O. HUDSON, THE PERMANENT COURT OF INTERNATIONAL JUSTICE, 1920-1942: A TREATISE 489（The Macmillan Company, 1943）, *citing* P.C.I.J.（ser. E）No. 9, at 173.

32) 時機に後れた書面の提出が要請されたときに，対応する時間が不足しており不衡平になると相手当事国が反対する場合に，ICJ はその提出を認めないものとした．*See* Certain Activities Carried Out by Nicaragua in the Border Area and Construction of a Road in Costa Rica Along the San Juan River（Nicar. v. Costa Rica）, 2015 I.C.J. 677.

33) *See* Use of Force（Yugo. v. Belg）, 1999 I.C.J. 139.

2　紛争概念と紛争の主題の類型

(1)　紛争概念の分節化

紛争概念については，「法または事実に関する意見の相違，抗争当事国2か国の法的見解または利益の矛盾または対立」[35]とする PCIJ の古典的定義が存在する．ICJ は，この定義を「確立した判例」[36]であるとしながら，それを5つの点で分節化してきた[37]．

第1に，紛争は2か国のみならず3か国以上の間でも発生しうるとしている[38]．

第2に，一方の抗争当事国の請求について他方の抗争当事国が積極的に反対することによって発生するとしている[39]．訴訟当事国の見解が「積極的に対立している」ことが重要であり[40]，その対立は単なる命題 (*thèses*) に関するものではなく「要求に関する対立 (*prétentions contradictoires*)」，すなわち，要求とその拒絶でなければならないと考えられるのである[41]．

第3に，いわゆる「認識テスト」である．例えば，国際義務が履行されたかどうかが紛争の主題である場合に，その点に関する見解の明確な対立が必要であると同時に[42]，「自身の見解が請求国によって積極的に反対されていることを被請求国が現に認識していたか，認識していなかったはずがないということが証拠によって示される」必要があるとするのである[43]．ICJ は，

---

34) *See* Jianming Shen, *The ICJ's Jurisdiction in the Legality of Use of Force Cases*, in INTERNATIONAL LAW IN THE POST-COLD WAR WORLD 480, 493-495 (Sienho Yee & Wang Tieya eds., Routledge, 2001).

35) Mavrommatis Palestine Concessions, 1924 P.C.I.J. (ser. A) No. 2, at 11.

36) Certain Property, 2005 I.C.J. 18.

37) 紛争概念に関する判例を整理する最近の判示として，*see* Allegations of Genocide Under the Genocide Convention, 2024 I.C.J. paras. 44-45 (Feb. 2).

38) *See* East Timor (Port. v. Austl.), 1995 I.C.J. 99-100.

39) *See* South West Africa, 1962 I.C.J. 328.

40) *See e.g.*, Obligation to Prosecute or Extradite (Belg. v. Sen.), 2009 I.C.J. 162 (joint separate opinion of Judges Al-Khasawneh & Stokonikov).

41) *See* JEAN COMBACAU & SERGE SUR, DROIT INTERNATIONAL PUBLIC 600 (13th ed., LGDJ Lextenso, 2019) [Combacau].

42) *See* Obligations Concerning Nuclear Disarmament (Marsh. Is. v. U.K.), 2016 I.C.J. 849.

43) *See id.* at 850-851. この要件を採用する「判例法」は確立していないという批判として，*see id.* at 1093 (dissenting opinion of Judge Crawford).

対立が存在するという認識を問題にしていると考えられるのに対して，紛争の主題となる対立の対象についての認識も問題にすべきであるといわれることもある[44]．いずれにしろ，この要件は，政治的フォーラムで議論されている見解の相違について，それがICJによる処理の対象とされるためには，被請求国にとって不意打ちにならないように，同国が解決を試みる前提となる認識を要求するものであると考えられる．

第4に，抗争当事国間の対立が何らかの事実として表象されていれば十分であり，ICJ規程は交渉が開始されそれが頓挫したことを要件にしていないとされる[45]．訴訟の付託に関するいわゆる交渉前置は，慣習法でも規程でも要件とされておらず，個々の裁判条約や裁判条項で課されうる付加的要件であるとするのである．

第5に，裁判権の基礎が交渉前置を要件としている場合には，一方的抗議のみならず，交渉がおこなわれることが要件となる[46]．もっとも，交渉の開始またはその遂行について，被請求国が積極的意思をもたないことが明白であるときには，直ちに紛争の存在を認定することができるとされている[47]．

ICJは，「全体的性質の抗争（dispute of a general nature）」と，その一部を構成する「特定的紛争（specific dispute）」を区別することがある[48]．この区別は，ある時点以前の紛争を裁判権から排除する時間的留保の解釈に関連する．例えば，「本条約が発効する前の事実または状況に関する（relating to）紛争」を裁判権から排除する「紛争の平和的解決に関する欧州条約」（1957年）第27条aについて，事実または状況と紛争との区別が問題となる．ICJ

---

44) 国際司法裁判所判例研究会「核軍備競争の停止と核軍備の縮小に関する交渉義務事件（マーシャル諸島対英国）（先決的抗弁判決・2016年10月5日）」国際法外交雑誌116巻2号（2017年）97，113頁〔浅田正彦＝玉田大執筆〕．

45) *See* Land and Maritime Boundary, 1998 I.C.J. 303.

46) *See* Armed Activities on the Territory of the Congo (Dem. Rep. Congo v. Rwanda), 2006 I.C.J. 40-41.

47) *See* Diplomatic and Consular Staff, 1980 I.C.J. 27. この事件では，付託に先立って抗争当事国間の国交が断絶していた．なお，国連海洋法条約第283条は意見を交換する義務を規定しているが，合意に到達する可能性を尽くしたとみなす場合には，請求国は付託前に交渉を続行する義務を負わない．*See* MOX Plant (Ire. v. U.K.), 2001 I.T.L.O.S. 107.

48) Aerial Incident at Lockerbie (Libya v. U.K.), 1998 I.C.J. 21-22. *See also* Use of Force (Yugo. v. Belg.), 1999 I.C.J. 211 (dissenting opinion of Judge Vereshchetin).

は、同条の解釈と義務的裁判権受諾宣言に付された時間的留保の解釈とを異にすべき理由はなく、訴訟当事国も異にすべきであると主張していないとして、「同種の条文が存在するとき、同様に扱われるべきかどうかに関するいっそう一般的な認定には踏み込むことなく」、時間的留保に関する判例に従って判断するとした[49]。そして、当該判例が採用する基準として、事実または状況は、紛争発生の「引き金を引いた（triggered）」ものに限られず、その「淵源または真の原因（source or real cause）」を広く含むとした[50]。このような分節化の試みはあるものの、抗争の発生や進行は個別性が強いので、抗争過程で紛争が成立した時期を認定する一義的基準は確立されえない[51]。

　結局、全ての状況で機械的に適用されうる紛争概念を分節化することは不可能なのである[52]。それゆえ、必要な程度の予見可能性を保障するためには、「概念の円周、限界、境界線」の画定は断念し、「法的なことがらの焦点」すなわち「焦点、核、中心」を一定の水準で明確化することで満足しなければならないと考えられる[53]。この明確化の水準は、個々の訴訟における具体的適用を可能にする水準である[54]。

　ICJ は、受理可能性の要件について、それらがあまり分節化されていなくても、個々の訴訟の事実を分析すれば、それらが満たされているかどうかを判断することは可能であるとしている[55]。また、訴訟の取下げの許容性についても、あらかじめ規則を分節化することは不可能であり、理論的検討に拘泥しても無益なので、個々の事情と関連付けて検討すべきであるとしている[56]。概念の分節化の試みを一定の水準で止め、具体的行為を規律するとい

---

49) *See* Certain Property, 2005 I.C.J. 24.

50) *See id.* at 24-25. *See also* Jurisdictional Immunities of the State, 2010 I.C.J. 318（事実または状況は、「請求される権利の淵源」ではなく、紛争の「真の淵源」を指すとする）.

51) *See* 1 SIR ROBERT JENNINGS, *Reflections on the Term 'Dispute', in* COLLECTED WRITINGS 582, 583 (Kluwer Law International, 1998).

52) *See* G.G. Fitzmaurice, *Inter Arma Silent Definitiones,* 3 SYDNEY L. REV. 71, 72-73 (1959-1961).

53) *Cf.* KARL N. LLEWELLYN, *A Realistic Jurisprudence, in* JURISPRUDENCE: REALISM IN THEORY AND PRACTICE 3, 5 (University of Chicago Press, 1962)［K・N・ルウェリン（藤倉皓一郎訳）「現実主義の法理学」恒藤武二編『現代の法思想——英米独仏論集』（ミネルヴァ書房，1966 年）1，5 頁].

54) *See* SHABTAI ROSENNE, *The Time Factor in the Jurisdiction of the International Court of Justice, in* AN INTERNATIONAL LAW MISCELLANY 3, 38 (Martinus Nijhoff, 1993).

55) *See* Northern Cameroons, 1963 I.C.J. 28［邦訳 585 頁].

56) *See* Barcelona Traction, 1964 I.C.J. 19［邦訳 596 頁].

うアプローチは，テロリズムを規制する条約体制でも採用されている[57]．

　概念の分節化はそれが特定の文脈で果たす機能に応じてなされるべきものである[58]．一般に，大陸法系の法律家は，権利の定義の精緻化にふけり，それを保障する手段の整備には十分関心を向けないのに対して，英米法系の法律家は，権利の定義は一定の水準で止めて，個々の権利とその保障手段とをいかに結び付けるかに心を砕いてきたといわれる[59]．後者の典型的な例が，適正手続（due process）という概念の取扱いである[60]．ICJ における紛争概念については，後者の機能的アプローチをとることが求められると考えられる．

(2)　紛争概念の機能

　紛争概念の主要な機能は，訴訟の間口で排除されるべき争論と，訴訟手続を進め，訴訟当事国の陳述を踏まえて処理されるべき紛争とを識別することである[61]．この観点からみたとき，紛争概念の核心は，その処理が抗争解決に資するものであること，および，司法的手段で処理しうる法的形式に構成されていることであると考えられる[62]．ICJ は，抗争解決と関連性をもちえない単なる理論的な問題に関する見解の相違や[63]，法的に構成されていない利益の衝突[64] などを，訴訟の間口で排除しなければならないのである．

　紛争の不在が先決的抗弁として申し立てられることは少なくないが[65]，

---

57) See Rosalyn Higgins, *The General International Law of Terrorism, in* TERRORISM AND INTERNATIONAL LAW 13, 14-15, 27-28（Rosalyn Higgins & Maurice Flory eds., Routledge, 1997）．現在では，テロリズムは，テロ資金供与防止条約第2条1項 a に基づいて同条約附属書に掲げる諸条約の適用対象となる行為を意味するものと一般的に理解されている．

58) See H.L.A. Hart, *Definition and Theory of Jurisprudence*, 70 L.Q. REV. 37, 41 (1954)［H・L・A・ハート（大谷実訳）「法理学における定義と理論」恒藤武二編『現代の法思想──英米独仏論集』（ミネルヴァ書房，1966 年）113, 123 頁］．

59) See A.V. DICEY, INTRODUCTION TO THE STUDY OF THE LAW OF THE CONSTITUTION 198-200 (8th ed., Macmillan, 1915)［A・V・ダイシー（伊藤正己＝田島裕訳）『憲法序説』（学陽書房，1983 年）187-189 頁］．

60) See Herbert W. Briggs, *Confidence, Apprehension and the International Court of Justice*, 54 PROC. AM. SOC'Y INT'L L. 25, 34 (1960).

61) 皆川洸「国際紛争の諸相」一橋論叢 82 巻（1979 年）510, 514-515, 522 頁．

62) See JENNINGS, *supra* note 51, at 584-587.

63) See South West Africa, 1962 I.C.J. 568 (dissenting opinion of Judge Morelli).

64) See Northern Cameroons, 1963 I.C.J. 133 (separate opinion of Judge Morelli).

146   第3章　紛争の認定における抗争の参照

ICJ が紛争の不在を理由として訴訟を却下したのは，これまでのところ，3
件の「核軍拡停止および核軍縮に関する交渉義務事件」判決（2016 年）だけ
である[66]．

　もっとも，ICJ 規程第 60 条が要求する判決の意義または範囲に関する
「争い（dispute）」について，「庇護事件 1950 年 11 月 20 日判決の解釈要請事
件」（1950 年）は，それが存在しないという理由で，訴訟を却下している[67]．
この事件では，判決が言い渡されたその日にコロンビアがその解釈を請求し
たところ，ICJ は，言渡し当日に「争い」が存在したはずがないとしたので
ある．ペルーは，庇護事件の手続に出廷しており，コロンビアとの国交も維
持していたので，機会を与えられれば，コロンビアが主張する判決の解釈に
反対するかどうかを表明するものと考えられた．それゆえ，ICJ は，そのよ
うな機会を与えることなく付託された訴訟を間口で却下するために，「争い」
の不在に依拠したのである．

　なお，ここでの「争い」の英語正文は，同第 36 条 1 項と同じく "dis-
pute" であるが，仏語正文は同項で用いられる "différend" と異なり，
"contestation" である．ICJ は，"dispute" は柔軟性が高い用語であること
から，仏語正文に従って解釈すべきであり，"différend" よりも "contesta-
tion" の方が広い概念であることから，対立の程度が低くてよいとしてい
る[68]．

---

65) *See, e.g.,* Certain Property, 2005 I.C.J. 12.

66) 被請求国 2 か国は，この判決の言渡し後，裁判権の基礎として主張された義務的裁判権受諾宣
言を修正し，この事件と同種の事件を受諾の対象から排除したので，ICJ が核軍縮に関する交渉
義務の履行の問題を審査しうる可能性は低くなったと指摘されている．喜多康夫「核兵器不拡散
条約第Ⅵ条における核軍縮交渉義務——核兵器の威嚇または使用の合法性事件と核軍備競争の停
止および核軍備の縮小に関する交渉義務事件に照らして」国際法外交雑誌 118 巻 1 号（2019 年）
51，77 頁．

67) *See* Request for Interpretation of the Judgment of 20 November 1950 in the Asylum Case
(Colombia v. Peru) (Colom. v. Peru), 1950 I.C.J. 403.

68) *See* Request for Interpretation of the Judgment of 31 March 2004 in the Case Concerning
Avena and Other Mexican Nationals (Mexico v. United States of America) (Mex. v. U.S.),
2008 I.C.J. 325–326.

(3) 紛争の主題

(a) 類型化の基準——抗争の法的変形の限界

ICJ は，争論の主題を基礎として紛争の主題を認定し[69]，裁判権などの訴訟要件を満たすかどうかの決定においてそれを参照する．紛争の主題が複数存在する場合には，そのうちのあるものについては裁判権を肯定し，ほかのものについてはそれを否定することがある[70]．

紛争の主題は種々に分類されてきた．例えば，単純な国際紛争と「2つ以上の争点が複雑に絡み合う複合的国際紛争」[71]，訴訟当事国の個別的利益の調整に関する紛争と多数の国々の共通利益または国際公益に関わる紛争[72]，法的紛争，政治的紛争と技術的紛争などである[73]．これらの分類は，紛争の政治的意義を理解するための指標としては有用である．しかし，そのような観点から網羅的に列挙しようとしても[74]，それはあまり有用なものにはならない．突き詰めれば，紛争の主題は全て国家や国際機構などの管轄権の調整に関するものに帰着するというほかないからである[75]．

そこで，ここでは，本書の目的に照らして，3つの指標を立てることにする．

第1に，すでになされた行為とこれからなされうる行為とのいずれに関わるものであるかという指標である．後者は，例えば，制定されたが適用される前に国内法の国際法適合性の審査が請求される場合や，衝突が起こる前に国境地域の帰属の決定または境界画定が請求される場合である．この場合には，紛争の成熟性が認められれば，国際法の認定，領有権や管轄権の認定，行為の差止めなどを請求する紛争の存在が承認される[76]．このような訴訟を

---

69) 紛争の主題を認定するのは，ICJ の役割である．*See, e.g.,* Certain Property, 2005 I.C.J. 19.

70) *See* Alleged Violations of Sovereign Rights and Maritime Spaces in the Caribbean Sea (Nicar. v. Colom.), 2016 I.C.J. 31, 34.

71) 小寺彰『パラダイム国際法——国際法の基本構成』（有斐閣，2004 年）165-166 頁．

72) 山本草二『国際法〔新版補訂版〕』（有斐閣，2004）4-5 頁．

73) *See* GERHARD VON GLAHN, LAW AMONG NATIONS 493 (7th ed. Macmillan, 1996). なお，同書第 12 版（2022 年）にはこの分類の記述は存在しない．

74) 紛争の主題の最も網羅的な列挙として，*see* Ian Brownlie, *Causes of Action in the Law of Nations,* 50 BRIT. Y.B. INT'L L. 13 (1981).

75) *See* Michel Virally, *Le Champ Opératoire du Règlement Judiciaire International,* 87 REVUE GÉNÉRALE DE DROIT INTERNATIONAL PUBLIC 281, 307-308 (1983).

予防訴訟と呼ぶことができる.

第2に, 具体的行為が国際法違反に当たるかどうかの評価が請求されているのか, そのような評価と切り離して国際法の認定が請求されているのかという指標である. 後者の場合にも, 抗争解決との関連性がないほどに請求が抽象化されているわけではない場合には, 紛争の存在が承認される. このような訴訟を教訓訴訟と呼ぶことができる.

第3に, 国際法違反の認定が請求されている場合に, その目的が国家責任を解除する回復 (reparation) を得ることにあるのか, 係争行為の中止または再発防止の保障を得ることにあるのかという指標である.

回復とは, 一次規則 (primary rule) 上の義務が違反された場合に, その結果を規律する二次規則 (secondary rule) に基づいて義務付けられる行為であり, 原状回復, 金銭賠償または「(精神的) 満足 (satisfaction)」——「外形的行為による回復」[77] とも呼ばれる——の形式をとる[78]. 国際法違反を宣言する ICJ の判決は, それ自体が「満足」になる場合と[79], 他の形式の回復が要求される基礎となる原因判決になる場合とがある. このような回顧的訴訟を回復訴訟と呼ぶことができる[80].

これに対して, 行為の中止または再発防止の保障が請求される場合には, 一次規則上の義務の履行確保を目的とする未来志向的訴訟であり, 再発防止訴訟と呼ぶことができる[81]. 原則として, 一次規則上の義務は「信義に従い

---

76) なお, 米州人権裁判所は, 国内法の法案が米州人権条約に適合するかどうかに関する勧告的意見の要請について, 訴訟の対象とすべきものの偽装であるとして, 要請を却下している. *See* Compatibility of Draft Legislation with Article 8 (2) (h) of the American Convention on Human Rights, Advisory Opinion OC-12/91, Inter-Am. Ct. H.R. (ser. A) No. 2 (Dec. 6, 1991), para. 28.

77) 山本前掲書 (注72) 659 頁.

78) ICJ は, 違法行為の宣言判決 (declaratory judgment) が「一般的に, ほとんどの事例で適切な満足に当たる」としている. *See* Armed Activities on the Territory of the Congo (Dem. Rep. Congo v. Uganda), 2022 I.C.J. 132.

79) *See* Corfu Channel, 1949 I.C.J. 35 [邦訳 449 頁] (イギリスがアルバニア領海においておこなった一方的掃海がアルバニアの主権を侵害したとする認定は「満足」に当たるとする).

80) 1 次規則と 2 次規則について, *see* Summary Records of the 2081st Meeting, [1988-I] Y.B. Int'l L. Comm'n 266 (statement of Mr. Arangio-Ruiz).

81) この類型は「中止・再発防止訴訟」と呼ぶべきであるが, 中止は違法行為が継続していることを前提としているので, 違法行為が終了していて再発の蓋然性が問題となる再発防止よりも論点が少ない. そこで, 煩瑣を避けるために「再発防止訴訟」と呼ぶ.

誠実に（in good faith）」履行されるものと推定される[82]．それゆえ，このような訴訟は，違反が再発する急迫性が存在する場合にのみ成立する．再発防止の義務は違反の存在を前提とする点で二次規則上の義務と共通の性質をもつが[83]，その目的は一次規則上の義務の履行確保なのである．

（b）予防訴訟

国際法違反であるかどうか争われうる行為がまだなされていない時点では，通常，紛争の成熟性が否定され，訴訟は却下される．ICJ が介入しても，抗争を悪化させる原因になるおそれが高いからである．しかし，国内法の制定や計画の策定によって係争行為が十分特定され，かつ，それがなされる急迫性が存在し，ICJ による国際法の認定が抗争の悪化を予防しうる場合には，ICJ はそれに関する紛争を処理すべきものとする．

（i）文面審査

国際義務と抵触する国内法が制定されても，それが適用されるまでは，原則として，国際法違反は成立しない．例えば，補償なく私有財産を収用するものとする国内法は，外国人の財産に適用されて初めて，被害者の国籍国に対する国際法違反を成立させる[84]．ICJ は，国内法を制定した国が，当該法が国際法と抵触するものではないと認定することを請求した際に，文面審査をおこなったことがあるが[85]，これまでのところこれは孤立した例である[86]．

予防を目的とする場合には，争訟手続ではなく勧告手続を利用すべきであるといわれることもある[87]．実際に，1988 年に要請された「1947 年 6 月 26 日の国連本部協定第 21 項の仲裁義務の適用可能性［以下，本部協定事案］」

---

82) *See* Navigational and Related Rights, 2009 I.C.J. 267.

83) *See* JAMES CRAWFORD, THE INTERNATIONAL LAW COMMISSION'S ARTICLES OF STATE RESPONSIBILITY 197 (Cambridge University Press, 2002).

84) 山下康雄「国際責任」国際法学会編『国際法講座 第 2 巻』（有斐閣，1954 年）219，226 頁．

85) *See* U.S. Nationals in Morocco (Fr. v. U.S.), 1952 I.C.J. 182 ［邦訳 16 頁］. *See also* Arnold J.P. Tammes, *Means of Redress in the General International Law of Peace, in* ESSAYS ON THE DEVELOPMENT OF INTERNATIONAL LEGAL ORDER: IN MEMORY OF HARO F. VAN PANHUYS 1, 2-3 (F. Kalshoven et al eds., Sijthoff & Noordhoff, 1980).

86) *Cf.* Allegations of Genocide Under the Genocide Convention, 2024 I.C.J. paras. 81, 93, 95 (Feb. 2) (ICJ の訴訟では，WTO で使用される「不適合性否定要請（reverse compliance request）」の概念は適用されないとする).

87) *See* Sir Humphery Waldock, *General Course on Public International Law*, 106 COLLECTED COURSES HAGUE ACAD. INT'L L. 1, 218 (1962-II).

【表 2】 国際義務の履行を主題とする訴訟の類型

訴訟の類型＼訴訟の特徴	紛争の成熟性	請求国	請求の抽象性
予防訴訟	未遂	被害国／被害国以外	具体的／抽象的
教訓訴訟	既遂	被害国／被害国以外	抽象的
回復訴訟	既遂	被害国	具体的
再発防止訴訟	既遂	被害国／被害国以外	具体的／抽象的

勧告手続は文面審査に関わる要請であった．この事案は，合衆国議会が反テロリズム法を制定し，それに基づいて司法省がパレスティナ解放機構（PLO）を国内裁判所に提訴したことに起因する．国連総会は，そのオブザーバーである PLO が本部協定の下で保障されている権利を同法が侵害しうるので，本部協定第 21 項に従って合衆国はこの問題を仲裁に付託する義務を負うとして，当該義務の存否について勧告的意見を要請した．合衆国は，国連による協定の解釈に同意しつつ，判決言渡しまでは協定の適用に関する紛争も仲裁付託義務も発生しないと主張した[88]．

　ICJ は，合衆国の行為は国連の立場と対立しているので，判決言渡し前であっても，協定の「解釈または適用に関する」紛争が存在しており，仲裁付託義務が発生するとした[89]．合衆国地方裁判所は，後法である同法に前法である協定を排除させる意思を議会が明示しておらず，PLO に同法は適用されないとして請求を却下した．司法省は控訴せず，仲裁に付託されるまでもなく抗争は解消した．かりに仲裁判断が下される場合には，協定解釈に関する同意判断と，同法の適用の差止めとが判断されたと考えられる．この事案の背後には，同法の適用に積極的な司法省と，それに消極的な国務省──国連による協定解釈に同意を表明したり，勧告的意見の要請決議に反対せず棄権したりした──との対立が存在し，勧告手続は後者が前者を説得する猶予を創造したと考えられる．

---

88) *See* Applicability of the Obligation to Arbitrate Under Section 21 of the United Nations Headquarters Agreement of 26 June 1947, 1988 I.C.J. 43, 49, 51-52 (separate opinion of Judge Schwebel).

89) *See id.* at 27-32.

ECHR は，国内法の文面審査をおこなうが，その対象となる国内法については，適用されたならば国際法違反になることを「明らかにするために十分明確かつ詳細な記述によって表現されている」[90] ことを要件としている．また，準司法機関による国内法の文面審査の例として，関税と貿易に関する一般協定（GATT）のパネルおよび WTO のパネル・上級委員会［以下，特に断らない限り，併せて WTO のパネル・上級委員会とする］が，GATT と抵触する措置を執行部に義務付ける命令的国内法（mandatory legislation）の制定が GATT に抵触すると認定する例がある[91]．この認定を受けて当該国内法を廃止する措置は，国家責任を解除する原状回復ではなく違法行為の予防措置に当たると考えられる．さらに，北米自由貿易協定（NAFTA）（1992年）[92] は，第 1903 条 1 項で，アンチダンピングまたは相殺関税に関する国内法が改正される場合には，施行前に，NAFTA 当事国は当該法が NAFTA と適合するかどうかについて 2 国間パネルの宣言的意見（declaratory opinion）を求めることができると規定していた[93]．また，第 2004 条も，NAFTA 当事国が予定する措置が NAFTA と適合しないと考える当事国が紛争処理手続に訴えることができると規定していた．

　特定性をもつ限り，「公式の統治政策」[94] も審査の対象となりうる．次に述べる教訓訴訟に準じるナミビア事案において，ICJ は，住民の福祉に対する害悪の証明がなくとも，それが南アフリカの「公式の統治政策」である限り，国連憲章と適合するかどうかを審査することができるとしたが[95]，それはこのことを示唆する．

　また，計画も審査の対象となりうると考えられる．例えば，核実験事件は，計画の国際法適合性の審査が請求された例である．この訴訟では，「他に例を見ない国家責任の追及」がおこなわれたので，請求国が損害と因果関係を

---

90) Ireland v. United Kingdom, Eur. Ct. H.R. (ser. A) No. 25 (1978) at 91 (Judgment of Jan. 18).

91) *See* Paul Guggenheim, *Les Principes de Droit International Public,* 80 Collected Courses Hague Acad. Int'l L. 1, 163 (1952-I).

92) 1994 年に発効したが 2020 年に失効し，後継となる USMCA（合衆国・メキシコ・カナダ協定）が同年発効している．

93) *See* Samuel C. Straight, Note, *GATT and NAFTA: Marrying Effective Dispute Settlement and the Sovereignty of the Fifty States,* 45 Duke L.J. 216, 323 (1995).

94) Continued Presence of South Africa in Namibia, 1971 I.C.J. 57［邦訳 223 頁］.

95) *See id.* at 56-57［邦訳 223-224 頁］.

152   第3章　紛争の認定における抗争の参照

証明すべきであったという指摘がある[96]．しかし，その紛争の主題は，実施された核実験の合法性ではなかった[97]．後に述べるように，ICJ は，計画が国際法に抵触するかどうかに関する紛争が処理すべきものであるかを判断することなく，ムートネスを理由として訴訟を却下した．もし却下されなければ，審査の対象とすべき特定性をフランスの計画がもつかどうかが先決的問題になったと考えられる．

(ii)　抽象的認定

　国内法などと離れて，国際法の抽象的 (*in abstracto*) な認定が請求される場合もある．例えば，境界に関する抗争について，画定ではなく，適用されるべき国際法の認定が請求されることがある[98]．また，適用と完全に独立に条約の解釈が請求される場合もある．例えば，ヌイイ条約事件において，PCIJ は，同条約の下で構成される仲裁廷の権限が一定の類型の請求に及ぶかどうかについて解釈を決定した (1924 年判決)[99]．判決の時点で，仲裁廷は構成されていたが，まだ 1 件の請求も受理しておらず，訴訟当事国はPCIJ の判決を考慮して仲裁廷を利用するかどうかを決定するものと見込まれていた．そのような状況を考慮して，PCIJ は「純粋な宣言判決」[100] として同判決を下したのである．ヌイイ条約事件判決解釈事件において，同判決の解釈として，特定の請求が仲裁廷の権限に含まれるかどうかを認定するように請求された際に，PCIJ は，同判決は条約解釈を抽象的に確定したに止まり，具体的適用の問題は決定していないので，請求は判決の射程に含まれていないとした (1925 年判決)[101]．

---

96) 山本草二「核実験事件」日本エネルギー法研究所国際環境班『国際環境法の重要項目』（日本エネルギー法研究所，1995 年）175，181 頁．

97) *See* Jean-Pierre Ritter, *L'Affaire des Essais Nucléaires et la Notion de Jugement Déclaratoire*, 21 ANNUAIRE FRANÇAIS DE DROIT INTERNATIONAL 278, 285 (1975).

98) *See* Ian Brownlie, *Remedies in the International Court of Justice, in* FIFTY YEARS OF THE INTERNATIONAL COURT OF JUSTICE: ESSAYS IN HONOUR OF SIR ROBERT JENNINGS 560, 563-564 (Vaughan Lowe & Malgosia Fitzmaurice eds., Cambridge University Press, 1996).

99) *See* Treaty of Neuilly, Article 179, Annex, Paragraph 4 (Interpretation) (Bulg. v. Greece), 1924 P.C.I.J. (ser. A) No. 3 at 4-5.

100) Certain German Interests in Polish Upper Silesia (Germany v. Pol.), 1926 P.C.I.J. (ser. A) No. 7 at 19.

101) *See* Judgment No. 3 (Bulg. v. Greece), 1925 P.C.I.J. (ser. A) No. 4, at 7.

なお，ICJ は，勧告的意見においても条約の抽象的解釈をおこなう．例え
ば，「ジェノサイド条約の留保［以下，留保事案］」勧告的意見（1951 年）に
おいて，ICJ は，同条約に対する特定の留保の許容性ではなく，同条約
（1948 年）に対する留保の許容性の基準を認定した[102]．この意見が言い渡さ
れた背景には，複数の留保の許容性が実際に争われていた状況が存在した．
ICJ は勧告手続においても司法的性質を維持しなければならないとしており，
要請が過度に抽象的なものである場合には，それを「やむにやまれぬ理由」
として要請を却下しうると考えられる[103]．

　条約の解釈を抽象的におこないうるとすれば，条約が強行規範と抵触する
かどうかも抽象的に審査しうるかもしれない．例えば，東ティモール事件
（1991 年付託）の際に，インドネシアが裁判権を受諾していたならば，請求
国ポルトガルは，被請求国オーストラリアとインドネシアとの条約（1989
年）が東ティモール人民の自決権を侵害する内容なので，強行規範と抵触し
無効であるという認定を請求することができたであろうと指摘されてい
る[104]．もちろん，この場合には，ポルトガルが訴訟適格をもつことが前提
になる．

（c）教訓訴訟

（i）「原則の認定」

　国際法違反であると主張される行為に起因する抗争の際に，当該行為の評
価ではなく，当該評価に関連する国際法や管轄権の認定が請求される場合が
ある．後に述べるように，この類型の請求事項は「原則の認定（finding of
principle）」[105]と呼ばれる．

　例えば，ロテュス号事件（1927 年判決）は，公海においてフランス船とト
ルコ船とが衝突した際に，トルコがフランス船の船長に刑事管轄権を行使し

102）*See* Reservations to the Convention on the Prevention and Punishment of the Crime of
Genocide, 1951 I.C.J. 20［邦訳 65 頁］.

103）*See* Maritime Safety Committee, 1960 I.C.J. 153. ICJ 規程第 65 条 1 項は，勧告的意見を与え
るかどうかについて，ICJ に裁量権を与えている．これに対して，ITLOS 規程第 109 条は，権
限をもつ場合に意見を与えることを ITLOS に義務付けている．青木隆「国際海底機構理事会に
よる勧告的意見の要請」清和法学研究 17 巻 1 号（2010 年）139，156 頁．

104）*See* Maria Clara Maffei, *The Case of East Timor Before the International Court of Justice:
Some Tentative Comments*, 4 Eur. J. Int'l L. 223, 236 (1993).

105）Temple of Preah Vihear, 1962 I.C.J. 36［邦訳 343 頁］.

たことに起因した事件である．フランスは，当該船長の逮捕・勾留・訴追などが国際法違反に当たるかどうかではなく——これらが主題であったならば，回復訴訟または再発防止訴訟であったと考えられる——，トルコが刑事管轄権をもつかどうかを紛争の主題とした[106]．PCIJはこの紛争を処理されるべきものであるとした（1927年判決）．この紛争の主題は，特定の衝突についての刑事管轄権の所在が問題とされたという意味では具体性をもつが，公海における船舶の衝突の際に，船長に対する刑事管轄権が当該船舶の旗国ではない国にも認められるかという問題について，将来の行動の指針を得るという抽象化された目的をもつものであったと考えられる．回復と再発防止が実現したとしても，それらは判決の反射的効果にすぎなかった．

　紛争の主題がこの類型のものであるかどうかは，ときに問題となる．例えば，「ポーランド農業改革と独系少数民族事件」（1933年暫定措置）において，ドイツは，ポーランド国内法の適用がパリ条約（1919年）に違反するという認定を請求し，それと同時に，当該法の適用を差し止める暫定措置を要請した．PCIJは，要請された暫定措置はすでになされた国内法の適用が条約違反に当たるかどうかという紛争の主題を越えるものなので，その要請を受け入れることはできないとした[107]．PCIJは，後に述べる，原因判決が請求されていると認定したのである．これに対して，D・アンツィロティは，ドイツは当該法が適用された特定の事実が条約違反であるとは主張しておらず，判決のように紛争の主題を理解すると，訴状に不備があったといわざるをえなくなるので，紛争の主題は当該法が一般的に条約と抵触するかどうかであったとした[108]．ドイツは，連盟理事会少数者委員会においても，当該国内法の適用を全体として中止すべきであると主張していたことから，紛争の主題が当該法の条約適合性の審査であったという見解は説得力をもつ[109]．

(ii)　教訓訴訟の問題

　教訓訴訟の紛争の主題については3つの論点がある．①請求の抽象化の限

---

106) *See* S.S. Lotus, 1927 P.C.I.J. (ser. A) No. 10, at 12-13 [邦訳252頁].

107) *See* Polish Agrarian Reform and German Minority (Germany v. Pol.), 1933 P.C.I.J. (ser. A/B) No. 58, at 177-179.

108) *See id.* at 181-182 (dissenting opinion of Judge Anzilotti) (訴状の不明確性の不利益はドイツが負うべきであるので，要請を却下する決定主文には賛成するとする).

109) *See id.* at 184-185 (dissenting opinion of Judges Schücking & van Eysinga).

度，②訴訟適格の範囲，そして，③裁量権行使の指針である．

①　請求の抽象化の限度

　紛争の成熟性の要件が満たされている場合にも，請求が過度に抽象化されていないかどうかは問題となりうる．例えば，メーメル領域規程事件（1932年判決）においては，ヴェルサイユ条約によってメーメルをドイツから割譲されたリトアニアが同地に派遣した総督が，ドイツ系住民を中心とする自治政府の長官を解任したところ，それが領域規程の違反になるかどうかが争われた．PCIJ における訴訟能力は国家に限られ，自治政府は国家として承認されていないことから，領域規程は，その履行に関する紛争を PCIJ に付託する権能を，連盟理事会常任理事国4か国に認めていた[110]．4か国は，被害国としてではなく，国際連盟の代理人（procurator）として，自治の保障を目的とする訴訟適格を与えられていたのである[111]．

　訴状における主要な申立は，総督は長官を解任する権限をもつか，もつ場合には，当該権限行使の条件は何か，そして，長官の解任は他の執政委員の解任をもたらすかの3点とされた．これらに加えて，副次的申立として，訴訟の原因となった特定の長官の解任が領域規程の違反であったとする認定が請求された．ところが，請求国の最終申立は，副次的申立を削除し，第3の申立を，理由を問わず長官の任務が終了した場合の他の執政委員の地位の問題へと拡大した．ここで，本訴が回復訴訟でも再発防止訴訟でもなく教訓訴訟であることが確定した．

　PCIJ は，紛争の主題は規程解釈を確定し，将来に向けて指針を得ることであるとして，最終申立に対応した判決を下した（1932年）[112]．ただし，抗争の原因事実を越えた抽象的申立が構成されたことについては，判決を拒否

110）国際機構を当事者とする条約が ICJ による履行確保を制度化する場合には，訴訟能力を認められない国際機構に代えて，条約の直接の当事者ではない加盟国に訴訟適格を与える必要がある．小寺彰「国際機構の法的性質に関する一考察（2）」国家学会雑誌94巻3・4号（1981年）1，30頁．ガンビア対ミャンマーのジェノサイド条約適用事件において，ミャンマーは，「真の請求者」はガンビアではなくイスラム協力機構（OIC）という国際機構であり，ガンビアはその機関として行動しているにすぎないとする先決的抗弁を提起した．ICJ は，請求国の動機や請求国への第三者による財政的・政治的支援は裁判権の有無と関連性をもたないとして，それを却下した．*See* Application of the Genocide Convention（Gam. v. Myan.），2022 I.C.J. 492-496.

111）*See* Albert Bleckmann, *The Subjective Right in Public International Law*, 28 German Y.B. Int'l L. 144, 161（1985）.

する理由にはならないとしつつ，事実に即して申立を構成することが「便宜に適う適当な方法」であると断った[113]．これに対して，アンツィロティは，請求が請求原因（*causa petendi*）[114] によって特定されていることは要件であるとして[115]，抽象的に構成された問題に裁判権を行使することはできないとする反対意見を付した[116]．副次的申立の削除は，原因行為を不問に付しても領域規程の事後の遵守を確保しようとする請求国の態度を反映したものであったと考えられる．

PCIJ は，申立は訴訟当事国の見解の相違を表示するものでなければならないとして[117]，総督は長官を解任する権限をもつかという申立は，当該権限を肯定する主張とそれを否認する主張という対決的性質のものであると解釈するとした[118]．対決性がなければ，「申立」は勧告的意見の要請と異ならず[119]，否定形の申立も原則として適切な構成とはいえないとされるのである[120]．

なお，「申立が明瞭性を欠くという抗弁（*exceptio obscuri libelli*）」は，これまでに認容されたことはないものの，被請求国による効果的な反論とそれを踏まえた説得的な判決の形成が不可能である場合には，受け入れられる可能

---

112) *See* Interpretation of the Statute of the Memel Territory (U.K., Fr., Italy, & Japan v. Lith.), 1932 P.C.I.J. (ser. A/B) No. 49, at 337.

113) *See id.* at 311-312, *cited in* Northern Cameroons, 1963 I.C.J. 28 ［邦訳 585 頁］．

114) ICJ において "cause of action" という概念が用いられることがある．*See* Northern Cameroons, 1963 I.C.J. 44 (separate opinion of Judge Wellington Koo)．この概念は，1848 年のニューヨーク州フィールド法典で採用された概念であるが，その記載を要求する事実訴答（fact pleading）は，実体法と関連させる必要性ゆえに技術的に困難であったので，1938 年連邦民事訴訟規則で "claim for relief" の記載を要求する告知訴答（notice pleading）が導入され，いずれを採用する州もある中で，合衆国最高裁は，考慮に値しない訴訟を排除する観点から，2000 年代に解釈によって首肯性訴答（plausibility pleading）を採用するようになっている．浅香吉幹『アメリカ民事手続法〔第 3 版〕』（弘文堂，2016 年）12-15，70-74 頁．ICJ における "causa petendi" や "cause of action" という概念も多義的なので，具体的意味に注意する必要がある．

115) *See* Memel Territory, 1932 P.C.I.J. (ser. A/B) No. 49, at 350 (dissenting opinion of Judge Anzilotti).

116) *See id.* at 356 (dissenting opinion of Judge Anzilotti).

117) *See* Upper Silesia, 1926 P.C.I.J. (ser. A) No. 7, at 34.

118) *See* Memel Territory, 1932 P.C.I.J. (ser. A/B) No. 49, at 312.

119) *See id.* at 350 (dissenting opinion of Judge Anzilotti).

120) *See* Ambatielos (Greece v. U.K.), 1953 I.C.J. 16.

性がある[121]．そのように判断されないためには，訴訟当事国が最終申立において対決的形式を追完するか[122]，ICJ が請求を対決的なものであると解釈しうるかする必要があるのである．もちろん，ICJ が訴訟当事国の申立を書き換える権限をもたないことは当然である[123]．

この類型の紛争の主題の場合には，争われている行為に関する証拠を請求国が提出する場合にも，それらは国際法を解明するための資料にすぎず，個々の行為の国際法適合性を審査させるための資料ではない．ECHR において，教訓訴訟の場合には，国内救済完了の要件は課されないとされているが[124]，それは，私人に対する権利侵害の事実が国内法や行政慣行と条約との抵触の証拠という意味をもつにすぎないからである[125]．

② 訴訟適格の範囲

教訓訴訟に関わる第 2 の論点は，訴訟適格である．再発防止訴訟の場合にも，個別利益の追求ではなく共通利益または国際公益に基づいて訴訟が追行される場合には，請求国が訴訟適格をもつかどうかが問題となるが，すでになされた行為を背景とするものの，その行為の違法性の評価と切り離して将来に向けた指針を得ようとするこの類型の訴訟の場合にも，同じように訴訟適格は大きな問題となる．

③ 裁量権行使の指針

争われている事実の評価によって抗争解決を支援する訴訟の場合とは異なり，抽象的に構成された紛争に判決を下す場合には，判決が抗争解決に資することも，抗争の争点を増やして抗争解決を妨げることもありうる．そこで，「原則の認定」をおこなうべきかどうかについては，ICJ に裁量権が認められるべきであると考えられる[126]．ここでは，「原則の認定」に踏み込んだ 2 つの例と，それを拒否した 3 つの例を検討しよう．

---

121) *See* Phosphates in Morocco, 1938 P.C.I.J. (ser. A/B) No. 74, at 21.

122) *See* Judgments Nos. 7 and 8, 1927 P.C.I.J. (ser. A) No. 13, at 16.

123) *See* Upper Silesia, 1926 P.C.I.J. (ser. A) No. 7, at 34-35.

124) *See, e.g.,* No. 176/56, Greece v. U.K., 1958-1959 Y.B. Eur. Conv. on H.R. 182, 184 (Eur. Comm'n on H.R.).

125) *See* Theodor Meron, *State Responsibility for Violations of Human Rights*, 83 Proc. Am. Soc'y Int'l L. 372, 378 (1989).

126) *See* Francis Vallat, *Declaratory Judgments*, 17 Cuurent Legal Probs 12 (1964).

158 第3章 紛争の認定における抗争の参照

プレアビヘア寺院事件において，ICJ は，同寺院がカンボジアの主権の下にあると認定した上で，タイが占領期に同寺院から美術品を「持ち去ったとするならば」[127]，それらをカンボジアに返還する義務を負うと認定した．ICJ は，タイが同寺院を占領した事実は認定したが，同国が美術品を持ち去った証拠は提出されていないとした．ところが，「原則の認定」に踏み込んだのである．この認定は原状回復命令に分類されることがある[128]．しかし，ICJ は国際法違反となる事実を認定していないことから，国内法でいえば物権的返還請求権（*rei vindicatio*）[129] に相当するものが国際法の下で認められることを確認したにすぎないというべきである．

「カメルーン＝ナイジェリア間の領域と海洋境界事件［以下，領域と海洋境界事件］」判決（2002 年）も，同様の認定を含む．カメルーンは，国境の画定，同国領へのナイジェリア軍による侵入が違法であり同国の国家責任を発生させるとする認定，および，同国軍などの撤退義務の認定の3つを申し立てた．ICJ は，国境を画定した上で，国家責任に関する申立は前提事実が証明されていないとして却下しつつ，訴訟当事国が各自の国境の内側に自国の軍などを撤退させる義務を負うことを認定した[130]．ICJ は個々の国境侵犯行為を認定していないことから，この認定も「原則の認定」に当たる[131]．なお，ICJ は，軍事行動が原因で発生しうる人命の損失は回復不可能な損害であるとして，画定の対象となる国境のみならず国境全域における軍事行動の停止を求める暫定措置を指示していた[132]．この措置も，差し止められる個々の行為を特定しない原則的指示であると位置付けられる．

「原則の認定」の請求が却下された事件として，ホルジョウ工場事件がある．ドイツは，ポーランドが負うとする回復義務について，ポーランドによ

127) Temple of Preah Vihear, 1962 I.C.J. 37 [邦訳 343 頁].
128) *See* OSCAR SCHACHTER, INTERNATIONAL LAW IN THEORY AND PRACTICE 204 n.5, 223 (Martinus Nijhoff, 1991).
129) 内田貴『総則・物権総論〔第4版〕』（東京大学出版会，2008 年）367 頁.
130) *See* Land and Maritime Boundary, 2002 I.C.J. 457.
131) 相手国の領域に軍事基地が設置されているという事実を認定した上で，それを撤去する義務が認定されることがある．*See* Land Boundary in the Northern Part of Isla Portillos (Costa Rica v. Nicar.), 2018 I.C.J. 170, 226. この場合には，撤去義務は主権の論理的帰結であると同時に，主権侵害に対する回復の一形式でもあると考えられる．
132) *See* Land and Maritime Boundary, 1996 I.C.J. 23.

る相殺は認められない，かりに相殺が認められるとしても，それは一定の類型の債権についてのみであるとする認定を申し立てた．これに対して，PCIJ は，ポーランドが相殺を主張して回復義務を履行しない状況をあらかじめ想定することはできないとして，当該状況が後に生じたときにどう判断されるかには踏み込むことなく，当該申立に対する決定を回避した（1928 年判決）[133]．

また，「1943 年ローマから移送された通貨用金塊事件［以下，通貨用金塊事件］」（1954 年判決）において，アルバニアが所有権をもち，イタリアが管理している金塊について，イタリアは，イギリスがアルバニアに対して請求権をもつとしても，イタリアはイギリスにそれを引き渡す義務を負わないこと，および，イタリアがアルバニアに対してもつ請求権はイギリスがアルバニアに対してもつ請求権に優先することを認定するよう請求した．ICJ は，イタリアがアルバニアに対して請求権をもつかどうかは，アルバニアが出廷しない限り決定することができないという理由で前者を却下し，前者に関する判断が前提になるとして後者も却下した[134]．これに対して，後者は純粋な設問（*thèse*）として判決を下しうるという反対意見があった[135]．

さらに，漁業管轄権事件において，西ドイツは，アイスランドが漁業管轄権を一方的に拡大し，公海というべき海域における西ドイツ漁船の漁獲に干渉したことは国際法違反であり，アイスランドは「原則として」回復義務を負うという認定を請求した．後者について，ICJ は，干渉に当たる個々の行為とそれによって被った具体的損害を西ドイツが特定し，証明しない限り，回復義務に関して判決を下すことはできないとした[136]．これに対して，後者の請求を認容する判決を「満足」として下すべきであるとする意見も存在した[137]．しかし，「満足」は，違法行為である干渉の事実認定を前提とする

---

133) *See* Factory at Chorzów (Germany v. Pol.), 1928 P.C.I.J. (ser. A) No. 17, at 60-63, 64 ［邦訳 470-471 頁］.

134) *See* Monetary Gold (Italy v. Fr., U.K., & U.S.), 1954 I.C.J. 32-34.

135) *See id.* at 43-44 (dissenting opinion of Judge Levi Carneiro).

136) *See* Fisheries Jurisdiction (F.R.G. v. Ice.), 1974 I.C.J. 203-205. なお，漁業事件においても，イギリスは「原則の決定」を当初主張していたが，それを取り下げた．*See* Fisheries, 1951 I.C.J. 126 ［邦訳 358 頁］.

137) *See* Fisheries Jurisdiction (F.R.G. v. Ice.), 1974 I.C.J. 233 (separate opinion of Judge Waldock).

ので，この事件で言い渡すことができなかったことは明らかである．

「原則の認定」をおこなわなかった3件は，ICJがその請求に応えるかどうかを判断する際に考慮している要素を示唆する．ホルジョウ工場事件においては，信義則に反する行為がなされることは推定されないという原則の反映として，判決の不履行に関する抗争の発生を先取りする「原則の認定」を回避したと考えられる．通貨用金塊事件においては，アルバニアの態度に鑑みて，訴訟当事国いずれの請求権も行使される状況が発生する可能性が低かったことから，「原則の認定」が抗争の解決を促進する見込みは全くないとみなされたと考えられる．漁業管轄権事件においては，ICJによる「原則の認定」は，個々の干渉行為に関する抗争を解決する指針となる可能性がないわけではなかった[138]．しかし，同時に，違法行為は回復義務を発生させるという「自明の理（truism）」を認定することは，アイスランドが違法な干渉をおこなったという認定を含意しているという誤解を生み，抗争解決の障害となるおそれもあったので，ICJは「原則の認定」を回避したと考えられる[139]．

それに対して，プレアビヘア寺院事件の場合には，タイが判決を実際に履行したことに表れているように，抗争が解決に向かうようにみえていた．この抗争については，ICJへの付託に先立って，国連事務総長が仲介を試み，召還されていた抗争当事国の大使が互いに復務するなど，緊張が緩和していたのである[140]．また，「原則の認定」に踏み込んでも，美術品が持ち去られた事実が認定されたという誤解が生じる可能性は低く，領有権から派生する請求権を明確化したにすぎないと理解されうる状況にあったと考えられる．

もっとも，タイは寺院から撤兵したものの，判決は寺院の周囲の領有権を対象に含んでいないとして，抗争行動を継続した．とりわけ，カンボジアが世界遺産として800mに及ぶ参道を含む寺院の登録を申請した2008年以降，タイとカンボジアの政党が選挙で得票を伸ばすためにそれぞれ強硬な態度を

---

138) *See id.* at 207-208 (declaration of Jugde Dillard).

139) *See id.* at 225-226 (separate opinion of Judge De Castro). なお，ほぼ同じ紛争の主題について並行して審理されていた訴訟で，イギリスは賠償の申立を口頭手続において撤回していた．

140) *See* RICHARD I. MILLER, DAG HAMMARSKJOLD AND CRISIS DIPLOMACY 225-231 (Pyramid Books, 1961)［リチャード・I・ミラー（波多野裕造訳）『平和への意志——ハマーショルド総長の生涯』（日本外政学会，1962年）208-215頁］．

採ったこともあり，抗争は激化した[141]．そして，2011 年になって，カンボジアは 1962 年判決の解釈を請求し，同判決の主文が「寺院はカンボジア領に存在する」としたに止まるにもかかわらず，ICJ は，主論において認定された国境に既判力が及ぶとして，「カンボジアはプレアビヘア岬全域に主権を有する」と認定した[142]．

　領域と海洋境界事件の場合には，国境画定の論理的帰結である不干渉原則の反映である「原則の認定」が人命の損失を防止する一助になる可能性があったと考えられる．

　これらの要素に加えて，当事国の関係がどのように推移することになるか不確定な要素が大きい場合，および，認定される原則が多くの例外を伴う場合には，国際法を抽象的に認定せずに具体的な事実への適用を待ち，それに関して判決を下すべきであると考えられる[143]．

　(d)　回復訴訟──原因判決および回復命令判決

　被請求国による既遂の行為が国際法違反に当たるとして，その行為に対する回復義務の認定が請求される場合には，ICJ は，そのような主題の紛争を処理すべきものであるとしている．この場合には，請求国は，具体的損害を被ったこと，および，それが被請求国による国際法違反の行為と因果関係をもつことを主張しているので，通常，紛争の成熟性や訴訟適格は認められ，被請求国は本案を争うことになる．

　もっとも，訴訟適格が問題となることがないわけではない．例えば，カナダで設立された親会社がスペインに設立した子会社の破産をスペインが宣告した際に，親会社の株主の国籍国であるベルギーが外交的保護権を行使すると主張した際に，スペインはベルギーの訴訟適格を争い，ICJ はそれを否定

---

141) *See* Amitav Acharya, *Democracy and Disorder: Will Democratization Bring Greater Regional Instability to East Asia?, in* East Asia's New Democracies: Deepening, Reversal, Non-Liberal Alternatives 143, 157-158 (Yin-wah Chu & Siu-lun Wong eds., Routledge, 2010).

142) *See* Judgment in the Case Concerning the Temple of Preah Vihear, 2013 I.C.J. 318. カンボジアの最終申立は，主論を主文と同視し，紛争の主題を特定の領域の帰属から当該領域を含む一定の地域の境界画定へと変質させようとした．*See id.* at 290. 領域の帰属と境界画定とは本来，1 つの抗争の 2 つの法的側面であるが，ICJ はそれを 1 つの紛争に関する 2 つの請求の形式であると位置付けたことになる．

143) *See* 1 Georg Schwarzenberger, International Law as Applied by International Courts and Tribunals 447-448 (3d ed., Steven, 1957).

した[144]. なお,「マヴロマティスのエルサレム譲許協定事件」判決（1925年）は，譲許協定の侵害を判決の理由において認定したが，損害が発生していないという理由で，賠償義務の認定の請求を主文で棄却した[145]. この判決は「満足」に当たるといわれることがある[146]. しかし，請求が棄却されていることに鑑みて，譲許協定の侵害の認定は,「満足」でも原因判決でもなく，傍論にすぎないと位置付けるべきである[147].

　請求国が回復の獲得を窮極的目的とすることを明らかにしながら，その前提となる国際法違反を認定する判決——原因判決——のみを請求する場合には，ICJ はこの主題の紛争を処理すべきものであるとしている. 場合によっては，原因判決と合わせて国際義務違反が回復義務を発生させるとする「原則の認定」が請求されることもある.

　原因判決が請求される訴訟では，争われている行為が国際法違反に当たることを証明する必要はあるものの，損害と因果関係とを証明する必要はない. 例えば，原因判決が請求された「ポーランド領上部シレジアのドイツ人の利益事件［以下，上部シレジア事件]」（1926 年判決）において，ドイツは，ポーランドの国内法のホルジョウ工場に対する適用が条約違反であるとする認定を請求したが，損害と因果関係との証明は要求されず，同事件の判決を基礎として賠償義務の認定が請求されたホルジョウ工場事件において初めてそれらが要求されている[148].

(e)　再発防止訴訟

　既遂の行為が国際法違反に当たるとする認定が請求される点では回復訴訟と同じであるが，その目的が回復ではなく，行為の中止を含め将来に向けた指針を得ることである点で教訓訴訟と同じ性質の紛争がある. 国際法違反の認定が請求される点で，それが請求されない教訓訴訟とは異なる. ICJ はこ

---

144)　*See* Barcelona Traction, 1970 I.C.J. 36 ［邦訳 516-517 頁].

145)　*See* Mavrommatis Jerusalem Concessions (Greece v. U.K.), 1925 P.C.I.J. (ser. A) No. 5, at 39, 45.

146)　*See* Brigitte Bollecker-Stern, *L'Affaire des Essais Nucléaires Français Devant la Cour Internationale de Justice*, 20 ANNUAIRE FRANÇAIS DE DROIT INTERNATIONAL 299, 327 (1974).

147)　*See* F.V. GARCÍA-AMADOR ET AL., RECENT CODIFICATION OF THE LAW OF STATE RESPONSIBILITY FOR INJURIES TO ALIENS 98 (Oceana Publications, 1974).

148)　*See* Factory at Chorzów, 1928 P.C.I.J. (ser. A) No. 17, at 29 ［邦訳 455 頁].

の主題の紛争を処理すべきものであるとしている[149]．例えば，国内法を適用した行為が国際法違反であるという原因判決の請求と同時に，当該法の適用はその対象と態様を問わず必ず国際法違反になるという認定が請求される場合が，この類型の紛争の主題に当たる．いわば国内法の国際法適合性に関する付随審査（collateral review）である．

例えば，上部シレジア事件において，ドイツは，原因判決に加えて，当該法が条約に一般的に抵触するとする認定を請求した．ポーランドは，後者の「いっそう一般的な請求」[150] について，判決の拘束力を限定する PCIJ 規程第 59 条に抵触するという抗弁を提出した．PCIJ は，この抗弁を斥け，そのような請求に応じて「純粋な宣言判決」を下すことは可能であるとした．この認定の根拠は，連盟規約第 14 条が PCIJ による「国際的性質の全ての紛争」に関する裁判を予定していること，規程第 36 条 2 項 a が「条約の解釈」に関する裁判を予定し，裁判条項にも条約の「解釈に関する紛争」を予定するものが少なくないこと，および，規程第 63 条が条約解釈のみについて拘束力を予定していることとされた[151]．

この類型の紛争は，制定法だけではなく，国内裁判所の判例が採用する法理や行政慣行などを対象とすることもある．例えば，ラグラン事件（2001 年判決）は，ドイツ国籍をもつラグランが逮捕された際に，アリゾナ州当局が同国領事への通告を怠り，領事関係条約に違反したことに起因する事件である．ドイツは，合衆国による同条約違反の認定を請求しつつ，付託後に死刑が執行されたラグランについて賠償を請求するのではなく，請求の目的は再発の防止にあるとして，合衆国が再発防止措置を講じる義務を負うという認定を請求した[152]．すなわち，後にドイツ国籍をもつ者が逮捕されたときには同国領事に通告するという行政慣行を確立し，通告がなされなかった場合には再審査を受ける権利を保障すること，および，州裁判所が再審査の一次的管轄権をもつ場合には，手続的懈怠（procedural default）の法理——州裁

---

149) *See* Gabriele Salvioli, *Problèms de Procédure dans la Jurisprudence Internationale*, 91 COLLECTED COURSES HAGUE ACAD. INT'L L. 552, 567 n.1 (1957-I).

150) Judgments Nos. 7 & 8, 1927 P.C.I.J. (ser. A) No. 13, at 25 (dissenting opinion of Judge Anzilotti).

151) *See* Upper Silesia, 1926 P.C.I.J. (ser. A) No. 7 at 18-19.

152) *See* Statement of Mr. Simma (F.R.G.), LaGrand, at 26 (CR 2000/27, Nov. 13, 2000).

判所で提起されなかった抗弁が後に連邦裁判所で提起された場合には，連邦裁判所はそれを審査することができないとする法理——を適用しないという慣行を確立することを請求の目的としたのである．ICJ は，合衆国がラグランについて同条約に違反したと認定した上で，同国が再発防止のためにとった措置を記録し，さらに，同条約違反が再発した場合には，「合衆国自身が選択する手段によって，有罪判決および刑の宣告の再審査および再考を認めなければならない」と判示した[153]．この判決には，再発防止訴訟の特徴がよく表れている．

ICJ は，当事国が一次規則の下で負う義務を認定すれば，それが誠実に履行されることが推定されるとして，「特別な状況」でなければ，再発防止に言及する必要はないとする．また，再発防止義務を認定する場合にも，原則として，具体的にとられるべき手段は義務を負う国の選択に委ねられる．再発防止を目的とする訴訟におけるレメディは未来志向的なものであるだけに，ICJ は認定する義務の具体性について一定の裁量権をもつのである．ラグラン事件に続いて別の請求国によって同種の主題の紛争が付託された「アヴェナその他のメキシコ国民事件」（2004 年判決）においては，ICJ は，判決の対象がメキシコ国民に限定されるとしながら，領事関係条約の一般的な適用という観点から，この判決の結論がメキシコ以外の国の国民に及ばないことを示唆するものではないとわざわざ断っている[154]．

この類型の紛争の主題は，一次規則が共通利益または国際公益の保障を目的とするものである場合を含む[155]．もちろん，そのような場合にも，請求国が個別的利益も併せもつことは少なくない．ウィンブルドン号事件（1923 年判決）においては，ヴェルサイユ条約がドイツに課したキール運河の自由化義務の履行について，同条約が請求国になるべきものと指定していた連盟理事会常任理事国 4 か国が請求国となった．PCIJ は，「請求国は，艦隊と商船を保有していることから，キール運河に関する規定の実施に『明白な利害関係』をもつ」とした上で，損害を被ったことを証明するよう個々の請求国に要求することなく，訴訟適格を認めている[156]．問題は，賠償を目的とす

---

153) *See* LaGrand, 2001 I.C.J. 516.

154) *See* Avena and Other Mexican Nationals, 2004 I.C.J. 69-70.

155) 杉原高嶺『国際裁判の研究』（有斐閣，1985 年）117，121，128-131 頁.

る「責任の訴訟」に対して，合法性の維持を目的とする「合法性評価の訴訟」[157]と呼ばれるものが，個別的利益と離れて追行されうるかどうかであるといわれるが[158]，本書の用語で言い換えるならば，回復訴訟として受理されない訴訟が再発防止訴訟として受理されうるかどうかということである．

　第1章で述べたように，南西アフリカ事件において，請求国は委任統治協定違反の中止を請求した．ICJ は，ウィンブルドン号事件（再発防止訴訟）やメーメル領域規程事件（教訓訴訟）では訴訟適格が連盟理事会常任理事国4か国という少数の国々に認められたが，本件における訴訟適格は連盟加盟国全て——原加盟国は42か国，最も多かった時期には59か国——に認められているので，そこで想定されている請求が「『行動』規定」に関するものであるとは解釈できないとした[159]．委任統治協定は，国際連盟による監督制度を規定しており，訴訟はその一部にすぎないこと，監督のための情報収集や訴訟遂行の能力が不十分な国が請求国になると，住民の利益が損なわれかねないこと，および，訴訟手続に参加する国が多すぎると ICJ の活動の効率性に反することなどに鑑みて，この判示は，一定の合理性をもち，委任統治協定の原意に合致すると考えられなくもない[160]．しかし，訴訟適格を認めるかどうかとそれを認められうる国の多寡とは独立の問題であるという批判があることも事実である[161]．

　南西アフリカ事件第2段階判決は「民衆訴訟」の存在を一般的に否定した

156）*See, e.g.,* S.S. Wimbledon（U.K., Fr., Italy & Japan v. Germany），1923 P.C.I.J.（ser. A）No. 1, at 20［邦訳 75 頁］．

157）Louis Cavaré, *Les Recours en Interprétation et en Appréciation de la Légalité Devant les Tribunaux Internationaux,* 15 ZEITSCHRIFT FÜR AUSLÄNDISCHES ÖFFENTLICHES RECHT UND VÖLKERRECHT 482, 506, 519（1954）．

158）国家責任の追及に加えて，権威的解釈の獲得または共同履行監督のみを目的とする訴訟適格が認められるという指摘として，小寺彰ほか編『講義国際法〔第2版〕』（有斐閣，2010年）219頁［兼原敦子執筆］．

159）*See* South West Africa, 1966 I.C.J. 39-41.

160）*See* Franz Matscher, *Standing Before International Courts and Tribunals,* 4 ENCYCLOPEDIA OF PUBLIC INTERNATIONAL LAW 594, 598（Rudolf Bernhardt ed., North-Holland, 2000）（訴訟適格は，訴訟経済などの ICJ の利益に関わる要件であるので，ICJ は，職権で審理しなければならないとする）．訴訟適格を「紛争管理権」をもつ者に認めるべきであるとする提唱としては，伊藤眞「紛争管理権再論」新堂幸司編『紛争処理と正義』（有斐閣，1988年）203頁．

161）杉原前掲書（注155）100頁注13.

が，それは 1966 年時点における認定であると断られており，また，共同体構成員全てに無差別に訴訟適格を認めるようなことだけを否定したと理解することも不可能ではない．すなわち，「本来ならば部外者に近いといえる国」が「象徴的な利害関係（symbolic interest）」[162] のみを根拠として訴訟適格を主張するような場合である[163]．「訴追または引渡しの義務事件」判決（2012年）は，拷問等禁止委員会による監督が存在し，被害国に当たらない条約当事国は訴訟適格をもたないとする反対意見が存在したにもかかわらず，条約当事国間対世的義務について条約当事国全ての訴訟適格を肯定し，「民衆訴訟」を否定する論理の延長線上に位置付けることのできない判断を下した[164]．この新たな判断は，ガンビア対ミャンマーのジェノサイド条約適用事件判決などにおいても確認されている[165]．

3 紛争の消滅

ICJ は，付託時点では存在した紛争が後に消滅した場合には，ムートネスを理由として，訴訟を却下し，総件名簿から削除しなければならないとする[166]．このような訴訟の却下は法の一般原則に基づく裁量権の行使であるといわれることもある[167]．しかし，ICJ は，紛争の存続は「司法機能の行使における固有の限界」であり，法廷が職権でも確認し続けなければならな

---

162) HENRY A. KISSINGER, NUCLEAR WEAPONS AND FOREIGN POLICY 247-248 (Routledge, 1957)［H・A・キッシンジャー（田中武克＝桃井真訳）『核兵器と外交政策』（日本外政学会，1958 年）306 頁］.

163) 川崎恭治「国際司法裁判所における対世的義務と民衆訴訟——南西アフリカ事件（1966 年）からマーシャル諸島事件（2016 年）まで」成城大学法学会編『変動する社会と法・政治・文化』（信山社，2019 年）205，213 頁.

164) 同論文 219 頁.

165) See Application of the Genocide Convention (Gam. v. Myan.), 2022 I.C.J. paras. 107-108 (July 22). この事件の暫定措置は，国連独立国際事実調査団の報告書に主として依拠して事実を認定している．なお，この訴訟の付託と同年に，ICC はミャンマーにおける人道に対する罪の容疑に関して捜査を開始したが，このときの主席検察官はガンビアの元司法大臣であった．ガンビアは経費節減のために公務員の海外出張を禁止したと 2023 年 8 月 20 日に報道されている．<https://www.jiji.com/jc/article?k=2023082000358&g=int>. このような経済状況にある国が，被害国ではないにもかかわらず条約の履行確保を目的とする訴訟を担当すべきであるかは問題となるであろう.

166) See Nuclear Test (Austl. v. Fr.) s, 1974 I.C.J. 259-260.

167) See Edward Gordon, Discretion to Decline to Exercise Jurisdiction, 81 AM. J. INT'L L. 129, 134 (1987).

い強行的要件であるとしている[168]．無用な訴訟手続の継続は国家間の調和的関係を損ないうるからである[169]．そこで，ムートネスの判断は，ICJがいかなる主題の紛争を処理すべきものであるとしているかを反映することになる．

(1) 回復訴訟とムートネス

回復訴訟については，違反された一次規則が効力を失うか，それが適用されうる状況が法的に失われるかしても，二次規則に基づく回復義務が存続する限り[170]，ムートとされない．

例えば，2000年4月11日逮捕状事件［以下，逮捕状事件］（2002年判決）において，国際人道法に違反した容疑で，ベルギーがDRCの外務大臣に逮捕状を発給した行為について，DRCは，主権侵害および当該大臣の特権免除の侵害に当たると主張した．ベルギーは，訴訟係属後，容疑者がその職を退いたので，外務大臣の特権免除が侵害されうる状況は失われ，訴訟はムートになったと主張した[171]．ICJは，DRCの請求は外務大臣の特権免除に関する一次規則の履行確保を目的とするものではなく，回復の獲得を目的とすることから，訴訟はムートにならないとした[172]．そして，ICJによるベルギーの国際法違反の認定自体が「満足」になるとした[173]．

回復訴訟は，請求国が回復請求権を放棄するか，黙認などによってそれを喪失するかして，初めてムートになる[174]．

---

168) *See* Northern Cameroons, 1963 I.C.J. 29-30［邦訳586-587頁］．

169) なお，欧州委員会は，合衆国最高裁に向けて，外国人不法行為請求法（Alien Tort Claims Act）の域外適用について，「調和的な国際関係」を維持するために慎むべきであると主張している．*See* Sosa v. Alvarez-Machain, 542 U.S. 692 (2004), Brief Amicus Curiae for the European Commission in Support of Neither Party, 2004 WL 177036, <https://documents.law.yale.edu/sites/default/files/Brief%20of%20European%20Commission%20to%20Sosa.pdf>.

170) *See* Ambatielos, 1952 I.C.J. 63-64 (dissenting opinion of Judge McNair).

171) *See* Argument of Mr. Bethlehem (Belg.), Arrest Warrant, para. 20 (CR2000/35, Nov. 23, 2000).

172) *See* Arrest Warrant, 2002 I.C.J. 15.

173) *See id.* at 31. ICJは，逮捕状を取り消す原状回復の義務も認定した．*See id.* at 31-32.

174) *See* CRAWFORD, *supra* note 83, at 261, 266-269.

(2) 予防訴訟・教訓訴訟・再発防止訴訟とムートネス

予防訴訟・教訓訴訟・再発防止訴訟は，一次規則の履行確保を目的とする点で共通しているが，そのタイミングが異なる．すなわち，予防訴訟は違法行為がなされる前に付託されるものであるのに対して，教訓訴訟と再発防止訴訟はすでになされた違法行為を契機として付託される．

確認判決と宣言判決

一次規則を認定する判決は，命令という形式の文言を採っていなくても，当該規則遵守義務の確認を含意する[175]．例えば，違法行為が継続している場合には，その中止命令を含意する．中止義務の認定は，「特別な状況において」は判決主文に含めることが適当であるが，通常はあえてそうするまでもないのである[176]．当該法の違反がまだなされていないか，すでに終了している場合にも，以後の違反行為の禁止を含意しうる．違法行為中止命令を含意する認定は「宣言的命令（declaratory prescription）」，再発防止義務を含意する認定は「差止的宣言（injunctive declaration）」と呼ばれる[177]．

大陸法では，確認判決は回復の1形式であると位置付けられる．それに対して，英米法では，宣言判決は違法行為の中止または再発防止の命令であると位置付けられる[178]．ICJはいずれの性質の判決を下すこともできる．確認判決に相当するのが回復訴訟における「満足」となる判決，宣言判決に相当するのが再発防止訴訟における義務認定判決である．国内裁判では，確認判決と債務名義となる命令判決（給付判決）とを区別することに意味がある．しかし，ICJの場合には，判決の強制執行制度が存在しないので，命令の形式をとるかどうかは実質的意味をもたない．判決で認定

---

175) *See* Vallat, *supra* note 126, at 8-10.

176) *See* Navigational and Related Rights, 2009 I.C.J. 267. 逮捕状の無効確認を要求する「裁判所の命令」と，それと「同じ効果をもつ宣言」を同視する弁論として，*see* Statement of Mr. Bethlehem (Belg.), Arrest Warrany, at 34 (CR2001/9, Apr. 11, 2001). 宣言的救済を越えて違法な許可全てを取り消す義務の認定が主文に含められた例として，*see* Whaling in the Antarctic, 2014 I.C.J. 298, 300.

177) *See* James Crawford, Brownlie's Principles of Public International Law 562 (9th ed., Oxford University Press, 2019).

178) *See* Northern Cameroons, 1963 I.C.J. 151 (dissenting opinion of Judge Badawi).

された義務の履行は，安保理が自発的に執行措置をとらない限り，判決が存在しない場合と実質的相違はないのである．相違があるとすれば，国際法を具体的事実に適用して義務が特定される場合である[179]．

　例えば，アヤ・デ・ラ・トーレ事件（1951 年判決）において，ICJ は，アヤ・デ・ラ・トーレへの外交的庇護（diplomatic asylum）を違法であるとした庇護事件判決について，「当事国に対する命令（injunction）を伴わず，判決履行義務を生じさせるだけである」とした．ここでいう「命令」は，例えば，接受国への引渡しなど，庇護の終了方法を特定した指示という意味であると考えられる．というのも，庇護終了義務が履行されるべきであるとする点は，ICJ も前提としていたからである．ICJ は，ある事態を違法であると認定した判決が当該事態の解消という結果を期待しないことはありえないとしているのである[180]．

　この点で興味深いのは，安保理に謙譲するために，ICJ の義務的裁判権を受諾する場合には，安保理が活動している間は法律関係の宣言についてのみ裁判権を受諾するという責任転嫁型（passing-the-buck type）留保を付すべきであるという主張である[181]．法律関係の認定がそれに従った行動の命令を含意しているとすれば，このような留保を付しても有用ではないと考えられる．

　判決主文が，法律関係の認定に止めるか，その論理的帰結である義務の認定に踏み込むかも問題となりうる．「東部グリーンランドの法的地位事件」（1933 年判決）において，PCIJ は，東部グリーンランドがデンマークに帰属しているとし，ノルウェーによる同地域の占領を「不法で無効である（unlawful and invalid）」と認定した[182]．これに対して，アンツィロティは，占領を中止する義務を認定すべきであると主張した[183]．PCIJ が中

---

179) *See* Charles de Visscher, Aspects Récents du Droit Procédural de la Cour Internationale de Justice 187 (A. Pedone, 1966).

180) *See* Haya de la Torre (Colom. v. Peru), 1951 I.C.J. 82 ［邦訳 619 頁］, *cited in* Continued Presence of South Africa in Namibia, 1971 I.C.J. 54 ［邦訳 221 頁］. ナミビア事案勧告の意見は，第三国が違法な事態の承認を慎む義務も認定している．*See* Continued Presence of South Africa in Namibia, 1971 I.C.J. 54 ［邦訳 221-223 頁］.

181) *See* Anthony D'Amato, International Law: Process and Prospect 313 (2d ed., Transnational Publishers, 1995).

182) *See* Eastern Greenland (Den. v. Nor.), 1933 P.C.I.J. (ser. A/B) No. 53, at 75.

止義務を認定しなかったのは，デンマークの最終申立に則った主文を構成したからであったと考えることもできる．それと同時に，「不法で無効である」と認定しさえすれば違法行為の中止義務の認定を含意することになるので，義務が認定されればそれは誠実に履行されることが推定されるという原則に従ったと考えることもできる．この認定は「満足」に当たるといわれることもある[184]．しかし，終了した行為に対する回復の1形式である「満足」と，継続している行為の中止義務の認定を目的とする「不法で無効である」という認定とは区別することが有用であろう．

予防訴訟・教訓訴訟・再発防止訴訟は，2つの場合にムートになる．

1つは，認定されるべき一次規則が失効した場合である．失効した「国際法」を認定しても，請求国——とりわけ，その「公論」——が感情的に満足したり，学界が示唆を得たりすることはありうるとしても，被請求国が不満を抱いたり，感情的対立があおられたりすることこそあれ，抗争解決に裨益することはない．それゆえ，ICJ は模擬法廷的な活動に従事しようとしないのである．

例えば，北部カメルーン事件において，カメルーンは，イギリスが信託統治協定に違反したとする認定を請求しつつ，回復は請求しないと一貫して陳述した[185]．そこで，ICJ は，紛争の主題を回復訴訟ではなく再発防止訴訟であると認定し，付託の時点で紛争が存在したと認定した[186]．しかし，訴訟係属後に，国連総会決議が信託統治協定を終了させたことから，その時点で，解釈すべき対象が失われ，紛争は消滅したと認定し，訴訟を却下した[187]．フィッツモーリスは，判決主文に賛成しつつ，その理由は紛争の消滅ではなく，損害と因果関係とが証明されていないことにあるとした[188]．再発防止訴訟という類型を極めて例外的なものであると理解していたフィッツモーリスは，この訴訟を回復訴訟であるとしたのである．

---

183) *See id.* at 95 (dissenting opinion of Judge Anzilotti).

184) 濱本正太郎「国際法における無効の機能」国際法外交雑誌 102 巻 4 号（2004 年）73，96 頁．

185) *See* Northern Cameroons, 1963 I.C.J. 32-33 [邦訳 588-589 頁].

186) *See id.* at 27 [邦訳 584-585 頁].

187) *See id.* at 38 [邦訳 593 頁].

188) *See id.* at 99-100 (separate opinion of Judge Fitzmaurice).

もう1つは，認定されるべき一次規則の存否にかかわらず，被請求国が争われている行為をおこなう法的可能性を放棄する場合である．争われている行為をおこなう法的可能性が留保されている限り，事実上その可能性が低いだけでは，訴訟はムートにならない[189]．

例えば，関税連合の計画とヴェルサイユ条約との適合性が主題となった関税連合事案勧告手続において，PCIJ が意見を言い渡す前に，関係国は計画の中止を表明した．PCIJ は，当該表明は計画を確定的に中止させるものではないという理由で，要請に回答した（1931年意見）．たしかに，この表明は公式に通知されていなかったので，PCIJ はそれを考慮できなかったとも指摘される[190]．しかし，ICJ が口頭手続終結後に生じた事由についても職権で探知し，考慮しうるとしてきたことに照らすと，PCIJ が当該表明を考慮することは不可能ではなく，中止の表明に一方的約束として拘束力を認定することがこの場合には困難であると判断され，中止の法的確定性の欠如を理由にしたものと考えられる．

これに対して，上部シレジア事件において，ポーランドによる農地の収用を差し止めることをドイツが請求した際に，前者が争われていた収用の決定を確定的に取り消すことを口頭手続で表明したことから，PCIJ は，収用の根拠法の国際法適合性を審査することなく，当該請求に関わる紛争は消滅したとした[191]．

さらに，訴追または引渡しの義務事件において，拷問等禁止条約（1984年）が対象とする犯罪の容疑者を国外に退去させない義務を被請求国が負うことを確認する暫定措置の指示が要請された際に，裁判官の求釈明に応えて，被請求国は，判決が下されるまで当該容疑者を退去させないことを正式に保証した[192]．多数意見は，この宣言が履行される限り緊急性の要件が満たされないとして，要請を斥けた[193]．これに対して，要請の目的が満たされたので，緊急性の欠如ではなく，要請の目的が失われたと直截に認定すべきで

---

189) *See* Headquarters Agreement, 1988 I.C.J. 28-30. ムートネスを認定する前提として，行為の可能性の放棄が法的拘束力をもつとするために「司法立法」がおこなわれた例として，後に述べる核実験事件がある．

190) *See* Michla Pomerance, The Advisory Function of the International Court in the League and U.N. Eras 311 n.119 (Johns Hopkins University Press, 1973).

191) *See* Upper Silesia, 1926 P.C.I.J. (ser. A) No. 7 at 72.

あったとする裁判官や[194]，被請求国は，当該容疑者を訴追するための国内法を整備し，実際に訴追したことから，ムートネスを理由として訴訟自体を却下すべきであったとする裁判官も存在した[195]．

　なお，国際裁判所の中には，国際法の発展を独自の任務とし，ムートネスの認定について ICJ と異なる立場をとるものがある．例えば，ECJ／CJEU は，EC 法／EU 法との適合性が争われている国内法について，欧州委員会の指示に従って被請求国が廃止したり改正したりした場合にも，EC 法／EU 法の一体性を維持するために指針を与えるべきであるとみなすときには，適合性に関する判断を下している[196]．また，1998 年に廃止された欧州人権委員会は，申立人が請願を取り下げた場合にも，申立に含まれる法的問題を ECHR に職権で付託しうるものとされていた[197]．なお，WTO のパネル・上級委員会も，WTO 協定との適合性が争われている国内法について，それが廃止された場合にも，条約解釈の確定を目的として判断を下しうるものとされている[198]．

　これらはいずれも，特定の条約体制において，分節化された規則を定立するための立法手続と相俟って機能している．これに対して，ICJ には一般的に協働すべき立法制度が存在しない．もっとも，ICJ についても，裁判権の基礎となる条約がその解釈の確定を目的とする訴訟を予定している場合には，

---

192) 玉田大「国際司法裁判所 引渡又は訴追義務の問題に関する事件（仮保全措置命令 2009 年 5 月 28 日）」岡山大學法學會雜誌 59 巻 1 号（2009 年）1, 11 頁．ICJ 規程第 61 条 2 項は，ICJ および裁判官が当事国に求釈明する権限をもつものとする．求釈明は，資料の追加や主張の確認に加えて，新たな法的論点を指摘し，当該論点に関する双方聴取を保障し，判決の理由付けが不意打ちとならないようにすることも目的とすると考えられる．なお，裁判官による求釈明に対する訴訟当事国の回答が判決で直接言及されている例も少なくない．*See, e.g.*, Obligation to Negotiate Access to the Pacific Ocean（Bol. v. Chile）, 2015 I.C.J. 605.

193) Prosecute or Extradite, 2009 I.C.J. 155.

194) *See id*. at 159-160（joint declaration of Judges Koroma & Yusuf）.

195) *See id*. at 162-164（joint separate opinion of Judges Al-Khasawneh & Skotonikov）; *id*. at 207-208（separate opinion of Judge Sur）.

196) *See* Commission v. Italy, [1973] E.C.R. 161.

197) *See* Tyrer, E.C.H.R.（ser. A）No. 26（1978）, at 12-14. なお，ECHR による欧州人権条約の解釈は条約当事国に対世効をもつとみなされる慣行である．*See* Hermann Mosler, *Judgements of International Courts and Tribunals*, 3 ENCYCLOPEDIA OF PUBLIC INTERNATIONAL LAW 31, 36（Rudolf Bernhardt ed., North-Holland, 1997）.

198) 岩沢雄司『WTO の紛争処理』（三省堂，1995 年）80-81 頁．

ICJ は当該条約体制に組み込まれた機関として，ムートネスについて他の場合とは異なる判断をすることができるかもしれない．とはいえ，ICJ は「訴訟当事国の機関」・「国際法の機関」であると同時に，「国連の機関」でもあることから，そのような訴訟の審理によって他の訴訟手続や勧告手続の遂行を著しく妨げる場合には，ICJ 自身，他の訴訟当事国および要請機関の利益に鑑みて，見解の相違を解決する緊急性が低いそのような訴訟を，何らかの根拠で却下すべきであると考えられる．

4　紛争の主題の変動

　訴訟は，付託の際に特定された紛争の主題の枠内で形成されることが原則である．しかし，訴訟係属後に抗争状況が変化し，それを訴訟手続に反映させるために紛争の主題を拡大または縮小すべき場合もある．そのため，訴訟当事国，ICJ または抗争に利害関係をもつ第三国のイニシアティヴで，抗争過程における変化を訴訟に内部化する——抗争という独立変数に照らして訴訟という従属変数を変換する——手段が準備されている．

(1)　訴訟当事国による変動

　特別の合意で特定された紛争の主題を変更するためには，訴訟当事国の新たな合意が必要である．一方的付託の場合にも，訴状で特定された紛争の主題を訴訟手続の中で変更することは原則として許されない[199]．しかし，訴訟手続の目的の1つは，当事国の陳述の交換や法廷からの示唆を通して，訴訟当事国の認識を変化させることである．すなわち，相手国の主張を誤解している場合にはそれを解消し，楽観主義に陥っている場合にはそれを矯正する機会を提供することでもあるのである．そこで，ICJ は，裁判権，当事国の平等を保障する必要性，訴訟経済などの観点から課される限界の中で，当事国が紛争の主題を変更することを認めている．なお，ICJ は，請求国による裁判権の基礎の追加を認めることもできるが[200]，この場合に，紛争の主

---

199) *See* Certain Phosphate Lands（Nauru v. Austl.），1992 I.C.J. 265.

200) *See* Military and Paramilitary Activities, 1984 I.C.J. 426-427（裁判権の根拠の追加は，追加される裁判権の下で訴状によって付託された紛争が変質させられないかどうかを考慮して判断されるとする）．

題の拡大が自動的に認められるわけではない.

　紛争の主題の変更は, ①追加訴状（Additional Application）の提出, ②部分的取下げおよび③反訴という 3 つの手段でなされる.

　①　追加訴状の提出

　請求国は, 追加訴状を提出することによって, 紛争の主題を拡大することができる. 例えば, 領域と海洋境界事件において, カメルーンが追加訴状を提出した際に, ICJ は, ナイジェリアがその受理に異議を提出していないこと, および, それを受理しても ICJ 自身の利益が害されないことを理由として, 追加された訴訟を本訴に組み込んだ[201]. ICJ は, 追加訴状に被請求国が異議を提出した場合や, その受理が ICJ の利益を害しうる場合については, まだ判断したことがない. しかし, 追加訴状の提出は, 新たな訴訟の付託と当該訴訟の原訴訟への併合の要請が訴訟内で同時になされる方式であると理解するならば, 訴訟の付託および併合に関する本則に従って, 裁判権が存在しない場合はもちろん, 被請求国の異議が存在する場合や, 訴訟経済に反する場合などには, 追加訴状の受理可能性を否定することは可能であると考えられる.

　②　部分的取下げ

　ICJ 規則第 89 条 1 項は, 被請求国によって「手続上の措置」がとられる前は無条件に, それがとられた後は被請求国の同意を条件として, 請求国が訴訟を取り下げうるものとする[202]. 取下げの許容は, できる限り和解を促進すること, および, 請求国の望まない訴訟の停止を可能にすることを目的とする[203]. ICJ は, 訴訟当事国が訴訟の取下げに合意している場合には, それを拒否することはできないとしている[204]. 訴訟の取下げは抗争の解決に対応し, 解決された抗争に関する手続を ICJ が存続させることは, 抗争の再燃の誘因となりかねないことから, たとえ国際法の発展という観点からは望ましい場合であっても, それを妨げるべきではないとされるのである. また, それは, 無用な訴訟に資源を蕩尽しないことになる点で, 訴訟当事国は

---

201)　*See* Land and Maritime Boundary, 1996 I.C.J. 13, 15-17 (Order of Mar. 15).

202)　*See, e.g.,* Mavrommatis Palestine Concessions, 1924 P.C.I.J. (ser. A) No. 2, at 7.

203)　*See* Barcelona Traction, 1964 I.C.J. 20 [邦訳 597 頁].

204)　*See id.* at 20 [邦訳 597 頁].

もちろん ICJ の利益にも資する．これに対して，「手続上の措置」をとるコストを支払った被請求国が取下げに反対する場合には，判決を得るその権利が保護されるのである[205]．

ICJ 規程および ICJ 規則は，訴訟の一部取下げ，すなわち紛争の主題の縮小については規定していない．しかし，訴訟全体の取下げと同じ条件の下で，請求国が訴訟の一部を取り下げて，紛争の主題を縮小することを禁止する理由は存在しないであろう．

訴訟の取下げは紛争の主題であった法律関係を変動させない[206]．取下げの際に「請求権不行使の約束（*pactum de non petendo*）」などが明示的になされない限り，そのような約束の存在は推定されないのである．また，訴訟当事国が合意によって訴訟を再開する権利を留保しない限り，ICJ が一方当事国にそのような権利を保障することはできない[207]．もちろん，裁判権の基礎が存続していれば，請求国が再訴することは可能であるが，裁判権の基礎が撤回されれば，再訴は不可能になる．再訴する権利を留保するためには，請求国は，当該権利を被請求国に承認させなければならないのである．

なお，抗争を解決する合意が成立したが，取り下げられなかったので ICJ が訴訟を却下しなかった例として，イギリス対アイスランドの漁業管轄権事件が挙げられることがある[208]．しかし，この場合の合意は暫定的なものであった．当該合意が抗争を確定的に解決するものであったならば，訴訟が取り下げられなくとも，ICJ は訴訟がムートになったと認定したと考えられる．

③　反　訴

ICJ 規則第 80 条 1 項は，裁判権に含まれ，紛争の主題に「直接牽連する（directly connected）」請求を，反訴として提起する権利を被請求国がもつものとする．反訴は，被請求国が訴訟手続で紛争の主題に含まれる請求を提出するものではなく，紛争の主題を拡大する新たな訴訟を付託し，それを本訴に併合することを要請する方式である．その目的は，被請求国の認識する抗争を訴訟に反映させること，および，抗争解決に十分な判断を 1 つの手続で

---

205) *See id.* at 20, 23-24［邦訳 597，600 頁］．

206) *See id.* at 21［邦訳 597-598 頁］．

207) *See* Diplomatic and Consular Staff, 1981 I.C.J. 45-47.

208) 杉原高嶺『国際司法裁判制度』（有斐閣，1996 年）198-199 頁．

176　第3章　紛争の認定における抗争の参照

下し，抗争解決の経済に寄与することであると考えられる[209]．

　反訴の要件は2つある．第1に，請求国の利益を保護するという観点から，反訴に関する裁判権が存在することである．反訴の付託に関しては，裁判権の存在は受理可能性の要件と位置付けられる[210]．ICJ は，反訴の付託を「自律的法律行為」であるとしながら，請求国が本訴を付託し，その裁判権を確立した後で裁判権に対する同意を廃棄・撤回し，反訴の付託を阻止することは被請求国に不当な不利益を課すことになるとして，その場合にも，本訴の裁判権の基礎が反訴の裁判権を提供しうるとしている[211]．裁判権に関する同意原則が訴訟ごとに裁判権の基礎が確立されるべきことを意味するとすれば，本訴の裁判権はその紛争の主題に限定して確立されたはずであり，別訴を付託すべき被請求国の便宜を理由として，当該原則の逸脱を許容すべきであるかどうかについては疑義もある．

　第2に，訴訟経済の観点から，本訴と反訴の紛争の主題が直接牽連することである[212]．

　この2つの要件は累積的なものとされるが，前者の審理の後で後者を審理するという順序は義務的ではなく，後者が先に審理されることもある[213]．

　「反訴に対する反訴（*reconventio reconventionis*）」の提起を請求国に認めるかどうかも問題になりうる．この点は，被請求国の利益の保護や訴訟経済に照らして，個別に判断すべきであると考えられる．

　油井やぐら事件は，反訴の受理可能性が問題となりえた事件である．というのは，本訴の裁判権が合衆国・イラン友好経済関係領事権限条約［以下，1955年条約］の第10条1項に関する紛争について認定されていたのに対して，反訴は，1項に限定することなく第10条の違反を認定することを請求するものであったからである．ICJ は，裁判権が1項以外の項に関する請求

---

209) *See* Application of the Genocide Convention (Bosn. & Herz. v. Yugo.), 1997 I.C.J. 257. *See also* Oil Platforms, 1998 I.C.J. 215 (separate opinion of Judge Oda).

210) *See* Jurisdictional Immunities of the State, 2010 I.C.J. 315-316.

211) *See* Alleged Violations of Sovereign Rights and Maritime Spaces in the Caribbean Sea, 2017 I.C.J. 310-311.

212) 反訴の受理可能性の要件を整理した判示として，*see* Dispute over the Status and Use of the Waters of the Silala, 2022 I.C.J. 656-657.

213) *See* Alleged Violations of Sovereign Rights and Maritime Spaces in the Caribbean Sea, 2017 I.C.J. 296.

に及ぶかどうかについては特に判断することなく，この反訴の受理可能性を肯定した[214]．これに対して，反訴において請求される可能性のある2項および5項について，裁判権が存在することを確認すべきであるという意見があった[215]．ICJ は，請求国イランがこの点を争わなかったので，1項以外の項に関してはいずれにしろ応訴裁判権が成立すると認定したという理解も可能である．また，1955年条約の対象は経済関係に限られ，武力行使の問題はそれに含まれないとする抗弁を，先決的抗弁判決が却下していたので，その理由が論理的に第10条全体の裁判権を肯定していたと理解することもできる．結局，合衆国が反訴の最終申立を1項の問題に限定し，ICJ も同項のみを裁判準則として判決を下したことから，この問題はムートになった[216]．

　反訴の処理は抗争状況に応じて柔軟になされる[217]．ICJ も，紛争の主題の直接牽連性を判断する際には，個々の抗争状況を総合的に考慮するとしている[218]．この判断の主要な基準は，本訴と反訴それぞれの対象とする紛争が「複合的事実（factual complex）」[219]を構成しているかどうかであるとされる．この基準は，本訴の処理によってその解決が促進されるべき抗争と独立の抗争を訴訟手続に引き込み，事実認定などに関して審理のコストを過剰なものにするような「反訴」を排除する[220]．

　このような実体的要件に加えて，手続的要件も課される．訴訟手続が進んだ不当に遅い段階で反訴が提起されると訴訟経済に反することから，反訴を提出する期限は，2001年に改正された ICJ 規則第80条2項で，被請求国の答弁書（Counter Memorial）が提出される時点とされているのである．同項の下で，反訴の受理可能性に関して，当事国は書面による陳述を保障されている．同3項の下で，口頭陳述を聴取するかどうかについては ICJ の決定に

---

214) *See* Oil Platforms, 1998 I.C.J. 206.

215) *See id.* at 217-223 (separate opinion of Judge Higgins).

216) *See* Oil Platforms, 2003 I.C.J. 211-212.

217) *See* 3 SHABTAI ROSENNE, THE LAW AND PRACTICE OF THE INTERNATIONAL COURT, 1920-1996, at 1276 (3d ed., Martinus Nijhoff, 1997).

218) *See* Armed Activities on the Territory of the Congo (Dem. Rep. Congo v. Uganda), 2001 I.C.J. 678.

219) Application of Genocide Convention (Bosn. & Herz. v. Yugo.), 1997 I.C.J. 258.

220) *See id. at* 284-285 (separate opinion of Judge Lauterpacht)（ICJ は反訴の受理について裁量権をもつと付言する）．この意見を付した Lauterpacht は Hersch の息子の Elihu である．

178　第 3 章　紛争の認定における抗争の参照

委ねられる．例えば，イランが口頭陳述の聴取を要請し，合衆国がそれに反対した際に，ICJ はイランの要請を斥けた[221]．もっとも，ICJ 規則の文言に照らして，口頭手続が必要的であるとする意見もある[222]．反訴の受理可能性は命令という形式で決定されている[223]．訴訟の付託と本訴との併合の要請とを本訴の手続内でおこなう方式が反訴であるとすれば，それらを本訴の手続外から試みる場合と同じように，反訴の受理可能性は，口頭手続を保障した上で判決という形式で決定すべきであると考えられる[224]．

　ICJ 規則は，反訴が提起された事実を利害関係国に通知することを ICJ に求める規定を置いていない．しかし，反訴によって拡大された訴訟に参加する機会を保障するために，実際には，ICJ は，反訴の受理可能性を肯定する命令を関係国に通知する慣行である[225]．

　反訴が提起された例として，領域と海洋境界事件がある．カメルーンの訴状は，係争地域の主権が同国に帰属するという認定を請求し，その追加訴状は，国境地帯における複数の事件（incidents）について，ナイジェリアが国家責任を負うとする認定を請求した．これに対して，反訴は，カメルーンが当該事件について国家責任と回復義務を負うこと，および，当事国が 6 か月以内に合意できない場合には，カメルーンが当該事件について支払うべき賠償金を ICJ が算定することを請求した．ICJ は，反訴の請求が本訴の請求と同じ時期に同じ地域で発生した同じ性質の事実に基づくと主張されていること，および，当該事実について相手国の国家責任を確定するという本訴の請求と「同じ法的目的（the same legal aim）」を追求するものであることを理由として，反訴の主題は本訴の主題と直接牽連性をもつと認定した[226]．

　同事件では，直接牽連性を審理する際に，「複合的事実」の要件に加えて，請求の法的目的の同一性が考慮されている[227]．法的目的の同一性が肯定さ

---

221) *See* Oil Platforms, 1998 I.C.J. 203 (Order of March 10).

222) *See* Jurisdictional Immunities of the State, 2010 I.C.J. 398 (declaration of Judge Gaja).

223) *See id.* at 206.

224) *See, e.g.,* Application of Genocide Convention (Bosn. & Herz. v. Yugo.), 1997 I.C.J. 279-280 (separate opinion of Judge Lauterpacht)（当事国は弁論の機会を与えられることを期待していたとも指摘する）.

225) *See, e.g.,* Alleged Violations of Sovereign Rights and Maritime Spaces in the Caribbean Sea, 2017 I.C.J. 313.

226) *See* Land and Maritime Boundary, 1999 I.C.J. 986.

れる場合には，それが否定される場合に比べて法律問題に関する審理のコストが小さいと考えられることから，反訴を受理する理由を補強することになると考えられる．問題は，法的目的の同一性が反訴の受理可能性の要件と位置付けられるべきかどうかである．この点について，ICJ はまだ判断を下していない．法的目的の同一性が否定される場合にも，受理可能性を否定することが義務付けられるとすることなく，請求国が異議を唱えず，訴訟経済および ICJ の活動の効率性を実質的に損なうと考えられない場合には，ICJ は反訴を受理する裁量権をもつと考えることが合理的であろう．

(2) 法廷による審理の便宜のための手続の調整

ICJ は，紛争の主題を職権で変更する権限はもたないが，訴訟を併合したり並行審理したりすることができる（ICJ 規則第 47 条）．訴訟を併合するかどうかは，基本的に，司法の適正な遂行と訴訟経済とを基準として判断される[228]．併合は，南西アフリカ事件のときのように，1 つの抗争について 2 か国が別々に 1 つの国を訴えた場合や，北海大陸棚事件のときのように，2 つの 2 国間抗争で争点となっている国際法が同一である場合に決定されることがある．また，同じ主題（*objet*）に関して訴状を抗争当事国が互いに提出し合った際にも，決定されることがある[229]．

しかし，訴訟当事国が反対する場合には，ICJ は併合を差し控える．例えば，抗争の原因や法的争点は事実上同一であったにもかかわらず，請求国の立場や申立が異なるという理由で，ICJ は 2 つの漁業管轄権事件を併合しなかった[230]．また，2 つの条約の適用が問題となる多国間抗争について，請求国の立場に立つ国のうち 1 か国が一方の条約の当事国ではなかった場合に，4 か国が一方の条約の適用を請求した訴訟と，そのうち 3 か国が他方の条約の適用を請求した訴訟は，請求国の意思に従って，併合されなかった[231]．

---

227) *See* Application of the Genocide Convention（Bosn. & Herz. v. Yugo.), 1997 I.C.J. 258. *See also* Oil Platforms,. 1998 I.C.J. 205.

228) *See* Certain Activities Carried Out by Nicaragua in the Border Area, 2013 I.C.J. 171; Construction of a Road in Costa Rica Along the San Juan River, 2013 I.C.J. 188.

229) *See* South-Eastern Territory of Greenland（Nor. v. Den.), 1932 P.C.I.J.（ser. A/B）No. 48, at 270, 284. この事件の当事国は併合に異議を提出しなかった．

230) *See* Fisheries Jurisdiction（U.K. v. Ice.), 1974 I.C.J. 5.

ICJ は，自身の活動の効率性よりも，「訴訟当事国の機関」としてその意思を重視しているのである．

ICJ は，訴訟を併合しない場合には，当事国の同意を得て，並行審理したり，関連する訴訟の口頭陳述を連続して設定するという「実際的な調整」（ICJ 規則第 47 条）をおこなったりすることがある．例えば，一連の武力行使の合法性事件では，訴訟は併合されなかったが，本案の請求と暫定措置の要請が全てほとんど同一であるという理由で，暫定措置の要請に関する口頭手続では，請求国に 2 時間，続いて被請求国それぞれに 1 時間ずつが割り当てられた[232]．

(3) 第三国による変動

(a) 訴訟参加の制度

ICJ 規程第 59 条は判決の既判力を限定している．しかし，ICJ の判決は国際社会で一般的に説得的権威をもつものと受け止められている．また，ICJ は，自身の権威を維持するために自身の先例を踏襲する傾向をもつことから，その判決は後に ICJ を利用する国に事実上の影響をもちうる．この影響は，場合によって，訴訟の対象であった抗争以外の抗争を悪化させたり，新たな抗争を引き起こしたりすることもありうる．

そこで，ICJ 規程は 2 種類の訴訟参加の制度を設けている．一方で，第 62 条 1 項は，判決によって「影響を受けうる法的利益をもつ」国に訴訟参加の申請を認める．他方で，第 63 条は，「訴訟当事国以外の国が当事国である条約の解釈が争点となっている」訴訟において，当該条約の当事国に訴訟参加の権利を認めている．訴訟参加の制度は，自国の利益を確保する機会を参加国に与え，参加国が入力する情報という判決の質を高めうる資料を ICJ に与え，参加国に判決を尊重する誘因を与えることによって，抗争解決の安定化

---

231) *Compare* Appeal Relating to the Jurisdiction of the ICAO Council Under Article 84 of the Convention on International Civil Aviation (Bahr., Egypt, Saudi Arabia & U.A.E. v. Qatar), 2020 I.C.J. 89, *with* Appeal Relating to the Jurisdiction of the ICAO Council Under Article II, Section 2, of the 1944 International Air Services Transit Agreement (Bahr. Egypt & U.A.E. v. Qatar), 2020 I.C.J. 180.

232) *See* Statement of Vice-President (acting President), Use of Force, at 19 (CR/99/14, May 10, 1999).

という利益を訴訟当事国に与える.

2024 年末までに，第 62 条の下で 12 件の訴訟について 13 か国から申請がなされ，3 件で許可され，4 件（うち 1 件で 2 か国が申請）で却下され，2 件で判断保留中に本訴が却下されている（2 件は審理中）[233]．また，第 63 条の下で 4 件の訴訟について申請がなされ，2 件で各 1 か国，1 件で申請国 33 か国のうち 32 か国の受理可能性が肯定されている（2 件は審理中）[234]．

第三者の利益を保護するためには，判決に故障があるという申立を事後的に認める第三者再審（*tierce opposition*）の制度もありうる．例えば，紛争解決手続了解（DSU）第 25 条 3 項は，WTO 協定に関連する仲裁判断を WTO に通報する義務を課した上で，仲裁当事国以外の WTO 協定当事国に当該判断の WTO 協定適合性について問題を提起する機会を保障している．ICJ の場合には，判決に対する第三国からの異議に関して判断を下すためには，そのための独立の裁判権が必要となる．第三者再審を可能とする付随的裁判権の受諾を，本案裁判権の成立要件とする制度を創設すれば，本案裁判権を受諾する国自体がほとんどなくなると考えられる．それゆえ，ICJ が第三者再審の制度を採用する見込みはほとんどない．

(b) 訴訟参加に関わる手続

ICJ 規程第 40 条 2 項は，訴訟参加を申請するかどうかを検討する機会を保障するために，訴訟が付託された事実を関係者全てに通知するものとして

---

233) 第 62 条の下で訴訟参加が許可されたのは，陸・島・海洋境界紛争事件（1986 年付託），領域と海洋境界事件および「国家の裁判権免除事件」（2008 年付託）である．申請が却下されたのは，チュニジア＝リビア大陸棚事件，リビア＝マルタ大陸棚事件，ニカラグア事件，「リギタン島とシパダン等に対する主権事件」（1998 年付託），ニカラグア対コロンビアの「領土と海洋紛争事件」（2001 年付託）（2 か国が申請）である．2 件の核実験事件においては，申請に関する判断を保留するという命令の後で，訴訟が却下された．サポディーラ礁に対する主権事件（2022 年付託）および南アフリカ対イスラエルのジェノサイド条約適用事件（2023 年付託）（パレスチナによる申請）は審理中である．

234) 第 63 条の下で訴訟参加宣言の受理可能性が肯定された事件は，それぞれ 1 か国がアヤ・デ・ラ・トーレ事件および南極海捕鯨事件，32 か国がウクライナ対ロシアの「ジェノサイド条約上のジェノサイドに係る主張事件」（2022 年）——ただし，1 か国の申請は「先決的抗弁段階に関する限り受理可能性がない」として却下された——，7 か国がガンビア対ミャンマーのジェノサイド条約適用事件であり，審理中であるのが南アフリカ対イスラエルのジェノサイド条約適用事件に関する宣言（パレスチナを含む 7 か国が申請）およびガンビア対ミャンマーのジェノサイド条約適用事件（4 か国が追加申請）である．

いる．ICJ 規則第 53 条の下で，書面手続において提出された書面は，訴訟当事国が同意しない限り，口頭手続の開始まで公表されない．そこで，第三国は，特別の合意または訴状のみを基礎として申請するかどうかを決定し，申請する場合にはその理由を構成することになる．当事国の申述書などを踏まえてこれらがなされるべきであるという立場からは，申述書などを関係国に開示する権限を ICJ に与えるべきであるとも主張される[235]．しかし，ICJ は，訴訟参加が許可される前の申請国は何ら特別な地位をもたないとしている．このことは，訴訟参加を許可するかどうかの審理について，訴訟当事国に特別選任（特任）裁判官（Judge *ad hoc*）の選任を認めるのに対して[236]，申請国にはそれを認めていないことに現れている[237]．このことは，「国際法の機関」や「国連の機関」という性質よりも，ICJ が「訴訟当事国の機関」という性質を優先していることを示唆している．

　申請国は，訴訟参加の基礎となる利益の存在について「証明の負担（*onus probandi*）」を負う．その際に，ICJ 規則第 81 条 3 項に言及される「援用書類」を添付するかどうかは，申請国に委ねられる[238]．ICJ は，権利と法的利益とを区別し，後者は前者より広く認められるものの，「当該国による，純粋に政治的，経済的または戦略的な性質のものと対置される，法に基礎付けられる実体的で具体的請求の対象となるもの」に限られるとした[239]．これに対して，権利に至らない利益という折衷的類型は不要であり，権利の存在を要件にすべきであるとする批判もある[240]．

　訴訟当事国が申請に異議を申し立てなかった場合に，ICJ は口頭手続を開催する必要はないとすることがある[241]．しかし，訴訟当事国の少なくとも一方が異議を申し立てた場合には，ICJ は口頭陳述を聴取している[242]．訴

---

235) *See* SHABTAI ROSENNE, INTERVENTION IN THE INTERNATIONAL COURT OF JUSTICE 125, 190, 193-95 （Martinus Nijhoff, 1993).

236) *See* HUDSON. *supra* note 31, at 335.

237) *See* Continental Shelf（Tunis. v. Libya), 1981 I.C.J. 8.

238) *See* Territorial and Maritime Dispute, 2011 I.C.J. 362-363.

239) *See id*. at 358-359.

240) *See id*. at 381-382 (dissenting opinion of Judge Al-Khasawne)；*id*. at 400 (declaration of Judge Keith)（この区別は実務的に有用ではないと批判する）．

241) *See* Jurisdictional Immunities of the State, 2011 I.C.J. 496.

242) *See, e.g.,* Territorial and Maritime Dispute, 2011 I.C.J. 354-355.

訟参加は紛争の主題の全部についてはもちろん，一部の争点についてのみ認められることもある[243]．訴訟参加がひとたび認められると，ICJ 規則第 85 条 1 項と同 86 条 1 項の下で，参加国は必要な限りで訴訟当事国と同じ手続的権利を保障される．訴訟参加国は訴訟当事国の書面に対する「書面の陳述（written statement）」の提出を認められ，後者は当該「書面の陳述」に対する「書面の所見（written observation）」の提出を認められる[244]．裁判官が訴訟参加国に求釈明することもある[245]．

(c) 第 62 条の下での当事者参加

ICJ は，訴訟参加国が紛争の主題を拡大し，請求を提起する当事者参加の可能性を否定していない．2010 年にホンジュラスが初めて当事者参加を申請したときにも，ICJ は，当事者参加という類型を否定することなく，その要件が満たされていないとして，申請を却下した[246]．ICJ においては，形式よりも実質が重要であることから，裁判権の基礎が存在し，訴訟当事国が異議を申し立てない場合に，当事者参加という便宜的手段を類型的に否定する必要はないと考えられる．かりに当事者参加が認められた場合には，参加国と訴訟当事国とは平等に扱われるべきことになり，後者は前者に対して反訴を提起する権限をもつことになると考えられる[247]．

当事者参加の申請の実体は，訴訟の付託とその併合の要請である．ICJ は，それら 2 つの行為の要件に加えて，紛争の主題が拡大される場合には，それが「主要な紛争の主題と関連性をもつ（be linked to）」ことを要件とする[248]．すなわち，ICJ は，訴訟参加は本訴の事件（case）を別の事件へと変質させる制度ではないとするのである[249]．

ICJ に付託された紛争をその一部として含む抗争の包括的解決は正当な目的であるが，訴訟経済と ICJ の活動の効率性の確保もまた正当な目的である．後者の目的は ICJ 自身が達成すべきものである．それに対して，前者は基本

---

243) *See, e.g.,* Jurisdictional Immunities of the State, 2011 I.C.J. 503.

244) *See* Land and Maritime Boundary, 1999 I.C.J. 1033.

245) *See, e.g.,* Jurisdictional Immunities of the State, 2012 I.C.J. 107.

246) *See* Territorial and Maritime Dispute, 2011 I.C.J. 444.

247) *See* Continental Shelf (Tunis. v. Libya), 1981 I.C.J. 20.

248) *See* Territorial and Maritime Dispute, 2011 I.C.J. 436.

249) *See* Land, Island and Maritime Frontier Dispute, 1990 I.C.J. 133-134.

184 第3章 紛争の認定における抗争の参照

的に，訴訟の付託とその併合の要請などの手段を利用して，抗争当事国のイニシアティヴで達成されるべきものである．たしかに，当事者参加を承認すると，訴訟当事国の意思を逸脱した訴訟を係属させることになるという批判がある[250]．しかし，訴訟当事国が反対する場合に併合が認められないように，当事者参加が安易に認められることはないと考えられる．このような場合に，訴訟当事国の反対と紛争の主題の関連性の欠如とのいずれを理由とするかは，具体的事情によると考えられる．例えば，ICJ の活動の効率性を確保するために申請を拒否すべき場合には，紛争の主題の関連性の欠如を理由とすればよいと考えられる．

　ICJ 規程第 63 条が多国間条約の解釈に関する訴訟参加の制度を規定していることとの類比で，同第 62 条の下で，慣習法の認定に関する当事者参加が積極的に許可されるべきであると主張されることがある[251]．しかし，規程がこの類型の訴訟参加を明示的に規定していないことは，それを否定していることを意味するという反対解釈も可能である[252]．多国間条約の解釈については，訴訟参加の権利をもつ条約当事国と当該権利をもたない条約非当事国との区別が明確であるのに対して，慣習法の認定については，訴訟参加を許可すべき国とすべきではない国とを区別する基準を確立することが極めて困難である．慣習法の認定に関する当事者参加を類型的に承認することは，抗争当事国に当たらない「本来ならば部外者に近いといえる国」に「法廷の友（amicus curiae）」の書面の提出を制度的に承認することと異ならない．許可されるべき場合があるとすれば，特別慣習法のように，特別利害関係国が限定されている場合くらいであろう．

　ICJ は，争訟手続において「法廷の友」からの書面を採用したことはない．

---

250) *See* Shabtai Rosenne, *Reflections on International Arbitration and Litigation in the International Court of Justice, in* An International Law Miscellany 231, 255 (Martinus Nijhoff, 1993).

251) *See* Hervé Ascensio, *L'Amicus Curiae Devant les Juridictions Internationales*, 105 Revue Général de Droit International Public 897, 911 (2001). 訴訟参加国が ICJ による慣習法の認定の拘束力を承認すると自発的に宣言することは常に可能である．

252) 反対解釈は，「1 つのことを明記しているのはその他のものの排除を意味する（*expressio unius est exclusio alterius*）」（North Atlantic Coast Fisheries, 11 R.I.A.A. 173, 185）という法諺の適用である．反対解釈は，条約の関連する条文と調和し，文脈と「趣旨および目的」に合致する場合にのみ採用される．*See* Immunities and Criminal Proceedings (Eq. Guinea v. Fr.), 2020 I.C.J. 321.

勧告手続では，例外的ながら，そのような書類を2件で受理したり[253]，特定の法的主張への支持を表明する署名を受理したりしている[254]．非国家主体が提出する書面の洪水を止めてきた「水門を，ICJは原則として開けようとしない」[255]という立場は現在でも維持されている．

「法廷の友」の書面の受理に対しては，2つの障害がありうる．第1は，ICJの行政資源の限界である．現在でも，ICJにはNGOなどから「訴状」が多数寄せられている．すでに1995年にその数は約1200件であった[256]．「法廷の友」の書面が受理されうるものとされれば，寄せられる文書を受理すべきかどうかを決定するだけでも，ICJの処理能力を越えかねない．なお，安保理についても，NGOなどの書面を受理すべきであるという提案があるが[257]，この提案についても，安保理の行政資源の限界が問題になると考えられる．第2は，訴訟が「法廷の友」による宣伝の場に変質することを抗争当事国が懸念し，ICJの利用に消極的になる可能性が高いことである．

この点で問題となりうるのは，序章で述べたように，コソボ事案勧告手続において，ICJが，「独立宣言」をおこなった人々に，手続に関する情報を提供し，国々から提出された書面を送付するとともに，「書面の提出（written contribution）」を招請し，口頭陳述も認めたことである[258]．この人々は，「コソボ政府」とすら呼ばれることがあるが[259]，安保理決議が特定する権限（*pouvoir constitué*）を与えられた暫定統治機関の機関として選出されていたにすぎず，独立を一方的に宣言する憲法制定権力（*pouvoir constituant*）をも

---

253) *See* The Registar to Mr. Robert Delson, League for the Rights of Man, 1950 I.C.J. Pleadings (Status of South West Africa) 327 (Mar. 16, 1950).

254) *See* Use or Threat of Nuclear Weapons, 1996 I.C.J. 438, 534 (dissenting opinion of Judge Weeramantry).

255) The Registrar to Professor Reisman, 1971 I.C.J. Pleadings (2 Continued Presence of South Africa in Namibia) 638, 639 (Nov. 6). この書簡は，ICJ書記という資格での通知ではないと断られているが，ICJの訴答集に採録されている．

256) *See* 50 I.C.J. Y.B. 256 (1995-1996).

257) 高橋一生「世界の二重構造化と国連」日本国際連合学会編『国際社会の新たな脅威と国連』（国際書院，2003年）113, 129頁.

258) *See* Unilateral Declaration of Independence in Respect of Kosovo, 2010 I.C.J. 407-410. この勧告手続は，安保理常任理事国5か国全てが口頭陳述に参加した最初の例となった．

259) *See* Ivor Roberts, *Diplomacy: A Short History, in* Satow's Diplomatic Practice 3, 21 (Sir Ivor Roberts ed., 8th ed. Oxford University Press, 2023).

つ機関として選出されていた人々ではない．かりにコソボの住民が「人民」として分離独立権をもつとしても，この人々はその行使について信託を受けていたわけではないのである[260]．その人々に国家に準じる立場で ICJ の手続への関与を認めたことは，「国際法の機関」という性質と適合しないばかりではなく，安保理決議 1244 を尊重し，それと協働すべき「国連の機関」という性質とも適合しないといわざるをえない．

　非当事国が作成した書面を訴訟当事国が ICJ に提出することは可能である．ICJ は，「主張される事実を完全に解明するために」，そのような書面を証拠の一部として受理することができる[261]．また，NGO が提供した情報を当事国が自身の陳述に組み込むことも可能である．その意味で，陳述の内容が当事国によるものか「法廷の友」によるものかは，相対的な問題である．さらに，核兵器使用等の合法性事案の審理に先立って，その要請を推進していた NGO が ICJ の図書室に関連資料を寄贈していたように[262]，法廷外で裁判官に情報を入力する手段も存在する．訴訟参加が認められないとしても，それに代わる手段がないわけではないのである．

(d)　第 62 条の下での非当事者参加

　ICJ は，自国の法的利益に影響を与えない範囲に訴訟の範囲を限定するために，申請国が訴訟当事国になることなく訴訟参加するものを「真正の参加」とする[263]．この類型の訴訟参加は，判決主文のみならず，主論によって法的利益が影響を受ける国にも認められる[264]．申請国は，その法的利益

---

260)　佐藤義明「ジャスティスの追求とヒュブリス──コソボの『独立』は正義を実現したか？」細谷広美＝佐藤義明編『グローバル化する正義の人類学──国際社会における法形成とローカリティ』（昭和堂，2019 年）167，186-188 頁．この人々のうち，例えば，コソボ「首相」を数次にわたり務めた者は，コソボ治安部隊（KFOR）が駐屯し国連コソボ暫定行政ミッション（UN-MIK）が統治していた時期に，コソボのセルビア系住民の拉致・臓器摘出による殺害・臓器売却に関与したといわれる．木村元彦『コソボ──苦悩する新米国家』（集英社，2023 年）23，86-112 頁．同書は，報道されなければ存在しないことになるという問題と，報道される場合にもそれが偏向しているという問題──例えば，復讐を避けるために逃れたとする報道は，報復を恐れる原因が存在しない場合にも，それが存在するかのような印象を創り出すという問題──を繰り返し指摘する．同書 20，35，37，46，214-218 頁．

261)　*See* Corfu Channel, 1949 I.C.J. 17.

262)　池田眞規＝新倉修「核兵器はどう裁かれたか」世界 627 号（1996 年）143，149 頁．

263)　*See* Continental Shelf (Libya v. Malta), 1984 I.C.J. 23.

264)　*See* Sovereignty over Pulau Ligitan and Pulau Sipadan (Indon. v. Malay.), 2001 I.C.J. 596.

に関わる抗争が裁判の対象になることを防止しようとしているが，当該利益に関する請求を提出しているわけではないので，訴訟当事国と申請国との間に裁判権が確立している必要はない[265]．当初の申請が要件を満たしていなくても，訴訟参加に関する口頭陳述で訴訟参加の目的を限定することによって，要件を満たすようになれば，申請が認められる[266]．

　この類型の訴訟参加の目的は，申請が却下されても，その審理で申請国の主張がICJに十分入力され，ICJが訴訟の範囲を限定することになれば，事実上達成される[267]．例えば，1978年に付託されたチュニジア＝リビア大陸棚事件において，ICJは，マルタの申請を却下したものの，その利益を黙示的に考慮したといわれている[268]．その後，1982年に付託されたリビア＝マルタ大陸棚事件においては，イタリアの申請を斥けつつ，その利益を考慮に入れることを明言した[269]．ICJは，訴訟参加の申請が許可された場合のみならず，申請の審査手続自体が一定の効果をもちうることを認めたのである．

　訴訟参加国の法的利益に関わる争点を裁判の対象から排除するという消極的目的をもつこの類型の訴訟参加は，ICJが1つの訴訟による抗争の包括的解決ではなく，当事国の意思に従った訴訟の処理の積み重ねによって，結果として抗争の全体的解決に至るべきであるとしていることを表している[270]．この立場は，ICJが「訴訟当事国の機関」であるという本質の現れである．

　この類型の訴訟参加は，例えば，領域と海洋境界事件において赤道ギニアに認められている．ICJは，先決的抗弁判決で，訴訟当事国がギニア湾について主張する権原（title）は赤道ギニアが主張する権原と重なりうると述べた上で，その問題は本案手続の後で決定されるべきであるとした[271]．この

---

265) *See id.* at 588.

266) *See* Haya de la Torre, 1951 I.C.J. 77 ［邦訳618頁］.

267) *See* IAN BROWNLIE, THE RULE OF LAW IN INTERNATIONAL AFFAIRS: INTERNATIONAL LAW AT THE FIFTIETH ANNIVERSARY OF THE UNITED NATIONS 123-124 (Martinus Nijhoff, 1998). 訴訟手続自体が一定の効果を発揮した例の1つである．

268) 島田征夫＝林司宣編『海洋法テキストブック』（有信堂高文社，2005年）87頁［三好正弘執筆］.

269) *See* Continental Shelf (Libya v. Malta), 1984 I.C.J. 25; Continental Shelf (Libya v. Malta), 1985 I.C.J. 24-25.

270) 大河内美香「国際司法裁判所における訴訟参加と紛争の相対的解決との交錯（2）」東京都立大学法学会雑誌42巻2号（2002年）133, 146頁；大河内美香「国際司法裁判所における訴訟参加と紛争の相対的解決との交錯（3）」東京都立大学法学会雑誌43巻1号（2002年）427, 434頁.

188　第3章　紛争の認定における抗争の参照

示唆を受けて，赤道ギニアは，自国が主張する権原に触れる海域における境界画定を排除するために，訴訟参加を申請し，訴訟当事国も異議を提出することなく，ICJ はこの申請を許容したのである[272]．

(e)　第63条の下での訴訟参加

国々がもっぱら2国間条約によって個別的国益を調整していた時代には，そのような条約に関わる仲裁に第三国が介入することは主権平等原則に適合しないとされていた[273]．これに対して，個別的国益を越える複数国の共通利益や，特定の国の国益に還元することが困難な国際公益の存在が承認され，それらの保護を目的として多国間条約が締結されるようになると，その解釈を統一して条約制度を保障する仕組みが必要になる．多国間条約は，条約の一体性という要請と，条約の普遍性を高めるために，できる限り多くの国が受諾しうるようその内容を柔軟化するという要請とを調整する必要があるのである[274]．留保の許容などは，後者の要請への対処の手段となる．

前者の要請への対処の手段としては，例えば，ICJ が条約解釈をある訴訟で決定した場合には，当該解釈が条約当事国全てを拘束するとする条項を当該条約に盛り込むことができる[275]．NAFTA 第2008条4項は，仲裁パネルの手続に参加しなかった当事国も，被請求国の同一の措置に関して，NAFTA および GATT の紛争処理手続に訴えることができないと規定している．

また，締約国会議が ICJ の解釈を公権的なものと位置付ける決議を採択することによって，それに対世的効力を与える制度もありうる[276]．WTO の

---

271) *See* Land and Maritime Boundary, 1998 I.C.J. 324.

272) *See* Land and Maritime Boundary, 1999 I.C.J. 1035. ICJ は自身が第三国に対してこのような示唆をおこなう権限をもつことを確認している．*See* Territorial and Maritime Dispute, 2011 I.C.J. 433.

273) *See* Arrigo Cavaglieri, *Règles Générales du Droit de la Paix*, 26 Collected Courses Hague Acad. Int'l L. 311, 540 (1929-I).

274) *See* Reservations, 1951 I.C.J. 21-22 [邦訳65-66頁].

275) *See* 46 Inst. Int'l L. Y.B. 361-362, 367 (1956). *But see id.* at 254 (statement of Mr. Paul De Vischer)（このような条項は条約当事国の自由を損なうと批判する）．

276) *See* Limbourg, *L'Autorité de Chose Jugée des Décisions des Juridictions Internationales*, 30 Collected Courses Hague Acad. Int'l L. 523, 553 (1929-V)（ただし，そのような場合には加重多数決を用いるべきであると主張する）．

第1節　訴訟の対象の確定　　189

パネル・上級委員会の報告はそれ自体としては拘束力をもたないが，締約国会議による採択を通して高い権威をもつものとされてきた[277]．

さらに，EC 条約第 177 条の下で ECJ が下す先行判決に相当する制度を，ICJ の勧告手続で採用すべきであるという提案もある．例えば，合衆国下院は，このような制度の創設を検討することを大統領に要請する決議を採択している[278]．しかし，国際社会は EC ほどの緊密性をもたないことから，ICJ にそのような権限を与える制度が受け入れられる見込みは高くないと考えられる．なお，WTO についても同じ提案がある[279]．WTO の場合には，その背後に，経済的相互依存を基礎とする「司法」共同体が存在するとすれば，当該制度の対象となる事案を選別する手続を整備すれば，そのような制度を採用する可能性がなくはないかもしれない．

条約法条約附属書第 3 条は，調停当事国の同意を条件として，争われている条約の当事国全てにその解釈に関する見解を提出するように要請する権限を，調停委員会に与えている．これに対して，ICJ 規程第 63 条は，条約当事国全てに訴訟に参加する権利を承認するとともに，ICJ による条約解釈は訴訟参加国も「ひとしく拘束する」とした．同条 2 項については，既判力を拡張するものではなく，「条約解釈の影響力」を想定しているとして，「既判力以外の判決効」を理論化すべきであるとする指摘も存在する[280]．同条は，訴訟当事国の意思とは独立に他の条約当事国の陳述を聴取する制度であり，ICJ の「国際法の機関」としての性質を保障する制度であると位置付けることもできる[281]．訴訟参加の権利を行使する国は，条約解釈に限定された当

---

277)　岩沢前掲書（注 198）128 頁.

278)　*See* H.R. Con. Res. 98, 97th Cong., 2d Sess., 128 Cong. Rec. 98 (1982) (as ammended).

279)　*See* Thomas Cottier, *The Impact of the TRIPS Agreement on Private Practice and Litigation, in* Dispute Resolution in the World Trade Organisation 111, 123 (James Cameron & Karen Campbell eds., Cameron May, 1998).

280)　大河内美香「訴訟参加国に対する判決効拡張と既判力の相対性の原則——国際司法裁判所規程 63 条 2 を素材として」中央学院大学社会システム研究所紀要 4 巻 2 号（2004 年）137，143-144 頁.

281)　*See* Shabtai Rosenne, Procedure in the International Court: A Commentary on the 1978 Rules of the International Court of Justice 173 (Martinus Nijhoff, 1983). この点は，後者が解釈の統一性を目的の 1 つとすることを示唆する．しかし，それは解釈の統一性を参加国の意思に従って高めるものではあっても，それを対世的に保障するものではないことに注意する必要がある.

事国参加をおこなうということもできる．もっとも，同条は，自身の意思で訴訟参加する国以外に対してはICJによる解釈を拘束的なものであるとしていない点で，ICJの権限の基礎が国家の同意であるという原則を堅持している．

多国間条約は，普遍性を高めるために，原則のみを規定し，規則への分節化を後になされる合意や慣行の形成に委ねることが少なくない．ICJが対世的に妥当であると考える解釈を独自に構成しても，条約当事国の意思に合致するとは限らない．ICJが「訴訟当事国（と訴訟参加国）の機関」に止まる限りで，判決はそれらの国の国家実行の延長として適切に位置付けられる．多国間条約の分節化のメカニズムに鑑みれば，ICJ規程第63条の目的は，国際法発展志向に従った条約解釈の統一ではなく，訴訟手続に参画する国々の間の紛争処理を通した条約解釈過程への貢献であると考えられるのである．なお，権利として慣習法の認定を目的とする訴訟参加を承認すべきであるという主張も存在する[282]．

5　紛争の主題と判決の射程

ICJにとって，紛争の主題は判決主文の対象となる申立を解釈する指針となる．どの論点をどの順番で判断するかなどは，原則としてICJの決定に委ねられる．例えば，ICJは「紛争の主題ならびに当事国の申立および陳述を考慮し，法廷は以下の順に審理する」として，判決の見取り図を描くことがある[283]．ICJの判決を構成する主文と理由とのうち，主文（主文が明示的に取り込む理由を含む）は疑問の余地なく既判事項（*res judicata*）となる[284]．既判事項については，再審手続でのみ争われうる．主文と理由とが区別される目的は，ICJが判決を作成する際の経済に資すること[285]，および，訴訟当事国が判決のうち既判事項となる部分を特定することを可能にし，既判力の対象についての争いを防止することである．

---

282) *See* Shigeru Oda, *The International Court of Justice Viewed from the Bench (1976-1993)*, 244 Collected Courses Hague Acad. Int'l L. 9, 85-87 (1993-VII).

283) *See* Navigational and Related Rights, 2009 I.C.J. 231-232.

284) *See* Land and Maritime Boundary (Cameroon v. Nig.), 2002 I.C.J. 455（主文II（B））.

285) *See* Oil Platforms, 2003 I.C.J. 256 (separate opinion of Judge Kooijmans).

PCIJ は，理由のうち主論は既判事項に含まれるとしたことがある[286]．また，ICJ は，主論は判決解釈手続の対象になるとする[287]．ICJ がこれらの先例を踏襲するときには，少なくとも３つの問題が生じる可能性がある．

第１に，理由は裁判権に含まれない問題に関する判断を含みうることである．例えば，油井やぐら事件判決の主文は，1955 年条約第 20 条１項 d の下で，イランの油井やぐらに対する合衆国の武力行使は安全保障のために必要な措置として正当化されえないとした[288]．この主文の「論理的前提」は，当該武力行使が国連憲章および慣習法に照らして自衛権行使に当たらないとする認定であった．判決は，この認定をおこなう裁判権が 1955 年条約第 21 条２項の下で認められるとした[289]．しかし，この認定については，裁判権は同条約第 10 条１項の解釈および適用に限定されるとする反対意見がある[290]．裁判権に関する同意原則の下で，このような拡張解釈に基づく認定が既判事項になると考えることは困難である．

第２に，理由は裁判官の多数が賛成しているとは限らない事項を含みうることである．というのも，裁判官による投票の対象は判決主文であり，理由に含まれる個々の記述ではないからである．

第３に，理由の選択は ICJ に委ねられるので，既判事項となる範囲を予見しえない状態で当事国が訴訟を追行せざるをえなくなることである．そうすると，当事国は理由となりうる論点をできる限り網羅的に陳述せざるをえなくなり，訴訟経済が損なわれる．また，ICJ が「職権で（*sua sponte*）」取り上げる理由について，訴訟当事国に双方聴取の機会が保障されないおそれもある．実際に，ホルジョウ工場事件において，PCIJ は，ホルジョウ工場がドイツに帰属するという認定が上部シレジア事件判決主文の「論理的前提条件」であるとしたが，この点については上部シレジア事件の際に陳述の対象とされていなかったのである[291]．

これらの点に鑑みると，既判事項は判決主文に限定した上で，理由につい

---

286) *See* Factory at Chorzów, 1928 P.C.I.J. (ser. A) No. 17, at 31-32 [邦訳 456-457 頁]．

287) *See* Interpretation of the Judgment in the Case Concerning the Land and Maritime Boundary Between Cameroon and Nigeria (Nig. v. Cameroon), 1999 I.C.J. 35.

288) *See* Oil Platforms, 2003 I.C.J. 218.

289) *See id.* at 181.

290) *See id.* at 230 (separate opinion of Judge Higgins).

192 第3章 紛争の認定における抗争の参照

ては，当事国が攻撃防御を十分尽くしていた主張について，信義則または禁反言（estoppel）[292]の法理を用いて後訴における矛盾する主張を排除すればよいと考えられる．

第2節　紛争の主題の認定における抗争の参照

ICJ は，特別の合意による付託の場合にはもちろん，一方的付託の場合にも，原則として訴訟当事国の構成した争論を基礎として紛争を認定する．しかし，訴訟手続において収集した情報から，争論をそのまま処理するだけでは抗争解決を支援することにならないと考える場合には，国際法の発展という価値をもつかどうかを問うことなく，ICJ は訴訟を却下してきた．このような処理のために，ICJ は争論の背後に存在する抗争を参照する法的構成を創造してきた．

　本節では，まず，請求国が国際法の認定のみを目的とする争論を構成した場合に，ICJ がそれを紛争として認定するのではなく，抗争解決に結び付く紛争を構成し直した例を検討する．次に，そのような例と逆に，ICJ が抗争を参照することによって争論よりも紛争を拡大した近年の例を取り上げて，それが ICJ の新たな傾向を示唆するものであるのか，先例的な価値の弱い例外的なものであるのか検討する．

1　争論の解釈における抗争の参照

　国家は，国際法の基準に適った処遇を自国民に保障することを外国に要求する権利をもつ．この権利の侵害に対して回復を請求する権利は，外交的保護権と呼ばれる[293]．外交的保護を主題とする紛争の主題は，被害者と加害国との間で明確化されることがある．この明確化が十分であるにもかかわらず被害国と加害国との間であらためて明確化するよう要求することは「国際

291）*See* Factory at Chorzów, 1928 P.C.I.J. (ser. A) No. 17, at 39-40 ［邦訳 461-462 頁］（審理し直しても結論は同じであると断る）.

292）禁反言については，*see* Land and Maritime Boundary, 1998 I.C.J. 303.

293）*See* Mavrommatis Palestine Concessions, 1924 P.C.I.J. (ser. A) No. 2, at 12. 投資保護条約の増加などによって，外交的保護の役割は漸減していると指摘される．*See* Ahmadou Sadio Diallo, 2007 I.C.J. 614-615.

関係の特徴である柔軟性に矛盾する」[294]．外交的保護は，被害者とその国籍国との権利を同時に保護する二重の機能を果たすといわれることがある[295]．しかし，外交的保護は国籍国が自身の権利を追求する行為として構成されてきたことから，被害者が加害国に対して救済を追求する行為が，自身の権利を追求するという性質と被害国の機関として加害国と交渉するという性質との2つの性質をもち，そこで被害者が二重の機能を果たしていると理解すべきであろう．

外交的保護は国家の責務（devoir）であると位置付けられることもあるが[296]，国内法で政府に義務付けられない限り，外交的保護が国籍国の被害者に対する義務であるということは困難である．

加害国による被害者の救済の拒否が裁判拒否（denial of justice）という違法行為になる場合には，国内救済の完了は国際違法行為が成立する要件となる[297]．裁判拒否は，加害国の「司法機関の行為の終局性（judicial finality）」が存在して初めて成立するからである[298]．外交的保護は裁判拒否が成立しない場合にも可能である．もっとも，被害国が加害国に対して外交的保護を主題とする訴訟を付託するためには，被害者が加害行為の時点から請求の時点まで継続して請求国の国籍をもつこと，および，被害者が加害国の国内救済を完了していることが要件となる．ここでいう国内救済は，恩恵による（ex gratia）救済ではなく権利としての救済を意味する[299]．

国内救済完了の要件は2つの目的をもつ．まず，自発的に回復を提供する機会を加害国に保障することである[300]．加害国（または加害者）の被害者への賠償は，国内法上の救済と国際法上の回復という「二重の機能

---

294) Mavrommatis Palestine Concessions, 1924 P.C.I.J. (ser. A) No. 2, at 15.

295) *See* Karl Doehring, *Local Remedies, Exhaustion of, in* 3 Encyclopedia of Public International Law 238, 240-241 (Rudolf Bernhardt ed., North-Holland, 1997).

296) *See* 37 Inst. Int'l L. Y.B. 492 (1932) (Statement of A. de La Pradelle).

297) *See* John Dugard, Second Report on Diplomatic Protection, at 30-31, U.N. Doc. A/CN. 4/514 (2001).

298) *See* Loewen v. United States, Award of June 26, 2003, paras. 153-154, 42 I.L.M. 811, 836 (2003).

299) *See* Ahmadou Sadio Diallo, 2007 I.C.J. 601.

300) *See* H.W. Briggs, *The Rule of Exhaustion of Local Remedies*, 50 Am. J. Int'l L. 921, 926 (1956).

194 　第 3 章　紛争の認定における抗争の参照

(*dédoublement fonctionnel*)」[301] を果たす. 次に, 被害者と加害国との争いが被害国と加害国との抗争へと直ちに進展しないようにすることである[302]. この要件は, 加害国が自身で回復をおこなう権限と ICJ の権限との境界を画定する「抵触法規」と位置付けられ[303], 訴訟の受理可能性の要件とされる[304]. 国際秩序の維持という国際公益に結果として資するものの[305], 国内救済の未完は, 被請求国が主張および証明の負担を負う抗弁であり, 放棄も可能であるとされることから[306], その主要な目的はあくまでも加害国の利益の保護であると考えられる[307].

　外交的保護に関する訴訟において, 被請求国が回復義務を負うとする認定が請求される場合には, 国内救済完了の要件は当然に適用される. それに対して, 次の 2 つの場合には, それが適用されるかどうかが問題となりうる. 第 1 に, 国際法違反の認定や回復に関する紛争の仲裁付託義務の認定が, 回復義務自体の認定と同時に請求される場合である. このような二重の請求の例には, インターハンデル事件 (1959 年判決), シシリー電子工業会社 (ELSI) 事件 [以下. ELSI 事件] (1989 年判決) および逮捕状事件がある[308].

---

301) Georges A.J. Scelle, *Le Phénomène de Dédoublement Fonctionnel, in* Rechtsfragen der Internationalen Organisation 324, 331 (Walter Schätzel & Hans-Jürgen Schlochauer eds., Klostermann, 1956).

302) *See* C.F. Amerasinghe, Local Remedies in International Law 72-73 (Grotius Publications, 1990).

303) *See* J.E.S. Fawcett, *The Exhaustion of Local Remedies: Substance or Procedure?*, 31 Brit. Y.B. Int'l L. 452, 454 (1954).

304) *See* Panevezys-Saldutiskis Railway, 1939 P.C.I.J. (ser. A/B) No. 76, at 40.

305) 田畑茂二郎『国際法新講 (下)』(東信堂, 1991 年) 52 頁.

306) *See* C.F. Amerasinghe, State Responsibility for Injuries to Aliens 206 (Clarendon Press, 1967). なお, 上部シレジア事件が, 国際法違反の認定の請求に国内救済規則が適用されなかった例とされることがある. *See id.* at 270. しかし, この訴訟で被請求国は国内救済の未完を主張していないことから, 抗弁の放棄の例に当たるというべきである.

307) アーマドゥ・サディオ・ディアリョ事件先決的抗弁判決は, 請求国が国内救済完了を証明する負担を負い, 被請求国がその未完を証明する負担を負う, と並列的に位置付けている. *See* Ahmadou Sadio Diallo, 2007 I.C.J. 600. しかし, 証明の負担による訴訟の処理という観点からは, 抗弁である国内救済の未完を被請求国が一応証明した場合に, その完了を証明する負担が請求国に課されるという順序が重要である.

308) 特定財産事件においてもこの点は問題とされえたが, ICJ はこの点の判断を回避した. 玉田大「国際司法裁判所 特定財産事件 (先決的抗弁判決 2005 年 2 月 10 日)」岡山大學法學會雜誌 55 巻 1 号 (2005 年) 39, 47-49 頁.

第2節　紛争の主題の認定における抗争の参照　　195

第2に，国際法違反の認定などが回復義務の認定の請求を伴うことなく単独で請求される場合である．この場合には，当該訴訟が（原因判決を請求する）回復訴訟であるのか，教訓訴訟または再発防止訴訟であるのかに応じて，国内救済完了の要件が適用されるかどうかが異なりうる．

(a)　二重の請求

インターハンデル事件において，スイスは主請求と代替的請求とを申し立てた．主請求は，合衆国が第2次世界大戦の際にドイツ資産として差し押さえていたスイス会社の合衆国子会社の資産をスイスに返還する義務の認定を求めるものであった．そして，主請求が棄却される場合の代替的請求は，当該資産の返還に関する紛争を合衆国がワシントン協定などに基づいて仲裁に付託する義務を負うとする認定を求めるものであった．ICJ は，主請求と代替的請求をともに，国内救済の未完を理由として却下した[309]．仲裁付託義務の有無は，資産の返還などとは別の紛争の主題であり，国内救済完了の要件は適用されないと考えることも可能であった．しかし，ICJ は，代替的請求も会社の保護という「単一で［主請求と］同一の利益（one interest, and one alone）」[310] を基礎とするので，この利益こそが訴訟全体の性質を決定するとして，国内救済の未完が妨訴事由になるとしたのである．ここで ICJ は，主請求の背後にある抗争を参照し，それを個々の請求ではなく紛争の主題を決定する基準にしたといえる[311]．

なお，この事件では，反対意見が代替的請求は「条約違反の責任問題」であることから国内救済規則を適用すべきではないとしたと紹介されることがある[312]．しかし，代替的請求は，国家責任の問題ではなく，条約義務の認定の問題であった．

ICJ は，仲裁付託義務を認定しても，設立される仲裁廷が国内救済の未完を理由として請求を却下することになるので，代替的請求を独立の申立とみなすことは有用ではないと付言した[313]．しかし，国内救済が完了したかど

---

309)　*See* Interhandel（Switz. v. U.S.），1959 I.C.J. 29-30［邦訳 499 頁］．

310)　*Id.* at 29［邦訳 499 頁］．

311)　*See id.* at 72（separate opinion of Judge Spender）．

312)　高野雄一編『判例研究——国際司法裁判所』（東京大学出版会，1965 年）157, 169 頁［高野執筆］．

313)　*See* Interhandel, 1959 I.C.J. 29［邦訳 499 頁］．

196 第3章 紛争の認定における抗争の参照

うかは，仲裁廷が審理すべき問題である[314]．たとえ訴訟当事国の便宜に適うとしても，他の法廷の裁判権に帰属する問題に ICJ が判断を下しうるかどうかには疑義がある．しかも，仲裁廷がその問題を審理する時点までに国内救済が完了している可能性も否定できない．その意味では，この判決における抗争の参照がその解決に貢献するものであったのか，むしろ抗争を放置するしかないという判断を反映するものであったのかは検討に値する問題である．

ELSI 事件は，合衆国会社のイタリア子会社であった ELSI について，親会社が解散を決定したところ，清算手続を開始する前に，イタリアが徴用命令（order of requisition）を発して ELSI を 6 か月間徴用したことに起因する．合衆国は，徴用された期間の得べかりし利益と，徴用の結果として ELSI が破産に追い込まれたことによる損害の賠償を追求した[315]．そして，合衆国は，主請求としてイタリアによる両国間の友好通商航海条約（1948 年）違反の認定を，副請求として外交的保護権の行使に基づく回復義務の認定を求めた．

合衆国が主請求と副請求をこのように構成したのは，自身が被請求国であったインターハンデル事件判決の経験に照らして，逆にしてしまうと，回復義務認定請求の基礎にある「利益」が訴訟全体の性質を決定するとされて，国内救済の未完を理由として条約違反認定請求も含めて訴訟全体が却下されるおそれがあると考えたからであろう[316]．しかし，ICJ は，「請求の全体（claim as a whole）」[317] が紛争の主題を決定するとした上で，それは合衆国会社の損害に関するものであると認定した．そして，国内救済の未完を理由として，訴訟全体を却下した[318]．主請求と副請求の構成に表現された請求国の意思は尊重されなかったのである．

これに対して，逮捕状事件において，DRC は，外務大臣の特権免除の侵

---

314) *See id.* at 120-121 (dissenting opinion of Judge Lauterpacht).

315) この抗争は，外国子会社の経営が悪化するとすぐに清算する合衆国親会社の経営と，イタリアの混合経済との摩擦の表れであったと位置付けられる．中谷和弘「シシリー電子工業株式会社事件と国際裁判に関する若干の問題」法学協会雑誌 109 巻 5 号（1992 年）157, 183 頁．

316) *See* Statement by Mr. Sofaer (U.S.) (U.S. v. Italy), 1989 I.C.J. Pleadings (3 ELSI) 13, 15 (Feb. 13).

317) Elettronica Sicula S.p.A., (U.S. v. Italy), 1989 I.C.J. 42.

害の認定と，それを回復の1つの形式である満足とすることを請求した．ベルギーは，この請求は外務大臣を退いていた個人に関する外交的保護に当たるとして，国内救済未完の抗弁を提起した．ICJ は，DRC が当該個人の個人的権利を主張したことは一度もないとして，本件訴訟は国家の権利——外務大臣にその職務を十分果たさせる権利——のみを対象とするものであり，国内救済完了は要件にならないとした[319]．

　このように，二重の請求について，ICJ は，紛争の主題を認定する基準として「単一で同一の利益」や「請求の全体」などの法的構成を用いて，国際法違反の認定を回復義務の認定と独立の紛争の主題として認めない傾向がある．つまり，ICJ は，紛争の背景にある抗争が，私人に対する侵害に起因し，当該侵害についての回復によって解決されるべきものである限り，訴訟を性質付ける紛争の主題は，その解決に直結する外交的保護であり，それと切り離された国際法違反の認定が請求されるとしても，国内救済規則が適用されるとしているのである．これに対して，抗争が公人による職務の遂行を保護する権利の侵害に起因し，当該公人個人の権利の回復を取り上げるものではない場合には，国内救済規則が適用されないとしている．

　外交的保護と切り離された国際法違反などの認定も国際法を発展させる機能を果たす可能性があるので，ICJ が国際法発展志向に立つならば，国際法の認定を求める請求には国内救済規則を適用することなくそれを受理するはずである．国際法の認定が差し迫った再発を防止するためなどの理由で認められる可能性が無いわけではないが，加害国の主権の尊重を断念してまでそのような判断が下されるのは極めて例外的な状況であると考えられる．ICJ は原則として抗争解決志向に立つことがここには明瞭に現れている．

318）*See id.* at 42-43, 47-48. なお，イタリアが国内救済未完の抗弁を「訴訟の途中で」提出したことが批判される．波多野里望＝尾崎重義編『国際司法裁判所——判決と意見 第2巻（1964-93年）』（国際書院，1996 年）334，340-341 頁［関野昭一執筆］．しかし，イタリアは先決的抗弁の提出期限を答弁書提出時点とする当時の ICJ 規則に従っていた．現在では，2001 年に改正された ICJ 規則第 79 条 1 項で，申述書の提出後 3 か月以内とされている．

319）*See* Arrest Warrant, 2002 I.C.J. 17. 国内救済未完が問題となる訴訟の受理可能性は付託時点で確定されるべきものであり，その決定の時点で DRC が自身の権利を主張していたことはベルギーも認めていると付け加える．*See id.* at 17-18.

（b）　単独の請求

ICJ は，外交的保護になじむ抗争について，国際法の認定のみが請求される場合に国内救済完了の要件が適用されるかどうかについては，まだ判断していない．しかし，そのような機会に直面したら ICJ がどのように対応すると考えられるかについては，2つの見解がある．

一方で，回復義務の認定が請求されなければ，「利益」や「請求の全体」などを通して抗争を考慮する余地はなく，請求国が構成した争論通りに紛争が認定されるべきであり，国内救済完了の要件は適用されえないとする見解がある[320]．仲裁判断の中には，この見解を支持するものが存在する．例えば，スイスが第2次世界大戦によって損害を被ったスイス会社について西ドイツとの賠償協定が適用されるという認定を請求した際に，仲裁廷は国内救済規則が適用されないと認定した[321]．この仲裁判断の立場を支持する学説も存在する[322]．また，航空協定事件において，合衆国は，フランスによる合衆国会社に対する航空協定違反の認定を，当該会社に関する外交的保護ではなく航空協定の解釈の確定を目的として請求するとした．仲裁廷は，この請求は国家に対する直接侵害（direct injury）を基礎とする訴訟に当たり，国内救済規則は適用されないと認定した[323]．ここで使用されている直接侵害という用語は，回復請求ではなく再発防止訴訟を提起する訴訟適格に依拠されているという意味であると理解することができる．

他方で，請求のみを基準とするのではなく，国際法違反の認定が回復請求の基礎として，すなわち原因判決として利用される法的可能性がない場合に初めて国内救済完了の要件は適用されないとする見解もある[324]．

---

320) See M.H. Adler, *Exhaustion of the Local Remedies Rule After the International Court of Justice's Decision in ELSI*, 39 INT'L & COMP. L.Q. 641, 651-652 (1990). なお，万国国際法学会（Institute of International Law）において，「請求が国際法違反の認定のみを目的とし，損害の賠償を目的としていないとき」には国内救済規則が適用されないとする修正案は否決された．*See* 46-I INST. INT'L L.Y.B. 302 (1956). しかし，修正案に反対する理由には，国際法違反の認定は有用であるが，同決議の範疇に入らないという説明もあった．*See id.* at 300 (statement of Mr. Verzijl). したがって，修正案の否決がその内容の否定を意味すると速断することはできない．

321) See Swiss v. F.R.G. (No. 1), 25 I.L.M. 47 (1958-I).

322) See 2 RESTATEMENT (THIRD) OF THE FOREIGN RELATIONS LAW 348 (2d ed. 1990).

323) See Air Services Agreement (U.S. v. Fr.), 54 I.L.M. 42, 324 (1978).

324) 中谷前掲論文（注315）170頁．

第2節　紛争の主題の認定における抗争の参照　　199

　この2つの見解のうちで前者の立場を採ると，回復義務の認定の請求を差し控えさえすれば国内救済完了要件の適用を回避しうることになり，請求国は，第1の訴訟で国際法違反の認定を得た上で，回復義務の認定を請求する第2の訴訟を付託することが可能になる．つまり，請求国は，訴訟を分割することによって，国内救済完了要件を脱法的に回避することが可能となるのである[325]．

　これに対して，後者の立場は，前者のこの問題を防止することを目的とするものである．しかし，この立場にも2つの難点がある．まず，回復を請求するかどうかを確定的に決定する前に，抗争状況に照らして国際法の認定を請求してみるという選択肢を類型的に否定することになり，便宜に適うといえない点である．また，「直接侵害」という概念を基準にすることは混乱の原因となる点である．C・F・アメラシンゲは，かつて，国内救済規則が適用されるかどうかの基準として，国家の権利の「直接侵害」があるかどうかを採用すべきであるとしていたが[326]，後に改説し，「直接侵害」は外交官の権利など国家の機能に対する侵害に限定して用いるべきであるとして，侵害が直接的であるか間接的であるかを基準とすることを断念している[327]．

　そこで，第3の見解として，請求国の「当初からの窮極の目的」を訴訟ごとに考慮し，それが回復の獲得にあるかどうかを基準にすべきであるとすることが可能である[328]．この立場は，前者の立場の主観性と後者の立場の硬直性を緩和する役割を，個々の訴訟を処理する法廷の裁量に委ねるものである．法廷が「当初からの窮極の目的」を回復の獲得にあるとした場合には，請求国は国内救済を尽くした上で国際法違反の認定を請求すべきであり，法廷がそれを回復の獲得とは独立に国際法違反の認定を獲得することであると

325）*See* 46-I Inst. Int'l L. Y.B. 300-01（1956）（statement of Mr. Paul de Visscher）.

326）*See* Amerasinghe. *supra* note 306, at 128-130.

327）*See* Amerasinghe. *supra* note 302, at 179. ただし，被請求国による武力行使を条約違反であるとして追及する訴訟において，自国民が受けた損害を含めて回復が請求される場合には，請求国自身の被害が問題なので，被害者個人による国内救済の未完は妨訴事由にならないとされる．*See* Armed Activities on the Territory of the Congo（Dem. Rep. Congo v. Uganda），2005 I.C.J. 275-276. 大規模な武力行使による自国民の被害は，外交的保護が想定する個別性の高い被害と異質なのである．

328）*See* A.A. Cançado Trindade, The Application of the Rule of Exhaustion of Local Remedies in International Law 173-174（Cambridge University Press, 1983）.

した場合には，後訴で国際法違反の認定を回復請求の基礎として転用することを認めるかどうかは，信義則に照らして判断すればよいことになる．後に述べるように，ICJ は，請求国による争論の構成に厳格に拘束されることなく，請求国の「当初からの窮極の目的」を自身のイニシアティヴで認定することができるとしていることから，この第3の立場が現実的な選択肢として説得力をもつと考えられる．

2　職権による抗争の参照

　紛争の主題が国際法の抽象的な認定であるか，行為の差止めであるかが問題となった訴訟として，2つの核実験事件がある．いずれも，フランスが計画していた南太平洋における大気圏内核実験に関する事件である．オーストラリアは，当該実験が国際法に抵触するという認定，および，フランスが当該実験を慎む義務を負うとする認定を請求した[329]．これに対して，ニュージーランドは，当該実験が国際法に抵触するという認定のみを請求した[330]．フランスは，裁判権を否認して出廷せず，訴訟係属後に核実験を2回実施したが，ICJ の口頭手続が終結する前後に，大気圏内核実験を以後おこなわないことを法廷外で繰り返し宣言した[331]．その結果，ICJ は，フランスはいずれにしろ一連の宣言によって大気圏内核実験を慎む義務を引き受けたので，それが再発する法的可能性は失われ，訴訟はムートになったとして，2つの訴訟を却下した[332]．

　ICJ は，この2つの訴訟における紛争の主題を認定する際に3つの選択肢があった．第1に，計画の国際法適合性の審査とするものである（予防訴訟）．国際法適合性が否定されれば，その論理的帰結として，その遂行の差止めが含意されることになる．また，当該計画が撤回されれば，訴訟の目的は失われる．第2に，計画の審査ではなく，大気圏内核実験という行為類型の国際法適合性の審査とするものである（教訓訴訟）．この場合には，計画

---

329)　*See* Nuclear Tests (Austl. v. Fr.), 1974 I.C.J. 256.

330)　*See* Nuclear Tests (N.Z. v. Fr.), 1974 I.C.J. 460.

331)　大気圏内核実験の中止への言及は，1974 年 6 月 8 日付の大統領コミュニケ，6 月 10 日付の覚書，7 月 1 日付の 2 請求国宛書面，7 月 25 日の大統領会見，8 月 12 日の国防相会見，さらに，10 月 11 日の外務大臣演説においてなされた．

332)　*See* Nuclear Tests (Austl. v. Fr.), 1974 I.C.J. 272; Nuclear Tests (N.Z. v. Fr.), 1974 I.C.J. 478.

は審査の契機という意味しかもたないので，それが撤回されても，いずれかの国がいつか大気圏内核実験をおこなう可能性が存在するかぎり，訴訟の目的は失われない．第3に，訴訟手続中に，実験が実施されたことを受けて，最終申立までに，回復訴訟に変質したとするものである．

ICJは，2つの訴訟について，第1の選択肢をとった．たしかに，請求国はいずれも，国際法違反の認定を原因判決として利用する意思がないことを陳述していた．しかし，訴訟手続中にフランスによる計画の実施や中止の宣言などの状況の変化があったことから，ICJはオーストラリアに差止めの申立を回復の申立へと交換する意思がないかどうかを求釈明すべきであったと考えることもできる[333]．しかし，ICJはそうすることなく，紛争の主題は計画実施の差止めであり，大気圏内核実験が国際法に抵触するという認定はその根拠にすぎないと認定したのである．

(a) 二重の請求

ICJは次のような理由付けを用いてオーストラリアの訴訟を却下した．第1に，法廷は訴訟当事国の申立を書き換える権限はもたないが，司法機能には申立を解釈する権限が含まれる．第2に，当事国の最終申立の中には，判決主文の対象となる請求のみならず，その判断に必要な法に関する主張が含まれうるのであり，それらは理由で扱われるべきものである．第3に，ある申立が請求とそれを基礎付ける主張いずれであるかを解釈する際には，当事国の陳述の用語の通常の意味に限定されることなく，請求の真の主題および目的を確定しなければならない．そのためには，訴状，暫定措置の要請，訴訟手続における陳述，当事国が法廷外で交換した覚書，被請求国が法廷外でおこなった一方的宣言など，ICJが収集した情報全てが考慮されるべきである[334]．漁業事件判決が判示したように，最終申立は，争われていない点，請求の根拠となる命題，および，「真の申立（real Submissions）」を含みうるのであり，定義・原則・規則などは判決の理由として「決定的と思われる限

---

333) *See* Nuclear Tests（Austl. v. Fr.），1974 I.C.J. 317（joint dissenting opinion of Judges Onyeama, Dillard, Jiménez De Aréchaga & Waldock）.

334) *See id.* at 262-263. *See also* Temple of Preah Vihear, 1962 I.C.J. 36［邦訳342頁］（法廷は，最終申立のうち，主文の対象とすべき請求と理由において考慮すべきものとを区別する権限をもつとする）.

りにおいてのみ評価の要素とすべきである」[335]. 第4に, 紛争の存否は, 第1から第3までの考慮事由を踏まえて認定される「訴訟の根源 (*fons et origo*)」[336] を基準として決定される.

以上の理由付けは, 少なくとも3つの点で, 疑義のあるものであった.

1つ目は, ICJ が請求の真の主題および目的を確定するために考慮した事由の扱いである. 例えば, ICJ は, オーストラリアが計画の実施を差し止める暫定措置を要請していたことを挙げる[337]. しかし, 暫定措置の内容と本案判決の内容が同一である必要はなく, 前者が後者で認定されるべき権利に対する侵害の差止めを要請することは自然である. また, ICJ は, 「フランスの宣言は法的拘束力をもたないので, フランスが実験をおこなわない保障にはならない」としたオーストラリアの申述書の記述を反対解釈し, フランスの宣言が拘束力をもつものであれば請求目的が満たされる証拠とした[338]. しかし, この陳述は請求目的を特定する文脈でなされたものではなく, 「事実の前提」に関する一節にすぎなかった[339]. したがって, オーストラリアの請求目的を特定する根拠とすることは牽強付会であった. さらに, ICJ は, オーストラリアが実験の中止を要請した覚書とそれに対するフランスの返書とを, 紛争の主題を決定する証拠とする[340]. しかし, 抗争過程の異なる段階で, 異なる経路を通して交換された覚書は, 訴訟における請求と同一の内容をもつとは限らないことはいうまでもない[341].

2つ目の疑義は, 訴訟当事国全てがフランスの一連の宣言は拘束力をもつ

---

335) *See* Fisheries, 1951 I.C.J. 126 [邦訳358頁]. *See also* Fisheries Jurisdiction (Spain v. Can.), 1998 I.C.J. 448-449 (ICJ が紛争の「実際の争点 (real issue)」,「請求の精確な性質 (exact nature)」および「両当事国を対立させている紛争の客観的な原因 (an objective basis)」を決定する際には, 訴状を含めて関連する全ての資料を検討すべきものとする).「紛争の真の性質 (real character)」に言及されることもある. *See* Alleged Violations of Sovereign Rights and Maritime Spaces in the Caribbean Sea, 2016 I.C.J. 41.

336) Nuclear Tests (Austl. v. Fr.), 1974 I.C.J. 263.

337) *See id*. at 260-261.

338) *See id*.

339) *See* Memorial of Australia, 1974 I.C.J. Pleadings (1 Nuclear Test) 264 (July 4).

340) *See* Nuclear Tests (Austl. v. Fr.), 1974 I.C.J. 260.

341) 後に取り上げる油井やぐら事件判決も, 当事国の陳述の一部をそれがなされた文脈から切り離すことによって, ICJ がその決定の理由付けとして利用した例である. *See* Oil Platforms, 2003 I.C.J. 226 (separate opinion of Judge Higgins).

ものではないとする点で一致していたと考えられることである．従来，交渉過程で相手国に向けておこなわれた一方的宣言が拘束力をもちうることは認められていたものの，対世的になされた一方的宣言が拘束力をもつとする先例は存在していなかった．ICJ は，大気圏内核実験の合法性という国際社会で争われている問題に踏み込むことを回避するために，このような疑義のある司法立法を利用したと考えられるのである．この司法立法はいっそう疑義のある司法立法に ICJ が入り込む原因となった．

それが3つ目の疑義であり，フランスが実験を再開する場合に「状況の検討（examination of the situation）」をおこなう裁判権を留保するとした司法立法である[342]．ICJ は，このような手続を創設する「固有の権限」[343] をもつとした．たしかに，ICJ は，訴訟内で手続を形成する裁量権をもつ．しかし，訴訟を却下し，当該事件を総件名簿から削除した後で利用しうる安全弁を創設する権限をもつと考えることは，その「訴訟当事国の機関」という本質に照らして困難である．とりわけ，訴訟係属後にフランスが裁判権の基礎を撤回していたことから，このような司法立法が同国の意思に反することは明白であった．

WTO のパネルも，係争国内法の運用に関する被申立国の宣言によって，当該法が WTO 協定違反となる態様で運用されることはありえなくなったとして，WTO 協定違反は存在しないと認定することがある[344]．そこでは，被申立国が当該宣言を遵守しない場合には，パネルの判断は有効性を失うという但書きが付されている[345]．しかし，WTO のパネルは，ネガティヴコンセンサスによって当該有効性に関する「裁判権」がほとんど自動的に成立しうることから，「再訴」の際に「裁判権」の問題は事実上生じない．

なお，当事国が ICJ 規程および ICJ 規則に規定されていない手続を創造するよう要請することもある．例えば，ガブチコボ・ナジュマロシュ事件におけるスロヴァキアによる追加判決の請求がある．ICJ は，この要請をハンガ

---

342) *See* Nuclear Tests（Austl. v. Fr.），1974 I.C.J. 272.

343) *Id.* at 259-260. *See also* Nuclear Tests（N.Z. v. Fr.），1974 I.C.J. 463.

344) *See* United States － Sections 301-310 of the Trade Act of 1974, Dec. 22, 1999, WT/DS152/R, 329-331, 335.

345) *See id.* at 350-351.

リーに通知し，所長は，ハンガリーの書面による見解の提出を受けて，両国と会合をもった．しかし，その後，両国による交渉の開始を受けて，その報告を定期的に受理したものの，期限に関する手続的命令を決定することもなく，2017年にスロヴァキアからの取下要請を受けて，ハンガリーの異議の不在を確認した上で，この請求の取下げを記録している[346]．

　次に述べるように，ニュージーランドの付託した訴訟でもこの「司法立法」がおこなわれた．後に，ニュージーランドはこの条項に依拠して「状況の検討」を要請（request）した．ICJは，当該要請に関する手続は，「手続上の措置（action in the proceedings）」（ICJ規則第38条5項）ではなく，手続を決定するICJの「固有の権限」[347]によって創設された手続であることを確認しつつ，状況が検討対象の範疇に含まれないとして，それを却下した[348]．ニュージーランドの国際法専門家は要請が却下されると考えたが，同国の議会と公論が要請を要求し[349]，同国政府はそれに応じたといわれる．オーストラリアはこの手続に訴訟参加を申請したが，同国は，要請は却下されると考えつつ，それを支持することを表示する象徴的行為としてそれをおこなったといわれる[350]．

　オーストラリアの指名した特任裁判官は，大気圏内核実験の国際法適合性に関する一般的な見解の相違を紛争の主題とすべきことを指摘した[351]．しかし，ICJは，外交的保護に関わる二重の請求に関して編み出された「単一で同一の利益」や「請求の全体」という法的構成に加えて，「訴訟の根源」という概念を創造したのである．「根源」という言葉は，従来は紛争発生に先立つ原因事実を意味する概念として用いられていた．例えば，プレアビヘア寺院事件判決は，紛争の「根源」と紛争とを区別し，前者は1904年から

---

346) *See* Press Release No. 2017/31, July 21, 2017.

347) Examination of the Situation, 1995 I.C.J. 299.

348) *See id.* at 307. *See also* Luigi Daniele, *L'Ordonnance sur la Demande d'Examen de la Situation dans l'Affaire des Essais Nucléaires et le Pouvoir de la Cour Internationale de Justice de Régler sa Propre Procédure,* 100 REVUE GÉNÉRALE DE DROIT INTERATIONAL PUBLIC 653, 656 (1996).

349) *See* Don MacKay, *Nuclear Testing: New Zealand and France in the International Court of Justice,* 19 FORDHAM INT'L L.J. 1857, 1870 (1996).

350) *See* Barbara Kwiatkowska, *New Zealand v. France Nuclear Tests: A Dismissed Case of Lasting Significance,* 37 VA. J. INT'L L. 107, 177 n.463 (1996).

351) *See* Nuclear Tests (Austl. v. Fr.), 1974 I.C.J. 393 (dissenting opinion of Judge Barwick).

1908 年におこなわれた国境処理であったとし，この国境処理の内容に関して意見の相違が発生した時点で紛争が発生したとされたのである[352]．核実験事件では，この概念が紛争の主題を決定する基準へと転用されたことになる．なお，勧告手続においては，「勧告的意見の要請の背後にある要請機関と個人との間の真の抗争（real dispute）」が要請事項を解釈する際に参照されることがある[353]．

(b) 単独の請求

ニュージーランドは，オーストラリアと異なり，フランスによる大気圏内核実験が国際法に抵触するという認定のみを申し立てた．これは，紛争の主題を特定の計画と切り離すためであったと考えられる．同国は，自身の訴訟とオーストラリアの訴訟との併合を拒否し，2 つの訴訟は並行審理されるに止まった[354]．もっとも，同国は特任裁判官を選任する権利をオーストラリアとは独立に行使するとしたが，オーストラリアと同じ人物を選任した．

ICJ はニュージーランドの訴訟についても，オーストラリアの訴訟の場合と同じく，種々の根拠を援用して計画の実施を慎む義務の認定がその「当初からの窮極の目的」[355] であったとして，訴訟がムートになったと認定した．

この認定も，オーストラリアの訴訟の場合と同じように問題が少なくない．例えば，ICJ は，ニュージーランドが実験の中止を求めるとした陳述を引用している．しかし，この陳述は賠償を請求しないとする文脈でなされたものであり，直前で核実験の「合法性に関する紛争」について宣言を求めると明言していた[356]．また，ICJ は，オーストラリアの訴訟においては，争論の解釈を介して紛争の主題を認定する基準として「訴訟の根源」という構成を創造したのに対して，ニュージーランドの訴訟においては，争論に反映されていない紛争の主題を自身で発見する基準として「当初からの窮極の目的」

---

352) *See* Temple of Preah Vihear, 1962 I.C.J. 16 ［邦訳 327 頁］.

353) *See* Judgment No. 2867 of the Administrative Tribunal of the International Labour Organization, 2012 I.C.J. 28-29. *Cf. id.* at 49-50（判決の無効原因になりうる本質的瑕疵を特定していない質問については，回答を求められないとする）.

354) *Cf.* Nuclear Tests (N.Z. v. Fr.), 1973 I.C.J. 159 (dissenting opinion of Judge Petrén)（申立の同一性および事実と法に関する同一性が存在するので，2 つの訴訟を併合すべきであると批判する）.

355) Nuclear Tests (N.Z. v. Fr.), 1974 I.C.J. 467.

356) *See* Argument of Dr. Finlay (N.Z.), 1974 I.C.J. Pleadings (2 Nuclear Tests) 259 (July 10, 1974).

206 第3章 紛争の認定における抗争の参照

という構成を創造した．ICJ はここで，争論を「当初からの窮極の目的」の
認定における資料の1つにすぎないと位置付けたということもできる．

「訴訟の根源」や「当初からの窮極の目的」を参照することによって争論
と異なる紛争の主題を認定するという手法は，そのなされ方しだいでは請求
国の ICJ への信頼を損ないうることから，「核実験による放射能汚染よりも
危険」[357] であると批判される．ICJ は争論通りに紛争を認定すべきであるの
で，本件の場合には大気圏内核実験という行為類型が国際法に適合するかど
うかを紛争の主題であると認定すべきであったとされたり[358]，申立に対応
しない判決は請求国に政治的妥協を押し付けるものであったとされたりする
のである[359]．

たしかに，当時，大気圏内核実験の合法性に対しては強い反対があった．
ICJ が大気圏内核実験を国際法に違反しないと認定してしまうと，ICJ の
「お墨付き」を得た国々がそれを中止する誘因は下がり，それに反対する
国々や NGO の期待を裏切ることになる．しかし，大気圏内核実験は現に実
施されており，それを強く支持する国も少なくなかった．米ソ兵力相互削減
予備交渉がおこなわれており，ICJ が暫定措置を指示した日に米ソ核戦争防
止協定（Agreement on the Prevention of Nuclear War）が調印されている．
PRC はその直後に水爆実験を実施している．フランスは計画の停止を指示
する暫定措置に従わず，たとえ大気圏内核実験が国際法に抵触するとする判
決が下されても，それが履行される見込みはほとんどなかったのである[360]．

このような状況で，ICJ は，フランスが計画を必要なだけ実施するのを待
ち，国際法の一般的認定に踏み込むことを回避したのであり，それは政治的
賢慮に適う処理であったと考えられる．国際法形成過程は政治過程と司法過
程とが絡み合う過程であり，国際平和の脅威となる抗争が放置されるのでな

---

357) Pierre Lellouche, *The Nuclear Tests Cases: Judicial Silence v. Atomic Blasts*, 16 HARV. INT'L
L.J. 614, 616, 637 (1975).

358) *See* Nuclear Tests (Austl. v. Fr.), 1974 I.C.J. 315 (joint dissenting opinion of Judges Onyea-
ma, Dillard, Jiménez De Aréchaga & Waldock).

359) *See* Ronald St. J. Macdonald & Barbara Hough, *The Nuclear Tests Case Revisited*, 20 GER-
MAN Y.B. INT'L L. 337, 349 (1977).

360) 第5章で述べる通り，ICJ は，後に，暫定措置が義務を課し，当該義務の不履行が国家責任
を生じさせうるとした．この立場によれば，本件訴訟がムートになっても，暫定措置の不履行の
責任を追及することは可能になる．

い限り，かつ，法的構成を用いて説明しうる処理に留まる限り，政治過程に謙譲することはICJの賢慮であるといえるのである．

3　抗争の参照による紛争の射程の拡張

　抗争解決に結び付く見込みがない訴訟を却下するために抗争を参照する手法とは逆に，油井やぐら事件本案判決は，主文の対象を拡大するために抗争を参照した初めての例となった．この紛争は，イラン・イラク戦争の際に，イランが合衆国船をミサイルで攻撃したとして，合衆国がイランの油井やぐらを爆撃したことに起因する．イランは，1955年条約を裁判権の基礎として，合衆国の行為は同第10条1項に違反するという認定を請求した．これに対して，合衆国は，同項に違反していないこと，または，「本条約は当事国の安全保障上の根幹的利益を守るために必要な措置の適用を禁止するものではない（shall not preclude）」と規定する同条約第20条1項dに照らして，その行為は同条約に違反するものではないことを理由として，イランの請求を棄却するよう申し立てた．

　判決主文1は前段と後段で構成された．前段では，「合衆国の行為は1955年条約第20条1項dに照らして正当化されるものではない」と認定し，後段では，「合衆国が当事国間の通商の自由に関する義務に違反したという認定を求めるイランの請求は棄却する」とした[361]．判決の理由付けは以下の通りであった．第20条1項は，合衆国も認めた通り，第10条1項の義務に対する制限または適用除外（derogation）を規定するものではなく，当事国の義務を確定する実体的規定である．同項と第20条1項がともに実体的規定であることから，いずれを先に検討するかはICJの裁量に委ねられる[362]．本件では，第20条1項dの適用の問題を先に検討すべき「特段の理由」が2つ存在する．すなわち，「本来の抗争（original dispute）」[363]は，合衆国の行為が武力行使に関する国際法に適合するものであるかどうかを主題として

---

361) *See* Oil Platforms, 2003 I.C.J. 218. 合衆国は，イランが合衆国船を攻撃することによって1955年条約第10条1項に違反したとする認定を求める反訴を提起したが，ICJはそれを棄却した．*See id.* at 218-219.

362) *See id.* at 180.

363) *Id.*

いたこと，および，合衆国が認める通り，自衛権行使の問題は「国際共同体の構成国全てにとって最も重大な問題」であることである[364]．同項の下で正当化されるのは自衛権行使に限られるので，その適用に関する審理は，国連憲章および慣習法の下で自衛権行使の要件を満たすかどうかの検討と重複（overlap）する[365]．合衆国の行為はこの要件を満たさず，同項の下で正当化されえない[366]．そこで，第10条1項の検討が必要となるが，爆撃された油井やぐらは，当時は当事国間の通商に使用されていなかったことから同項の保護対象に含まれておらず，合衆国の行為は同項に違反するものではない，というのである[367]．

　合衆国は，ICJの裁判権は合衆国の行為が1955年条約に違反したかどうかにのみ及び，それが国連憲章および慣習法に違反したかどうかには及ばず，それを判断するためには他の裁判権の基礎を必要とすると主張した[368]．ICJも，裁判権が1955年条約第21条2項に限界付けられていることを強調すると断り[369]，主文においては合衆国による武力の行使が違法であると認定しなかった．

　この主文は14対2で票決された．しかし，賛成した5人（ヒギンズ，パラ・アラングレン，コイマン，バーゲンソール，小和田）は，前段に反対すると表明している．逆に，反対したアルハサウネとエララビはともに，前段には賛成するとした[370]．エララビは，本訴は武力行使に関する法を「再確認し，明確化し，可能ならば発展させる機会を提供した」にもかかわらず，ICJがそれを活用しなかったと批判している[371]．これらの意見を踏まえると，後段については14対2であったが，前段については11——賛成した14人のうち9人と反対した2人——対5であったと考えられる．両者が一体として投票にかけられたことによって，主文への賛成が表面的に増えたが，前段に

---

364) *See id.* at 181.

365) *See id.* at 182-183.

366) *See id.* at 199.

367) *See id.* at 208.

368) *See* Statement of Mr. Weil (U.S.), Oil Platform, at 26 (CR 2003/12, Feb. 26, 2003).

369) *See* Oil Platforms, 2003 I.C.J. 183.

370) *See id.* at 266-269 (dissenting opinion of Judge Al-Khasawneh).

371) *See id.* at 290-302 (dissenting opinion of Judge Elaraby).

反対であった5人は，前段と後段を分離して投票にかけることへの支持を他の裁判官から得られなかったと考えられる[372]．

R・ヒギンズは次のようにいう．第20条は1955年条約の他の条項の課す義務の違反に対する抗弁（defense）または違法性阻却事由（justification）に当たる[373]．同条1項を実体的規定であるとした合衆国の陳述は，その文脈に照らして理解すれば，同項の問題が判決主文の対象になるとしたものではなく，それを理由で考慮すべきであるとしたものにすぎない．「請求を越えず（[non] ultra petita）」という規則に対する例外として，申立に含まれない点を主文に含めうるのは，次の3つの場合に限られる．すなわち，申立に対応する主文における認定の論理的帰結を示唆する場合，義務を承認する当事国の陳述を記録する場合，および，一般的な交渉義務を想起させる場合である．当事国が国際法に違反したとする認定は以上のいずれにも当たらない[374]．

判決が挙げる「特段の事情」は，いずれも抗弁または違法性阻却事由を紛争の主題へと変容させて判決主文で扱うべきものにする根拠にはならない[375]．抗弁が主文の対象とされた唯一の例は，集団的自衛権の行使であったという合衆国の抗弁を否定したニカラグア事件判決のみであるが，その場合には，合衆国の不出廷という事情，および，ニカラグアの最終申立が「申述書において特定された国際法の義務」に合衆国が違反したという認定を請求し，申述書が集団的自衛権に依拠する抗弁に関して詳述していたという事情が存在し，油井やぐら事件の場合とは区別される[376]．

経済関係に関する条約である1955年条約が一般国際法の総体を特定の条項に組み込んでいると解釈することはできない．第20条1項dは自衛権行使よりも広い措置を認めるものであることから，「当事国の安全保障についての根幹的利益」が存在するかどうかを検討して，その上で合衆国の行為がそれを守るために「必要な措置」であったかどうかの検討に移るべきであっ

---

372) この判決の際の裁判長はシ所長であった．

373) See Oil Platforms, 2003 I.C.J. 225-227 (separate opinion of Judge Higgins).

374) See id. at 227-229. この3つの状況はいずれも，国際法違反の回顧的認定ではなく，抗争解決行動に示唆を与えようとする未来志向的認定である．

375) See id. at 229-230.

376) See id. at 227.

た[377]．合衆国の行為が自衛権行使に当たるかどうかという問題を，イラン
自身が申立に含めなかったにもかかわらず，主文で判断することは，請求を
越えることになり，司法政策の問題としても賢明ではない[378]．判決は，合
衆国の行為を一般国際法に照らして評価する後付けの口実として第20条1
項dを利用したのである[379]．

　以上がヒギンズの意見の概要であり，それは説得力が高い．合衆国は，第
10条1項の問題を審理し，同国の行為を同項に違反しないと認定できるな
らば，第20条1項dの問題を審理する必要はなく，逆に，同国の行為を第
20条1項dに照らして正当化されると認定できるならば，第10条1項の問
題を審理する必要はないと陳述していた[380]．合衆国が判決の理由付けにつ
いてICJの裁量権を認めていたのは，イランの請求を棄却する理由の選択で
あり，当該理由にならない抗弁に関する審理をおこなうことではなかった．
判決は一見すると，合衆国の同意に基礎付けて立論しているかのようにみえ
るものの，それは明らかな擬制であった．ICJは，合衆国が認めた裁判権を
蹂越する判断を主文に含めたといわざるをえない[381]．当事国は，請求国の
申立に含まれていない点について陳述を尽くすとは考えられず，不意打ちの
判示であったことも問題となりうる．

　ICJが判決主文1に前段を含める理由としたのは，「本来の抗争」に関わ
る判断を下すべきであるという表面的には抗争解決志向に合致する理由と，
問題とされる国際法の重大性という国際法発展志向に合致する理由との両者
であった．しかし，ICJのいう「本来の抗争」は判決言渡しの10年以上前

---

377) *See id.* at 236-240.

378) *See id.* at 229 (separate opinion of Judge Higgins). *See also id.* at 256 (separate opinion of Judge Kooijmans) (第20条1項dの問題を主文に組み込むことは傍論を主文に盛り込むものであり，「請求を越えず」の原則に違反するとする). この主文はICJの裁判権の基礎が当事国の同意であるという原則を掘り崩すことから，ICJの裁判権の受諾を撤回する国々が現れるであろうと指摘されている． *See id.* at 278-279 (separate opinion of Judge Buergenthal). もちろん，国々がそうするためにはコストがかかることから，そのコストを上回る価値がないと判断すれば，撤回の労をとらないであろう．実際に，合衆国も裁判権の受諾の撤回を網羅的に検討した形跡はない．合衆国は，ICJによる自国に不利な判示が外交の実質的足かせになりうるので回避すべきであるとはほとんど考えていないようにみえる．

379) *See id.* at 230 (separate opinion of Judge Higgins).

380) *See* Statement of Mr. Weil (U.S.), Oil Platform, at 16 (CR 2003/11, Feb. 25, 2003).

381) *See* Oil Platforms, 2003 I.C.J. 277-278 (separate opinion of Judge Buergenthal).

の行為に関するものであり，イラン自身が，武力行使に関する国際法違反の再発防止ではなく，1955 年条約違反に対する賠償によって抗争を終結させ，合衆国との関係正常化を進めることを意図していたとも考えられる[382]．そうすると，判決主文 1 の前段は，いわば古傷を再び開かせて抗争を悪化させるおそれすらあるものであり，それが盛り込まれた真の理由は，「国際共同体の構成国全てにとって最も重大な問題」に関する国際法を発展させようとしたことにあったと考えるしかない．

判決主文 1 に前段が含められた理由が国際法発展志向の採用にあったとすると，ICJ が従来の立場を離れる特別な理由があったかどうか問題となる．第 4 章でも述べるように，この事件が審理されていた時期には，合衆国を中心としていわゆるイラク戦争が遂行されていた．そこで，裁判官の中には ICJ が武力行使に関する国際法を確認すべきであると考える者がおり，例えば，B・ジンマは，判決は合衆国の行為が国連憲章第 2 条 4 項の違反であると示唆するだけではなく，それを明言すべきであったとした[383]．このような「法政策の考慮（a consideration of *Rechtspolitik*）」[384] の背景には，南西アフリカ事件第 2 段階判決の轍を踏むまいとする考慮があったことも推測される．しかし，本件と南西アフリカ事件とは少なくとも 2 つの点で相違する．

第 1 に，南西アフリカ事件において ICJ が批判されたのは，当事国が請求し，陳述していた本案判断を回避したこと，すなわち，「訴訟当事国の機関」として期待されていた行動を回避したことが直接の原因であった．すでに先決的抗弁を却下していたので，当事国および国際社会に本案判断への期待が昂じていたという事情もあった．それに対して，油井やぐら事件では，自衛権の問題は請求国が申し立て，陳述していた争点ではなく，国際社会におい

---

382) イランでは，1992 年 5 月の国会選挙で，主導権を握ってきた「急進派」が大敗し，「現実派」と「保守派」の対立が浮上していた．翌年 6 月の大統領選挙では「現実派」のラフサンジャニが再選されている．吉村慎太郎『イラン現代史——従属と抵抗の 100 年〔改訂増補〕』（有志舎，2020 年）189 頁．ラフサンジャニの後任となった「改革派」のハタミ（在任 1997 年～2005 年）も対米関係の改善を含むデタント政策を基本路線にしていた．中西久枝「イランの対米関係改善の道程」日本国際問題研究所研究報告——平成 14 年度自主研究『イラン国内政治プロセスと対外政策』（2019 年）112，117，119-120 頁．

383) *See* Oil Platforms, 2003 I.C.J. 328-329（separate opinion of Judge Simma）.

384) 松井芳郎「条約解釈における統合の原理」坂元茂樹編『国際立法の最前線』（有信堂高文社，2009 年）101，127 頁.

212　第3章　紛争の認定における抗争の参照

ても，ICJ による判断への期待が昂進していたわけではなかった．このような状況で，自衛権の問題に踏み込まなければ ICJ への信頼が損なわれる現実的危険性はほとんどなかった．

　第2に，南西アフリカ事件の時期には，南アフリカによるアパルトヘイトに対する広範な批判が存在していた．南アフリカに好意的な国ですら，南アフリカを公に支持することは政治的に困難であった．ICJ の判断は，南アフリカに対する国際的圧力に棹差すものとして，国々からの広い期待を集めていたのである．それに対して，イラク戦争については，それを明確に正当化する安保理決議は採択されておらず，また，それを自衛権で正当化することは困難であるとして合衆国を批判する国々も少なくなかったが，約50か国が合衆国に支持を表明していた[385]．そこで，ICJ は，国際社会で見解が二分されている問題について，あえてその一方の勢力に加担したといわなければならない．

　これらに照らせば，判決主文1に前段を含めるという司法政策は，「請求を越えず」という法理に明確に反するだけではなく，それを逸脱するやむにやまれぬ理由があるものでもなかったといわなければならない．

　その後，ICJ は，油井やぐら事件判決のような逸脱を判決主文においておこなうことを自制しているようにみえる．その代わり，理由においては「蛇足」をかなり自由に付記している．

　例えば，「国家の管轄権免除事件」判決（2012年）は，ドイツ（第三帝国）が第2次世界大戦の際に犯した「国際犯罪」については，強行規範の違反であることから管轄権免除が認められないとしたイタリアの裁判所の判決について，行為の性質にかかわりなく，主権的行為については管轄権免除が認められなければならないとして，違法であると認定した[386]．ところが，ICJ

385）筒井若水『違法の戦争，合法の戦争』（朝日新聞社，2005年）101頁.

386）ICJ は，イタリアの主張を支持する国家実行はギリシアによるもののみであり，国際犯罪について国家の管轄権免除を否認する慣習法は成立していないとした．本件は，新たな法への支持が十分成熟していない時点で係属した訴訟であり，ICJ の処理は妥当なものであったと考えられる．なお，法政策の問題としても，戦後の関係を安定化させるためには，戦争に関わる責任の問題は平和条約で包括的に処理されるべきであって，被害国などの国内裁判所で一方的に処理されるべきものではないと考えるならば，イタリアが追求した新たな法は望ましいものではないと考えられる．

は，当該行為を「人道の根本的な考慮」を完全に看過するものであったという認定を理由に追加した[387]．イタリアは，当該行為が「人道の根本的な考慮」に関わるものであると陳述していたものの[388]，ドイツがそのように自白していたわけではなかった．紛争の主題に含まれず，かつ，主文の論理的前提として必要なわけでもないこの認定は，裁判権を踰越するものであった．この判決には国際犯罪に対する責任を追及する手段を失わせるとする反対意見が付されていることに鑑みて，ドイツの責任の強調と交渉の勧告[389]という2つの傍論によって，イタリア（とその背後にある国々やNGO）の立場に配慮を示したと考えられる[390]．

小　括

ICJは，訴訟で処理すべき紛争の主題を認定する際に，請求国が定式化した争論を鵜呑みにするのではなく，「単一で同一の利益」，「請求の全体」，「訴訟の根源」および「当初からの窮極の目的」などを参照することによって，抗争と関係付けてきた[391]．請求国が争論を抗争から過度に抽象化している場合には，訴訟を抗争解決に必要な限度に縮減して，国際法の発展を自己目的とする訴訟の処理を自制してきたのである[392]．つまり，ICJは抗争解決志向に立ち，紛争の主題を選別してきたといえる．

国際法発展志向に立つ田中耕太郎は，ICJの裁判官退任後に，当時の多数

---

387) *See* Jurisdictional Immunities of the State, 2012 I.C.J. 121-122.

388) *See* Statement of Mr. Condrelli（Italy），Jurisdictional Immunities of the State, at 22（CR2011/18, Sep. 13, 2011）.

389) *See* Jurisdictional Immunities of the State, 2012 I.C.J. 144.

390)「蛇足」のほかの例として，*see* Armed Activities on the Territory of the Congo（Dem. Rep. Congo v. Rwanda），2002 I.C.J. 249-250（暫定措置の要請を斥ける）; Armed Activities on the Territory of the Congo（Dem. Rep. Congo v. Rwanda），2006 I.C.J. 52-53.

391) 勧告手続においては，ICJは要請を再定式化（reformulate）する権限をもつとしている．*See* Legal Consequences Arising from the Policies and Practices of Israel in the Occupied Palestinian Territory, Including East Jerusalem, 2024 I.C.J. para. 49（July 19）.

392) *Cf.* Kenneth E. Boulding, Conflict and Defence 324（Harper & Bros., 1962）［K・E・ボールディング（内田忠夫＝衛藤瀋吉訳）『紛争の一般理論』（ダイヤモンド社，1971年）396頁］（紛争の処理に視野を限定すると，抗争の原因を無視したり，抗争の原因を管理し，抗争を少なくするという課題を無視することにつながりかねないと警告する）．

意見は「とかく事案が難しいと，先決問題をとらえて本案をアウトにしてしまう……．僕はそんな卑怯な真似はしなかった．真正面から本案に取っ組んで黒白を明らかにしようとしました」[393] と述懐している．一般的に，ICJ の「司法消極主義」に対する批判もある[394]．しかし，司法消極主義という言葉は「変幻自在の言葉（protean term）」であり[395]，真の問題は ICJ が何について消極主義を採っているかである．

ICJ は国際法の発展について消極主義を採っているとしても，第 5 章で検討するように，抗争解決の支援という点ではむしろ積極主義をとっている．抗争解決志向に立てば，国際法の内容について国々の立場が分裂している場合には，具体的抗争解決に必要な限りでは黒白を明らかにすべきであるものの，そうではない場合に，国際法の内容に関して存在する対立について，黒白いずれにも加担すべきではない．どちらの陣営からの信頼も失わないために，妨訴事由に基礎付けて訴訟を却下することがまさに適切な場合もあるのである．それは決して「卑怯な真似」ではない．ICJ は，「訴訟当事国の機関」であることによって初めて国際法形成過程で有用なのであり，国際法政策の形成を自己目的とする訴訟に対しては，原則として，政治過程における帰趨の確定を待ってから，その旗幟を明らかにすべきなのである．

従来とは逆に，油井やぐら事件本案判決は，国際法発展志向の立場から争論の解釈における抗争の参照という手法を利用し，紛争を拡大解釈した．ICJ は同判決の場合にはそれを必要とする特別な理由が存在するとしたわけであるが，その評価は分かれている．同事件の後の訴訟においては，政策形成に踏み込むべき特別な理由を明確化する際に，「区別」などの手法を用いて同判決の先例としての射程を限定することが課題になるであろう．

---

393) 西村熊雄「田中耕太郎先生を偲ぶ」鈴木竹雄編『田中耕太郎——人と業績』（有斐閣，1977年）387，390 頁．

394) *See* Helmut Steinberger, *The International Court of Justice, in* JUDICIAL SETTLEMENT OF INTERNATIONAL DISPUTES 193, 250 (Max Planck Institute for Comparative Public Law and International Law ed., Springer, 1974).

395) *See* Mark Tushnet, *The Warren Court as History, in* THE WARREN COURT IN HISTORICAL AND POLITICAL PERSPECTIVE 1, 13 (Mark Tushnet ed., University of Virginia, 1993).

第4章 裁判準則の選択における抗争

　本章は，訴訟の本体である処理について，ICJ は「法を知る」という原則と訴訟当事国の意思の尊重という要請との調整について検討する．第1節では，ICJ が機能する基盤を確認し，第2節では，「法を知る」という原則の意味を整理する．そして，第3節では，本案の判断に至ることなく訴訟を却下する理由となる妨訴事由について，処理の原理を検討する．抗争解決志向に立てば，当面の訴訟を処理するために最も直接的な妨訴事由を選択することが重要であると考えられるであろう．それに対して，国際法発展志向に立てば，妨訴事由についてできる限り分節化し，定型的に処理する指針を提示することが重要になると考えられるはずである．第4節では，本案に関する決定を理由付ける裁判準則について，ICJ が訴訟当事国の合意をどのように位置付けているかを検討する．抗争解決志向に立てば，抗争を解決すべき訴訟当事国の合意した「法」に理由付けられた判決は，当該国に受け入れられることによって，その役割を完了させると考えられ，その「法」と一般国際法との関係に踏み込んで審理することは，抗争解決と関係のないコストを訴訟当事国に支払わせることになり，望ましくないと考えられるであろう．これに対して，国際法発展志向に立てば，一般国際法を認定する機会はできる限り活用されるべきであると考えられるはずである[1]．

第1節　国際司法裁判所の機能の基盤

　ICJ は，司法機関を「当事者の陳述を審理し，当事者が提出した証拠を評

---

1) NAFTA 第19章に基づく2国間パネルについて，その先例に権威を認めるならば，同パネルが職権で法的論点を取り上げることも認めるべきであるという主張があった．*See* Kenneth J. Rippin, *An Examination of the Developments in Chapter 19 Antidumping Decisions Under the North American Free Trade Agreement (NAFTA): The Implications and Suggestions for Reform for the Next Century Based on the Experience of NAFTA After the First Five Yeears,* 21 MICH. J. INT'L L. 101, 126-128 (1999).

価し，事実を認定し，その事実に適用される法を宣言するもの」[2] であると
定義している．抗争に対して第三者である ICJ の決定が抗争解決の指針とし
て受け入れられるためには，何らかの能力が必要なはずである．それはどの
ようなものであろうか．

1 権　威

この能力は「権威」であると理解することもできる．例えば，シュミット
は，古代ローマにおいて，キケロが「権力は人民に，権威は元老院に (*cum
potestas in populo, auctoritas in senatu sit*)」[3] と述べたのと同じように，PCIJ
は，PCIJ 規程当事国の委任に基づく権威ではなく，独自の権威をもつとし
た[4]．この独自の権威とは，「正義の再現前 (*Repräsentation*)」である「超国
家的，超主権的な存在 (*ein Über-Staat und Über-Souverän*)」としての権威で
あるとされる[5]．

しかし，この理解は PCIJ の過大評価であるといわなければならない．

第 1 に，シュミットは言及していないが，引用文に続く文章は，人民と元
老院との均衡は前者が後者を支持する場合にのみ成立しうると述べている[6]．
同じように，PCIJ の権威は PCIJ 規程当事国がそれを支持する場合にのみ成
立するといえるであろう．このような具体的条件に目を閉ざすシュミットの
理解は，理念の世界に自閉している点で，政治的立場は逆であるケルゼンと
同質なものであると考えられる[7]．

シュミットの思考の特徴は，国家承認をめぐる主張にも明らかである．シ

---

2) Effect of Awards Made by the United Nations Administrative Tribunal, 1954 I.C.J. 56.

3) M. TULLI CICERONIS, *De Legibus*, 4 OPERA QUAE SUPERSUNT OMNIA 855, 916 (I.G. Baiterus & Car.
　Halmius eds., Typis Orellii, Füsslini et sociorum, 1861)［岡道男訳「法律について」『キケロー選
　集 第 8 巻』（岩波書店，1999 年）177，290 頁].

4) *See* CARL SCHMITT, VERFASSUNGSLEHRE 75 note (Duncker & Humblot, 1928)［カール・シュミッ
　ト（阿部照哉＝村上義弘訳）『憲法論』（みすず書房，1974 年）98 頁注].

5) *See* CARL SCHMITT, RÖMISCHER KATHOLIZISMUS UND POLITISCHE FORM 52 (Theatiner-Verlag, 1925)
　［カール・シュミット（長尾龍一ほか訳）「ローマカトリック教会と政治形態」『政治神学再論』
　（福村出版，1980 年）160 頁].

6) *See* CICERONIS, *supra* note 3, at 916［邦訳 290 頁].

7) シュミットのこのような特徴について，高田篤「シュミットとケルゼン」初宿正典＝古賀敬太
　編『カール・シュミットとその時代』（風行社，1997 年）3 頁.

ュミットは，国々がある団体を国家承認するかどうかを争っている場合には，PCIJ は，当該団体を自身が国家承認することによって，それを拒む国々の抵抗を排除し，国際秩序を確立することができるとするのである[8]．

　この点について示唆的なのは，ユーゴスラビアを構成していた共和国の独立を承認するかどうかを審査するために EU が仲裁委員会を設立したものの，それが建設的機能を果たしえなかったことである[9]．例えば，ドイツは，同委員会の審査を待たずに独自の判断で承認すると宣言し，それを形骸化させたのである[10]．この例は，第三者として裁定することが期待される機関は，それを構成する個人が専門家として一定の権威を承認されうる場合であっても，関係国の意思に優越する「超国家的」権威を認められることはほとんどないことを明らかにしている．コソボ事案勧告手続の際に，国連総会も国家承認の問題を ICJ に諮問することを回避し[11]，ICJ はその問題に関する意見を表明しなかった[12]．

　なお，政府承認に関わる例であるが，安保理が，ソマリアの領海における措置を決定した際に，同国の暫定連邦政府（TFG）の同意に依拠したことによって，当該措置を実施する加盟国について，たとえ TFG を承認していなくとも，TFG の同意が法的効果をもつものとしたことはある[13]．政治的機

---

8) *See* SCHMITT, *supra* note 4.

9) *See* SIMON J. NUTTALL, EUROPEAN FOREIGN POLICY 207 (Oxford University Press, 2000).

10) ドイツによるクロアチアの「性急な承認」は「『民族』間の憎しみ」に油を注いだといわれる．最上敏樹『国境なき平和に』（みすず書房，2006 年）41 頁．EC も，仲裁委員会が国家承認すべき条件を満たすとしたマケドニアの国家承認を差し控え，逆に，仲裁委員会が当該要件を満たしていないとしたクロアチアを国家承認した．*See* ABRAM CHAYES & ANTONIA HANDLER CHAYES, THE NEW SOVEREIGNTY: COMPLIANCE WITH INTERNATIONAL REGULATORY AGREEMENTS 56 n.95 (Harvard University Press, 1995) ［エイブラム・チェイズ＝アントーニア・H・チェイズ（宮野洋一監訳）『国際法遵守の管理モデル――新しい主権のありかた』（中央大学出版部，2018 年）105 頁注 95］.

11) *See* U.N. Doc. A/Res/63/3, Oct. 8, 2008 （賛成 76（セルビアを含む），反対 6，棄権 74）.

12) しかし，勧告的意見が一方的独立宣言を違法ではないとしたことは，コソボの独立を妨げないことを帰結し，コソボが関係をもとうとする国のほとんどはコソボを国家承認することになったといわれる．*See* BRAD R. ROTH, SOVEREIGN EQUALITY AND MORAL DISAGREEMENT 198-199 (Oxford University Press, 2012). さらに，この勧告的意見は 2014 年のクリミアの独立を先導する「悪い先例」になったといわれる．藤沢巌「コソボについての一方的独立宣言の国際法との適合性」国際法外交雑誌 122 巻 3 号（2023 年）129, 143-144 頁.

13) 酒井啓亘「ソマリア沖における『海賊』の取締りと国連安保理決議」坂元茂樹編『国際立法の最前線』（有信堂高文社，2009 年）209, 228-229 頁.

関であればこそ，このような決定が可能であると考えられる．

　第2に，元老院の権威は，建国の父たち（*patres*）の再現前として，彼らの偉業を発展させる（*augere*）——この言葉は権威（*auctoritas*）の語源であるともいわれる[14]——地位をもつことに由来すると考えられる．それに対して，PCIJ は同じような宗教的権威を認められていない．

　もっとも，PCIJ のもちうる権威を，合衆国最高裁のそれと類比することは可能であるかもしれない．合衆国憲法の下で，権威は13邦の代表であった建国の父たちを引き継ぐ上院（Senate）に[15]，権力は大統領に与えられたのに対して，合衆国憲法の解釈権が最高裁に与えられ，それらの間で「抑制と均衡」が機能すべきものとされている．そこで，ICJ も，宗教的または民主的な権威の源泉をもたなくても，国際法の解釈権がその権威の基盤になると考えられるのである．ただし，この理解にも留保が付されなければならない．合衆国最高裁は，合衆国憲法によって強制的裁判権を与えられているのに対して，ICJ は国連憲章および ICJ 規程によって強制的裁判権を与えられていないからである．それゆえ，ICJ の機能の基盤は，裁判権が受諾される原因となるいっそう具体的な能力に見出されなければならない．

2　能　力

　ICJ は決定を受け入れさせるための「説得の技法（*ars persuadendi*）」として，いわゆる法的三段論法を用いる．それは，比喩的にいえば，認定される事実を力点，裁判準則となる国際法を支点，そして，決定を作用点とする梃子として理解することができる[16]．そこで，ICJ が認められるべき能力には，事実を認定する能力[17]，決定を基礎付ける正統な根拠（warrant）となる「法を知る」能力，および，公正な判断を下す能力の3つがあると考えられる．

---

14) *See* HANNAH ARENDT, ON REVOLUTION 200-202 (Viking Press, 1963) ［ハンナ・アレント（志水速雄訳）『革命について』（筑摩書房，1995年）319-322頁］. *But see* CARL J. FRIEDRICH, TRADITION AND AUTHORITY 47-48 (Macmillan, 1972) ［カール・J・フリードリッヒ（三邊博之訳）『伝統と権威』（福村書店，1976年）56-58頁］（"*Augere*" が "*auctoritas*" の語源であるというのは誤解であり，説得力が権威の基礎であると指摘する）.

15) 連邦議会がローマの伝統を背景とするという指摘として，石垣友明『アメリカ連邦議会——機能・課題・展望』（有斐閣，2023年）29頁.

16) 国内裁判における当該図式について，草野耕一『日本人が知らない説得の技法』（講談社，1997年）42頁.

(1) 事実認定能力

ICJ は原則として，訴訟当事国の領域で証拠を収集する権限および手段をもたない．訴訟当事国も，他国の領域でその同意なく証拠を収集することは禁止される．そのような措置が許容されるとすると，弱国に対して強国が不当に有利となり，「国際司法の運営そのものを容易に歪めることになりうる」からである[18]．

このような構造の下で，PCIJ は，事実に関しては関係国の対審を通してのみ明らかにされる場合があるとして，勧告的意見の要請の対象となった抗争の当事国が反対しているという理由で，要請の審理を拒否したことがある[19]．この決定には，PCIJ が自身の情報収集インフラストラクチャーの限界を自覚していたことが現れている[20]．もっとも，ICJ は近年，被請求国が証拠の収集に協力義務を負うと述べることがあり[21]，この義務を強化することによって，単純に証明の負担を適用するに止まらない判断が可能になるとも考えられる．

ICJ は，訴訟手続のうち，書面手続と口頭手続とで構成される情報伝達過程における双方聴取（*audiatur et altera pars*）を保障し，訴訟当事国から事実に関する情報を収集しなければならない[22]．双方聴取は，情報収集のみならず，訴訟当事国の誤解を解消することによって和解の可能性を生じさせたり[23]，決定形成過程すなわち裁判官の評議において審理の対象とすべき争点

---

17) 裁判においては事実認定が決定的に重要であるとする古典的著作としては，*see* Jerome Frank, Courts on Trial（Princeton University Press, 1949）［ジェローム・フランク（古賀正義訳）『裁かれる裁判所（上）（下）』（弘文堂，1960 年・1961 年）]）．

18) *See* Corfu Channel, 1949 I.C.J. 35.

19) *See* Eastern Carelia, 1923 P.C.I.J.（ser. B）No. 5, at 28–29.

20) ICJ 規程第 68 条は，勧告手続について，「適用することができると認める範囲内で，争訟事件に適用されるこの規程の規定による」と規定する．

21) *See, e.g.,* Application of the Genocide Convention（Croat. v. Serbia）, 2015 I.C.J. 73.

22) 双方聴取は訴訟手続に適用される法の一般原則であり，自然法の要請であるとすらいえる．「片方からしか言い分を聞かずにお決めになる方は，たとえ公正な決定をなさっても，公正な方とは言えません」というギリシア悲劇のローマ市民による翻案として，*see* Seneca, *Medea, in* 8 Tragedies 1, at 303, 334（John G. Fitch ed., Harvard University Press, 2018）［小林標訳「メデア」小川正廣ほか訳『セネカ悲劇集 1』（京都大学学術出版会，1997 年）243, 260 頁].

23) *See* Navigational and Related Rights, 2009 I.C.J. 249（口頭手続の中で，訴訟当事国の立場の相違は大部分解消したと指摘する）．

220 第4章 裁判準則の選択における抗争

を明確化したりするためにも重要である.

　その決定が受け入れられるために, ICJ は, 訴訟当事国に陳述の機会を十分与えなかった事実および法に判決を基礎付けるべきでない. とりわけ, 反論の機会が与えられていない事由に判決を基礎付けることは許されない[24]. というのも, 決定に至る手続に関与したことによってコントロール感 (perceived control) を強く得た者ほど, 当該決定を受け入れ易いからである[25]. 訴訟当事国が陳述の対象にしていない情報は信頼性が保障されず, それに基礎を置く判決の質には疑義が寄せられることになり, ひいては ICJ 自身の評判を損なうことになりかねない.

　ICJ は, 国内裁判における証拠開示手続 (discovery) のような, 当事者間で情報を収集し合う手続をもたない. それゆえ, ICJ はしばしば, 訴訟当事国に証明の負担を配分し, 証明度が満たされないとして, 証明対象となる事実に基づく主張を斥ける. 例えば, DRC 対ウガンダのコンゴ領軍事活動事件では, 「証拠に照らして, ウガンダ政府に対する叛徒集団の国境地域における活動について, ザイール [現 DRC] 政府の不作為がそれらの『許容』または『黙認』に当たるという結論に至らなかった」という理由で, ICJ は DRC が監理義務 (duty of vigilance) に違反したとする反訴を棄却している[26]. ここで, ICJ は, 事実が「不明瞭の事態に陥った」ので, 反訴を提起したウガンダに証明の負担を負わせたとする見解がある[27]. しかし, 証明の負担は, 事実が明瞭であるか不明瞭であるかという判断の前に構造的に確定される問題であり, 請求を支持する事実が存在しないと認定される場合にも, 証明されなかった帰結である不利益を請求国が負い, 請求が棄却される. 証明の負担による処理は, 事実が不明瞭であるという積極的認定を含意しない

---

24) See Statement of Mr. Fahy (U.S.), U.N. Comm. of Jurist, 5th Mtg., Apr. 12, 1945, Doc. 30, G/22, at 5, 14 U.N.C.I.O. Docs. 135 (1945). 仲裁手続に当事者が十分参加していたことは, 仲裁判断の有効性を基礎付ける1つの要因となる. See Arbitral Award Made by the King of Spain on 23 December 1906 (Hond. v. Nicar.), 1960 I.C.J. 209 [邦訳 628 頁]. See also Juno Trader (St. Vincent v. Guinea-Bissau), 2004 I.T.L.O.S. 69 (separate opinion of Judge Chandrasekhara Rao).

25) 今井芳昭『影響力を解剖する』(福村出版, 1996 年) 188 頁.

26) See Armed Activities on the Territory of the Congo (Dem. Rep. Congo v. Uganda), 2005 I.C.J. 252.

27) 中島啓「国際裁判における事実認定の法構造」国家学会雑誌 121 巻 7・8 号 (2008 年) 93, 102-103 頁.

というべきである.

　なお，他国政府に対する叛徒集団が自国領域で活動している国がその取締りを義務付けられることは明らかであり，監理義務の違反は推定され，領域国が反証の負担を負うべきであるとする意見もある[28]．この意見も，事実が不明瞭であるかどうかという問題ではなく，監理義務の延長で証明の負担の配分をどのようにおこなうかという法的問題を問題にしている[29]．

　ICJの事実認定能力が最も問題となるのは，武力抗争について一方的付託がなされ，被請求国がICJへの出廷を拒む場合である．このような場合には，ICJは，「国連の機関」として危機管理，すなわち，国際平和の維持のための状況依存的対応も要請される．ICJが請求国の提出する情報のみに基づいて事実認定をおこなうと偏向しているとみなされる．それを避けようとするならば，報道された「公知の事実（public knowledge）」に依拠せざるをえない．

　もちろん，ICJは，公知の事実の認定には慎重であり，例えば，複数の報道の情報源が単一である場合には，当該情報源がもつ限度の証拠力しかもたないとしている[30]．しかし，フェイクニュースが遍在していることから容易に理解されるように，報道は偏向を免れず，公知の事実は訴訟当事国の対審を経て認定される事実と比して信頼性が低いといわざるをえない．安保理の討議で依拠され，その決定に影響を与えた報道ですら捏造されたものと判明した例もあり[31]，ICJが認定した公知の事実が捏造であったと判明する可能性も小さくない．そうなれば，ICJの事実認定能力への懐疑が呼び起こされ，ICJへの信頼が掘り崩されることになる．ICJが危機管理に必要であるとい

---

28)　*See* Armed Activities on the Territory of the Congo（Dem. Rep. Congo v. Uganda），2005 I. C.J. 325-326（separate opinion of Judge Kooijmans）.

29)　*See id.* at 268. なお，国家責任を追及する場合に，例えば，行為の帰属の認定の基準を推論によって緩和することも可能である．しかし，それを緩和するとそれに応じて「誤審」のリスクが増大するという問題がある．清水翔「国家間サイバー攻撃の法的アトリビューション——国際司法裁判所における『証拠偏在』論の再構成」Information Network Law Review19号（2020年）121，128頁.

30)　*See* Military and Paramilitary Activities, 1986 I.C.J. 40-41.

31)　木下和寛『メディアは戦争にどうかかわってきたか』（朝日新聞社，2005年）254-266頁（1992年のボスニア紛争の際に，セルビア人が強制収容所でムスリムを虐待している証拠として報道された写真はその証拠となるものではなかったことが後に判明したとする）.

う理由で要求される証明度を下げ，本案に関わる決定を暫定措置のようなものに変質させるならば，ICJ の権威が損なわれる危険性はさらに高まる．

(2) 「法を知る」能力

法については，裁判官がそれを「知る」能力をもつものとされる．この能力は常に検証されるべきものである．「法を知る」能力の根拠には，民主的正統性と専門的能力とがありうる[32]．ICJ の場合にも，この視点から検討することは有用であろう．

(a) 民主的正統性

ICJ の裁判官は一定の民主的正統性をもつ．というのも，国連総会と安保理それぞれにおいて絶対多数を獲得することによって選挙されるからである（ICJ 規程第 8 条・第 10 条）．しかし，これらの選挙が裁判官の能力を保証するものであるということは困難である．例えば，自国民の候補者に立候補を辞退させ，相手国からの候補者に投票することを約束する代わりに，安保理非常任理事国選挙において自国に投票することを相手国に約束させるという，政治的取引の対象とされることもあるからである[33]．

裁判官の任期は 9 年間であり，再選は許容される．合衆国は，ICJ 規程の起草過程で，裁判官候補者を 72 歳未満の者に限定し，かつ，裁判官が 75 歳に達したときに退職するとする規定を準備した[34]．しかし，このような年齢制限は採用されなかった[35]．

ICJ は「独立の裁判官の一団で構成する」（ICJ 規程第 2 条）とされる．日本国憲法は，最高裁判事の国民審査制度を創設しているが（第 79 条 2 項），

---

32) 樋口陽一『憲法と国家——同時代を問う』（岩波書店，1999 年）159-161 頁.

33) 牧原出『田中耕太郎——闘う司法の確立者，世界法の探求者』（中央公論新社，2022 年）238 頁．同書 240-242 頁も参照．「立派な候補」がいても，自国政府の強力なバックアップがなければ国際機関の職員の選挙に勝ち目はないとする経験談として，赤阪清隆『国際機関で見た「世界のエリート」の正体』（中央公論新社，2014 年）128 頁.

34) *See* Norman J. Padelford, *The Composition of the International Court of Justice, in* THE RELEVANCE OF INTERNATIONAL LAW 219, 222 (Karl W. Deutsch & Stanley Hoffmann eds., Doubleday & Co., 1968).

35) この規定が採用されなかったことは賢明であったといわれる．*See id.* at 230-231. 現在では，一律の定年の設定は，年齢による差別として禁止される可能性がある．年齢差別については，例えば，櫻庭涼子『年齢差別禁止の法理』（信山社，2008 年）.

国連憲章も規程も ICJ の裁判官について同様の制度を創設していない．ひとたび選出されると，ICJ の裁判官は民主的統制の外に置かれるのである．そこで，「民主性の不足（democratic deficit）」の問題を抱え込むことは不可避である[36]．

もっとも，実際には，ICJ の裁判官の中には，種々の決定に投票する際に，自身の再選を国々が支持する可能性が高まるかどうかに敏感な者がいると「合理的に推測することができる」という指摘もある[37]．裁判官の選挙や ICJ の予算の決定を通して，規程当事国が ICJ に一般的な統制を及ぼすこと自体は望ましいことであるが，訴訟の処理については，裁判官はどの国からも独立に「公平かつ誠実に」行動すべきである．この 2 つの要請を調和させることは困難な課題である．

実際に，敗訴国が自国に不利な票を投じた裁判官の国籍国に外交的圧力をかけることがある．例えば，プレアビヘア寺院事件判決の後，敗訴したタイは，判決が下されたときの所長の国籍国との貿易を制限した[38]．このような圧力を受けた国籍国が自身の再選を支持しなくなることを裁判官が恐れ，投票行動を変えるとすれば，それは問題であるといわなければならない．いずれにしろ，ICJ の裁判官は，キャリア裁判官ではなく，通常，再選を支持しないという威嚇が裁判官の行動に影響を与える程度はそれほど高くないと考えられる．

「民主性の不足」に対する批判が国内裁判所についてあまり先鋭化しないのは，それが全体として民主的正統性をもつ統治機構の一部であり，立法部および執行部との間で「抑制と均衡」が機能しているからである．それに対して，第 1 章および第 2 章で述べたように，ICJ にはこの条件が存在しないことから，「民主性の不足」の問題は深刻なものとなる．

国連は，全体として民主的正統性を承認されている制度ではないのである．例えば，総会における 1 国 1 票制は，主権平等の原則の反映であるとしても，

---

36) *See* JOHN YOO, THE POWERS OF WAR AND PEACE 302-303 (University of Chicago Press, 2005).

37) *See* Statement of Legal Adviser of State Department, Abraham D. Sofaer, to Senate Foreign Relations Committee, Dec. 4, 1985, 86 DEP'T ST. BULL. 67, 69 (No. 2106, 1986).

38) *See* CONSTANZE SCHULTE, COMPLIANCE WITH DECISIONS OF THE INTERNATIONAL COURT OF JUSTICE 135 (Oxford University Press, 2004).

224　第4章　裁判準則の選択における抗争

個人の平等に基づく本来の民主的正統性の要請とは乖離している．人口が約
1.1万人であるツバルの国民1人と，人口が14億2860万人であるインドの
国民1人との代表性の格差は約13万倍にもなる．また，安保理常任理事国
の拒否権という特権も，主権平等の原則に対する例外として，その正統性が
常に問われる問題である．さらに，理事国15か国で決定される安保理の決
定に対しては，「アカウンタビリティ（答責性）の不足（accountability defi-
cit）」の問題も指摘される[39]．

　(b)　専門的能力

　ICJ は，国際法に関する知識とその論理を操作する技術とをもつといえる
であろう[40]．ICJ が依拠する「説得の技法」は，その決定を国際法に基礎付
けることなのであり，その決定が受け入れられるかどうかは，国際法の権威
と裁判官の専門的能力とに依存するのである．

　ICJ 規程第2条は，裁判官の資格として，徳望が高いこと，および，「各
自の国で最高の司法官に任ぜられるのに必要な資格を有する」か，「国際法
に有能の名のある法律家」であるかすることを挙げている[41]．規程第5条1
項は，裁判官候補者を指名する資格を規程当事国ではなく，PCA 仲裁人候
補者団に与えており，同第6条は，指名前に，「自国の最高司法裁判所，法

39）　*See* R. Wessel, *Debating the "Smartness" of Anti-Terrorism Sanction: The UN Security Coun-
cil and the Individual Citizen, in* LEGAL INSTRUMENTS IN THE FIGHT AGAINST INTERNATIONAL TER-
RORISM: A TRANSATLANTIC DIALOGUE 633, 652 (C. Fijnaut et al. eds., Martinus Nijhoff, 2002).

40）　その人が専門家であるという知覚がその人の勢力の基礎になるとする実験について，*see* John
R.P. French, Jr. & Richard Snyder, *Leadership and Interpersonal Power, in* STUDIES IN SOCIAL
POWER 118, 148 (Dorwin Cartwright ed., University of Michigan, 1959)［ジョン・R・P・フレン
チ2世＝リチャード・スナイダー「リーダーシップと対人的勢力」D・カートライト（千輪浩監
訳）『社会的勢力』（誠信書房，1962年）151, 190頁］．

41）　ICC 規程第36条3項bは，裁判官候補者の資格として，いっそう詳細に，（ⅰ）刑事法もし
くは刑事手続に関する能力もしくは経験，または，（ⅱ）国際（人道・人権）法に関する能力も
しくは経験のいずれかを求め，同条5項は，裁判官18名のうち，前者の資格をもつ裁判官を9
名，後者の資格をもつ裁判官を5名，最低限含むものとしている．ICC の裁判官の選挙手続につ
いて，岡野正敬「2009年の国際刑事裁判所の裁判官選挙の結果と今後の課題」国際法外交雑誌
108巻1号（2009年）95-98頁．これに対して，自由権規約委員会の委員については，同規約第
28条2項が「高潔な人格を有し，かつ，人権の分野において能力を認められたこの規約の締約
国の国民」であることのみを資格としつつ，「法律関係の経験を有する者の参加が有益であるこ
とに考慮を払う」として，法律関係の経験を有しない者の選出を想定している．このような委員
会による同規約の解釈が勧告にすぎないと位置付けられていることは当然であろう．

律大学および法律学校ならびに法律研究に従事する学士院および国際学士院の自国の部の意見を求めることを勧告される」としている．例えば，合衆国のPCA仲裁人候補者団は，1960年の裁判官選挙の際に初めて，法律家に幅広く回覧状を送り，体系的に意見を求めている．この実行について，後にICJ裁判官となるR・R・バクスタは，ICJの「神秘性をいささかなりと剥ぎ取る」ものであると評価している[42]．これに対して，イギリスでは，このような制度は創設されておらず[43]，日本でも同様であると考えられる．

判決に理由の記載が要求されているのは，ICJの機能が窮極的には国際法に依拠しているからである．それゆえ，国際法への理由付けに失敗すると，ICJの決定の権威は損なわれる．ICJに対する統制には，裁判準則とされるべき国際法を法典化・分節化しておくなどの事前のものと，決定の理由付けの説得力に応じて，裁判権の受諾，訴訟の付託，関係した裁判官の再任の支持を決定するなどの事後のものとがありうる．ICJの決定が訴訟当事国の陳述で取り上げられなかった論点に依拠し，理由付けが十分なされなかったり，逆に，訴訟当事国が争う重要な争点を回避するものであったりすると，そのような決定には欠陥があると考えられる[44]．

裁判官の投票と宣言・意見との乖離

ICJの裁判官は，多数意見への賛成投票が国際法以外の理由によるものであると，意見などにおいて告白することがある．例えば，ラグラン事件の際に，小田は，暫定措置を指示するための要件が満たされていないが，人道的考慮のみに基づいてそれに賛成するという宣言を付している[45]．小田は暫定措置が拘束力をもちえないとする立場であるので，「事情によって必要と認める」場合には，たとえ「要件」が満たされていなくとも指示しうるとしたと理解することもできる[46]．しかし，逮捕状事件本案判決に

---

42) *See* R.R. Baxter, *The Procedures Employed in Connection with the United States Nominations for the International Court in 1960*, 55 Am. J. Int'l L. 445, 446 (1961).

43) *See* 2 Dame Rosalyn Higgins et al., Oppenheim's International Law: United Nations 1141 (Oxford University Press, 2017).

44) *See* John Merrills & Eric de Brabandere, Merrills' International Dispute Settlement 433 (7th ed., Cambridge University Press, 2022) [J・G・メリルス（長谷川正国訳）『新版国際紛争処理概論』（成文堂，2008年）351頁［底本第4版］].

付した意見においては,「司法的連帯の感覚のみによって」暫定措置に賛成したことを後悔していると述懐した[47]. この述懐は,「司法的連帯の感覚」なるものが暫定措置を正当化しうる「事情」に当たるのか——さらにいえば,裁判官の独立性と両立するのか——という疑問を生じさせる.

このような見解の表明は,明らかに拘束力をもつ判決に付される場合には正当化することがいっそう困難である. 小田は,訴訟参加の要請を却下する判決について,「全員一致の機会を損ねてはいけないという心理が私に働いて,賛成投票をしながらも,言いたいことは述べた」と回顧し[48],「私はまだ1人だけ判決に反対する度胸はなかった」と告白している[49]. 小田が,後の訴訟でその意見が引用され易いものとなるように,反対意見ではなく「押しかけ個別意見」[50] を付したのだとすれば,その行動は理解しうるかもしれない. しかし,公表される投票の理由は,多数派裁判官への大勢順応 (conformism) ではなく,法でなければならない. さもなければ,機関としての ICJ の独立性と同じく重要である裁判官個人の独立性についての信頼が掘り崩されることになる.

すでに 1996 年に,ICJ による理屈付けは「その場限り」のものになってきたと批判されている[51]. この批判は,その後の 30 年を通じて,いっ

---

45) See LaGrand, 1999 I.C.J. 20 (declaration of Judge Oda). 一応の裁判権も存在しないとする意見を付した裁判官が暫定措置の指示に賛成することがあり,問題になると指摘される. 浅田正彦「ウクライナ戦争と国際法——政治的・軍事的側面を中心に」浅田正彦＝玉田大編『ウクライナ戦争をめぐる国際法と国際政治経済』(東信堂,2023 年) 5,9 頁注 20. 1 つの回答は,一応の裁判権が存在すると決定されれば,当該決定に反対した裁判官も暫定措置の内容に対する賛否を投票すべきであるというものである. このような理解は,核兵器使用等の合法性事案について要請への回答に反対した小田が,主文 2 (F) に賛成票を投じた例にもみられる.

46) 勧告的意見にも同種の意見が付されることがある. See, e.g., Threat or Use of Nuclear Weapons, 1996 I.C.J. 329 (dissenting opinion of Vice-President Schwebel).

47) See Arrest Warrant, 2002 I.C.J. 46 (dissenting opinion of Judge Oda).

48) 小田滋『国際司法裁判所〔増補版〕』(日本評論社,2011 年) 276,356 頁.

49) 小田滋『国際法と共に歩んだ 60 年』(東信堂,2009 年) 173 頁.

50) 日本の最高裁裁判官による実質的な反対意見に近い「押しかけ補足意見」は,下級審裁判官による後の引用を容易にする. 加藤周一＝樋口陽一『時代を読む——「民族」「人権」再考』(小学館,1997 年) 33 頁 [樋口発言].

51) 山本草二「国際連合と日本」横浜国大エコノミア 46 巻 4 号 (1996 年) 39,40 頁. 自身の「正しさについて絶対の確信を持っている」ことは法的正当化を雑にさせる原因になりうるといわれる. 最上前掲書 (注 10) 97,101 頁.

そう強く妥当するようになっているようにみえる．しかし，「その場限り」のものであれ，理屈付けが試みられていることは，一定の心理状態ゆえに投票したと自白するよりは望ましい．

日本がアラフラ海真珠貝抗争を ICJ に付託することを決定した際に，日本の元駐オランダ大使は，ICJ の現任の裁判官であった田中耕太郎に「日本の立場につき理解を願うよう篤と説明せよ」という訓電を受けて，「極めて客観的に御説明したところ，先生は私の意のあるところを，十分お汲み取り下さった様であった」という述懐を公刊している[52]．このような述懐は，田中に対してはもちろん，国籍裁判官の独立性に対して一般的に疑義を生じさせるであろう．日本外交の特徴として，「外に出すいい方と内々のいい方がきわめて近い」ことが挙げられている[53]．小田の宣言と意見もこの元大使の述懐も，少なくとも「外に出す」ことなく「内々」に止めるべきものであったと考えられる．

(c) ICJ は「法を知る」という原則

ICJ は，「法を確認し適用することは法廷の義務であり，国際法の規則を証明する責任を訴訟当事国いずれかに課すことはできない．法は法廷の司法的知識（judicial knowledge）の中にあるからである」[54]とする．法の問題については，訴訟当事国に証明の負担を配分することは，原則として許されないのである[55]．国際法を認定するため，ICJ は必要ならば職権調査をおこなう義務を負うのであり，実際に，「先例，学説および事実」などを調査することがある[56]．

判例が存在する場合には，ICJ は，「真の争点は，以前の判断とその理由を排除する理由が本件において存在するかどうかという点である」として[57]，反証なき限り判例に依拠すべきであるとすることがある．形式的には，1 つ

---

52) 下田武三「国際人としての田中先生」鈴木竹雄編『田中耕太郎』（有斐閣，1977 年）429, 430-431 頁.

53) マイケル・ブレーカー（池井優訳）『根まわし，かきまわし，あとまわし』（サイマル出版会，1976 年）227-228 頁．日本の元外交官は，退官後，自国政府が否定している「尖閣諸島の問題」の「棚上げ合意」なるものの存在を主張して止まない．栗山尚一『戦後日本外交——軌跡と課題』（岩波書店，2016 年）216-219 頁.

54) Fisheries Jurisdiction (U.K. v. Ice.), 1974 I.C.J. 181 [邦訳 415 頁].

228 第4章 裁判準則の選択における抗争

の判決の拘束力は別訴に及ばないものの，実質的には，上記「真の争点」を
検討するだけで，それを事実上承認すべきであるとするのである．このよう
な態度は，ICJ の判断に関する予測可能性を高めると同時に，ICJ の判例を
権威化することによって，「法を知る」ICJ 自身の権威を高めようとするも
のであると理解される．

　ICJ の「法を知る」能力が最も試されるのは，先例のない（first impres-
sion）問題が付託された場合である．この場合にも，ICJ は，決定を下し，
理由を付さなければならない．そこで求められるのは，国際法の原則から裁
判準則となる規則を分節化し，それを適用するという操作であり，それが不
可能な場合には，原則を直接適用することであり，それも不可能な場合には，
国内法から抽出されるいっそう抽象的な法の一般原則に依拠することである．

　例えば，国連総会が，国連職員が職務遂行中に被った損害について国連が
非加盟国に対して賠償を請求する能力をもつかどうかについて勧告的意見を
要請したとき（「国連の勤務中に被った損害の賠償［以下，損害賠償事案］」），
ICJ は，「ここでは新しい事態に直面している」として，当該事態が「国際
法の原則に照らして考慮される国連憲章の規定によって規律されていること
を認識することによってのみ解決されうる」とした[58]．そして，国連は対世
的に主張しうる法人格をもち，その賠償請求能力は非加盟国によっても承認
されなければならないとした[59]．

　また，バルセロナ・トラクション電力会社事件では，国境を越えて資本関

55）国内裁判所が国際法の問題について法学者に鑑定を求めるのは「裁判所の自滅行為」であると
　いわれる．小田滋「光華寮訴訟顛末記」国際法外交雑誌 107 巻 3 号（2008 年）67，70 頁注 3.
　たしかに，国際法は国内法とならぶ日本法の存在形式である．一般に，佐藤義明「国法としての
　国際法と憲法——公共空間の融合する時代における『法の支配』の実現」社会科学研究 56 巻
　5・6 号（2005 年）139 頁．しかし，「裁判所は法を知る」という原則は，裁判所が法について全
　知であることではなく，法を認定する最終的権限をもつこと，および，法の不知を理由とする却
　下を禁止されることを意味する．国際法の適用を必要とする事件が日常的に提起されているわけ
　ではない現状では，国際法が司法試験の必修科目とされず，国内裁判官の「法を知る」ための努
　力がもっぱら国内法に傾注されていることは合理的である．問題は鑑定の質である．

56）*See* Lotus, 1927 P.C.I.J.（ser. A）No. 10, at 31［邦訳 263 頁］.

57）*See* Land and Maritime Boundary, 1998 I.C.J. 292.

58）*See* Reparation for Injuries Suffered in the Service of the United Nations, 1949 I.C.J. 182［邦
　訳 135 頁］.

59）*See id.* at 182-184［邦訳 135-137 頁］.

係をもつ会社が増加してきたなかで，国際法が会社と株主との利益をいかに保護するかという問題が提起された．ICJ は，会社と国家との結びつきについては，「ある程度，個人の国籍を支配する規則の類比に立脚する」が，個人について要求される「真正な関係」という基準は，会社については一般的に承認されていないとした[60]．そして，会社はいずれかの国内法に準拠して設立されることから，「国際法がまだ固有の規則を定めるに至っていない国々の権利について法律問題が提出されるときにはいつでも，国際法は国内法の関連する規則に送致（refer）しなければならない」[61] とした．ここで送致先となる国内法は，訴訟当事国など特定の国の国内法ではなく，およそ会社なるものに関する国内法に共通の規則を意味すると考えられる．そのような問題の本質に応じた法の一般原則に依拠して，ICJ は会社について外交的保護権をもつのはその設立国のみであるという国際法の規則を創造したのである．

⑷ 法の問題に関する訴訟当事国の役割

「法を知る」という原則は，訴訟当事国の主張を離れて，演繹的作業のみによって国際法を認定する能力を ICJ が認められることを意味するわけではない．国際法の認定の目的は，ICJ の決定を訴訟当事国に対して説得力をもつものにすることにある．訴訟当事国は自身の主張に最も適合的な国際法の解釈を構成するために最大限の努力を払うことから，そのような訴訟当事国の対審を踏まえた ICJ の認定は練り上げられたものとなりうるのである[62]．ここでは，訴訟当事国は，各自の請求を認容させるために主張すると同時に，ICJ による法に関する情報収集の手段になるという二重機能を果たす．

本案判断を下すために必要な論点に関して訴訟当事国が陳述していない場合に，ICJ が当該判断を義務付けられるかどうかについては議論がある[63]．ICJ は，ICJ 規程第 51 条の下で証人および鑑定人に対する求釈明をおこなう

---

60) *See* Barcelona Traction, 1970 I.C.J. 42 [邦訳 521 頁].

61) *Id.* at 33-34 [邦訳 514-515 頁].

62) *See* Use of Force（Yugo. v. Belg）, 1999 I.C.J. 140.

63) *Compare* Lighthouses in Crete and Samos（Fr. v. Greece）, 1937 P.C.I.J.（ser. A/B）No. 71, at 113（separate opinion of Judge van Eysinga）（義務を肯定する）, *with id.* at 109（separate opinion of Judge Hurst）（義務の存在は疑わしいとしながら，この訴訟に限っては，提出された資料に基づいて判断を下すことが便宜に適うとする）.

権限をもち，ICJ 規則第 61 条 2 項および 3 項の下で代理人・弁護人・補佐人に対する求釈明をおこなう権限をもつ．これらの権限を適切に行使することなく決定を下すと，双方聴取の原則に違反することになる．なお，ICJ は従来，求釈明した裁判官の名前に判決で言及していなかったが，近年，言及することがある[64]．この実行は必ずしも確立したとはいえないものの，求釈明の重要性に対する意識の高まりを反映していると考えることができる．

ICJ 弁護士団

形式的には，ICJ で陳述する資格として ICJ 弁護士団（ICJ bar）に登録することを要求する制度は存在しない．しかし，非公式のそれが 1931 年の関税連合事案勧告手続以降に発生したという指摘は存在する[65]．「ICJ は新参者にとって魔境である」ので，そのような一団が必要とされるといわれる[66]．この一団は，ICJ の公用語である英語と仏語を母語とする人々を中心として構成されており，「ゼネラリスト」と「得意分野を担当している」者で構成される．著名な学者らの弁護人に加えて，「実際の訴訟を取り仕切っているのは……国際法の実務を扱っている欧米における大型の法律事務所」であるともいわれる[67]．ICJ はこれらの人々の経験に支援されると同時に[68]，これらの「マフィア」が「超過利潤を追求（rent seeking）する」1 つの産業のプラットフォームになっているといえる．この産業を利用するかどうかを検討する国々には，厳格なコスト・ベネフィット

---

64) *See* Territorial and Maritime Dispute (Nicar. v. Hond.), 2007 I.C.J. 739.

65) *See* Shabtai Rosenne, *The International Court of Justice at the Beginning of the Twenty-First Century, in* THE HAGUE: LEGAL CAPITAL OF THE WORLD 183, 191 (Peter J. van Krieken & David McKay eds., T.M.C. Asser Press, 2005).

66) *See* Pieter H.F. Bekker, *Practice Before the International Court of Justice, in* INTERNATIONAL LITIGATION STRATEGIES AND PRACTICE 223, 233, 235 (Barton Legume ed., American Bar Association, 2005).

67) 池島大策「国際司法裁判所における審理の実務的側面――序論的考察」現代社会フォーラム 2 号（2006 年）83, 87-88 頁．手続法は ICJ を利用する際の最も重要な道具である．この点で，外交団の一員となったときに痛感したのは，「学者がいかに『手続きに弱いか』」であったという述懐が想起される．芹田健太郎ほか「80 年代の国際立法」ジュリスト 714 号（1980 年）82, 99 頁［波多野里望発言］．

68) *See* MANLEY O. HUDSON, THE PERMANENT COURT OF INTERNATIONAL JUSTICE, 1920-1942: A TREATISE 476 (The Macmillan Company, 1943).

計算が要求される.

弁護過誤と失敗

南極海捕鯨事件において,「『法の支配』を標榜する日本政府は,少なくとも3億3500万円もの国費を投じながら,完敗を喫し」,国際法違反を10年間継続してきたと認定された[69]. この事件における日本の弁護団の行為は,「体操競技なら……およそ演技の体をなさない」[70]というべきものであり,極言すれば弁護過誤（malpractice）が問題となりうるものであったと考えられる[71].

弁護団は,依頼人に対して「善良なる管理者の注意義務」を負い,さらに法律家の職業倫理に基づく誠実義務も負う[72]. 弁護士が一般的水準に達しない判断をおこなうことは弁護過誤に当たり[73],その証明は困難であるが,手抜き行為も弁護過誤である[74]. そして,重要なことに,極めて高額な報酬を受け取る「高い能力・技能をもつ弁護士」については,「平均的弁護士の水準で要求される善管注意義務では要求されない,〔自身の〕能力・技能を……出し惜しみさせない法的義務」が誠実義務として加重されると考えられる[75].

これらを果たさなかった弁護団に対して,依頼人である政府──「国民の厳粛な信託を」受けている主体──は賠償を請求すべきであると考えられる[76]. 賠償請求が賢慮に適わないとしても,少なくとも国会などがその

---

69) 石井敦＝真田康弘『クジラコンプレックス──捕鯨裁判の勝者はだれか』（東京書籍,2015年）238頁. 本書は,国際法律家の「サークル」から独立に裁判自体を詳細に批判しており,極めて有用である.

70) 田中英夫がある書評で使用した評言である. 田中英夫「伊藤正己＝田島裕『英米法』 田島裕『イギリス法入門』」成蹊法学34号（1992年）145, 157頁.

71) 弁護過誤については,一般的に, *see* Susan Saab Fortney & Vincent R. Johnson, Legal Malpractice Law: Problems and Prevention (2d ed., West Academic, 2015).

72) 岡伸浩「弁護士の誠実義務に関する考察──信認関係法理からみた職業的存在規範」慶應法学42号（2019年）47, 69-74, 85頁.

73) 宮中一郎『激変する弁護士──文系エリートの実態と失敗しない選び方』（共栄書房,2021年）198頁.

74) 同書160頁. 高中正彦『判例弁護過誤』（弘文堂,2011年）11頁も参照（弁護士に「手を抜くな」と助言する）.

75) 加藤新太郎『弁護士役割論〔新版〕』（弘文堂,2000年）359-361, 367頁.

232　第 4 章　裁判準則の選択における抗争

行動を分析し，責任の所在を明らかにし，教訓を抽出する作業をおこなう
べきであった．

　弁護過誤が問題となりうるのは，少なくとも次の 3 点である．

　第 1 に，弁護団は必要な陳述を尽くさなかった．オーストラリアの「提
訴の実体法上の基礎」は，「漸進的発達としての要素の強い」国家責任条
文第 48 条（第三者による責任追及に関する規定）であり，「ICJ がどのよう
な判断を下すか，世界が注目している」と指摘されていた[77]．しかし，日
本は，同国の訴訟適格を争う先決的抗弁を提起しなかった[78]．

　日本の補佐人は，ICJ はこの点を検討しなかったが，訴訟適格の問題は
職権探知事項なので，たとえ先決的抗弁を提起したとしても，それは認容
されなかったと考えられるとする[79]．しかし，請求国は裁判官を説得する
ために「証明」に努めざるをえないことから，裁判権などを「証明」する
請求国の義務が事実上のものであるか法上のものであるかは実益のない問
題である[80]．ICJ は，訴訟当事国の陳述の質が高ければ，その支援を受け
るといわれる[81]．ICJ は，最も前提的な要件である訴訟能力についてすら，
被請求国が抗弁を提起しない場合には，その検討を回避し，他の妨訴事由
に依拠したのである[82]．このような例に鑑みて，職権探知事項については
抗弁が提起されても放棄されても結果は同じであるという弁解は説得力に
欠ける．この弁解が妥当ならば，職権探知事項について陳述の労をとる国

76）「極めて容易な法の調査すら怠っていた」場合には，弁護過誤訴訟で敗訴することがある．同
　　書 27 頁．

77）奥脇直也「国連法体系における ILC の役割の変容と国際立法」村瀬信也＝鶴岡公二編『変革
　　期の国際法委員会』（信山社，2011 年）91，99 頁．国際環境法では，対世的義務という概念は，
　　その違反に関してすべての国々が ICJ への提訴適格をもつことではなく，条約の締約国会議や監
　　督機関においてアカウンタビリティーを追及しうることを意味するといわれていた．*See* PATRI-
　　CIA BIRNIE ET AL., INTERNATIONAL LAW AND THE ENVIRONMENT 132-133 (3d ed., Oxford University
　　Press, 2009)［パトリシア・バーニー＝アラン・ボイル（池島大策ほか訳）『国際環境法』（慶應
　　義塾大学出版会，2007 年）118 頁［底本第 2 版］．すなわち，国家責任の追及よりも外交的異議
　　の提起が適切なのである．*See id.* at 235［邦訳 226 頁］．ICJ も，対世的義務という概念をもっぱ
　　ら人権の分野に限って使用してきた．*See id.* at 131［邦訳 117 頁］．

78）このことを疑問とする見解として，例えば，坂元茂樹『国際法で読み解く外交問題』（東信堂，
　　2024 年）112，116 頁．調査時間を節約しうるという理由で陳述内容を選択する行為は，「もっぱ
　　ら依頼者の利益を図るべき忠実義務の違反，すなわち，誠実義務違反がある」と評価されうる．
　　加藤前掲書（注 75）11 頁．

は存在しないはずである.

　実際に，ミナミマグロ事件において，日本は手続濫用（abuse of process）の問題を提起した上で，訴訟手続の途中でそれを取り上げないことを決定している[83]．かりに，弁護団の見解では，当該抗弁が受け入れられる可能性が低い場合にも，当該抗弁を提起し，陳述を尽くすことは誠実義

---

79) 薬師寺公夫ほか編『判例国際法〔第3版〕』（東信堂，2019年）243頁［濱本正太郎執筆］．科学的・技術的・経済的な論点を検討することなく（いわば不戦敗を決めてかかり），それを踏まえた国益を同定することもなく，それを実現するための最善・次善・第3の選択肢を検討することもなく，交渉の場において「押し切られる」可能性が高いという理由で「仲間内思考」への順応を説くという意味で，南極海捕鯨事件における訴訟戦術とまったく相同的な議論は現在でもみられる．例えば，濱本正太郎「国家管轄権外における海洋生物多様性——その保全と利用」柳井俊二＝村瀬信也編『国際法の実践』（信山社，2015年）495, 506-507頁．「深海底CHM［人類の共同遺産］制度が先進国に受け入れられた……事情が存在しない［国家管轄権外の］MGR［海洋遺伝資源］」についてCHM概念の適用を否定し続けることが困難なのはなぜか，「先進国しか開発し得ないという点において類似性は否定しがたい」月について，それをCHMとする月協定の批准国が少ないにもかかわらず，上記MGRについては押し切られる可能性が高いのはなぜか，「CHM概念を何らかの形で受け入れる新たな制度を構築するとしても，その……下で諸国が具体的にどのような権利義務を有するかは一義的には決定されない」とすれば，そもそもCHM概念を受け入れる不利益は何か，「新たな制度」はどのようなものになる見込みがあるか，それがどのようなものであれば当該不利益が受忍しうるのかなどを説得的に展開すべきであろう．CHM概念を受け入れることが最善の選択肢ではないが，押し切られることが予想される場合にも，「言って済む時期」（同論文510頁）を遅らせ，時間稼ぎをすることが国益に適う可能性もある．この議論の構造は，「本来ならば部外者に近いといえる国」に順応し，国益に反するにもかかわらずおこなわれたクラスター弾条約の批准にもみられたものである．

80) See Hugh Thirlway, *The Law and Procedures of the International Court of Justice 1960-1989, Part Nine,* 69 Brit. Y.B. Int'l L. 1, 17 (1999). そもそも，「法廷は法を知る」という原則にもかかわらず，訴訟当事国は請求を基礎付ける法についても陳述をおこなうのである．

81) See Judgment No. 2867 of the Administrative Tribunal of the International Labour Organization upon a Complaint Filed Against the International Fund for Agricultural Development, 2012 I.C.J. 97 (declaration of Judge Greenwood).

82) 玉田大「国際司法裁判所 ジェノサイド条約適用事件（先決的抗弁判決2008年11月18日）」岡山大學法學會雜誌58巻4号（2009年）1, 15頁.

83) 安藤仁介『実証の国際法学』（信山社，2018年）466-469頁．日本は，マリア・ルース号事件（1872年），家屋税事件，ミナミマグロ事件で仲裁を，ウィンブルドン号事件，メーメル領域規程事件でPCIJを，豊進丸事件・富丸事件（2007年判決）でITLOSをすでに利用していた．経験不足に敗訴の原因を帰することは無責任であろう．現在では，日本も国際法について次のように言明しうるべきであろう．すなわち，「文明諸国の共通の同意を受けたものは全て，我が国の同意を受けたものに違いない．我々が一般的に，他国とならんで同意したものは，これを国際法と呼ぶことが適切であろう」．West Rand Central Gold Mining Company, Limited v. The King, [1905] 2 K.B. 391 (Lord Alverstone, C.J.).

務の要求するところであった．職権で検討すべきであったとICJを事後に批判することは第三者の役割であり[84]，それを理由に判決の有効性を争う手続をもたない弁護団の一員の役割ではない．

　第2に，日本の答弁書は，冗長なだけで，必要な反論を含まなかったといわれる[85]．裁判官による求釈明に対して提出した書類も，それにまったく対応していなかった[86]．また，口頭陳述の割当て時間の途中で陳述を切り上げたり，準備の懈怠ゆえに質問の機会を逸したり，陳述で「オウンゴール」をしたりしたといわれる[87]．弁護団は「職責として当然行うべき反対尋問すら自ら放棄した」のであり，「努力すら怠った」といわれるのである[88]．さらに，オーストラリアと対照的に，日本は訴訟手続で繰り返し陳述を変えており，判決は3か所以上でその一貫性の欠如を指摘している[89]．

　家屋税事件の際に，日本の顧問であったデカンは，「日本側の陳述書や反駁書があまりに内向きの議論に走りすぎ，裁判官の心証を良くしその同情を喚起する点に欠けていることを指摘していた」[90]といわれる．日本の弁護団は，この教訓をまったく生かさなかったようである[91]．

　第3に，争われている調査捕鯨を策定してきた日本の専門家は鑑定書の提出も陳述も許されず[92]，弁護団は当該専門家による反論の機会を放棄し

84）五十嵐宙「国際司法裁判所の争訟事件における手続き的障壁」青山法学論集64巻2号（2022年）273, 288頁.

85）石井＝真田前掲書（注69）119-120頁.

86）*See* Whaling in the Antarctic（Austl. v. Japan），2014 I.C.J. 270-271. 日本は陳述における同様のごまかしも見破られている．*See id.* at 292.

87）石井＝真田前掲書（注69）159, 165-166, 191-200頁．同書239-244頁も参照．判決は「オウンゴール」と考えられる鑑定人の発言に少なくとも3か所で言及している．*See* Whaling in the Antarctic, 2014 I.C.J. 275, 280, 284. 日本が「態度を表明する機会を逸している」事実が，ICJが「日本も反対していない」と認定する根拠とされたとも指摘される．坂元前掲書（注78）117頁.

88）石井＝真田前掲書（注69）242-243頁.

89）*See* Whaling in the Antarctic, 2014 I.C.J. 250, 254, 284. ICJは，「それにもかかわらず」という接続語で並列することによって，日本の2つの陳述の矛盾を指摘している．*See id.* at 290-291.

90）柳原正治『帝国日本と不戦条約——外交官が見た国際法の限界と希望』（NHK出版，2022年）88頁.

91）裁判に限らず，捕鯨に関する限り，日本の外交は「甘い見通しを持ちすぎたり，全く準備もせずに会議に臨んで敗退している」という指摘もある．小松正之「国際司法裁判所の判決と日本の捕鯨の将来」學士會会報909号（2014年）33, 38頁.

た[93]．弁護団が選任した鑑定人は，日本に不利な発言をおこない，「日本が敗訴する一因となった」[94]．

日本の補佐人は，請求国の選任した鑑定人も「将来の調査捕鯨の容認を導く発言を反対尋問の中でし［た］」ことから，「反対尋問により鑑定人の中立性が確保されることが実証された」という[95]．しかし，訴訟当事国が選任する鑑定人に期待されることは，当該国に不利益とならない限りで陳述することであり，それが不可能ならば辞任することである．辞任しない場合には，解任されるほかないであろう．訴訟当事国にとって，当該鑑定人が中立的であるという認識の確保は，その者の陳述の説得力を確保するために必要な限りで確保すべきことであり，それ自体が目的とはなりえない．

敗訴の責任は，一義的には１人「最低数千万円単位」[96]の報酬を受けたといわれる弁護団に，二義的にはその人々を選任した外務省にある．補佐人に大学教授が多かったことが敗因であったという指摘もある[97]．しかし，およそ大学教授は有用ではないという認識には根拠がない．問題は，当該教授が選任された理由がその能力ではなく，ICJ または外務省の活動に「マフィア」として関与してきたことのみにあったのではないかにあるというべきであろう．「最初から『モラトリアムを破った日本が悪い』とのパーセプション（印象）を持っていた」[98]者が選任されたとすれば，この疑問がいっそう強くなる．「パーセプション・ギャップに負けた」という総括もあるが，「わが方が雇い入れた学者たちの間違ったパーセプション

---

92) *See* Whaling in the Antarctic, 2014 I.C.J. 270.「実態論に基づいた議論展開を，日本の行政官と科学者を中心に組み立てるべきであった．それが日本の強みであったのに，そこを活かさず，ICJ がいかようにも判断できるような法的議論に持っていきすぎた」という批判もある．小松正之『国際裁判で敗訴！ 日本の捕鯨外交』（マガジンランド，2015 年）82 頁．同書 64 頁も参照．この批判は，弁護団の構成が陳述の構成と不即不離であり，国際裁判「マフィア」に外務省が取り込まれたことが決定的敗因であったことを示唆している．

93) 石井＝真田前掲書（注 69）127-129，222 頁．

94) 堀口健夫「南極海捕鯨事件（豪州対日本：ニュージーランド訴訟参加）」国際法外交雑誌 122 巻 4 号（2024 年）109，121 頁．

95) 薬師寺ほか編前掲書（注 79）242 頁［濱本執筆］．

96) 朝日新聞 2014 年 4 月 3 日朝刊 2 面（「政府関係者」の発言の一節である）．

97) 第 187 回国会参議院外交防衛委員会第 7 号（2014 年 11 月 13 日）4 頁［佐藤ゆかり発言］．

98) 石井＝真田前掲書（注 69）264 頁．

を解くのに，2年以上かかった」[99]とすれば，負けて当然であろう．なお，負けると考えている裁判を受任し高額な報酬を受け取ることは，弁護過誤と「紙一重」であるといわれる[100].

　自然科学の学界においても，「真実を追究したいという気持ち以上に，コミュニティに留まりたいという気持ちの方が大きい」者が社交上の理由から間違いを共有することがあるといわれる[101].　この現象が弁護団の選任にみられないかどうかは検証に値する．

　この訴訟の経験は長期的には資産になるかもしれない．しかし，長期的な資産を得ることは国際裁判を追行する目的ではない．その目的は勝訴することにある．敗訴したときには，すでに費やしたコストが無駄ではなかったはずであるという「埋没費用（sunk cost）の誤謬」――「わが兵士たちを無駄死にさせてはならないという誤謬」とも呼ばれる[102]――に陥ることなく，敗因を分析し，教訓としなければならない．同じ轍を踏まないという決意は，それが教訓となる前提である[103].　そうでなければ，表面的にのみ経験値が増した同じ人々を再び採用するという失敗を犯すことになりかねない．弁護過誤に関する考察は，それを犯すであろう弁護士を避けるというリスクマネジメントのために，依頼人にとって不可欠なのである[104].

99）森下丈二「判決内容は『引き分け』と受け取る」水産ジャーナリストの会会報 128 号（2014年）4 頁.

100）宮田前掲書（注 73）134, 148-50 頁．同書 161-162 頁も参照（負けることが明らかな裁判で，弁護士が依頼者に「裁判に勝てる」と述べて着手金を受け取ることは詐欺であるとする）.

101）*See* Joshua Cooper Ramo, The Age of the Unthinkable: Why the New World Disorder Constantly Surprises Us and What We Can Do About It 62-63 (Little, Brown and Co., 2009)［ジョシュア・クーパー・ラモ（田村義延訳）『不連続変化の時代――想定外危機への適応戦略』（講談社，2009 年）79 頁].

102）*See* Richard Dawkins, Brief Candle in the Dark: My Life in Science 108-109 (Harper Luxe, 2015)［リチャード・ドーキンス（垂水雄二訳）『ささやかな知のロウソク――科学に捧げた半生』（早川書房，2017 年）136-138 頁].「自分が間違っているとはどうしても認めようとしない人以上にたびたび間違いを犯す人はいない」であろう．*See* La Rochefoucauld, *Réflexion Morale, in* Œuvres Complètes 241, 301 (L. Martin-Chauffier ed., Gallimard, 1950)［ラ・ロシュフーコー（二宮フサ訳）『箴言集』（岩波書店，1989 年）113 頁].

103）（第 1 次）湾岸戦争の教訓は「9・11（米同時テロ）」の際の日本の外交に活かされたと指摘されている．柳井俊二＝村田純一「自衛隊，多国籍軍で復興支援任務継続を」世界週報 4153 号（2004 年）28，29 頁［柳井発言].

学会は，弁護団の人々に「弁解の機会を与え，それを無批判に受け容れるバランスを欠いた」企画ばかり立てているといわれるだけに[105]，この懸念が杞憂に終わる見込みは低い．福島第一原子力発電所の事故への対応に関する「透明性に欠け，失敗から学ぶ姿勢がない……日本の原発体制はあれだけの大事故から10年以上がたっても，何も変わっていない」という指摘[106]は，国際裁判の失敗についても完全に当てはまるようにみえる[107]．

この懸念は，日本人の陳述者4人中3人がフランス語を使用したことが「好意的に受け止められたようである」として，その重要性は「無視できないものがあるとのことである」とする弁護団の一員の指摘によって裏付けられる[108]．伝聞に基づくこの言明にどれだけの意味があるかという問題を措いても，請求国が英語のみで陳述したにもかかわらず勝訴したことがまったく意識されていないのである．「マフィア」の間で「好意的に受け止められた」かどうかではなく，勝訴しえたかどうかが問題であるとすれば，勝訴するためには英語を使用すべきであった，少くともフランス語を使用することが勝訴の決定的要因にはなりえなかったという教訓こそが抽出されるはずなのである．

日本は本件判決の後，義務的裁判権受諾宣言に留保を追加したが，本来は事前にそうするか同宣言を撤回するかすべきであった[109]．現在の日本

104）宮田前掲書（注73）4，141頁．同書156-158頁も参照（「弁護過誤の被害に遭わないためには，正義の担い手というイメージを捨て，金のために仕事をする自営業者として弁護士を理解する必要がある」とする）．

105）石井＝真田前掲書（注69）266-267，284-285頁．

106）黒川清『考えよ，問いかけよ――「出る杭人材」が日本を変える』（毎日新聞出版，2022年）184，192頁．同書199，206-208，215，218頁も参照．

107）失敗と進化について，佐藤義明「未来法学序説」成蹊大学法学部編『未来法学』（有斐閣，2022年）1，2-6頁．

108）小林賢一「国際司法裁判所『南極における捕鯨』裁判――口頭弁論を終えて」法学新報120巻9・10号（2014年）321，331頁．

109）例えば，訴訟参加したニュージーランドによる特任裁判官の選任をICJが認めたことを事後的に批判することはできる．堀口前掲判例研究（注94）117頁．それは学説の役割である．外交実務は，武力行使の合法性事件の際にNATO加盟国それぞれに特任裁判官の選任が認められた先例に照らして，このような処理を当然に予想し，それが勝訴の確率を低くすると考える場合には，事前に対応する責務を負っていたといわなければならない．

238　第 4 章　裁判準則の選択における抗争

の課題は，限られた資源を効率的に利用する外交戦略を構築することであり，人材育成と国際的ネットワークの構築というあいまいな標語の下で「マフィア」に資源を蕩尽し，超過利潤の追求をほしいままにさせることではないはずである．

　仲裁人は仲裁準則となる法を知る能力に基づいて選任される．それに対して，特定の事件と関係なく選出される ICJ の裁判官は，一般国際法を知る能力[110] などに基づいて選出される．ICJ は，訴訟当事国が一般国際法の補充または逸脱として形成した特別法については十分知っているとはみなされない．ICJ が「法を知る」という原則を特別法にまで推し及ぼすと，ICJ が職権で法を探索するコストは合理的限界を越えることになりかねない．それゆえ，特別法については，たとえ法の問題であるとしても，訴訟当事国に証明の負担を課すという処理が認められる[111]．
　例えば，地域慣習法[112]，文言の例外的意味——ある最恵国条項が定型的なそれと異なる意味をもつとする主張など[113]——，確立した原則に対する例外——外交的庇護の際に，庇護許与国が被庇護者の資格を一方的に決定する権限など[114]——，とりわけ「たいていの国際問題を解決する出発点とすることができるまで確立している」[115] 主権の制限——公海における船舶の衝突に関する一方の船舶の旗国の刑事管轄権の制限など[116]——について，それを主張する国が証明の負担を負うものとされた．権利濫用（abuse of right）[117] についても，それを主張する国に証明の負担が課される．
　援用される条約が国連憲章第 102 条に従って国連に登録されているかどうかについては，ICJ が職権で探知すべきであると考えられる．同条は，未登録の条約は国連機関に対して援用しえないとしており，ICJ もそれを適用す

---

110)　中谷和弘「国際裁判における事実認定と証拠法理」松田幹夫編『流動する国際関係の法』（国際書院，1997 年）219，225 頁．

111)　*See* Oscar Chinn, 1934 P.C.I.J. (ser. A/B) No. 63, at 136 (separate opinion of Judge van Eysinga).

112)　*See* Asylum (Colom. v. Peru), 1950 I.C.J. 276-278 ［邦訳 6-7 頁］.

113)　*See* U.S. Nationals in Morocco, 1952 I.C.J. 204.

114)　*See* Asylum, 1950 I.C.J. 274-275 ［邦訳 4 頁］.

115)　Island of Palmas (U.S. v. Neth.), Award of Apr. 4, 1928, 2 R.I.A.A. 831, 838.

ることはできないからである．また，PCIJ は，ポーランドがバルセロナ規程（1921 年）を批准しているかどうかも法律問題であり，PCIJ が職権で調査すべき問題であるとしていた[118]．これに対して，条約を解釈する際に考慮されるべき付随的な交換公文（条約法条約第 31 条 2 項），「条約の適用につき後に生じた慣行」ならびに「準備作業および締結の際の事情」（同 32 条）などは，国連に登録されるとは限らないことから，訴訟当事国の主張・証明に ICJ が依存する問題である．

国内法についても，証明の負担による処理が認められる[119]．ただし，国内法が裁判準則として指定される場合には，ICJ は，原則として当該国の国内裁判所の判例に従い，それが存在しないか分裂しているかするときには，自身が妥当であると考える解釈を採用するべきであるとされる[120]．

証明の負担による処理が認められるためには，証明されるべき命題が明確に定式化されていなければならない．この点で，証明の負担の配分による処理に適しているが，ICJ がそれを採用せず，法典化の際にも採用されなかった規則として，大陸棚の境界画定における等距離規則（equidistance rule）がある．この規則によれば，沿岸国それぞれの基線から等距離に境界が存在するという原則に対して，例外と位置付けられる「特別の事情」について，そ

---

116) *See* S.S. Lotus, 1927 P.C.I.J. (ser. A) No. 10, at 18-19 ［邦訳 255-256 頁］. *But see* 2 SIR ROBERT JENNINGS, *Extraterritorial Jurisdiction and the United States Antitrust Laws, in* COLLECTED WRITINGS 815, 823 (Kluwer Law International, 1998)（域外管轄権の問題を証明の負担によって調整することは主要な争点を放置することになるので，域外管轄権の濫用があったかどうかを規準とすべきであったと批判する）．主権の効果として，禁止されていなければ自由に委ねられているとするロテュス原則は国際法の基礎的原則として確立していると考えられる．佐藤義明「無人の戦争――いわゆる自律型致死兵器システム（LAWS）について」成蹊大学法学部編『未来法学』（有斐閣，2022 年）85, 89-96 頁．国際社会における「法の支配」の確立を主張する日本にとって，「国際的ルールの構築は宇宙政策を決定するうえでの大前提である」といわれる．樋口譲次『現実化する宇宙戦――「宇宙小国」日本はどうする!?』（国書刊行会，2023 年）207 頁．しかし，国際法の構築は他国の明示的または黙示的な同意を必要とすることから，それを調達するまで宇宙政策を決定しえないとすれば，主体的な宇宙政策などは策定しえない．もちろん，規制の不在が自由の留保を意味するというロテュス原則が「国際的ルール」であるとすれば別である．

117) *See e.g.,* Upper Silesia, 1926 P.C.I.J. (ser. A) No. 7, at 30.

118) *See* International Commission of the River Oder, 1927 P.C.I.J. (ser. A) No. 23, at 18-19. この判示は，連盟規約第 18 条に基づく条約の登録制度を前提としている．

119) *See* Upper Silesia, 1926 P.C.I.J. (ser. A) No. 7, at 19.

120) *See* Serbian Loans (Fr. v. Braz.), 1929 P.C.I.J. (ser. A) No. 20/21, at 124.

240 第4章 裁判準則の選択における抗争

れを主張する国が証明の負担を負うことになる[121]．ところが，個別的事情に大きく依存する大陸棚の境界の画定においては，地理的事情や経済的事情が「特別の事情」として認められるかどうかをあらかじめ分節化し，証明されるべき要件を明確化しておくことはほとんど不可能である．このことは，それに対する批判が根強いにもかかわらず，等距離規則ではなく衡平原則にICJが依拠し，国連海洋法条約も後者を採用した1つの理由である．

(e) 訴訟当事国の不出廷

被請求国が出廷を拒む場合について，ICJ規程第53条は，1項で請求国に有利に裁判するものとしつつ，2項で「請求が事実上および法律上十分に根拠をもつことを確認しなければならない」と規定している．実際には，ICJは，請求が認容されるためには，被請求国が出廷していた場合と「同じ確かさ」[122]でその正しさが確認されなければならないとしている．そして，被請求国が法廷外で表明した主張はもちろん，表明していないがありうる否認や抗弁なども検討すべきであるとしている[123]．

例えば，漁業管轄権事件において，アイスランドが出廷を拒否していた際に，ICJは，アイスランドがICJ書記に宛てた書簡などを通して表明していた主張を先決的抗弁と同質のものであるとして，本案審理に入る前にそれを審理するための手続を職権で分離した[124]．そして，アイスランドの主張のうち，1961年の交換公文が強迫の結果として締結されたという「証拠に裏付けられていない漠然とした一般的非難」の審理は拒みつつ，法律問題の認定に関連する情報を考慮するという慎重なアプローチをとった[125]．

---

121) *See* Shigeru Oda, *Boundary of the Continental Shelf*, 12 JAPANESE ANN. INT'L L. 280-283 (1968).

122) Military and Paramilitary Activities, 1986 I.C.J. 24.

123) *See* CARSTEN SMITH, THE RELATION BETWEEN PROCEEDINGS AND PREMISES 116 (Universitetsforlaget, 1962). 多くの場合に，訴訟手続の外で不出廷国は自身の立場を表明する書簡やそれを根拠づける書類をICJに送付し，ICJもそれを考慮するとしている．*See, e.g.,* Allegations of Genocide Under the Genocide Convention, 2022 I.C.J. 216-217.

124) *See* GENEVIÈVE GUYOMAR, COMMENTAIRE DU REGLEMENT DE LA COUR INTERNATIONALE DE JUSTICE 511-512 (A. Pédone, 1983).

125) *See* Fisheries Jurisdiction (U.K. v. Ice.), 1973 I.C.J. 14 [邦訳576頁].

(3)　公正な判断を下す能力

(a)　国籍裁判官および特任裁判官

公正な判断を下す能力は，まず，「何人も自身の裁判官たりえない（*nemo judex in re sua*）」という原則によって保障される．しかし，訴訟を審理する法廷には，訴訟当事国の国籍裁判官と，国籍裁判官が存在しない場合に当該当事国が指名しうる特任裁判官が参画する（ICJ 規程第 31 条）．特任裁判官は，常任裁判官に要求されるのと同じく，「公平かつ誠実にその職務を行使すべきこと」を宣誓するよう要求されており（同第 20 条），自身を指名した訴訟当事国の利益を代表することではなく，自身の特別な知見を活かして，判決の説得力の向上に貢献することを役割とする[126]．

たしかに，「正義は単になされるだけではなく，なされたことが明白で疑いない形で外部からみえなければならない」[127] という観点からは，これらの裁判官の参画に対して批判がないわけではない．準司法機関であると自任する自由権規約委員会は，委員が自国の報告書の審査に関与しないものとしている[128]．しかし，「訴訟当事国の機関」である仲裁の伝統を引き継ぐ ICJ の場合には，ICJ が訴訟当事国の主張を正確に理解し，その決定が抗争の実態から乖離することを防止する，いわば矯正的な機能を果たすものとして，この制度を存置していると考えられる[129]．

ICJ に係属する訴訟の増加を受けて，特任裁判官も増加している．2016 年にはのべ 12 人の特任裁判官が存在し，2015-2016 年度に 100 万ドル以上がそのために支出されている．所長は，訴訟当事国いずれの国籍裁判官も存在しない場合に，特任裁判官の選任を差し控えるよう要請しているが，訴訟当事国は応じていない[130]．もっとも，指名した特任裁判官が後に常任裁判官に選出された際には，当該裁判官が自国民ではない場合にも，当該国が新た

---

126)　*See* Frontier Dispute (Benin v. Niger), 2005 I.C.J. 153 (dissenting opinion of Judge Bennouna), *citing* Application of the Genocide Convention (Bosn. & Herz. v. Serb. & Mont.), 1993 I.C.J. 409 (separate opinion of Judge Lauterpacht).

127)　R v. Sussex Magistrates, *ex parte McCarthy*, [1924] 1 K.B. 256, 259 (Lord Hewart, C.J.).

128)　岩沢雄司「自由権規約委員会と国連人権機構」国際人権 19 号（2008 年）134，135 頁．

129)　*See* C.G. Weeramantry, *Some Practical Problems of International Adjudication*, 17 AUSTL. Y.B. INTL L. 1, 16 (1996).

130)　*See* HIGGINS ET AL. *supra* note 43, at 1146.

な特任裁判官を選任しなかったり[131]，当該国が新たな特任裁判官を選任した場合に，常任裁判官に選任された元特任裁判官が審理への参画を回避したりしている[132]．

国籍裁判官および特任裁判官は裁判長職から排除される（ICJ 規則第 32 条 1 項）．裁判官の投票が可否同数になった場合に，ICJ は判断を慎むべきであるという指摘もある[133]．実際に，そうなった場合に判決で認定された規則は，後に政治的に修正されることが少なくない．例えば，ロテュス号事件判決は，公海において船舶が衝突した場合に，容疑者の乗船する船舶の旗国以外の国も刑事管轄権を行使しうるとしたが，公海条約（1958 年）第 11 条や国連海洋法条約 97 条などはそれを旗国に限定している．国際法発展志向に立てば，このような判決は有用ではないことから，ICJ は判決を差し控えるべきであると考えられる．しかし，抗争解決志向の立場からは，ICJ は判決を下すことなく抗争を放置すべきではない．ICJ 規程は，裁判官の投票が可否同数の場合には裁判長が決定票を投じるものとした[134]．この権限ゆえに，国籍裁判官などは裁判長職に就くべきではないとされるのである．

(b) 回避・忌避・除斥

公正な判断を下す能力は，一方当事国と結託しているとみなされうる裁判官を法廷から排除する原則によって保障される．そのような裁判官は，自身で参画を回避するか（ICJ 規程第 24 条），職権でまたは訴訟当事国による忌避の要請を受けて ICJ が下す決定に基づいて除斥される（同第 17 条 2 項）．E・ヒメネス・デ・アレチャガ所長は，例えば，一方当事国から有償で相談を受けていた場合には回避すべきであると述べたといわれている[135]．

---

131) *See* Navigational and Related Rights, 2009 I.C.J. 219.

132) *See* Arbitral Award of 3 October 1899 (Guy. v. Venez.), 2023 I.C.J. para. 13 (Apr. 6).

133) *See* Shabtai Rosenne, *The International Court at Fifty (an Israeli Conspectus)*, 7 ISRAEL L. REV. 175, 185 (1972).

134) 裁判官の投票が 8 対 7 となった最近の例として，*see* Application of the CERD (Geor. v. Russ.), 2008 I.C.J. 398-399. この暫定措置に反対した 7 人の裁判官は，連名で共同反対意見を付している．この共同反対意見は英仏両語が正文である点で特異である．*See also* Cessation of the Nuclear Arms Race and to Nuclear Disarmament (Marsh. Is. v. U.K.), 2016 I.C.J. 856; Question of the Delimitation of the Continental Shelf Between Nicaragua and Colombia Beyond 200 Nautical Miles from the Nicaraguan Coast (Nicar. v. Colom.), 2016 I.C.J. 139.

135) 小田前掲書（注 49）133 頁．

第 1 節　国際司法裁判所の機能の基盤　　243

　南西アフリカ事件の第2段階の審理で，P・スペンダ所長は，M・ザフルラ・カーンに対して，常任裁判官就任前に請求国から特任裁判官として指名されていた（就任することはなかった）ことを理由として，回避するよう通告し，ザフルラ・カーンはそれに従った．たしかに，ICJ規程第17条2項は，当該事件（case）に国際裁判官として干与（take part）したことを除斥事由の1つとして挙げる．特任裁判官への指名も干与に当たるとすれば，この通告は正当なものである．しかし，特任裁判官への就任をもって初めて干与であるとする解釈の方が自然である．スペンダは，自身と反対の票を投じると予想されるザフルラ・カーンを回避させて，裁判官の投票を可否同数にもち込み，決定票を投じようとしたといわれる[136]．スペンダは，白豪主義をとり，南アフリカの「強硬な擁護者」であったオーストラリアの外務大臣を務めた人物であった[137]．

　なお，南西アフリカ事件と実質的に同じ事態を対象とするナミビア事案勧告手続において，南アフリカがザフルラ・カーンの忌避を申し立てた際には，ICJは，理由を示すことなく，申立を却下して，ザフルラ・カーンの参画を認めている[138]．この処理は，2つの手続の主題の相違を反映するものとして説明されうるが，政治的には前者におけるザフルラ・カーンの回避の人為性を際立たせるものであった[139]．

　(c)　評議の秘密

　決定形成過程における評議の秘密の確保も，外部からの干渉を防いで独立の判断を下す能力を保障する制度である．もっとも，ICJ規則は，1978年の

---

136) *See* Georg Schwarzenberger, *The Problem of Functional Incompatibilities Before International Courts*, 27 Y.B. WORLD AFF. 434, 437 (1973).

137) 白豪主義について，*see* J.A. CAMILLERI, AN INTRODUCTION TO AUSTRALIAN FOREIGN POLICY 25-26, 89-90 (4th ed., Jacaranda Press, 1979)〔J・カミレリ（小林宏訳）『オーストラリアの外交政策』（勁草書房，1987年）37-38，132頁〕.

138) *See* Continued Presence of South Africa in Namibia, 1971 I.C.J. 4. 忌避の理由は，ザフルラ・カーンがパキスタンの国連大使として国連の会合で南アフリカに批判的な演説をしていたことであった．本国の訓令の下でおこなわれた職務上の行為が回避を必要とするものではないことをICJは後に確認している．*See* Legal Consequences of the Construction of a Wall in the Occupied Palestinian Territory, 2004 I.C.J. 2.

139) *See* Edward Gordon, *Old Orthodoxies Amid New Experiences: The South West Africa (Namibia) Litigation and the Uncertain Jurisprudence of the International Court of Justice*, 1 J. INT'L. L. & POL'Y 65, 85-86 (1971).

改正で，裁判官の賛否を秘密としてきた規定を改正し，それを判決に記載するものとした（第95条1項）．このことは，裁判官個人のアカウンタビリティを確保するための政策である．国々は，裁判官の再選を支持するかどうかを決定する際に，当該裁判官の国籍国との関係よりもその投票行動を重視する場合があるといわれる[140]．そこで，その判断に必要な情報を提供すべきであるという立場を採用し，評議の秘密の目的は裁判官の独立というよりも，判決言渡し前に評議の内容が漏れて干渉を招くことを防止することにあるという立場を明らかにしたと考えられる．

これに対して，裁判官の職務開始時の宣誓（ICJ規程第20条），常任裁判官の兼職の禁止（同第16条），対象裁判官を除く裁判官全員が賛成しなければ解任されないとする身分保障および特権免除の享受（同第18条）などは，裁判官個人の独立を保障する規定である．

第2節　妨訴事由の目的と審理の順序

1　妨訴事由と手続の分離

(1)　先決的手続と本案手続を分離する目的

本案審理を妨げる訴訟要件に関する審査を通過すると，ICJは原則として裁判を遂行する義務を負う[141]．訴訟を付託された裁判所は，患者から処置を求められた医師のような立場に立つことから，訴訟当事国への支援を拒むべきではないとされるのである[142]．しかし，裁判権が確立していなかった

---

140) 小田前掲書（注49）248頁.

141) *See* Anglo-Iranian Oil Co. (U.K. v. Iran), 1952 I.C.J. 114.

142) *See* Minutes of the Conference Regarding the Revision of the Statute of the Permanent Court of International Justice and the Accession of the United States of America to the Protocol of Signature of That Statute, League of Nations Doc. C. 514 M. 173 1929 V, at 21 (1929) (Statement of M. Fromageot). 医師の応召義務は医師法第19条1項で規定されている．もっとも，この義務は国に対する公法上の義務であり，その違反に対して刑罰は規定されておらず，「医師としての品位を損するような行為」（同法第7条1項）に該当するものとして，厚生労働大臣によって処分される可能性はあるものの，その例は確認されていない．須永知彦「医師等の応召義務——医師法第19条第1項の行政解釈」彦根論叢439号（2024年）34, 35頁. ICJの「応召義務」も，その設立目的を実現する責務の表現として理解することができる．

り，たとえ裁判権が確立していても，それを行使すると ICJ 自身，第三者または訴訟当事国の利益を不当に損なったりする場合には，本案判断を拒否すべきであると考えられる．受理可能性について指摘されるように，妨訴事由は ICJ が自身の機能の限界を画定する基準なのである[143]．それは，訴訟の帰趨を決定する決定的役割を果たすことになる[144]．

妨訴事由のみを対象とする審理が可能である場合には，その審理を迅速に進めるべきものとされる．それが提出されると本案手続が停止され，それだけを審理する手続が開始される抗弁は，先決的抗弁と呼ばれる[145]．ICJ 規則第 79 条 1 項は，先決的抗弁は「申述書の提出後 3 か月以内に，できるだけ速やかに」提出すべきものとする．申述書の提出前という早い段階でそれを提出することは認められる[146]．先決的抗弁は，通常，訴状における主張を証拠によって基礎付ける申述書を踏まえて定式化されるが，訴状に含まれる情報で十分であると被請求国が考える場合には，訴訟経済の観点から，申述書の提出後にそれを再提出させる必要はないとされるのである．

訴訟の迅速さは絶対的要請ではない．訴訟当事国が抗弁と本案とを 1 つの手続で審理することを要請する場合には，ICJ はそれを認める[147]．訴訟遅延を招くようにみえても，手続を尽くした上で判決が下されたという訴訟当事国の認識を形成するために，その意思に従うのである．もっとも，ICJ は訴訟当事国の意思に常に従うことを義務づけられるわけではない．ICJ 規則第 79 条 4 項は，先決的抗弁に関する書面または口頭の陳述の機会を保障しているが，請求国が前者のみで十分であると申し立てても，ICJ は，自身が必要であると考える限り，後者を命じる[148]．また，裁判権に関する手続において，ICJ は，書面手続の第 2 ラウンドが必要であると考える場合には，

---

143) *See* Ian Brownlie, The Rule of Law in International Affairs: International Law at the Fiftieth Anniversary of the United Nations 106 (Martinus Nijhoff, 1998).

144) *See* Appeal Relating to the Jurisdiction of the ICAO Council (India v. Pak.), 1972 I.C.J. 56-57［邦訳 231 頁］.

145) *See, e.g.,* Interhandel, 1959 I.C.J. 20［邦訳 492 頁］（資産の返還の申立に対して，当該資産が敵性のものではないという宣言の請求が追加された際に，それは新たな申立であり，先決的抗弁に関する手続においては提起できないとされた）.

146) *See* Aerial Incident of 3 July 1988 (Iran v. U.S.), 1989 I.C.J. 134.

147) *See* ELSI, 1987 I.C.J. 185-186.

148) *See* Anglo-Iranian Oil Co., 1952 I.C.J. 13, 14.

それを職権で命じる[149]．これらの処理は，判決を十分理由付け，自身への信頼を維持しようとする ICJ の態度を反映している[150]．なお，小法廷による裁判の場合に限って，訴訟当事国と法廷が同意する場合には，本案手続における口頭陳述を省略しうるものとされている（同第92条3項）．

(2) 妨訴事由の類型

ICJ 規則第79条3項は，先決的抗弁には3つの類型があるとする．すなわち，裁判権に関する抗弁，訴訟の受理可能性に関する抗弁，本案手続前に決定することを求められるその他の抗弁である．ICJ は，自身の司法機能には「固有の限界」があり，それは強行的な妨訴事由となるが，その目録を作成することは困難であるとしている[151]．後に述べるように，ICJ は，1つの抗弁がいずれの類型に当たるかを認定した上で，類型ごとに判断の時機や順序を決定しているわけではない．その意味では，妨訴事由の類型を確定する必要はない．

しかし，ICJ が妨訴事由を審理する政策を分析するためには，妨訴事由を俯瞰し，妨訴事由ごとにどのステークホルダーの利益を保護しているかを基準に，それらを整理しておくことが有用である．保護法益が ICJ または第三者の利益である抗弁は，ICJ が職権でも審理すべきものであり，被請求国の利益である抗弁は，被請求国が証明することが期待され，かつ，その放棄も可能であると考えられるからである．なお，以下に挙げる妨訴事由を上記類型に対応させるならば，裁判権に関するものは①，②，⑧，⑨，受理可能性に関するものは③，④，⑤，⑥，⑦，⑩，⑪であると考えられる．ただし，③および④はその他の妨訴事由であるというべきであるかもしれない．

(a) ICJ の利益を主として保護する妨訴事由

① 訴訟能力の欠如

ICJ 規程第34条1項は，国家のみに訴訟能力を認める．そこで，ブリテ

---

149) *See* Maritime Delimitation and Territorial Questions Between Qatar and Bahrain（Qatar v. Bahr.），1994 I.C.J. 114.

150) なお，ICJ は，先決的抗弁の受理可能性に関する判断を独立の主文とすることがある．*See* Arbitral Award of 3 October 1899, 2023 I.C.J. para. 108 (1) (Apr. 6). この取扱いには，ICJ が先決的抗弁に関する判断を慎重におこなっていることを表示する意図がみられる．

151) *See* Northern Cameroons, 1963 I.C.J. 30 [邦訳 586–587 頁].

ン王の主権の下にあるが連合王国議会の制定する法律の効力が原則として及ばないジャージー諸島が抗争当事者であった「マンキエ島とエクレオ島事件」(1953 年判決)[152] では，訴訟能力をもたないジャージー諸島ではなくイギリスが訴訟当事国となった[153]．もっとも，ヴェルサイユ条約によって，国際連盟の監督の下でポーランドが外交関係を処理すべきものとされていたダンツィッヒ自由市 (Free City) は，独立した「国家」として PCIJ 規程当事国となり，自身の訴訟能力が認められた[154]．

② アクセス権の欠如

ICJ 規程第 35 条 1 項は，原則として規程当事国のみが訴訟当事国になりうる，すなわち ICJ への「アクセス権」[155] をもつとする．セルビア・モンテネグロ対ベルギーの武力行使の合法性事件判決 (2004 年) は，訴訟付託の時点で請求国は国連加盟国という地位をもたず，それゆえアクセス権をもたなかったとして，訴訟を却下した[156]．

③ 紛争の不在

第 3 章で検討したように，ICJ が裁判を遂行する前提は処理されるべき紛争の存在である．訴訟係属の時点では存在していた紛争が後に消滅した場合

152) Minquiers and Ecrehos, 1953 I.C.J. 52 [邦訳 308 頁].

153) *See* SHABTAI ROSENNE, *Reflections on International Arbitration and Litigation in the International Court of Justice, in* AN INTERNATIONAL LAW MISCELLANY 231, 249 (Martinus Nijhoff, 1993).

154) ダンツィッヒ自由市の成立過程について，川手圭一「第一次世界大戦後『自由市ダンツィヒ』のポーランド人マイノリティをめぐる政治的・社会的位相」東京学芸大学紀要人文社会科学系 (II) 60 号 (2009 年) 73, 74-76 頁．ダンツィッヒは第 2 次世界大戦後，ポーランド領とされた．

155) Use of Force (Serb. & Mont. v. Belg.), 2004 I.C.J. 279, 298-299.

156) *See* Legality of Use of Force (Serb. & Mont. v. Belg.), 2004 I.C.J. 327-328. 7 名の裁判官は，請求国の訴訟能力を問題とすることなく，義務的裁判権受諾宣言が係争行為の発生後になされたこと，または，ジェノサイドの構成要件である集団破壊の意図の明白な欠如を訴訟却下の理由にすべきであったとしている．*See id.* 331-332 (joint declaration of Vice-President Ranjeva, Judges Guillaume, Higgins, Kooijmans, Al Khasawneh, Buergenthal & Elaraby). 判決が訴訟能力を主論とする必要がなかったにもかかわらず，ボスニア・ヘルツェゴビナ対ユーゴスラビアのジェノサイド条約適用事件の先決的抗弁判決 (1996 年) の理由との矛盾を際立たせたことは問題であるともいわれる．五十嵐前掲論文 (注 84) 298 頁．請求国は，同事件先決的抗弁判決は請求国が国連加盟国であることを前提としていたとして，再審を請求した．しかし，ICJ は，再審の要件である新事実が存在しないとして，請求を却下した．*See* Application for Revision of the Judgment of 11 July 1996 in the Case Concerning Application of the Convention on the Prevention and Punishment of the Crime of Genocide (Bosnia and Herzegovina v. Yugoslavia) (Yugo. v. Bosn. & Herz.), 2003 I.C.J. 32.

には，訴訟はムートとなる．

④　申立の不備

第3章で述べたように，「申立が明瞭性を欠くという抗弁」が妨訴事由として認定される可能性は残されている[157]．

⑤　第三者の利益

それに関して決定を下すことが当該訴訟を処理する「前提条件（*condition préalable*）」[158] であるという意味で，第三者の利益が判決の対象に関わる場合には，妨訴事由の存在が認められる[159]．このような場合には，当該第三国のみが判決の前提となる問題について情報を十分提出できるので，当該国が「出廷しないまま」[160] 判決を下すことは，理由付けに不可欠な情報が不十分な状況で判決を下すことを ICJ に強いる．そのような判決は質が保証されえないことから[161]，そのような判決を回避するために，妨訴事由の存在が認められるのである．

この妨訴事由は，「訴訟において何ら役割を果たすことなく，聴取される機会もなかった」[162] 国の行為に関して判決を下すことはできないとする，1917 年の中米司法裁判所の判決においてすでに依拠されている．第三国の利益が判決を下す「前提条件」であるか，判決と同時に決定されるものであるかは，決定の時機の相違にすぎないという見解もある[163]．しかし，同時決定の場合には，訴訟当事国が当該問題について情報を十分提出しうること，および，判決の拘束力は第三国に及ばないことに鑑みて，妨訴事由の存在を認める必要はない．これに対して，「前提条件」の場合には，判決が不十分な情報に基づいて下される（と少なくとも外形的に認識させる）ことになるので，ICJ 自身の利益を保障するために，決定が妨げられるのである．

---

157) *See* Phosphates in Morocco, 1938 P.C.I.J. (ser. A/B) No. 74, at 21.

158) Phosphate Lands in Nauru (Nauru v. Austl.), 1992 I.C.J. 261.

159) 「判決の対象そのもの」ではないという理由で抗弁が却下された例として，*see* Armed Activities on the Territory of the Congo (Dem. Rep. Congo v. Uganda), 2005 I.C.J. 238.

160) Monetary Gold (Italy v. Fr., U.K. & U.S.), 1954 I.C.J. 32.

161) *See* Rosalyn Higgins, *Policy Consideration and the International Judicial Process*, 17 INT'L & COMP. L.Q. 58, 75 (1968).

162) Central American Court of Justice, Costa Rica v. Nicaragua, Decision of Sep. 30, 1916, 11 AM. J. INT'L L. 181, 228 (1917).

163) *See* Thirlway, *supra* note 80, at 50.

勧告的意見と関係国の同意

　ICJ は，「国連の機関」なので，「やむにやまれぬ理由」がなければ勧告的意見を与えることを拒否すべきではないとしている．そこで，勧告的意見の要請の対象である抗争の当事者が同意していないことがこの理由に当たるかどうかが問題となる．ICJ は，壁建設事案勧告的意見において，問題が当事者のみの関心事項ではなく国連の関心事項でもある場合には，同意の不在は「やむにやまれぬ理由」に当たらないとした[164]．

　勧告的意見は拘束力をもたないので，形式的には抗争当事者の法的利益を損ないえないと考えることもできる．また，抗争当事者を聴取しなくとも，国連における審議の記録や公知の事実などを駆使して判断を下しうる場合には，それを差し控えるべき理由は存在しないかもしれない．しかし，十分な情報に基づいて判断を下し，抗争解決に貢献する能力をもつという評判を維持する ICJ の利益が損なわれうる場合には，要請を却下すべき場合がありうると考えられる．

　1993 年のオスロ合意に結実する交渉がなされていた時期に，イスラエルは入植地を拡大し続け，その数も倍増させたといわれている[165]．イスラエルが反対しているにもかかわらず ICJ が壁建設事案勧告的意見を与えると当事者の交渉の妨げになるとする主張は，イスラエルが交渉による解決を現に追求していなければ，説得力が低い．しかし，当事者間に一定の信頼がなければ，勧告的意見が政治過程の代替物になると期待できないことも事実である[166]．

　勧告的意見が言い渡される 9 日前に，イスラエル最高裁判所は，「フェンス」を建設する目的は適法であるとしつつ，その一部について，負担との均衡性を満たさないので違法であるとする判決を初めて下しており，この事実は，少なくとも部分的には ICJ の勧告手続の積極的影響であると評価されている[167]．このことは，イスラエルを無条件に支持していると評

---

164) *See* Construction of a Wall, 2004 I.C.J. 158-159.

165) *See* Wakako Kobayashi, *International Court of Justice Advisory Opinion on the Wall and Its Influence on the Islael-Palestine Peace Process*, 13 J. GRAD. SCH. ASIA-PAC. STUD. 219 (2007).

166) *See* Ruth Wedgwood, *The ICJ Advisory Opinion on the Israeli Security Fence and the Limits of Self-Defense*, 99 AM. J. INT'L L. 52, 61 (2005).

167) *See* Kobayashi, *supra* note 165, at 232.

される T・バーゲンソールが，意見を与えるべきではないという理由で全
主文に反対票を投じ，イスラエルが情報提供を拒否したことを同国に不利
な推定の根拠にすべきではないと断りながら，反対意見ではなく宣言を付
し，壁建設が「国際法の問題として深刻な問題を提起する」ことに同意を
表明していることと呼応しているようにみえる[168]．

⑵　第三者の利益を主として保護する妨訴事由

⑥　他の機関の排他的管轄権

　裁判権に関する他の要件が満たされている場合にも，紛争の主題が他の国
際機構の排他的管轄権に属する問題である場合には，ICJ は訴訟の受理可能
性を否定しなければならない．また，他に係争中の訴訟が存在することも，
当該手続の根拠となる条約が ICJ の裁判権の根拠に対して特別法であるとい
う理由でそれを優先したり，請求国の手続濫用を認定したり，当該法廷に対
する礼譲（comity）ゆえに訴訟の受理可能性を否定したりする根拠になると
考えられる[169]．

　国連海洋法条約第 282 条はこのような調整に関する規定であり，同条の下
で，ミナミマグロ事件を付託された仲裁廷は裁判権を否定している[170]．こ
れに対して，モックス製造工場事件において，ITLOS は，北東大西洋海洋
環境保護条約（OSPAR 条約）（1992 年）などが国連海洋法条約と同一または
同様な権利義務を規定していた際に，それらの権利義務は異なる条約に基づ

---

168)　*See* Construction of a Wall, 2004 I.C.J. 240 (declaration of Judge Buergenthal).同裁判官は，
　　人権保障と政治制度が独立の問題であるとするのは「法的・政治的フィクションである」と指摘
　　し，人権保障の手厚さが政治制度の正統性を評価する基準となるとしてきた．*See* Thomas
　　Buergenthal, *International Human Rights in an Historical Perspective, in* HUMAN RIGHTS: CON-
　　CEPT AND STANDARDS 3, 17-18 (Janusz Symonides ed., Ashgate, 2000).同裁判官の宣言には，この
　　立場との一貫性を維持しようとする努力の跡が見受けられる．なお，同裁判官の背景については，
　　トーマス・バーゲンソール（池田礼子＝渋谷節子訳）『幸せな子──アウシュビッツを 1 人で生
　　き抜いた少年』（朝日新聞出版，2008 年）．
169)　ICJ は，例外的にのみと断りつつ，手続濫用が認められる可能性を繰り返し肯定している．
　　See, e.g., Allegations of Genocide Under the Genocide Convention, 2024 I.C.J. para. 113 (Feb.
　　2).なお，妨訴事由である手続濫用と本案の問題である権利濫用とは区別される．*See* Certain
　　Iranian Assets (Iran v. U.S.), 2019 I.C.J. 41.
170)　*See* Southern Bluefin Tuna (N.Z. v. Japan; Austl. v. Japan), Award of Aug. 4, 2000, 23
　　R.I.A.A. 48.本件でも，ITLOS は一応の裁判権を肯定し，暫定措置を命令している．

く別個の存在であること，および，条約ごとにその目的や事後の慣行などを検討すると異なる解釈に至る可能性があることを挙げて，一応の裁判権を肯定し，暫定措置を命令している[171]．

ICJ がこれらの事由に依拠する必要はこれまでは少なかったものの，国際機構や国際法廷の増殖を受けて，問題となる可能性は高くなっている[172]．もっとも，実際には，この問題は法廷間の「日常的な情報交換や連絡網の活用を通して，相互の信頼関係を築く」ことによって事実上解消されると考えられる[173]．ICJ 自身，以前は仲裁判断を引用することが稀であったが，少なくとも海洋境界画定に関する事件で近年それを頻繁に引用するようになっており，影響が相互的なものになっていると指摘されている[174]．一般的裁判権をもつ法廷が，特別な裁判権をもつ法廷の専門的知見を参照することは望ましいと考えられる[175]．

⑦　訴訟適格

第 2 章で検討したように，保護されるべき法的利益をもたない請求国は，訴訟適格を認められず，訴訟の受理可能性を否定される．すなわち，訴状に基づいて申し立てうる請求全てについて法的利益をもたないことが明らかである場合には，付託適格が否定される．そうでなくても，口頭手続の最終申立が特定された時点で，申立全てについて法的利益をもたないことが判明すると，本案判断請求適格が否定されるのである．

(c)　被請求国の利益を主として保護する妨訴事由

⑧　裁判権の受諾の不在

被請求国が裁判権を受諾していないことが一見明白である付託は，応訴を勧誘するものであり，訴訟は係属しない[176]．被請求国が裁判権を争わない場合にも，応訴裁判権の成立は推定されるべきではなく，ICJ が職権で確認

---

171) *See* MOX Plant (Ir. v. U.K.), 2001 I.T.L.O.S. 106. この事件は後に取り下げられた．

172) *See generally* YUVAL SHANY, THE COMPETING JURISDICTIONS OF INTERNATIONAL COURTS AND TRIBU-NALS (Oxford University Press, 2003).

173) ロザリン・ヒギンズ（横田洋三訳）「国際司法裁判所（ICJ）と法の支配」横田洋三編訳『国際社会における法の支配と市民生活』（国際書院，2008 年）15，24 頁（ICJ 以外の法廷は，ICJ の「判決や勧告的意見に沿った判断を下す努力をしている」と指摘する）．

174) 水上千之『海洋法』（有信堂高文社，2005 年）272 頁．

175) *See* Marko Milanović, *State Responsibility for Genocide: A Follow Up*, 18 EUR. J. INT'L L. 669, 693 (2007).

252　第 4 章　裁判準則の選択における抗争

すべきであると考えられる[177].

　⑨　裁判権の受諾に付された留保への該当

　裁判権の基礎が一応存在する場合にも，付託された紛争がその範囲に含まれないことがある．例えば，被請求国が国内管轄権（domestic jurisdiction）に含まれる事項について留保を付していることがあり，当該留保に一見明白に該当する場合には，訴訟の間口における審査の結果として，暫定措置の要請を却下する命令などで訴訟自体が却下される[178].

　なお，国内管轄事項は「国際義務優先原則の例外」に当たるといわれることがある[179].　しかし，国内管轄事項の範囲は国際法によって決定される[180].　国際法が国内管轄事項とされてきた事項に規律を拡大し，義務を創設することは禁止されていない[181].　国内管轄事項は国際法が各国の裁量に委ねている事項であり，国際義務と抵触することは原理的にありえない.

　⑩　国籍の断絶・⑪　国内救済の未完

　外交的保護を目的とする訴訟においては，国籍継続と国内救済完了の 2 つが訴訟要件となる．加害行為から判決言渡しまでの間に被害者が請求国の国籍を喪失した場合には，訴訟は確定的に却下される．それに対して，国内救済が未完である場合には，当該時点では受理可能性が否定されるものの，それを完了すれば再訴が可能になる．なお，国内救済の未完は暫定措置の段階でも問題とされうるが，請求国が外交的保護ではなく条約違反を主張し，被請求国がいかなる国内救済が未完であるかを特定していないという事情の下では，それを審査する必要はないとされる[182].

---

176) ICJ 規則第 38 条 5 項に則った応訴裁判権は，2006 年に付託された刑事共助事件で初めて成立した．*See* Mutual Assistance in Criminal Matters（Djib. v. Fr.），2008 I.C.J. 181.

177) *See* Legality of Use of Force（Yugo. v. Spain），1999 I.C.J. 768-772.

178) *Cf.* Grand Prince（Belize v. Fr.），2001 I.T.L.O.S. 44（「国際裁判（international adjudication）の確立した判例法」によれば，裁判所は職権で裁判権を確認すべきであるとする）.

179) 東泰介「国際裁判所における国家の国際義務優先の原則」杉原高嶺編『紛争解決の国際法』（三省堂，1997 年）23，34-37 頁.

180) *See* Nationality Decrees Issued in Tunis and Morocco, 1923 P.C.I.J.（ser. B）No. 4, at 23-24［邦訳 267 頁］.

181) *See* Written Statement of the United Kingdom, 1950 I.C.J. Pleadings（Peace Treaties）169, 176（Jan. 11, 1950）.

182) *See* Application of the CERD, 2018 I.C.J. 421.

⒟ 主張されているもののその存在が認められていない妨訴事由

　主張されているもののその存在が認められていない妨訴事由が２つ存在する.

　まず，紛争が「例外的に高度な政治性をもつ」場合には，いわゆる政治問題（political question）の法理を採用し，司法判断非適合的（non-justiciable）であるという理由で訴訟を却下することによって ICJ の権威が強化されるとする主張が存在する[183]．国内裁判所の場合には，政治問題の法理は，民主的正統性をもつ立法部および執行部に対して司法部が謙譲するもので，それらの行為のうち司法審査の対象とするものを限定する代わりに，それらからの圧力を弱め，司法部の独立性を高める効果をもつといわれる[184]．これに対して，ICJ が政治問題の法理を採用することは，抗争解決過程において政治力の優る国の行為を放置することを意味し，審査の対象を限定するコストに見合うベネフィットが得られるかには疑問がある.

　ある紛争が「非政治的なものであるかどうかについての決定こそがまさに政治的決定たるものの本質を特有の仕方で表現する」[185] といわれるように，ICJ が政治問題の法理に依拠することは政治的判断を露骨におこなうことにほかならない．それよりも，ICJ への付託が類型的に認められない紛争は存在しないという前提で[186]，他の妨訴事由に理由付けることによって，その権威を維持すべきであると考えられる[187]．政治性の高さは，ある抗争を解

183）杉原高嶺『国際司法裁判制度』（有斐閣，1996 年）252 頁．なお，同書が「司法機能に固有の限界」を認めた例とする「上部サヴォアとジェックスの自由地帯事件［以下，自由地帯事件］」PCIJ 判決（1932 年）は，自由地帯が廃止されていないと認定しつつ，当該地域のあるべき状態は経済的利害をめぐる駆引きに関わる問題であるので，「法規則の適用に携わる裁判所が訴訟当事国 2 か国間の紛争の解決を支援しうる領域の外にある」とした. *See* Free Zones, 1932 P.C.I.J. (ser. A/B) No. 46, at 162［邦訳 51 頁］．この部分は傍論である.

184）*See* T.C. Hartley & J.A.G. Griffith, Government and Law 175 (2d ed., Weidenfeld and Nicolson, 1981)［J・A・G・グリフィス＝T・C・ハートレー（浦田賢治＝元山健訳）『イギリス憲法』（三省堂，1987 年）203 頁］.

185）Carl Schmitt, Staat, Bewegung, Volk: Die Dreigliederung der Politischen Einheit 17 (Hanseatische Verlagsanstalt, 1935)［カール・シュミット（初宿正典訳）「国家・運動・民族」カール・シュミット＝カール・シュルテス（服部平治ほか訳）『ナチスとシュミット——三重国家と広域秩序』（木鐸社，1976 年）7, 28 頁］.

186）*See* Rights of Minorities in Upper Silesia (Minority Schools), 1928 P.C.J.I. (ser. A) No. 15, at 23.

254 第4章 裁判準則の選択における抗争

決するために ICJ を利用すべきかそれ以外の手段を利用すべきかを抗争当事
国が検討するときに考慮すべき事由であろう[188].

次に，訴訟が成立するためには請求原因が必要であり，請求原因が存在す
るためには「適用可能な実定国際法規の存在」が確定されている必要がある
ので，それが確定されない場合には，訴訟は却下されるべきであるという主
張がある[189]．しかし，本案審理で判断する前に法規の不在を認定すること
は論点先取（petitio principii）になる．また，「適用可能な実定国際法規の存
在」が確定されて初めて本案審理に進みうるとすると，当該法規の存否が主
題である紛争は類型的に付託されえないことになる．そこで，ICJ は，請求
国が主張を国際法に基礎付けている外観が存在する限り，当該国は「自身を
国際法の平面に置いている」と推定されるとして，訴訟手続を進行する[190].
一見明白に不在であるといえなければ，適用可能な法規の存否は，先決的手
続ではなく本案手続で判断すべきことなのである[191].

なお，ICJ は，勧告的意見の要請の対象が法律問題であるかどうかについ
ても，「法の言葉に定式化されており，かつ，国際法の問題を提起する」か
どうかを基準としている[192]．要請事項がどのような法に規律されるかは本
案審理の対象とするのである[193].

2　妨訴事由の選択

ある妨訴事由の審理が訴訟手続のどの段階でおこなわれるか，裁判権と受
理可能性いずれの妨訴事由が先に審理されるか，そして，裁判権と受理可能
性に関する妨訴事由それぞれのうちどの事由に判決を基礎付けるかという問
題は，ICJ が自身の制度目的をどのように理解して行動しているか，そして，
それが抗争解決過程においてどのような意味をもつかという問題に関連する.

---

187) *See* Hermann Mosler, *Political and Justiciable Legal Disputes: Reveal of an Old Controversy?, in* CONTEMPORARY PROBLEMS OF INTERNATIONAL LAW 216, 224, 229 (Bin Cheng & E.D. Brown eds., Stevens & Sons, 1988).

188) 田村幸策『国際法 下巻』（有斐閣，1952年）367頁.

189) 山本草二『国際法〔新版補訂版〕』（有斐閣，2003年）39頁.

190) *See* Right of Passage, 1960 I.C.J. 33 [邦訳 544頁].

191) *See* Interhandel, 1959 I.C.J. 24 [邦訳 496頁].

192) *See* Western Sahara, 1975 I.C.J. 18.

193) *See* Use or Threat of Nuclear Weapons, 1996 I.C.J. 237.

（1）　妨訴事由の審理の時機の類型化の否定

ICJ は，かつて，先決的抗弁とは本案の決定を排除するために「事件の本案について何ら意見を表明することなく決定することができる」[194] 抗弁であり，その手続は，訴訟当事国の陳述の対象を当該抗弁に限定することを目的とする制度であるとしていた．そして，抗弁がこの意味で先決的性質のものであるかどうかが明らかではない場合には，抗弁の先決性に関する審理を本案手続に併合すべきであるとしていた．例えば，PCIJ は，国内救済未完の抗弁について，本案に関する陳述を聴取することなく先決性を決定することができない場合には，本案手続に併合するとした[195]．しかし，このような厳格な理解を実際の訴訟の運営の中で維持することは困難であった．

まず，本案について何ら意見を表明することなく決定しうるものに先決的抗弁を限定すると，その手続を著しく狭いものとして，その有用性を損なうことになりかねない．例えば，裁判権の基礎が条約の裁判条項である場合には，裁判権が成立するかどうかは当該条約の実体規定を解釈して初めて判断することが可能となる[196]．そのような場合には，当該規定の下で請求が認容される「十分な蓋然性（sufficiently plausible character）」が存在すること，すなわち，請求の依拠する解釈が当該規定のありうる解釈の１つであり，かつ，請求の基礎とされる事実と条約との関連性がかけ離れていないことを先決的に審理し[197] それらが一見明白に否定される場合に限って先決的に訴訟を却下することになるのである．

また，本案について何ら意見を表明することなく決定することができる抗弁を先決的手続で必ず決定することは困難であった．例えば，被請求国が期限に後れて裁判権に対する抗弁を提出した際に，ICJ は，それが期限内に提出されることが望ましかったとしながら，裁判権は職権でも確認されるべき事項であるとして，当該抗弁を審理する[198]．「ハンガリー・チェコ混合仲裁

---

194) *See* Panevezys-Saldutiskis Railway, 1939 P.C.I.J. *(ser.* A/B) No. 76, at 17-18, 22 ［邦訳 477, 480 頁］.

195) *See id.* at 15, 17-18, 22 ［邦訳 475-476, 477, 480 頁］. PCIJ は，本案手続の後に当該抗弁の先決性を認め，それを認容して訴訟を却下した. *See id.* at 22 ［邦訳 480 頁］.

196) *See* Oil Platform, 1996 I.C.J. 824 (separate opinion of Judge Shahabuddeen).

197) *See* Ambatielos (Greece v. U.K.), 1953 I.C.J. 18.

198) *See* ICAO Council, 1972 I.C.J. 52 ［邦訳 227-228 頁］.

256　第 4 章　裁判準則の選択における抗争

裁判所の判決の上訴（ペテル・パーズマニ大学）事件」において，チェコスロバキアは，同国とハンガリーとの間の仲裁判断については，両国とも PCIJ に一方的に上訴しうるとする 1930 年のパリ第 2 協定に基づいて，同国民とハンガリーとの間の仲裁判断を PCIJ に付託した．これに対して，ハンガリーは，同協定に基づく裁判権の対象は国家間の仲裁判断のみであると主張したが，先決的抗弁を期限までに提出しなかった．PCIJ は，職権で本案手続を中断し，裁判権の問題に対象を限定した口頭手続を開催した．その後，PCIJ は，当該問題を本案判決において判断するとして本案手続を再開した．結局，PCIJ は，私人と国家との間の仲裁判断であっても，それを主題とする国家間紛争が発生した場合には，それに関する上訴に裁判権をもちうるとして，裁判権を肯定し，本案判断を下した[199]．

　このように，本案について何ら意見を表明することなく決定することができるものを先決的抗弁として，先決的手続における陳述をそれに関するものに限定することには問題が少なくないと考えられた．そこで，1972 年の ICJ 規則改正において，陳述の対象を限定できない場合には「その訴訟の状況によって，抗弁がもっぱら先決的な性質をもつものではないと宣言する」という規定が採用された（第 79 条 7 項，2019 年規則第 79 条の 3 第 4 項）．

　ICJ は，情報が十分収集されていない抗弁について先決的手続で決定することを禁止される[200]．そのような抗弁は本案手続で審理される．ここでの先決性は，抗弁の属性というよりも，訴訟手続の進行に依存する時機の問題とされるのである．このアプローチは，2001 年の ICJ 規則改正でさらに推し進められ，「その訴訟の状況によって」，訴訟手続のいかなる段階でも，ICJ は特定の事由のみを審理する手続を分離する権限をもつことが明記された（第 79 条 2 項，2019 年に削除）．「決定を可能にするために必要な資料が出揃った」ゆえに「今や決定しなければならない」[201] とした漁業管轄権事件判決で判示した原則を，ICJ は ICJ 規則に取り込んだということができる．

---

199) *See* Appeal from a Judgment of the Hungaro/Czechoslovak Mixed Arbitral Tribunal (The Peter Pázmány University) (Czech-Slovk. v. Hung.), 1933 P.C.I.J. (ser. A/B) No. 61, at 212.

200) *See* Electricity Company of Sofia and Bulgaria (Belg. v. Bulg.), 1939 P.C.I.J. (ser. A/B) No. 77, at 95 (separate opinion of Judge Anzilotti).

201) Fisheries Jurisdiction (U.K. v. Ice.), 1974 I.C.J. 10 [邦訳 415 頁].

第79条は2019年にさらに改正され，第79条の2および第79条の3が追加され，訴訟当事国がある抗弁を本案手続で審理すべきであると合意する場合には，ICJはそれに従うことなどが明記されている（第79条の2第4項）．

（2）　訴訟の受理可能性の否定による裁判権の審理の回避

ICJは「訴訟当事国の機関」であるという性質ゆえに，裁判権が確立しない限り，その他の問題についてはいかなる審理もおこないえないといわれる[202]．しかし，第5章で述べるように，この原則は，「国連の機関」として暫定措置が肥大化する中で形骸化している．2019年改正前ICJ規則第79条6項は，受理可能性などに関する抗弁には言及することなく，裁判権に関する抗弁についてのみ，それを先決的段階で決定するために，それに関連する証拠の提出をICJが訴訟当事国に要請できると規定していた（2019年に削除）．従来，ICJは，多くの場合には裁判権の存否を最初に決定しており[203]，DRC対ルワンダのコンゴ領軍事活動事件判決では，裁判権を確認した上で受理可能性を審理することが「確立した判例」であるとしていたほどである[204]．この判例が現在でも妥当するとすれば，ICJは，どれほど時間がかかろうと，他の訴訟要件全ての審理に先立って裁判権に関する審理をおこなわなければならないことになる[205]．

ところが，ICJは，1984年のニカラグア事件判決では，ある抗弁が裁判権に関する抗弁と受理可能性に関する抗弁いずれに分類されるかはその審理の順序を決定する際に「決定的な重要性はもたない」[206]としていた．論理的

202）*See* Northern Cameroons, 1963 I.C.J. 39-40 (declaration of Judge Koretsky).

203）*See* Hugh Thirlway, *The Law and Procedure of the International Court of Justice 1960-1989, Part Eleven*, 71 Brit. Y.B. Int'l L. 71, 82 (2001).

204）*See* Armed Activities on the Territory of the Congo (Dem. Rep. Congo v. Rwanda), 2006 I.C.J. 17. この判示は，「その他の抗弁」と裁判権に関する抗弁の審理の順序については沈黙している．それゆえ，裁判権に先立って審理される抗弁を「その他の抗弁」に分類することが不可能なわけではない．しかし，そのような分類は，受理可能性という用語の通常の意味と整合的ではない．

205）杉原前掲書（注183）250頁．妨訴事由の類型が審理の順序を決定すべきであるという前提で，ICJが類型化を推し進めることに期待する立場もある．国際司法裁判所判例研究会「カメルーンとナイジェリア間の領土・海洋境界紛争事件（先決的抗弁判決）」国際法外交雑誌102巻4号（2004年）103，120-121頁［吉井淳執筆］．

206）Military and Paramilitary Activities, 1984 I.C.J. 429.

には先に決定されるべき抗弁であっても,「その訴訟の状況により」判断を下すことが困難なものは先送りし,判断する機が熟している妨訴事由に基礎付ければよいとしたのである.

抗弁を提出する国は,理由は何であれ,最も迅速に訴訟が却下されることを希望すると考えられるので,受理可能性を否定すれば訴訟を直ちに却下できる場合には,受理可能性の審理に関する応訴裁判権が成立すると考えることもできる[207].例えば,迅速になされるべき暫定措置の審理の際に,裁判権の問題を回避するために,受理可能性を一見明白に欠いていないかどうかを先に審理することが許容されるべきであると主張されている[208].ICJ は,この点についてはまだ判断を下していないが[209],ITLOS は,被請求国の行為が裁判権の射程に含まれるかどうかを審理することなく,請求国が拿捕された船舶の旗国であるという証明に失敗したという理由――通常は訴訟適格の欠如に当たる理由――で,国連海洋法条約第292条に基づく速やかな釈放の請求を却下している[210].

ICJ は,訴訟がムートになったとする抗弁が裁判権,受理可能性,その他の事由いずれについての抗弁であるかについては,それを決定する必要がないとして,判断の時機をあらかじめ特定する必要性を認めていない[211].ムートネスは他のどの抗弁よりも優先して判断されるべき「『適切性』の考慮(consideration of *propriety*)」であるともいわれる[212].しかし,ムートネスについて判断するためには,紛争の主題を確定することが必要なので,他の妨訴事由を判断する機が熟しているにもかかわらず,それを常に先に判断すべき理由は存在しないと考えられる.

興味深いのは,インターハンデル事件である.ICJ は,裁判権に関する抗弁は受理可能性に関する抗弁よりも先に審理されるべきであるとして,合衆

---

207) *See* Thirlway, *supra* note 80, at 75-76.

208) *See* J. Peter A. Bernhardt, *The Provisional Measures Procedure of the International Court of Justice Through U.S. Staff in Tehran: Fiat Iustitia, Pereat Curia?*, 20 VA. J. INT'L L. 557, 593 (1980).

209) *See* Land and Maritime Boundary, 1996 I.C.J. 21(受理可能性を一応肯定しうることから,裁判権との判断の順序について決定する必要はないとする).

210) *See* Grand Prince, 2001 I.T.L.O.S. 44.

211) *See* Northern Cameroons, 1963 I.C.J. 27 [邦訳584頁].

212) *See id.* at 101 (separate opinion of Judge Fitzmaurice).

国の提出した抗弁の順序を一度は入れ換えて，裁判権に関する抗弁を先に審理するとした[213]．その上で，合衆国自身が陳述の中で，被害者とされるスイス会社が合衆国における救済を尽くしていないことを理由として訴訟を却下できる場合には，合衆国の義務的裁判権受諾宣言に付されていた自己判断留保——合衆国が国内管轄事項であると決定する事項については，裁判権を受諾しないとする留保で，自動的留保（automatic reservation）またはコナリー留保（Connally reservation）と呼ばれる——の問題はムートになると主張したとして[214]，自己判断留保の適用可能性の問題よりも国内救済未完の抗弁を先に審理し，それを認容することによって訴訟を却下したのである[215]．

これに対しては，自己判断留保が無効であり，それを伴う義務的裁判権受諾宣言全体も無効であるとすれば，裁判権が確立せず，国内救済完了の要件は問題にならないはずなので，自己判断留保の問題から決定すべきであるという意見があった[216]．ロータパクトによるこの意見は，論理的順序に従うこと，および，争われてきた自己判断留保の有効性を明確化することを動機としたと考えられる[217]．

この意見にもかかわらず評決された判決は，この訴訟の処理が自己判断留保に関する一般的な争いにあえて踏み込まず，訴訟当事国間の限定的問題として処理できる受理可能性の問題を先に取り上げることを選択した．その背後には，自己判断留保が付されていても受諾宣言が存在すると，それが存在しない場合よりは裁判権が成立する可能性がいささかなりと高く，また，被請求国が一方的付託を非友誼的行為や濫訴とみなすおそれも低くなるという認識があると考えられる．この事件は，ICJ が自己判断留保の有効性に関す

---

213) *See* Interhandel, 1959 I.C.J. 23-24 [邦訳 495 頁].

214) *See id.* at 26 [邦訳 497 頁].

215) *See id.* at 29, 30 [邦訳 499 頁].

216) *See id.* at 101-102 (dissenting opinion of Judge Lauterpacht).

217) 自己判断を可能にする条約規定として GATT 第 21 条 a および b が存在する．WTO のパネルは，条約当事国の裁量は信義誠実の原則に制限され，当該制限に関してパネルが審査権限をもつとしている．*See* Panel Report, Russia － Measures Concerning Traffic in Transit, WT/DS512/R, Apr. 5, 2019, at 56-59. 川瀬剛志「ロシア——貨物通過に関する措置（DS 512）——安全保障例外（GATT21 条）の射程」RIETI Policy Discussion Paper Series 20-P-004（2020 年）24-32 頁も参照．このような傾向からは，自己判断留保についても，ICJ が裁量権逸脱に関する審査を及ぼす可能性も存在すると考えられる．

260 第4章 裁判準則の選択における抗争

る法の明確化よりも，訴訟当事国の意思に従った当面の訴訟の処理や，留保
の無効性ゆえに裁判権の基礎が無効であるとする判示の回避によって ICJ が
将来利用される可能性の最大化を重視したものと理解することができる．

(3)　妨訴事由の選択における訴訟当事国の意思の尊重

　裁判権と受理可能性それぞれの類型内部の妨訴事由の審理の順序について
も，ICJ は，論理的順序に従うとは限らない．

(a)　裁判権に関する妨訴事由の審理の順序

　条約や義務的裁判権受諾宣言が裁判権の基礎として依拠されたとき，それ
らの有効性と，それらに付された留保の該当性とが問題となる場合には，論
理的には，前者が先に決定されるべき問題である．それらの有効性が否定さ
れるならば，その時点で裁判権は否定され，留保の該当性は問題にならない
はずだからである．しかし，このような ICJ の判示は，訴訟当事国を越えて
条約当事国や ICJ 規程当事国に事実上の波及効を及ぼしうるのに対して，留
保の該当性に関する判示の波及効の射程は限定される．そこで，ICJ は，自
身の判示が新たな抗争を呼び起こす可能性を低くするために，後者を判決の
理由とし，個々の訴訟を処理しようとしているようにみえる．

　例えば，エーゲ海大陸棚事件において，ギリシアは裁判権の根拠を 1928
年の「国際抗争の平和的処理に関する一般議定書」とした．トルコは，ICJ
書記に宛てた書簡において裁判権を否認し，出廷しなかった．ICJ は，トル
コが同議定書の適用可能性を否認し，かりにそれが肯定されるとしても，そ
れに付された留保に該当すると主張しているとした上で，前者については判
断することなく，同議定書に付された留保が援用されるとして，裁判権を否
定した[218]．同議定書の適用可能性は長く争われてきた「微妙な問題」であ
ったので，ICJ はそれに関する判断を回避したといわれる[219]．

　同様の処理として，ICJ は，有効性が争われている留保について，有効性

---

218)　*See* Aegean Sea Continental Shelf, 1978 I.C.J. 34-38.

219)　*See id.* at 62 (dissenting opinion of Judge De Castro). 波多野里望＝尾崎重義編『国際司法裁
　　判所——判決と意見　第2巻 (1964-93 年)』(国際書院，1996 年) 120, 145 頁［尾崎執筆］は，
　　この判断回避を批判して，同議定書が「適用されないから……本件は受理されない」とする．通常，
　　裁判権の不在による訴訟の却下は，受理可能性の問題とは区別されている．

を判断することなく，いずれにしろ留保に該当するとして裁判権を否定することがある．例えば，ノルウェー公債事件において，ICJ は，裁判権が複数の理由で争われている場合には，「いっそう直接的でいっそう決定的である理由を決定の基礎にする自由をもつ」とした上で，義務的裁判権受諾宣言にフランスが付した自己判断留保の有効性を判断することなく，それに該当するとして訴訟を却下した[220]．

この判示に対して，ロータパクトは，無効な留保は論理的に適用されえないので，有効性の問題を職権で先に審理すべきであるという意見を付した[221]．しかし，ICJ は，当該留保の適用可能性を認める訴訟当事国の合意をいわば特別国際法と位置付けて，訴訟当事国の意思に合致し，かつ，自己判断留保の有効性という波及効の及ぶ範囲が広い根拠ではなく，それが狭い根拠に依拠して，訴訟を迅速に却下したと考えられる．

裁判権に関する妨訴事由の審理の順序が最も問題となった事件は，武力行使の合法性事件である．ユーゴスラビアは，NATO 加盟国 10 か国による武力行使が違法であるとして訴訟を付託し，同時に暫定措置を要請した．ICJ は，8 件で，暫定措置の要請を却下し，ユーゴスラビア連邦が解体した後に，請求国が連邦の国連加盟国としての地位を自動的に承継したかどうかについては判断せず[222]，同国の義務的裁判権受諾宣言に付された時間的留保に該当するという理由で，一応の裁判権も成立しないと認定した．他の 2 件は，裁判権を一見明白に欠くという理由で訴訟自体が却下された．

訴訟の間口で却下されなかった 8 件について，ICJ は，先決的抗弁判決で裁判権を否定した．しかし，その理由は，暫定措置の場合と異なり，請求国が国連加盟国の地位を承継しておらず，ICJ へのアクセス権をもたないこととされた[223]．たしかに，請求国自身が，付託時点で自身が国連加盟国であったかどうかは「最も複雑で議論の多い問題であるので，ICJ の決定のみがそれを明確にできる」として，当該争点について判断すべきであると陳述していた．ICJ は，一般論として，妨訴事由を審理する目的は本案手続に入る

---

220) *See* Norwegian Loans (Fr. v. Nor), 1957 I.C.J. 25-27［邦訳 563-565 頁］.

221) *See id.* at 43, 61 (separate opinion of Judge Lauterpacht).

222) *See* Use of Force (Yugo v. Belg.), 1999 I.C.J. 136.

223) *See* Use of Force (Serb. & Mont. v. Belg.), 2004 I.C.J. 327-338.

262 第4章 裁判準則の選択における抗争

かどうかを決定することに限られることから，論争の対象となっている一般的問題を明確にすることではないと判示した[224]．ところが，「いっそう直接的で，いっそう決定的である理由」[225]であるとして，国連加盟国の地位の承継の問題を取り上げたのである．

　この判決は全員一致で評決された．しかし，妨訴事由を審理する順序については，15名の裁判官のうち7名が，ICJへのアクセス権を必ず先に確認する必要はなく，裁判権への同意に対する時間的留保を先に審理すべきであったとする共同宣言を付している[226]．したがって，審理の順序については，8名の裁判官のみが支持していたことになる．

　共同宣言に名を連ねたコイマンは，個別意見も付し，複数の根拠が採用可能である場合には，当該訴訟の暫定措置に関する決定や，同じ抗争に関わる他の訴訟における決定と一貫した判断を下す必要性を勘案して根拠を選択すべきであり，論理的前提となる根拠が自動的に選択されなければならないわけではないとした[227]．コイマンは，暫定措置に付した意見で，インターハンデル事件判決は裁判権と受理可能性という同じ平面の独立の根拠の間で，「論理からは擁護しえないとしても，司法的には望ましい」理由として，受理可能性に関する妨訴事由を選択したが，本件では，その前提となるアクセス権と裁判権への同意の審理の順序を逆転することはできないとしていた[228]．自身の2つの意見が矛盾するようにみえる点について，コイマンは，暫定措置の要請を却下する根拠となる「一応の裁判権」の不在の理由としては，アクセス権——コイマンの表現では*locus standi*または主体的裁判権の問題——に疑義があることを選択すべきであったが，判決の根拠は別の考慮に基づくべきであると考えたと説明している[229]．

　この判決については，論理的順序に従った判断であること，そして，「国

---

224) *See id.* at 295-296.

225) *Id.* at 298.

226) *See id.* at 332-334 (joint declaration of Vice-President Ranjeva, Judges Guillaunme, Higgins, Kooijmans, Al-Khasawneh, Buergenthal & Elaraby).

227) *See id.* at 344-347 (separate opinion of Judge Kooijmans).

228) *See* Use of Force (Yugo. v. Belg.), 1999 I.C.J. 180 (separate opinion of Judge Kooijmans).

229) *See* Use of Force (Serb. & Mont. v. Belg.), 2004 I.C.J. 343 (separate opinion of Judge Kooijmans).

連の主要な司法機関」であるICJが総会や安保理の決定——請求国が国連加盟国の地位を承継していないことを決定し、請求国の申請を受けて、2000年に加盟を承認した——を追認したことを積極的に評価することもできる．しかし，法律関係の明確化は自己目的ではない．それが明らかにされればされるほど抗争が防止されたり解決されたりするとは限らないからである．むしろ，法律関係が曖昧であることが平和や正義の実現のために望ましいこともある．この訴訟が付託された時点では，総会も安保理も請求国が国連加盟国の地位を承継したかどうかについて意図的に曖昧なままにしていたことから，ICJはそれらと歩調を合わせるべきであったと考えることもできる[230]．

(b) 受理可能性に関する妨訴事由の審理の順序

受理可能性に関する妨訴事由の審理の順序については，再訴の可能性を残す国内救済未完などよりも，請求を確定的に排除する事由が先に判断されるべきであるといわれることがある[231]．しかし，ICJは，再訴の可能性という請求国の意思に依存する不確定要素を考慮することなく，確定的障害と一時的障害とのいずれであれ，係属している訴訟を迅速に処理するために判断の機が熟したものから先に審理している．国内救済未完を理由として訴訟が却下された場合にも，請求国が国内救済を完遂して再訴するまでに，被請求国は当該紛争に関する裁判権の根拠を撤回することが可能であり，再訴の可能性を理由に国内救済完了の審理を後回しにする意味はそれほど大きいとはいえないのである[232]．

以上のように，ICJは，妨訴事由の審理において論理的順序を墨守することや，審理の順序と対応する妨訴事由の類型化や明確化を図ることを，独自の目的としていない．個々の訴訟の事情に応じて，適時に，原則として訴訟当事国の意思に沿って，妨訴事由を審理する順序を決定しているのである．このようなアプローチは，国内法におけるリアリズム志向の高まりと軌を一にするものである．例えば，アメリカ法では，19世紀には，法的分類を確立することによって政治的議論とは根本的に異なる法的議論をおこなうこと

---

230) *See id.* 342 (separate opinion of Judge Higgins).

231) *See* Panevezys-Saldutiskis Railway, 1939 P.C.I.J. (ser. A/B) No. 76, at 29 (separate opinion of Judges de Visscher & Rostworowski).

232) *See* Thirlway, *supra* note 80, at 76.

264 第4章 裁判準則の選択における抗争

が可能であると考えられていたのに対して，20世紀に入ってニューディール期に，ポリスパワー（福祉権能）が富を再配分する機能を果たしていることが表面化した後，類の相違ではなく程度の相違を問題とする衡量的思考が有力になったといわれる[233]．現在では，合衆国最高裁の裁判官は，「規則として存在する法による法の支配（rule of law as the law of rules）」という類型的手法と，「原則として存在する法による法の支配（rule of law as the law of standards）」という衡量的手法とを適宜使い分けているといわれるのである[234]．ICJも，同様の2つの手法を使い分けていると考えられる[235]．

第3節　本案の裁判準則に関する認定の一般性の限定

「法廷は法を知る」という原則に則って，PCIJは，裁判準則について「係争当事国より何等拘束せらるる所なきは勿論であ［る］」[236]といわれた．しかし，抗争当事国のみが抗争を解決しうることに鑑みて，ICJは，できる限り訴訟当事国の意思に沿う裁判準則を採用することによって，抗争当事国を支援しようとしてきたと考えられる．また，ICJは，国際法の認定をそのために必要な限度に止めてきたとも考えられる．例えば，国際法の認定が一般的なものであるとみなされうる場合に，それが当該訴訟の文脈を踏まえて理解されなければならないと断ったり，ある事由が法的要件であるかどうか，そして，その要件の精確な内容がいかなるものであるかを判断することなく，当該訴訟の事実関係においてはその事由は明らかに存在しているまたは存在していないと認定したりするのである．

---

233) *See* MORTON J. HORWITZ, THE TRANSFORMATION OF AMERICAN LAW, 1870-1960, at 17, 27-31 (Oxford University Press, 1992) ［モートン・J・ホーウィッツ（樋口範雄訳）『現代アメリカ法の歴史』（弘文堂，1996年）18，30-36頁］.

234) *See* Kathleen M. Sullivan, *The Justices of Rules and Standards*, 106 HARV. L. REV. 22, 24 (1992). いずれの手法を使うかの選択は，個々の問題について裁判官が果たすべき役割に関する認識を反映することになる．

235) なお，ITLOS の暫定措置の理由付けについて，訴訟当事国が提出した証拠に照らして，それを命令すべきかどうかよりも，暫定措置の要件の理論的説明にとらわれているという批判がある．*See* MOX Plant, 2001 I.T.L.O.S. 148 (separate opinion of Judge *ad hoc* Székely).

236) 山田三良「常設国際司法裁判所に就て」横田喜三郎編『立教授還暦祝賀 国際法論文集』（有斐閣，1934年）1，37-38頁.

もっとも，ICJ は，このような抗争解決志向に立つ司法政策を外れて，訴訟当事国の意思を越える国際法の認定にあえて踏み込み，国際法発展志向へと逸れることもあるようにみえる．しかし，それは，極めて例外的な事情が存在する場合に限られ，そこでなされた認定の先例的価値は限定されたものと理解すべきであると考えられる．

1　訴訟当事国の意思に基づく国際法認定の限定

(1)　裁判権の基礎による限定

裁判権が条約の裁判条項に基礎付けられる場合，または，裁判権が特定の法に関する紛争を対象とする特別の合意に基礎付けられる場合には，ICJ は裁判権の範囲として特定される法のみを裁判準則にしなければならない．それ以外の法を適用することは，裁判権の踰越となる[237]．もっとも，条約法条約第31条3項cで確認されている通り，当該法の解釈に必要な限りで，一般国際法を参照することは許容される[238]．裁判権の受諾を介して訴訟当事国が裁判準則を限定するという原則は，ICJ が「国際法の機関」という性質よりも「訴訟当事国の機関」という性質を強くもつことを明瞭に表す．国内裁判所の場合には，自身の管轄権を拡大する裁判官がよい裁判官であるといわれるのに対して，国際裁判所の場合には，そういうことはできないと考えられる[239]．

例えば，ニカラグア事件において，ニカラグアは裁判権の基礎として義務的裁判権受諾宣言を主張した．しかし，合衆国の宣言には多国間条約留保が

---

237) *See* R.P. Anand, Studies in International Adjudication 152-153 (Vikas Publications, 1969). 裁判権の踰越が問題となった仲裁判断の例として，*see* Orinoco Steamship Co., 5 Am. J. Int'l L. 35, 50 (1911). なお，ICJ は裁判権の踰越を禁止される反面，裁判権の行使をその限界の手前で止めてしまうことも禁止される．*See* Territorial and Maritime Dispute, 2012 I.C.J. 671. それは一種の裁判拒否だからである．

238) *See* International Commission of River Oder, 1929 P.C.I.J. (ser. A) No. 23, at 26［邦訳 89-90 頁］．*See also* Hudson, *supra* note 68, at 655 n.69.

239) *See* Right of Passage, 1957 I.C.J. 125, 180 (dissenting opinion of Judge Chagla), *cited in* Land and Maritime Boundary, 1996 I.C.J. 13, 44 (separate opinion of Judge Ajibola). *But see* Certain Property of the State, 2005 I.C.J. 45 (dissenting opinion of Judge Elaraby)（「抗争が持続しているときに裁判権を否定することは，ICJ の中心的な役割である国際抗争の解決に積極的に貢献するものではない」とする）．

付されていた．国連憲章は，武力行使を規律する最も重要な国際法であるが，この留保によって多国間条約である憲章を裁判準則とすることは排除されていたのである．そこで，ニカラグアは慣習法に裁判準則を限れば裁判権が成立すると主張した．ICJ は，この紛争を「多国間条約の下で生じた紛争」に当たらないとした上で，慣習法のみを裁判準則としてこの紛争を処理した．

この決定の理由付けは 2 段階で構成される．

まず，国連憲章が特別法であり慣習法が一般法であるという関係，または，前者が前法であり後者が後法であるという関係にはなく，両者は独立に存在しているとする．条約と慣習法との間に類型的優劣は存在しないとされてきた．そこで，両者が重畳的に規律している事項について，ICJ が一方のみを裁判準則として判決を下すことは可能であるというのである．

たしかに，国連憲章と慣習法が矛盾する義務を課している可能性も存在しうる．すなわち，慣習法に違反する行為が憲章に適合している可能性と，逆に，慣習法に適合する行為が憲章に違反する可能性が残るのである．その場合には，「特別法は一般法を破る（*Lex specialis derogat legi generali*）」，「後法は前法を破る（*Lex posterior derogate priori*）」（条約法条約第 30 条），または，「後法である一般法は前法である特別法を破らない（*Lex posterior generalis non derogat priori specialis*）」という原則を適用し，いずれの義務が優越するかが決定されなければならない[240]．ICJ がこの決定を下すために憲章を解釈する必要があるとすれば，本件は多国間条約留保の対象に含まれ，その裁判権は否定されることになるかもしれない．

しかし，国連憲章と慣習法が課す義務が矛盾していなければ，いずれかのみを適用した判断も，法律関係の認定として確定的なものとなりうる．そこで，ICJ は，憲章第 51 条が「固有の（inherent）自衛権」を確認していることに依拠し，憲章と慣習法とは「共通の基本的原則に由来する」ことから，慣習法のみを適用したとしても判決が「非実効的または不適切なものになることはない」と認定した[241]．2 つの形式で存在する法の内容は，規則の水準では安保理に対する報告義務などの相違がありうるとしても，原則の水準

---

240) *See* Quincy Wright, *Conflicts Between International Law and Treaties*, 11 Aм. J. Intʼl L. 566, 575, 579 (1917).

241) *See* Military and Paramilitary Activities, 1986 I.C.J. 97.

で共通であるので，慣習法を裁判準則としても憲章を裁判準則とする場合と矛盾することはありえないとしたのである.

　この決定は，慣習法と憲章の両方に参加している合衆国の意思に基礎付けられている．合衆国は，武力行使の禁止と自衛権とに関する慣習法に対して「一貫した反対国」の立場を主張しておらず，かつ，憲章を批准しているのである.

　ここで想起されるのは，裁判権の基礎として義務的裁判権受諾宣言と裁判条約とが主張された事件において，PCIJ が，訴訟当事国は両者を受諾することによって裁判権を拡げようとしたはずなので，いずれかが成立すればよいとして，裁判条約に基づく裁判権が成立しないこと，および，受諾宣言に基づく裁判権が請求の一部について裁判権の根拠になるとしたことである[242]．これに対して，裁判権の 2 つの根拠の関係を「純粋に法的な問題」として PCIJ が職権で審理すべきであるとする反対意見が存在した[243]．すなわち，訴訟当事国は 2 つの根拠に優劣をつけているはずなので，優越する根拠に従って一義的に裁判権の存否が確定されるはずであるとするのである．この意見を抑えて，PCIJ は 2 つの根拠が重畳的に存在しうるとしたのである.

　もちろん，裁判権の受諾という抗争解決手段を拡大する行為と，武力行使の規制に関する規則の設定とは性質を異にする．しかし，2 つの法を相互排他的なものとするか重畳的なものとするかが窮極的にはそれを設定する国の意思にかかっているとすれば，ニカラグア事件判決が論理的に矛盾しているとまではいえない.

(2)　紛争の主題による限定

　義務的裁判権受諾宣言や裁判条約は通常，裁判準則を特定することなく裁判権を設定する．その場合には，裁判準則の選択は，紛争の主題を特定する請求国の権利に含まれ，被請求国はもちろん ICJ もこれを変更することができないとされる[244]．請求国は「事後の戦闘をおこなう舞台を決定する最も

---

242) *See* Electricity Company, 1939 P.C.I.J. (ser. A/B) No. 77, at 75-76.

243) *See id.* at 89 (separate opinion of Judge Anzilotti).

268   第4章 裁判準則の選択における抗争

重要な戦闘」[245] に常に勝利するのであり，被請求国も ICJ もその舞台の上で活動することになるのである．すなわち，ICJ は，「法廷は法を知る」という原則の下で裁判準則に関して決定する権限をもつが[246]，この権限は紛争の主題によって制限されるのである．

　ただし，被請求国は反訴を提起することによって裁判準則を追加する可能性をもつ．また，応訴の勧誘の場合には，ICJ は，訴状で特定された紛争の主題を越えて，訴状の下で請求されうると被請求国が認識しえた請求は応訴裁判権に含まれるとする理解もある[247]．そうであるとすると，裁判準則が追加される余地があると考えられる．

　紛争の主題による限定を肯定した例として，「ミューズ河からの引水事件」がある．オランダは，義務的裁判権受諾宣言を裁判権の基礎として，ベルギーがミューズ河から水を引いた行為が同河に関する 1863 年条約と適合するものであるかどうかを紛争の主題として定式化した．それに対して，ベルギーは自国の行為を河川に関する一般国際法の下で正当化した．PCIJ は，1863 年条約を裁判準則として紛争を処理しなければならないので，同条約と一般国際法とがどのような関係に立つものであるかなどを審理するまでもなく，一般国際法を適用することはできないと認定した[248]．PCIJ は，オランダが決定した「舞台」を越えることなく，ベルギーが一般国際法を裁判準則とする別訴を付託した場合に，判決が一般国際法を適用する評価と矛盾し「非実効的または不適切なものになる」可能性は検討しなかった．

　PCIJ がこの可能性を検討しなかった理由については，次のような理解が

---

244) *See* Argument of Mr. Bethlehem (Belg.), Arrest Warrant, paras. 22, 30 (CR 2000/33, Nov. 21, 2000).

245) Argument of Mr. Grönberg (Fin.) (Fin. v. Den.), 1992 I.C.J. Pleadings (Great Belt) 175 (CR91/13, July 4, 1991).

246) *See* Jurisdiction of the Courts of Danzig, 1928 P.C.I.J. (ser. B) No. 15, at 24-26 [邦訳 118-120 頁].

247) *See* DAPHNÉ RICHEMOND-BARAK, ROSENNE'S THE WORLD COURT: WHAT IT IS AND HOW IT WORKS 60 (7th ed. 2020). 本書は第 6 版以前のそれとは全く別の書物である．なお，特別の合意に含まれておらず，一方当事国が口頭手続で追加した請求についても，ICJ が判断を下すことがある．*See* Frontier Dispute (Benin v. Niger), 2005 I.C.J. 141-142, 151.

248) *See* Water from the Meuse (Neth. v. Belg.), 1937 P.C.I.J. (ser. A/B) No. 70, at 16. *See also id.* at 53 (separate opinion of Judge van Eysinga).

可能である．武力行使に関する法は普遍性および一体性が強く要請されることから，慣習法と条約とが原則として同一でなければならない．それに対して，国際河川に関する法は，個々の河川の特質や伝統を反映する自律性の高い制度（régime）が並立する分野であり，一般国際法に対して 1863 年条約が特別法として優越すると考えることが自然だったのである[249]．もっとも，重要なことは，このような考慮は判決の背後に存在したと推測されるにすぎず，判決自体は，一般国際法に対する「条約の優先的適用」[250]をおこなったわけではなく，紛争の主題によって裁判準則が限定されていると理由付けている点である．

　紛争の主題が，論理的に前提となる法律問題を棚上げして特定の規則の適用を請求している場合にも，ICJ は当該規則のみを裁判準則として判決を下す[251]．例えば，逮捕状事件において，ベルギーの裁判所が DRC の外務大臣に対する逮捕状を発給し，それを第三国に回付（circulation）した事実について，DRC は義務的裁判権受諾宣言を裁判権の基礎として訴訟を付託した．DRC は，訴状においては，ベルギーが国際人道法の違反に関する普遍的管轄権を根拠として逮捕状を発給したとしていることについて，それが他国において管轄権を行使しないという原則および主権平等の原則に違反すること，および，外務大臣の特権免除に関する慣習法に違反することを主張し，ベルギーが当該逮捕状を無効なものであると確認する義務の認定を請求した[252]．

　ところが，DRC は口頭手続で前者の請求を取り下げ，最終申立で後者の

---

249) 1937 年の判決は，抗争解決をもたらすことはできず，ミューズ河に関する法的レジームが交渉によって設立されたのは約 50 年後であった．*See* Laurence Boisson de Chazournes, *Water and Economics: Trends in Dispute Settlement Procedures and Practice, in* FRESH WATER AND INTERNATIONAL ECONOMIC LAW 333, 340 (Edith Brown Weiss et al. eds., 2005) (*citing* Agreement on the Protection of the Rivers Meuse and Schedt, Apr. 26, 1994).同論文は，近年の水路条約のほとんどは，ICJ への一方的付託を紛争解決手段として規定していないと指摘している．*See id.* at 337.

250) 皆川洸『国際判例要録』（有斐閣，1962 年）5 頁．

251) ノッテボーム事件において，ICJ は，「国際法が［国籍付与の］領域における各国の決定の自由に何らかの制限を課しているかどうかを確定する必要はない」として，ノッテボームの帰化を承認した請求国の法の有効性を審査することなく，「帰化」を前提とする請求国の外交的保護権が被請求国に対抗しうるかを審理し，それを否定した．*See* Nottebohm, I.C.J. 20-21［邦訳 485-486 頁］．なお，国籍の付与の有効性は権利濫用の法理が限界を画すると考えられる．

252) *See* Arrest Warrant, 2000 I.C.J. 7.

270   第4章　裁判準則の選択における抗争

みを請求した[253]．同国は，前者に関する判断は抗争解決のために必要では
なく[254]，「普遍的管轄権については，それに依拠することが外務大臣の免除
を侵害するかどうかという問題を越えて判断すべきではない」[255] として紛
争の主題を縮小したのである．ベルギーも，国際法の変動期に ICJ が国々に
よる国際法形成に干渉することは「やむにやまれぬ理由」が存在しない限り
望ましくないと主張し，普遍的管轄権についての認定は回避すべきであると
示唆した[256]．ICJ は，「DRC の申立の最終的形式に照らして，ベルギーが管
轄権をもっていたと仮定して（assuming）」[257]，DRC の最終申立における請
求を認容した．その際に，ICJ は，「判決の理由において，[ICJ] が必要また
は望ましいとみなす場合には」，請求に直接対応しない問題についても取り
上げる権限をもつと断りながら[258]，主文においては請求されていない問題
を判断すべきではないとして，訴訟当事国の最終申立に対応する判断に止め
たのである[259]．

　この判決主文は 13 対 3 で票決されたが，賛成した 6 人——ギヨーム所長，
ランジェヴァ，ヒギンズ，コイマン，バーゲンソール，レツェク——は，共
同個別意見を付し，普遍的管轄権に基づいて逮捕状を発給する権限をもつか
どうかは，当該逮捕状が外務大臣の特権免除を侵害するかどうかの論理的前
提であり，それについて判断すべきであったとした．「請求を越えず」とい
う原則は，主文にのみ及び，理由には及ばないので，それを回避すると仮定
的問題（hypothetical question）に回答することになる「鍵となる争点」につ
いては，請求されていなくても職権で取り上げ，判断すべきであったとした
のである[260]．ギヨーム所長は，いっそう直截に，一般国際法に関する争い
を解消するために判断すべきであったとした[261]．この意見は，判決が回避

---

253) *See* Arrest Warrant, 2002 I.C.J. 66 (joint separate opinion of Judges Higgins, Kooijmans &
　　Buergenthal).

254) *See* Statement of Mr. Rigaux (Congo), Arrest Warrant, at 17 (CR2001/5, Oct. 15, 2001).

255) Statement of Ms. Chemillier-Gendreau (Congo), Arrest Warrant, at 17 (CR2001/10, Oct. 19,
　　2001).

256) *See* Statement of Mr. Bethlehem (Belg.), Arrest Warrant, at 30-33 (CR2001/8, Oct. 17,
　　2001).

257) Arrest Warrant, 2002 I.C.J. 19.

258) *See id.*

259) *See id.*

第3節　本案の裁判準則に関する認定の一般性の限定　271

した点について意見を付すことを批判した南西アフリカ事件第2段階判決に付されたスペンダ所長の宣言と対照的である.

　主文に賛成したが共同個別意見に参加しなかった7人は，判決を請求に対応するものに限定すべきであるとしたと考えられる[262]．共同個別意見も認めるように，普遍的管轄権が確立しているかどうかについては，いずれの訴訟当事国も陳述で十分取り上げなかった[263]．DRCが普遍的管轄権の問題を紛争の主題から削除したのは，そのような一般的に争われている点について陳述しようとするとそれを準備するコストが大きく，訴訟遅延も招くという考慮からであったと考えられる.

　また，7人の立場の背景には，一方で，普遍的管轄権には強い反対が存在していたという事情が存在した．問題となったベルギー法は，イスラエルなどから抗議を受けており，この判決は，同法の下で告発されていた同国首相が少なくとも在任中は訴追されないことを保障する意味をもつといわれた[264]．他方で，普遍的管轄権を否定すると，国際人道法の履行確保を強化

---

260) *See id.* 64-68 (joint separate opinion of Judges Higgins, Kooijmans & Buergenthal). この意見は，普遍的管轄権の行使は禁止されていないと結論する. *See id.* at 80.

261) *See id.* 35 (separate opinion of Judge Guillaume). この判決の評釈も，この点に判断を下すべきであったとするものが少なくない. *See* Antonio Cassese, *When May Senior State Officials Be Tried for International Crimes?: Some Comments on the* Congo v. Belgium *Case*, 13 EUR. J. INT'L L. 853, 856 (2002). 最上敏樹「普遍的管轄権論序説」坂元茂樹編『国際立法の最前線』（有信堂高文社，2009年）3, 11 頁も参照.

262) *See* Arrest Warrant, 2002 I.C.J. 59-62 (separate opinion of Judge Koroma).

263) *See id.* at 75 (joint separate opinion of Judges Higgins, Kooijmans & Buergenthal). ICJ は，訴訟当事国が陳述した論点であっても，その前提に関する認定によって判断する必要がなくなった論点に判断を下すことはない．例えば，コルフ海峡事件において，訴訟当事国は領海における軍艦の通航権に関して陳述したが，ICJ は，同海峡を「平時に沿岸国が通航を禁止しえない国際海上交通路」に当たると認定したことから，領海に関する「いっそう一般的な問題」を審理する必要はなくなったとした. *See* Corfu Channel, 1949 I.C.J. 30 [邦訳 445 頁].

264) *See* Monica Hans, *Providing for Uniformity in the Exercise of Universal Jurisdiction: Can Either the Princeton Principles on Universal Jurisdiction or an International Criminal Court Accomplish This Goal?*, 15 TRANSNAT'L L. 357, 384-386 (2002). ICJ の判決の後，ベルギー最高裁は，現職の元首などに免除があることを判示したが，公職を退いた者に対する逮捕状を回付することができるかどうかについては判断を回避した. *See* Kent Anderson, *An Asian Pinochet? - Not Likely: The Unfulfilled International Law Promise in Japan's Treatment of Former Peruvian President Alberto Fujimori*, 38 STAN. J. INT'L L. 177, 199 n.111 (2002). 結局，当該法（1999年3月発効の「重大な国際人道法違反の処罰に関する法律」）は，2003年8月の改正によって，普遍的管轄権の行使を事実上自制するものへと修正された.

しようとするベルギーの公論と，それを支持する NGO から強い反発を受けることが予測された．そこで，普遍的管轄権に関する判断を回避し，抗争を解決するために必要最小限の認定に止めることは，ICJ の利益に適う処理だったのである．

この判断は，抗争解決志向に従ったものであるのみならず，国際法発展志向の観点からも，国際法の発展の方向が凝固しておらず，判断を回避しても ICJ 自身が批判されるおそれは小さかった点で，南西アフリカ事件ではなく核実験事件と類比しうる事件であった．

なお，外務大臣の特権免除の承認については，普遍的管轄権と異なる状況にあった．元首や外交官の特権免除は明らかに確立していたものの，外務大臣のそれも明らかに確立しているとまではいえなかった．それゆえ，外務大臣の特権免除の承認こそが，「国際法の一般原則の演繹的適用」による司法立法であったと考えられる[265]．重要なことは，国際法であるか国際礼譲であるかについては争いがあったものの，外務大臣の特権免除が認められない例はほとんどなく，ICJ が司法立法に踏み込んでも，外務大臣の特権免除の問題は普遍的管轄権の問題よりもはるかに障害が少なかったと考えられることである．

(3) 裁判準則に関する訴訟当事国の見解の一致の適用

どの法を裁判準則とすべきか，および，それについてどの解釈を採用すべきかに関して訴訟当事国の見解が一致している場合には，ICJ は原則としてそれを適用する．例えば，特別の合意が国境画定に適用される規準として「既存の境界線の不可変性（intangibility）の原則」を指定することがある[266]．

---

265) 水島朋則「外務大臣の刑事管轄権免除に関する『慣習国際法』」坂元茂樹編『国際立法の最前線』（有信堂高文社，2009 年）29，42-44 頁.

266) *See* Frontier Dispute (Benin v. Niger), 2005 I.C.J. 108. この場合には，それが同種の事件で一般的に適用される裁判準則であるかどうかを問題にすることなく，ICJ はそれを適用する．もっとも，当該原則の適用に関して争いが存在する場合には，一般国際法上の同原則を参照しながら判断することになる．なお，この場合の特別の合意は一般国際法のウティ・ポッシデティスの原則と同一の内容であるとは限らないとする指摘がある．「ベナン＝ニジェール間の国境紛争事件」横田洋三ほか編『国際司法裁判所——判決と意見 第 4 巻（2005-2010 年）』（国際書院，2016 年）42 頁〔横田執筆〕．同種の事件として，*See* Frontier Dispute (Burk Faso. v. Mali), 1986 I.C.J. 564-565.

たしかに，PCIJ は「法を宣言すること（*juris dictio*）」を任務とすることから，訴訟当事国が提示する解釈いずれかの選択を義務付けられていると「簡単に認めるわけにいかない……別段の明文の規定がない場合には，訴訟当事国の主張する解釈をいずれも斥ける権限をもつと推定されなければならない」[267]とする．妥当ではない解釈のいずれかを選択しなければならないとすると，その選択は衡平および善によるほかないからである．例えば，北海大陸棚事件判決も，領土の延長（prolongation）に関する訴訟当事国の解釈はいずれも正しくないとして，第三の解釈を採用している[268]．

しかし，ICJ が指摘したように，PCIJ による前記の判示は，訴訟当事国が解釈の選択ではなく「正しい解釈」の認定を請求し，PCIJ がそれに応えた際に表明された傍論であった[269]．訴訟当事国が１つの解釈の採用を指定している場合には，ICJ は，それが一般的に妥当するものであるかどうかを原則として審理することなく——審理が義務付けられるのは，強行規範との抵触が問題となりうる場合のみであろう——，指定された解釈をいわば特別法として適用するのである．

裁判準則に関する見解の一致には，①条約解釈に関するもの，②慣習法の内容に関するもの，そして，②の一類型として，③領域の帰属形態に関するものという３つの類型がある．

① 条約解釈に関する見解の一致

第１に，条約の解釈について訴訟当事国の見解が一致している場合がある．例えば，「オーデル河国際委員会の領域管轄権事件」においては，ヴェルサイユ条約によって認められたオーデル河国際委員会の管轄権がポーランド領内の支流に及ぶかどうかについて，訴訟当事国は，同委員会の管轄権がドイツ領内の支流に及ぶとする見解で一致していた．PCIJ は，この「措定（assumption）」が正しいかどうかを審理することなく，それを前提として紛争を処理するとした[270]．ただし，注意すべきことは，同委員会の構成国全て

---

267) Free Zones, 1932 P.C.I.J. (ser. A/B) No. 46, at 138 [邦訳 37 頁].

268) *See* North Sea Continental Shelf, 1969 I.C.J. 31 [邦訳 382 頁].

269) *See* Northern Cameroons, 1963 I.C.J. 29 [邦訳 586 頁].

270) *See* International Commission of the River Oder, 1929 P.C.I.J. (ser. A) No. 23, at 17 [邦訳 84 頁].当初はこの「措定」を争っていたポーランドも，書面手続においてこの措定を認めていた． *See id.* at 17-18 [邦訳 84 頁].

274   第4章　裁判準則の選択における抗争

がこの訴訟の当事国となっていたので，この「措定」は当該規定の公権解釈であると位置付けることが可能であったことである．

　また，ヌイイ条約事件判決の解釈が請求された際に，当時の PCIJ 規則は，PCIJ 規程第 60 条に基づく判決の解釈に関する手続を規定していなかった．そこで，一方的請求が判決の解釈に関する裁判権を確立しうるかどうかが問題となりえた．PCIJ は，それが許容されるとする点で訴訟当事国の見解が一致しているという理由で，裁判権の存在を認定した[271]．この場合には，PCIJ は，被請求国の同意に依拠して応訴裁判権が成立したと認定することも可能であったが，いずれにしろ，一般的問題として処理することを回避したのである．なお，この解釈請求に関する判決の翌年の PCIJ 規則改正で，判決解釈手続に関する規定が追加された（第 66 条 2 項）．

　さらに，「ダンツィッヒ裁判所の管轄権事案」勧告手続では，2 つの認定で構成される国際連盟高等委員会の決定が問題となった．第 1 の認定は，ダンツィッヒ鉄道の職員の労働契約に基づく請求が同裁判所の管轄権に服するとするものであり，この部分については，抗争当事国は争わなかった．第 2 の認定は，ダンツィッヒと鉄道を管理するポーランドとが 1921 年に締結した職員に関する協定は職員の労働契約に当たらず，それゆえ職員が同裁判所に訴訟を付託する根拠にはならないとするものであり，この部分をダンツィッヒが争った．

　PCIJ は，第 1 の認定が 1921 年協定の根拠であるパリ条約（1920 年）に適合するかどうかについては審理せず，それを肯定することを含意しないと留保しつつ，第 2 の認定を審理した[272]．勧告手続なので，PCIJ は連盟理事会決議で要請された点についてのみ審理したと考えることもできる．しかし，PCIJ 期の勧告的意見は，抗争解決を目的として要請されることが少なくなく，この事案もその一例であった．そうであるとすれば，PCIJ が第 2 の認定の審理に自制した背景には，PCIJ が協定の条約適合性の確保を自己目的とみなすことなく，要請の背後に存在する抗争当事国の意思を最大限尊重し，抗争解決を支援すればよいとする立場が存在していたと考えられる．

---

271)　*See* Judgment No. 3, 1925 P.C.I.J. (ser. A) No. 4, at 5-6.

272)　*See* Courts of Danzig, 1928 P.C.I.J. (ser. B) No. 15, at 13-14, 16 ［邦訳 114-115 頁］.

これらは，一見すると，論理的前提となる法律問題に応えていないゆえに，仮定的問題に回答するものであるようにみえる．しかし，そうではなく，訴訟当事国・抗争当事国の見解をいわば特別法とみなすものである[273]．この特別法の妥当性が別訴で改めて争われる場合には，訴訟当事国間では，信義則や禁反言などの法理によって衡平な解決に至ることが可能である．国際法形成過程において，それは国家実行という法的価値のみをもつ[274]．

② 慣習法の内容に関する合意

第2に，慣習法の内容について訴訟当事国の見解が一致する場合がある．例えば，ニカラグア事件において，ICJ は，緊急性および均衡性が自衛権の要件であることについて訴訟当事国の見解が一致しているという理由で，国家実行と法的信念とを審理することなく，それらを適用した[275]．

また，ガブチコボ・ナジマロシュ事件では，チェコスロバキアとハンガリーがそれぞれダムと発電施設を建設するとした条約について，前者を承継したスロバキアがガブチコボに施設を建設したにもかかわらず，後者がナジュマロシュにおける施設建設工事を続けると環境を破壊するとして，緊急状態（state of necessity）を根拠に工事を中止したことが争われた．ICJ は，緊急状態の要件については ILC の国家責任条約草案が適用されるべきことに訴

---

273) なお，「紛争の平和的解決に関する欧州条約」（1957年）第27条 a が規定する ICJ の裁判権に対する時間的制約についても，義務的裁判権受諾宣言に付された同種の文言による時間的制約に関する先例を参照しうるとする点で訴訟当事国の見解が一致していたことから，当該先例通り，制約該当性を先に判断しえたとする理解がある．See Certain Property of the State, 2005 I.C.J. 72 (dissenting opinion of Judge ad hoc Berman).

274) なお，サイガ号（即時釈放）事件において，セントビンセントは船の航行の自由が侵害されたと主張し，ギニアは密輸の取締りを目的とする接続水域からの継続追跡に基づく拿捕であったと主張していた．ITLOS は，少なくとも即時釈放については，訴訟当事国両方が国連海洋法条約第73条2項を援用して争っており，同項の適用可能性が「主張しうるもの，または，十分もっともなもの（arguable or sufficiently plausible）」なので，同項を適用するとした．See M/V "Saiga" (St. Vincent v. Guinea), 1997 I.T.L.O.S. 30. 拿捕された船舶と船員の即時釈放は，抗争解決の間口に位置する特別な制度であることから，本案に関する法的主張とは独立に，即時釈放の請求に適用されるべき規則に関する見解の一致を根拠として，問題を処理したのである．なお，即時釈放の請求は，拿捕から1か月程度のうちになされないと，没収手続が進行してしまうことから，時機に後れたものとして却下されるおそれが高いといわれる．「『豊進丸・富丸事件』2つの事件に国際的審判——国際海洋法裁判所の判決を柳井俊二判事解説」水産週報1740号（2007年）18頁．

275) See Military and Paramilitary Activities, 1986 I.C.J. 103.

訟当事国の見解が一致しているという理由で，当該要件が慣習法として確立しているどうかを実質的に審理することなく，それを適用した[276]．

さらに，「カタール・バーレーン間の海洋境界画定と領域問題事件［以下，海洋境界画定と領域問題事件］」においては，カタールが国連海洋法条約を批准していなかったことから，裁判準則は慣習法のみに限られていたが[277]，領海の画定に関する第15条については，それが慣習法であるとする点で訴訟当事国の見解が一致しているという理由で，国家実行と法的信念とを審理することなく，ICJはそれを適用した[278]．

ガブチコボ・ナジマロシュ事件判決は，ILCが国家責任条約草案をまだ採択していなかったこともあり，当該草案の規定が慣習法を反映するものであるとも認定しており，そこには「国際法の機関」という性質への配慮がみられる．しかし，これらの判決は基本的に訴訟当事国の見解の一致に依拠し，ICJの「国際法の機関」という性質は「訴訟当事国の機関」という性質に埋没している．

なお，国連総会は，国家責任条約草案［国家責任条文］を条約として採択せず，それに「留意し……将来条約として採択されるか他の適当な行動がとられるかを予断することなく，各国政府の検討に供する」[279]と決議するに止めた．それにもかかわらず，それに依拠したガブチコボ・ナジマロシュ事件判決は，後にITLOSのサイガ号第2事件判決で，先例として依拠されることになった[280]．ここでは，ITLOSが，ILCとICJと協働して，文章化さ

---

276) *See* Gabcíkovo-Nagymaros Project (Hung. v. Slovk.), 1997 I.C.J. 39–41.

277) *See* Maritime Delimitation and Territorial Questions, 2001 I.C.J. 91.

278) *See id.* at 93–94. その他，漁業事件において，領海の幅員について国家実行が一致していなかった状況で，ICJは，イギリスが訴訟手続の中でノルウェーの主張する4海里を承認したことを記録している．*See* Fisheries, 1951 I.C.J. 126, 128［邦訳358，359頁］．なお，漁業管轄権事件判決の一節（Fisheries Jurisdiction (U.K. v. Ice.), 1974 I.C.J. 23［邦訳420頁］）が，訴訟当事国の慣習法に関する合意の例として挙げられることがある．阿部達也「慣習国際法の認定過程の理論構成（1）」法学論叢150巻4号（2002年）84，92頁注47．しかし，当該段落は一般国際法の認定の例であると考えられる．なお，サイガ号第2事件において，ITLOSも，被請求国と被害者との間に「管轄的連関」があることを国内救済完了の規則を適用するための要件とする点で訴訟当事国が一致しているとして，一般国際法における当該要件の地位を審理することなく，その有無を審理している．*See* M/V "Saiga" (No. 2) (St. Vincent v. Guinea), 1999 I.T.L.O.S. 46.

279) U.N.G.A. Res. 56/83 (2002), U.N. Doc. A/RES/56/83.

280) *See* M/V "Saiga" (No. 2), 1999 I.T.L.O.S. 56.

れた慣習法の正統性の確立を図り，各自のウェブサイトにおける掲示などで広報し，国際法の発展を図ったようにみえる．なお，ICJ は，ILC の外交的保護条文草案第 1 条については，訴訟当事国の見解と離れて，それが慣習法を反映していると認定している[281]．

国際法の「繁殖」

国際法はミーム（meme）の一種である．ミームは脳を媒体（vehicle）とする情報であり，自己複製子（replicator）を生産するために他の情報と競争しているものである[282]．ミームの複製と競争のメカニズムを解明する方法がミーム工学（memetics）である[283]．例えば，ICJ は，条約が総称的用語（generic term）を採用している場合には，その意味を社会の発展に応じて変化させようとする条約当事国の意図が推定されるとしている[284]．この認定は，用語が変異に開かれたものであるとする理解を示唆する．

---

281) *See* Ahmadou Sadio Diallo, 2007 I.C.J. 599. ILC の外交的保護条文第 14 条 3 項が慣習法を反映しているかどうかについて，ICJ は，被害者が尽くすべき実効的な国内救済手段が存在していないことから，それを判断する必要はないとしたことがある．*See* Certain Iranian Assets, 2023 I.C.J. para. 67（March 30）.

なお，旧ユーゴスラビア国際刑事裁判所（ICTY）第 1 審裁判部は，紛争当事者間の 1992 年 5 月 22 日協定に組み込まれたジュネーヴ諸条約第 1 追加議定書第 51 条 2 項が適用されるとした．*See* Prosecutor v. Stanislav Galić, Judgment of Dec. 5, 2003, para. 25 ＜http://www.icty.org/x/cases/galic/tjug/en/gal-tj031205e.pdf＞．これに対して，上訴裁判部は，第 1 追加議定書第 51 条 2 項およびジュネーヴ諸条約第 2 追加議定書第 13 条 2 項は慣習法であると認定し，1992 年協定が拘束力をもつかどうかを判断するまでもなく，当該慣習法を適用できるとした．*See* Prosecutor v. Stanislav Galić, Judgment of Nov. 30, 2006, paras. 86-87 ＜http://www.icty.org/x/cases/galic/acjug/en/gal-acjud061130.pdf＞．上訴裁判部の判決は，判例の形成によって慣習法を発展させようとしたものと考えられる．

仲裁では，仲裁当事国が国際法の法典化に当たると合意していたロンドン宣言について，一般的には拘束力をもたないが，仲裁当事国間では条約という地位をもち，適用しうるとした例がある．*See* Actes Commis Postérieurement au 31 Juillet 1914 et Avant Que le Portugal ne Participât a la Guerre（Port. v. Germany）, June 30, 1930, 2 R.I.A.A. 1035, 1049.

282) *See* Richard Dawkins, The Extended Phenotype: The Gene as the Unit of Selection 109-110（rev. ed., Oxford University Press, 1999）［リチャード・ドーキンス（日高敏隆ほか訳）『延長された表現型』（紀伊國屋書店，1987 年）212-213 頁］．

283) *See* Richard Dawkins, *Foreword to* Susan Blackmore, The Meme Machine, at vii, viii-ix（Oxford University Press, 1999）［リチャード・ドーキンス「序文」スーザン・ブラックモア（垂水雄二訳）『ミーム・マシーンとしての私（上）』（草思社，2000 年）4 頁］．

278 第4章 裁判準則の選択における抗争

　　国内判例法の進化を理解するためには，それを形成し，公表する主体で
ある裁判官の選任などの検討が不可欠であると指摘される[285]．国際法も，
その形成過程に参画する国家（国内裁判所を含む），国際機構（国際裁判所
を含む），NGO および学者など，ならびに，それらが作成・公表・広報す
る条約・決定・勧告・判決・勧告的意見・報告書・論文などの媒体と不可
分である．この意味で，ミーム工学はミームが繁殖する際の媒体を解明す
るメディオロジー（*Médiologie*）[286] と相俟って構築されるべきものであ
る[287]．そこで，法に関しては，法のミーム工学，裁判官の選任——教育
やキャリアパスを含む——に関する社会学，そして，法を繁殖させる媒体
に関するメディオロジーの3者が相補的に追究されるべきであると考えら
れる．

　　なお，チュニジア＝リビア大陸棚事件において，特別の合意は，現行海洋
法を裁判準則として指定すると同時に，まだ実定法として確立していない海
洋法の「新しい傾向」[288] を考慮するように求めた．ICJ は，理由において，
訴訟当事国が「新しい傾向」として主張した排他的経済水域が慣習法として
すでに確立していると認定した上で，それを適用した．ここで，ICJ は，訴
訟当事国の合意として「新しい傾向」を適用することはなかったのである．
　　かりに ICJ が慣習法であると認定せず「新しい傾向」自体を適用したなら

---

284) *See* Aegean Sea, 1978 I.C.J. 32-34. *See also* Iron Rhine Railway (Belg. v. Neth.), Award of
　　May 24, 2005, paras. 79-80 ＜http://www.pca-cpa.org＞.
285) *See* R.C. VAN KAENEGEM, JUDGES, LEGISLATORS AND PROFESSORS 130, 145 (Cambridge University
　　Press, 1987)［R・C・ヴァン・カネヘム（小山貞夫訳）『裁判官・立法者・大学教授』（ミネルヴ
　　ァ書房，1990 年）139-140，154 頁］.
286) メディオロジーについては，*see* RÉGIS DEBRAY, COURS DE MÉDIOLOGIE GÉNÉRALE (Gallimard,
　　1991)［嶋崎正樹訳『レジス・ドブレ著作集3——一般メディオロジー講義』（NTT 出版，2001)].
　　メディオロジーと呼応するように，「普及学」が提唱されている．池田眞朗「これからの
　　SDGs・ESG とビジネス法務学」池田眞朗編『SDGs・ESG とビジネス法務学』（武蔵野大学出版
　　会，2023 年）1, 23 頁．
287) 法の分析の手法として，グラマトロジー（JACQUES DERRIDA, DE LA GRAMMATOLOGIE (Éditions
　　de Minuit, 1967)［ジャック・デリダ（足立和浩訳）『根源の彼方に——グラマトロジーについて
　　（上）・（下）』（現代思潮社，1972 年・1976 年)]）とメディオロジーとを適用する論考としては，
　　see Peter Goodrich, *Europeans in America: Grammatology, Legal Studies, and the Politics of
　　Transmission,* 101 COLUM. L. REV. 2003 (2001).
288) Continental Shelf (Tunis. v. Libya), 1982 I.C.J. 21.

ば，その判決は ICJ 規程第 38 条 1 項に違反するものとなったという批判がある[289]．しかし，特別の合意が「新しい傾向」を裁判準則として指定し，それが一義的基準を確定しうるならば，ICJ はそれを特別法として適用することができると考えられる[290]．これに対して，「新しい傾向」が一義的基準を確定しえないものである場合には，衡平および善による裁判が授権されたと考えざるをえないであろう．

③　領域の帰属形態に関する合意

第 3 に，訴訟当事国がある領域がそのいずれかに帰属するという判決を請求し，第三国に帰属すると判決することは許されないと主張する場合がある．本来，このような場合にも，領有権は対世的性質をもつことから，ICJ は，係争領域が第三国に帰属するかどうかを職権で探知し，そうであると認定すべき場合には，裁判権の行使を拒否すべきであると考えることもできる．境界画定を主題とする仲裁では，仲裁人候補者が，仲裁当事国の主張する境界のいずれも選択せず，第三の境界を決定する権限をもつという条件で，就任を受諾したことがある[291]．

しかし，領域について，ICJ は，訴訟当事国の請求に従って，権原の証拠の優越性を基準として，訴訟当事国いずれかに帰属するものとして判断してきた．例えば，「マンキエ島とエクレオ島事件」において，訴訟当事国は，両島が共有地（*condominium*）でも無主地（*res nullius*）でもなく，いずれかに帰属するとする判決を請求した．ICJ は，当該請求に対応する判決を下さなければならないとして，イギリスに帰属すると認定した[292]．

仲裁においても，パルマス島事件の付託合意は，同島全体が仲裁当事国いずれに帰属するかに関する認定を請求し，その一部が一方当事国に，残余が他方当事国に帰属すると判断する権限と，その全体または一部が第三国に帰

---

289) 松井芳郎『国際法から世界を見る——市民のための国際法入門』（東信堂，2001 年）190 頁.

290) 同書第 3 版（2011 年）では，ICJ 規程に違反したことになるという記述が削除され，ICJ が「新しい傾向」を特別法として適用することには仲裁と司法的解決の区別をあいまいにするという批判もありうるとするに止められている（223 頁）.

291) *See* Affaire de la Frontière Nord-Est (U.S. v. Gr. Brit.), 1 A. de LA PRADELLE & N. POLITIS, RECUEIL DES ARBITRAGES INTERNATIONAUX 355, 399 (2d ed., Éditions Internationales, 1957) (Award of Jan. 10, 1831).

292) *See* Minquiers and Ecrehos, 1953 I.C.J. 52-53, 67 [邦訳 308, 319 頁].

属すると判断する権限とを否定していた．仲裁人はこの指定に従った[293]．

　領有権が争われる抗争は個別性が極めて強い．複数の国が何らかの権原の証拠をもち，いずれの国も決定的証拠をもたないことが少なくない．それゆえ，領有権を確立するために必要かつ十分な証拠について，一般的規則を分節化しておくことはほとんど不可能である．領有権は本質的に，それを主張する国の間で決定されるべき問題であり，その基準は権原の証拠の相対的優越性とするほかないのである[294]．つまり，領域の帰属に関する訴訟は，「双方の訴え（*actio duplex*）」というべきものなのである[295]．

　もちろん，領有権に関する決定が抗争当事国（の国民）の納得を得られるものになり，抗争解決が安定したものとなるためには，理由付けの説得力は高いに越したことはない．例えば，PCIJ は，一方当事国による国家権能の平穏で継続的な行使に基づく権原を認定し，それが当該国の請求を認容する十分な理由になるとしながら，さらに，当該国の主権を他方当事国が承認すると約束（undertaking）したことも認定することがある[296]．

　訴訟当事国のほかに領有権を主張する国が存在する場合には，その国はICJ 規程第 62 条に基づいて訴訟参加し，当該領域を訴訟の対象から外させるなどの手段を取ることが期待される．そのような手段を取らず，「権利の上に眠る」国は，ICJ が他国の領有権を認定する判決の拘束力は受けないものの，当該判決の波及効を受忍するという負担を負うことになる．ICJ に訴訟が付託された事実は関係国と国連加盟国に通知され，それに対応する機会が保障されるので，たとえ ICJ が第三国による領有権の主張の有無を職権で確認しなくとも，正義に反するとは考えられないからである[297]．

　以上に挙げた①から③の手法で ICJ が訴訟当事国による裁判権の限定を許容する根拠は ICJ 規程第 38 条 1 項にある．裁判準則に関する訴訟当事国の

---

293) *See* Agreement Relating to the Arbitration of Differences Respecting Sovereignty over the Island of Palmas (or Miangas), Jan. 23, 1925, U.S.-Neth., art. I, 2 R.I.A.A. 831-832.

294) *See* Eastern Greenland, 1933 P.C.I.J. (ser. A/B) at No. 53, at 46［邦訳 286 頁］.

295) *See* Island of Palmas, 2 R.I.A.A. 831, 838-839（仲裁廷は，一方当事国が十分な権原を証明したと認定しつつ，「議論のための議論として」このように判示した）.

296) *See* Eastern Greenland, 1933 P.C.I.J. (ser. A/B) at No. 53, at 64［邦訳 298 頁］.

297) *See* 2 Sir Gerald Fitzmaurice, The Law and Procedure of the International Court of Justice 532 (Cambridge University Press, 1986).

合意または見解の一致は，同項にいう国際法に含まれるとする解釈である．同項が国際法を例示的に列挙しているとすれば[298]，それは国際法の独立の存在形式であると考えることができる[299]．同項が国際法を限定的に列挙しているとしても[300]，それは条約の一種であるとみなすことができる[301]．強行規範との抵触が認められない限り，訴訟当事国の合意の適用を排除すべき理由は存在しない[302]．

　ただし，国連機関である ICJ の場合には，条約として適用するためには国連に登録されていることが要求されることから，登録されていない特別の合意や訴訟手続における見解の一致を類型的に条約と呼ぶことには問題がある．口頭の条約は国連に登録されていなくとも ICJ で適用されうると考えれば別である．

　司法政策の観点からも，裁判準則に関する訴訟当事国の見解の一致を尊重する理由は存在する．それは，それが法律問題についての一部和解というべきものであり，争点を減らすことによって，抗争解決を促進するからである．また，それは ICJ の審理の負担を軽減し，訴訟経済に資するので，訴訟当事国の ICJ への協働であるということもできる[303]．さらに，それを適用した判決は，訴訟当事国が納得しているとは限らない裁判準則に基礎付けられた判決よりも遵守され易く，判決の実効性を確保するためにも有用である．このことは，ICJ の権威を高めるという副次的効果ももつであろう．

　ICJ が抗争解決志向に立って訴訟当事国の見解の一致を適用した事例は，「国際法の機関」による一般国際法の有権的認定であるとはいえないが，訴

298）*See* ALAIN PELLET, DROIT INTERNATIONAL PUBLIC 13 (Presses Universitaires de France, 1981)
　　　［A・ペレ（高島忠義訳）『国際公法』（成文堂，1992 年）7 頁］.

299）国際機構の決定などの「国際機構法」が国際法および国内法とともに国際関係法を構成する
　　　独自の法であると位置付けられることがある．横田洋三「国際機構法の可能性」横田洋三＝山村
　　　恒雄編『現代国際法と国連・人権・裁判』（国際書院，2003 年）9，14-15 頁．

300）川上敬逸「法の一般原則の法源性についての法理論的考察（序章）」関西大学法学会編『池田
　　　栄教授還暦記念論文集』（関西大学人文科学研究所，1958 年）231，243 頁.

301）*See* C. WILFRED JENKS, THE PROSPECTS OF INTERNATIONAL ADJUDICATION 605 (Stevens, 1964).

302）*See* HERSCH LAUTERPACHT, *Consistency with International Law, in* 4 INTERNATIONAL LAW BEING
　　　THE COLLECTED PAPERS 295, 298 (E. Lauterpacht ed., Cambridge University Press, 1975).

303）WTO のパネルが付託事項の処理に必要な限度で法を認定しているのも，訴訟経済のためと
　　　いわれる．佐分晴夫「WTO レジームの現段階」日本国際経済法学会年報 8 号（1999 年）1，8-9 頁.

282　第 4 章　裁判準則の選択における抗争

訟当事国による履行を通して「訴訟当事国の機関」の実行として一般国際法の淵源となる[304]. これに対して, 国際法発展志向の立場から ICJ が訴訟当事国の合意に一般国際法の観点から審査を加えると, 一見したところ一般国際法の確立につながるようにみえる. しかし, 判決が下される前であれば, 訴訟当事国は訴訟を取り下げることが可能であり, それが下された後でも, 敗訴国は判決を履行せず, 勝訴国も判決の履行を追求しないことによって, そこで認定された法を国家実行から遊離したものとすることが可能である.

2　職権による国際法認定の限定

(1)　一般性に対する留保

判決の理由において認定された法は, 原則として主文と独立に拘束力をもつことはない. 判決における条約解釈がそれ自体として拘束力をもつのは, ICJ 規程第 63 条に基づいて訴訟参加した国に対してのみである. しかし, ICJ が認定した法は, 特定の事件の処理との関係で理解されるだけではなく, 一般性をもつ法の宣明であるとみなされがちである. このような波及効は, ICJ が国際法発展志向に立つ限り, 積極的に評価されるべきものである. しかし, ICJ は, このような一般化をしばしば明示的に留保してきた. ICJ は, 「持続可能な開発」という概念などの包括的検討に踏み込むことなく, 「狭く最も論争的でない理由付けをとり, 環境紛争の友好的解決を促す傾向にある」のである[305].

例えば, 「ブルガリア, ハンガリーおよびルーマニアとの平和条約の解釈事案」勧告手続は, ブルガリアなど 3 か国が平和条約 (1947 年) の人権保障規定に違反しているとして, 合衆国などが同条約に基づく仲裁への付託を要求したところ, 3 か国が仲裁人の選任を拒否したことに起因する. 国連総会は, 平和条約の仲裁付託義務の対象となる紛争が存在するか, 3 か国は仲裁人を選任する義務を負うか, 選任義務が存在するが 3 か国が選任しない場合に, 国連事務総長が仲裁人を選任する権限をもつかについて勧告的意見を要

---

304) *See* Panevezys-Saldutiskis Railway, 1939 P.C.I.J. (ser. A/B) No. 76, at 16 [邦訳 476 頁].

305) *See* Tim Stephens, *International Courts and Sustainable Development: Using Old Tools to Shape a New Discourse, in* Environmental Discourses in Public and International Law 195, 216 (Brad Jessup & Kim Rubenstein eds., Cambridge University Press, 2012).

請した.

ICJ は, 前 2 者を肯定した上で, 平和条約は選任義務が履行されない場合に関する規定を置いていないが, そのような条約の欠陥を矯正するために第三者による仲裁人の選任を認めることはできないとした. この認定について, ICJ は, 一方で, 種々の条約の仲裁条項を職権で調査したとしつつ, 他方で, この認定は他の条約の仲裁条項に一般化されうるものではないと断った[306]. ここで, ICJ は, 条約当事国のみが, 第三者による仲裁人の選任を認める条項を条約に追加することによってその欠陥を矯正しうることを明らかにしたと同時に[307], 同種の欠陥をもつ条約について, この認定が予断を与えるものではないと断ったのである.

また, 国の「独立」という概念が問題となった関税連合事案において, PCIJ は, 学説がそれをどのように定義していようと, サンジェルマン条約 (1919 年) 第 88 条がそれを侵してはならないと規定するオーストリアの独立に関しては,「政治的, 財政的その他の分野におけるのと同じように, 経済的分野においても, 唯一の決定権者である別個の国としてオーストリアが現在の国境内でその存在を維持すること」と定義しうるとした[308]. ここで, PCIJ は, 独立のような一般性の高い概念を定義するにあたって, それが当該概念を用いる条約全ての解釈を確定するとみなされることをおそれて, 本件における定義が特定の条約の文脈に照らして与えられたものであると断ったと考えられる.

さらに, 北海大陸棚事件においても, ICJ は, 大陸棚制度に関するその認定は, もっぱらこの訴訟において提起された問題を処理する目的のものであると断った[309]. この事件は, 大陸棚に関する事件が ICJ に付託された最初の例であり, 西ドイツが大陸棚条約 (1958 年) の当事国でなかったことから,

---

306) *See* Interpretation of Peace Treaties with Bulgaria, Hungary and Romania, 1950 I.C.J. 229 [邦訳 103 頁].

307) 例えば, 国連海洋法条約附属書VII第 3 条 e は, 抗争当事者が仲裁人を選定しない場合などに, ITLOS 所長がそれをおこなうものと規定している. ITLOS 所長による仲裁人の選任の例について, 佐藤義明「Society 5.0 と安全保障——『平時』における海底ケーブルの保護」浅田正彦ほか編『国家と海洋の国際法（下）』（信山社, 2025 年）513 頁注 2.

308) *See* Customs Regime Between Germany and Austria, 1931 P.C.I.J. (ser. A/B) No. 41, at 45 [邦訳 246 頁].

309) *See* North Sea Continental Shelf, 1969 I.C.J. 53 [邦訳 399 頁].

慣習法が裁判準則とされた．それゆえ，ICJ による認定は大きな影響をもちうると考えられた．しかし，西ドイツが同条約を批准していなかったことに現れているように，同条約第6条が規定する境界画定に関する等距離規則に反対する国も少なくなく，問題を規律する規則が慣習法として確立しているということは困難であった．このような状況で，ICJ は，その時点で同条が慣習法を反映するものではないと認定しつつ，その認定が確定的なものではないことを留保し，法の発展を開かれたままに留めたと考えられる．

(2) 要件の明白な充足による要件の分節化の回避

ICJ は，主張されている要件について，明らかに満たされているので当面の訴訟については決定を下すことができるとして，当該要件が確立しているか，および，その精確な内容はどのようなものであるかについて決定を回避することがある．

例えば，「ICAO［国際民間航空機関］理事会の管轄権に関する上訴事件」において，ICAO 理事会がパキスタンの申立について決定を下す権限をもつかどうかが問題となった際に，ICJ は，当該申立が国際民間航空条約（シカゴ条約）（1944 年）上の「付託（application）」と「苦情（complaint）」のいずれに当たるかについて，ある申立がこの2つの類型のいずれに当たるかを明確に確定する規則を分節化することは困難であると認めつつ，「本件の場合には，疑問の余地が全くなく」，パキスタンの申立は「付託」に当たり，それに関わる ICAO 理事会の活動が問題になると判示した[310]．そして，この事件に限れば，ICAO 理事会が当該申立について決定を下す権限をもつといえることから，ICAO 理事会の「権限の精確な範囲を確定する必要はない」[311] とした．

また，印領通行権事件においては，囲繞地であるポルトガル領に港からアクセスするためにインド領を通行することが権利として認められるかどうかが問題となった．インドは，先決的抗弁を提起し，ICJ 規程第36条2項は「法律的紛争」に言及することによって，訴訟当事国が交渉で紛争の主題を

---

310) *See* ICAO Council, 1972 I.C.J. 59-60［邦訳 233-234 頁］．
311) *Id.* at 69［邦訳 241 頁］．

明確化していることを裁判権行使の要件と位置付けていると主張した．ICJ
は，インドの「主張に根拠があると仮定しても」，当該「要件」は本件では
満たされているので，インドによる規程解釈が正しいかどうかを審理する必
要はないとした[312]．ICJ は，後に，規程が交渉を要件としていないことを
確定した．

　なお，損害賠償事案勧告的意見でも，ICJ は，「国際社会の大多数の構成
員」に相当する 50 か国は，「客観的な国際人格」をもつ主体を創設しうると
して，最小限何か国であれば「大多数」といえるかという基準を確定しなか
った[313]．

（3）　要件の明白な不充足による要件の分節化の回避

　（2）と逆に，ICJ は，当面の訴訟においては明らかに要件が充足されてい
ないと認定することによって，主張されている要件が国際法として確立して
いるか，および，当該要件の精確な内容がどのようなものであるかに関する
確定に踏み込まないことがある．この手法は，近年頻繁に用いられていると
評されている[314]．

　例えば，自由地帯事件において，フランスは，1815 年条約によってスイ
スに免税を認めた制度を，ヴェルサイユ条約が廃止したと主張し，それに加

---

312)　*See* Right of Passage, 1957 I.C.J. 148-49［邦訳 540-541 頁］．

313)　*See* Reparation for Injuries, 1948 I.C.J. 185［邦訳 137 頁］．

314)　玉田大「国際司法裁判所 アマドゥ・サディオ・ディアロ事件（先決的抗弁判決 2007 年 5 月
　　24 日）」岡山大學法學會雜誌 58 巻 3 号（2009 年）1, 17 頁注 61．この事件では，ILC で審議中
　　の外交的保護条文草案第 11 条 b に関して，当該規定の根拠が不明瞭であったことに鑑みて，そ
　　の要件が不充足であるという判断に止められたと考えられる．同評釈 17-18 頁．すでにロトュス
　　号事件においても，フランスが，公海上の船舶に対する刑事管轄権の行使が旗国以外には禁止さ
　　れていることを各国の裁判所が一致して認めていると主張した際に，PCIJ は，国内裁判所の判
　　決が国際法にどのような価値をもつかを一般的に究明するまでもなく，フランスが引用する判決
　　の立場が一致していないので，フランスの主張を裏付ける証拠として不十分であるとしている．
　　See S.S. Lotus, 1927 P.C.I.J.（ser. A）No. 10, at 28［邦訳 261 頁］．また，カシキリ（セドゥドゥ）
　　島事件において，ICJ は，領域の取得時効を国際法が認めていること，および，ナミビアの挙げ
　　る 4 つの条件が要件であることに訴訟当事国が同意しているとして，当該要件が満たされていな
　　ければ，それらが一般国際法の要件といえるかどうかを審査することなく，取得時効の成立は否
　　定されるとした．*See* Kasikili/Sedudu Island（Bots. v. Namib.）, 1999 I.C.J. 1105-1106. さらに，
　　ガブチコボ・ナジュマロシュ事件では，条約の「近似的適用（approximate application）」原則
　　について，同様の処理がなされている．*See* Gabčíkovo-Nagymaros Project, 1997 I.C.J. 52-53.

286   第4章　裁判準則の選択における抗争

えて，事情変更を理由としても1815年条約が失効したと主張した．PCIJは，1815年条約を締結したときに訴訟当事国が想定していた事情に変化がないという事実を認定することによって後者の主張を斥け，事情変更の原則が慣習法として確立しているかどうか，および，1815年条約にこの原則が適用されるかどうかについては，それらを審査する必要がないとした[315]．事情変更の原則が慣習法として確立していると ICJ が初めて認定したのは，それを規定した条約法条約第62条が採択された後の1973年であった[316]．

　また，ニカラグア事件が付託される3日前に，合衆国は，いわゆるシュルツ書簡によって義務的裁判権受諾宣言に留保を追加することを通告し，この留保に該当するという理由で，同事件に裁判権は成立しないと主張した．ICJ は，留保の追加は義務的裁判権の受諾を部分的に終了させる行為であるとした上で，「信義則に照らして」，期限の定めのない条約の終了はその意図が通告されてから合理的期間が経過した後で効力が生じるとする条約法の規則——条約法条約第56条2項は残余規定として12か月と規定する——が準用されるとして，合理的期間としてどのくらいが必要であるかを確定するまでもなく，3日間では充分でないことは明らかであるとした[317]．

　以上のように，ICJ は自身のイニシアティヴで，認定した法の一般性を留保したり，主張される要件が明らかに充足されているまたは充足されていないと認定することによって，規則の精確な確定を回避したりしている．これらは，ICJ が国際法の発展を自己目的であるとみなすことなく，個々の訴訟を処理するために必要な限りで法を認定した例である．このような回避が許されない場合があるとすれば，例えば，個人の国際犯罪について罪刑法定主義が問題となる場合などであり，その場合には，構成要件を十分明確化することなく，それが充足されているとか充足されていないとか判断することは禁止されると考えられる．ILC で侵略犯罪の定義が追究されてきたのは，もっぱらこの観点からであり[318]，この定義と国家による侵略の定義の異同は

---

315)　*See* Free Zones, 1932 P.C.I.J. (ser. A/B) No. 46, at 158［邦訳49頁］．

316)　*See* Fisheries Jurisdiction (U.K. v. Ice.), 1973 I.C.J. 19［邦訳579頁］．

317)　*See* Military and Paramilitary Activities, 1984 I.C.J. 420. なお，義務的裁判権受諾宣言の解釈について，条約に関する条約法条約の規定と異なり，ICJ 規程当事国の「意図」を重視するものとする判示として，*see* Whaling in the Antarctic, 2014 I.C.J. 244.

困難な問題として残されている.

3 職権による国際法の認定の拡張

(1) 傍論における国際法の認定

ICJ による法の認定は，原則として訴訟当事国の意思の範囲に封じ込められるとともに，ICJ 自身のイニシアティヴで自制されてきた．しかし，ICJ は，主文の理由として必要な範囲を越えて，望ましいと考える認定を傍論に盛り込む広い裁量権を行使しているようにみえることがある.

例えば，訴訟当事国が争っていない国際法の規則について，それが慣習法であると明記するものがある．コルフ海峡事件判決は，アルバニアが機雷の敷設を了知していた場合に負う義務に関しては訴訟当事国が争っていないとしながら，それが平時における「人道の基本的考慮，海上交通自由の原則，他国の権利と相容れないことのために自身の領域が使用されないようにする全ての国の義務のような，一般的かつ十分に承認された原則に基づく」という認定を加えた[319]．このような傍論は，抗争解決に影響を与えるものではなく，主文または主論に組み込まれているわけでもないことから，国際法発展志向の採用であるとまではいわないとしても，その発露であると位置付けることもできる.

これに対して，北部カメルーン事件において，イギリスが北部カメルーン信託統治協定に違反したとする認定が請求された際に，ICJ は，国連総会が同協定を終了させる決議を採択したことから，訴訟はムートになったと認定した上で，「それにもかかわらず，提出された主張を検証するために」，請求国が国際公益を保障するための手続的権利を行使して訴訟を追行しているとしても，その手続的権利が保護したであろう実質的利益は当該協定の終了とともに消滅したと付け加えた[320].

カメルーンは，本件において，国際公益に基づく訴訟なのでムートになら

---

318) *See* B.V.A. Röling, *The United Nations and the Development of International Criminal Law*, *in* THE UNITED NATIONS: TEN YEARS' LEGAL PROGRESS 61, 85-88 (Gesina H.J. van der Molen et al eds., Nederlandse Studentenvereniging voor Wereldrechtsorde, 1956).

319) *See* Corfu Channel, 1949 I.C.J. 22 [邦訳 439 頁].

320) *See* Northern Cameroons, 1963 I.C.J. 35 [邦訳 591 頁].

ないと主張していたわけではない．同国は，北部カメルーンの信託統治が終
了する際の住民投票において，ナイジェリアとならぶ帰属先の選択肢とされ
ていたことを援用し，北部カメルーンとの近接性および住民の民族の同一性
に基づいて特別な利益をもつと主張していたのである[321]．それゆえ，上述
の傍論が付された目的は，この訴訟の背後に存在する抗争の解決を支援する
ことであったと考えることは困難である．むしろ，この判決の前年に下され
た南西アフリカ事件先決的抗弁判決が8対7の僅差で国際公益に基づく訴訟
適格を肯定しようとしていたことに鑑みると[322]，同判決の立場を確認し，
それが覆されることを防止しようとしたものと考えられる．実際には，同判
決の立場は，法廷の構成の変化を受けて，数年後の第2段階判決によって事
実上覆されることになるのである．その意味で，この傍論は，別訴に向けた
ものであったと考えられる．

　また，北海大陸棚事件において，ICJ は，大陸棚条約第6条が合意による
大陸棚の境界画定を1項で規定し，等距離規則を2項で規定していることは，
後者の規則が一般国際法であるとすると不可解であり，後者が規範創設的で
あるとする理解になじまないと認定した．その際に，「特別法は一般法を破
る」ことが原則であると認定するに止まらず，「強行規範の問題に論及する
ことなく」[323] とあえて断った．

　この傍論は，大陸棚の境界画定に関する国際法の発展にも，具体的抗争の
解決にも必要なものではなかった．しかし，判決が言い渡された3か月後に
採択されることになる条約法条約第53条に盛り込まれ，国々も認めつつあ
った強行規範が存在しうることを示唆し，その規定を権威付ける意味があっ
たと考えられる．この傍論は，国際法発展志向の発露であるといえるかもし
れない．もっとも，強行規範という類型に言及しただけで，どの原則または
規則がそれに含まれるかは示唆しておらず，この傍論が実際的に問題を生じ
る可能性がほとんどなかったことも事実である．

　さらに，バルセロナ・トラクション事件第2段階判決の理由において，
ICJ は，紛争の主題が外国人の受入れ国が当該外国人の国籍国に対して負う

---

321) *See id.* at 28 [邦訳 585-586 頁].

322) *See* South West Africa, 1962 I.C.J. 343.

323) North Sea Continental Shelf, 1969 I.C.J. 42 [邦訳 390 頁].

2国間の義務に関わるものであったにもかかわらず，国が国際共同体全体に対して負う対世的義務が存在することに言及した[324]．同判決の中で最も頻繁に引用されるこの傍論は，4年前の南西アフリカ事件第2段階判決が傍論で「民衆訴訟」の存在を否定し，一部の国々から強く反発されたことを受けて，ICJが対世的義務の履行確保に一定の役割を果たす用意があることを示唆し，民衆訴訟の承認を期待する勢力の信頼を回復しようとしたものであると考えられる．この傍論は，別訴で表明されたICJの判断に対して，それを確認または限定しようとした点で，北部カメルーン事件判決と類似し，かつ，国際法に受け入れられつつある新しい概念を確認しつつ，その概念に内包される具体的規則については認定を避けている点で，北海大陸棚事件判決と類似している．

　「請求を越えず」という原則は，厳密にいえば，判決主文についてのみ問題となる．傍論は，紛争を処理するために必要ではなくとも，ICJが裁量的に構成しうるとされているようにみえる．傍論における国際法の認定は，多くの場合には，敗訴国に判決を受け入れさせることを目的とするものである．例えば，1906年12月23日スペイン国王仲裁判断事件では，ニカラグアがスペイン国王による仲裁判断の効力を否認していた際に，ICJは，同国自身がそれを承認していたと認定した上で，たとえ同国が承認していなかったとしても，その仲裁判断は有効なので，その理由を「簡単に示す」とした[325]．また，漁業管轄権事件においては，アイスランドが出廷していなかった状況で，1961年のイギリス・アイスランド交換公文について，ICJは，その文言は明白なので締結交渉過程を確認するまでもないとしながら，それを検討しても解釈は変わらないことを確認している[326]．

　傍論は，抗争を解決する障害となるものでなければ，抗争解決志向と国際法発展志向を両立させる手段となりうる．しかし，南西アフリカ事件第2段階判決における民衆訴訟の否定のように，国際社会を二分して現に争われており，国際社会の趨勢が判明していない問題について傍論を付す場合には，ICJが論争の一方に加担することを意味するので，抗争を悪化させるおそれ

---

324) *See* Barcelona Traction, 1970 I.C.J. 32 [邦訳513頁]．

325) *See* Arbitral Award Made by the King of Spain, 1960 I.C.J. 214-217 [邦訳631-634頁]．

326) *See* Fisheries Jurisdiction (U.K. v. Ice.), 1972 I.C.J. 9-10 [邦訳573頁]．

がある．それゆえ，ICJ は原則としてそのような傍論を慎重に避け，国々に対して「国際法の機関」または「国連の機関」として法的指針を示唆すべき例外的事態でのみ，それを付すと考えられる．

　なお，ICJ は，勧告的意見の傍論においても，要請の射程を越えて法を認定してきた．例えば，国連行政裁判所の判決の再審請求に関して，要請でも陳述でも問題とされていなかったにもかかわらず，当該手続の妥当性を確認した[327]．また，国連経費（憲章第 17 条 2 項）事案において，ICJ は，争われていた支出が国連の経費に当たるという結論の根拠として必要ではないと断りながら，「提出されている他の議論を考慮に入れることが適当である」として，当該支出の対象であった平和維持活動（PKO）が憲章の下で合法であるという認定に踏み込んだ[328]．さらに，ナミビア事案においても，国連総会および安保理の決議の憲章適合性が要請の主題ではないことを認めつつ，「司法的任務を遂行するにあたって，裁判所に異議が提出されている以上，理由付けの過程において，それらの決議から生じる法的効果を決定する前に，当該異議を審査する」[329] とした．

　勧告的意見の目的は，抗争解決を支援することそのものではなく，要請機関の審議を支援するために法的指針を提示することにあるので，「国際法の機関」というよりも「国連の機関」という立場から．ICJ は「他の議論」についても見解を述べるのである．もっとも，これらはいずれも，要請事項にとって先決的な問題について見解を述べているに止まる点で，次に検討する油井やぐら事件判決とは異なっている．

(2)　主文または主論における国際法の認定

(a)　「例外的な重要性」

　これに対して，主論に国際法の認定が組み込まれる場合には，問題が大きい．例えば，人質事件は，1979 年のイラン革命の際にイラン国民がテヘラ

327）*See* Application for Review of Judgment No. 158 of the United Nations Administrative Tribunal, 1973 I.C.J. 171［邦訳 156-157 頁］．

328）*See* Certain Expenses, 1962 I.C.J. 170［邦訳 178 頁］．*See also id.* at 179［邦訳 185 頁］（意見の主文も，ICJ の結論に「反対して提示された主要な立論を分析した」とした）．

329）Continued Presence of South Africa in Namibia, 1971 I.C.J. 45［邦訳 215 頁］．

ンに所在する合衆国大使館に外交官，領事および私人を人質として立てこもり，イラン政府が人質を保護しなかったどころか，この行為を承認したことから生じた．合衆国は，外交関係条約（1961 年）と領事関係条約それぞれの議定書を裁判権の基礎として，両条約の違反を主張していたにもかかわらず[330]，ICJ は，理由において，「法の原則として例外的な重要性をもつ」[331] 外交関係法の違反について国際共同体の注意を喚起し，判決主文において，両条約の違反のみならず「一般国際法の古くから確立している規則」[332] の違反を認定した[333]．

外交関係法が「例外的な重要性をもつ」のは，外交官の機能が抗争解決の前提となるからである[334]．例えば，ILC の国家責任条文第 50 条 2 項 b が外交官の権利の侵害は対抗措置として正当化されえないとするのは，それゆえである．

しかし，ICJ が一般国際法の違反の認定にあえて踏み込んだ理由はほかにもあると考えられる．両条約の違反を認定するだけでは，外交官と領事は保護されても，同じように人質とされている私人を保護の対象に含められなかった．外交関係法や領事関係法は本来それらの公務員が果たす機能を保護することを目的とし，個人の権利保障を目的としてはいないからである．そこで，ICJ は，筋が悪いものの，私人を保護する印象を与える一般国際法の違反を盛り込んだと考えられる．また，違反されている義務が普遍的性質のものであるという示唆は，EC などのイランに対する経済制裁を正当化したものと考えられる[335]．

このようにして，ICJ は，人質をとる行為が合衆国との 2 か国だけの問題ではなく，国際共同体全体に関わる問題となっていることをイランに認識さ

---

330) *See* Diplomatic and Consular Staff, 1980 I.C.J. 6-7.

331) *Id.* at 42.

332) *Id.* at 44.

333) 後に，ICJ は，裁判権が慣習国際法には及ばず拷問等禁止条約のみに及ぶことを確認しながら（Obligation to Prosecute or Extradite, 2012 I.C.J. 445），傍論において，拷問の禁止は慣習国際法を構成し，さらに，強行規範として確立したと認定している（*id.* at 457）．

334) *See* James Crawford, The International Law Commission's Articles of State Responsibility 291, 292-293 (Cambridge University Press, 2002).

335) *See* Jochen Abr. Frowein, *Collective Enforcement of International Obligations*, 47 Zeitschrift für Ausländisches Öffentliches Recht und Völkerrecht 67, 74 (1987).

せ，抗争解決を促進しようとしたと考えられる．この認定は，争いのある国際法の明確化や新たな国際法の設定を目的とする国際法発展志向の現れであるというよりも，抗争解決志向の現れなのである．

抗争解決志向の延長にあるとしても，このような政策的考慮が「請求を越えず」という重要な原則の違反を正当化しうるかどうかについては疑義が残る．ICJ が国際公序の擁護者を自任し，裁判権を越えて，訴訟当事国が陳述の対象としていない一般国際法の認定に踏み込むと，裁判官支配を目指すものとみなされて信頼を失いかねない．それゆえ，一般国際法への言及は傍論に止めて，主文では両条約の違反を認定すれば足りたと考えることもできる．

ICJ は，後に DRC 対ルワンダのコンゴ領武力行動事件において，強行規範の違反が問題となっている事件についても，抗争当事国が同意しない限りICJ の裁判権は成立しないことを確認した[336]．この認定は，人質事件判決における裁判権の踰越が例外的なものであり，先例として追従されるべきものではないとする ICJ の立場を示唆している．

(b)　「国際共同体の構成国全てにとって最も重大な問題」

国際法発展志向を採用したと考えざるをえない例もないわけではない．第3 章で検討した油井やぐら事件判決の主文 1 の前段は，訴訟当事国の最終申立に対応するものではなく，「国際共同体の構成国全てにとって最も重大な問題」に関わるという理由で盛り込まれた．ICJ は，逮捕状事件において，「望ましい」場合には請求を越える認定を理由でおこないうるとしており，油井やぐら事件では，一歩進んで，望ましさを強調することによって請求を越える認定を主文に盛り込んだのである[337]．この判決が言い渡されたときには，イラク戦争が進行し，以前から権力政治の前に変質してきた国連憲章第 2 条 4 項が「今度は永遠に死んだ」といわれる事態を生じさせていた[338]．そこで，ICJ は，武力行使を禁止する法が死んでいないことを確認しようとしたものと考えられる．

しかし，「国際共同体の構成国全てにとって最も重大な問題」であると

---

336) *See* Armed Activities on the Territory of the Congo (Dem. Rep. Congo v. Rwanda), 2006 I.C.J. 31-32.

337) *See* Oil Platforms, 2003 I.C.J. 228 (separate opinion of Judge Higgins)．田中佐代子「オイル・プラットフォーム事件」国際法外交雑誌 122 巻 3 号（2023 年）114，123 頁も参照．

ICJ がみなしさえすれば,「請求を越えず」という原則をいつでも逸脱できるとすれば,裁判官支配が可能になる. ICJ がそのような印象を避けようとするならば,この判決の先例としての地位をいずれ否定または限定することになると考えられる.

小　括

　ICJ は,法的手法を通してのみその制度目的を実現することができる[339]．法的手法を駆使する能力の中核は「法を知る」能力である．ただし,「法を知る」という原則は,訴訟当事国の対決的陳述を踏まえて ICJ が法を認定する権限をもつことを意味し,ICJ が独自に国際法を分節化しうることを意味するわけではない．妨訴事由の審理のあり方に表れているように,ICJ は類型的思考ではなく,個々の抗争を念頭に置いて訴訟を適時に処理する機能的思考に立っている．このような思考は,国際法発展志向ではなく抗争解決志向の反映である．PCIJ はすでに,紛争の処理が手続的論点によって妨げられてはならないので[340],国際裁判の場合には国内裁判の場合ほど形式の考慮を重視する必要はないとしていた[341]．マブロマティス・ドクトリンと呼ばれるこのアプローチは,ICJ でも一貫してとられている．このアプローチの同一線上に,訴訟当事国の見解を覆して争点を増やすのではなく,それに従って訴訟を処理するという ICJ の立場があると考えられる.
　一部の裁判官は国際法の一般的認定に積極的に踏み込んでいる．例えば,裁判官の意見の中には,判決理由と関係のない ICJ の先例の解釈に対して,ECHR や米州人権裁判所（IACHR）の判決および ILC の作業に言及しなが

---

338) *See* Thomas M. Franck, *Future Implications of the Iraq Conflict: What Happens Now?*, 97 Aᴍ. J. Iɴᴛ'ʟ L. 607, 610 (2003), *citing* Thomas M. Franck, *Who Killed Article 2 (4)? or: Changing Norms Governing the Use of Force by States*, 64 Aᴍ. J. Iɴᴛ'ʟ L. 809 (1970). 同項が遵守される見込みがほとんどないことが予測されるとすれば,願望的思考に堕することなく,当該予測を直視し,同項が死文化したという論理を構成し,それを前提とする外交政策を立案することが,国民の安全を保障すべき政府の責務であろう.

339) *See* South West Africa, 1966 I.C.J. 34.

340) *See* Free Zones, 1932 P.C.I.J. (ser. A/B) No. 46, at 155-156 [邦訳 47 頁].

341) *See* Mavrommatis Palestine Concessions, 1924 P.C.I.J. (ser. A) No.2, at 34 [邦訳 56 頁], *cited in* Northern Cameroons, 1963 I.C.J. 28 [邦訳 585 頁].

ら，それとは異なる解釈が可能であると述べるものすらある[342].

　裁判官の意見が判決主文に対する投票理由を開陳するだけではなく，判決理由全ての部分について許容されると，たとえ敗訴する可能性が高くとも，国籍裁判官，国際法発展志向に立って行動している常任裁判官，または，自国の選任する特任裁判官から自国の主張に沿った意見を得ることを目的として訴訟を追行する国が現れるかもしれない．そのような訴訟の中には，NGO が背後に存在するものも含まれるであろう．問題は，このような訴訟を一律に手続濫用であると批判することではなく，ICJ がそれらをどのような原理で処理するかである．裁判官の見解は，抗争の解決に直結するものでない限り「学説」と径庭のないものであることが十分意識されるべきであろう．

---

342) *See* Armed Activities on the Territory of the Congo (Dem. Rep. Congo v. Rwanda), 2006 I.C.J. 69 (joint separate opinion of Judges Higgins, Kooijmans, Elaraby, Owada & Simma).

第5章　暫定措置および判決の形成における抗争

　PCIJ は，自身の「本来の任務」を「国際法を基礎として，国家間紛争に決定を下すこと」[1] であるとしていた．請求を認容または棄却する判決を下せば ICJ が任務完了になるとすれば，判決の実現の障害となる要因はいわば雑音（noise）にすぎないことになる．

判決の終局性

　ICJ 規程は，訴訟当事国の事後の承認に拘束力を依存する「判決」を下すことを禁止している[2]．諮問機関と異なり，司法機関は「終局判決を宣言する独立の」機関であり，「司法機関が下した判決は既判事項となり，紛争当事者間で拘束力をもつ」のである[3]．ICJ によれば，既判力の原則は，司法機能を保護する法の一般原則なのである[4]．判決の再審は規程に則ってのみ許容され，たとえ訴訟当事国が合意しても，その要件を満たさない場合には許容されない[5]．

　国連憲章第 103 条は，他の条約に基づく義務に対する憲章上の義務の優越性を規定する．そこで，憲章第 94 条 1 項に規定される判決履行義務に鑑みて，ICJ の判決が無効であるとする請求を主題とする紛争を仲裁などに付託することは禁止されるといわれる[6]．しかし，憲章は判決の履行を

1）Serbian Loans, 1929 P.C.I.J. (ser. A) Nos. 20/21, at 19.

2）*See* Northern Cameroons, 1963 I.C.J. 29 [邦訳 586 頁], *citing* Free Zones, 1932 P.C.I.J. (ser. A/B) No. 46, at 161 [邦訳 50-51 頁].

3）*See* Awards of Compensation Made by the United Nations Administrative Tribunal, 1954 I.C.J. 53.

4）*See* Land Boundary in the Northern Part of Isla Portillos, 2018 I.C.J. 166.「既判力原則の優越性」に言及する判決として，*see* Judgment in the Case Concerning the Temple of Preah Vihear, 2013 I.C.J. 303.

5）*See* Revision of the Judgment of 11 September 1992 in the Case Concerning the Land, Island and Maritime Frontier Dispute (El Salvador v. Honduras) (El Sal. v. Hond.), 2003 I.C.J. 400.

必ず実現されるべき憲章公序の問題であるとは位置付けておらず，安保理が判決執行措置をとらない限り，訴訟当事国全てが上記紛争を仲裁に付託することに合意する場合には，それを禁止する実益はないと考えられる．そのような行為は ICJ の権威を損ないうるものの，ICJ が無謬であるという虚名の維持よりも，抗争当事国の意思に従って抗争を解決することが優先されるべきだからである．

　この点で示唆的であるのはビーグル海峡抗争である[7]．同抗争では，チリが ICJ への付託を主張し，アルゼンチンが仲裁への付託を主張した．そこで，イギリスを仲裁人に，仲裁人が個人の資格で選出する ICJ の 5 人の裁判官が仲裁判断の起草者になることが合意された．実質的に，ICJ の小法廷が利用されたといえる．フィッツモーリスを長とする起草者は，係争領域全てがチリに帰属するとする仲裁判断を起草し，仲裁人はそれをそのまま裁可した（1977 年）[8]．しかし，この仲裁判断はアルゼンチンの要求にも配慮するという政治的賢慮を欠いていた[9]．係争領域の一部でも同国に帰属するとしていれば，抗争は解決されえたといわれるのである[10]．同国は仲裁人の権限踰越を理由として，仲裁判断が無効であると主張した．これに対して，仲裁人は，同国が係争領域で活動していないので仲裁判断は履行されていると宣言し，その任務を終了した．そこで，同抗争は膠着状態に陥った．

　結局，合衆国の仲介によって，抗争当事国は抗争解決をローマ教皇の仲介に委ねることに合意した．そして，教皇は，仲裁判断は有効であるとし

---

6) 杉原高嶺『国際司法裁判制度』（有斐閣，1996 年）343-344 頁.

7) 同抗争については，高井晉「ビーグル海峡事件（アルゼンチン対チリ）（1977 年 2 月 18 日仲裁裁判所裁定）」島嶼研究ジャーナル 10 巻 2 号（2021 年）130 頁．中谷和弘『世界の島をめぐる国際法と外交』（信山社，2023 年）46-47 頁も参照（チリが仲裁判断の履行の問題を ICJ に付託しようと提案したのに対して，アルゼンチンはそれが「開戦原因になる」として拒否したうえ，チリの島に侵攻したので，危機を感じたローマ教皇［ヨハネ・］パウロ 2 世が仲介を提案し」たとする）.

8) *See* Beagle Channel (Arg. v. Chile), 52 I.L.R. 93 (1977).

9) *See* Mark Laudy, *The Vatican Mediation of the Beagle Channel Dispute: Crisis Intervention and Forum Building, in* WORDS OVER WAR: MEDIATION AND ARBITRATION TO PREVENT DEADLY CONFLICT 293, 306 (Melanie C. Greenberg et al., eds., Rowman & Littlefield Publishers, 2000).

10) *See* D.W. Bowett, *Contemporary Development in Legal Techniques in the Settlement of Disputes,* 180 COLLECTED COURSES HAGUE ACAD. INT'L L. 169, 200 (1983-II).

ながら，係争領域に隣接する海域に関する請求をチリに放棄させることで，アルゼンチンも受け入れうる解決を実現した．同国の軍事政権は，仲裁判断に服することによって「面子を失う」ことを恐れていたことから，教皇の権威の下でのこの解決が戦争の勃発を防止したといわれている[11]．

この経緯は，ICJ の裁判官が抗争解決の支援に失敗しうることを示唆している．ICJ が失敗した場合の安全弁として抗争当事国が他の主体に支援を要請することを類型的に禁止することが合理的ではないことは明らかであろう．

しかし，抗争解決志向に立てば，ICJ は紛争処理が抗争解決を支援する効果をもつように，「雑音」をも考慮に入れて抗争過程に関与すべきであると考えられる[12]．実際に，ICJ の行動をみてみれば，既存の義務とはいえない作為または不作為を勧告したり，請求に対応する認定を敷衍して義務を認定したり，訴訟当事国による義務の受諾を記録したり，訴訟当事国の合意に基づいてまたは紛争の主題の性質に応じて職権で，交渉義務をレメディとして認定したり，さらに，紛争を終局的に処理する判断を留保する部分判決を下して訴訟当事国間の交渉による解決の機会を残したりしている．ICJ は，訴訟手続の結果を抗争過程へと出力する段階においても，抗争解決志向に立った工夫をしているのである[13]．

本章は，第 1 節において，付随的手続の 1 つである暫定措置の最近の機能的肥大化とその問題を検討する．とりわけ，暫定措置が訴訟の対象である権

---

11) *See* JAMES LARRY TAULBEE & GERHARD VON GLAHN, LAW AMONG NATIONS: AN INTRODUCTION TO PUBLIC INTERNATIONAL LAW 105 (12th ed., Routledge, 2022).

12) 国内裁判の場合にも，裁判が抗争解決と同視されると，裁判における勝敗が過度に強調され，抗争をむしろ悪化させる危険性があると指摘される．和田仁孝『民事紛争処理論』（信山社，1994 年）170 頁．

13) 古川照美「国際司法裁判所における司法判断回避の法理」国際法外交雑誌 87 巻 2 号（1988年）1 頁は，ICJ の決定が政治的決断であり，法はその決断を事後的に正当化する手段であるという認識に立ち，判決の基礎となった政治的要因を同定し，ICJ が判決の政治的効果を勘案して判断を回避する際の理由を，合衆国最高裁の「ブランダイスの法理」を参照して分析した論考であり，裁判官が訴訟を処理する際の行動原理に注目した先駆的業績である．ただし，同論文は，ICJ の制度目的を焦点として説明しようとするものではないので，本章で扱う ICJ による抗争過程への出力の段階における裁量権行使については分析の対象としていない．

利の「仮保全」に加えて抗争解決の制御という目的で指示される傾向が，2001年のラグラン事件本案判決で暫定措置の拘束力が初めて肯定されたこととの関連で，強化されたのか抑制されたのかという点に注目する．続いて第2節においては，ICJが抗争解決過程の性質に応じて案出してきた多様なレメディを検討する．

第1節　暫定措置の形成における抗争

ICJ規程第41条は，「裁判所は，事情が要求する場合には，［訴訟］当事国それぞれの権利を保全するためにとられるべき暫定措置を指示（indicate）する権限をもつ」と規定する．これに対して，ICJ規則第73条1項と同第75条1項は，それぞれ訴訟当事国の要請を受けてまたは職権で，ICJが「仮保全措置（interim measure of protection）」を指示する権限をもつと規定する．訴訟が係属している間，訴訟当事国はいつでも暫定措置の指示を要請する権利をもち，ICJもいつでも職権で暫定措置を指示しうるのである[14]．暫定措置は「緊急性のある事項」であることから，その審理は他のすべての手続に優先される（同規則第74条1項および2項）．訴訟が終了すると暫定措置は失効する．

当初，ICJは暫定措置の目的について，訴訟が係属している間，「紛争の主題」を構成し，本案判決の対象となる権利を保全するものであるとしてきた[15]．それに対して，1996年の暫定措置で初めて明示されて以来，そのような権利の保全とは独立に，紛争の背後にある抗争の悪化防止を目的としてそれを指示しようとする傾向が現れた[16]．この目的で指示される暫定措置は，状況をとりあえず制御し，その上で，訴訟当事国による抗争解決を支援する本案に進もうとするものである．そこで，ICJは，本案裁判権を確認する前であるにもかかわらず，国際法に基づく義務を確認することはもちろん，既

---

14) 訴訟当事国は書簡で，ICJが職権で暫定措置を指示するよう要請することもある．ICJ規程もICJ規則も想定していないこのような要請に対して，ICJは自身の立場を決定し，書記を通してそれを当該当事国に通知することによって対応している．*See* Certain Activities Carried Out by Nicaragua in the Border Area, 2015 I.C.J. 675.

15) 杉原前掲書（注6）269-270頁．

16) *See* Land and Maritime Boundary, 1996 I.C.J. 22.

存の義務とは異なる具体的な作為または不作為を訴訟当事国に指示すること
になった．それは，「訴訟当事国の機関」や「国際法の機関」という性質を
越える機能を果たすものであり，一種の立法機能と監督機能を果たす「国連
の機関」としての機能であると理解される．

そこで，ICJ の暫定措置が仮保全措置に限定されるか，抗争過程を制御す
るための措置を含みうるか，含みうるとすれば，仮保全措置に付随的にのみ
指示されうるか，独立に指示されうるかが問題となる．

1 暫定措置と仮保全措置

(1) 暫定措置の仮保全措置化

紛争の主題となっている権利の保全のために暫定措置を指示する権限は，
仲裁廷に一般的に認められてきた[17]．仲裁廷は，付託合意に基づいて本案裁
判権が一見明白に存在することを前提として，この権限を行使してきた．そ
の権限が，一方的付託がありうる常設の国際裁判所である中米司法裁判所に
ついて認められ（設立条約第 18 条）[18]，さらに，PCIJ についても認められ
ることになったのである．このような経緯に鑑みれば，暫定措置が仮保全措置
と同視されることは自然である．

PCIJ は当初，暫定措置を仮保全措置として運用し，抗争の悪化防止は付
随的に言及するだけであった．その理由は，一方で，本案裁判権の存在を確
定する前に指示される点で仲裁廷と異なること，他方で，「連盟の機関」で
はない PCIJ が抗争過程の管理に踏み込むべき理由が弱かったことにあった
と考えられる．たしかに，PCIJ の暫定措置は連盟理事会に通知されたが，
この通知は注意喚起の手段にすぎないとされていたのである[19]．

ICJ も，PCIJ 規則の文言を受け継いで，「暫定措置」という ICJ 規程の用

---

17) *See* Electricity Company, 1939 P.C.I.J. (ser. A/B) No. 79, at 109.

18) なお，欧州安全保障協力機構（OSCE）の調停委員会も，抗争当事国の要請を受けてまたは職
権で，抗争悪化防止について抗争当事国の注意を喚起する権限をもつ．*See* Rules of the Court
of Conciliation and Arbitration Within the OSCE, Feb. 1, 1997, Art. 20, para. 1 ＜http://www.
osce.org/cca/documents/rules_english.pdf＞.

19) *See* Shabtai Rosenne, Provisional Measures in International Law: The International Court
of Justice and the International Tribunal for the Law of the Sea 182 (Oxford University
Press, 2005).

語を，ICJ 規則で「仮保全措置」と言い換えている．このことは，暫定措置が紛争の主題となっている権利を仮保全することを目的とする「手続的権限」[20] であるという理解を反映している．例えば，本案判断に関連する証拠の保全を目的とする措置などである[21]．

なお，回復訴訟では，被害国は回復の形式を特定する権利をもち，加害国は原則として当該形式で回復をおこなう義務を負う[22]．そこで，暫定措置が保全する対象は，1 次規則が保護する権利だけではなく，2 次規則の下で被害国が特定する形式の回復を得る権利も含むことになる．例えば，ウィーン領事関係条約事件（1999 年付託）において，パラグアイは合衆国が領事関係条約第 36 条 1 項に違反したと主張した．すなわち，同項ｂは，外国人を逮捕した国は，自身の国籍国の領事に自身が逮捕された事実を通報するよう要求する権利をもつことを，その者に告知する義務を規定しているが，合衆国はパラグアイ国民を逮捕した際に当該告知をおこなわなかったと主張したのである．そして，回復の形式として，当該国民に対する死刑判決の再審を請求した．合衆国は，違反を認めつつ，陳謝をおこなえば十分であり，再審を義務付けられることはないと主張した．ICJ は 1998 年に，再審請求権の保全を目的として死刑執行の停止を指示した[23]．

ところが，PCIJ 以来，紛争の主題である権利を保全するための措置と同時に，抗争を悪化させうる行動を慎むことを要請する措置が指示されることもないわけではなかった[24]．もっとも，このような暫定措置は，抗争悪化の防止を一般的に指示するものの，そのための具体的な作為または不作為を特定するものではなかった．

エーゲ海大陸棚事件の際に，ICJ は国連憲章第 2 条 3 項および同第 33 条に規定されている抗争の平和的解決を要求する権利を保全するための暫定措置を指示しうるかどうかという問題が存在することを認めたものの，交渉を

---

20) 2 Sir Gerald Fitzmaurice, The Law and Procedure of the International Court of Justice 441 (Cambridge University Press, 1986).

21) *See* Land and Maritime Boundary, 1996 I.C.J. 23, 25.

22) *See* James Crawford, The International Law Commission's Articles of State Responsibility 261-263 (Cambridge University Press, 2002).

23) *See* Vienna Convention on Consular Relations (Para. v. U.S.), 1998 I.C.J. 257.

24) *See, e.g.,* Electricity Company, 1939 P.C.I.J. (ser. A/B) No.79, at 199.

勧告する安保理決議に従うことを被請求国が表明していたことから，そのような暫定措置を指示すべき緊急性が存在しないとして，この問題に判断を下す必要性を認めなかった[25]．裁判官の中には，暫定措置を指示する権限は抗争解決のために勧告をおこなう一般的権限ではなく，抗争の悪化防止を目的として作為または不作為を指示すべきではないと釘を刺す者も存在した[26]．

なお，人質事件の際に，安保理が人質の解放を要請する決議を採択した後で，ICJ が同旨の暫定措置を指示したことから，エーゲ海大陸棚事件の先例は覆されたといわれることがある[27]．しかし，エーゲ海大陸棚事件の際に要請が却下された理由は，安保理が決議を採択した事実ではなく，被請求国が当該決議に従うと声明していた事実であった．人質事件の際に，被請求国は安保理決議に従うことを表明していないことから，2つの事件は区別されるべきものであり，矛盾するものではないと考えられる．

(2)　仮保全措置の暫定措置化

エーゲ海大陸棚事件暫定措置要請却下命令の10年後の1986年に，ICJ は，ブルキナファソ＝マリの国境紛争事件の暫定措置において，抗争悪化の防止が他の暫定措置と「独立に」暫定措置の目的になりうることを認め，停戦合意を遵守し，訴訟当事国両方が20日以内に合意する位置に各自の軍隊を撤退させることを指示した[28]．この暫定措置は，領土主権という請求の対象に回復不可能な損害が生じるかどうかではなく，武力衝突による人命の損失の防止を目的とした点，および，特定の位置への軍隊の撤退という具体的行動を指示した点で，従来の暫定措置と異なるものであった．

この暫定措置を指示したのは小法廷であったが，後に大法廷も本件暫定措置を肯定的に引用した[29]．なお，小法廷の決定は ICJ の決定であるとみなされることから，裁判官の見解が分かれている問題については，小法廷は決定

---

25) *See* Aegean Sea Continental Shelf, 1976 I.C.J. 12-13.

26) *See id.* 17 (separate opinion of Judge Jiménez de Aréchaga).

27) 波多野里望＝尾崎重義編『国際司法裁判所──判決と意見 第2巻（1964-93年）』（国際書院，1996年）152頁［波多野執筆］．

28) *See* Frontier Dispute（Burk. Faso v. Mali), 1986 I.C.J. 9.

29) *See* Land and Maritime Boundary, 1996 I.C.J. 22-23; Armed Activities on the Territory of the Congo（Dem. Rep. Congo v. Uganda), 2000 I.C.J. 128.

を回避し，大法廷による決定を待つべきであると考えることもできる．しかし，抗争当事国は大法廷の判断を回避するために小法廷を利用するのであり，抗争当事国の意思に反して大法廷への職権による移送を認めれば訴訟の取下げを引き起こし，ICJ が抗争解決に全く寄与することができなかったという結果に終わりかねない．

(3) 暫定措置化に対する歯止め

　その後，ICJ は，この暫定措置を唯一の例外であると位置付け，抗争悪化の防止を目的とする暫定措置を本案で争われている権利の保護を目的とする他の暫定措置に付随するものに限定するようになった[30]．例えば，ウルグアイ川パルプ工場事件暫定措置は，上記国境紛争事件の暫定措置を引用することなく，抗争悪化の防止の指示は他の暫定措置と同時になされてきたとして，他の暫定措置の要請が認容されていないという理由で，本件では当該指示を正当化することができないとしている[31]．そして，ICJ は，一般的に，権利の保護を目的とする特定的な暫定措置と独立に，抗争悪化の防止のみを指示することはできないと明言するに至った[32]．

　暫定措置は本案裁判権が確立していることを確認する前に指示されることから，それを本案裁判権に基礎付けることはできない．それゆえ，抗争の悪化防止のために暫定措置を指示する権限をもつとすれば，それは ICJ が国際平和の維持を主要な目的とする「国連の機関」として国連憲章によって授権されているからであると構成するほかない[33]．

　憲章第 40 条は，第 7 章の下で「事態の悪化を防ぐため」に暫定措置（provisional measure）を要請（call upon）する権限を安保理に与えている．「国境地帯においてニカラグアがおこなっている活動事件」暫定措置（2011 年）は安保理の暫定措置を想起させるであろうと ICJ 所長が述べたように[34]，憲章第 40 条と対置される ICJ 規程第 41 条 1 項は，憲章第 6 章の下で暫定措置を

---

30) 玉田大「国際司法裁判所 ウルグアイ河のパルプ工場事件（仮保全措置命令 2007 年 1 月 23 日）」岡山大學法學會雜誌 57 巻 1 号（2007 年）143, 150-151 頁.

31) *See* Pulp Mills on the River Uruguay, 2007 I.C.J. 16.

32) *See* Application of the CERD（Qatar v. U.A.E.）, 2019 I.C.J. 371. *See also* Allegations of Genocide Under the Genocide Convention, 2022 I.C.J. 229-230.

33) *See* Frontier Dispute（Burk. Faso v. Mali）, 1986 I.C.J. 9.

指示する権限を ICJ に与えているのである.

　安保理と ICJ は 1 つのできごと（event）について各自の手法で取り組むべきであるとされており，ICJ は，請求国が通商航海条約の違反の有無に関する紛争として構成していれば，たとえそれが武力抗争に関わる論点の 1 つにすぎなくても，当該条約の裁判条項に基づく裁判権を行使する[35]. そこで，緊急性が高い場合には，安保理と ICJ との暫定措置が相補的に機能すべきであると考えることもできる[36]. 規程第 41 条 2 項で要求される ICJ の暫定措置の安保理への通知は，国連の主要な機関同士の協働を確保する手段である.

　このような ICJ による仮保全措置の暫定措置化，言い換えれば，暫定措置の独立手続化の背景には，ICJ 規程および ICJ 規則が暫定措置について最小限の指針のみを規定し，その具体的運用を ICJ に委ねているという構造がある[37]. つまり，規程第 41 条 1 項は，「事情が要求する」ときに暫定措置を指示すべきであるとだけしているので，紛争の主題である権利が回復不可能な損害を被るおそれだけではなく，紛争の背後にある抗争が悪化し，それによって国際平和が脅かされうることも「事情」に含まれるとすれば，仮保全措置を越える暫定措置を指示する権限を肯定する余地があるのである[38]. この解釈は，ICJ が国連の平和維持機能の一翼を積極的に担うべきであるとするものである[39]. このような運用は，国連体制においてありうる発展であり[40]，暫定措置の目的が国際平和の維持にあると明言する裁判官や[41]，暫定措置手

---

34) *See* Statement by H.E. Judge Hisashi Owada, President of the International Court of Justice, to the Security Council, Oct. 25, 2011.

35) *See* Military and Paramilitary Activities, 1984 I.C.J. 428, 434-435. 法的論点の人為的構成による訴訟を免れるためには，ICJ の裁判権に対する精確な留保が必要となる. *See* Herbert W. Briggs, *Reservations to the Acceptance of Compulsory Jurisdiction of the International Court of Justice*, 93 COLLECTED COURSES HAGUE ACAD. INT'L L. 223, 294 (1958-I).

36) *See* Aegean Sea Continental Shelf, 1976 I.C.J. 12.

37) *See* Use of Force (Yugo. v. Belg.), 1999 I.C.J. 164 (separate opinion of Judge Higgins).

38) *See* D.W. Greig, *The Balancing of Interests and the Granting of Interim Protection by the International Court*, 11 AUSTL. Y.B. INT'L L. 108, 127, 131-132 (1984-1987).

39) *See* ROSENNE. *supra* note 19, at 214.

40) *See* Hugh Thirlway, *The Indication of Provisional Measures by the International Court of Justice, in* INTERIM MEASURES INDICATED BY INTERNATIONAL COURTS 9, 27 (Rudolf Bernhardt ed., Springer 1994).

41) *See* Land and Maritime Boundary, 1996 I.C.J. 29 (declaration of Judge Ranjeva).

続における「司法機能」と国際平和の維持との密接な関連性を強調する裁判官も存在する[42].

安保理による裁量性の高い暫定措置と区別されるICJのそれに固有の限界があるとすれば，それは，仮保全措置への付随性を要求する「訴訟当事国の機関」としての性質によるというよりも，判断の基礎となる情報を基本的に訴訟当事国の陳述に依存する「司法機関」という性質によって画定されると考えられる．つまり，ICJの場合には，事実に関する情報は訴訟手続を通して収集されるしかないので，本案手続の前に指示される暫定措置の内容は，おのずと抗争の平和的解決の原則を確認するだけのものになったり，暫定合意に向けた交渉を勧告するだけのものになったりすることが自然であるということである．

訴訟当事国による暫定措置の要請は，複数の動機でなされうる．その中には，その後の手続において「少なくとも心理的に」有利な立場に立つための戦略としてそうするものも含まれると考えられる[43]．暫定措置の独立手続化は，抗争当事国が進行中の抗争をICJの制御に委ねることを目的とする暫定措置の要請を増加させている．場合によっては，本案判決を得ることよりも，むしろ暫定措置を得ることを訴訟付託の第1の目的として，後者の要件を満たすために訴状が起草されていると考えられることすらあるのである[44].

結局，ICJは，暫定措置の要件を厳格化した．従来，暫定措置の要件としてきた，本案裁判権の一応の存在——紛争が存在し，それが裁判権の基礎に含まれる可能性があるようにみえ，裁判権の根拠が交渉や仲裁の申込みを前置している場合には，紛争の主題に関する交渉が真摯に試みられたと一応みえること（appears, prima facie）や，仲裁が提案され，それから一定の時間が経過していること[45]——，回復不可能な損害が発生するリスクおよびそれを防止すべき緊急性——「現実の差し迫ったリスク」[46]——に加えて，3

---

42) *See* Accordance with International Law of the Unilateral Declaration of Independence in Respect of Kosovo, 2010 I.C.J. 492-493, 495（separate opinion of Judge Sepúlveda-Amor）.

43) *See* Obligation to Prosecute or Extradite, 2009 I.C.J. 203（separate opinion of Judge Sur）.

44) *See* Statement of Mr. van den Biesen（Bosn. & Herz.）, Application of Genocide Convention（Bosn. & Herz. v. Serb. & Mont.）, at 19（CR2006/2, Feb. 27, 2006）.

45) 交渉および仲裁の申込みを検討する例として，*see* Application of the Torture Convention, 2023 I.C.J. paras. 35, 40-44（Nov. 16）.

つの要件を追加したのである[47].

すなわち，第1に，訴訟適格などの受理可能性が存在するようにみえること[48]，第2に，請求されている権利の存在のもっともらしさ（plausibility）[49]，第3に，当該権利と要請される措置との関連性（link）である．判決の解釈手続では，「要請国による当該判決の解釈に照らして，当該判決に由来するものとして請求する権利」と保護されるべき権利との関連性が要求される[50].ICJ所長によれば，第2と第3の要件は，従来の要件に内在していたものであり，新たに追加されたものではない[51]．そのように考えることは不可能ではないとしても，これらの要件が，暫定措置の独立手続化および次に述べる「超判決」化という野心的運用に対する批判へのいわば反作用として必要とされたものであることは確かであろう．

2 暫定措置の「超判決」化

(1) 暫定措置への拘束力の付与とその履行確保手段の創造

ICJ規程は，暫定措置を「指示する」権限を規定するのみで，それが拘束力をもつものであるかどうかを明示的には規定していない．ICJは従来，この点についての決定を回避してきた．もっとも，拘束力を通常は含意しない "should" という文言を暫定措置の主文で用いてきたことや，その名宛国に求められるのは指示を「真摯に考慮すること」[52] であるとしたりしてきたこ

---

46) Judgment in the Case Concerning the Temple of Preah Vihear, 2011 I.C.J. 548.

47) 暫定措置の要件の審理を定型的に遂行する例として，*see* Application of the Genocide Convention in the Gaza Strip (S. Afr. v. Isr.), 2024 I.C.J. paras. 15-74 (Jan 26).

48) 訴訟適格の問題は被請求国が提起していない場合にも，ICJは職権で審査する．*See id.* at paras. 33-34.

49) 前者の要件は2008年の「人種差別撤廃条約の適用事件」暫定措置で，後者の要件は訴追または引渡しの義務事件の暫定措置で初めて採用された．玉田大「国際司法裁判所 引渡又は訴追義務の問題に関する事件（仮保全措置命令2009年5月28日）」岡山大學法學會雜誌59巻1号（2009年）1, 8-10頁（これらの要件の追加が，暫定措置と本案手続との乖離を押し止めているとはいえないとする）．後者の要件の追加が曖昧さと不確実さをもたらすとする批判として，*see* Certain Activities Carried Out by Nicaragua in the Border Area, 2011 I.C.J. 29 (separate opinion of Judge Koroma).

50) *See* Judgment in the Case Concerning the Temple of Preah Vihear, 2011 I.C.J. 545.

51) *See* Speech by H.E. Judge Hisashi Owada, President of the International Court of Justice, to the Sixth Committee of the General Assembly, Oct. 28, 2011.

52) Military and Paramilitary Activities, 1986 I.C.J. 144.

306 第 5 章 暫定措置および判決の形成における抗争

とに鑑みて，拘束力をもちうるとする立場に消極的であると考えられてきた．学説もまた，この点については見解が対立してきた[53]．

ところが，ラグラン事件判決は，1999 年の暫定措置が拘束力をもち，その不履行が国家責任を発生させると認定した．本案裁判権には，暫定措置の履行に関する裁判権と，不履行国が負う回復義務に関する裁判権が含まれるとしたのである[54]．後に，暫定措置の履行に関する審査の結果は本案判決で表明されるべきであることが明言され[55]，さらに，この審査は本案に関する審査とは独立になされるべき問題であるとされた[56]．

ICJ は，本案請求を棄却する判決が言い渡された場合にも，暫定措置の不履行を理由とする回復義務を認定する判決を言い渡すことが可能であること，および，本案裁判権が否定された場合にも，当該義務が存続しうることを認定した．ただし，ICJ は，当該義務に関する裁判権が何らかの根拠で本案裁判権とは独立に存在するとまでは主張していない．実際に，ICJ は，裁判権の基礎である条約に違反しない行為が暫定措置に違反したと認定している[57]．暫定措置の不履行に対する回復は，本案判決におけるその認定という「満足」が適切であると示唆されたことはあるものの[58]，原状回復または金銭賠償が排除されていると考える根拠はない．

ICJ は，ICJ 規程第 41 条の文言はその正文である英語と仏語とで同一の意味をもつものではないので，慣習法を反映している条約法条約第 33 条 4 項に則って，「条約の趣旨および目的を考慮し，全ての正文について最大の調和が図られる意味を採用す」べきであるところ，それが暫定措置の拘束力を否定していると解釈することは条約の趣旨および目的に反するとした[59]．さらに，ICJ は，規程の準備作業を検討する必要はないが，それを検討しても，この結論は準備作業と矛盾しないと付け加えた[60]．

---

53) 両説の紹介として，*see* JERZY SZTUCKI, INTERIM MEASURES IN THE HAGUE COURT 281-285 (Kluwer Law and Taxation, 1983).

54) *See* LaGrand, 2001 I.C.J. 483-485, 516.

55) *See* Certain Activities Carried Out by Nicaragua in the Border Area and Construction of a Road in Costa Rica Along the San Juan River (Nicar. v. Costa Rica), 2015 I.C.J. 713.

56) *See id.* 714.

57) *See* Application of the ICSFT and of the CERD, 2024 I.C.J. para. 392 (Jan. 31).

58) *See* Armed Activities on the Territory of the Congo (Dem. Rep. Congo v. Uganda), 2005 I. C.J. 258-259, 281.

「この命令はその性質上拘束的である」とする判示は，「この」暫定措置のみに妥当する判断であり，暫定措置全てに関する定言的決定ではないと理解することも不可能ではない[61]．しかし，ICJ はこの判示をまさに定言的なものとした．ラグラン事件暫定措置では "should" という文言を用いていたのに対して，その本案判決の前に指示された DRC 対ウガンダのコンゴ領軍事活動事件暫定措置（2000 年）の主文で初めて拘束力を示唆する "must"[62] という文言を用いたのである[63]．その後，ICJ はその暫定措置が法的拘束力をもつとする一節を理由に挿入することを慣例とするようになった[64]．なお，ITLOS は拘束力をもつ暫定措置に "shall" を，勧告であるものに "should" を用いている[65]．

暫定措置が拘束力をもつとする ICJ の決定は，訴訟当事国のみを拘束する．ICJ 規程当事国は規程の公権解釈権を留保していることから，ICJ の決定を権限踰越であると決定する権能をもつ．しかし，実際に可能なことは，その改正によって ICJ の解釈と異なる解釈を確認すること，または，裁判権の受諾を撤回したり差し控えたりして，その運用を変更するよう ICJ に圧力をかけることくらいである．規程の改正は国連憲章の改正手続によることから，前者が後者に波及することを好まない国々も少なくない現状では，それが実現される見込みは低い[66]．憲章が改正されたのは，新独立国から政治的圧力

59）*See* LaGrand, 2001 I.C.J. 502–503. この判旨と同旨の見解として，例えば，*see* Louis Henkin, *Provisional Measures, U.S. Treaty Obligations, and the States*, 92 Am. J. Int'l. L. 679, 680（1998）. この判旨を批判する見解として，*see* Joan Fitzpatrick, *The Unreality of International Law in the United States and the LaGrand Case*, 27 Yale J. Int'l L. 427, 431（2002）.

60）*See* LaGrand, 2001 I.C.J. 503–506. 解釈を確認するために準備作業に言及することは ICJ の慣行であるといわれる．*See* Application of the CERD（Qatar v. U.A.E.）, 2021 I.C.J. 100. もちろん，その必要がないとされる例も少なくない．*See, e.g.,* Application of the Genocide Convention（Gam. v. Myan.）, 2022 I.C.J. 511.

61）奥脇（河西）直也「武力紛争と国際裁判」村瀬信也＝真山全編『武力紛争の国際法』（東信堂，2004 年）784 頁注 1.

62）Armed Activities on the Territory of the Congo（Dem. Rep. Congo v. Uganda）, 2000 I.C.J. 129.

63）*See* John R. Crook, *The 2000 Judicial Activity of the International Court of Justice*, 95 Am. J. Int'l L. 685, 687（2001）.

64）*See, e.g.,* Application of the Genocide Convention in the Gaza Strip, 2024 I.C.J. para. 54（May 24）.

65）*See* Barbara Kwiatkowska, *Southern Bluefin Tuna（New Zealand v. Japan; Australia v. Japan）: Order on Provisional Measures（ITLOS Cases Nos. 3 and 4）*, 94 Am. J. Int'l. L. 150, 153（2000）.

を受けて安保理と経済社会理事会の理事国を増加させた1回だけである.
ICJ規程の改正に向けて同じように圧力を掛ける主体は存在しない.それゆ
え,規程当事国がとりうる手段は,事実上,後者に限られる.

いずれにしろ,かりにICJが権限を踰越していると考える場合には,それ
について考察を断念せず――いわゆる学習性無力感(Learned Helpless-
ness)[67]に陥らず――,自国の外交政策におけるICJの位置付けを不断に再
検討することが必要となる.

(2) 「超判決」化の問題点

暫定措置が拘束力をもつとする見解は,その根拠として,それが本案判決
の「実効性と執行可能性」[68]を確保すべきものであること,争われている権
利を保全するために,裁判権の「全体的論理」がそれを不可欠なものとする
こと[69],および,その指示は厳格な要件に照らして慎重になされること[70],
を主張してきた.

暫定措置を仮保全措置と同一視する立場に立ってすら,これらの根拠は薄
弱である.例えば,裁判権の「全体的論理」についていえば,権利の保護が
自己目的となりうるのは国際法を自閉的に理解する場合のみである.国際法

---

66) 天羽民雄『多国間外交論――国連外交の実相』(PMC出版,1990年)251頁.

67) 学習性無力感については,例えば,see CHRISTOPHER PETERSON ET AL., LEARNED HELPLESSNESS: A THEORY FOR THE AGE OF PERSONAL CONTROL (Oxford University Press, 1995)〔C・ピーターソンほか(津田彰監訳)『学習性無力感――パーソナル・コントロールの時代をひらく理論』(二瓶社,2000年)〕.立ち直る力(resilience)を身に着けて楽観的マインドセットを確立するためには,自身で制御した経験から学習性効力感を得る必要があるといわれる.虫明元＝山口晴保『認知症ケアに活かすコミュニケーションの脳科学20講――人のつながりを支える脳のしくみ』(協同医書出版社,2023年)159-161頁.集団的学習性無力感が発生すると,モラール・失敗への忍耐力・変更への耐性などが低下するといわれる.高橋知久ほか「なぜ逃げないのか/逃げられないのか――学習性無力感(Seligman)」精神科治療学37巻4号(2022年)369, 373頁.なお,"resilience"を立ち直る(適応)プロセスに限定し,立ち直る力を"resiliency"と呼ぶことがある.平野真理「心のレジリエンス/レジリエンシー」稲村哲也ほか編『レジリエンス人類史』(京都大学学術出版会,2022年)15, 16頁.

68) 杉原前掲書(注6)290頁.

69) See FITZMAURICE, supra note 20, at 548 n.4.

70) 杉原前掲書(注6)290頁.同書は,拘束力と執行力を区別し,暫定措置は執行力をもたないものの拘束力をもつという見解を採る.しかし,判決も執行力をもたないのであり,暫定措置が拘束力をもつとすることは,それに判決と異ならない地位を認めることを意味する.

を道具的に理解する限り，抗争解決志向の立場から，抗争当事国が既存の権利の変動を受け入れて抗争が解決されるのであれば，それは望ましく，国際法発展志向の立場からも，既得権の保護を拒否すべき場合はありうる．ICJ規程が訴訟当事国による訴訟の取下げを許容していることは，これらの立場と整合的である．

　国内裁判所とICJとは本質的に異なるのであり，ICJの場合には，「仮保全措置は司法手続の本当に不可欠な部分なのか」と問われるべきである[71]．暫定措置が拘束力をもつべきかどうかは，抽象的理念や規程の文言だけではなく，制度の具体的設計と解釈の政治的帰結を検討した上でなければ決定されえない．そのような検討の必要性を閑却させる「全体的論理」という観念については，B・カードウゾウによる，「観念は，実存として取り扱われ，その論理の限界を無視して発展せしめられると，従僕ではなく暴君となる」ので，再定式化や限定に開かれた「暫定的仮説として，常に取り扱うべきである」[72]という警句がよく当てはまる．

　ここでは，①「国連の機関」としての権限，②「訴訟当事国の機関」としての権限，③双方聴取の保障，④特任裁判官の選任，⑤一応の裁判権の「踰越」，⑥新たな義務の設定，⑦履行国への補償，⑧情報提出要請，⑨被請求国による対抗措置の制約などについて順次検討する．

　①　「国連の機関」としての権限

　(i)　国連憲章

　暫定措置という言葉は，国連憲章とICJ規程でそれぞれ1か所ずつ使用されている．そこで，ICJ規程第41条の解釈の際には，用語の通常の意味を確認するためにも，「国際法の関連規則」（条約法条約第31条3項c）を考慮するためにも，国連憲章第40条を参照すべきであると考えられる．同条は，安保理が暫定措置に従うよう関係者に「要請する」ことができるとする．「要請する」という用語は，通常，勧告を意味するものであり，安保理の暫定措置が拘束力をもたないことを示唆している[73]．

---

71) *See Discussion, in* Interim Measures Indicated by International Courts 119 (Rudolf Bernhardt ed., Springer 1994) (statement of Schiedermair).

72) Benjamin N. Cardozo, The Paradoxes of Legal Science 61 (Columbia University Press, 1928) ［B・N・カドーゾ（守屋善輝訳）『法律学上の矛盾対立』（中央大学出版部，1967年）97頁].

310　第5章　暫定措置および判決の形成における抗争

　ところが，逆の解釈が通説である[74]．同条は，抗争の平和的解決に関する第6章ではなく，「平和に対する脅威」などを防止する手段として，第7章に位置付けられている．安保理は，第6章の下で勧告をおこなう広い権限をもつことから，第7章の下の暫定措置が拘束力をもつと解釈しないと，それが独自の意義をもちえないというのである[75]．条約の規定は，それが意味をもつように解釈すべきであるという実効性の原則に従えば，この解釈には一理あると考えられる．

　しかし，安保理の権限に関する解釈をICJのそれに推し及ぼすことには慎重でなければならない．第1に，国連憲章は国際平和に関する「主要な責任」（同第24条）を安保理に負わせており，ICJには負わせていない．第2に，安保理の決定は抗争解決に必要な主体全てを名宛人としうるのに対して，ICJの決定は訴訟当事国しか名宛人となしえない．第3に，国連憲章第94条2項は，ICJの「決定（decision）」を履行させるために安保理が措置をとることができる（may）と規定するに止まる．判決についてすら，安保理はその執行を義務付けられていないことは，判決の履行が憲章公序の問題であると位置付けられていないことを示唆する．まして，憲章がICJの暫定措置に拘束力を認め，その履行を確保しようとしていると考えることは困難である．憲章は，安保理には拘束力と執行力とをもつ決定を，ICJには拘束力しかもたない決定を授権することによって，両者を別扱いしているのである．

　ブライアリーは，国際連盟について，「連盟を弱くさせたのは，連盟規約ではなく，国々の社会を結ぶべき覊絆が弱かったから」であるにもかかわらず，「完全主義の政策を性急に追ったので，我々は今，袋小路に迷いこんでいる」としていた[76]．そして，国連についても，「拘束力ある決定を下す権限をもつ機関だけが効果的に行動できるとする主張の結果は，決定も行動も

---

73) 田村幸策『国際法 下巻』（有斐閣，1952年）134頁注．

74) *See* 1 LA CHARTE DES NATIONS UNIES 1189-1191 (Jean-Pierre Cot et al. eds, 3d ed., Economica, 2005) [Jean-Marc Sorel][アラン・プレ＝［ジャン＝ピエール・］コット編（中原喜一郎＝斎藤恵彦監訳）『コマンテール国際連合憲章（上）』（東京書籍，1993年）843-846頁［底本第2版]].

75) *See* Jochen Abr. Frowein & Nico Krisch, *Article 40*, *in* 1 THE CHARTER OF THE UNITED NATIONS 729, 734-735 (Bruno Simma ed., 2d ed., Oxford University Press, 2002).

76) *See* J.L. BRIERLY, THE LAW OF NATIONS: AN INTRODUCTION TO THE INTERNATIONAL LAW OF PEACE 110 (5th ed., Clarendon Press, 1955) [J・L・ブライアリー（一又正雄訳）『国際法――平時国際法入門』（有斐閣，1955年）102頁].

ともにできない機関を作り上げたようにみえる」と喝破している[77]．この指摘は，ICJ による暫定措置の運用にも当てはまるであろう．

(ii) ICJ 規程

国連機関が拘束力をもつ決定を下す権限は，名宛国の主権を制限するものなので，通常，明文で規定される．安保理の決定の拘束力の根拠である国連憲章第 25 条や ICJ の決定のそれである憲章第 94 条 1 項および ICJ 規程第 59 条がその例である．暫定措置についても，国連海洋法条約第 290 条 6 項はその拘束力を明文で規定している．明文規定が存在しないにもかかわらず，それが黙示的に認められるとする解釈は例外的なものである．特別な根拠を欠くそのような解釈は，憲章による権限配分を変更し，ICJ の権限を自己判断で拡大する「宮殿革命（palace revolution）」[78] であるといわざるをえない．

たしかに，ICJ は，緊急事態に対処するため，国連総会が採用する会期制ではなく安保理と同じく恒常的に開廷するという体制をとっている（ICJ 規程第 23 条）．そのため，所長および書記は ICJ 所在地に居住する義務を課せられる（同第 22 条 2 項）．また，裁判長は，暫定措置が指示される前に，指示されることになった場合にそれが効果をもちえないことがないよう，行動を自制することを訴訟当事国に要請（call upon）する権限をもつものとされる（ICJ 規則第 74 条 4 項）[79]．本案判決が効果をもちうるようにすべきであるので暫定措置が拘束力をもつとするならば，同じ理由でこの要請も拘束力をもつとしなければならないはずである．国連憲章第 40 条と同じ「要請」という文言もこの解釈を補強するはずである．しかし，そのような主張はなされていない．具体的な制度設計と離れて「全体的論理」を一貫して採用することは不可能なのである．

なお，暫定措置が拘束力をもつと ICJ が主張し始めたのは，暫定措置の拘束力が明文で規定されている ITLOS に対して，自身の競争条件を改善する

---

77) *See id.* at 112［邦訳 103 頁］．

78) この言葉は，国連憲章に照らして認定される侵略と，国際刑事法の下で「侵略犯罪」の構成要件となる侵略とは性質が異なるとして，安保理と独自に ICC が後者を認定するならば，憲章が画定した権限配分を ICC 規程が変更することになるといわれる際に用いられた表現である．*See* Ruth Wedgwood, *The International Criminal Court: An American View*, 10 Eur. J. Int'l L. 93, 97 (1999).

79) *See, e.g.,* Allegations of Genocide Under the Genocide Convention, 2022 I.C.J. 214.

手段であったと指摘される[80]. しかし, ITLOS は, 国連海洋法条約において, 海洋環境の破壊の防止（同第 290 条 1 項）などの条約公序を維持する行政的機能をもち, それゆえ, 暫定措置を「命令（prescribe）する」権限が与えられているのに対して, ICJ の暫定措置は特定の条約公序と関連付けられているわけではなく, 性質が異なる. それゆえ, いかに「世界法廷」を自任する ICJ といえども, ITLOS の暫定措置に対抗するために自身の暫定措置の拘束力を肯定することには無理があるといわなければならない.

② 「訴訟当事国の機関」としての権限

「訴訟当事国の機関」としての ICJ の権限の根拠は本案裁判権である[81]. PCIJ について, 訴訟当事国が裁判権を受諾している限り, 判決はほとんど履行されたと評されている[82]. しかし, 訴訟当事国が形式的には裁判権に同意している場合にも, 当面する紛争について裁判権を否認している場合には, ICJ の判決が履行されないおそれは高い[83]. 判決ですらそうなのであり, 暫定措置が機能するとすれば, それは訴訟当事国が裁判権に実際に同意している場合に限られることは当然である. 暫定措置の拘束力を認めようとする主張は, 本案の対象となっている権利を保全する必要性を強調する[84]. しかし, 「訴訟当事国の機関」としての ICJ の性質に照らせば, この必要性は裁判権と離れて問題にすることはできない.

ところが, ICJ は, 伝統的に, 裁判権が確認されていなくてもそれが一応認められれば, 暫定措置を指示しうるとしてきた[85]. 裁判権の根拠が複数主張されている場合には, そのどれかが一応認められれば十分であるとされる[86]. 実際に, これまでに暫定措置が指示された 4 件で, 後に裁判権が否定されている[87].

一応の裁判権という要件は, 回復不可能な損害を防止する必要性とその緊

---

80) 奥脇前掲論文（注61）784 頁.

81) *See* Courts of Danzig, 1928 P.C.I.J. (ser. B) No. 15, at 26 ［邦訳 119 頁］.

82) *See* Manley O. Hudson, The Permanent Court of International Justice, 1920-1942: A Treatise 596 (The Macmillan Company, 1943).

83) *See* Oscar Schachter, *The Enforcement of International Judicial and Arbitral Decisions*, 54 Am. J. Int'l L. 1, 5 (1960). ICJ の歴史をみる限り, この預言は実現しているといえるであろう.

84) *See Discussion, supra* note 71, at 140 (statement of Bernhardt).

85) *See, e.g,* Certain Criminal Proceedings in France (Congo v. France), 2003 I.C.J. 106.

86) *See* Certain Activities Carried Out by Nicaragua in the Border Area, 2011 I.C.J. 18.

急性に鑑みて，裁判権の存在が ICJ の決定の前提であるという原則を緩和したものであるとされる[88]．しかし，ICJ が暫定措置という形式で拘束力をもつ決定を下しうるとすれば，この原則は緩和されたのではなく端的に否定されたというほかない．この原則の緩和が許容されるとすれば，それは暫定措置が拘束力をもたないからでなければならない．

暫定措置で認定された一応の裁判権が後に否定されるのは，暫定措置の審理では考慮されなかった理由が先決的抗弁手続で発見された場合のみであるとする見解も存在する[89]．しかし，問題は，一応の裁判権の認定が裁判権の存在を推定させる効果をもつか，前者は後者を予断しないかではなく，先決的抗弁手続の前に，拘束力をもつ決定を下す権限が何に根拠をもつかである．それは「訴訟当事国の機関」という性質からは決して説明されえない．

しかも，一応の裁判権は，暫定措置を指示する要件ではなく，事件ごとに他の考慮事由との比重が決められる考慮事由の 1 つにすぎないという指摘すら存在する．すなわち，権利の重要さ，それが侵害される可能性，および，抗争が国際平和に対する脅威となる可能性などが高ければ高いほど，裁判権の存在の可能性は低くても暫定措置の指示が認められるというのである[90]．そして，一応の裁判権の存在については，証明の負担に関する原則とは逆に，暫定措置の指示を阻止しようとする被要請国が一応の裁判権の不在を証明する事実上の負担を課されるといわれる[91]．

実際に，武力抗争を背景とする場合には，暫定措置を指示すべきではないと主張する国が一見明白に裁判権が存在していないことを証明しない限り，ICJ はほとんど自動的に一応の裁判権の存在を肯定してきた[92]．唯一の例外

87）アングロイラニアン石油会社事件，「アヴェナその他のメキシコ国民事件判決の解釈事件」，ジョージア対ロシアの人種差別撤廃条約適用事件，カタール対アラブ首長国連邦の人種差別撤廃条約適用事件である．

88）*See* Use of Force (Yugo. v. Belg.), 1999 I.C.J. 167 (separate opinion of Judge Higgins).

89）*See* Application of the CERD (Geor. v. Russ.), 2011 I.C.J. 169 (joint dissenting opinion of President Owada, Judges Simma, Abraham, Donoghue & Judge ad hoc Gaja).

90）*See* Greig, *supra* note 38, at 118-119.

91）*See* Obligation to Prosecute or Extradite, 2009 I.C.J. 206 (separate opinion of Judge Sur).

92）*See* Military and Paramilitary Activities, 1984 I.C.J. 207 (dissenting opinion of Judge Schwebel) (このような場合に，ICJ は裁判権を基礎付ける文書に付された留保に関する抗弁を審査することなく一応の裁判権を認めてきたとする).

は，ユーゴスラビアが付託した10件の武力行使事件のうち2件であり，それらについては，ICJは裁判権の存在を終局的に否定し，訴訟を却下している[93]．なお，この付託について，被請求国は，その訴訟の目的は「政治的煙幕」を張ることでしかないと批判していた[94]．

また，要請が人命の保護を目的とする場合にも，一応の裁判権の存在はほとんど問題とされない．例えば，ウィーン領事関係条約事件の際に，パラグアイは，一応の裁判権の存在を証明しようと試みることなく，回復不可能な損害が発生する緊急性のみに焦点を当て，その国民に対する死刑の執行を差し止める暫定措置を要請した．当該国民は「有罪の答弁（plea of guilty）」をすれば終身刑に求刑を変更するという司法取引（plea bargaining）に応じなかったので死刑判決を受けることになったが，それは，合衆国の司法制度を誤解していた当該国民が領事からの援助を得られなかったことが原因であると主張したのである[95]．合衆国は，文言，国家実行および起草過程を根拠として，領事関係条約はその当事国の国民を直接保護するものではなく，国民個人に対する回復の請求はそれが保護する権利の追求ではないので，同条約議定書に基づく一応の裁判権も成立しないと主張した[96]．そして，国内刑事司法への干渉は，条約当事国，国際共同体全体，およびICJ自身の利益に反するとした[97]．

ICJは，要請が同条約の保障する権利の保全を目的とするものであるかどうかも，一応の裁判権が存在するかどうかも実質的に審理することなく，人命の喪失を防止する必要性と，死刑の執行が差し迫っているという緊急性をもっぱら理由として，暫定措置を指示した[98]．暫定措置が指示された後で提出された申述書が同条約の起草過程などをほとんど検討していないものであ

93）*See, e.g.,* Legality of Use of Force（Yugo. v. U.S.），1999 I.C.J. 925.

94）*See* Oral Argument of Mr. Andrews（U.S.），Use of Force（Yugo. v. U.S.），at 10（CR99/35, May 12, 1999）.

95）*See* Oral Argument of Mr. Donovan（Para.），Vienna Convention on Consular Relations, at 15, 19（CR98/7, Apr. 7, 1998）.

96）*See* Oral Argument of Mr. Crook（U.S.），Vienna Convention on Consular Relations, at 25, 44-48（CR98/7, Apr. 7, 1998）.

97）*See* Oral Argument of Mr. Matheson（U.S.），Vienna Convention on Consular Relations, at 51-55（CR98/7, Apr. 7, 1998）.

98）*See* Vienna Convention on Consular Relations, 1998 I.C.J. 258.

ったことは[99]，パラグアイの目的が本案判断を得ることよりも死刑執行を差し止める暫定措置を得ることにあったことを示唆している．合衆国は，予定通り死刑を執行した．

要請国がICJの先例と矛盾するような裁判権に関する「複雑で重要な抗弁」を提出している場合には，ICJはその審理を留保してまずは暫定措置を指示すべきであると主張される[100]．実際に，領域と海洋境界事件においては，義務的裁判権受諾宣言の提出と訴訟の付託とが極めて短い間隔でなされても裁判権は成立するという印領通行権事件判決の先例に対して，そのような付託は訴訟当事国間の実質的相互性を損なうので認められるべきではないとする抗弁が提出されており[101]，この抗弁は「複雑で重要な抗弁」というべきものであったが，ICJはそれを審理することなく暫定措置を指示したのである．この場合には，暫定措置の指示の遅延を回避するために，一応の裁判権の存在が推定されたということもできる．しかし，ICJの「訴訟当事国の機関」という性質からは，このような推定が許容される余地はないといわなければならない．

③　双方聴取の保障

ICJの暫定措置が拘束力をもつといえるためには，訴訟当事国の双方聴取を踏まえたものである必要がある．判決ですら，原則として，書面および口頭による陳述を聴取した上で下すことが要求され，小法廷による裁判で訴訟当事国が合意しかつ法廷が同意する場合には，口頭手続が省略されうるものの，その場合でも書面による陳述は要求されるのである（ICJ規則第92条3項）．敗訴国が判決を遵守するのは，単に判決が拘束力をもつと形式的に規定されているからではなく，十分聴取され，手続的公正が保障されたと認識している場合に限られる[102]．また，判決が説得力をもちうるのは，双方聴取を通して，訴訟当事国から（とりわけ事実に関する）情報が十分提出され，ICJがそれを判決に反映させている場合に限られるであろう．暫定措置が拘束力をもちうるとすれば，判決に至る手続と同等の双方聴取が保障されてい

---

99)　*See* Memorial of Paraguay, Vienna Convention on Consular Relations (Oct. 9, 1998).

100)　*See* Use of Force (Yugo. v. U.S.), 1999 I.C.J. 967 (separate opinion of Judge Higgins).

101)　*See* Land and Maritime Boundary, 1996 I.C.J. 20-21.

102)　*See* 1931 P.C.I.J. (ser. D) No. 2 Add. 2, at 182 (Statement of Mr. Hurst).

なければならないはずであり，その点に疑念がある限り，ICJ はその指示に謙抑的態度をとるべきことになる[103].

（i）双方聴取を保障する制度の欠如

たしかに，ICJ 規則は，第74条3項で暫定措置が要請された場合について，また，同第76条3項で ICJ が暫定措置を撤回したり修正したりする場合について，ICJ は訴訟当事国に陳述の機会を保障しなければならないと規定している．陳述の機会は，書面によるものだけで十分な場合もあるが，通常は口頭によるものも保障される[104].これに対して，ICJ が職権で暫定措置を指示する場合については，陳述の機会が保障されていない（同第75条1項）[105].この点は，ITLOS の暫定措置が，当事者による要請と双方聴取とを要件としており，職権で双方聴取なく命令することが排除されていることと対照的である．暫定措置の拘束力がこのような具体的な制度設計と離れて理解されるべきではないことは明らかであろう．

書面手続のみによる決定

口頭手続を開催することなく書面手続のみによって本案判決が下されたのは，簡易手続部（ICJ 規程第29条）が利用されたヌイイ条約事件およびヌイイ条約事件判決解釈事件の場合のみである．

付随手続では，パキスタン人捕虜裁判事件とニカラグア対ホンデュラスの国境・越境武力行動事件（1988年暫定措置）において，ICJ は書面による陳述のみに基づいて暫定措置に関する決定を下している．ホルジョウ工場（賠償）事件では，要請の目的が暫定措置ではなく請求の一部に関する中間判決（interim judgment）を得ることにあると解釈され，被要請国に

---

103) 浅田正彦「ウクライナ戦争と国際法——政治的・軍事的側面を中心に」浅田正彦＝玉田大編『ウクライナ戦争をめぐる国際法と国際政治経済』（東信堂，2023年）5，10頁．

104) なお，暫定措置以外の手続では，提出期限を徒過した書面の提出は ICJ の許可を必要とするが，暫定措置の審理においては，口頭手続開始後に書面を提出することも認められる慣行である．緊急性ゆえに手続の柔軟性が高められているのである．勧告手続においても，「例外として」提出期限を徒過した書面の提出を ICJ が認めることは少なくない．*See, e.g.,* Israel in the Occupied Palestinian Territory, 2024 I.C.J. paras. 9, 15 (July 19).

105) 暫定措置については，起草委員会の構成と起草自体いずれについても，職務として起草委員長となる裁判長のイニシアティヴが強く働くと考えられる．そのような暫定措置は，裁判官の合議の産物であるというよりも，裁判官の意見の最大公約数という性質が強くなるであろう．

陳述の機会を与えるまでもなく，それが却下されるという例外的処理がなされている[106]．

　反訴の許容性の審理は，書面または口頭の聴取を前提として決定するものとされる（ICJ 規則第 80 条 3 項）．実際に，油井やぐら事件などでは，要請国が口頭陳述を要請したが，被要請国がそれに反対していた状況で，書面のみに基づいて決定が下されている[107]．

　訴訟参加の許容性の審理[108]，判決の解釈請求の受理可能性の審理[109] でも，書面の陳述だけで十分とされることがある．もっとも，例えば，前者については，口頭手続を尽くすべきであったとする立場から，ICJ の「結論ありき」のアプローチが批判されている[110]．

　これらについては，訴訟当事国の納得を得るという観点から，慎重な審理と訴訟経済の両方を衡量し，事件ごとに判断されるというほかないと考えられる．

(ii) 双方聴取の脱法的省略

ICJ が脱法的運用をおこなった事件として，ラグラン事件が存在する．この事件では，ドイツが暫定措置を要請していたが，ICJ は合衆国に陳述の機会を与えることなく暫定措置を指示し，それを職権によるものであると説明したのである．PCIJ が他方当事国を聴取することなく要請を却下したことはある[111]．しかし，他方当事国を聴取することなく，要請に応じる内容の暫定措置を指示したことはなかった．ドイツが差止めを要請した同国国民の合衆国による死刑執行は，訴訟の付託と暫定措置の要請がなされた翌日に予定されていたので，訴訟当事国を聴取することなく即座に指示されるのでない限り，暫定措置の目的が失われることが明らかであった．このような異例

---

106) *See* Factory at Chorzów (Indemnities), 1927 P.C.I.J. (Ser. A) No. 12, at 10.

107) *See* Oil Platforms (Iran v. U.S.), 1998 I.C.J. 203. *See also* Sovereign Rights and Maritime Spaces in the Caribbean Sea (Nicar. v. Colom.), 2017 I.C.J. 291.

108) *See* Military and Paramilitary Activities, 1984 I.C.J. 216.

109) *See* Judgment of 11 June 1998 in the Case Concerning the Land and Maritime Boundary Between Cameroon and Nigeria (Cameroon v. Nigeria) (Nig. v. Cameroon), 1999 I.C.J. 33.

110) *See* Statement of Legal Adviser of State Department, Abraham D. Sofaer, to Senate Foreign Relations Committee, Dec. 4, 1985, 86 DEP'T ST. BULL. 67, 70 (No. 2106, 1986).

111) *See* HUDSON *supra* note 82, at 419.

318 　第 5 章 　暫定措置および判決の形成における抗争

の緊急性がストレス因（stresser）となり，双方聴取の原則に違反しながら，職権で暫定措置を指示したことにするという制度のひずみ（stress）を発生させたのである．

たしかに，尚早の付託を避けて交渉を誠実に試み続けていた場合には，時機に後れたという理由で暫定措置の要請を却下することが正義に適わない場合もあるかもしれない[112]．相手国がICJへの付託を非友誼的行為であるとみなし，交渉を凍結するおそれも否定できないからである[113]．しかし，国際紛争の平和的解決に関するマニラ宣言などで確認されているように，訴訟の付託を非友誼的行為とみなすべきではなく，相手国にそのように受け取られることを避けるという動機は，付託が時機に後れたことによる不利益を被請求国に負わせることを正当化しないであろう．ICJは，交渉が現在進行中である事実は裁判所が司法機能を果たす障害にはならないと繰り返し確認してきたのである[114]．

暫定措置が勧告であるというならばともかく，それが拘束力をもつとするならば，被要請国の聴取を省略するというひずみはICJの司法機能と矛盾する致命的欠陥であり，暫定措置ひいてはICJへの信頼を掘り崩しうると考えられる．

(iii) 　双方聴取と紛争の主題

双方聴取は，訴訟当事国に手続的公正を保障するだけではなく，ICJが訴訟当事国から情報を収集し，その決定の質を保障する手段でもある．この問題は，とりわけ，紛争の主題を越えて抗争を直接制御しようとする暫定措置の場合に深刻となる．その場合には，本案手続よりも審理の対象が広いものになるので，ICJが拘束力をもつ決定を下すためには，本案手続以上に多くのことがらに関する聴取が必要となるはずだからである．

例えば，武力行使の合法性事件の際に，被請求国イギリスは「武力に訴え

---

112) *See* Oral Argument of Mr. Caceres（Para.），Vienna Convention on Consular Relations, at 9-10（CR98/7, Apr. 7, 1998）.

113) *See* Richard B. Bilder, *Some Limitations of Adjudication as an International Dispute Settlement Technique*, 23 VA. J. INT'L L. 1, 4-5（1982）. なお，暫定措置の要請から指示までの期間が同様に短かった事件として，6日であった領事関係条約事件および8日であった国境紛争事件がある．

114) *See* Aegean Sea Continental Shelf, 1978 I.C.J. 12.

ることが当該抗争（*that* dispute）を悪化させたり拡大させたりする可能性があること」を，暫定措置の要件であると主張した[115]．ここでいう「抗争」は，ユーゴスラビアが紛争の主題としたイギリスなどによる武力行使ではなく，それによって変化しうる別の抗争を意味すると考えるほかないことから，コソボにおける抗争を指すと考えられる．

　訴訟当事国が自身で抗争に関する情報の提供に踏み込む場合はともかく，そうでなければ，暫定措置の対象に関して訴訟当事国から情報を十分収集できない場合の暫定措置は，事実と法いずれについても，理由付けが「法的判断としての実質を欠いているため，なおさら単に政治過程に雑音を吹き込み，かつ一層の混乱を助長するだけのことになりかねない」[116]と指摘されることになる．

　結局，暫定措置が抗争状況に即応して簡易な手続で指示される「政治的決定」[117]として運用される限り，ICJ の情報収集能力に鑑みて，それを拘束力のある決定とすることには無理があるのである．

　ICJ の暫定措置の特徴は，フランス法のレフェレ（*référé*）の制度と比較するとわかり易い．同国の民事訴訟法第 808 条は，当事者間に「真剣な争いがある場合にも」，切迫した損害の予防または明らかに違法な侵害の中止のために必要な仮保全措置または原状回復措置を，裁判所長がレフェレとして命令することができるとする．そして重要なことに，同第 486 条は，レフェレは執行力をもつが，それを命令するためには，召喚から期日までの間に，被告による防禦の準備を可能ならしめる十分な期間をおかなければならないとするのである[118]．つまり，暫定措置または仮保全措置のようなものが拘束力を認められる前提は，一定の水準の双方聴取なのである．

　④　特任裁判官の選任
　ICJ 規程は，判決のように拘束力をもつ決定の審理について，特任裁判官の選任を保障しているが，暫定措置については必ずしもそれを保障していな

---

115) *See* Oral Argument of Mr. Greenwood (U.K.), Use of Force (Yugo. v. U.K.), at 23 (CR99/23, May 11, 1999).

116) 奥脇前掲論文（注 61）788 頁.

117) 同論文 814 頁.

118) レフェレについては，例えば，本田耕一「フランスの仮処分命令（レフェレの命令）の発令要件」民事訴訟雑誌 42 号（1996 年）208 頁.

い．暫定措置の審理に特任裁判官の選任を認めるべきかどうかは，暫定措置の審理に費やしうる期間しだいとされる[119]．例えば，ボスニア・ヘルツェゴビナが付託したジェノサイド条約適用事件では，1993年4月8日の暫定措置の審理のときには特任裁判官がまだ選任されておらず，その後，選任された特任裁判官は，同年9月13日の暫定措置の審理には参加している．このような柔軟な対応は，暫定措置の機動的運用という意味では望ましいものの，それが拘束力をもつ決定であるとすると，訴訟当事国に対する手続保障の点で問題があるといわざるをえない．

⑤　一応の裁判権の「踰越」

(i)　紛争の主題を越える対象

暫定措置は裁判権の存在をそもそも前提としていないことから，その踰越という問題は発生しない．しかし，訴訟当事国への手続保障の観点からも，ICJ の情報収集能力の観点からも，ICJ の手続の構造は暫定措置が裁判権を越える問題について指示されることに消極的であるべきことを示唆する．

ICJ は，暫定措置の対象を紛争の主題となっている権利に止めるとすることもある．例えば，1989年7月31日仲裁判断事件においては，仲裁判断の対象であった海域の境界画定という「問題の根底にある利益の衝突」に関わる暫定措置が要請された際に，当該仲裁判断の効力の有無という紛争の主題に関するものではないとして，それを却下した[120]．

しかし，ICJ は，紛争の主題を越える権利を暫定措置の対象としたり，本案を予断することになるが抗争を制御するために暫定措置を指示したりすることがある[121]．抗争状況の中で生命に対する危険が切迫していたり，身体の自由が侵害されていたりする場合には，たとえそれらの権利が本案裁判権の対象ではなくとも，それらの保護を暫定措置の目的とするのである．

---

119) *See* HUDSON. *supra* note 82, at 336 n.80.

120) *See* Arbitral Award of July 31, 1989, 1990 I.C.J. 69-70. 被請求国の義務的裁判権受諾宣言は他の抗争解決手段に付託された紛争について留保していたことから，仲裁判断の対象となっていた紛争に関しては一応の裁判権も存在しえないという理由によっても要請は却下されえたといわれる．*See* J.G. Merrills, *Interim Measures of Protection in the Jurisprudence of the International Court of Justice,* 44 INT'L & COMP. L.Q. 90, 102 (1995).

121) *See* Hugh Thirlway, *The Law and Procedure of the International Court of Justice 1960-1989, Part Nine,* 69 BRIT. Y.B. INT'L L. 1, 41 n.118 (1999).

例えば，人質事件において，大使館に監禁されていた外交官および領事のみならず私人についても，暫定措置はその解放を指示したが，合衆国がそれらの議定書を裁判権の根拠として主張した外交関係条約や領事関係条約は私人を直接保護するものとは考えられていなかった[122]．しかし，ICJ は，それらの条約が保障する請求国の権利から，抗争で損害を被っていた個人の利益へと，保護の対象を拡大したのである．

このような拡大に対しては，たとえ人命の損失であっても，裁判権の及ばない利益の保護を暫定措置の対象にすべきではないという批判がある[123]．また，抗争を考慮すべきであるならば，合衆国がイランにおいて「犯罪的行為」を長期間おこなってきたという特別な事情がイランの行為を正当化するとする同国の主張にも対応する必要があったと考えることもできる[124]．

また，領域と海洋境界事件において，カメルーンは，紛争の主題について，訴状ではバカシ半島の境界画定を指定していたが，追加訴状ではチャド湖から海までの地域の境界画定を追加した．そして，訴訟当事国間の国境地帯全域におけるナイジェリアの国民の集団および軍隊によるカメルーン領への侵入に鑑みて「チャド湖から海までの訴訟当事国間の国境を確定的に特定すること」[125] を請求した．そして，申述書では，ナイジェリアは上記侵入を繰り返すことによって，条約と慣習法に違反したとする認定と，その軍隊などの撤退義務の認定などを求める申立へと再定式化した[126]．この状況で，カ

---

122) *See* Diplomatic and Consular Staff, 1979 I.C.J. 14, 21. 後に，ラグラン事件判決は，領事関係条約はその当事国の国民の権利を直接保護する規定をもつと認定した．*See* LaGrand, 2001 I.C.J. 494, 515-516. もっとも，同判決が私人の権利としたのは，領事の援助を受ける権利の通告などの手続的権利であった．

123) *Cf.* Land and Maritime Boundary, 1996 I.C.J. 27 (declaration of Judge Oda).

124) ICJ は，たとえ「犯罪的行為」の存在が証明されたとしても，被請求国の行為は 2 つの理由で正当化されえないとする．1 つは，外交関係法は自己完結的制度（a self-contained régime）であり，犯罪的行為をおこなった外交官に対しては，好ましからざる人物（persona non grata）であると通告することのみが許されることである．*See* Diplomatic and Consular Staff, 1980 I.C.J. 37-40. もう 1 つは，人質をとる行為は外交関係を断絶した後でも許されないが，被請求国は外交関係の断絶すらおこなっていないことである．*See id.* at 40-41. これらの傍論は，私人を人質とする行為の悪質性を ICJ が強調しようとしたものであると考えられる．

125) Land and Maritime Boundary, 1998 I.C.J. 283.

126) *See id.* at 284. 被請求国の第 6 先決的抗弁は，追加訴状および申述書におけるこの点の申立が根拠となる事実について十分特定的ではないとしたが，ICJ はそれを却下している．*See id.* at 318-319.

322　第5章　暫定措置および判決の形成における抗争

メルーンは，国境地帯全域における軍事行動の停止を維持するための暫定措置を要請した．ICJ は，軍事行動の際に発生しうる人命の損失は回復不可能な損害であるとして，要請に応じた暫定措置を指示した[127]．

　追加訴状および申述書に鑑みれば，この暫定措置は本案の対象となる権利を保全するものであると考えられるかもしれない．しかし，ここでの紛争の主題は本質的に境界画定であった．たしかに，本案判決は，画定された境界の相手側に存在する自国の警察または軍隊を撤退させる義務を訴訟当事国両方に認定した[128]．しかし，この認定は，領有権の確定の論理的帰結である「原則の認定」であり，一方当事国による他方当事国の領域への個々の侵入行為に基づく国家責任とそれを解除する原状回復義務の認定ではない．このことに鑑みれば，上記暫定措置は紛争の主題である権利を保護するものではなく，それを越えて抗争の制御を目的とするものであったと考えられるのである．

　同種の暫定措置は，プレアビヘア寺院の帰属を確定した 1962 年の判決の解釈が要請された事件においても指示されている．すなわち，同寺院周囲における軍事行動による人命の損失，傷害ならびに同寺院およびそれに関連する物の毀損は，暫定措置の保護の対象になると示唆されたのである[129]．

　なお，このような考慮を推し進め，人種差別撤廃条約第 5 条 b および同条 d（ i ）の規定する権利［「暴力または障害に対する身体の安全および国家による保護についての権利」と「国境内における移動および居住の自由についての権利」］は「その性質上，それに対する侵害が回復不可能なものである」という理由で，暫定措置が指示されることもある[130]．この暫定措置に対しては，一定の権利について類型的に回復不可能性を認めることは結論の先取りであるとする批判がある[131]．

---

127) *See* Land and Maritime Boundary, 1996 I.C.J. 23.

128) *See* Land and Maritime Boundary, 2002 I.C.J. 451-452. この判決は，プレアビヘア寺院事件判決とリビアとチャドの領土紛争判決を引用している．*See id.* at 451.

129) *See* Judgment in the Case Concerning the Temple of Preah Vihear, 2011 I.C.J. 551-552.

130) *See* Application of the CERD (Geor. v. Russ.), 2008 I.C.J. 396.

131) *See id.* at 405 (joint dissenting opinion of Judges Al-Khasawneh, Ranjeva, Shi, Koroma, Tomka, Bennouna & Skotnikov).

（ⅱ）「仮判決」

暫定措置は，紛争の主題を越えない場合にも，本案判断の先取りになる場合がある．本案の予断を排除することは，裁判権の行使による判決と区別される暫定措置に課される重要な制度的要請である．例えば，ホルジョウ工場事件において，ドイツは同工場に関わるヴェルサイユ条約の違反についての賠償請求権を保全するために，国家責任を負うポーランドに一定の金銭の支払いを指示する暫定措置を要請した．これに対して，PCIJ は，要請に応じると本案判決における賠償義務の決定を先取りすることになるので，そうすることはできないとした[132]．

しかし，ICJ は，継続している違法行為の確定的中止を指示することがある．例えば，人質事件において，ICJ は，本案の請求事項でもあった人質の解放を暫定措置として指示した[133]．本案請求を認容するのと同じ内容の暫定措置は，本案の仮判決（interim judgment）にほかならないという批判もありうる[134]．暫定措置が勧告であるならばいざしらず，それが拘束力をもつものである場合には，判決として決定されるべき問題を先取りすることは許されないであろう．それゆえ，中止されるべき行為の違法性が一見明白である場合や，抗争過程を制御するために暫定措置が不可欠であると考えられるときに，本案を予断する内容であっても ICJ がそれを機動的に指示すべきであるとするならば，それは勧告でなければならないと考えられる．

⑥ 新たな義務の設定

ICJ は，訴訟当事国が授権しない限り，その実体的権利・義務を変動させる判決を下す権限をもたない．例えば，PCIJ は，戦争による経済危機が発生したからといって，訴訟当事国の債務を免除する権限をもつことになるわけではないとしていた[135]．暫定措置が拘束力をもつとすれば，なおさら，それは既存の権利・義務の範囲に止まるものでなければならない．

---

132) *See* Factory at Chorzów, 1927 P.C.I.J. (ser. A) No. 12, at 10-11.

133) *See* Diplomatic and Consular Staff, 1979 I.C.J. 21.

134) *See* Shigeru Oda, *The International Court of Justice Viewed from the Bench (1976-1993)*, 244 COLLECTED COURSES HAGUE ACAD. INT'L L. 9, 73-74 (1993-Ⅶ)．合衆国の代理人は，後に，本案の請求事項と暫定措置の要請が重複していたことを認め，人質の解放は暫定措置として要請するに止めるべきであったとした．波多野＝尾崎前掲書（注27）152 頁［波多野執筆］．

135) *See* Serbian Loans, 1929 P.C.I.J. (ser. A) No. 20/21, at 40.

324 第5章 暫定措置および判決の形成における抗争

ところが，ICJ は既存の義務を越える行為を暫定措置において指示してきた．例えば，アングロ・イラニアン石油会社事件において，イギリスは，イランによる同社の国有化を違法であるとして，同社の事業継続を可能とする暫定措置の指示を要請した．ICJ は，訴訟当事国が各2名，第三国が1名指名する役員で構成される監督役員会を創設し，それを通して同社の事業を継続させるべきであるとする暫定措置を指示した[136]．この創造的な暫定措置は，経済的損害を避けるための措置であったので，生命や身体の安全を保護するための措置とは異なり，勧告として指示されたと考えることもできなくはない．しかし，ICJ による初めての暫定措置である本件措置は，同社が事業を継続しなければイギリスは回復不可能な損害を被りうるとしており，拘束力をもつかどうかについて本件措置が例外的事例であると考える根拠は薄弱である．監督役員会による事業継続は，イランが提案していなかったことはもちろん，イギリスも，いかなる暫定措置であれ履行すると表明していたものの[137]，それを具体的に提案してはいなかった[138]．

また，ラグラン事件において，ICJ は，合衆国によるドイツ国民の死刑執行を差し止める暫定措置を指示するに止まらず，そのために合衆国政府が州知事に暫定措置を伝達すべきであるとした[139]．連邦制をとる合衆国の国内法の下で，当該死刑の執行を停止する権限は州知事にあったが，暫定措置をいかなる手段で履行するかは，本来，同国の裁量に委ねられるべき国内問題であった．というのも，この暫定措置の目的は，死刑が執行されないという結果の確保であり，特定の手段をとることではなかったからである．しかし，ICJ は，伝達するという手段の義務を創造したのである[140]．

さらに，領域と海洋境界事件において，ICJ は，暫定措置が指示される直前に発生した軍事行動の前の位置に，訴訟当事国が各自の軍隊を撤退させる

---

136) *See* Anglo-Iranian Oil Co., 1951 I.C.J. 94.

137) *See* Statement by Sir Frank Soskice (U.K.), 1952 I.C.J. Pleadings (Anglo-Iranian Oil Co.) 401, 425 (June 30, 1950).

138) *See* Anglo-Iranian Oil Co., 1951 I.C.J. 94.

139) *See* LaGrand, 1999 I.C.J. 16. なお，「人権委員会特別報告者の訴訟手続免除に関する紛争」事案勧告的意見においても，ICJ は，マレーシア政府が同国裁判所に同意見を伝達する義務を負うと認定した．*See* Difference Relating to Immunity from Legal Process of a Special Rapporteur of the Commission on Human Rights, 1999 I.C.J. 90. この場合には，同意見が勧告であることは明らかであった．

よう指示した[141]．この指示に対しては，軍隊が撤退すべき位置を決定するためには，関連する証拠を詳細に審理する必要があり，そのような審理なく暫定措置を指示すると，その位置に関して新たな抗争を発生させかねないという批判があった[142]．また，暫定措置は，履行の際に裁量の余地のない自動執行的（self-executing）な内容でない限り，その履行に関する新たな抗争を発生させかねないという批判もあった[143]．なお，ICJ は，トーゴの仲介によって訴訟当事国が締結した休戦協定の遵守，および，国連事務総長が提案した事実調査団への協力も指示している[144]．抗争解決のために関係する主体が一致協力し，可能な手段を尽くすことが重要であるとしても，抗争当事国に代わって停戦ラインを設定することが，法律家の集団である ICJ の役割であるかには疑義がある．

ICJ は，「国境地帯においてニカラグアがおこなっている活動事件」においては，「紛争の対象領域」に軍人などを派遣・駐在させることを差し控えるように命令した．ただし，コスタリカのみは，ラムサール条約［「特に水鳥の生息地として国際的に重要な湿地に関する条約」］（1971 年）の事務局と協議し，かつ，ニカラグアに事前に通告し，同国と共同の解決策を探る最大限の努力を尽くすことを条件として，当該領域に文民を派遣することができるとした[145]．この指示に対しては，本案を先取りするものであり，抗争を悪化させるおそれのあるものであったとする指摘がある[146]．しかし，ICJ は，

---

140) 合衆国憲法については，第 6 編 2 項が大統領に ICJ の暫定措置の履行を州に命じる権限を与えているという主張と，第 3 編 1 節は大統領が ICJ 規程の批准によって合衆国司法部を ICJ に従属させることを禁止しているという主張とがある．*Compare* Malvina Halberstam, *The Constitutional Authority of the Federal Government in State Criminal Proceedings That Involve U.S. Treaty Obligations or Affect U.S. Foreign Relations*, 10 IND. INT'L. & COMP. L. REV. 1, 3, 13 (1999), *with* A. Mark Weisburd, *International Courts and American Courts*, 21 MICH. J. INT'L. L. 877, 889-890, 938 (2000).

141) *See* Land and Maritime Boundary, 1996 I.C.J. 24.

142) *See id.* at 31 (joint declaration of Judges Weeramantry, Shi & Vereshchetin). *See id.* at 37 (separate opinion of Judge Ajibola)（訴訟当事国は武力行動再発以前の軍隊の位置について見解が一致しておらず，ICJ もそれを認定する基礎となる情報をもっていないと批判する）．

143) *See id.* at 28 (declaration of Judge Shahabuddeen).

144) *See id.* at 22-25.

145) *See* Certain Activities Carried Out by Nicaragua in the Border Area, 2011 I.C.J. 27.

146) 横田洋三ほか編『国際司法裁判所——判決と意見 第 5 巻（2011-2016 年）』（国際書院，2018 年）35 頁［秋月弘子執筆］．

326 第5章 暫定措置および判決の形成における抗争

第2の暫定措置でも，コスタリカのみに，環境に対する回復不可能な損害を防止するために「適当な措置」をとることを授権した[147]．これらの措置が双方聴取の前に予断に基づいて指示されたことは争えないであろう．

ICJは，一方当事国に肩入れするという意味で公正さに疑念をもたれる暫定措置を指示するだけではなく，あたかも安保理であるかのように，訴訟当事国いずれの意思とも独立に，義務を課すに至っている．プレアビヘア寺院事件1962年判決の解釈事件において，当該判決が帰属を確定した寺院とその寺域をはるかに越える広い領域に「暫定的非武装地帯」を設定し，そこに存在する軍人の退去などを命令したのである[148]．この命令に対しては，当該判決の主題であった領域を越える暫定措置は，裁判権の基礎を欠くという批判があった[149]．

また，訴訟当事国いずれかに帰属することが明らかな領域に，「暫定的非武装地帯」を設定することは，当該当事国の主権を侵害することになるが，そのことを正当化する理由が存在しないとする批判もあった[150]．従来，ICJは，争われている領域で麻薬取引などの組織犯罪が横行するおそれがある場合に，「訴訟当事国それぞれが疑いもなく主権をもつ領域から，争われている領域を監視する責任を負う」[151] ことを理由において示唆するに止めていた．このことに照らしても，本件暫定措置に対する批判は説得力をもつ．

さらに，本件暫定措置は，ASEAN議長国による監視団の派遣の提案について，訴訟当事国間で合意が成立していないことを認定しながら，ASEANの監視団に「暫定的非武装地帯」に立ち入る許可を与えることを義務付けた[152]．ICJは自身が望ましいと考えること全てを義務付ける能力をもつと自任しているようである．

ICJは，暫定措置の不履行に対する新たな暫定措置として，2週間以内の原状回復を義務付けることすらもある[153]．しかも，当該原状回復の完了を

---

147) *See* Certain Activities Carried Out by Nicaragua in the Border Area, 2011 I.C.J. 367-368, 370.

148) *See* Judgment in the Case Concerning the Temple of Preah Vihear, 2011 I.C.J. 555.

149) *See id.* 623 (dissenting opinion of Judge Donoghue). そもそも，裁判権の存在は認定されていないことに鑑みれば，この意見は一応の裁判権すら存在しないという批判であると考えられる.

150) *See id.* 559-561 (dissenting opinion of Judge Owada).

151) Certain Activities Carried Out by Nicaragua in the Border Area, 2011 I.C.J. 25.

152) *See* Judgment in the Case Concerning the Temple of Preah Vihear, 2011 I.C.J. 554-555.

ICJ に通告し，当該通告から 1 週間以内に証拠写真を含む報告書を ICJ に提出する義務を課すという，判決についてすらもたない履行確保措置も自己授権している[154]．

新たな義務を設定する暫定措置は，国際平和の維持に関する「主要な責任」を負い，「迅速かつ有効な行動を確保するために」政治的決定を下すことが期待される安保理による決定と同じ性質のものとして運用されていることになる．このような暫定措置が抗争解決を促進するか，それとも新たな抗争の原因となるかという問題は，ICJ がこれらの具体的義務を設定する権限をそもそももつかどうかと，その判断の実質的妥当性を確保するために事実に関する情報収集手段をもつかどうかとに依存するであろう．両者とも否定されるならば，ICJ の暫定措置の拘束力は否定されるほかない．

⑦　履行国への補償

衡平の観点から看過しえない問題として，暫定措置を履行した国が被りうる損害を填補する制度が存在しないことも挙げられる．暫定措置が勧告であるとすれば，それを履行するかどうかは名宛国の決定に委ねられることから，補償の問題は発生しない．ICJ は，本案判決が下されるまでの行為について，訴訟当事国が各自で危険を負担すべきものであるとしてきたのである[155]．しかし，暫定措置が義務を課し，その不履行が国家責任を発生させるとすれば，名宛国はまずはそれを履行せざるをえないであろう．ICJ も，「友好，経済関係および領事権に関する 1955 年条約事件」暫定措置（2018 年）において，その履行が合衆国の主張する権利に回復不可能な損害をもたらすことはないと断っている[156]．回復可能であるにしても，損害がもたらされうるとすれば，誰がどのような手続でそれを回復すべきであるのか——あるいは，名宛国が受忍せざるをえないのか——は，問題となる．

暫定措置が拘束力をもたないとする論者ですら，PCIJ は暫定措置の要請

---

153) *See* Certain Activities Carried Out by Nicaragua in the Border Area, 2011 I.C.J. 367, 369. なお，暫定措置主文Ｃは，主文ＡおよびＢを「承諾することを」（横田ほか編前掲書（注146）166 頁［東壽太郎執筆］）ではなく，それらの「履行に関して」通報することを義務付けている．

154) *See* Certain Activities Carried Out by Nicaragua in the Border Area, 2011 I.C.J. 367, 369.

155) *See* Pulp Mills on the River Uruguay, 2006 I.C.J. 133.

156) *See* Alleged Violations of the 1955 Treaty of Amity, Economic Relations, and Consular Rights (Iran v. U.S.), 2018 I.C.J. 650.

328　第5章　暫定措置および判決の形成における抗争

国にそれを履行した国への補償を命令する権限をもつと主張している[157]. 暫定措置が拘束力をもつとすると，義務であるという理由でそれを履行した国が被った損害を当該国に負わせることはいっそう衡平に適わないといわなければならない．要請国は，履行国の負担の上に不当利得を得ることになるからである．

　請求国は，暫定措置によって被請求国に新たな義務を課すことに成功すると，敗訴の可能性がある当該訴訟を取り下げ，当該義務の不履行の問題だけを追及することができる．このような機会主義的行動はICJの正統性を掘り崩すので，請求国は訴訟を追行し続ける信義則に基づく義務を負うと主張されることもある[158]．しかし，訴訟の取下げは請求国の権利であり，かりにそれを禁止したり，それを権利濫用として非難したりしても，請求国が出廷しないことはもちろん，被請求国も通常，出廷しないと考えられる．結局，政治的に利用され，抗争を悪化させたICJは評判を損ない，信頼を失うことになると考えられる．

　たしかに，安保理決議に基づく経済制裁などが根拠を欠いていたと事後的に判明した場合にも，補償制度は存在しない．しかし，このことは，履行国の損害を放置してかまわないことを意味するというよりも，むしろそのような制度の欠陥を埋めるか，少なくとも，当該制裁が裁量権を逸脱したものではなかったかについてICJが司法審査を及ぼすかすべきであるという主張の根拠になると考えられる．「司法機関」であるICJの暫定措置は，安保理の暫定措置にまして，目的が正当であるだけではなく，当事者間の衡平と正義とにいっそう合致するものでなければならないはずである．「法的義務を設定する者は，その義務を遵守した者を保護しなければならない（*obligo, ergo protego*）」[159]という原則は，この場合にも尊重されなければならない．

　このことは，経済的損害の場合にはわかり易いが[160]，その場合には限られない．例えば，核実験事件において，ICJは，フランスが計画していた大気圏内核実験を差し止める暫定措置を指示した[161]．たしかに，暫定措置は

---

157) *See* Hudson, *supra* note 82, at 415-416.

158) *See* William J. Aceves, *Case Concerning the Vienna Convention on Consular Relations (Federal Republic of Germany v. United States): Provisional Measures Order*, 93 Am. J. Int'l. L. 924, 928 (1999).

訴訟手続が終結すれば解除されることから，フランスはその恒久的中止を義務付けられたわけではない．しかし，ICJ 自身の表現によれば，核実験は「国家の存続そのものがかかっている自衛の極限的な状況」[162] における使用が選択肢となる兵器の開発・維持を目的とする行為であり，その遅延は国家の安全保障に重大なリスクを発生させる．「自衛の極限的な状況」において十分強力な核兵器を使用する能力をもっていない国は核戦争に敗北するほかないのである[163]．

たしかに，ICJ が補償を命じることが常に不可能であるわけではない．

第 1 に，ICJ が本案判決において暫定措置の履行国が要請国に対して賠償義務を負うと認定する場合には，履行国の損害を賠償額の減額事由として算入することができるかもしれない．しかし，本案裁判権が否定される場合に，補償に関する裁判権のみが成立するとする解釈には，その根拠となる規定も，先例も存在しない．履行国が補償を請求する反訴を提起しても，本訴の裁判

---

159) CARL SCHMITT, DAS INTERNATIONALRECHTLICHE VERBRECHEN DES ANGRIFFSKRIEGES UND DER GRUND-SATZ "NULLUM CRIMEN, NULLA POENA SINE LEGE" 79 (Helmut Quaritsch ed., Duncker & Humblot, 1994)［カール・シュミット（新田邦夫訳）『攻撃戦争論』（信山社，2000 年）89–90 頁］. Cf. MONTESQUIEU. CONSIDÉRATIONS SUR LES CAUSES DE LA GRANDEUR DES ROMAINS ET DE LEUR DÉCADENCE: SUIVI DE RÉFLEXIONS SUR LA MONARCHIE UNIVERSELLE EN EUROPE 216 (Catherine Volpilhac-Auger ed., Gallimard. 2008)［モンテスキュー（井上幸治訳）『ローマ盛衰原因論』（中央公論新社，2008 年）172 頁］（「緑派は法を尊重しないようになったが，それは法がもう自分たちを守らないからであった」）.

160) 民事訴訟法第 259 条 1 項は，仮執行の対象を「財産権上の請求に関する判決」に限っている．仮執行の宣言が覆された場合には，同第 260 条 2 項の下で，債権者が債務者に対して原状回復または賠償の責任を負うことになるので，「原状回復が比較的容易であり，金銭賠償で収拾できるのが通常である」という理由からである．新堂幸司『新民事訴訟法〔第 6 版〕』（弘文堂，2019 年）749 頁．この場合，債権者の責任は無過失責任とされる．大判 1937 年 2 月 23 日民集 16 巻 133 頁．

161) See Nuclear Tests（Austl. v. Fr.), 1973 I.C.J. 106.

162) Threat or Use of Nuclear Weapons, 1996 I.C.J. 266.

163) See CARL Q. CHRISTOL. INTERNATIONAL LAW AND U.S. FOREIGN POLICY 183 (University Press of America, 2004). 日本の宇宙安全保障は，連合国の占領政策およびその影響下で採択された「宇宙の平和利用決議」（1969 年）などが災いし，2008 年に宇宙基本法が制定されるまでの期間が「失われた 40 年」となり，日本は「宇宙小国」に甘んじているといわれる．樋口譲次『現実化する宇宙戦——「宇宙小国」日本はどうする!?』（国書刊行会，2023 年）203 頁．この文章は，「宇宙」を「核兵器」に，「宇宙の平和利用決議」を 1967 年の非核三原則に，「失われた 40 年」を「失われ続けている 50 年」に，「宇宙小国」は「核兵器非保有国」に置き換えることができるであろう．

権が存在しない場合には，応訴裁判権が成立する例外的場合を除いて，ICJ が当該反訴に関して決定を下す裁判権が成立すると考えることは困難である.

第2に，ICJ は，「費用」（ICJ 規程第64条）に関する決定において，履行国の損害を算入することができるかもしれない[164]．しかし，ICJ は一方当事国の「費用」を他方当事国が負うよう義務付ける決定を下したことはない．そのような要請がなされた場合にも，特段の理由がなければ要請に応じるべきではないとしてきたのである[165]．暫定措置の履行国の損害を回復すべきことが特段の事情に当たるかどうかは，残された問題である．なお，勧告手続の対象となる「真の紛争」が，要請機関と個人との間のものである場合に，資金の明白な不均衡に照らして，個人が支弁したコストの補償を ICJ が要請機関に命令すべきであるとする意見がある[166]．

第3に，ICJ は，暫定措置の要請を受理する条件として，履行国への補償に関する裁判権の受諾を要請国に要求すべきであるかもしれない[167]．国内の保全訴訟は，被告が勝訴した場合に原告から被告に補償を支払う制度を必ず備えているといわれる[168]．

また，ICJ は，担保の供託を要請国に要求すべきであるかもしれない．実際に，グレートベルト橋通航事件において，デンマークは，暫定措置を要請したフィンランドに担保の供託を命じる「法の一般原則」に基づく権限を行使することを ICJ に要請した[169]．この事件では，履行された場合に訴訟当事国のコスト・ベネフィットが均衡しうる暫定措置が決定されるべきことに訴訟当事国が一致していた[170]．デンマークは，本来，暫定措置を履行した

---

164) *See* Bernard H. Oxman, *Jurisdiction and the Power to Indicate Provisional Measures, in* The International Court of Justice at the Crossroads 323, 351 n.106 (Lori Fisler Damrosch ed., Transnational Publisher, 1987).

165) *See* Certain Activities Carried Out by Nicaragua in the Border Area, 2015 I.C.J. 718. この決定に対する批判として，*see id.* at 754-757 (joint declaration of Judges Tomka, Greenwood, Sebutinde & Judge ad hoc Dugard).

166) *See* Judgment No. 2867 of the Administrative Tribunal of the International Labour Organization upon a Complaint Filed Against the International Fund for Agricultural Development, 2012 I.C.J. 96-97 (declaration of Judge Greenwood).

167) *See* Oxman, *supra* note 164, at 350-351.

168) 三ヶ月章『民事訴訟法研究　第8巻』（有斐閣，1981年）14頁.

169) *See* Argument of Mr. Magid (Den.) (Fin. v. Den.), 1992 I.C.J. Pleadings (Great Belt) 169-174 (CR91/12, July 2, 1991).

ことによる損害を受忍する義務を負わないことから，訴訟当事国のコスト・ベネフィットの均衡という基準は同国の受諾を根拠とする特別な基準であるとしていた．それに対して，フィンランドは，PCIJ 規則の制定の際に担保に関する規定を盛り込もうとする提案が採用されなかったことなどから，当該権限を否定した[171]．ICJ は，暫定措置の要請を却下したので，この点について判断しなかった．

なお，国際電気通信衛星機構（INTELSAT）協定附属書 A 第 12 条に基づく仲裁廷の暫定措置について，合衆国は，拘束力をもつとするためには，履行国の損害を補償するための担保の制度が必要であり，それを設けない以上，当該暫定措置は勧告と位置付けるべきであると主張し，それが採用されている[172]．

ICJ は，以上の提案いずれも採用することなく，暫定措置の拘束力を肯定した．かりに ICJ がいずれかを採用したとしても，ICJ が職権で暫定措置を指示する場合には，問題が残る．要請国に責任を転嫁することができず，ICJ 自身が補償の責任を負うことになるからである．WTO のアンチダンピングに関する暫定措置が，できるだけ短期間で最長 6 か月を越えないものとされるのに対して（「関税および貿易に関する一般協定第 6 条の実施に関する協定［ダンピング防止協定］」第 7.4 条），ICJ は，暫定措置の期間を限定することによって，履行国の損害を最小限にしようとしているようにもみえない．いずれにしろ，ICJ は補償のための予算をもたない．

⑧　情報提出要請

ICJ が拘束力をもつものとして暫定措置を運用するならば，その履行を確保する制度が整備されることが望ましい．そこで，先に述べたように，ICJ は暫定措置の履行についての報告を提出するよう指示することがある[173]．また，1922 年および 1926 年の PCIJ 規則は「暫定措置の不履行を記録に留める」という「はなはだ手温い制裁」[174]を用意していた．しかし，この規

---

170)　*See* Rejoinder of Mr. Bowett（Den.）（Fin. v. Den.），1992 I.C.J. Pleadings（Great Belt）221（CR91/14, July 5, 1991）.

171)　*See* Reply of Mr. Treves（Fin.），*id.* at 199（CR91/13, July 4, 1991）.

172)　山本草二『インテルサット恒久協定の研究』（国際電信電話株式会社，1973 年）303-305 頁.

173)　*See* Certain Activities Carried Out by Nicaragua in the Border Area, 2013 I.C.J. 367-369（暫定措置の履行に関して 3 か月に 1 度ずつ報告することも指示する）.

332　第5章　暫定措置および判決の形成における抗争

定は1931年の改正で削除された．そして，ICJ規則も，この「制裁」を復活させず，暫定措置の履行状況に関する情報の提出を訴訟当事国に要請する権限をもつとのみ規定している（第78条）[175]．

　もっとも，ICJは，2020年に内部慣行決議に第11条を追加し，訴訟当事国による情報を監視するために，国籍裁判官と特任裁判官を除く裁判官3名が構成する特別委員会（*ad hoc* committee）を設立するものとした．ICJは，管理的裁判官（managerial judges）[176] のように，抗争過程に積極的に踏み込む一歩を踏み出したようにみえる．しかし，限られた人的資源しかもたないにもかかわらず，暫定措置の質を向上させることよりも，安保理の制裁委員会の向こうを張るとすれば，それはICJの増長（hubris）というほかないであろう．

　ICJが判決の履行確保について同様の権限をもたないことに照らして，この権限の目的を暫定措置の履行確保ではなく，抗争状況の変化に応じてそれを適宜修正することであると考えれば合理的であるかもしれない[177]．例えば，暫定措置が指示された後で，人工衛星の画像によって，係争領域における被請求国の活動が明らかになった場合に，新たな暫定措置が要請されることがある[178]．また，当初の暫定措置が封印・保管を指示していた書類について，被請求国が本訴の請求を認諾し返還することを決定したときに，その移動を許可するように暫定措置を修正することを要請し，ICJがそれを認容

174）Rosenne, *supra* note 19, at 215.

175）例えば，漁業管轄権事件暫定措置において，被請求国の漁業管轄権が及ぶかどうかが争われている海域における漁獲量を一定の水準に制限すべきであるとする暫定措置に従ったかどうかに関する情報を，請求国に提出させる権限をICJは明示的に留保している．*See* Fisheries Jurisdiction (F.R.G. v. Ice.), 1972 I.C.J. 18 [邦訳570頁].

176）管理的裁判官については，例えば，ペーター・ゴットヴァルト（松村和徳訳）「積極的裁判官——管理的裁判官——アメリカ及びドイツ民事訴訟における裁判官の権限に関して」比較法学23巻1号（1990年）144頁.

177）暫定措置を中止する命令の例として，*see* Denunciation of the Treaty of 2 November 1865 Between China and Belgium (Belg. v. China), 1927 P.C.I.J. (ser. A) No. 8, at 9. 暫定措置の修正が要請され，ICJ規則第76条1項にいう「事情の変更」が認定されたものの，回復不可能な損害が生じる危険性が証明されていないとして，要請を却下しつつ，状況を悪化させうる事実の存在を指摘し，暫定措置の拘束力とそれが課した義務を再確認した命令の例として，*see* Certain Activities Carried Out by Nicaragua in the Border Area, 2013, I.C.J. 240-241.

178）*See* Certain Activities Carried Out by Nicaragua in the Border Area, 2013 I.C.J. 357.

することがある[179].

　つまり，暫定措置は，自動執行的な命令を履行させる制度ではなく，ICJ
が不断に寄せられる情報に基づいて，抗争過程におけるその時々の「事情」
に応じて指針を勧告し，当該指針を柔軟に調整するものであり，そのために
ICJ の情報提出要請権限があると考えるべきなのである．このような状況依
存性ゆえに，拘束力をもつ決定の前提となる手続保障や十分な証拠の要請は
緩和されるべきであり，暫定措置は勧告として運用されるべきなのである．

　⑨　被請求国による対抗措置の制約

　暫定措置が拘束力をもつと，訴訟当事国が対抗措置をとる権利が制約され
るという指摘もある[180]．もっとも，この権利は，国家責任条文第 52 条 3 項
b に規定されているように，訴訟係属自体によって制約されるともいわれる．
しかし，そもそも判決の執行すら保障されていないことを踏まえるならば，
ICJ に訴訟が係属しているだけで，自己の権利を保護するために自身の危険
負担でとられる対抗措置が包括的に禁止されていると考えることは困難であ
る．対抗措置の制限は，「権利のための闘争」[181] を回避しようとする政府の
責任回避の「煙幕」にすぎないというべきであろう[182]．

(3)　抗争制御のための「一般的声明」

　ICJ が暫定措置を指示するときには，原則として主文にその内容を規定す
る．しかし，厳密にいえば主文には当たらない箇所に付言を記載することが
ある．例えば，暫定措置主文を記載する段落の柱書に，訴訟当事国が特定の
条約を履行する義務を負っていることを想起するとする一文が記載され

---

179)　*See* Questions Relating to the Seizure and Detention of Certain Documents and Data（E.
　　Timor v. Austl.), 2015 I.C.J. 558, 561. この訴訟は，書類の返還を受けて，取り下げられた．

180)　*See Discussion, supra* note 71, at 143 (statement of Tomuschat).

181)　RUDOLF VON JHERING, DER KAMPF UM'S RECHT（Vittorio Klostermann, 2003）［イェーリング（村
　　上淳一訳）『権利のための闘争』（岩波書店，1982 年)］.

182)　イェーリングは，「不法が権利を駆逐した場合，告発さるべきは不法ではなくて，これを許し
　　た権利の方である」(*id.* at 51 ［邦訳 84 頁］) として，「権利侵害を黙認する国民は，自己に対す
　　る死刑判決に署名するようなものだ．隣国によって 1 平方マイルの領土を奪われながら膺懲の挙
　　に出ない国は，その他の領土をも奪われてゆき，ついには領土を全く失って国家として存立する
　　ことをやめてしまうであろう．そんな国民は，このような運命にしか値しないのだ」(*id.* at 17-
　　18 ［邦訳 47 頁］) とする．

334 第5章 暫定措置および判決の形成における抗争

る[183]. また, 暫定措置の要請を却下する場合には, その理由を越えて訴訟当事国間の法律関係について認定することはできないはずであるが, その理由において, ICJ は, 却下の理由を越える種々の認定に踏み込んできた[184].

例えば, グレートベルト橋通航事件において, ICJ は, 要請を斥けながら, 訴訟当事国が抗争解決に向けた交渉を開始したことが「歓迎される」とした[185]. この言及については, 一方で, 訴訟当事国が交渉で解決できないからこそ紛争が付託されるのであり, ICJ は, 交渉を歓迎する暇があるならば, 訴訟手続を迅速に進めて判決を下すべきであるという批判がある. ICJ が判決で法律関係を認定するまでは, 一方当事国が交渉を拒否してもそれを非難することはできないというのである[186]. この批判は, 交渉とは独立の存在意義を裁判がもつことを想起させる点で有用であると評される[187]. 他方で, ICJ は, いっそう踏み込み, 第三国の専門家の招聘や国際海事機関 (IMO) への後援の要請などの具体的手段を勧告すべきであったとする意見もあった[188]. そのような意見の相違が存在する中で, 多数派の裁判官は交渉の歓迎を表明したと考えられる.

また, 本部協定事案勧告的意見は, 勧告手続においては暫定措置を指示する権限をもたないとして要請を却下したが, その理由において, 国連本部協定の保護する PLO 国連オブザーバー代表部の権利の侵害を慎むことを合衆国に要請する国連総会決議を引用した[189]. この引用は, 「国連の機関」であ

---

183) *See* Application of the CERD (Geor. v. Russ.), 2008 I.C.J. 398.

184) 暫定措置の要請を却下する命令における「蛇足」の最近の例として, *see* Alleged Breaches of Certain International Obligations in Respect of the Occupied Palestinian Territory (Nicar. v. F.R.G.), 2024 I.C.J. paras. 22-24 (Apr. 30) (要請の対象地域の状況に懸念を表明するとともに, 「全ての国々」の関連する義務を列挙する); Embassy of Mexico in Quito (Mex. v. Ecuador), 2024 I.C.J. para. 33 (May 23) (一方的宣言の法的拘束力を認定する); Application of the Genocide Convention in the Gaza Strip, 2024 I.C.J. para. 85 (May 24) (紛争の主題に含まれない人質の解放を呼びかける).

185) *See* Great Belt, 1991 I.C.J. 20.

186) *See id.* at 25-27 (separate opinion of Judge Oda).

187) *See* Merrills, *supra* note 120, at 135. ただし, この抗争に限っていえば, 結局, 交渉によって解決された.

188) *See* Great Belt, 1991 I.C.J. 23-24 (declaration of Judge Tarassov).

189) *See* Headquarters Agreement, 1988 I.C.J. 3 (Mar. 3), *citing* G.A. Res. 42/229A, U.N. GAOR 42d Sess., Supp. No. 49A, at 1, U.N. Doc. A/42/49/Add. 1 (1987).

るICJが同輩機関である総会の立場を支持するという協働的立場を明確にするものであった．しかし，この引用に対しては，抗争の一方当事者である総会の決議を肯定的に引用することによって，主文で却下したはずの暫定措置を指示したのも同然になったとする批判があった[190]．なお，勧告手続も抗争に関わるものがありうること，および，勧告手続には裁判手続が準用されることに照らして，勧告手続において暫定措置を指示する権限が類型的に否定されるべきであるか，検討の余地があると考えられる．

さらに，武力行使の合法性事件では，ICJ は，「コソボにおける人間の悲劇，生命の喪失および甚大な苦難」ならびに「旧ユーゴスラビアの全域で続いている生命の喪失，および，人間の苦難」を認定し，訴訟当事国には抗争悪化を防止する義務が存在するとした[191]．ICJ は，付託された紛争の主題がNATO によるユーゴスラビアに対する武力行使の合法性であったにもかかわらず，異なる地域で異なる主体間に存在した抗争にあえて言及したのである．

この認定は，ユーゴスラビアによる付託が汚れない手の原則に合致するものではなく，同国が国際社会において「『法外放置宣告を受けた』国（"outlaw" state)」の地位に置かれていることを示唆していると指摘されている[192]．ICJ は，「人間の悲劇」などの責任がユーゴスラビアに帰属するとは認定しておらず，まして同国が「『法外放置宣告を受けた』国」であるとも認定していない．しかし，重要な問題は，要請を却下する命令の理由として必要がないにもかかわらず，このように歪曲され，要請国に不利益となる政治的宣伝に利用されることが容易に予想される認定をおこなうべきであったかどうかである．あえてそうすることは，ICJ の露骨な政治的行動であるといわなければならない[193]．

裁判官の中には，ICJ は「国連の機関」として，国際平和を維持するために「一般的声明」を表明する黙示的権限をもつとする者が存在する[194]．これに対して，それは「『気休め』効果（"feel-good" qualities）のある……個人

190）*See id.* at 6-7 (separate opinion of Judge Schwebel).

191）*See, e.g.,* Use of Force (Yugo. v. Belg.), 1999 I.C.J. 131, 140.

192）*See* Aaron Schwabach, *Yugoslavia v. NATO, Security Council Resolution 1244 and the Law of Humanitarian Intervention,* 27 Syracuse J. Int'l L. & Com. 77, 95-96, 99 (2000).

336 第5章 暫定措置および判決の形成における抗争

的な感傷の表明」にすぎず，ICJ はそのような表明をおこなう権限をもたないとする者も存在する[195]．後者の立場は，単に権限をもたないというだけではなく，訴訟手続を通した訴訟当事国からの情報の入力なくしては，ICJ の「一般的声明」が説得力を十分もちうるものになりえないとするものであろう．現在のところ，ICJ は，「一般的声明」を，暫定措置自体として指示するのではなく，その要請を却下する命令の理由などに盛り込むことによって，これらの見解の妥協点を見出している．この実行も，抗争過程の制御のために，ICJ が暫定措置という制度を極めて柔軟に運用していることを現している．

3　あるべき暫定措置――訴訟内的理解

　以上に述べたことから明らかなように，ICJ の暫定措置の制度設計と運用はいずれも，それを拘束力のあるものとする条件を満たしていない．暫定措置に拘束力を認めることは，ICJ に対する信頼を損なうことになると考えられる．迅速で簡易な手続によって指示される暫定措置と，鈍重でも手続保障を尽くした判決がともに拘束力をもつとすると，両者の役割分化の利点を相殺し，判決の質および実効性ならびに訴訟経済に対する批判を生じさせうるからである[196]．暫定措置については，判決の場合にまして不履行が多い[197]．

---

193) このような言及は，裁判権を越える事項に関するものである点でも，当該事項に関する利害関係者の双方聴取を経ていない点でも，違法なものであった．ここで想起されるのは，イェーリングによる「人道のためであれば不法は不法でなくなるものであろうか？」という反問である．*See* JHERING, *supra* note 181, at xiii ［邦訳 18 頁］．ICJ による判決の構成にも意識的であれ無意識であれ，政治性は現れる．例えば，ICJ が訴訟当事国両方の条約違反を認定した際に，いずれも理由付けの「結論」とする部分で，一方当事国については「虐待，拷問，性的暴力および強姦」と行為を列挙し，他方当事国については違反が認定された条項の番号のみを記載したことは，前者の悪質性を印象付ける効果をもつであろう．*Compare* Application of the Genocide Convention (Croat. v. Serbia), 2015 I.C.J. 109, *with id.* at 146.

194) *See* Use of Force (Yugo. v. Belg.), 1999 I.C.J. 208 (dissenting opinion of Judge Shi)．なお，抗争悪化防止義務の認定が暫定措置の要請としてではなく一般的に要請された際に，ICJ は，先決的抗弁に関する判決において，「本件の事情の下では」その要請に応じるべきではないとした．*See* Right of Passage, 1957 I.C.J. 152 ［邦訳 543 頁］．

195) *See* Armed Activities on the Territory of the Congo (Dem. Rep. Congo v. Rwanda), 2002 I.C.J. 258 (declaration of Judge Buergenthal).

196) *See* Michael K. Addo, *Interim Measures of Protection for Rights Under the Vienna Convention on Consular Relations*, 10 EUR. INT'L L. 679, 722 (1999).

暫定措置の不履行は，拘束力をもつ点で同質とされる判決の履行についての義務意識を掘り崩し[198]，ひいては国際法そのものへの尊重も掘り崩しかねない[199]．

　このように，ICJ の暫定措置は勧告であるというほかはなく，政治的機関である安保理の暫定措置と区別される，「司法機関」としての限界を踏まえた抗争管理手段でなければならないと考えられる．そうであるとしても，暫定措置が無力であるということにはならない．ICJ は暫定措置の不履行国に一定の負担を課すことが可能であり，その意味で，暫定措置は「強化された勧告」であるといえるからである[200]．すなわち，暫定措置の不履行に対して ICJ は判決などにおいて遺憾の意を表明することができるのであり，ICJ 規程は，その当事国である不履行国がそれを受忍することを義務付けていると考えられるのである．このような負担は，暫定措置の不履行が国内法でいえば裁判所侮辱（contempt of court）ともいうべき行為であるがゆえに，ICJ 規程内部関係で認められるものであるといえるであろう．

　遺憾の意の表明による誘導という手法は，不出廷国に関する ICJ 規程第 53 条と類比できる．PCIJ では 1 件[201] しかなかった不出廷は，ICJ では稀ではなくなっている．同条 1 項は，相手国が不出廷である場合に，「他方当事国は，自己の請求に有利に裁判するように裁判所に要請することができる」とする．例えば，一応の裁判権を確認できれば，相手国が抗弁を放棄したとみなし，裁判権を推定すべきであると主張される[202]．

　このような負担を課すことが正当化されるのは，ICJ 規程当事国は全て

---

197) *See* Armed Activities on the Territory of the Congo (Dem. Rep. Congo v. Uganda), 2000 I.C.J. 132 (declaration of Judge Oda).

198) *See* Aceves, *supra* note 158, at 218. *See also* Foreword to *Symposium: Reflections on the ICJ's LaGrand Decision*, 27 YALE J. INT'L L. 423, 424 (2002)（被要請国の異議を押して指示される暫定措置の不履行は，拘束力をもつとされる ICJ の決定の不履行の先例をいたずらに積み重ねさせることになるとする）.

199) *See* JOHN M. ROGERS, INTERNATIONAL LAW AND UNITED STATES LAW 168-169 (Ashgate, 1999).

200) *See* SZTUCKI, *supra* note 53, at 293-294.

201) PCIJ における不出廷の唯一の例は中華民国であった．安藤仁介『実証の国際法学』（信山社，2018 年）442-443 頁．

202) *See* Gerald G. Fitzmaurice, *The Problem of 'Non-Appearing' Defendant Government*, 51 BRIT. Y.B. INT'L L. 89, 93 (1980).

ICJ に協力する一般的「義務（duty）」を負うからであると考えられるかも
しれない[203]．しかし，ここでいう「義務」はその違反が国家責任を発生さ
せるという意味での1次規則上の義務ではなく，一定の不利益を受忍するこ
とを求められるという意味での「義務」である[204]．つまり，不出廷国は，
自己に不利な判決を言い渡されたり，判決で不出廷の事実を「遺憾であ
る」[205]と非難——いわゆる「名指しと恥さらし」——されたりするという
負担を受忍させられるのである．

　ICJ による暫定措置の拘束力の肯定は，ECHR など他の国際裁判所に追随
された．例えば，ECHR はもともと，欧州人権条約には根拠規定が存在せ
ず，欧州人権委員会が自身の手続規則第36条で創設した仮保全措置につい
て，手続規則は訴訟当事国を義務付ける権限を創設しえないこと，および，
ICJ 規程と同じ「指示することができる」という文言が採用されていること
を理由として，「指示を合理的かつ実際的であると考える場合に，手続の当
事国が委員会に誠実に協力するという問題である」[206]としていた．ところ
が，2003年に，ECHR 自身が手続規則第39条で自己授権した仮保全措置に
ついては，その拘束力を認めたのである[207]．ECHR は，条約機関による仮
保全措置などを，当該条約の拘束力と協力義務とを根拠として，拘束力をも
つとしている[208]．

　このように，主権国家に対する義務を創造する権限を自己に与えた ICJ の
増長が，他の国際裁判所，ひいては，拘束力をもつ判決を下す権限をそもそ
ももたない条約機関の増長を「連鎖反応」[209]のように引き起こしているよ

---

203) *See* Resolution: Non-Appearance Before the International Court of Justice, Art. 2, 64-II Y.B.
　　Inst. Int'l Law 377, 379 (1992).

204) *See* 64-I Y.B. Inst. Int'l Law 255, 273 (1992) (Observations of Mr. Jiménez de Aréchaga).
　　But see Diplomatic and Consular Staff, 1980 I.C.J. 48 (separate opinion of Judge Lachs) (国連加
　　盟国はみずから ICJ を設立した以上，訴訟が係属した場合には出廷する義務を負うとする)．

205) Fisheries Jurisdiction (U.K. v. Ice.), 1974 I.C.J. 10 [邦訳415頁].

206) Cruz Varas & Others v. Sweden, App. No. 15576/89, Judgment of Mar. 20, 1991, para. 100.

207) *See* Mamatkulov & Askarov v. Turkey, App. Nos. 46827/99 & 46951/99, Judgment of Feb.
　　4, 2005, para. 117. この決定の紹介として，阿部浩己「個人の人権裁判所への申立権と暫定措置」
　　戸波江二ほか編『ヨーロッパ人権裁判所の判例』（信山社，2008年）156頁．

208) *See* Mamatkulov & Askarov v. Turkey, *id.,* paras. 40-45, 114-115.

209) Georges S. Letsas, *International Human Rights and the Binding Force of Interim Measures,*
　　5 Eur. Hum. Rts. L. Rev. 527, 528 (2003).

うにみえる．そうであるとすれば，「国民の厳粛な信託」を受けている各国政府は，そのような機関に対して国益を保護する責任を負っているというべきであり，自由権規約第1選択議定書を日本が批准しないことや，ジャマイカやトリニダード・トバゴがそれを廃棄したことは，積極的に評価することができるのである．

条約機関による仮保全措置

　勧告の名宛国はその採否に裁量権をもち，それを遵守することは当然には期待されない．日本語大辞典によれば，「順守」は「法律・道徳・道理などにしたがい，それを守ること」を意味し，「勧告」は「指揮命令の関係のない行政機関が，互いに自主性を尊重しつつ，相手の機関の任務達成について，専門的立場からの意見を提供すること」を意味する．勧告は順守されるべきものではない．ところが，自由権規約委員会による仮保全措置（勧告）について，「順守しない実行が生じている」[210] と記述されることがある．この記述は読み手を当該措置の過大評価へと誤導するおそれがある．

　同様の懸念は，ICJ の暫定措置に関する学説を引用し，上記仮保全措置を「『見解』が実効性をもちうるように確保する制度である」[211] とする記述にも当てはまる．判決の実効性の確保が暫定措置の目的になることが確かであるとしても，勧告にすぎない「見解」はそもそも実効性を確保すべきものではない．さらに，同様の懸念は，自身が "jurisprudence" をもつとする委員会自身の記述にも当てはまる[212]．判決ではない「見解」はどれほど大量に蓄積しても，「判例」[213] ではなく単なる「例」と呼ぶべきものにすぎないからである．

　これらの記述の背後には，委員会を準司法機関であるとみなしたいという願望があると考えられる[214]．「仮保全措置は，それが遵守されなければ，

---

210)　坂元茂樹『人権条約の解釈と適用』（信山社，2017年）98頁注5.

211)　同書99頁.

212)　*See* Ashby v. Trinidad and Tobago, Communication No. 580/1994, U.N. Doc. CCPR/C/74/D/580/1994, at 12, para. 10.9.

213)　坂元前掲書（注210）115頁.

340 第5章 暫定措置および判決の形成における抗争

本案そのものの審理の意義を奪ってしまう」，それは「委員会の権能の行使が妨げられる」ことである，という記述には，人権保障のために，委員会の権能を「あるべき法」へと置き換えたいという願望が現れている[215]．しかし，WTOのパネル・上級委員会のように，紛争解決機関によるほぼ自動的採択を介してその報告書が拘束力を得ることになる機関を準司法機関と呼ぶことは妥当であるとしても，そのような手続をもたない自由権規約委員会をそう呼ぶことは妥当ではない．

なお，自由権規約委員会は，議定書によって与えられた「通報を検討する」権限を，見解の履行状況について検討する権限にまで拡大しているが，そのことは委員会が準司法機関という性質をもつからというよりも，そのような状況に関する情報を収集し，条約当事国と継続的に「見解の交換」[216]を試みるべき準行政機関という性質をもつからであると考えるべきであろう．

そもそも，自由権規約委員会が仮保全措置を通知する「権限」は，自身が制定した手続規則を根拠とする．このような自己授権は本来，権限踰越であると考えられる．たしかに，議定書当事国がそれを黙認しており，「後に生じた慣行」として，議定書がそれを許容するとする解釈が確立したと考えることも不可能ではない．しかし，「仮保全措置の通知を無視する事例は後を絶たず……度重なる仮保全措置の不遵守の事例を前に，委員会は新たな対応を迫られている」[217]とすれば，黙認が成立したとする評

214）同書100頁．この願望は，欧州人権裁判所と自由権規約委員会の権限の相違を注記することなくまとめて「人権条約の実施機関」の例とする記述にも現れている．黒﨑将広ほか『防衛実務国際法』（弘文堂，2020年）57頁［坂元執筆］．

215）「委員会に協力する義務があるという『見解』それ自体，法的には勧告の効力しかない」という解釈を，「意地悪く」いうものであるとする記述には，この願望がいっそう明らかである．坂元前掲書（注210）125頁．なお，女性差別撤廃条約（1979年）の選択議定書（1999年）が仮保全措置の要請を送付する女性差別撤廃委員会の権限を明記したことは「賢明な選択」（同書126頁）であったとする記述は，自由権規約第1選択議定書が同様の権限を明記しないことによって当該権限を否定したという解釈を賢明ではないとすることになるであろう．

216）A Further Contribution from the Committee Concerning Follow-Up on Views Adopted Under the Optional Protocol to the Covenant, U.N. Doc. A/CONF. 157/TBB/3, para. 5.

217）坂元前掲書（注210）124頁．ここでいう対応は，議定書に基づく協力義務を介した仮保全措置の「拘束力」を主張することではなく，仮保全措置の内容を名宛国に受け入れられるものとしたり，名宛国の協力を引き出す努力をおこなったりすることによるべきであろう．

価には疑義がある．いずれにしろ，条約当事国が沈黙しているだけでは，条約機関の表明した条約解釈が後に生じた慣行を構成すると推定されることはないとする「条約解釈に関する後にされた合意および後に生じた慣行に関する結論」結論13第3項も考慮して，慎重な検討が必要であろう．

委員会自身は，議定書当事国は個人通報制度という手続の下で委員会と協力することを約束しているので，仮保全措置の不履行は協力義務の違反——「議定書，ひいては規約の義務違反」——に当たると構成しているといわれる[218]．勧告であることに争いのない仮保全措置を，協力義務を介在させることによって，それと異なる行動を禁止する義務に変化させることが認められるとすれば，同じ「論理」で「見解」を含め委員会の勧告全てについて，それと一致しない行動が「議定書，ひいては規約の義務違反」とされることになる．規程と議定書の当事国が委員会との協力義務なるものに委員会への拘束的決定の包括的委任を含意したということは困難というほかない．

第2節　判決の形成における抗争

裁判権が確立し，受理可能性などに関する妨訴事由が存在しない場合には，ICJ は訴訟当事国の請求に判断を下す義務を負う[219]．この義務の違反は裁判拒否と呼ばれる違法行為に当たる[220]．この義務の裏面として，ICJ は，訴訟当事国の申立に含まれない争点を決定したり，請求されていないレメディを決定したりすることを，原則として禁止される．「請求を越えず」という原則である[221]．この義務の違反は裁判権の踰越である[222]．例えば，典型的には，鑑定人が請求額を越える賠償額を報告した場合に，請求額を限度と

---

218)　同書116頁.

219)　*See* Prosper Weil, *"The Court Cannot Conclude Definitively...": Non Liquet Revisited, in* POLITICS, VALUES AND FUNCTIONS: INTERNATIONAL LAW IN THE 21ST CENTURY: ESSAYS IN HONOR OF PROFESSOR LOUIS HENKIN 105, 109–111 (Jonathan I. Charney et al. eds., Martinus Nijhoff, 1997).

220)　*See* Lighthouses, 1927 P.C.I.J. (ser. A/B) No. 71, at 132 (separate opinion of Judge Séfériadès).

221)　*See* Barcelona Traction, 1970 I.C.J. 37 [邦訳517頁]. *See also* Continental Shelf (Libya v. Malta), 1984 I.C.J. 19.

222)　*See* Judgment in the Asylum Case, 1950 I.C.J. 402.

342 第5章 暫定措置および判決の形成における抗争

して賠償額を決定しなければならないとされる[223].

この原則は，訴訟当事国が陳述しておらず，情報が十分顕出していない争点の判断を防止することを1つの目的とする[224]．この原則の下で，判決は，原則として，請求の認容と棄却とのいずれかでなければならない．抗争当事国自身が定式化した請求に対応するレメディを決定することこそが，判決を抗争解決に結び付けるからである．それゆえ，特別の合意が申立とは別にレメディに関する提案（proposal）を提出することを許可するよう要請した際に，PCIJ はそれを許可したのである[225].

ところが，紛争の主題または請求の定式化によっては，請求に対する悉無的判断を越える決定を下すことが，抗争解決を支援するために不可欠であると ICJ が考える場合がありうる．例えば，分節化された規則に理由付けられた法律関係の一義的決定ではなく，訴訟当事国の請求や裁判準則とされる国際法の原則の性質に照らして，事件ごとの具体的考慮によって抗争の終局的解決が図られるべきであると考える場合である．このような場合には，第1章で紹介したように，ICJ は判決で交渉義務を認定するに止めるのである．ICJ が裁量的に決定するレメディには，ICJ が訴訟を処理する目的をどのように理解しているかが現れることになる．

1 勧 告

(1) 「訴訟の社会化」

仲裁の場合には，例えば，申述書と答弁書を交換した後で，仲裁人の一部が部を構成し，和解を勧告し，それが不首尾に終わった場合に，改めて仲裁廷の手続を再開するものとされることがある[226]．また，国連海洋法条約附属書Ⅷ第5条3項は，仲裁当事国が同意する場合には，特別仲裁裁判所が勧告をおこなう権限を行使しうると規定している．

これに対して，訴訟当事国がそれに従うかどうかを決定する自由をもつ勧

---

223) *See* Corfu Channel, 1949 I.C.J. 249 ［邦訳530頁］.

224) *See* Danzig and I.L.O., 1930 P.C.I.J. (ser. B) No. 18, at 10.

225) *See* Free Zones, 1932 P.C.I.J. (ser. A/B) No. 46, at 103.

226) *See* Ruth Lapidoth, *Some Reflections on the Taba Award*, 35 GERMAN Y.B. INT'L L. 224, 228 (1993).

告をおこなうことは，ICJ の役割ではなく，ICJ 規程に明文の根拠をもつ暫定措置および勧告的意見のみが例外であるといわれることがある[227]．「国際法の機関」である ICJ は，請求に対応した法律関係を認定すれば任務完了となり，抗争解決のために勧告を追加することが必要または望ましいと考える場合にも，「訴訟当事国の機関」である仲裁廷とは異なり，そうする権限をもたないといわれるのである．

　しかし，実際には，ICJ は，訴訟当事国の要請に応えてまたは職権で，勧告を活発におこなってきた．一方当事国が妥協案を提示してもよいと考えているが，そうすると当該国がさらに譲歩するかもしれないという期待を他方当事国に抱かせ，他方当事国が妥協にいっそう消極的になるおそれがあることから，それを差し控えている場合がある．この場合に，第三者である ICJ が当該案を勧告すれば，抗争当事国全てがそれを受け入れる可能性があるのである[228]．

　勧告は，判決においてのみならず，種々の形式でおこなわれる．訴訟当事国は裁判と並行して法廷外で交渉をおこなうことができる[229]．そして，交渉の結果として訴訟当事国が暫定協定を締結しても，それは訴訟をムートにするものとはみなされない．先に述べたとおり，抗争を確定的に解決する協定が締結されるか，訴訟当事国が訴訟を取り下げるかしない限り，ICJ は訴訟を遂行すべきものとされるのである[230]．

　国内裁判についても，訴訟という表のコミュニケーションと，抗争の実体に即した落とし所を模索する当事者間の交渉という裏のコミュニケーションとが存在してもよいとして，後者も抗争解決過程に組み込む「訴訟の社会化」が必要であると指摘される[231]．国際抗争解決過程が交渉収斂構造をもつとすれば，国際裁判の場合には，この指摘はさらに進めて，「訴訟の社会

227）*See* 1 SHABTAI ROSENNE, THE LAW AND PRACTICE OF THE INTERNATIONAL COURT, 1920-1996, at 120（3d ed., Martinus Nijhoff, 1997）．この記述は，ICJ が暫定措置の拘束力を肯定する前のものである．ICJ は，交渉義務の認定とともに宣明する指針を，プログラム規定のような一般的な原則とすることも，具体的な作為または不作為とすることも可能である．

228）*See* Great Belt, 1991 I.C.J. 39（separate opinion of Judge Brom）（交渉の勧告に賛成するが，法律関係が不明確な状態はやむをえない期間に止めるべきであるとして，本案手続の迅速な進行も主張する）．

229）*See* Aegean Sea Continental Shelf, 1978 I.C.J. 12.

230）*See* Fisheries Jurisdiction（U.K. v. Ice），1974 I.C.J. 20［邦訳 417 頁］．

344　第5章　暫定措置および判決の形成における抗争

化」ではなく，構造的な「訴訟の社会性」の直視が課題となるというべきで
あろう．

(2)　訴訟当事国の要請による勧告

　訴訟当事国がPCIJに勧告を要請した例も存在する．それが自由地帯事件
である．ナポレオン戦争後の1815年条約において，自国の一定の領域をス
イスに免税を認める自由地帯とすることをフランスが受け入れた．第1次世
界大戦後，ヴェルサイユ条約——フランスは当事国になったが，スイスは当
事国にならなかった——は，この制度が現状に合わなくなったとして，両国
が当該領域の新たな地位に関する協定を締結すべきであると規定した．そこ
で，特別の合意は，ヴェルサイユ条約が自由地帯を廃止したかどうかを紛争
の主題とした．しかし，抗争の実体は，課税権を回復しようとするフランス
と既得権を維持しようとするスイスとの対立であり，自由地帯に替わる制度
を構築する際に，どこに両者の妥協点を見出すかという未来志向的なもので
あった．

　特別の合意は，判決言渡し前に，裁判官の評議の結果を提示し，それに基
づく交渉の機会を与えることをPCIJに要請した[232]．これに対して，PCIJ
は，評議の結果を非公式に提示することはPCIJ規程に抵触するので原則と
して許されないとした．すなわち，判決言渡しまで評議は秘密にされるとす
る第54条3項と，判決言渡しは公開の法廷でなされるとする第58条とに抵
触するというのである．ところが，PCIJは，「厳格な例外」として，交渉の
ために一定の期間を与える命令の理由の中に評議の結果を記載した[233]．国
際裁判は「抗争当事国間の直接的抗争解決の代用薬」であることから，
PCIJ規程と両立しうる限り，PCIJは訴訟当事国の要請に応えて抗争解決を
支援すべきであるとしたのである[234]．

　この命令を踏まえた交渉は妥結しなかったが，訴訟当事国の要請によって

---

231)　井上治典「交渉の理論からみた弁論の条件」「交渉と法」研究会編『裁判内交渉の論理——和
　　解兼弁論を考える』（商事法務研究会，1993年）55，57-59，64頁．

232)　*See* Free Zones, 1929 P.C.I.J. (ser. A) No. 22, at 7.

233)　*See id.* at 12-13.

234)　Free Zones, 1930 P.C.I.J. (ser. A) No.24, at 13.

PCIJ は交渉期間を延長できると規定していた特別の合意に基づいて，PCIJ は，交渉期間をさらに与える第2の命令を決定した[235]．この命令において，PCIJ は，評議の結果を判決以外の形式で訴訟当事国に伝達して交渉をおこなわせるという手法は PCIJ の「国際法の機関」としての性質と緊張関係に立つので，「今後は」通常の手続に従って訴訟を処理しうる特別の合意が作成されるべきであると付言している[236]．

　PCIJ のこの対応に対しては批判も強い．例えば，評議の結果を非公式に提示すると，それが具体性を十分もつものであれば判決の先取りになり，それを避けるために抽象的提示に止めると交渉の指針として十分有用ではないという二律背反に陥るといわれる[237]．しかし，この対応を高く評価する見解も少なくない．訴訟当事国の要請に従って，PCIJ がいわば「調停裁判所（court of conciliation）」[238]として抗争解決を援助する機会を活用したことは，その本来の任務を追求した行動であるといえるからである．

　結局，この事件では，第2の命令に基づく交渉も妥結しなかったので，PCIJ は本案判決を下すことになった．判決は，ヴェルサイユ条約は自由地帯を廃止していないとして，当該地域の今後の地位については訴訟当事国の合意によるとした[239]．この訴訟の審理に参加していた織田萬は，仲裁廷ならばともかくとして，「いやしくも司法裁判所としては，外交官のするような関税条約の起草をすべきでない……条約案をこしらえるということになれば，どうせ，実際の事情を知らない裁判官にそれができるわけではなく，鑑定をまたなければならぬ」[240]と考えられたと述懐している．実際に，抗争当事国は経済の専門家で構成される仲裁廷を設立し，当該地帯に関する新たな規則を策定させることによって，抗争を解決した[241]．

---

235) *See id*. at at 10-11.

236) *See id*. at 13.

237) *See* W. Burckhardt, *L'Affaire des Zones Franches de la Haute-Savoie et du Pays de Gex*, 3-11 Revue de Droit International et de Législation Comparée 90, 107 (1930).

238) A.K. Kuhn, *The Conciliatory Powers of the World Court: The Case of the Free Zones of Upper Savoy*, 24 Am. J. Int'l L. 350, 352-353 (1930)（ただし，申立の一部のみに関する非公式の通知は，一方当事国のみの利益となるので問題外であると留保する）．

239) *See* Free Zones, 1932 P.C.I.J. (ser. A/B) No. 46, at 171-172.

240)「安達峰一郎博士追悼座談会」浮村直光編『世界の良心──安達峰一郎博士』（1969 年）129, 164 頁［織田萬発言］．

なお，適切な専門家による鑑定を用いれば PCIJ が条約案を起草することも可能であると織田が示唆し，仲裁廷が実際に新たな規則を策定したように，法廷なるものはこのような任務を遂行する能力をもたないと類型的にいうことはできない．例えば，1995 年の国連公海漁業協定第 7 条 5 項は，漁業資源の保存管理のための暫定的枠組について，抗争当事国の合意に代わるものとして，仲裁廷，ICJ または ITLOS などによる措置を予定している．この点は，抗争当事国の意思しだいである．

(3) 職権による勧告

職権で勧告をおこなう権限は，仲裁廷に固有の権限として認められてきた[242]．例えば，虹の戦士号事件仲裁判断は，フランスの軍人によるニュージーランドの内水における船舶の爆破を国際法違反であると認定するとともに，付託合意には賠償金に関する問題が含まれていなかったにもかかわらず，仲裁当事国の友好関係を促進する基金に拠出するようフランスに勧告した．勧告をおこなう根拠として，仲裁人は，仲裁廷による勧告の先例が少なくないこと，および，仲裁手続の中でニュージーランドがこの点に関わる勧告を要請し，フランスが当該要請に関する仲裁廷の権限を争わなかったことを挙げた[243]．

ICJ も職権によって勧告をおこなってきた[244]．ICJ のこの権限は，仲裁廷の権限の延長であると同時に，「国連の主要な司法機関」として国連憲章第 6 章の下でもつ権限であるとも考えられる．職権による勧告は，判決の主文および理由ならびに命令——例えば，賠償額の算定に関する書面手続の期限を定める命令[245]——はもちろん，裁判官の宣言および意見にも盛り込まれうる．そのなかには，主文では交渉義務の存在を否定しつつ，理由において，

---

241) *See* Suites de l'Arrêt du 7 Juin 1932, [1933-1934] P.C.I.J. (ser. E) No.10, at 94, 106.

242) 勧告ではないものの，ICJ が自身の立場を示唆するために，訴訟と関連性をもたない事実に言及することがある．例えば，「テロ資金供与防止条約および人種差別撤廃条約の適用事件」において，ICJ は 2014 年 7 月のマレーシア航空 MH17 便の破壊に言及している．*See* Application of the ICSFT and of the CERD, 2017 I.C.J. 113.

243) *See* Rainbow Warrior, 82 I.L.M. 499, 578 (1990).

244) *See* HERSCH LAUTERPACHT, *International Law: The General Part, in* 1 INTERNATIONAL LAW BEING THE COLLECTED PAPERS 1, 86 (E. Lauterpacht ed., Cambridge University Press, 1975).

245) *See* Corfu Channel, 1949 I.C.J. 171 (和解を勧告する).

善隣精神に基づく交渉を勧告する場合も含まれる[246]．なお，ICJ は訴訟当事国ではなく，他の国際機構に向けた勧告を理由に含めることがある．例えば，ICAO 理事会に向けて，その決定に法および事実に関する理由を付すことを勧告しているのである[247]．

職権による勧告の例として，ベルギー商事会社事件を挙げることができる．ギリシアがベルギー会社と締結した鉄道建設契約について，ギリシアが金融危機に陥ったことから，同国と当該会社を当事者とする仲裁が，一定の金銭を当該会社に支払うことを条件として当該契約の取消しを認めたところ，ギリシアが当該金銭を支払わないという状況で，ベルギーが PCIJ に付託したのがこの訴訟である．ギリシアは，不可抗力（force majeure）を理由として仲裁判断の履行免除を主張した．PCIJ は，この主張を法律問題としては否定しながら，ベルギーが不可抗力を考慮してギリシアと交渉することを陳述したと判決主文で記録し，交渉の開始を義務付ける権限はもたないことを確認しつつ，交渉を勧告したのである[248]．

また，自由地帯事件本案判決においても，PCIJ は，判決理由の中で，自由地帯制度によって利益を得ているスイスが当該地域の住民に「代償となる経済的優遇（compensatory economic advantages）」を与えるべきであると勧告した[249]．

PCIJ の裁判官の中には，締結後の状況変化によって条約が現状と齟齬をきたすようになった場合には，条約を現状に適合させるように勧告する権限を PCIJ がもつという意見を表明する者も存在した[250]．連盟規約第 19 条は，条約の再審議をその当事国に慫慂することを連盟総会の権限としている．PCIJ は，国際連盟の機関ではないものの，連盟理事会および連盟総会による勧告的意見の要請が想定されているように（同第 14 条），国際連盟の任務

---

246) *See* Obligation to Negotiate Access to the Pacific Ocean, 2018 I.C.J. 564.

247) *See* Jurisdiction of the ICAO Council Under the Convention on International Civil Aviation, 2020 I.C.J. 117. *See also* Jurisdiction of the ICAO Council Under the 1944 International Air Services Transit Agreement. 2020 I.C.J. 209.

248) *See* Société Commerciale de Belgique, 1939 P.C.I.J. (ser. A/B) No. 78, at 177-178.

249) *See* Free Zones, 1932 P.C.I.J. (ser. A) No. 46, at 169 ［邦訳 54 頁］.

250) *See* Water from the Meuse, 1937 P.C.I.J. (ser. A/B) No. 70, at 43 (separate opinion of Judge Altamira).

の遂行に協力することが期待されている機関であった．そうであるとすれば，条約の現状適合性に関して勧告をおこなうことがその任務に含まれると考えることもできなくはなかったのである．

さらに，北海大陸棚事件判決は，大陸棚が重なっている区域の配分について合意が成立しない場合には，その開発について訴訟当事国が「共同管轄権制度（a régime of joint jurisdiction）」の創設に合意することも選択肢になると勧告した[251]．この抗争の当事国は勧告に従わなかったものの，5年後に締結された日韓南部大陸棚共同開発協定（1974年）でそれが「応用された」と指摘されている[252]．

裁判官の意見における勧告として，例えば，マンキエ島とエクレオ島事件では，係争領域がイギリスに帰属するとする判決に賛成した裁判官の意見の中に，フランスによる当該領域における発電施設の建設計画に協力するとイギリスが口頭手続において宣言したことを記録するものや[253]，伝統的に当該海域で漁業に従事してきたフランスの漁民に対するフランスによる管轄権の行使について，イギリスが「自制をもって（with moderation）」管轄権を行使してきた実行の継続を勧告するものがある[254]．

2　交渉義務の認定

(1)　レメディの決定に関する裁量権

ICJ は，レメディの決定について，一定の裁量権をもつ．例えば，国家責任を解除する回復の内容について，請求国の懈怠などの酌量的事情（extenuating circumstances）を考慮してそれを軽減する「固有の権限」をもつ[255]．また，ICJ は，原則として，財政的困難は判決の不履行を正当化せず，その履行は「合理的期間のうちに」，「遅滞なく」，「できるだけ早期に」なされるべきであるとしつつ[256]，事情に応じて，回復義務の履行を猶予することもできる[257]．

---

251) *See* North Sea Continental Shelf, 1969 I.C.J. 52, 53 [邦訳 399 頁]．
252) 島田征夫＝林司宣編『海洋法テキストブック』（有信堂高文社，2005年）94頁 [三好正弘執筆]．
253) *See* Minquiers and Ecrehos, 1953 I.C.J. 109 (separate opinion of Judge Levi Carneiro).
254) *See id.* at 83 (separate opinion of Judge Basdevant).
255) *See* Corfu Channel, 1949 I.C.J. 35 [邦訳 449 頁]．
256) *See* Obligation to Prosecute or Extradite, 2012 I.C.J. 460.

第2節　判決の形成における抗争　　349

　ICJ は，訴訟当事国の申立に直接対応しない義務の認定を判決主文に組み込むこともある．ヒギンズによれば，それは次の3つの場合である．すなわち，訴訟当事国の理解を補助するために判決を敷衍する場合，訴訟当事国が受け入れた義務を記録する場合，そして，交渉義務を認定する場合である[258]．

　第1の場合の例は，海洋境界画定と領域問題事件判決に見出せる．この判決主文は，申立に対応して，ハワール諸島がバーレーンに帰属すると認定した上で，同諸島の領有権を否定されたカタールの船舶も周辺のバーレーン領海において無害通航権をもつことを確認している[259]．バーレーンが領海における沿岸国の権能を曲解し，同諸島周辺で従来から活動してきたカタール船の無害通航を妨害すると，新たな抗争を発生させることになるので，それを防止するために，職権でこの「原則の認定」が主文に盛り込まれたと考えられる．この認定は，無害通航権に関する国際法の発展を目的とするものではなく，抗争解決を安定化させる指針としてなされたものである．

　なお，ニカラグア事件判決主文 16 におけるような，抗争を平和的手段によって解決する義務への注意の喚起もこの類型のレメディというべきものである[260]．この認定は，請求国の最終申立には直接対応していないが，その陳述に対応していた．それと同時に，「国連の機関」として抗争解決の指針となる国連憲章の義務を確認する一般的権限の現れであると位置付けることもできる．

　第2の場合の例は，自由地帯事件本案判決に見出される．当該地帯における新たな交易条件を鑑定人が決定することになれば，それを受諾すると訴訟手続の中でスイスが約束したことについて，フランスがその拘束力に疑義を表明していた際に，PCIJ は，当該約束が拘束力をもつと理由において認定した上で，当該約束を主文において記録したのである[261]．訴訟当事国によ

---

257)　*See, e.g.,* S.S. Wimbledon, 1923 P.C.I.J. (ser. A) No. 1, at 17, 32 ［邦訳 82 頁］（請求国は賠償の支払い期限を 1 か月後にすべきであると主張していたが，被請求国の国内手続を理由として，PCIJ は 3 か月後まで猶予した）.

258)　*See* Oil Platforms, 2003 I.C.J. 228-229 (separate opinion of Judge Higgins).

259)　*See* Maritime Delimitation and Territorial Questions, 2001 I.C.J. 117.

260)　*See* Military and Paramilitary Activities, 1986 I.C.J. 149.

261)　*See* Free Zones, 1932 P.C.I.J. (ser. A/B) No.46, at 169-170, 172 ［邦訳 54，55 頁］.

350　第5章　暫定措置および判決の形成における抗争

る政策の表明が記録されても，それは義務の認定には当たらない．しかし，義務の受諾が記録されると，それは法律関係の認定そのものである．例えば，訴訟当事国の合意を記録するだけではなく，その拘束力を認定する場合には，それが応訴裁判権を含む裁判権を踰越しないかどうかが問題となりうる[262]．

ICJ 規則第 88 条 2 項は，訴訟を取り下げる書簡において訴訟当事国が再訴の権利を放棄することを約束するような場合に，ICJ［所長］は，訴訟を総件名簿から削除する命令において，取下げの前提となる和解の条件を記録しうるものとしている[263]．この規定は，自由地帯事件本案判決が下した同意判決に準ずるものを，命令という形式で可能にするものであるということができる．

ICJ の争訟手続の目的は紛争の処理であることから，紛争の存在を前提としない同意判決は原則として下すべきではない．訴訟当事国が合意した点は，誠実に履行されるものと推定されることから，履行されないという仮定の場合について判断すべきではないのである[264]．しかし，訴訟当事国がそれに反対しない場合には，紛争処理に付随的なレメディとして判示することはできると考えられているのである[265]．

(2)　交渉義務の認定の類型

ヒギンズが第 3 の場合とする交渉義務の認定は，ICJ が裁判というよりも調停に類する機能を果たすものであることから[266]，それが ICJ の「国際法の機関」という性質に適合するかどうかが問題となる．そこで，以下では，ICJ が交渉義務を認定した 5 つの事件類型を取り上げ，その展開に現れた

---

262)　*See* Frontier Dispute (Burk. Faso v. Mali), 2013 I.C.J. 69.

263)　和解条件を記録する例として，*see* Aerial Herbicide Spraying (Ecuador v. Colom.), 2013 I.C.J. 279.

264)　*See* Dispute over the Status and Use of the Waters of the Silala, 2022 I.C.J. 636.

265)　PCIJ は，「訴訟当事国両方が仲裁判断の既判力を認めている」という認定の請求を認容している．*See* Société Commerciale de Belgique, 1939 P.C.I.J. (ser. A/B) No. 78, at 175, 178. ITLOS も，被請求国は請求国の請求のほとんどを認諾した以上，それらを誠実に履行すると推定されるとしつつ，暫定措置で認諾の事実を記録するに止めている．*See* Land Reclamation by Singapore in and Around the Straits of Johor (Malay. v. Sing.), 2003 I.T.L.O.S 30.

266)　*See* Ian Brownlie, The Rule of Law in International Affairs: International Law at the Fiftieth Anniversary of the United Nations 32 (Martinus Nijhoff, 1998).

ICJ の制度目的の理解を検討する．すなわち，①大陸棚の境界画定，②漁業管轄権，③裁判権に関する枠組合意，④「制度設定的契約」，そして，⑤核兵器の軍縮・軍備管理である．

①　大陸棚の境界画定

ICJ が交渉義務を初めて認定したのは，北海大陸棚事件においてである．西ドイツがオランダおよびデンマークとそれぞれ締結した特別の合意は，大陸棚の境界画定に適用される原則または規則の認定，および，訴訟当事国が争われている大陸棚の境界を画定「しなければならない（shall）」という認定を請求し，画定自体は訴訟当事国間の交渉に留保していた．西ドイツは，最終申立においても，画定について「訴訟当事国は合意しなければならない（must）」という認定を請求した[267]．ICJ は，国連憲章第 33 条 1 項が交渉を要求していること[268]，および，大陸棚は衡平原則に従って合意に基づいて画定されるべきものであることを理由として，交渉において考慮されるべき事由を示唆しつつ，交渉義務を認定した[269]．この判決は，「国際法の生成しつつある規則を明らかにするものではないとしても」，大陸棚の境界画定に関する交渉で考慮されるべき要素を明確にしたものであった[270]．

この認定は，訴訟当事国の申立に対応するものであると基礎付けられるだけではなく，大陸棚の境界画定に関する国際法の本質にも基礎付けられている．ICJ は，大陸棚の境界画定については，分節化され一般的に適用される規則が存在すべきであるとはいえないとする．というのも，大陸棚の境界画定を規律する法が問題となるのは抗争が生じた場合のみであり[271]，その場合には，係争区域の条件に適応した決定のために十分な基礎を提供する原則が存在することから，それを適用すれば画定できると考えられるからである[272]．つまり，大陸棚の境界画定は個別性が強い問題であり，規則ではなく原則に則って解決されるべきであるとしたのである．

---

267) *See* North Sea Continental Shelf, 1969 I.C.J. 6.

268) *See id*. at 47 ［邦訳 395 頁］.

269) *See id*. at 50 ［邦訳 399 頁］．判決は，訴訟当事国間の従来の交渉は交渉義務を履行し終えたという条件を満たすものではないと認定した．*See id*. at 48 ［邦訳 395 頁］.

270) *See id*. at 83 (separate opinion of Judge Jessup).

271) *See id*. at 32 ［邦訳 383 頁］.

272) *See id*. at 51 ［邦訳 397 頁］.

352　第 5 章　暫定措置および判決の形成における抗争

　この判決の後，大陸棚の境界画定に関する訴訟は ICJ に繰り返し付託されることになり，ICJ は規則を分節化する機会をもったが，そうしようとはしなかった．むしろ，ICJ は調停したり配分的正義（distributive justice）に従って判断したりするわけではないと断りつつ，衡平原則を適用する際に考慮されるべき要素の比重に関する精確な規則を分節化することは不可能であり，この「原則の衡平性は衡平に適う結果に至るという目的への有用性という観点から評価されなければならない」として，結果の衡平性を重視することを選んだ[273]．つまり，等距離中間線を暫定的に引き，関連事情に照らしてそれを修正し，不衡平でないかを検証するという 3 段階の手順がとられるようになっているのである．そして，第 3 段階では，第 2 段階までに十分考慮されなかった要素が参照されるともいわれるが[274]，実際には，第 2 段階で引かれた境界によって配分された海域や資源の比率などが審査されるのではなく，ICJ，ITLOS および仲裁廷の先例と懸隔していないことが確認されている[275]．

　ICJ は，地理的・地質的要因のみならず，政治的・経済的要因も考慮事由になるとして，例えば，資源への衡平なアクセスを保障するという考慮も必要であるとしている[276]．論理の上では，ここで適用される原則は実定法の中の衡平であるとされているが，予測の問題としては，ICJ は衡平および善による判断と区別することが不可能な実践をおこなっていると認識されるであろう．

　結果の衡平性を取り込む判示に対しては，結果の便宜的評価をおこなうことを認めたものであるとする批判や，衡平および善による決定と異ならないとする批判も根強い[277]．例えば，メイン湾事件判決は，地理的要因のみによる境界画定が一方当事国の沿岸経済に重大な損害を与えて不衡平になることを避けるという考慮事由を特定していたのに対して，「グリーンランド・ヤンマイエン間の海洋境界画定事件［以下，ヤンマイエン事件］」判決（1993

---

273)　*See* Continental Shelf (Tunis. v. Libya), 1982 I.C.J. 59-60.

274)　奥脇直也「国際調停制度の現代的展開」立教法学 50 号（1998 年）34，57 頁．

275)　*See* Territorial and Maritime Dispute, 2013 I.C.J. 715-717. ここで想起されるのは，「比較は証拠にならぬ」（樋口陽一『比較のなかの日本国憲法』（岩波書店，1979 年）3 頁）という警句である．

276)　*See* Jan Mayen, 1993 I.C.J. 79.

277)　*See* Gulf of Maine, 1984 I.C.J. 382 (dissenting opinion of Judge Gros).

年）は，裁量権を限界付ける考慮事由を特定することなく，漁業資源の多い海域を均分するという配分的正義に従ったと批判されている[278]．衡平な結果さえもたらせばどのような手法でもよいという時期は判例の発展によって過去となるべきものであるといわれたのである[279]．

　結局，ICJ は，大陸棚の境界画定は本質的に「特異なもの（*unicum*）」[280]であり，「事件ごとの特徴に合わせて仕立て上げた解決（tailor-made solutions）」でなければ訴訟当事国から受け入れられる解決をもたらしえないという立場に落ち着いたと考えられる[281]．国連海洋法条約にも「境界画定に関するルールは，ほとんどないに等しい」[282]のである．そこで，ICJ は，大陸棚の境界画定は訴訟当事国の合意によるべきことが国際法の「基本的規範」[283]であるとするに至っている．このような理解は，海洋の境界を確定する判決が既存の権利の確認ではなく，それを形成するものであるとする理解につながる．この点で示唆的なのは，後に下された判決で相手国の主権的権利が及ぶと決定された海域における活動について，判決前の請求が誠実になされていた場合には，それを相手国の主権的権利の侵害であるとみなすことはできないという判示である[284]．形成訴訟（*adjudicatio*）という類型の訴訟が国際法に存在するかどうかには争いがありうるものの[285]，もし存在するとすれば大陸棚の境界画定こそがそれに当たると考えられる[286]．

---

278) *See* Jan Mayen, 1993 I.C.J. 118–129 (separate opinion of Judge Schwebel).

279) *See* Argument of Mr. Weil (Bahr.), Maritime Delimitation and Territorial Questions, at 29 (CR2000/16, June 15, 2000).

280) Argument of Mr. Queneudec (Qatar), Maritime Delimitation and Territorial Questions, at 29 (CR2000/19, June 13, 2000). *Contra* Argument of Mr. Weil (Bahr.), Maritime Delimitation and Territorial Questions, at 24–25 (CR2000/25, June 27, 2000).

281) *See* A.O. ADEDE, THE SYSTEM FOR SETTLEMENT OF DISPUTES UNDER THE UNITED NATIONS CONVENTION ON THE LAW OF THE SEA 804 n.10 (Martinus Nijhoff, 1987).

282) 柳井俊二「国際海洋法と日本」調研クオータリー 19 号（2006 年）52, 62 頁．

283) Gulf of Maine, 1984 I.C.J. 299.

284) *See* Maritime Delimitation in the Indian Ocean (Somal. v. Kenya), 2021 I.C.J. 281.

285) 形成訴訟という類型の訴訟は国際法においては認められていないという見解として，*see* HERSCH LAUTERPACHT, PRIVATE LAW SOURCES AND ANALOGIES OF INTERNATIONAL LAW WITH SPECIAL REFERENCE TO INTERNATIONAL ARBITRATION 107 n.3 (Longmans, 1927).

286) 衡平および善による判決を形成判決と呼ぶ例として，*see* 2 PAUL GUGGENHEIM, TRAITÉ DE DROIT INTERNATIONAL PUBLIC: AVEC MENTION DE LA PRATIQUE INTERNATIONALE ET SUISSE 166 (Georg, 1954).

354　第 5 章　暫定措置および判決の形成における抗争

　このような認識は，ICJ の実践を裏から説明することになる．というのは，ICJ は，訴訟当事国が適用される国際法の認定のみを請求し，実際の画定を交渉に明示的に留保している場合にも，自身で境界を画定することが抗争解決のために必要であるとして，そうしてしまうようになったからである．実際に，北海大陸棚事件判決の後，交渉義務の認定に止まる判決は存在しない．

　例えば，チュニジア＝リビアの大陸棚事件において，特別の合意は，境界画定に適用される国際法の認定，および，訴訟当事国の専門家が困難なく境界を画定することができるようにそれを適用する実際的方法（practical method）の認定を求め[287]，訴訟手続において，訴訟当事国は実際の境界には複数の可能性があることに合意していた[288]．ところが，ICJ は，実際的方法として，自身でおおよその境界を提示したのである[289]．また，ヤンマイエン事件においても，ノルウェーが境界線の線引き（demarcation）は交渉に留保すべきであると主張したにもかかわらず，ICJ は，その線引きを訴訟当事国に委ねると自身に付託された責務を果たすことにならないとして，デンマークの追加的申立に従って境界線を引いている[290]．

　ICJ が交渉義務の認定に止まろうとしない理由は，「裁判所は，その司法機能に属しない説得による調停を試みるべきではなく，請求に応じて法を宣明しなければならない」[291] とする国際法発展志向に基づく批判を受け入れたからと考えられるかもしれない．しかし，そうではなく，抗争解決志向に則った行動であると考えるべきであろう．

　たしかに，北海大陸棚事件は，判決を受けておこなわれた交渉の結果として締結された条約（1971 年）が抗争を解決した．しかし，当該条約は，その前文において判決を基礎にしたことを確認しているものの[292]，実際には，判決では慣習法として成立していないと認定された等距離規則を基礎として，

---

287) *See* Continental Shelf (Tunis. v. Libya), 1982 I.C.J. 23.

288) *See id.* at 79.

289) *See id.* at 92-94.

290) *See* Jan Mayen, 1993 I.C.J. 88-89. ただし，ICJ は，抗争状況によっては，正確な座標を決定することなく，それを善隣精神に基づく訴訟当事国の決定に留保することもある．*See* Maritime Dispute (Peru v. Chile), 2014 I.C.J. 71.

291) Continental Shelf (Tunis. v. Libya), 1982 I.C.J. 156 (dissenting opinion of Judge Gros).

292) *See* Treaty Concerning Delimitation of the Continental Shelf of the North Sea preamble, Jan. 28, 1971, Den.-F.R.G., 25 I.C.J. Y.B. 118-122 (1970-1971).

政治的・経済的考慮を加えたものであったと指摘されている[293]．判決は，等距離規則を厳格に適用した場合よりも西ドイツの大陸棚が狭いものではないという前提を形成し，そのことが交渉を促進したといわれることもある[294]．しかし，デンマークおよびオランダはもともと，等距離規則を厳格に適用した場合よりも西ドイツの大陸棚が狭いと主張していたわけではない．争われていたのは，大陸棚を海岸線の長さと比例させるべきであるという西ドイツに有利な事由をどこまで上乗せして考慮すべきかであった．判決がこの点について十分な回答を与えたかどうかは問題となりえたのである．

　国連海洋法条約は，第83条1項において衡平原則の分節化を放棄し，かつ，抗争の強制的解決制度を創設しながら，第298条1項において，大陸棚の境界画定に関する紛争を当該制度から除外することをその当事国に認めた．同条約第83条3項は，暫定的取極を締結する努力義務を課すに止めている．このことを踏まえると，衡平原則の適用に際して考慮される事由やその間の優先順位に関する規則が分節化されていない状況で大陸棚の境界画定に関する紛争をICJに付託するということは，訴訟当事国が考慮事由などを指定するのでない限り，実質的には，衡平および善による画定の授権を含意すると考えるほかない[295]．つまり，訴訟当事国の国内事情などが原因で交渉による妥結が困難であるが，譲歩しえない利益がかかっているわけではない場合に，規則の適用という他の場合には期待される理由付けを伴うことなく——そのような理由付けは，個々の理由に対する批判を可能にするので，むしろ望ましくない——原則の適用として終局的解決をもたらす判決を下すことがICJに期待されると考えられるのである．

　もちろん，このような大陸棚の境界画定は本来，経済的利害などを総合的に考慮することが正式に認められる調停委員会による処理になじむであろう[296]．衡平および善による裁判の授権は明示的になされなければならないことから[297]，それが黙示的に授権されているという理由付けではなく，衡

---

293) *See* Dedo von Schenck, *Die vertragliche Abgrenzung des Festlandsockels Unter Bundesrepublik Deutschland, Dänemark und den Niederlanden dem Urteil des Internationalen Gerichtshofes vom 20. Februar 1969*, 15 JAHRBUCH FÜR INTERNATIONALEN RECHT 370 (1971).

294) 宮野洋一「国際紛争の解決とICJの機能に関する一試論」法学新報95巻9・10号（1989年）21，55頁．

295) *See* Jan Mayen, 1993 I.C.J. 105-111, 113-114, 116 (separate opinion of Judge Oda).

平原則の適用であるとする必要もあるが，このような擬制が訴訟当事国に受け入れられ，さらに，ICJ 規程当事国の ICJ に対する信頼を損なわないためには，係争海域の個別性および他の海域の事例との整合性についてできる限りの説明がなされ，広く実質的納得が得られなければならないと考えられる．

② 漁業管轄権

漁業管轄権事件において，イギリスがアイスランドによる漁業管轄権の拡大は違法であるという宣言を請求したところ，ICJ は，それがイギリスに「対抗力をもたない（not opposable）」と認定した上で，「漁業および公海生物資源保全に関する条約」（1958 年）の第 6 条および第 7 条が漁業資源の保存に関する措置について認めているような，沿岸国であるアイスランドの優先権（preferential right）とイギリスの伝統的漁業権（traditional fishing right）とがともに存在するので，それらを調整するための「交渉義務は，まさにその権利の本質から帰結される」として，交渉を開始する義務を認定し，そこで考慮されるべき事由を列挙した[298]．

対抗力には，適法な行為を第三国に受け入れさせる「法に基づく対抗性」と，適法かどうかにかかわらず相手国の承認にその行為の妥当性を基礎付ける「承認に基づく対抗性」とがあるといわれる[299]．そうであるとすれば，ここでは，イギリスは後者の意味の承認をおこなっていなかったと認定されたと考えられる．

この判決に対しては，調停者が拘束力なく交渉を勧告したり，交渉の指針を提示したりする場合と異ならず，ICJ の司法機能を変質させるという反対意見があった[300]．つまり，ICJ の任務は，訴訟当事国の請求のいずれが法的に妥当であるかを悉無的に決定することであるというのである[301]．この

---

296) *See, e.g.,* Conciliation Commission on the Continental Shelf Area Between Iceland and Jan Mayen, Report and Recommendations to the Governments of Iceland and Norway（May, 1981），20 I.L.M. 823（1981）.

297) *See* Free Zones, 1930 P.C.I.J.（ser. A）No. 24, at 10.

298) *See* Fisheries Jurisdiction（U.K. v. Ice.），1974 I.C.J. 32, 34-35［邦訳 427，428 頁］.

299) 江藤淳一「国際法における対抗性の概念」東洋法学 36 巻 1 号（1992 年）87，149-151 頁.

300) *See* Fisheries Jurisdiction（U.K. v. Ice.），1974 I.C.J. 143（dissenting opinion of Judge Gros）. 訴訟当事国は，暫定協定を締結していたので，さらに交渉を試みる義務を負うとは考えられないとする反対意見もあった．*See id.* at 159-160（dissenting opinion of Judge Petrén）.

301) *See id.* at 149（dissenting opinion of Judge Gros）.

立場に立てば，「承認に基づく対抗性」という類型はそもそも存在せず——
違法性阻却事由としての同意（国家責任条文第20条）は，同意の対象となる
行為が本来違法であることを前提とする——，実体法の問題として悉無的決
定は常に可能であり，司法機関としてその判断を義務付けられることになる．

しかし，ICJは，この判決を2つの点で正当化できるとした．

第1に，ICJは，この判決はイギリスの申立に対応しているとする．同国
の最終申立は，アイスランドによる漁業管轄権の拡大が「国際法上の基礎を
欠き無効」であるという認定，および，訴訟当事国は「誠実に共同して［漁
業資源の保全の問題を］検討する義務を負う」という認定を請求した[302]．訴
訟手続の中で，ディラードが，前者の認定は後者を認定するために不可欠の
前提であるかどうかを求釈明したところ[303]，イギリスは不可欠の前提とは
考えないと応えている[304]．この質疑応答を通して，イギリスは，その請求
目的が漁業管轄権の拡大を規律する国際法の認定や，回復の1つの形式とな
る「満足」の獲得ではなく，漁業管轄権の拡大を一方的におこなうことは許
されず，アイスランドが同国と漁業資源の配分に関して交渉する義務を負う
とする認定の獲得にあることを明確化したと考えられるのである．ICJは，
訴訟当事国の釈明に助けられたと判決の中で述べている[305]．

この判決は，並行審理された訴訟における西ドイツの申立に影響されたも
のであると考えられる．同国は，アイスランドの措置が同国に対抗しえない
こと，および，漁業資源の保全は沿岸国の漁業管轄権の一方的拡大ではなく
関係国の合意を基礎としておこなわれなければならないことの認定を請求し
ていた[306]．核実験事件の場合と同じように，並行審理される訴訟では，2
つの請求国が異なる請求を構成しても，同じ主旨のものと認定されることが
あるのである．

なお，西ドイツは，第3次国連海洋法会議で沿岸国の管轄権の拡大が議論

---

302) *See id.* at 7.

303) *See* Question of Judge Dillard, 1974 I.C.J. Pleadings (1 Fisheries Jurisdiction) 451 (Mar. 25, 1974).

304) *See* Argument of Mr. Slynn (U.K.), 1974 I.C.J. Pleadings (1 Fisheries Jurisdiction) 488 (Mar. 25, 1974).

305) *See* Fisheries Jurisdiction (U.K. v. Ice.), 1974 I.C.J. 9［邦訳415頁］.

306) *See* Fisheries Jurisdiction (F.R.G. v. Ice.), 1974 I.C.J. 178.

されていることに鑑みて，当面する漁業管轄権の拡大は海域ごとの事情に合わせて，関係国の合意によって決定されるべきであるとも主張していた[307]．この点も考慮されたとするならば，本件判決は，実体法の性質を反映すると同時に，言渡し時点の法的状況に鑑みて認定の射程を抗争解決に必要なものだけに止めるという司法政策の考慮も反映していると理解できる．

　第2に，ICJ は，判決が認定した交渉義務は，国連憲章第33条を基礎にするとともに[308]，漁獲に関する権利の本質にも適合するものであるとした．ICJ は交渉義務を履行する際に考慮されるべき事由も列挙したが，資源の衡平な利用もそこに含めるなど，問題が経済的・社会的に複雑な要素で構成されることを認めていた[309]．それゆえ，当該配分は，係争漁場に関する情報を誰よりももつ訴訟当事国が自身で決定すべきであるとしたのである[310]．その意味では，漁業管轄権に関する抗争は，本来調停になじむものであった[311]．もちろん，ICJ は，判決理由において，当該決定は「他国の権利および万人のために［漁業資源を］保全する必要性に相当の考慮を払う義務」と両立すべきものであると断り[312]，漁業管轄権の設定の対世的影響に注意を喚起し，訴訟当事国間でなされる決定が第三国を巻き込む抗争へと拡大することを防止しようとしている．

　いずれにしろ，アイスランドは不出廷であったので，ICJ は訴訟当事国からの情報を十分得ることができなかった．ICJ が職権で漁業資源に関する情報を収集しようとすると，鑑定人を利用するなどコストが高くつくことになりかねなかったという事情も，ICJ が交渉による解決を指示した付加的理由となったかもしれない[313]．

---

307) *See* Memorial of the Federal Republic of Germany（F.R.G. v. Ice.），1975 Pleadings（2 Fisheries Jurisdiction）257-258（Aug. 1, 1973）.

308) *See* Fisheries Jurisdiction（U.K. v. Ice.），1974 I.C.J. 32 ［邦訳 426 頁］.

309) *See id.* at 34-35 ［邦訳 427 頁］.

310) *See id.* at 32 ［邦訳 426 頁］.

311) 山本草二『海洋法』（三省堂，1992 年）387 頁. *But see* Shigeru Oda, *Fisheries*, 77 AM. J. INTL L. 744-746 (1983).

312) *See* Fisheries Jurisdiction（U.K. v. Ice.），1974 I.C.J. 31 ［邦訳 425 頁］. 判決主文においては「万人」への言及はなされていない. *See id.* at 34-35 ［邦訳 427-428 頁］.

313) アイスランドが法廷外で表明した主張について，佐伯富樹『英国・アイスランド漁業紛争』（泉文堂，1979 年）138-141，169-171 頁.

なお，北大西洋漁業事件仲裁（1910年判断）[314]において，付託合意が漁業紛争の解決に関する規則と手続の決定を請求したのに対して，仲裁廷は，それらの決定だけでは解決にならないとして，漁獲割当量そのものの合理性を問題とした[315]．しかし，この判断には，権限踰越であるという批判があった[316]．この批判の背後には，仲裁当事国の意思の尊重と同時に，仲裁当事国が陳述によって情報を十分提出した問題に判断を限定すべきであるという考慮も存在すると考えられる．

漁業管轄権の拡大は，船舶の航行能力はもちろん，漁獲・冷蔵・運搬などに関する技術の進歩に伴って生じてきた新しい問題であり，漁業管轄権事件当時は，沿岸国が遠洋漁業国に挑戦し，新たな規則の確立が第3次国連海洋法会議において模索され始める時期であった．それゆえ，ICJ が現行国際法に従って遠洋漁業国の公海における漁獲の自由を認定しても，同会議で妥協が成立すれば，それは直ちに歴史的関心の対象にすぎなくなると考えられた[317]．イギリスも，漁業管轄権の及ぶ海域の幅員に関する旧来の国際法だけに依拠しようとはしなかった．そこで，ICJ は，一方で，同会議の妥結前に「形成途上にある法を先取りして（*sub specie legis ferendae*）」判決を下すことはできないこと[318]，他方で，「法が変更される可能性は常に存在するが，その事実は，裁判時に存在する法に基づいて判決を下す義務から裁判所を解放するものではない」[319]ことを確認しつつ，国際法の欠缺を認定して裁判拒否に陥ることを回避するために[320]，裁判時の国際法として交渉義務を認定したと考えられるのである．

---

314) North Atlantic Coast Fisheries, 11 R.I.A.A. 173.

315) 付託合意第3条は，イギリスの規制の合理性に関する検討を仲裁廷が3人の専門家による委員会に依頼する権限をもつと規定し，同第4条はそれに関する勧告を要請していた．この状況で，仲裁廷は，第3条に基づく委員会を恒久化する漁業混合委員会の新設を勧告した．*See id.* at 188-192.

316) *See* Sir Hersch Lauterpacht, *Some Observations on the Prohibition of 'Non Liquet' and the Completeness of the Law, in* SYMBOLAE VERZIJL 196, 213 n.3 (Martinus Nijhoff, 1958).

317) *See* SIR CL. HUMPHREY M. WALDOCK, THE INTERNATIONAL COURT AND THE LAW OF THE SEA 16 (T.M.C. Asser Institute, 1979).

318) *See* Fisheries Jurisdiction (U.K. v. Ice.), 1974 I.C.J. 24-25 ［邦訳 420 頁］.

319) *Id.* at 32 ［邦訳 417 頁］. *See also id.* at 66 (separate opinion of Judge Dillard) (裁判時の現行法が法的指針の提示に止めることを ICJ に要求しているとする).

320) *See id.* at 34-35 ［邦訳 427-428 頁］.

360 第 5 章 暫定措置および判決の形成における抗争

　この判決の背後には，漁業管轄権の幅員に関する海洋法という対世的争点を取り上げることは自己目的ではなく，争われている特定の漁業管轄権の対抗力を訴訟当事国間で相対的に決定することがその任務であるとする理解が存在すると考えられる[321]．結局，この判決は抗争状況を改善することに貢献したと評されている[322]．第 3 次国連海洋法会議において，排他的経済水域を認める条約が合意されるときには（現在の国連海洋法条約第 57 条），従来の主張を追求しないことをイギリスも決定していたのである．

③　裁判権に関する枠組合意

　海洋境界画定と領域問題事件において，カタールは，訴訟当事国が締結していた枠組合意を基礎として，訴訟を一方的に付託した．当該枠組合意は，申立の形成を留保している点で特別の合意と異なり，枠組合意に特定された紛争の主題が申立を形成する範囲をあらかじめ特定している点で，請求国が一方的に形成する訴状と異なるものであった．この枠組合意は，ICJ に付託する際の方式として，特別の合意の提出と訴状の提出とのいずれによるかについては決定していなかった．カタールは，訴状を一方的に提出して訴訟を付託したが，枠組合意において付託事項とされていたハワール諸島およびズバラの主権の問題については申し立てなかった．そこで，バーレーンは，枠組合意で特定された付託事項の一部のみを付託する訴状は裁判権を成立させえないと主張した．

　ICJ は，バーレーンの主張を認めたが，訴訟を直ちに却下しなかった．その代わりに，付託事項全部を付託すべきであるので，訴訟当事国はそのため交渉義務を負うと認定したのである[323]．それまで，ICJ は裁判権の有無については悉無的に判断し，裁判権が成立しない場合には訴訟を直ちに却下していた[324]．この慣行を逸脱した根拠は，枠組合意に具現されている訴訟当事国の意思のみであった．

　この判決に対しては強い批判がある．まず，バーレーンは訴訟の却下を申

---

321) *See* BROWNLIE, *supra* note 266, at 25-26.
322) *See* JORDAN J. PAUST ET AL., INTERNATIONAL LAW AND LITIGATION IN THE U.S. 760 (Thomson Reuters Business, 2000).
323) *See* Maritime Delimitation and Territorial Questions, 1994 I.C.J. 122-127 （訴状が「紛争の全体」を付託していないことは，請求国も認めているとする）.
324) *See* FITZMAURICE, *supra* note 20, at 516.

し立てているので，それに対応しない判決は，判決としての条件を満たさないという批判である[325]．また，枠組合意が一方的付託の機会を保障するものであるかどうかについて，双方聴取が保障されなかったという批判もある[326]．すなわち，ICJ が職権で取り上げた法的根拠を訴訟当事国に聴取の機会を与えずに判決理由とした点で共通する南西アフリカ事件第2段階判決と比較しても，同判決が訴訟却下の法的根拠を本案判断請求適格の欠如であるとまがりなりにも説明していたのに対して，この判決は法的根拠を何ら説明していないこと，そして，同判決が本案判断請求適格の問題に関する主張はすでに十分顕出しているので双方聴取は必要ではないと説明していたのに対して，この判決は双方聴取が必要ではない理由をいっさい伴っていないことが問題となるのである．さらに，裁判権が確立して初めて審理され，決定されるべき訴訟当事国の義務を，中間判決（interlocutory judgment）に偽装された事実上の勧告として認定すべきではない，という批判も存在する[327]．

　この判決は「建設的外交」[328] の試みであったという評価もないわけではない．しかし，この判決に続く交渉は妥結することなく，両国は交渉に関する報告書を各々提出し，バーレーンはカタールの報告書に対する所見も提出した．結局，ICJ は，カタールが新たに提出した訴状を基礎として，裁判権に関する口頭手続を再開し，当該訴状に基づいて裁判権を認定した[329]．この判決に対しても，「紛争の全体」の意味について訴訟当事国の見解が相違していたにもかかわらず，その点に関して陳述する機会をバーレーンに与えなかったことから，ICJ は「手続法の一般原則」に抵触したとする批判がある[330]．

---

325) *See* Maritime Delimitation and Territorial Questions, 1994 I.C.J. 130-131 (separate opinion of Judge Schwebel).

326) *See* Elihu Lauterpacht, *'Partial' Judgments and the Inherent Jurisdiction of the International Court of Justice, in* FIFTY YEARS OF THE INTERNATIONAL COURT OF JUSTICE ESSAYS IN HONOUR OF SIR ROBERT JENNINGS 465, 474-475 (Vaughan Lowe & Malgosia Fitzmaurice eds., Cambridge University Press, 1996).

327) *See* Maritime Delimitation and Territorial Questions, 1995 I.C.J. 40-41 (dissenting opinion of Judge Oda).

328) Lauterpacht, *supra* note 326, at 472-473.

329) *See* Maritime Delimitation and Territorial Questions, 1995 I.C.J. 26.

330) *See id.* at 42-43, 49-50 (dissenting opinion of Judge Oda).

362 第5章 暫定措置および判決の形成における抗争

バーレーンは，判決を不服として，書面手続の期限を定めるためのカタールおよび裁判長との会合への出席を拒否したが，その後，手続に復帰した[331]．枠組合意に基づく交渉義務の認定は，結果としてはカタールによる訴状の修正を通して裁判権を成立させ，本案判決が下される道を開いた．

④ 「制度設定的契約」

勧告的意見においても，ICJ は交渉義務を認定している．「WHO・エジプト間の 1951 年 3 月 25 日協定の解釈［以下，WHO・エジプト協定事案］」勧告手続において，WHO は，その地域事務所をエジプトから他国に移転させる際に，1951 年協定第 37 条が適用されるかどうかについて勧告的意見を要請した．同条は，一方当事者が同協定の改定を要請する場合に，当事者は協議しなければならないとした上で，協議が 1 年以内に妥結しない場合には，当事者いずれかの通告によって 2 年後に失効すると規定していた．ICJ は，WHO の要請に直接応えず，「真の問題」は当該事務所を移転する条件の確定であるとして[332]，1951 年協定は「制度設定的契約（contractual legal régime）」[333] であるので，業務の中断を避けるために，当事者が協力義務を負うと認定した[334]．

この意見に対しては，WHO が定式化した要請を ICJ が構成し直し自問自答することは許されないという批判がある[335]．また，交渉義務を認定するならば，業務を継続しながら当該事務所を移転させる場合の具体的指針も提示すべきであったという批判がある[336]．しかし，ICJ は，一方で，エジプトの態度に鑑みて，諮問された条約解釈の問題に回答するだけでは抗争解決

---

331) *See* Maritime Delimitation and Territorial Questions, 1995 I.C.J. 83-84.

332) この要請の認定は，抗争を参照する紛争の認定と同じ手法である．第 2 章第 2 節参照．

333) Interpretation of the Agreement of 25 March 1951 Between the WHO and Egypt, 1980 I.C.J. 92.

334) *See id.* at 96. 日本においても，共同の目的のために協力する有機的関係が契約関係であり，それは「信義則によって支配される一個の共同体」であるとみなされることがある．我妻栄『新訂 債権総論（民法講義IV）』（岩波書店，1964 年）7 頁．このような契約理解は，個人主義の台頭とともに一時は否定されたが，近年「関係的契約」として再評価されている．内田貴『契約の時代』（岩波書店，2000 年）322-323 頁．

335) *See* Agreement Between the WHO and Egypt, 1980 I.C.J. 192（dissenting opinion of Judge Morozov）.

336) 波多野＝尾崎編前掲書（注 27）486 頁［波多野執筆］.

に結び付かず，WHO に有用であるとはいえないが[337]，他方で，当事者いずれも地域事務所の移転の条件に関する具体的請求を提出しなかったので，対立的主張を踏まえて ICJ がそれを同定することは不可能であるという状況に陥っていた．そこで，同協定自体が国際機構とその加盟国の紐帯を基盤とする交渉に抗争の解決を委ねているとしたと考えられる．

この交渉義務の根拠は 2 つあると考えられる．

第 1 に，国際機構の活動が要請の主題であることである．国際機構においては，活動の継続性を維持するために，例えば，問題のある決定についても，それを当初から無効であったとすることなく，将来に向けた妥協によって問題を解消することが必要となる．実際に，「IMCO 海事安全委員会の構成事案」勧告的意見（1960 年）は，船腹保有上位 8 か国が政府間海事協議機関（IMCO）——1982 年に IMO へと改称——の海上安全委員会を構成するという規定にもかかわらず，IMCO が便宜置籍国を同委員会から排除した際に，ICJ は，そのような排除を IMCO 条約に違反するとした[338]．IMCO 総会は，一方では，新たな委員会を構成したり，旧委員会の活動を追認したりするなど，旧委員会の設立が無効であったことを示唆したが，他方では，旧委員会を「解散」するとしたり，新たに構成された委員会は旧委員会の残余任期ではなく完全な任期をもつとしたりするなど，継続性の維持も図った[339]．国際機構の活動に関するこのような妥協的解決は，ICJ による一義的決定ではなく，当事者の交渉によって初めて可能であると考えられるのである．

もう 1 つは，判断を下す手続が争訟手続ではなく勧告手続の対象であることである．勧告手続においては，ICJ は紛争を処理する義務を負わず，要請機関に適切な法的支援をおこなえば任務を果たしたことになる．実際に，WHO 総会は，本件勧告的意見を受諾し，それに従う交渉を開始することを

---

337) なお，勧告的意見の要請の定式化に関する問題を回避するために，例えば，国連総会による要請の起草の際に，その下部機関として法律問題を扱う第 6 委員会に法的助言を求めるべきであるという指摘がある．*See* Sir Kenneth Keith, *The Advisory Jurisdiction of the International Court of Justice: Some Comparative Reflections*, 17 AUSTL. Y.B. INT'L L. 39, 53 (1996).

338) *See* Constitution of the Maritime Safety Committee of the Inter-Governmental Maritime Consultative Organization, 1960 I.C.J. 159-161.

339) *See* E. Lauterpacht, *The Legal Effect of Illegal Acts of International Organisations, in* CAMBRIDGE ESSAYS IN INTERNATIONAL LAW 88, 106 (Stevens, 1965).

364   第5章　暫定措置および判決の形成における抗争

事務局長とエジプトとに要請する決議を採択した[340]．結局，勧告手続に費やされた時間がいわば冷却期間となり，当事者の交渉によって当該事務所は移転されないという妥協が成立し，この抗争は解決した．

⑤　核兵器の軍縮・軍備管理

勧告的意見のもう1つの例は，「核兵器を用いた威嚇または核兵器の使用は，いかなる状況においても（in any circumstances），国際法の下で許容されるか」[341] という国連総会の要請に応えた核兵器使用等の合法性事案意見である．この意見では，この問題に回答した主文2の6つの項のうち，Eが最も知られている．投票が可否同数となり，所長が決定票を投じて成立したこの主文は，前段で核兵器の使用等が一般的に国際法に違反するとし，後段で「国家の存続が危機に陥っている自衛の窮極的な状態においては，その問題に確定的回答を与えることはできない」[342] とした．「結論を得ることができなかった」とする文言は，第2次世界大戦の際に「日本人」——約3分の2が合衆国の国籍をもつ日系人——を強制収容所に収容した措置の違憲性を否定したコレマツ事件合衆国最高裁判決の際に，H・ブラック裁判官が執筆した法廷意見で用いられた文言と同じである[343]．この文言は，「とりわけ国家安全保障の分野で，裁判所が違憲な行為に屈服するまさにそのときにしばしば聞く言葉である」[344] と評されている[345]．

勧告的意見における判断不能

核兵器の使用等の合法性事案勧告的意見主文2（E）は法の欠缺の宣言

---

340) *See* 35 I.C.J. Y.B. 139 (1980-1981).

341) Threat or Use of Nuclear Weapons, 1996 I.C.J. 226, 228.

342) Threat or Use of Nuclear Weapons, 1996 I.C.J. 266. この意見には，PCIJ と ICJ の歴史でおそらく初めて裁判官全員が意見を付した．*See* Christopher Weeramantry, *Main Findings of the Court and Legal Development Since 1996, in* Freedom from Nuclear Weapons Through Legal Accountability and Good Faith 4, 5 (World Court Coalition ed., Spokesman Press, 2007).

343) *See* Korematsu v. United States, 323 U.S. 214, 217-218 (1944).

344) Louis Fisher, Defending Congress and the Constitution 332 (University Press of Kansas, 2011).

345) なお，日本の裁判所による「違憲状態」という認定は「まあ，どっちでもいい」という判断であるとする批判がある．「『状態』というのは，自然科学の領域では決定権を持たないもの」であるというのである．黒川清『考えよ，問いかけよ——「出る杭人材」が日本を変える』（毎日新聞出版，2022 年）214 頁．

であるといわれる[346]．しかし，この理解には2つの留保が必要である．

1つは，この宣言は，抗争解決の必要性ゆえに法の欠缺の宣言が禁止される争訟事件ではなく，そのような必要がない勧告的意見であればこそ可能であったと考えられることである[347]．ICJは判断を留保しただけであり，法の欠缺を積極的に認定したと理解する必要はない．

もう1つは，「提出された情報を前提とする限り」という留保が付された決定であることである[348]．本件手続は，具体的抗争を背景とするものではなかったことから，原則の判断のみを目的として情報が収集された．特定の抗争を対象とする訴訟が付託されて，訴訟当事国が対決的に陳述を尽くすならば，ICJは核兵器使用等の事実について，合法性を悉無的に判断しうると考えられるのである．

勧告的意見が原則の認定に止め，規則の認定に踏み込まないことは少なくない．例えば，留保事案勧告的意見は，ジェノサイド条約に付すことが認められる留保の類型を問う「第1の問題には，その抽象的性質のために，絶対的解答を与えることは困難である．あらゆる留保とその留保に対して申し入れられることのあるべき異議の評価とは，それぞれの場合の特別の事情に依存する」とした[349]．ICJは，当該「特別の事情」が対審構造の訴訟手続にかけられれば，具体的留保とそれに対する異議を評価することが当然可能であるとしているのである．

また，損害賠償事案においても，ICJは「国連が正当に得ることのできる賠償の明確な範囲を決定するように求められていない……［陳述されたのは］例示であるにすぎず，国連自身が被りうる一切の種類の損害を予見しようとは思わない」としている[350]．そして，国連の請求権と被害者の国籍国の請求権とが競合する場合には，その調整については，「いずれかに国際請求の提出を差し控えるよう義務付ける法の規則は存在しない」としながら，国連憲章第2条5項に規定される国連援助義務などを踏まえて，

---

346) 朴培根「国際法規の不存在と国際法上の合法性の判断」九州大学法政研究63巻2号（1996年）351，375-376頁.

347) *See* Weil, *supra* note 219, at 109.

348) *See id.* at 111-114.

349) *See* Reservation, 1951 I.C.J. 26［邦訳69頁］.

350) *See* Reparation, 1949 I.C.J. 181［邦訳134頁］.

366　第 5 章　暫定措置および判決の形成における抗争

個々の場合の固有の事情および「善意と良識に鼓吹された解決」に委ねられると認定した[351]．なお，「南西アフリカの国際的地位事案」勧告手続（1950 年意見）で，南西アフリカの法的地位は「いかなるものであるか」という一般的問題と 3 つの具体的問題が要請された際に，ICJ は，後者にそれぞれ回答することが前者に応えることになるとして，前者を独立の問題として審理する必要はないとしている[352]．

　しかし，最も影響が大きかったのは主文 2（F）である[353]．この主文は，核軍縮を導く交渉を信義に従い誠実に遂行し完結させる義務が存在すると認定したが[354]，それは国連総会が定式化した要請に対応するものではなかった[355]．この意見までは，勧告的意見についても，主文については「要請を越えず」という原則が妥当するとされてきた[356]．要請に対応しない意見が主文に盛り込まれることはあっても，それは法的義務の認定ではなく勧告に限られていたのである[357]．ICJ は全員一致で，主文 2（F）を「要請された問題のもう 1 つの側面[358]」として主文に含めた．2 人の裁判官は個別意見で疑問を表明したものの，「全員一致を破ることはなかった」[359]．ベジャウィ所長は，「請求を越えず」という原則は勧告手続には適用されず，要請と「密接な関係」が存在する問題については，要請を越える主文が認められるとする宣言を付した[360]．

---

351)　*See id.* at 185-186, 188［邦訳 137-138 頁］．

352)　*See* Status of South West Africa, 1950 I.C.J. 131［邦訳 187 頁］．

353)　例えば，この主文こそが ICJ の「真意」であると位置付けられる．新井信之「『核兵器使用の違法性』に関する ICJ 勧告的意見のブリーフとその解釈についての一考察」平和文化研究 19・20 号（1997 年）95，123-124，126 頁．

354)　*See* Threat or Use of Nuclear Weapons, 1996 I.C.J. 267.

355)　*See id.* at 310 (separate opinion of Judge Fleischauer).

356)　*See* Voting Procedure on Questions Relating to Reports and Petitions Concerning the Territory of South West Africa, 1955 I.C.J. 74.

357)　*See, e.g.,* Construction of a Wall, 2004 I.C.J. 202.

358)　Threat or Use of Nuclear Weapons, 1996 I.C.J. 263.

359)　モハメド・ベジャウィ（山田寿則 = 伊藤勤訳）「国際法，信義誠実，そして核兵器の廃絶」浦田賢治編『核不拡散から核廃絶へ——軍縮国際法において信義誠実の義務とは何か』（憲法学舎，2010 年）162，177 頁注 9. ここには，第 2 章第 1 節で検討した裁判官の大勢順応による行動という問題が現れている．

第2節　判決の形成における抗争　367

　主文2（F）で認定された義務は，もっぱら国連憲章第33条に規定されている一般的原則に基礎付けられ，核兵器に関する特定の制度にも国家実行と法的信念にも基礎付けられていない．それゆえ，交渉義務の認定そのものが法的根拠を欠くものであると批判される[361]．万が一，交渉義務が存在するとしても，それは合意に達する義務を当然には含まない[362]．それゆえ，この主文が交渉義務の宣言に止まれば，少なくともNPT当事国にとって，核兵器保有国の交渉義務を規定するNPT第6条を繰り返す「気休めの断言」[363]という意味はもちえたかもしれない．しかし，実際には，同条が規定していない交渉完結義務までも宣言しており，それは越権行為であるというほかないものであった[364]．

　ICJは，主文2（F）は従来の交渉に追加的要素を提供するものであるとしているものの[365]，交渉の具体的手続やそれを完結させるべきスケジュールについては全く指示していない[366]．この意見は関係国に具体的政策の変更を要求するものではなく，核軍縮に対する政治的障害を少しも軽減しないと評されるのである[367]．

　国連総会はこの勧告的意見を歓迎することを決議し[368]，同年，包括的核実験禁止条約（CTBT）も採択した．しかし，この意見が核軍縮を実質的に促進したということは困難である．前者の決議は，単なる歓迎を超えて国連が具体的措置をとることを決定するものではない．CTBTも，もともとジュネーヴ軍縮会議でコンセンサス方式によって採択されるはずであったが，コンセンサスの形成に失敗し，国連総会に持ち込まれて多数決にかけられた

360）*See* Threat or Use of Nuclear Weapons, 1996 I.C.J. 274 (declaration of Judge Bedjaoui). *Cf.*
　　id. at 436 (dissenting opinion of Judge Weeramantry)（「要請に応じる」という決定は要請に対
　　応するものではないので，主文に含められるべきではなかったと批判する）．

361）*See id.* シュヴェベルはこの主文に賛成しており，その投票と理由付けとは一致していない．

362）*See* Free Zones, 1932 P.C.I.J. (ser. A/B) No. 46, at 116. *Cf.* United States — Import Prohibi-
　　tion of Certain Shrimp and Shrimp Products, June 15, 2001, WT/DS58/RW, at 79-81, 83
　　（GATT第20条柱書は，協定の締結に向けた「真剣で誠実な」交渉に関係国間が努めることを
　　要求するが，締結自体を要求するものではないと決定する）．

363）Threat or Use of Nuclear Weapons, 1996 I.C.J. 329 (dissenting opinion of Judge Schwebel).

364）*See id.*

365）*See id.* at 237.

366）*See* Michael J. Matheson, *The Opinions of the International Court of Justice on the Threat or
　　Use of Nuclear Weapons,* 91 AM. J. INTL L. 417, 420-421 (1997).

368　第 5 章　暫定措置および判決の形成における抗争

ものであり，核兵器保有国の批准が見込まれず，それを要件としている第
14 条 1 項に従った発効も見込まれていないのである．合衆国，PRC および
イスラエルは署名しているが，インドとパキスタンは署名していない．合衆
国などが署名した理由は，CTBT で禁止されていない臨界前核実験によっ
て核兵器の性能の維持と向上とが可能な段階に達したことであると考えられ
る．実際に，PRC は，本件勧告的意見が言い渡された 23 日後に核実験を実
施し，CTBT に署名する「準備」をおこなっている[369]．

　この意見の後に，インドおよびパキスタンが核実験を遂行し，核兵器保有
国の地位を公然と要求し，既存の核兵器保有国がそれを事実上承認したこと
や，北朝鮮もやはり核兵器保有国の地位を公然と要求し，それを阻止する国
が現れなかったことに鑑みれば，この意見は核軍縮に寄与していないという
しかない．この意見の 10 年後に，核兵器の使用がいかなる状況の下でも違
法であるとする 3 人のうちの 1 人であったウィラマントリですら，10 年前
に光り輝いていた反核の炎は「消えつつある残り火」になっていると慨嘆せ
ざるをえなかったのである[370]．

　なお，この勧告的意見の要請は，世界法廷運動を名乗る NGO ネットワー
クがイニシアティヴをとり，非核兵器保有国が推進した．例えば，国連総会
第 1 委員会において要請の可否が審議された際には，NGO が提案国に想定
問答集を提供するなどの支援をおこなったといわれる[371]．この過程では，

367) See id. at 434-435. 勧告的意見は，ICJ による法的判断という点で判決と同等の権威・価値を
　　もつとして，「『勧告的意見には何の価値もない』とうそぶく『リアリスト』こそ，実は国際社会
　　の現実を見ていない非現実主義者」であるとする指摘がある．則武輝幸「核兵器による威嚇又は
　　核兵器の使用の合法性に関する国際司法裁判所の勧告的意見」外交時報 1336 号（1997 年）39,
　　54 頁．しかし，リアリストの多くは，おそらく，その内容を問わず勧告的意見は類型的に判決
　　と同等の権威・価値をもつとする言説に反対し，また，勧告的意見は全て「何の価値もない」と
　　うそぶくのではなく，有益なもの・無益なもの・有害なものがあるとするであろう．本件勧告的
　　意見は，無視される限り無益なだけであるが，一部の国のみがそれに従う場合には，抑止力の均
　　衡を破壊し，有害であろう．

368) See, e.g., U.N.G.A. res 58/46, U.N. Doc. A/RES/58/46 (2003).

369) 本件勧告的意見の要請に関わる PRC の姿勢については，山岸健太郎「中国の国連核軍縮決議
　　に対する姿勢——1990 年代の国連における CTBT と国際司法裁判所勧告的意見交渉をめぐっ
　　て」愛知大学国際問題研究所紀要 124 号（2004 年）121 頁．

370) See Weeramantry, supra note 342, at 7.

371) 都留康子「核廃絶における NGO・市民の役割」東京学芸大学紀要第 3 部門——社会科学 53
　　号（2002 年）99, 104 頁．

核兵器保有国が要請を阻止しようとして，推進国に圧力をかけたことも広く知られている[372]．このような経緯に鑑みれば，この意見は，核兵器保有国の政策を変更させられず，ICJ 規程当事国の利益も ICJ 自身の利益も増進しないものであったが，NGO の評価は向上させえたといえるかもしれない[373]．しかし，具体的抗争を解決する必要性が存在しないにもかかわらず，NGOによって推進された原則の問題に関する要請に意見を与えることは，ICJ への信頼を掘り崩し，長期的に ICJ の機能を害するとする批判があり[374]，政府や国際組織は ICJ を利用するかどうかを NGO と独立して決定すべきであることに留意する必要がある[375]．

(3) 交渉義務の根拠

交渉義務の認定は，以上の 5 つの類型全てで，国連憲章第 33 条に基づく一般的な交渉義務の具体的状況における適用であるとされている．それに加えて，①および②では，訴訟当事国の申立に対応するという理由が挙げられる．また，①から④では，裁判準則の本質が交渉による解決を要請するとされる．

国連憲章第 33 条に基づく一般的な交渉義務という根拠については，たしかに，抗争が発生した場合に交渉を開始することは国際秩序が成立するための最低限の条件であり，それは一般国際法の下での義務であると主張されることもある[376]．しかし，同条は，「その継続が国際平和の維持を危うくするおそれのある」抗争のみを対象としている上，そのような抗争についても，交渉開始義務を明示的に規定しているわけではない．交渉開始の拒否自体が同条または一般国際法の違反に当たるとして追及する国家実行も皆無である．ある国が抗争の存在を主張し，交渉を申し入れても，相手国は抗争の存在自体を否認することも少なくない．「抗争が生じたかどうかに関する抗争」が

---

372) NHK 広島核平和プロジェクト『核兵器裁判』(NHK 出版，1997 年) 32，52-53 頁．

373) *See* Richard A. Falk, *The Nuclear Weapons, International Law and the World Court: A Historic Encounter*, 91 AM. J. INT'L L. 64, 65-66, 74-75 (1997).

374) *See* Matheson, *supra* note 366, at 420-421.

375) *See* Threat or Use of Nuclear Weapons, 1996 I.C.J. 55 (separate opinion of Judge Guillaume)．

376) *See* NGUYEN QUOC DINH ET AL, DROIT INTERNATIONAL PUBLIC 781-783 (5th ed. 1994).

存在する場合に，抗争当事国が交渉義務を負うことを示す国家実行は存在しない．

　結局，交渉に応じることはせいぜい国際礼譲（*comitas gentium*）に則った行為であるといえるに止まり[377]，同条が単独で①から⑤までの交渉義務の根拠となるということは困難である．

　これに対して，訴訟当事国の申立に回答するという根拠は，訴訟当事国の権利と，「訴訟当事国の機関」である ICJ の義務に基礎付けられるものであり，交渉義務の認定を基礎付けうるといえる．しかし，ICJ の「国際法の機関」としての性質からは，裁判準則の性質と適合的であるという根拠を離れて交渉義務を認定すべきではないと考えられる．適用される国際法が交渉義務の認定を要求するという根拠は，付託された紛争が当該法の適用による処理に適していることを意味し，抗争解決の観点からも最も重要な根拠であると考えられる．

　①と②の主題は資源配分であり，個別性の強い地理的考慮と社会的・経済的な事由の考慮も抗争解決のためにしばしば必要とされる多中心的問題（polycentric problem）である[378]．それゆえ，分節化された規則の画一的適用によって処理することが困難なのである[379]．③は，ICJ の裁判権の受諾を内容とする枠組合意の採用の論理的帰結として，付託の形式やその内容を交渉する義務が内在していると認定された場合である．④は，「制度設定的契約」という類型の条約について，当事者全てがその目的を共有しているはずである制度の継続性を保障するために，国際機構とその加盟国が交渉する必要があるとされた場合である．つまり，①から④までの場合には，適用さ

377）山本草二「国際紛争における協議制度の変質」森川俊孝編『紛争の平和的解決と国際法』（北樹出版，1981 年）215，226 頁注 5.

378）宮野前掲論文（注 294）52 頁．なお，従来は，分節化された規則の適用として説明される決定が正統なものであるとされていたのに対して，現在では，正統性は個々の問題について関係者の合意を形成する能力に依拠すると考えられるようになり，複雑な物事を複雑なまま捉える能力が要求されていると指摘されている．最上敏樹『国境なき平和に』（みすず書房，2006 年）63 頁.

379）「多中心的問題」という概念は，合衆国最高裁のウォーレン・コートの採用したリアリズムを批判するために採用されたものである．*See* L.F. Fuller, *Adjudication and the Rule of Law*, 54 PROC. AM. SOC'Y INT'L L. 1, 3-5 (1960). フラァの形式主義に対する反批判として，*see* Geoffrey C. Hazard, Jr., *Reflections on Judge Weinstein's Ethical Dilemmas in Mass Tort Litigation*, 88 NW. U.L. REV. 569, 574-576 (1994).

れる国際法自体が交渉義務を制度内部化していることから，ICJの任務はそれを認定し，交渉の指針を提示することにあるとされたのである[380].

①から④までと異なり，⑤は，「権利の本質」にも当事者の合意にも理由付けられておらず，具体的指針も伴っていない．⑤の交渉義務・交渉完結義務は，ICJ自身の願望的思考に基づく宣言にすぎない．かつて，ICJは，国連憲章第79条の下での交渉について，信託統治協定の締結に向けた交渉がおこなわれれば義務が履行されたことになり，協定締結まで義務付けられるわけではないとした[381]．この意見は，委任統治の受任国に信託統治への移行を受諾する協定の締結を義務付けていると認定しなければ，受任国が委任統治協定の下で負う義務が「純粋に空論的な存在」になるとした意見を斥けて評決された[382]．⑤では，交渉義務が「純粋に空論的な存在」になることを回避するために，交渉完結義務が認定されたようにみえる．しかし，ICJは初心に戻って，両者とも「純粋に空論的な存在」であるという現実を糊塗しない誠実さをもつべきであった．

(4) 交渉義務の認定の濫用

訴訟当事国および勧告的意見の要請機関は，費やすコストに見合う決定をICJに期待する．それゆえ，抗争の終局的解決を留保する交渉義務の認定は，訴訟当事国や関係国がそれを申し立てているのでない限り，決定として不十分であることが推定される．まして，当該決定が交渉を妨げたり，新たな抗争を生ぜしめたりしたら，それはICJが任務を遂行したことにはならない[383]．その意味で，交渉義務の認定は以下の3つの場合にはとりわけ望ましくないと考えられる．

(i) 自発的履行の見込みが欠如する場合

第1に，⑤のように，利害が真っ向から対立する国々が対峙し交渉が膠着している場合である[384]．国々は信義に従い誠実に行動すると推定されるこ

---

380) *See* Hardy C. Dillard, *The World Court: An Inside View*, 67 PROC. AM. SOC'Y INT'L L. 296, 297-298 (1973).

381) *See* Status of South West Africa, 1950 I.C.J. 139-140 [邦訳192-194頁].

382) *See id.* at 188 (dissenting opinion of Judge de Visscher).

383) *See* Société Commerciale de Belgique, 1939 P.C.I.J. (ser. A/B) No. 78, at 185 (separate opinion of Judge Hudson).

とから[385]，ICJは，判決言渡しによって任務終了となり，交渉義務の履行を監督したり，交渉が妥結しなかった場合に改めて終局判決を下したりする権限をもたない[386]．たしかに，訴訟当事国は，判決が下された後で，認定された国境の線引きをおこなう専門家を任命するようICJに依頼することがある[387]．しかし，訴訟当事国の合意による依頼がなければ，判決を言い渡した後に可能なのは，「費用」に関する決定を実施すべきであると命令することを除けば（ICJ規則第97条），判決の解釈要請または再審請求が利用される例外的な場合に，それらに関する決定の理由などにおいて交渉義務の履行状況に言及することだけである[388]．

　たしかに，交渉開始はそれだけで合意に近付くという「心理的価値」[389]をもつともいわれる．PCIJは，合意に近付きうる交渉は，誠実に遂行されることが不可欠であるとした[390]．ICJも，交渉は「合意に到達する展望をもって」[391]なされなければならず，「抗争当事国が自身の立場に固執し，何らの変更も考慮しない場合」[392]には，交渉義務が履行されているとはいえないとした．さらに，ICJは，自身の判例に基づいて，交渉義務が履行されたと評価されるかどうかに関する7つの基準を列挙している．すなわち，①開始されるだけではなく，合意に至るためにできる限り遂行される必要があ

---

384) *See* Manfred Lachs, *The Revised Procedure of the International Court of Justice, in* Essays on the Development of the International Legal Order 21, 36 (Frits Kalshoven et al. eds., Sijthoff & Noordhoff, 1980).

385) *See* Interim Accord of 13 September 1995, 2011 I.C.J. 692-693 (ICJが違法であると宣言した行為は繰り返されないものと一般的に想定されるとする)．

386) *See* S.S. Wimbledon, 1923 P.C.I.J. (ser. A) No. 1, at 32 [邦訳81-82頁]. *See also* Alleged Violations of Sovereign Rights and Maritime Spaces in the Caribbean Sea, 2022 I.C.J. 341.

387) *See* Frontier Dispute (Burk. Faso v. Mali), 1987 I.C.J. 7, 8 (Apr. 9). 専門家に欠員が生じた場合に，それを補充する権限はICJ所長に与えられた．*See id.* at 8.

388) *See* Application for Revision and Interpretation of the Judgment of 24 February 1982 in the Case Concerning the Continental Shelf (Tunisia/Libyan Arab Jamahiriya) (Tunis. v. Libya), 1985 I.C.J. 229.

389) Status of South-West Africa, 1950 I.C.J. 188 (dissenting opinion of Judge de Visscher).

390) *See* Phosphates in Morocco, 1938 P.C.I.J. (ser. A/B) No. 74, at 39 (dissenting opinion of Judge Cheng).

391) North Sea Continental Shelf, 1969 I.C.J. 47-48 [邦訳395頁], *citing* Railway Traffic, 1931 P.C.I.J. (ser. A/B) No. 42, at 108, 116 (Oct. 15).

392) *Id.* at 47 [邦訳395頁].

ること，②合意に至る必要はないこと，③長期間遂行される必要はないこと，
④自国の立場を修正することを考慮せずそれに固執しているだけでは十分で
はないこと，⑤正当化されないような態様で手続を遅延させてはならないこ
と，⑥相手国の利益に適切な尊重を払う必要があること，そして，⑦悪意が
存在するかどうかは明白で説得的な証拠によって証明されるべきことであ
る[393]．言い換えれば，「話合いの正当化されない中断，異常な遅延，合意さ
れた手続の無視，反対の提案または利益を考慮することの一貫した拒絶，お
よび，いっそう一般的にいえば，誠実の規則に違反する場合には，制裁の適
用が可能である」[394] ということもできる．信義則に反する交渉は交渉の名
に値しないのである[395]．しかし，問題は，いくら信義則を強調しても，そ
の履行確保は別の問題であることである．

　自発的履行の見込みが欠如するにもかかわらず，交渉義務を認定すべき場
合があるとすれば，それは，見解や利害の対立が固定的で，どのような実体
法を宣言しても，いずれかの抗争当事国から批判を招き，当該批判のコスト
が ICJ にとって禁止的に高い場合であろう．この場合には，ICJ は，可能な
らば何らかの妨訴事由に基礎付けて訴訟を却下すると考えられる．しかし，
それが困難である場合には，実体法の宣言を回避するために，交渉義務を認
定することが，一方当事国への加担と「法を知る」能力に対する懐疑とを回
避する賢明な司法政策となる可能性があるのである．

(ii)　**紛争の主題が調整問題である場合**

　交渉義務の認定が望ましくない第2の場合は，紛争の主題が調整問題であ
る場合である．例えば，抗争当事国が有利な解決に至る確率と，そのときま
で抗争を継続するコストとを計算し，問題を現在確定してしまう利益がそれ
を先送りする利益に優ると考えている場合である．この場合の訴訟の目的は，
勝訴することではなく，変更コスト（switching cost）が禁止的に高いという
理由で，ICJ による決定が固定（lock in）された解決となることである．ICJ
には判決への理由の記載が義務付けられているが，付託合意がこの点を決定

---

393) *See* Interim Accord of 13 September 1995, 2011 I.C.J. 685.

394) Lake Lanoux (Fr. v. Spain), Award of Nov. 16, 1957, 24 I.L.M. 101, 128.

395) *See* Hugh Thirlway, *The Law and Procedure of the International Court of Justice 1960-1989, Part One*, 60 Brit. Y.B. Int'l L. 25 (1989).

374 第5章 暫定措置および判決の形成における抗争

しうる仲裁では，調整問題が付託される場合には，判断の理由付けが免除さ
れることも少なくない[396]．

ブルキナファソ＝マリの国境紛争事件は，実質的にこの類型の訴訟であっ
たと考えられる．判決（2013年）は，国境の位置は十分証明されていないと
したにもかかわらず，国境を画定した[397]．衡平および善によることを授権
する訴訟当事国の明示的合意は存在しなかった．そこで，ICJは，実定法の
中の衡平を適用して国境を画定したと理由付けた[398]．しかし，ICJの画定
した国境は，実際には衡平および善によるものであったと指摘されてい
る[399]．特別の合意によってこの訴訟が付託されたのは，敗訴国政府がその
公論に対して判決を擁護し，それを履行するためには，この判決が政治的妥
協ではなく国際法に基づく解決であると理由付ける必要があったからである
と考えられる[400]．ICJは，国際法の適用によって裁判をすることにこだわ
れば，裁判不能を宣言するしか選択肢がなかったともいわれる[401]．ICJが
そうしなかったのは，訴訟当事国の態度に鑑みて，たとえ理由付けは不十分
であっても，決定を下すことが訴訟当事国の意思に適うと考えたからであろ
う．訴訟当事国は両方，自国の権原の証拠が相手国のそれより優越するとい
う確信をもっておらず，紛争を自国に有利に決定させることよりも，どのよ
うなものであれ，国境を終局的に画定させて相手国との関係を発展させる前
提を構築しようとしていたとICJは考えたのである．このような判決は，
「それ自体が領域主権取得の真の形式になる」[402]ことによって抗争解決を可
能にするのである．このような場合に交渉義務を認定すると，ICJは訴訟当

---

396) *See, e.g.*, German Secular Property in Israel（F.R.G. v. Isr.），Award of July 3, 1962, 16
R.I.A.A. 3. この裁決は「仲介と仲裁との交配種」のようなものであると評される．*See* SHABTAI
ROSENNE, *Reflections on International Arbitration and Litigation in the International Court of
Justice, in* AN INTERNATIONAL LAW MISCELLANY 231, 252（Martinus Nijhoff, 1993）．

397) *See* Frontier Dispute（Burk. Faso v. Mali），1986 I.C.J. 580-583.

398) *See id.* at 567-568.

399) 山本草二ほか編『国際法判例百選』（有斐閣，2001年）15頁［三好正弘執筆］．

400) *See* IAN BROWNLIE, SYSTEM OF THE LAW OF NATIONS: STATE RESPONSIBILITY, PART I, at 201（Clar-
endon Press, 1983）．

401) *See* Mohammed Bedjaoui, *Expediency in the Decisions of the International Court of Justice*,
71 BRIT. Y.B. INT'L L. 1, 15-16（2001）．

402) 2 SIR ROBERT JENNINGS, *The Acquisition of Territory in International Law, in* COLLECTED
WRITINGS 933, 945（Cambridge University Press, 1998）．

事国からの信頼を失うことになる．

　(iii)　ICJ が対抗フォーラムとして期待される場合

　第3に，明らかに自国の権利であるにもかかわらず，相手国に対して力が劣るがゆえに，政治的な場で当該権利を確保できない国が，ICJ による当該権利の確認を期待して訴訟を付託する場合である．権利を侵害された国は，紙の上の抗議をおこなうだけでは，権利を維持するために必要な実効的措置をとらず，権利の喪失を黙認したと評価されることがありうる[403]．ICJ への付託はこのような理由による失権を阻む手段になるのである[404]．

　交渉では，抗争当事国の力の差を低減する規律が存在せず，力が劣る国は譲歩を強いられ易い[405]．それに対して，訴訟では，いわゆる武器の平等，すなわち，審理の対象を陳述の説得力の比較に特化するための保障が用意されている．法廷では，力の優る国も法廷外で行使しうる力を引き剝がされ，いわば「法的摘要書（brief）だけ」[406] の存在になるということもできる．例えば，ICJ は，個々の証拠に基礎付けて事実を認定するだけではなく，「関連する証拠の全体の検討に基づいて」事実を認定する裁量権をもつが[407]，証拠が所在すると考えられる領域を支配している国が証拠を提出しない場合には，状況証拠の採用や[408]，一応の証明による証明の負担の転換[409] などの手段で実質的平等を促進することができるのである[410]．もとより，国際法は現実の力の差を固定してそれを覆そうとする行動を抑え込むという性質もある．しかし，法の前の平等などの論理は，力の劣る国にとって政治的現実

---

403) *See* Anthony D'Amato, *Nicaragua and International Law: The "Academic" and the "Real"*, 79 Am. J. Int'l L. 657, 663 (1985).

404) 皆川洸『国際法研究』（有斐閣，1985 年）231 頁．

405) *See* Rosalyn Higgins, Conflict of Interests: International Law in a Divided World 156-157 (Dufour Editions, 1965).

406) Thomas Franck, The Structure of Impartiality: Examining the Riddle of One Law in a Fragmented World 95 (University of Toronto, 1968).

407) *See* Maritime Dispute (Peru v. Chile), 2014 I.C.J. 58. *See also* Judgment in the Case Concerning the Temple of Preah Vihear, 2013 I.C.J. 315（判決の解釈において，法廷の意図を認定する際に，総合的考慮に依拠する）．

408) *See* Corfu Channel, I.C.J. 18.

409) *See id.* at 129 (dissenting opinion of Judge Ečer).

410) このような証拠の扱いは ICJ の「慣行」である．*See* Application of the ICSFT and of the CERD, 2024 I.C.J. para. 80 (Jan. 31).

376　第 5 章　暫定措置および判決の形成における抗争

よりも有利な要素であり，力の劣る国は ICJ に期待する傾向が強くなるのである[411]．

　もとより，訴訟当事国は，1 件の訴訟を遂行するために 100 万ドルとも[412]，700 万ドルともいわれる金銭を支出する[413]．ICJ は訴訟当事国の弁護団の人数を制限することはできないので，陳述の質の差を完全に解消することはできないのである[414]．たしかに，ICJ は，陳述を許可する人数を決定する権限をもつ（ICJ 規則第 58 条 2 項）．この規定の目的は訴訟当事国の実質的平等を保障することにあると指摘されることがある[415]．しかし，この規定は，陳述の質を決定する訴訟準備にかける経費を規制するものではなく，口頭手続における訴訟経済の確保という極めて限定的な目的をもつにすぎないと考えられる．訴訟経済の確保という点では，ICJ は，例えば，賠償額の算定について，口頭手続の開始に先立って質問を訴訟当事国に送付し，その回答を要請したり（ICJ 規則第 62 条 1 項）[416]，ICJ 自身が定式化した 2 つの「技術的・科学的な問題」に限定した口頭陳述を開催するとしたりしている[417]．

　なお，特別の合意による訴訟は，裁判権などの訴訟要件に争いのない友誼的性質が強いものであることに鑑みて，それを促進すべきであるとして，国

---

411)　清朝末期に，「万国公法」は欧米の力の支配に対する自存を保つ拠り所として受容された．佐藤慎一「『文明』と『万国公法』」祖川武夫編『国際政治思想と対外意識』（創文社，1977 年）186-187，255，275 頁．

412)　*See* Gavan Griffith, *Modernizing the Conduct of the Court's Business: Commentary, in* INCREASING THE EFFECTIVENESS OF THE INTERNATIONAL COURT OF JUSTICE 107 (Connie Peck & Roy S. Lee eds., Martinus Nijhoff, 1997).

413)　*See* Davis R. Robinson et al., *Some Perspectives on Adjudication Before the World Court: The Gulf of Maine Case*, 79 AM. J. INT'L L. 578, 588 (1985). 例えば，ICJ は，すべての陳述を 125 部ずつ提出するように要請している．*See* Pieter H.F. Bekker, *Practice Before the International Court of Justice, in* INTERNATIONAL LITIGATION STRATEGIES AND PRATICE 223, 228 (Barton Legum ed., American Bar Association, 2005).

414)　*See* Lachs, *supra* note 384, at 38.

415)　*See* E. Jiménez de Aréchaga, *The Amendments to the Rules of Procedure of the International Court of Justice*, 67 AM. J. INT'L L. 1, 7-8 (1973).

416)　*See* Armed Activities on the Territory of the Congo (Dem. Rep. Congo v. Uganda), 2022 I.C.J. 28.

417)　*See* Continental Shelf Beyond 200 Nautical Miles from the Nicaraguan Coast, 2022 I.C.J. 564-565.

連総会は，訴訟当事国による書面の準備，弁護報酬，書面や証拠の翻訳，地図の作成などを扶助する国連事務総長基金を設立している[418]．この制度の設立は，ICJ の利用が国際平和の維持に貢献しうるという認識を反映しているが，その活動は特定の国を援助する性質が強いことから，国連の分担金ではなく任意拠出金を原資としている．この基金は，2004 年までにアフリカの境界紛争に関する 5 件の訴訟で利用されたが[419]，その後は，ほとんど活用されていない．この基金への拠出金は十分集まっておらず，「単なる支持と励ましの言葉ではなく，お金」が必要であると指摘されてきたのである[420]．

　対抗フォーラムとして ICJ を利用する類型の訴訟では，請求国は，被請求国が判決を履行し，抗争が直ちに解決されることを期待しているわけではないと考えられる．むしろ，ICJ による権利の確認によって法的状況の不利益変更を防止し，長期的にみた交渉の基礎を確立することが目的であろう．それゆえ，この場合には，判決が交渉義務の認定に止められると，現行法によって保護されている権利が保障されえず[421]，訴訟目的が達成されないことになるので，「国際法の機関」に徹することが「訴訟当事国の機関」として期待され，権利の所在を一義的に認定すべきなのである．

3　原因判決の言渡しと賠償額算定手続の分離

(1)　手続決定権

ICJ は訴訟手続を決定する権限をもつ．この権限を行使する際には，不当な遅延を発生させない限り，訴訟当事国の合意を考慮しなければならない（ICJ 規則第 44 条 1 項・2 項）．ICJ は，その権威を維持するため，厳格な手続保障の下で慎重に審理を進める必要がある．それゆえ，訴訟当事国が合意した期限が短すぎると考えられる場合には，裁判長は ICJ が情報を十分提出さ

---

418) PCA も訴訟扶助の基金を設立している．*See* Permanent Court of Arbitration, Financial Assistance Fund for Settlement of International Disputes, Terms of Reference and Guidelines ＜http://www.pca-cpa.org/ENGLISH/AR/Report%202004/Annex%205.pdf＞．

419) *See* U.N. Press Release SG/2087, L/3070（April 6, 2004）．

420) *See* U.N. Doc. A/44/PV. 43, at 13（1989）（Statement of Sir Arthur Watts）．

421) *See* Richard D. Kearney, *Sources of Law and the International Court of Justice, in* 2 THE FUTURE OF THE INTERNATIONAL COURT OF JUSTICE 610, 696（Leo Gross ed., Oceana Publications, 1976）．

378　第5章　暫定措置および判決の形成における抗争

れる必要性に注意を喚起する[422]．また，職権で手続を決定する場合には，
訴訟当事国の同意を得る必要はないものの，不意打ちを回避するため，訴訟
当事国に告知すべきであると指摘されている[423]．被請求国が不出廷である
場合には，ICJ は当該国が出廷した時点で期限を見直すことを留保すること
がある[424]．つまり，訴訟手続は，訴訟当事国の意思をできるだけ反映して
構成されるべきものなのである．

　例えば，ICJ は，訴訟当事国の要請を受けてまたは職権で，書面提出期限
を延長する権限をもつ．この決定は，一般的に，訴訟の性質・先例・当該書
面を即時に提出させる必要性・口頭陳述の対象となる争点を書面手続で絞り
込む必要性・他の訴訟の日程などを考慮してなされるべきであるとされ
る[425]．予見不可能な状況の発生も，期限を延長する理由とされる[426]．また，
訴訟と並行しておこなわれている交渉の結果を待つ目的でも期限を延長する
ことができる[427]．さらに，和解の成立が見込まれる場合には，訴訟当事国
の要請に応じて無期限（*sine die*）に口頭手続の開始を延期することすらあ
る[428]．

　もちろん，ICJ は訴訟遅延を回避すべきである．しかし，先決的抗弁の本
案への併合が遅延を助長する例外的な場合を除けば，その主な原因は，ICJ
ではなく訴訟当事国による引き延ばしである[429]．そこで，ICJ は，訴訟当
事国の不出廷や裁判権の撤回などを招かない範囲で，訴訟当事国の合意より
も期限を延長する長さを職権で短縮するなどの手段を用いて，訴訟当事国の
意思と訴訟遅延の回避という ICJ の利益とを調整している[430]．訴訟当事国

---

422) *See* Maritime Delimitation and Territorial Questions, 1991 I.C.J. 51.

423) *See* Luigi Daniele, *L'Ordonnance sur la Demande d'Examen de la Situation dans l'Affaire des Essais Nucléaires et le Pouvoir de la Cour Internationale de Justice de Régler Sa Propre Procédure*, 100 Revue Générale de Droit International Public 653, 666-667 (1996).

424) *See* Diplomatic and Consular Staff, 1979 I.C.J. 23.

425) *See, e.g.*, Asylum, 1950 I.C.J. 125-126 (優先審理される別訴があるので，書面提出期限を延長しても口頭手続開始の時期に影響はないとして延期を認めた).

426) *See* Norwegian Loans (Fr. v. Nor.), 1956 I.C.J. 20, 21.

427) *See* Border and Transborder Armed Actions (Nicar. v. Hond.), 1989 I.C.J. 175.

428) *See* Aerial Incident of 3 July 1988, 1996 I.C.J. 9, 10.

429) *See* Leo Gross, *The Time Element in the Contentious Proceedings in the International Court of Justice*, 63 Am. J. Int'l L. 74, 80 (1969).

は，慣れれば，いっそう厳しい期限に関する規律に服するようになるはずであるという指摘も存在する[431]．しかし，ICJ の役割は，訴訟当事国を教育することではなく，個々の訴訟における当該国の支援にあることから，訴訟を処理する速度の迅速化は自己目的ではなく，あくまでも訴訟当事国の利益を第 1 に，ICJ 規程当事国と ICJ の利益とを第 2 に考慮して，訴訟手続は進行されるべきであろう．

訴訟手続を決定する ICJ の権限は，訴訟当事国の要請を受けてまたは職権でそれを分離する権限を含む．この権限は，反対の合意が存在しない限り，国際法廷に一般的に与えられている「固有の権限」であるといわれる[432]．この権限は，申立に対応する悉無的判決を下すことが可能な訴訟において，申立に対応する最終的判断を留保するために用いられることがある．すなわち，「部分判決（partial judgment）」[433] を下し，それを踏まえた交渉による解決の機会を与える場合である．

例えば，訴訟当事国が原因判決と賠償額の算定基準の認定のみを申し立て，当該基準を踏まえた賠償額に関する交渉が合意に達しない場合に，算定手続の開始を留保することがある．この場合には，ICJ はその合意を尊重して賠償額算定手続を分離する[434]．抗争当事国が ICJ の利用に消極的となる理由の 1 つは，抗争をどのように解決するかを決定する主導権を失うおそれであるといわれる[435]．すなわち，訴訟の付託は，国が自律性を ICJ に委譲することによる「相互依存コスト」または「主権コスト」が高すぎるとして敬遠

---

430) *See* Maritime Delimitation and Territorial Questions, 1996 I.C.J. 6, 7 (Order of Feb. 1). *Cf.* Fisheries, 1951 I.C.J. 9 (次の漁期までに判決を下すために延長の幅を短縮すべきであるという抗弁を，短縮しても判決が次の漁期に間に合う見込みはないとして斥ける).

431) *See* D.W. BOWETT ET AL, THE INTERNATIONAL COURT OF JUSTICE 111 (B.I.I.C.L., 1996) (Comment of Sir Franklin Berman).

432) *See* Ian Brownlie, *Remedies in the International Court of Justice, in* FIFTY YEARS OF THE INTERNATIONAL COURT OF JUSTICE: ESSAYS IN HONOUR OF SIR ROBERT JENNINGS 560-561 (Vaughan Lowe & Malgosia Fitzmaurice eds., Cambridge University Press, 1996).

433) Lauterpacht, *supra* note 326, at 478.

434) *See* Oscar Chinn, 1934 P.C.I.J. (ser. A/B) No. 63, at 67.

435) *See* Sir Gerald G. Fitzmaurice, *The Future of International Law and of the International Legal System in the Circumstances of Today, in* INSTITUT DE DROIT INTERNATIONAL. LIVRE DU CENTENAIRE. 1873-1973: ÉVOLUTION ET PERSPECTIVES DU DROIT INTERNATIONAL. at 196, 360 (S. Karger, 1973).

されることがあるのである[436]. そこで, 例えば, 大陸棚の境界画定自体ではなく, 適用される法の認定のみを申し立てた北海大陸棚事件のように, 訴訟当事国は, 最終的な解決を交渉に留保し, 抗争に関わる法的争点の解明のみを請求する[437]. そして, ICJ も, 職権で, 抗争解決過程の一段階で参照されるべき指針を提示するに止め, 交渉による解決の余地を残すべき場合があるとするのである.

　このような場合には, ICJ の判決は勧告的意見の性質に近づき, ICJ は実質的に調停的機能を果たすということもできる[438]. 抗争全体を一回的に解決しうる申立を構成することを要求する規則は存在せず, 部分的判断を請求することも許容されるのである[439]. 抗争当事国の合意する解決こそが, 自発的に履行され, 安定的な抗争解決に結び付くと期待されるからである[440]. 国際裁判は国際抗争解決過程の一部にすぎず, 請求と判決は訴訟当事国間の判決履行後の関係をも考慮してその射程が決定されるべきものなのである. それゆえ, 訴訟当事国が ICJ に抗争の過程コントロール (process control) のみを認め, その決定コントロール (decision control) は自身に留保するように請求事項を定式化する場合には[441], ICJ はそれを尊重すべきなのである. ICJ による指針を受けてなされる交渉は, 私的交渉とは質の異なる, 訴訟制度に組み込まれた「協議」と呼ぶべきものに変質するということもできる[442].

　なお, GATT のパネルは, 個別的賦課のみを問題とするので, パネルが税

---

436) 最上敏樹『国際機構論講義』(岩波書店, 2016 年) 233-234 頁.

437) *See* Judicial Settlement of International Disputes: International Court of Justice, Other Courts and Tribunals, Arbitration and Conciliation 69 (Max Planck Institute for Comparative Public Law and International Law ed., Springer, 1974) (statement of Mr. Jaenicke).

438) *See* J.G. Collier, *The International Court of Justice and the Peaceful Settlement of Disputes, in* Fifty Years of the International Court of Justice: Essays in Honour of Sir Robert Jennings 364, 370-371 (Vaughan Lowe & Malgosia Fitzmaurice eds., 1996).

439) *See* Hermann Mosler, *Judgments of International Courts and Tribunals*, 3 Encyclopedia of Public International Law 31, 34 (Rudolf Bernhardt ed., North-Holland, 1997).

440) *Cf.* Craig A. McEwen & Richard J. Maiman, *Mediation in Small Claims Court: Achieving Compliance Through Consent*, 18 L. & Soc'y Rev. 11, 47 (1984) (合意は当事者自身のコミットメントの形式であるという理由だけで, 押し付けられた解決よりも遵守され易いと指摘する).

441) 決定コントロールと過程コントロールとの区別について, *see* John Thibaut & Laurence Walker, Procedural Justice: A Psychological Analysis 117 (L. Erlbaum Associates, 1975).

442) 山本草二『国際法における危険責任主義』(東京大学出版会, 1982 年) 336-337 頁.

の返還を直接命じうるダンピング防止税と相殺関税を除いて，被申立国が GATT に抵触する措置を撤廃できない場合には，パネルではなく当事国自身が代償の時期や態様を決定すべきであるとして，それを当事国間の交渉に委ねてきた[443]．これに対して，1994 年の抗争解決了解は，違反撤廃義務の認定だけではなく，撤廃方法の提案も WTO のパネル・上級委員会に授権した．このような「司法化」が望ましいものであったかどうかは，1 つの論点である．

(2) 原因判決の言渡しと賠償額算定手続の分離

請求国が国際法違反の認定と賠償額の算定とを同時に請求したウィンブルドン号事件において，PCIJ は，本案判決で国際法違反の認定に加えて賠償額の算定をおこなった[444]．たしかに，外交的保護に関する仲裁について，賠償額の算定は「広範と思われるほどの裁量を用いる」[445] 必要があり，その作業は本案判断の作成と質の異なるものであるといわれてきた．この点は，ITLOS が，国連海洋法条約第 292 条 1 項の要求する供託金の合理性について，考慮事由とそれらの事由の相対的重みに関する厳格な規則を確定することなく，個別的に判断していることと同じ性質である[446]．しかし，ITLOS が供託金の額を決定していることに現れているように，賠償額の算定が申し立てられているにもかかわらず，それに関する決定を先送りしてしまうと，紛争の一部を処理し残すことになり，訴訟の目的を達成できないことも事実である[447]．

ところが，PCIJ は，ウィンブルドン号事件判決の後，本案判決で賠償額を算定しようとしなくなった．例えば，ホルジョウ工場事件においては，請求国が賠償額を算定するためには鑑定が必要であるとしたことから，PCIJ は本案判決を原因判決に止めた[448]．この抗争はこの判決を基礎とする交渉

---

443) 岩沢雄司『WTO の紛争処理』（三省堂，1995 年）80，121-122 頁．*See* Agreed Description of the Customary Practice of the GATT in the Field of Dispute Settlement, art. 19, para. 1.

444) *See* S.S. Wimbledon, 1923 P.C.I.J. (ser. A) No. 1, at 32 ［邦訳 82 頁］.

445) BRIERLY. *supra* note 76, at 229 ［邦訳 209 頁］.

446) *See* The "Monte Confurco" (Sey. v. Fr.), 2000 I.T.L.O.S. 109.

447) *See* Corfu Channel,. 1949 I.C.J. 26 ［邦訳 442 頁］. PCIJ は，特別の合意が付託事項の一部に関する裁判の障害を含んでいる場合には，一部だけに判決を下すべきことは訴訟当事国の意思ゆえであるとして，判決を下している．*See* Free Zones, 1932 P.C.I.J. (ser. A/B) No. 46, 163 ［邦訳 51-52 頁］.

382　第5章　暫定措置および判決の形成における抗争

によって解決し，賠償額が算定されるまでもなく，訴訟は取り下げられた．

　ICJ も，コルフ海峡事件——ウィンブルドン号事件が PCIJ に最初に係属した訴訟であったように，この訴訟は ICJ に最初に係属した訴訟であった——で賠償額を算定した後は，60 年以上そうすることがなかった．賠償額の算定が請求される場合には，訴訟当事国が手続の分離に明示的に合意しているかどうかにかかわらず，ICJ は，職権で原因判決のみを先に下し，賠償額の算定を後の手続に留保してきたのである．もっとも，2012 年以降，アーマドゥ・サディオ・ディアリォ事件，国境地帯においてニカラグアがおこなっている活動事件，DRC 対ウガンダのコンゴ領軍事活動事件の3件では，賠償額の算定手続を分離した上で，実際の算定に至っている．

　コルフ海峡事件本案判決は，アルバニアによる国際法違反を認定しつつ，賠償額の算定には鑑定が必要であるとして，それを後の判決に先送りした[449]．本案判決を受けた交渉では，アルバニアが請求額の 20 分の 1 を提案し，イギリスがそれを拒否したことから[450]，賠償額に関して妥協は成立しなかった．そこで，ICJ は賠償額の算定手続を開始した．ICJ の裁判権は賠償額の算定に及ばないとするアルバニアは算定手続に出廷しなかった[451]．ICJ は，訴訟当事国が不出廷の場合には，委曲を尽くして決定の正確さを検証する義務を ICJ に課すわけではなく，対審手続を経ないゆえにそれが事実上不可能なこともありうるとした上で，イギリスに有利に判決するとした[452]．すなわち．請求額を上回る額が鑑定されたことを踏まえて，請求額満額を認容したのである．アルバニアは，賠償額の言渡し後 40 年以上もそれを支払わなかった[453]．

　この事件の経過は，原因判決が下された後の交渉で訴訟当事国が賠償額に合意できない場合，そして，敗訴国が分離された賠償算定手続に出廷しない

---

448)　*See* Factory at Chorzów, 1928 P.C.I.J. (ser. A) No. 17, at 49, 51, 56-57 [邦訳 467-468 頁].

449)　*See* Corfu Channel, 1949 I.C.J. 26, 36 [邦訳 442，449 頁].

450)　*See* Rosenne. *supra* note 227, at 241-242.

451)　*See* Leo Gross, *The International Court of Justice and the United Nations*, 120 Collected Courses Hague Acad. Int'l L. 313, 354 (1967-I).

452)　*See* Corfu Channel, 1949 I.C.J. 248, 250 [邦訳 530，531 頁].

453)　イギリスとアルバニアは冷戦終結後の 1992 年に問題を処理した．*See* Geoffrey Manston, *United Kingdom Materials on International Law*, 63 Brit. Y.B. Int'l L. 615, 781 (1992).

場合には，ICJ が賠償額を算定しても，それが支払われない可能性が高いことを示した．

　1980 年代以降，ICJ は，賠償額の算定を留保する理由として，鑑定の必要性ではなく，訴訟当事国に交渉の機会を付与すべきことを挙げるようになった．賠償額に関して鑑定に付す必要性は，賠償額の算定を一時的に留保する理由となる．これに対して，賠償額の算定は本来的に訴訟当事国の交渉に委ねられるべきものであり，衡平および善による決定と同じように，訴訟当事国両方が ICJ に明示的に委ねる場合にのみ，ICJ が決定すべきであると考えることも可能である．賠償額の算定について規則を分節化しておいてそれを適用することは困難であることから，実定法の中の衡平[454]または衡平および善[455]に基礎付けざるをえないと指摘されるのである[456]．

　このことは，DRC 対ウガンダのコンゴ領武力活動事件賠償額判決[457]が，大規模な武力抗争に関するものであったことから，証拠に基づいて認定された損害を積算することなく，全般的損害状況を考慮し，衡平に依拠するものとなったことに実証されている[458]．抗争解決のためには一括裁定（lump award）によるしかない場合が少なくないのである[459]．「国際法の機関」である ICJ は原因判決を下せば任務が終了し，賠償額の算定は訴訟当事国間の交渉による決定を俟つべきであると考えることも不自然ではない．

　人質事件本案判決も，大使館の占拠が継続しているために賠償額の算定は困難であるとしつつ，訴訟当事国が賠償額に合意できなかった場合には，賠償額の算定を開始するとした[460]．ICJ は，イランが賠償義務を負うことが

---

454) *See* Michael Akehurst, *Equity and General Principles of Law*, 25 INT'L & COMP. L.Q. 801, 802-803（1976）.

455) *See* Lauterpacht, *supra* note 316, at 202.

456) 国内裁判においても，賠償額の算定は裁判所の裁量的決定に委ねられる傾向にあり，20 世紀の民事訴訟の特徴である「訴訟の非訟化」の典型例として挙げられる．佐上善和『民事訴訟法〔第 2 版〕』（法律文化社，1998 年）6 頁.

457) Armed Activities on the Territory of the Congo（Dem. Rep. Congo v. Uganda）, 2022 I.C.J. 281.

458) 真山全「コンゴ領域における武力活動事件（コンゴ民主共和国対ウガンダ）」国際法外交雑誌 123 巻 1 号（2024 年）93，114-115 頁.

459) *Cf.* PHILIP C. JESSUP, THE USE OF INTERNATIONAL LAW 95-96（Da Capo Press, 1959）（個別の請求の合計に足りない一括裁定を複数の請求国で配分する必要がある場合には，請求額に比例して（*pro rata*）配分すべきであると主張する）.

460) *See* Diplomatic and Consular Staff, 1980 I.C.J. 42, 45.

384 第5章 暫定措置および判決の形成における抗争

確定されたからには，その額は訴訟当事国が決定すべきであるとしたのである[461]．この判決は，抗争解決に向けて合衆国に取引材料を与えたといわれる[462]．アルジェリアの仲介によって，8か月後，合意が成立し，イランが人質を解放するとともに，同国による人質の権利の侵害および合衆国によるイラン人の預金封鎖などに関する賠償・補償の問題は，新たに設立される裁判所に委ねることとされた[463]．

また，ニカラグア事件において，合衆国は本案手続に出廷しなかったが，ICJ は，本案判決において，訴訟当事国平等の原則が賠償額算定手続に参加する機会を合衆国に与えることを要求すること，および，地域的対話の場であるコンタドーラ・プロセスに訴訟当事国が協力する必要性を指摘し，賠償額の算定を留保した[464]．翌年，ICJ は，賠償額算定に関する申述書および答弁書の期限を 1988 年に設定する命令を下した[465]．ニカラグアは期限までに申述書を提出したが，合衆国は答弁書を提出しなかった．その後，ICJ は手続を進行することなく，1990 年になって，口頭手続の期日に関する書簡を訴訟当事国に送付した．しかし，ニカラグアは「特段の事情」があるという理由で期日の決定の延期を要請し，ICJ はこの要請を容れた．この「特段の事情」とは，ニカラグアにおける政権交代を受けて，合衆国が新政権に提示した経済援助の金額に関する交渉が開始されたことであったといわれる[466]．結局，翌年，訴訟は取り下げられた[467]．

この訴訟の付託から本案判決の言渡しまでが 2 年 2 か月であったのに対して，本案判決から訴訟取下げまでは 5 年 2 か月であった．このことは，ICJ が賠償額算定手続を意図的に進めず，抗争状況の変化を待ったことを示唆している[468]．訴訟当事国が手続の凍結に合意し，ICJ が訴訟遅延の責任を追

---

461) *See id.* at 49 (separate opinion of Judge Lachs).

462) *See* Leo Gross, *Underutilization of the International Court of Justice*, 27 HARV. INT'L L.J. 571, 589-590 (1986).

463) *See* Declaration of the Government of the Democratic and Popular Republic of Algeria, 20 I.L.M. 224 (1981).

464) *See* Military and Paramilitary Activities, 1986 I.C.J. 142-143, 149.

465) *See* Military and Paramilitary Activities, 1987 I.C.J. 188, 189.

466) サー・ロバート・ジェニングスほか「国際司法裁判所の活動の現況」ジュリスト 999 号（1992 年）65，72 頁［ジェニングス発言］．

467) *See* Military and Paramilitary Activities, 1991 I.C.J. 47-48.

及される危険がない場合には，ICJ は，当該合意を尊重することができると
いわれる[469]．本件で，そのような合意が存在していたかどうかについては
争いがありうる．合衆国は，一方で，本案判決を履行しないことを宣言し，
違法であるとされたコントラへの資金援助を追加し[470]，また，野党にも膨
大な選挙資金を提供し，政権交代を引き起こした[471]．他方で，先決的抗弁
判決が言い渡された後，義務的裁判権受諾宣言を撤回したものの，条約の裁
判条項を体系的に撤回することはなかった[472]．これに対して，ニカラグア
は，新政権が合衆国から見返りを得ることなく訴訟を取り下げると国民の批
判にさらされることを合衆国に認識させることによって，それを考慮した経
済援助を引き出した[473]．ニカラグアも，政治的解決の梃子として判決を利
用したのであり，賠償額算定手続の凍結を黙認したと考えることができる．
ICJ の処理は，抗争解決志向に則って理解できる司法政策であった．

　訴訟手続の分離は，部分判決において判断すべき争点が分離可能であり，
それを判断すべき緊急性が存在し，それを判断する機が熟し，かつ，当該部
分判決が残された問題を訴訟当事国間で解決する契機となる場合には，ICJ が
職権でおこなうべきであるといわれる[474]．この論理は説得力をもつようにみ
えるが，多くの場合に，実態は逆であると考えられる．例えば，賠償額の算
定が職権で先送りされてきたのは，一方的付託による訴訟において，被請求
国が裁判権を否定し出廷しないなど，賠償額が算定されてもそれが支払われ
る見込みがない場合ばかりであった．つまり，賠償額を算定する判決の露骨
な不履行を回避するために，部分判決が下されてきたと考えられるのである．

　賠償額の算定を回避するために妨訴事由を認定しても，そのような認定の
恣意性があまりにも強いと，判決の不履行よりも ICJ への信頼を損なうこと
になる．ナミビア事案勧告的意見に南アフリカが従わなかったという事実よ

---

468) *See* Bedjaoui, *supra* note 401, at 10 .

469) *See* Thirlway, *supra* note 395, at 36-37.

470) *See* JOHN FRANCIS MURPHY, THE UNITED STATES AND THE RULE OF LAW IN INTERNATIONAL AFFAIRS 263（Cambridge University Press, 2004）.

471) 大芝亮『国際組織の政治経済学』（有斐閣，1994 年）75-84 頁.

472) *See* MURPHY, *supra* note 470, at 268.

473) *See* U.S. *Urges Nicaragua to Forgive Legal Claim*, N.Y. Times, Sept. 30, 1990, at A18, col. 1.

474) *See* Lauterpacht, *supra* note 326, at 482-483.

り，南西アフリカ事件第2段階判決の方が ICJ の評判を損なったと評されているのである[475]．そこで，ICJ は，訴訟を全体として却下する代わりに，訴訟手続を分離して，被請求国の責任を認定する原因判決を下すことによって請求国に交渉の武器を与えた上で，賠償額の算定を回避し，賠償額算定判決が履行されなかった場合に予想される ICJ の評判の毀損を避けようとするのである[476]．請求国も，鑑定などを利用するコストが高いこともあり[477]，通常はそれを節約しうる賠償額の算定手続の凍結を黙認するのである[478]．

もっとも，先に述べたように，DRC 対ウガンダのコンゴ領武力活動事件では，ICJ は，鑑定人を選任し[479]，その鑑定を利用しつつ，例外的であると断りながら，一括賠償（a global sum）を判決している[480]．この判示には，

---

475) *See* Mary Ellen O'Connell, *The Prospects for Enforcing Monetary Judgments of the International Court of Justice: A Study of Nicaragua's Judgment Against the United States*, 30 VA. J. INT'L L. 891, 902-903 (1990).

476) *See id.* at 892.

477) 中谷和弘「イラン—米国請求権裁判所」杉原高嶺編『紛争解決の国際法』（三省堂，1997年）413, 434頁．

478) *See* C. WILFRED JENKS, THE PROSPECTS OF INTERNATIONAL ADJUDICATION 668 (Stevens & Sons, 1964).

479) ICJ が近年選任している鑑定人は，ベルギー，オーストリア，イギリス，ノルウェーと西欧の国籍をもつ男性ばかりである．*See* Armed Activities on the Territory of the Congo（Dem. Rep. Congo v. Uganda), 2020 I.C.J. 297-298（ウガンダが4人のうち3人について異議を提起し，そのうち2人については専門的能力の欠如を理由とした）．*See also* Land Boundary in the Northern Part of Isla Portillos, 2018 I.C.J. 148（フランスとスペインの国籍をもつ男性を鑑定人に選任する）．*Cf. id.* at 147（鑑定人は現地調査をおこなうべきものとする）．訴訟当事国の要請に従った鑑定人として指名したのも，フランス国籍の2人およびベルギー国籍の1人の男性であった．*See* Frontier Dispute（Burk. Faso v. Niger), 2013 I.C.J. 228. ICJ が「真に我々の世界裁判所」であるという評言は，そのクライアントについては妥当であるとしても，上記の鑑定人が全て西欧の国籍をもつ男性であることに明らかなように，「ICJ 産業」の従事者については必ずしも妥当ではないというべきであろう．そもそも，ICJ の書記局は「特殊ヨーロッパ的社会である」と評されてきた．小田滋『国際司法裁判所〔増補版〕』（日本評論社，2011年）160-161頁．また，ICJ で弁護人などを務める「マフィア」14人はイギリス国民6人，フランス国民4人，そして，合衆国民，オーストラリア国民，ベルギー国民およびウルグアイ国民が各1人で構成されるといわれた．*See* Alain Pellet, *The Role of the International Lawyer in International Litigation, in* THE INTERNATIONAL LAWYER AS PRACTITIONER 141, 149-150 (Chanaka Wickremasinghe ed., B.I.I.C.L., 2000).産業従事者という観点からは，ICJ は「世界法廷」でも「我々の裁判所」でもないのである．

480) *See* Armed Activities on the Territory of the Congo（Dem. Rep. Congo v. Uganda), 2022 I.C.J. 52, 98, 127.

小　括　　387

賠償額の算定が抗争解決に不可欠である場合——一種の調整問題である場合
——には，境界画定の場合と同じように，ICJ は決断主義的決定を授権され
ているのだという理解が反映されている．なお，ICJ は，国家責任を解除す
るための賠償に懲罰的性質は存在しないことを繰り返し確認している[481]．

小　括

　国際抗争過程は多段階的である．それは，悪性腫瘍が発現するメカニズム
と類比することができる[482]．すなわち，利害が一致しない事態から，争点
が収斂し始めるイニシエイション（initiation）の段階を経て，種々の促進因
子（promoter）の作用を受けて焦点が絞られ，特定の争点をめぐる抗争が発
現し，対立行動が激化し，秩序を攪乱する昂進（progression）の段階へと進
む過程である．そして，抗争管理のためには，悪性腫瘍への対応と同じよう
に，抗争の発現を防止するための一次予防と，抗争の昂進を防止する二次予
防とが必要であると考えることができる．抗争に対する干渉は，二次予防の
手段である患部の摘出と類比されるべきものである[483]．ICJ は，いわば二
次予防のための手段の１つである[484]．
　ICJ は，抗争解決の決定的契機を与える場合もあれば，抗争の昂進を防止
する一助になるとしても，抗争解決を促進する効果はもたない場合もある．
ILC は再発防止の確約（assurance or guarantees of non-repetition）の主要な
機能を抗争当事国間の「継続している法律関係の再強化」であるとしてい
る[485]．それと同じように，抗争解決過程に出力される ICJ の決定も，訴訟
当事国間の法律関係の調整を目的とするといえるであろう[486]．ICJ が「請
求を越えず」という原則と緊張関係に立ちながら，職権でレメディを創造す

481）See id. at 50.
482）悪性腫瘍が発現するメカニズムについて，北川知行「発がんの仕組み」小林博＝近藤喜代太
　　郎編『がんの健康科学』（放送大学教育振興会，2001 年）28，30-31，34 頁.
483）See James Mayall, Introduction to THE NEW INTERVENTIONISM 1991-1994, at 1, 4 (James May-
　　all ed., Cambridge University Press, 1994).患部の摘出には患者のインフォームド・コンセント
　　が必要とされる．一国または集団的な干渉の決定の際に，当事者にどのような手続的権利が認め
　　られるかは大きな問題である.
484）Aegean Sea Continental Shelf, 1978 I.C.J. 52-53 (separate opinion of Judge Lachs).
485）See CRAWFORD, supra note 22, at 199.

るのはそれゆえである.

交渉義務の認定は,「当事者主義の傾向を代表する」[487] と評されることがある. しかし,多くの場合には,訴訟当事国による訴訟当事国のためのレメディではなく,ICJ による訴訟当事国のための,場合によっては ICJ による ICJ のためのレメディというべきものである. もちろん,ここで「ICJ のための」というのは,抗争解決の支援という訴訟当事国の利益を犠牲にすることを必ずしも意味しない. そうではなく,ICJ に対する期待が過剰なものとなることを回避し,コストを節約させるという意味である.

いずれにしろ,ICJ によるレメディの選択は,ICJ が国際法の規則の分節化を自己目的としていないことを明らかにしている. ICJ が「国際法の機関」にすぎないならば,訴訟当事国の個別的状況に応じた柔軟な出力を採用せず,国際法に則った画一的で悉無的な決定を下していればよいことになる. しかし,「国際法の機関」である以前に「訴訟当事国の機関」であるとすれば,第三者の目からみた正義よりも,訴訟当事国が受け入れうる正義の実現が直接の目的とされるべきである. ICJ 自身のいう通り,「表見的または名目的な平等」が欠如しているようにみえても,特定の手続における現実的平等が保障され,かつ,そのことが当事者によって異議を申し立てられていない場合には,それで十分なのである[488].

---

486) *See* Martin Mennecke & Christian J. Tams, *LaGrand Case (Germany v. United States of America),* 51 INT'L & COMP. L.Q. 449, 455 (2002).

487) 坂元茂樹「国際司法裁判所における『交渉命令判決』の再評価(2・完)」国際法外交雑誌 98 巻 6 号(2000 年)35, 61 頁.

488) *See* Judgments of the Administrative Tribunal of the ILO upon Complaints Made Against UNESCO, 1956 I.C.J. 86, *cited in* Judgment No. 158 of the United Nations Administrative Tribunal, 1973 I.C.J. 180 [邦訳 163 頁].

終　章

(1)　国際司法裁判所の制度目的

　本書は，ICJ の制度目的が構造的に国際法の発展よりも直面する抗争解決の支援に適合的であること，および，ICJ が基本的に抗争解決志向に立って運用されてきたことを明らかにした．ICJ の制度目的が抗争解決支援から国際法の発展へと「世代交代」したという理解は，ICJ 自身の行動と整合的ではない．ICJ の抗争解決支援機能に限界があることは，国際法発展機能を果たしうることを意味しない．国際法発展志向を採る裁判官もいなかったわけではないが，そのような裁判官が多数派となったのは数件の例外的な場合のみである．結局，「世代交代」という理解は，ロータパクトの願望的思考にすぎなかったといわなければならない．

　ICJ は何よりも「訴訟当事国の機関」であることを自任し，「国際法の機関」と「国連の機関」という性質は，いくつかの重要な例外を除いて，その権限を拡大する根拠とされるよりも，その活動に対する機能的制約とみなされてきたと理解される．例外の1つが暫定措置を拘束的決定であるとする運用であるが，それは ICJ を利用する国々とそれを無視する国々を両極化させるおそれが高いものである．

　もちろん，ICJ のクライアントは構造的に一定の国々に偏りうる．国際社会における抗争の主題は，かつてはもっぱら各国の個別的利益の調整であったが，現在では多国間の共通利益の確保や人権や環境などの国際公益の確保が加わり，二層化している．後者に関して国々の合意が成立しない場合に，政治過程における合意形成を断念し，ICJ による国際法の形成を期待する国々やそれらと「共闘」しようとする NGO が現れる．一部の裁判官が国際公序の保障者を自任するこのような国々や NGO からの「共闘」の呼びかけに応じようとすることは自然である．自身があるべき法であると考えるもの

390 終 章

を法の支配というスローガンの下で実現できるという願望的思考に陥る裁判官もいるのである．多様な利害と思想をもつ国々が角逐し，分断の深まっている国際社会において，予測としての国際法に目を閉ざし，論理の世界に惑溺することは容易い．

しかし，国際法の「立法」を主題とする「抗争」については，請求国やその背後にいる NGO に加担せず，判断を回避し，その解決を政治過程に差し戻すべき場合がある．というのは，そのような「抗争」は（特別）利害関係国を含めた合意の形成によって初めて解決しうる問題であり，ICJ は具体的抗争の解決を委ねられる裁定者としての地位を守るために，「抗争」の当事者になるべきではないからである．例外は，あるべき国際法について国々のコンセンサスが不可逆的に形成されつつあり，ICJ の認定がその結晶化の契機になりうる場合のみであろう．信託統治協定の締結を南アフリカに要請する国際機関の決議が 73 件に達し[1]，ICJ が司法審査に踏み込むべきであるとする点で「それまでになかったほど世界の世論が一体となっていた」[2] 南西アフリカ事件は，この例外的場合であった．

(2) 裁判官の資質

このような ICJ の行動を可能にする裁判官の資質はどのようなものであろうか．第 2 章で述べたように，裁判官の司法哲学には幾つかの類型がある．例えば，フィッツモーリス，ジェサップ，マクネアの立場はそれぞれ，ウィルバーフォースが紹介しているイギリス上院——現在の最高裁——のディプロック，デニング，リードの立場と類比できるであろう[3]．また，合衆国最高裁でいえば，文言解釈に執着し，知的に一貫性のある決定を探究した A・スカリア，「リベラル」の価値の実現を追求した W・O・ダグラス，賢慮に適った判決を下し，公正であろうとした S・D・オコナと類比できるかもしれない[4]．ICJ の裁判官の構成に多様性が存在することは望ましくなく

---

1) *See* M. HIDAYATULLAH, THE SOUTH-WEST AFRICA CASE 87 (Asia Publishing House, 1967).

2) *Id*. at 1.

3) この 3 人の裁判官について，*see* GARRY STURGESS & PHILIP CHUBB, JUDGING THE WORLD: LAW AND POLITICS IN THE WORLD'S LEADING COURTS 272-276 (Butterworths, 1988).

4) この 3 人の裁判官について，*see* DAVID G. SAVAGE, TURNING RIGHT: THE MAKING OF THE REHNQUIST SUPREME COURT 204, 324 (Wiley, 1992).

はないものの，多数派または決定を下す立場にある中間派の裁判官の存在こそが決定的に重要であり，その資質は，マクネア，リード，オコナが具えていたものであると考えられる．それは以下の2点である．

第1に，同僚裁判官の見解を取りまとめる能力である．合衆国最高裁のW・J・ブレナンは，同裁判所が深慮と議論によって判決を下す「真正の審議機関（genuinely deliberative body）」であるということは幻想であり，裁判官にとって最も重要なのは過半数の同僚の票を獲得することであると述べた[5]．「世界の主要文明形態および主要法系が代表されるべきものである」（ICJ規程第9条）とされ，合衆国最高裁の場合より裁判官の背景や利害関係が多様であるICJについては，このことはいっそう強い理由で当てはまるであろう[6]．すなわち，ICJの裁判官には，多数派を構成するために同僚の説得に努め，ICJの名による集合的決定に埋没する「匿名の者（homo anonymus）」に徹し「無名で仕事をする心意気（Passion for anonymity）[7]」が必要とされるのである．

フィッツモーリスは，マクネアについて，「我々は，彼が個人的判決（separate judgment）を実際そうであったより多く著していればよかったという空しい望みを抱くだけである．というのも，裁判官は主としてそのような意見によって記憶されるからである」[8]とした．これに対して，ジェニングスは，「マクネアはこのような慨嘆に異議を唱えたに違いない」とする．というのも，マクネアはフィッツモーリスとは異なる類型の裁判官であり，判決主文に反対する場合のように，意見の必要性が明白でない限り，その執筆を躊躇したのであり，主文に賛成する場合に，判決理由と異なる自己の意見を

---

5) *See id.* at 12.

6) かつては，裁判官の地理的配分は西欧圏5・ロシア東欧2・中南米2・アジア3・アフリカ3とされ，安保理常任理事国からの裁判官が基本的に含まれていた．徳川信治＝西村智朗編『法と国際社会〔第3版〕』（法律文化社，2024年）49頁［湯山智之執筆］．しかし，2024年7月現在のそれは，旧東欧のEU加盟国を含む西欧圏6・中南米2・アジア4・アフリカ3となっている．現在では，イギリス（2018年から）とロシア（2024年から）の裁判官は存在しない．とりわけロシア（圏）の裁判官を含まない構成がICJ規程第9条の要請に合致するかどうかには議論がありうる．

7) 小和田恆『参画から創造へ──日本外交の目指すもの』（1994年）361頁．この概念と教育の役割とについては，山本吉宣ほか「はしがき」山本吉宣ほか編『「学ぶこと」と「思うこと」──学び舎の小和田恆先生』（信山社，2022年）v, vi-vii頁．

8) G.G. Fitzmaurice, *Arnold Duncan Lord McNair of Gleniffer 1885-1975*, 47 BRIT. Y.B. INT'L L., at xi, xviii (1974-1975).

392 終 章

逐一述べるべきではないと考えたとするのである[9]．マクネアと同様に，判決起草委員に頻繁に選出されていたといわれるジェニングス自身も，裁判官のコンセンサスの形成を重視し，意見はあまり著していない[10]．

ICJ の歴史を振り返ると，所長に選出された裁判官の多くが抗争解決志向に立っていた．例えば，ナゲンドラ・シンは，ICJ が所在する平和宮に掲げられた「平和の促進こそが裁判官の任務である（*Pacis tutela apud judicem*）」という銘に言及し，ICJ の機能は国際法の発展ではなく平和の促進という観点から検討されるべきであると明言している[11]．そして，所長の多くは，意見の執筆よりも，ICJ としての集合的決定の確保と抗争解決過程への貢献を重視した．例外に当たるのは，逮捕状事件の際に判決の射程を越えて意見を述べたギヨームらに止まる．

ロータパクトやフィッツモーリスのように長大な意見を著した者は，ICJの制度目的を十分意識していない学説によって過大評価されてきた[12]．ラクスと所長職を争ったといわれる A・グロは，フィッツモーリス（および彼自身）をおそらく念頭に置いて，「最良の裁判官が［所長職から］排除された」

---

9) *See* Sir Robert Yewdall Jennings, *Foreword to* J.G. MERRILLS, JUDGE SIR GERALD FITZMAURICE AND THE DISCIPLINE OF INTERNATIONAL LAW. at ix, x (Martinus Nijhoff, 1998).

10) *See* Rosalyn Higgins, *Sir Robert Yewdall Jennings (1913-2004)*, 75 BRIT. Y.B. INT'L L. 1, 3 (2004).

11) *See* NAGENDRA SINGH, THE ROLE AND RECORD OF THE INTERNATIONAL COURT OF JUSTICE 1, 5-6 (Martinus Nijhoff, 1989). 平和宮の庭にはエラスムスの銅像が立っている．*Querela Pacis, in* DESIDERII ERASMI ROTERODAMI OPERA OMNIA 625, 636 (Joannes Clericus ed., Olms Verlagsbuchhandlung, 1962) (1517) ［箕輪三郎訳『平和の訴え』（岩波書店，1961 年）66-67 頁］は，仲裁判断との関連で，「およそいかなる平和も，たとえそれがどんなに正しくないものであろうと，最も正しいとされる戦争よりは良いものなのです」とする．平和より正しさを優先しようとして平和回復の障害となっている現代の国際裁判官はこの一節を服膺すべきであろう．同書執筆の経緯について．斎藤美州『エラスムス』（清水書院，1981 年）89 頁．エラスムスの心情は，別稿で引用している「何人にせよ呼吸する限りは絶望すべきではない」という言葉に現れている．木ノ脇悦郎「エラスムスの *Epicureus*（1533）について」神学研究 46 号（1999 年）85, 107 頁．

12) フィッツモーリスは，連盟規約の発展的解釈は後の異なる機関の意図を規約採択時の関係国の意図に読み込む後知恵的解釈であるとしている．*See* Continued Presence of South Africa in Namibia, 1971, I.C.J. 223 (dissenting opinion of Judge Fitzmaurice). この意見は，「結論としては時代錯誤的であるが，解釈方法論としては根強い学説上の理解を得ている」といわれる．松井芳郎「条約解釈における統合の原理——条約法条約 31 条 3 (c) を中心に」坂元茂樹編『国際立法の最前線』（有信堂，2009 年）101, 131 頁注 103. しかし，時代錯誤的な結論に至る解釈方法論は端的にいって妥当ではないというべきであろう．

と述べた[13]. 「本来ならば所長となるべき」フィッツモーリスとジェサップ
という「『よりよい候補』は選ばれず……第三の候補［J・L・ブスタマンテ・
イ・リベロ］が所長となった」といわれることもある[14].

　しかし，フィッツモーリスは「よい候補」ではなかったと認めるべきであ
ろう．「法を政治から，目的を手段から，結果を過程から峻別するという意識
を作り出す」ことを特徴とする法の支配は，形式的平等を墨守することによ
って実質的平等の実現の障害になると指摘される[15]. フィッツモーリスはこ
のことに無自覚であった．マクネアもフィッツモーリスの後任であるC・H・
M・ウォルドックも，ICJ で所長に選出された後，ECHR でも所長に選出さ
れたのに対して，フィッツモーリスがECHR でも所長に選出されなかったこ
とは，そこに単なる人間関係を越える合理的理由が存在したことを示唆する．

　公平を期すならば，ジェサップが所長の「よい候補」であったかどうかに
も疑義はある．原意ではなく国際社会の需要に応じて条約を解釈しようとし
た点でフィッツモーリスと方向は逆であるとしても，第2章で述べたように，
国際法発展志向の立場から国際政治の国際法化を志向していたと考えられる
からである．

　第2に，国際法の表面的完成に拘泥せず，訴訟当事国に受け入れられる決
定を下すために国際法を操作する「80％の人（80 percenter）」であることで
ある．この評言は，1981 年に女性として初めて合衆国最高裁の裁判官に就
任し，以来25 年間，対立する多様な利益に肌理細やかな配慮を払い，裁判
官のコンセンサスを形成するためには妥協を厭わず，法廷意見に加わること
が最も多かったオコナについてのものである[16].

---

13) *See* André Gros, *La Cour Internationale de Justice 1946-1986: Les Reflexions d'un Juge, in*
　　INTERNATIONAL LAW AT A TIME OF PERPLEXITY: ESSAYS IN HONOUR OF SHABTAI ROSENNE 239, 297
　　(Yoram Dinstein ed., Martinus Nijhoff, 1989).
14) 牧原出『田中耕太郎——闘う司法の確立者，世界法の探求者』（中央公論新社，2022 年）258 頁.
15) *See* Morton J. Horwitz, Book Review, *The Rule of Law: An Unqualified Human Good?*, 86
　　YALE L.J. 561, 566 (1977). なお，アフリカの国々の政治指導者たちの中には，ICJ に進歩的判決
　　を期待しながら，皮肉なことに，国内裁判所に「執行部に優位を認める判例」，すなわち，近代
　　立憲主義に由来する憲法上の請求に対して執行部に謙譲する判例を展開させてきた者がいること
　　に注意する必要がある．*See* H. Kwasi Prempeh, *Presidential Power in Comparative Perspective:
　　The Puzzling Persistence of Imperial Presidency in Post-Authoritarian Africa*, 35 HASTINGS
　　CONST. L.Q. 762, 829 (2008).

394 終章

国際法は「神話でも万能薬でもなく，いっそう公正な国際秩序を打ち立てるために用いうる多くの制度の1つ」[17]にすぎず，ICJもそのシステムの一部である．キッシンジャーは，国際政治に携わる者への警句として，「表面的完成に向かってあまりにも早く突進しようという人間の精神から発生する当然の所産［である］尊大な人間（presumptuous man）」[18]に堕落してはならないという言葉を遺している．「尊大な人間」は，漸進的なものを蔑視し，自身のユートピアの観念に合わないものを破壊する「虚無的潔癖主義」に陥りがちだからである[19]．歴史の「産婆」として暴力を賛美したマルクス思想の魅力の一部は，「知的な曖昧さに我慢できない知識人，全てを知りたいと思う知識人」に全体的システムを提示した点にあったのである[20]．

国際政治の参画者には，「何が望ましい未来像（vision）であるかを見抜く能力とともに，何が達成可能であるかを見定める能力も必要とされる」[21]という言葉もある．ICJの裁判官も国際政治の参画者であり，これらの能力が

---

16) *See* SAVAGE, *supra* note 4, at 5. アファーマティブ・アクションに関するパウエルの相対多数意見（Regents of Univ. of California v. Bakke, 438 U. S. 265 (1978)）は，「ソロモンのように賢明な妥協」と呼ばれた．南川文里『アファーマティブ・アクション』（中央公論新社，2024年）83頁．この評言は，当時の状況において国民の分断と最高裁に対する批判とを最小限に抑止するという意味では妥当である．個人が左右しえない集団への帰属を理由とするこの「差別」に対して，6対3の評決で「ついに憲法が勝利した」（C・トマス）のは2023年のStudents For Fair Admissions, Inc. v. President and Fellows of Harvard College であった（同書 iv 頁）．この年は，アファーマティブ・アクションに関するオコナの法廷意見（Grutter v. Bollinger, 539 U. S. 306 (2003)）が時限的には「やむにやまれぬ」手段として許容されるこの「差別」が終了すべきであるとしていた2028年——Bakke判決から50年，Grutter判決から25年の年——より5年前であった（同書136-137頁）．

17) J.L. BRIERLY, *Preface to Fourth Edition,* THE LAW OF NATIONS: AN INTRODUCTION TO THE INTERNATIONAL LAW OF PEACE (4th ed., Clarendon Press, 1949)［J・L・ブライアリー（一又正雄訳）「第4版への序」『国際法——平時国際法入門』（有斐閣，1955年）6頁］．

18) HENRY A. KISSINGER, A WORLD RESTORED 201 (Weidenfeld and Nicolson, 1957)［ヘンリー・キッシンジャー（伊藤幸雄訳）『回復された世界平和』（原書房，2009年）365頁］．

19) *See* HENRY A. KISSINGER, AMERICAN FOREIGN POLICY 96 (expanded ed., Norton, 1974)［ヘンリー・キッシンジャー（吉沢清次郎訳）『アメリカ外交政策の考察』（時事通信社，1970年）133頁［底本初版］］．

20) *See* KENNETH E. BOULDING, *Economics and the Economy, in* THE IMPACT OF THE SOCIAL SCIENCES 24, 33 (Rutgers University Press, 1966)［K・E・ボールディング（犬田充ほか訳）「社会科学のインパクト」『社会科学のインパクト——経済学の未来を求めて』（ダイヤモンド社，1970年）1, 30-31頁］．

21) KISSINGER, *supra* note 18, at 330［邦訳581頁］．

要求される．相互主義と勢力均衡とを基盤とする国際秩序を前提として，法的理想を漸進的に実現しようとする抗争解決志向のリアリズムこそが，迂遠であるようにみえても，理想に近付く唯一の道なのである．

このような発想からは，裁判官は短期的には欠陥がある理由付けであっても，それを法体系の中に取り込んでいくことで，長期的に安定的な「人々が受け容れる法の中で最良の法」[22] を構成すべきであると考えられる．そのような法は，「やがてはいっそうよいもののための道を開くであろう」[23]．

イングランドにおいては，一般に，学説は実務に大きな影響力をもたないが，実務家が頻繁に引用する稀な学者として Ａ・Ｌ・グッドハートがいる[24]．その言葉の１つが，「欠陥のある理由付けこそがしばしば正当な法を形成する」[25] というものである．例えば，「国王の禁止令状事件」判決（1607 年）[26] について，「いかなる健全な議論の成果も啓発された政治的見識の功績も，この偉大な首席裁判官［Ｅ・クック］の頑固さと誤った議論とによって強行された原則ほどには，憲法に本質的な規範を確立することがなかった」[27] といわれるのである[28]．いうまでもなく，「言葉の上のテクニックとしての法解釈は，社会的正義の実現のために使うことも，私利私欲のために使うことも可能ないわば『両刃の剣』」である」[29] ことも忘れるべきではない．

---

22) 河野与一訳「ソローン」『プルターク英雄伝 (2)』（岩波書店，1952 年）24 頁．*cited in* THE FEDERALIST No. 38 (James Madison), at 248 (Isaac Kramnick ed., Penguin Books, 1987) (1788) ［齋藤眞＝武則忠見訳『ザ・フェデラリスト』（福村書店，1991 年）164 頁］．

23) 1 ADAM SMITH, AN INQUIRY INTO THE NATURE AND CAUSES OF THE WEALTH OF NATIONS 543 (R.H. Campbell & A.S. Skinner eds., Clarendon Press, Oxford, 1976)［アダム・スミス（大内兵衛＝松川七郎訳）『諸国民の富 (3)』（岩波書店，1965 年）235 頁］．

24) 田中英夫『英米法研究2――デュー・プロセス』（東京大学出版会，1987 年）210 頁（法的構成の歴史的正確さと実践的有用さとは異なる問題であると指摘する）．

25) ARTHUR L. GOODHART, ESSAYS IN JURISPRUDENCE AND THE COMMON LAW 4 (Cambridge University Press, 1931).

26) Prohibitions del Roy, (1607) 77 Eng. Rep. 1342 (Coke, C. J.).

27) A.V. DICEY, INTRODUCTION TO THE STUDY OF THE LAW OF THE CONSTITUTION 18 (8th ed., Macmillan, 1915)［Ａ・Ｖ・ダイシー（伊藤正己＝田島裕訳）『憲法序説』（学陽書房，1983 年）16-17 頁］．

28) 次に挙げるブラウン対教育委員会事件判決に類比しうる判決として，イギリスでは，マンスフィールドが修辞を駆使して奴隷の自由を承認した判決がある．*See* Sir Kenneth Keith, *The Advisory Jurisdiction of the International Court of Justice: Some Comparative Reflections*, 17 AUSTL. Y.B. INT'L L. 39, 55 (1996).

29) 太田勝造「法の解釈適用と言葉」月報司法書士 371 号（2003 年）6，9 頁．

396　終　章

　ICJ は，南西アフリカ事件において本案判決を下していれば，合衆国最高裁のブラウン対教育委員会事件判決[30]と同じように，人種差別に対する反対へのコミットメントを示し，他の国連機関と協働することができたはずであるといわれる[31]．後者は，法現実主義を象徴する判決であると評され[32]，それを下したウォーレン・コート（Warren Court）は，人種差別解消などのために，合衆国憲法の従来の原則と緊張関係に立つ柔軟な法的構成を用いた判決を下したことで，高く評価されている[33]．ウォーレン・コートの裁判官たちは，抽象的合理性ではなく，現実の生活に根ざして「理性と情熱」のバランスをとり，原則を眼前の問題に適応させようとしたと評価されているのである[34]．

　もっとも，裁判所への高揚した期待が現実的なものに落ち着いてくると，ウォーレン・コート期に法廷意見より厳格な法的構成を採用すべきであるとする反対意見を数多く残した J・M・ハーランのアプローチを採る裁判官が増えた[35]．このことは，裁判官の役割が社会状況と裁判所への期待に応じて変化しうることも示唆している．

　国際裁判においても，「法的安定性を犠牲にしても各訴訟の公正な処理を可能にする安全弁が法には存在しており，それが規則に柔軟性を与える」[36]と考えられる．抗争当事国が国際裁判所を利用するのは，それが臨機応変な解釈によって国際法を訴訟当事国の需要に適応させることを期待するからである[37]．PCIJ の裁判官を務め，PCIJ に関する体系書を著した M・O・ハドソンは，「法の厳格な適用で立ち止まらないようにしようではないか．我々

---

30) Brown v. Board of Education, 347 U.S. 483 (1954).

31) *See* Richard A. Falk, *The Nuclear Weapons, International Law and the World Court: A Historic Encounter,* 91 AM. J. INT'L L. 64, 65-66, 73-75 (1997).

32) *See* Christopher Bracey, Note, *Legal Realism and the Race Question: Some Realism About Realism on Race Relations,* 198 HARV. L. REV. 1607, 1623 (1995).

33) *See* G. Edward White, *Earl Warren's Influence on the Warren Court, in* THE WARREN COURT IN HISTORICAL AND POLITICAL PERSPECTIVE 37, 39-42 (Mark Tushnet ed., University of Virginia, 1993).

34) *See* MORTON J. HORWITZ, THE WARREN COURT AND THE PURSUIT OF JUSTICE 114-115 (Hill and Wang, 1998).

35) 安部圭介「『連邦裁判所の役割』再考——大統領選挙とレーンクイスト・コート」[2001-2] アメリカ法（2001 年）293，304-308 頁．

36) Fisheries Jurisdiction (U.K. v. Ice.), 1974 I.C.J. 96 (separate opinion of Judge De Castro).

37) *See* WORLD SECURITY FOR THE 21ST CENTURY: CHALLENGES AND SOLUTIONS 55 (Benjamin B. Ferencz ed., Oceana, 1991) (statement by Dr. Shinkaretskaya).

の任務は，社会の利益に適うように，与えられた法を知的に有効活用することなのである」[38] と呼び掛けた．ここでいう社会の利益とは，抗争が解決されることであり，それを通して結果として国際法が発展することである．

(3) ICJ 研究の課題

ICJ の制度を改革すべきであるとする主張は少なくない[39]．たしかに，長期的には，制度改革構想にも意義はある．「永久平和は理想であって，『理想』という言葉自体の中に実現が不可能であるという確信が含まれているのであるが，その実現を絶えず目指すことは責務である」[40] といわれる．法や政治の研究は，ユートピアニズムとリアリティとの均衡点に成立すべきであり[41]，ユートピアニズムも不可欠の要素ではあるのである．

しかし，例えば，世界連邦設立運動に対して，変化の必要性に公論の関心を喚起する点でのみ有益であり，「問題をあまりに単純化し，世界の歴史的展望や経済組織を根気よく謙虚に研究する必要性を曖昧にすることによって，むしろ有害な影響を与える」[42] という指摘がある．この指摘は，ICJ 研究にも当てはまる．ICJ 規程は現在の国際社会に十分見合ったものであり[43]，制度の再設計ではなく，現行制度をいかに賢慮に適った仕方で運用するか[44]，

---

38) Proc. Am. Soc'y Int'l L. 141, 145 (1924) (statement of Mr. Hudson).

39) *See generally* Mohamed Sameh M. Amr, The Role of the International Court of Justice as the Principal Judicial Organ of the United Nations (Kluwer Law International, 2003).

40) 1 L. Oppenheim, International Law: Peace 75 (1st ed., Longmans, Green, and Co., 1905) [オッペンハイム（広井大三訳）『国際法』（進明堂，1999 年）75 頁]．ここでいうユートピアは課題解決の直接の基準とはならない導きの星にすぎず，核戦争の危険を冒しても追求すべきものではない．葬り去られた人類に「永久平和のうちに」という墓碑銘を書くことは，国際法研究者の役割ではないであろう．

41) *See* Edward Hallett Carr, The Twenty Years' Crisis, 1919-1939: An Introduction to the Study of International Relations 15, 17, 19 (Macmillan, 1981) [E・H・カー（井上茂訳）『危機の 20 年』（岩波書店，1996 年）35，39，42 頁]．ユートピアニズムは，第 5 章で言及した学習性無力感を防止するための心のよりどころというべきものであり，リアリズムと並ぶ研究の立場とはなりえない．

42) Edward Hallett Carr, Conditions of Peace 164-165, 209 (Macmillan, 1942) [エドワード・ハレット・カー（高橋甫訳）『平和の条件——安全保障問題の理論と実際』（建民社，1954 年）215，265 頁]．

43) *See* W.E. Holder, *Towards Peaceful Settlement of International Disputes*, 4 Austl. Y.B. Int'l L. 113 (1968-1969).

44) *See* Carr, *supra* note 42, at 254 [邦訳 361 頁]．

398　終章

すなわち，制度が国際社会という「体に合った衣装」[45]となるようにいかに微調整（fine tuning）するかが課題なのである．

　論理としての国際法については，ICJ による法的構成をその場限りのものとせず，それを体系の中に位置付け，体系全体を精錬することが必要になる．「言語こそが法を形成・解釈・適用する唯一の媒体であり，法律家の努力の成否は言語を操作する熟練と的確さとに依存する」[46]からである．

　予測としての国際法については，ICJ による紛争処理が抗争解決に寄与するよう確保することが重要である．L・L・フラーがニーチェを引用して警告するように，1 つの課題を遂行しているうちに所期の目的を忘却してしまうことは，「人間がしでかすばかげたことのなかで，最も頻繁にみられること」[47]である．ヘーゲルは，シラーの言葉を取り上げて，「"Weltgericht"としての世界史」[48]に言及し，世界法廷と「最後の審判」という二重の意味をもつ "Weltgericht" という言葉によって，世界史の世俗化を表現したといわれる[49]．世界法廷を自任する ICJ の目的と世界史の目的が一致するとすれば，それは世界史の継続にほかならず，「天墜つるとも，正義を成せ（*Fiat justitia, ruat caelum*）」[50]ということではないはずである．キューバ危機の際に J・F・ケネディ大統領の助言者の 1 人となった D・アチソン元国務長官

---

45) 国家と憲法に関するバークの言葉である． *See Speech on Motion Made in the House of Commons, the 7th May, 1782, for a Committee to Inquire into the State of the Representation of the Commons in Parliament, in* IV THE WORKS OF THE RIGHT HONOURABLE EDMUND BURKE 144 (George Bell & Sons, 1886).

46) LORD MACMILLAN, *Law and Language, in* LAW AND OTHER THINGS, 147, 148 (Cambridge University Press, 1937).

47) *Cited in* LON L. FULLER, THE MORALITY OF LAW 95 (Yale University Press, 1964)［L・L・フラー（稲垣良典訳）『法と道徳』（有斐閣，1968 年）128 頁］．

48) 7 GEORG WILHELM FRIEDRICH HEGEL, WERKE: GRUNDLINIEN DER PHILOSOPHIE DES RECHTS, ODER, NATURRECHT UND STAATSWISSENSCHAFT IM GRUNDRISSE: MIT HEGELS EIGENHÄNDIGEN NOTIZEN UND DEN MÜNDLICHEN ZUSÄTZEN 503 (Suhrkamp, 1970)［ヘーゲル（上妻精ほか訳）『法の哲学——自然法と国家学の要綱（下）』（岩波書店，2021 年）357-358 頁］．

49) *See* Carlo Ginzburg, *Checking the Evidence: The Judge and the Historian,* 18 CRITICAL INQUIRY 79, 80 (1991)［カルロ・ギンズブルグ（上村忠男訳）「証拠をチェックする——裁判官と歴史家」『歴史を逆なでに読む』（みすず書房，2003 年）78，79-80 頁］．

50) IMMANUEL KANT, ZUM EWIGEN FRIEDEN: EIN PHILOSOPHISCHER ENTWURF 65 (Im Insel-Verlag, 1917)［カント（宇都宮芳明訳）『永遠平和のために』（岩波書店，1985 年）94 頁］．

は，端的に「国家の生存は法の問題ではない」[51] と述べている．

世界史の継続は，民主的正統性をもつ政治家たちによる「審判」に賭けられるべきであり，裁判官が「哲人王」であるかのように政治家の位置を乗っ取るべきではない．「世界が世界政府を設ける用意ができていないとしたら，

---

51) *Remarks by the Honorable Dean Acheson*, 57 PROC. AM. SOC'Y INT'L L. 13, 14 (1963). キューバ危機と 2022 年に発生したウクライナ戦争は相似形の抗争である．まず，一方がそれ自体は合法な行為によって現状の変更を試み，他方がそれを安全に対する脅威とみなす——ソ連によるキューバへの核兵器の配備と，NATO によるウクライナの加盟の慫慂——．それに対して，後者が関係国に対して違法である（ただし，拒否権ゆえに公権解釈機関である安保理は違法であると認定しえない）武力行使をおこなったのである．両者の相違は，キューバ危機では，ソ連が友好国キューバを犠牲にして，核戦争を防止するために合衆国と妥協した（それによって，「面子」と友好国を失った）のに対して，ウクライナ戦争では，NATO がロシアと妥協せず，合法性の確保を自己目的とするレトリックを使い続け，そのために ICJ や ICC を動員したことである．戦争の長期化と核戦争の脅威の増大に鑑みれば，NATO 加盟国の指導者はフルシチョフほどの「政治家としての資質（statesmanship）」をもち合わせていないと評価せざるをえない．

政策決定者は最小限の秩序を危うくする選択，とりわけ核戦争に結びつきうる選択はしない．*See* W. MICHAEL REISMAN & JAMES E. BAKER, REGULATING COVERT ACTION: PRACTICES, CONTEXTS, AND POLICIES OF COVERT COERCION ABROAD IN INTERNATIONAL AND AMERICAN LAW 24 (Yale University Press, 1992)［W・マイケル・リースマン＝ジェームス・E．ベーカー（宮野洋一＝奥脇直也訳）『国家の非公然活動と国際法——秘密という幻想』（中央大学出版部，2001 年）39 頁］．ロシアが主張するような「生存防衛地帯」を保護するという防衛的権利は，「国際政治の構造の大変化が起こらない限り，地理的範囲が修正されたり，それに付ける名称が変更されたりすることはあっても，行使され続けられる」と考えられるのであり（*id.* at 46［邦訳 73 頁］），核戦争を回避するためには，大国の防衛的権利の行使による中小国の権利の制限も容認されてきたのである（*id.* at 48［邦訳 76 頁］）．なお，ロシア・ウクライナ戦争については，ロシアの行為を「自衛戦争とは断じて認められない」と断定するのに対して，キューバ危機については「キューバも海上封鎖を『主権に対する侵害』だとして非難した」と紹介するに止め，法的評価への言及を回避する例として，樋口讓次『現実化する宇宙戦——「宇宙小国」日本はどうする!?』（国書刊行会，2023 年）39, 61 頁．このような立場は，「予測としての国際法」の看過と「論理としての国際法」の軽視を現し，安全保障の問題を友敵の選択と「友」の間の「仲間内思考」に引きこもろうとするものである．

古典古代のローマでは，大戦争に従事している間，元老院はあらゆる種類の不正に沈黙し，刑罰を加える時期の到来を待ったといわれる．*See* MONTESQUIEU, CONSIDÉRATIONS SUR LES CAUSES DE LA GRANDEUR DES ROMAINS ET DE LEUR DÉCADENCE: SUIVI DE RÉFLEXIONS SUR LA MONARCHIE UNIVERSELLE EN EUROPE 103 (Catherine Volpilhac-Auger ed., Gallimard. 2008)［モンテスキュー（井上幸治訳）『ローマ盛衰原因論』（中央公論新社，2008 年）43 頁］．「武器の間では法は沈黙する」という法諺は，戦争状態では法は他日を期すべきものであるという経験知の表現として読むこともできるであろう．なお，この法諺の典拠は正当防衛を正当化しようとする一節であった．*See* M. TULLI CICERONIS. *Pro T. Annio Milone, in* 2 OPERA QUAE SUPERSUNT OMNIA 1151, 1155 (I.G. Baiterus & Car. Halmius eds., Typis Orellii, Füsslini et Sociorum, 1861)［山沢孝至訳「ミロー弁護」『キケロー選集 第 2 巻』（岩波書店，2000 年）341, 350 頁］．

400 終 章

15 人の判事による世界政府に対する用意ができていないことは，さらに確かである」[52]．必要なことは，ICJ による救済を願望することではなく，国民を代表する政府による政治を機能させることである[53]．

---

52) Thomas M. Franck, Judging the World Court 68 (Priority Press Publications, 1986), *cited in* 佐藤義明「国際司法裁判所における強制的管轄権の意義」本郷法政紀要 7 号（1998 年）255，256 頁．
53) 誰かに救済を願望すべきであるとすれば，その候補は ICJ の裁判官ではなく人工知能（AI）であるかもしれない．AI も神ではなく，種々の失敗を免れないと考えられるが，シンギュラリティを越えたとき，相対的に人間を上回る能力をもつことになるからである．

事例索引

アヴェナその他のメキシコ国民事件 ……………………………………164
アーマドゥ・サディオ・ディアリョ事件 …………………………………382
アヤ・デ・ラ・トーレ事件 …………………………………………………169
アラバマ号事件…………………………………………………………………35
アングロ・イラニアン石油会社事件 ………………………………………324
安保理決議276（1970）にもかかわらず南アフリカがナミビア（南西アフリカ）に存在し
　　　続けることの諸国に対する法的効果事案 …………………………62，290
ICAO理事会の管轄権に関する上訴事件 …………………………………284
IMCO海安全委員会の構成事案 ……………………………………………363
インターハンデル事件 ………………………………………………195，258
印領通航権事件………………………………………………………121，284
ウィンブルドン号事件………………………………………………164，381
ウィーン領事関係条約事件…………………………………………300，314
ウルグアイ川パルプ工場事件 ………………………………………………302
エーゲ海大陸棚事件…………………………………………………260，300
オーデル河国際委員会の領域管轄権事件 …………………………………273
家屋税事件………………………………………………………………………82
核軍拡停止および核軍縮に関する交渉義務事件 …………………77，146
核実験事件……………………………………………94，124，151，**200**，328
核実験事件1974年12月20日判決第63項に従った状況の点検要請事件 ………118
核兵器による威嚇または核兵器使用の合法性事案 ……9，77，129，**364**
カシキリ（セドゥドゥ）島事件…………………………………285注314）
カタール・バーレーン間の海洋境界画定と領域問題事件 ………276，349，360
ガブチコボ・ナジュマロシュ事件 …………………………75，203，**275**，276
カメルーン＝ナイジェリア間の領域と海洋境界事件……158，174，178，187，315，**321**，324
カリブ海における主権的権利および海域侵害事件…………………………70
北大西洋漁業事件 ……………………………………………………………359
漁業事件…………………………………………………………………………74
漁業管轄権事件（イギリス対アイスランド）……………………240，356
漁業管轄権事件（西ドイツ対アイスランド）……………………75，159
グリーンランド・ヤンマイエン間の海洋境界画定事件………………352，354
グレートベルト橋通航事件 …………………………………123，330，334
刑事共助事件 ……………………………………………………252注176）
航空協定事件 …………………………………………………………………198
国連経費（憲章第17条2項）事案…………………………………………290
国連の勤務中に被った損害の賠償事件 ……………………228，285，365
コソボに関する一方的宣言の国際法適合性事案………………………5，185

402　事例索引

国家の裁判権免除事件 ……………………………………………………212
国境・越境武力行動事件 …………………………………………………316
国境紛争事件（ブルキナファソ＝マリ）…………………………83，301，374
国境紛争事件（ベナン＝ニジェール）……………………………………141
国境地帯においてニカラグアがおこなっている活動事件…………302，325
コルフ海峡事件 …………………………………………………52，287，382
コンゴ領における軍事活動事件（コンゴ民主共和国対ウガンダ）……307，383，386
コンゴ領における軍事活動事件（コンゴ民主共和国対ルワンダ）………84，292
サイガ号（即時釈放）事件 …………………………40，275 注 274）
サイガ号第 2 事件 …………………………………………………………276
在テヘラン合衆国外交使節団・領事機関職員事件 …………122，**290**，321，323，383
ジェノサイド条約適用事件（ガンビア対ミャンマー）…………155 注 110)，166
ジェノサイド条約適用事件（ボスニア・ヘルツェゴヴィナ対セルビア・モンテネグロ［ユ
　ーゴスラビア]）……………………………………………………………84
ジェノサイド条約の留保事案 ……………………………………153，365
シシリー電子工業会社（ELSI）事件 ……………………………………196
上部サヴォアとジェックスの自由地帯事件………285，**344**，347，349
ジョホール海峡事件 ………………………………………………………124
人権委員会特別報告者の訴訟手続免除に関する紛争事案…………326 注 139)
1989 年 7 月 31 日仲裁判断事件 …………………………………………320
1943 年ローマから移送された通貨用金塊事件 …………………………159
1947 年 6 月 26 日の国連本部協定第 21 項の仲裁義務の適用可能性事案 …………149，334
1906 年 12 月 23 日スペイン国王仲裁判断事件 …………………………289
訴追または引渡しの義務に関する問題事件 …………………63，166，171
大陸棚事件（チュニジア＝リビア）……………………75，187，279
大陸棚事件（リビア＝マルタ）……………………………………………187
WHO・エジプト間の 1951 年 3 月 25 日協定の解釈事案 ………………362
ダンツィッヒ裁判所の管轄権事案 ………………………………………274
チャゴス諸島のモーリシャスからの分離の法的効果事案 …………………7
テロ資金供与防止条約および人種差別撤廃条約の適用事件………346 注 242)
独・オーストリア関税連合事案 …………………………………171，283
東部グリーンランドの法的地位事件 ……………………………………169
南極海捕鯨事件……………………………………9，63，82，**231**
南西アフリカ事件……………………………………13，61，**165**，243
南西アフリカ委員会による請願者聴取の許容性事案………………………94
南西アフリカ地域に関する報告と請願の問題に関する表決手続事案………94
南西アフリカの国際的地位事案 …………………………………94，366
ニカラグアにおけるおよびニカラグアに対する軍事活動と準軍事活動事件………28，65，
　265，275，286，349，384
虹の戦士号事件 ………………………………………51 注 79)，346
2000 年 4 月 11 日逮捕状事件 …………………167，196，**269**，292
ヌイイ条約第 179 条（解釈）事件……………………73，152，316

事例索引　403

ノルウェー公債事件 ……………………………………………………261
ノッテボーム事件……………………………………………269 注 251）
パキスタン人捕虜裁判事件 ……………………………………………122
バルセロナ・トラクション電力会社事件 ………………………63，64，228
パルマス島事件 …………………………………………………………279
パレスチナ占領地域における壁建設の法的効果事案 ………………………5
ハンガリー・チェコ混合仲裁裁判所の判決の上訴（ペテル・パーズマニ大学）事件 …255
判決第 3 の解釈（ヌイイ条約第 179 条）事件………………………73，152，316
東ティモール事件 ………………………………………………………153
ビーグル海峡事件…………………………………………………114，296
庇護事件 1950 年 11 月 20 日判決の解釈要請事件……………………………146
武力行使の合法性事件 ……………………………84，247，**261**，335
ブルガリア，ハンガリーおよびルーマニアとの平和条約の解釈事案 ……………282
プレアビヘア寺院事件………………………61 注 123），**140**，158，204
プレアビヘア寺院事件 1962 年 6 月 15 日判決の解釈要請事件……………322，326
ペドラ・ブランカ（バトゥ・プティ），中央岩礁および南岩棚に対する主権事件………120
ベルギー商事会社事件 …………………………………………………347
北部カメルーン事件 ……………………………61 注 123），170，**287**
北海大陸棚事件…………………………………75，273，283，348，**351**
ポーランド農業改革と独系少数民族事件 ………………………………154
ポーランド領上部シレジアのドイツ人の利益事件 …………………162，163，171
ホルジョウ工場事件………………………158，**162**，191，323，381
マヴロマティスのエルサレム譲許協定事件 ……………………………162
マンキエ島とエクレオ島事件………………………………………279，348
南シナ海事件……………………………………………………………28
ミナミマグロ事件…………………………………………………43，250
ミューズ河からの引水事件 ……………………………………………268
メイン湾海洋境界画定事件 ………………………………………73，352
メーメル領域規程事件 …………………………………………………155
モックス製造工場事件 ……………………………………………39，250
友好，経済関係および領事権に関する 1955 年条約事件………………………327
油井やぐら事件………………………………176，191，**207**，292
ラグラン事件………………………………76，**163**，306，317，324
ロッカビー航空機事故から生じた 1977 年モントリオール条約の解釈適用事件 …………83
ロテュス号事件………………………………………………………153，242

事項・人名索引

【あ 行】

アクセス権（ICJ）·····················247
「アクティオー思考」·····················135
「新しい傾向」（海洋法）·················278
アチソン（Acheson, Dean G.）··········398
アメラシンゲ（Amerasinghe, C. F.）
··199
争い（判決解釈）·····················146
あるべき法 ·················21, 340, 389
安保理·················34, 49, 50, 83, **99**
　　──化（ICJ）·····················38
　　暫定措置 ·····················302
アンツィロティ（Anzilotti, Dionisio）
·····**58** 注 112), 108 注 77), 154, 156, 169
イェーリング（Jhering, Rudolf von）
··················333 注 182), 338 注 193)
一括裁定／一括賠償 ·················383
一貫した反対国·······················45
「一般的声明」·····················333
一方的宣言 ·················27, 96, 203
ウォーレン・コート ·················396
エラスムス（Erasmus, Desiderius）
··392 注 11)
演繹的適用 ·················22, 272
おうむ返し（tit for tat）··········21 注 95)
大沼保昭 ·····························116
お抱え弁護士 ·····················114
奥脇直也·················24 注 112), 102
オコナ（O'Connor, Sandra Day）
··390, 393
小田滋·····**110**, 225, 226 注 45), 228 注 55)
織田萬 ·····························345

【か 行】

外交的庇護 ·····················169, 238
外交的保護 ·········192, 199 注 327), 252
解釈（判決）·····················146
回復訴訟 ·····························148
外部調達（慣習法の認定）·················79
書かれた法 ·····························26
学習性無力感 ·················308, 397
確認判決 ·····························168
核兵器 ·········9, 57, 329, **367**, 399 注 51)
過程コントロール（抗争解決）·········380
「価値的説得メカニズム」·················24
紙の上の抗議·····························22
紙の上の法·····························78
仮執行（日本）·················329 注 160)
仮判決 ·····························323
仮保全措置　→　暫定措置
勧告（職権による）·················346
勧告（訴訟当事国の要請による）········344
勧告の意見 ·····················6 注 24)
管轄権（国際裁判所／仲裁廷）··········37
慣習国際法 ······4, 26 注 122), **45**, 238, 275
間接互恵性·····························40
鑑定（ICJ）·····234, 341, **345**, 358, 381, 386
鑑定（国内裁判所）·················228 注 55)
韓非·········24 注 110), 85 注 233), 109
願望的思考·····························22
管理的裁判官 ·····················332
「機械的強制メカニズム」·················98
キケロ（Cicero, Marcus Tullius）·····216
機構内ヘゲモニー·······················78
擬制（fiction）·····················16

406　事項・人名索引

規則 ･･････････････････････････16
「――として存在する法による法の支配」
　････････････････････････････264
規則功利主義 ･･･････････････････111
機長症候群 ･････････････････････129
キッシンジャー（Kissinger, Henry A.）
　････････････････････18 注 76), 394
「規範性」･････････････････････････6
既判力／既判事項　･･･128, 180, **190**, 295
「宮殿革命」･････････････････････311
求釈明 ･･･････････････172 注 192), 229
キューバ危機 ･･･････････19, 399 注 51)
協議 ･････････････････････････････380
教訓訴訟 ･･･････････････････････148
教皇／ローマ教皇 ･･･････････101, 296
強行規範 ･･･････････**45**, 153, 273, 288
行政裁判所化（ICJ）･･･････････････83
共通語 ･････････････････････････････23
ギヨーム（Guillaume, Gilbert）･･･････97, 270,
　392
協力義務（考慮義務／説明義務）･･････**9**, 80,
　219, 338, 341, 362
協力問題 ･･･････････････････････････27
拒否権（安保理常任理事国）･･････**58**, 65, 88,
　224
記録（訴訟当事国の行為の）　････122, 349
記録（不履行の）･････････････････331
禁反言（estoppel）･･･････････････192
グッドハート（Goodhart, Arthur L.）
　････････････････････････････395
区別（先例との）･･････････22, 105, 132
クライアント ････････････3, 14, **95**, 389
グロ（Gros, André）･･････････････392
グロティウス（Grotius, Hugo）･････93, 114
グローバル・ガバナンス ･････････12, 15
形成訴訟 ･･･････････････････････353
形成途上にある法 ･･････････････93, 359
係属（訴訟）･･･････････････････30, 118
契約を破る自由 ･････････････････107
結晶化 ･･･････････････････････････390
決定形成過程 ････････････････････47
決定コントロール ･･･････････････380

決定投票 ･･･････････････････････････48
ケルゼン（Kelsen, Hans）･････････105
権威（ICJ）････････････････････216
欠缺／空白（法）･････････････15, 131
「建設的外交」････････････････････361
原則 ･･･････････････････････････16
「――として存在する法による法の支配」
　････････････････････････････264
原則の認定 ･････････････････････153
権利の上に眠る ･････････････････280
権利のための闘争 ･･･････････････333
「言力」･･･････････････････････････125
元老院（古代ローマ）･･･････････216
コイマン（Kooijmans, Pieter H.）･･････262
公開外交 ･･･････････････････････････50
「高貴なウソ」･･････････････20 注 89)
公権解釈 ･･･････････････････････115
公式の統治政策 ･････････････････151
公衆によるサンクション ･･･････････25
公序 ･･･････････････････････････44
　――（国連海洋法条約）･････････312
　――（国連憲章）････････････296, 310
交渉義務 ･･･････････････････75, 348
交渉完結義務 ･･･････････････367, 371
「交渉収斂構造」･･･････････････････103
交渉前置（裁判権）･･････････････143
抗争 ･････････････････････････････33
　――解決 ･････････････････････････33
　――解決動学 ･････････････････････29
　――制御 ･･･････**25**, 83, 97, 298, 320
拘束力 ･････････････････････････････6
　暫定措置の―― ･･･････････････305
公知の事実 ･･･････････････････221, 249
口頭手続／口頭陳述 ･･･････････219, 316
口頭の条約 ･･･････････････････27, 281
衡平 ･････････････････････････････111
　――および善（による）･････**34**, 352, 355,
　374, 383
　――原則 ･･･････**75**, 240, 351, 355, 374
　実定法に反する―― ･･･････････16 注 66)
　実定法の外にある―― ･･･････････････15
　実定法の中の―― ･･････････16 注 66)

事項・人名索引　　407

抗弁 ……………………………118, 194
「合法性評価の訴訟」…………………165
「後法である一般法は前法である特別法を
　破らない」……………………………266
「公法的」措置 ……………………………83
「後法は前法を破る」…………………266
拷問等禁止委員会 ……………………166
国王の禁止令状事件 …………………395
国際公務員 ………………………50, 83
国際法
　生きている—— …………………130
　書かれた—— ………………………26
　紙の上の—— …………78, 80, 96, 129
　近代—— ……………………………60
　現代—— ……………………………60
　——形成過程…………………………11
　——形成動学…………………………29
　死んだ—— …………………………17
　予測としての—— …………………17
　論理としての——…………………22
国際連盟…………………………………38
　——規約 ………6 注 24), 38, 40, 50, 163
　——理事会……………………125 注 121)
　——常任理事国 …………………155, 164
国籍継続（原則）…………………………252
国内管轄事項 …………………………252
国内救済完了（原則）／国内救済未完（妨
　訴事由） ……………………193, 252
国家実行 ………………………………116
国家承認 …………………………5, 216
「国家と独立に活動する人が形成する法
　（コスモポリタン法）」…………………11
小松一郎 ………………………………104
コモンセンス ……………………………5
固有の限界（司法機能）……166, 246, 304
固有の権限（ICJ） ……203, 204, 346, 348,
　379
コレマツ事件 …………………………364

【さ　行】

最終申立 ………………………………138

再審 ……………………………190, 295
再発防止（違法行為）…………………148
再発防止訴訟（中止・再発防止訴訟）
　…………………………………………148
裁判官 …………………………………222
　回避，忌避，除斥…………………242
　国籍—— ……………………………241
　——支配 ……………………………292
　宣言／個別意見／反対意見…………48
　大勢順応／同調行動 ……96 注 20), 226
　地理的配分……………………391 注 6)
　特任（特別選任）—— ………………241
裁判拒否 ………………………193, 341
裁判権………………………………………37
　応訴—— ……………………………71
　義務的——受諾宣言…………………67
　——の留保　→　留保
　強制的—— …………49, 98, 103, 218
　交渉前置 ……………………………143
　踰越 ……………210, 213, 265, 292, 320
裁判所は法を知る（法廷は法を知る）
　…………………………………………222
裁判所侮辱 ……………………………337
裁判条項 …………………………70, 265
裁判条約 …………………………70, 267
裁判長 ……………47, 64, 242, 311, 377
　決定投票………………………………48
裁判不能（non liquet）………15, 131, 364
暫定措置 ………………………………298
　安保理による—— …………………309
　一応の裁判権 …………………304, 312
　暫定的非武装地帯 …………………326
　自動執行（性）………………………325
　自由権規約委員会による—— ……339
　担保 …………………………………330
　「超判決」……………………………305
　補償 …………………………………330
自衛権 …………………………208, 266
ジェサップ（Jessup, Philip C.）………109,
　390
ジェニングス（Jennings, Sir Robert Y.）
　………………97, 98, 109, 132, 391

「資源および予見可能性のある意欲」……19
自己家畜化 …………………82注220)
自己完結的制度………………321注124)
自然言語…………………………42
実現可能（性）…………14, 60注120)
実際的な調整（訴訟手続）…………180
実効性 ……………………………6
執行力 ………………………310
実証主義 …………………105, 107
実務的指示 ………………………5
『司馬法』………………19注85)
自閉的な理解（国際法）…………105
司法機能 ………**136**, 201, 295, 304, 318
　固有の限界………………166, 246
司法消極主義 ………………214
司法の解決………………………41
司法の適正な遂行 …………………179
司法立法………………………42
事務総長（国連）……6, 51注79), 138, 160
　基金………………………377
社会化／社会性（訴訟）…………343
社会工学 ……………………………1
社会主義国際法…………………56
ジャクソン（Jackson, Andrew）………99
酌量の事情………………………348
自由権規約委員会………8, 224注41), 241
　暫定措置………………………339
　（第1）選択議定書…………6, 339
　ロウル・ケネディ事件…………80
集団安全保障……………………59
主権コスト……………………379
主権平等 ……………78, 188, 223
主文………………………………54
シュミット（Schmitt, Carl）………56, 60注121), 216
受理可能性………………………61
主論（ratio decidendi）………54
「準形式的法源」…………………115
状況証拠 ……………………375
状況の検討……………………203
「証拠に裏付けられていない漠然とした一般的非難」………………240

小法廷………………………296
　簡易手続部 ………………73, 316
　環境事件裁判部………………73
　特定事件裁判部………………73
情報伝達過程 ………………47, 219
証明の負担…………………220, 238
　――の転換……………………375
条約機関（専門家）…**7**, 80, 115, 338
　拷問等禁止委員会…………166
　自由権規約委員会 ……6, 8, 224注41), 241, **340**
　女性差別撤廃委員会………340注215)
　人種差別撤廃委員会 …………8
条約
　口頭の―― ……………27, 281
　趣旨および目的……26, 184注252), 306
　立法―― …………………10
条約当事国間対世的義務…………77
書記（ICJ）……13, **48**, 298, 311, 386注479)
所長（ICJ）………………………47
職権探知事項……………………232
書面手続……………………219, 316
　期限の延長（延期）………64, 124, 378
信義誠実／信義則／「信義に従い誠実に」………………148
「真正の審議機関」………………391
信託（「国民の厳粛な」）………**7注28**), 47, 69, 231, 339
「真に我々の世界法廷」…………72
「真の抗争」（勧告的意見）…………205
「真の問題」（勧告的意見）…………362
信頼（ICJへの）………………10
侵略………………………………20
　犯罪………………………286
「神話システム」………………18注79)
「水平的裁判観念」………………30注133)
推論（deduction）……………22, 43
　必然的――（corollary）………16
数学（モデル）………87, 107, 114
杉原高嶺………………………91
スティムソン・ドクトリン………70
ステークホルダー ………………3

スペンダ（Spender, Sir Percy C.）……243
スマートパワー………………………………23
正義（国連憲章）………………………………50
請求………………………………………………33
　——原因 ………………………………156
　「——の全体」………………………………196
　——を越えず……**209**, 270, 292, 341, 366,
　387
請求権不行使の約束 ……………………175
政策形成訴訟………………………………77
誠実義務（弁護士）………………………231
政治問題 …………………………………253
正統性（ICJ の）…………………………116
　民主的—— ……………………………222
制度設定的契約 …………………362, 370
正文（条約）…………………………146, 306
正名（『論語』）…………………60 注 120)
勢力均衡 ……………………………87, 394
世界政府……………………………………399
「世界法廷」（ヘーゲル）………………398
世界連邦（設立運動）……………………397
責任倫理……………………………129 注 172)
「世代交代」（ICJ）………………………54
説得的権威 …………………………………6
「善意と良識に鼓吹された解決」………366
尖閣諸島 ………44 注 51), 227 注 53)
善管注意義務（弁護士）…………………231
先決的抗弁 ………………………………118
宣言判決 …………………………148 注 78)
　純粋な—— ……………………………152
　「差止の命令」………………………168
　「宣言の命令」………………………168
先々決的性質の抗弁 …………………118-119
戦争…………………56, 89, 392 注 11)
「全体的論理」…………………………308, 311
殲滅戦 …………………………………60 注 121)
善隣精神 ………………347, 354 注 290)
総会（国連）…………………………………47
相互依存コスト …………………………379
相互主義……………………………………21
相殺 ………………………………………159
「操作コード」……………………………18 注 79)

総称的用語 ………………………………277
送致（国内法）……………………………229
双方聴取 ……………………………219, 315
双方の訴え ………………………………280
争論………………………………………………33
　主題 …………………………………138, 147
訴状…………………………………………138
　追加—— ………………………………174
訴訟関係諮問会議（フランス）………99
訴訟経済 ……………47, 140, 281 注 303)
訴訟参加 …………………………………180
　ICJ 規程第 62 条………………………183
　ICJ 規程第 63 条………………………188
　当事者—— ……………………………183
　「関連性」……………………………183
　非当事者—— …………………………186
訴訟遅延 ……………**63**, 125, 245, 378
訴訟能力 …………………………………246
「訴訟の根源」……………………………202
ソフトパワー……………………………………23
ソフトロー ……………………………12, 18

【た　行】

対抗措置／復仇 ……………………100, 117
対抗規範 ………………………………24, 43
対抗フォーラム……………………………78
対抗力………………………………………74
第三者再審 ………………………………181
退出…………………………………………80
対審／対審構造 ……………………………8
大勢順応／同調行動（裁判官）
　………………………………96 注 20), 226
対世的義務 …………63, 232 注 77), 289
　条約当事国間—— ……………77, 166
対話
　ICJ と ILC との間の—— ………………78
　裁判所／判事の間の—— ………………12
竹島…………………………………………4
多数派の専制…………………………………90
多中心的問題 ………………………………370
脱司法化……………………………………80

410　事項・人名索引

脱政治化 ……………………………117
田中耕太郎 …………………109, 213, 227
玉田大 …………………………29 注 131)
「単一で同一の利益」……………………195
単線構造論（抗争解決過程）…………102
ダンツィッヒ自由市 ……………………247
「単なる言いがかり」……………44 注 51)
力の配置 …………………………8, 58, 121
知識共同体…………………………………12
仲介…………37, **117**, 160, 296, 325, 384
　　――と仲裁の交配種………………374
中間判決 ……………………………316, 361
仲裁
　「仲介と――の交配種」……………374
　　――化／――性……………………73
　　――準則………………………………35
　　――廷／――人……………………34
　　――判断………………………………35
中止（違法行為）………………………148
中米司法裁判所 ………………37, 248, 299
『超限戦』……………………………23-24
「超国家的，超主権的な存在」…………216
調査官
　ICJ ……………………………………49
　最高裁判所 ……………………………7
「調整機能」（裁判所）…………66 注 151)
調整問題 ………………………26, 373, 387
「調停裁判所」……………………………345
「調停モデル」……………………………24
「超判決」　→　暫定措置
直接侵害 …………………………………198
追完 ………………………………66, 157
通知（ICJ）
　ICJ の暫定措置 ……………………303
　義務的管轄権受諾宣言の寄託 ………121
　書面提出………………………47 注 64)
　訴訟付託 …………………138, 181, 280
　追加判決の請求 ………………………203
　反訴の受理可能性を肯定する命令
　………………………………………178
ディドロ（Diderot, Denis）…………108

デカン（Baron Descamps, Édouard E. F.）
　………………………………………234
テストケース ……………………………113
デベラチオ（*Debellatio*）………57 注 111)
「天墜つるとも，正義を成せ」…………398
同意判決 …………………………………350
等距離規則 ………………………………239
当事者主義 ………………………………388
「当初からの窮極の目的」……199, 205, 213
道徳／倫理 ……………………9, 27 注 123)
登録（条約）
　国際連盟………………………………50
　国連 …………………50, 238, 281
「特異なもの」……………………………353
特別の合意 ………………………………71
「特別法は一般法を破る」………………266
特別利害関係国 …………………………10, 78
「匿名の者」………………………………391
独立（ICJ）……………………226, 243, 295
独立（裁判官）……………………………222
特権免除
　外務大臣………………………………269
　裁判官…………………………………244
取下げ（訴訟）…………**122**, 174, 309, 328
　部分的――……………………………175
ドレッド・スコット事件…………………62

【な　行】

内部慣行に関する決議 …………………5, 332
長岡春一……………………………………14
仲間内思考（groupthink）………44 注 51)，
　233 注 79)，398 注 51)
仲間外れ……………………………………59
名指しと恥さらし…………………………11
何人も自身の裁判官たりえない ………241
二重機能…………………………193, 229
日韓外相共同記者発表（慰安婦問題）
　………………………………………27
「認識テスト」（紛争）……………………142
任務完了 …………………112, 295, 343
後に生じた慣行（条約）…………………26

事項・人名索引　411

ノッテボーム原則 ………………………120

【は　行】

配分的正義 ………………………………353
バーゲンソール（Buergenthal, Thomas）
　………………………………………249
「80% の人」………………………………393
ハドソン（Hudson, Manley O.）………396
ハムデン事件………………………………62
パウンド（Pound, Roscoe）………………1
破棄院（フランス）………………………99
判決 ………………………15, 41, 46, **48**
　解釈要請……………………104, 305, 372
反訴 ………………………………………175
　──に対する反訴 ………………………176
　直接牽連（性）…………………………176
　「同じ法的目的」………………………178
　「複合的事実」…………………………177
反対解釈…………………………184 注 252）
判例（法）………………………………115
ひき逃げ戦略 ……………………………120
ヒギンズ（Higgins, Dame Rosalyn）
　……………………………………209, 349
批判法学 …………………………………106
非友誼的行為 …………………………71, 318
費用（訴訟）……………………………330
評議………………………………………47
　ノート……………………………………48
　秘密 ………………………………………344
平等（訴訟当事国）……138, **140**, 173, 384,
　388
評判………………………………………22
不意打ち（付託／判示） ……68, 140, 143,
　172 注 192）, 210, **378**
フィッツモーリス（Fitzmaurice, Sir
　Gerald G.） …………96, 112, 296, **390**
不可抗力 …………………………………347
「武器の間では法は沈黙する」
　………………………………398 注 51）
複線構造論（抗争解決過程）…………102

フクヤマ（Fukuyama, Francis）
　………………………………………58 注 112）
不出廷／欠席 ……………………………240
付随審査 …………………………163, 337
付託合意…………………………………35
付託適格 ……………………………61, 251
復仇／対抗措置 ……………………100 注 41）
　戦時── …………………………………69
物権的返還請求権 ………………………158
部分判決 …………………………………379
普遍学 ……………………………………135
普遍的管轄権 ……………………………269
フラー（Fuller, Lon L.） ………………398
ブライアリー（Brierly, James Leslie）
　………………1, 25, 38, 88 注 253）, 310
ブラウン対教育委員会事件 ……………396
ブランダイスの法理 ………………297 注 13）
古川照美 ……………………………297 注 13）
ブレナン（Brennan Jr., William J.）……391
ブレント・スパー事件……………………12
フロネーシス………………………17 注 70）
分節化……………………………………34
紛争
　処理………………………………………33
　「淵源または真の原因」……………144
　主題………………………………………147
　成熟性……………………………………147
分担金……………………………………3
文面審査 …………………………………149
併合（訴訟） ……………174, 179, 183
並行審理（訴訟） ………………179, 357
平和条約 ………………55, 57, 212 注 386）
ヘーゲル（Hegel, Georg Wilhelm Fried-
　rich） …………………………………43, 398
ベジャウィ（Bedjaoui, Mohammed）
　……………………………………126, 366
便宜 …………………………………114, 126
弁護過誤 …………………………………231
弁護士団（ICJ）…………………………230
ベンサム（Bentham, Jeremy）
　……………………………………25 注 115）, 36
「法学の概念天国」………………………87

法現実主義……………………107, 108, 396
法政策アプローチ ………………111 注 84)
「法政策の考慮」……………………211
法則決定の補助手段 …………46, 116, 128
「法的義務を設定する者は，その義務を遵
　守した者を保護しなければならない」
　……………………………………328
「法的効果」…………………………6
法的構成………………………………15
法的信念………………………………130
法的理由付け…………………………17
法廷漁り……………………………39 注 29)
「法廷内ヘゲモニー」………………78, 80
法廷の友………………………………184
法典化…………………50, 75, 79, 112, 225
法道具主義…………………………1, 105
法と経済学……………………………2
法と心理学…………………………15 注 62)
「法の生きた託宣者」………………2, 68
法の一般原則…………………………45
法の支配………………………………84
報復………………………………100, 117
法律戦（法規戦）……………………23
傍論…………3, 54, 63 注 133), 115
ホッブズ（Hobbes, Thomas）
　………………………………87 注 245)
北方領土………………………………56
ホームズ（Holmes, Jr., Oliver W.）……17
本案判断請求適格 …………………61, 251
「本来ならば部外者に近いといえる国」
　……………………………………10
「本来の抗争」（「特段の事情」）………207

【ま　行】

埋没費用 ……………………………236
間口における審査／間口における却下
　……………………………………118
マクネア（Lord McNair, Arnold D.）
　…………………………109, 131, 390
マニラ宣言（国際抗争の平和的解決）
　……………………………………117

「マフィア」……………………………12
マブロマティス・ドクトリン …………293
満足（精神的満足）…………………148
皆川洸………………………………103
ミーム／ミーム工学 …………………277
民衆訴訟………………………………63
ムートネス（争訟性の喪失）……136, 166
メディオロジー ………………………278
面子……………………………………297
申立が明瞭性を欠くという抗弁 ……156
黙示的権限 ……………………………5
モーゲンソー（Morgenthau, Hans）
　……………………………………126

【や　行】

やむにやまれぬ理由（勧告的意見）……249
有権的解釈 …………………………115
踰越（権限）………68, 307, 320, 340
踰越（裁判権）………………………265
ユートピアニズム ………………394, 397
抑止（核兵器）………………………104
「抑制と均衡」…………83, 218, 223
「汚れのない手の原則」…………60 注 121)
予測（としての国際法）……………17
予防訴訟 ……………………………149

【ら　行】

楽観主義 ……………………………173
濫用（権利）………59, 238, 269 注 251)
濫用（訴訟手続）……………233, 250
リジッチン（Lissitzyn, Oliver）………130
立法機関化……………………………77
立法条約………………………………10
「リモート・コントロール」…………92
留保（義務的裁判権受諾宣言）……67, 252
　自己判断（コナリー）………………259
　時間的 ………67, 121, 143, 261
　事項的………………………………67
　主体的………………………………67
　責任転嫁型 …………………………169

多国間条約（ヴァンデンバーグ）
　　　……………………………128, 265
留保（条約）……………………………188
倫理／道徳 ………**10**, 27 注 123), 105, 109,
　129
類比（アナロジー）……………………22
ルート（Root, Elihu）………………81
礼譲（国際）……………………………370
礼譲（裁判所・判事間）………115, 250
「歴史の終焉」……………………………56
レフェレ（フランス）…………………319
レメディ…………………………………30
連結化（個別的形式知・体系的形式知）
　　　………………………………16
ロウル・ケネディ事件…………………80
ロゼンヌ（Rosenne, Shabtai）………97
ロータパクト（Lauterpacht, Sir Hersch）
　　　…54, 91, **105**, 115, 259, 389
ロテュス原則………………238 注 116)
論理（としての国際法）………………22

【わ　行】

和解 ………………………………………174
枠組合意 ………………66, **71**, 360, 370

【外国語】

ASEAN …………………………………119
CAS …………………………39 注 30)
CJEU／ECJ……………………56 注 106)
　先行判決……………………………189
ECHR …………………………………100
ICC ………………………311 注 78)
ICTY ……………………277 注 281)
ILC ………………………………………77
IMCO ……………………………………363
IMO ………………………………334, 363
ITLOS …………………………………311
MERCOSUR ……………………………37
NAFTA …………………………151, 188
NATO ……………………………………21

OAS ……………………………………20
OAU ……………………………………61
OIC ………………………155 注 110)
OSCE ……………………299 注 18)
PCA ……………………………………35
　仲裁人候補者団 ……………………224
WHO ……………………………………362
WTO ……………………………………92
　パネル・上級委員会 ………………132

著者略歴
1972 年　神奈川県横浜市生まれ
1995 年　東京大学法学部卒業
1998 年　東京大学大学院法学政治学研究科修士課程修了
2003 年　東京大学社会科学研究所助手
2006 年　東京大学大学院法学政治学研究科博士課程修了
　　　　　博士（法学）東京大学
2008 年　成蹊大学法学部准教授
2010 年　成蹊大学法学部教授（現職）
2011 年　ハーバード大学ウェザーヘッド国際問題研究所研
　　　　　究員（〜 2013 年）

主要著書
『多層的ヨーロッパ統合と法』（共著，聖学院大学出版会，
　2008 年）
『国際立法の最前線』（共著，成文堂，2009 年）
『アメリカ憲法判例の物語』（共著，成文堂，2014 年）
『国際裁判と現代国際法の展開』（共著，三省堂，2014 年）
『グローバル化する正義の人類学』（共編著，昭和堂，2019
　年）
『国際関係と法の支配』（共著，信山社，2021 年）
『未来法学』（共著，有斐閣，2022 年）
『ここからはじめる国際法』（共著，有斐閣，2022 年）
『国家と海洋の国際法（下巻）』（共著，信山社，2025 年）

国際司法裁判所

　　　　2025 年 3 月 28 日　初　版
　　　　［検印廃止］

著　者　佐藤義明
　　　　さとうよしあき

発行所　一般財団法人　東京大学出版会

　　　　代表者　中島隆博
　　　　153-0041　東京都目黒区駒場 4-5-29
　　　　電話 03-6407-1069　FAX 03-6407-1991

装　幀　大倉真一郎
印刷所　大日本法令印刷株式会社
製本所　牧製本印刷株式会社

©2025 Yoshiaki SATO
ISBN 978-4-13-036160-6　Printed in Japan

JCOPY〈出版者著作権管理機構　委託出版物〉
本書の無断複写は著作権法上での例外を除き禁じられています。複写され
る場合は，そのつど事前に，出版者著作権管理機構（電話 03-5244-5088，
FAX 03-5244-5089，e-mail: info@jcopy.or.jp）の許諾を得てください。

国際法 ［第2版］
岩沢雄司 著　　　　　　　　　　　　Ａ5判　4,400円

近代国民国家の憲法構造 ［増補新装版］
樋口陽一 著　　　　　　　　　　　　四六判　3,600円

自衛権の基層 ［増補新装版］
森 肇志 著　　　　　　　　　　　　Ａ5判　7,000円

国際法と憲法秩序
松田浩道 著　　　　　　　　　　　　Ａ5判　5,000円

国連が創る秩序
山田哲也 著　　　　　　　　　　　　Ａ5判　4,600円

国家の哲学
瀧川裕英 著　　　　　　　　　　　　Ａ5判　4,500円

法存立の歴史的基盤
木庭 顕 著　　　　　　　　　　　　Ａ5判　28,000円

ここに表示された価格は本体価格です。御購入の
際には消費税が加算されますので御了承下さい。